Jürgen Hegemann

Das neue Erbschaftsteuer- und Bewertungsrecht

Jürgen Hegemann

Das neue Erbschaftsteuer- und Bewertungsrecht

Richtig beraten nach der Erbschaftsteuerreform

GABLER

Bibliografische Information der Deutschen Nationalbibliothek
Die Deutsche Nationalbibliothek verzeichnet diese Publikation in der Deutschen Nationalbibliografie; detaillierte bibliografische Daten sind im Internet über <http://dnb.d-nb.de> abrufbar.

1. Auflage 2009

Lektorat: RA Andreas Funk

Gabler ist Teil der Fachverlagsgruppe Springer Science+Business Media.
www.gabler.de

Umschlaggestaltung: KünkelLopka Medienentwicklung, Heidelberg
Druck und buchbinderische Verarbeitung: Krips b.v., Meppel
Gedruckt auf säurefreiem und chlorfrei gebleichtem Papier
Printed in the Netherlands

ISBN 978-3-8349-0836-0

Vorwort

Nun ist es endlich soweit.

Wir Berater können loslegen. Das neue Bewertungs- und Erbschaftsteuergesetz wurde am 31. Dezember 2008 – also in letzter Sekunde vor Ablauf der regulären Spielzeit – im Bundesgesetzblatt ordnungsgemäß veröffentlicht.

Der Steuergesetzgeber hat darauf verzichtet, eine „extra time“ in Anspruch zu nehmen. Die Leuchttafel an der Außenlinie blieb dunkel. Erstaunlich. War es doch Wochen vor Ablauf der Frist des BVerfG doch zu den Überlegungen gekommen, die notwendige Reform vielleicht über den „Auslauf-Stichtag“ hinaus ungeregelt zu lassen. Die Stimmen, welche den ersatzlosen Wegfall der Erbschaft- und Schenkungsteuer befürwortet hatten, sehen sich bestätigt. Das Erbschaftsteuerreformgesetz (= ErbStRG) wurde (dann wohl) im Eilverfahren sowohl durch das parlamentarische als auch das Legislativverfahren „getrieben“. Anders können die vielen offenen Fragen und sprachlichen Ungenauigkeiten nicht eingeschätzt werden.

Immer wenn der Steuergesetzgeber in zeitliche Nöte gerät, zeichnen sich die Gesetze durch „holprige“ Gesetzesformulierungen aus. Manchmal erscheint der Gesetzestext sogar fehlerhaft bzw. sehr unvollständig. Die Berater werden auch beim ErbStRG auf die Erbschaftsteuerrichtlinie warten müssen, um bei einigen Zweifelsfragen auch ohne Rechtsbehelf auszukommen. Auch in diesem großen Reformpaket ist auffällig, dass viele Einwände aus der Literatur und Anträge von politischen Parteien sowie des Bundesrates unberücksichtigt blieben.

Das nun vorliegende Gesetz hat viele parteipolitische Besonderheiten „aufgedrückt“ bekommen:

1. Neben der Verschonung von Betriebsvermögen musste unbedingt in letzter Minute noch die Verschonung privater Immobilien aufgenommen werden.

   Der vermiedene Fallbeil-Effekt (= vollständige Nachversteuerung) ist nunmehr vom Betriebsvermögen zu den privaten Immobilien verschoben worden. Soweit gegen die zehnjährige Selbstnutzung verstoßen wird, muss der bisher steuerverschonte Immobilienwert nach versteuert werden.

2. Die Gleichstellung des eingetragenen Lebenspartners ist grundsätzlich erfolgt (= Gewährung des Versorgungsfreibetrages und des steuerfreien Zugewinnausgleichs). Der Lebenspartner blieb jedoch in der Steuerklasse III verhaftet.

   Das bedeutet, dass eben *keine* vollständige Gleichstellung umgesetzt wurde, da bei überschreiten des steuerfreigestellten Vermögens außerhalb vom Betriebsvermögen ein höherer Steuertarif anzuwenden ist.

3. Die Anwendung der Verschonungsmodelle „Regelverschonung und Verschonungsoption“ wird den Berater vor eine Herausforderung stellen.

   Der Mandant wird verlangen, dass der Berater mit ihm in Zusammenarbeit eine sog. „Schattensteuer“ für ein worst-case-szenario abbildet.

   Dabei muss auch noch ein sieben- oder zehnjähriger Zeitraum betrachtet werden. Insoweit wird der PC-Vorbehalt wieder die Runde machen. Es wird also auch in Zukunft unerlässlich sein, das Bewertungs- und Erbschaftsteuerrecht neben fachlichen Inhalten auch in der Abwicklungsarbeit am Computer zu beherrschen.

4. Die Bewertung von Grundstücken ist grundsätzlich durch die typisierten Bewertungsverfahren für den Berater (wieder) vereinheitlicht worden.

   Dieses ist begrüßenswert. Nachteilig wirkt die Beraterverpflichtung, den Mandanten darauf hinzuweisen, dass bei (oft nur emotional verspürten) zu hohen typisierten Wertansätzen als Alternativwert nur das Sachverständigengutachten wirkt.

5. Die Vereinheitlichung der Bewertung unterschiedlicher Rechtsformen (Einzelunternehmer, Personengesellschaft und Körperschaften) ist ebenfalls begrüßenswert.

   Das neue vereinfachte Bewertungsverfahren spiegelt bereits bekannte Ermittlungsgrundsätze des alten Stuttgarter-Verfahrens wieder.

   Nicht verständlich ist die Verkomplizierung durch die selbständige Bewertung von nichtbetriebsnotwendigem Vermögen und jungen Verwaltungsvermögen. Gerade beim nichtbetriebsnotwendigen Vermögen, vermisst der sachkundige Leser des Gesetzestextes eindeutige Definitionen und Abgrenzungen.

Das vorliegende Werk versucht in einem ersten Schritt anwendungsorientierte Lösungsvorschläge für die tägliche Praxis anzubieten. Des Weiteren werden Zweifelsfragen und Kommentierungen zu der dem Erbschaftsteuerreformgesetz angeboten.

Titisee, 19.1.2009 Jürgen Hegemann

Inhaltsübersicht

Bearbeiterverzeichnis

Die **Steuerberatungskanzlei Jürgen Hegemann**, Jägerstr. 15, Titisee-Neustadt ist seit vielen Jahren in der Lehre und für zahlreiche Steuerberaterkammern und Steuerberaterverbände als Referententeam tätig.

Das Team **zeitstaerken.de** berät mittelständische Unternehmen und andere Berufskollegen. Neben der klassischen Steuerberatung (Finanz- und Lohnbuchhaltung und Erstellung von Jahresabschlüssen und anderen Gewinnermittlungen sowie Steuererklärungen aller Art) sind die folgende Themen Arbeitsschwerpunkte:

- Altersvorsorgeberatung
- Umwandlungen oder Einbringungen von Unternehmen
- Vorweggenommene Erbfolge

Herr Dipl. Bw. (FH) **Hegemann,** Steuerberater, ist seit 2000 Steuerberater, Referent und als Autor vielfacher Fachaufsätze und Publikationen bekannt. Seit dem Jahr 2007 leitet er neben der Steuerberatungskanzlei das Institut für Aus- und Fortbildung *zeitstaerken.de* in Titisee.

Das **Institut zeitstaerken.de** ist insbesondere für das Lern- und Gedächtnisprogramm *„Lernen, Lösen und Punkten"* bekannt geworden, welches von vielen Steuerberateranwärtern und Steuerfachwirtanwärtern als modernes Trainings- und Vorbereitungsprogramm auf die Prüfung geschätzt wird.

Frau Dipl. Biol. **Moll**, Steuerfachwirtin, ist seit September 2007 als Assistentin in der Steuerberatungskanzlei Jürgen Hegemann sowie im Institut für Aus- und Fortbildung *zeitstaerken.de* in Titisee tätig.

Frau **Lemler** und Frau **Löffler** sind im Team *zeitstaerken.de* u. a. auch für das Layout verantwortlich.

Titisee, den 19. Januar 2009

Ihr Team *zeitstaerken.de* / StB Jürgen Hegemann

§ 1 Einleitung

Am 31. Dezember 2008 – also am letzten Tag der Änderungsfrist aufgrund des Bundesverfassungsgerichturteils – wurde das **neue Erbschaftsteuer- und Bewertungsrecht** (ErbStRG) im Bundesgesetzblatt[1] veröffentlicht. Das Erbschaftsteuerreformgesetz umfasst folgende wesentlichen **Änderungen**: 1

Das neue Bewertungs- und Erbschaftsteuerrecht			
§ 1 Bewertungsgesetz		**§ 2 Erbschaftsteuergesetz**	
A.	Allgemeines	**A.**	Allgemeines
B.	Bewertung von Betriebsvermögen (und Anteile an Kapitalgesellschaften)	**B.**	Steuerklassen / Freibeträge / Tarif
C.	Bewertung von Grundvermögen	**C.**	Verschonung von BV/ Kapitalgesellschaftsanteilen / L+F-Vermögen
D.	Bewertung von land- und forstwirtschaftlichem Vermögen	**D.**	Verschonung von Grundvermögen
E.	Sonstiges	**E.**	Sonstiges

§ 3 Zeitliche Anwendung					
A.	Grundsätze	**B.**	Rückfallklauseln	**C.**	Rückanwendungsoption

Bewertung

- Grundsatz: Bewertung mit dem gemeinen Wert
- Änderungen für die Bewertung von Betriebsvermögen und Anteile an Kapitalgesellschaften
- Änderungen für die Bewertung von Grundvermögen
- Änderungen für die Bewertung von land- und forstwirtschaftlichen Vermögen
- Sonstiges:
  - Aufteilung des Werts des Betriebsvermögens einer Mitunternehmerschaft (= Personengesellschaft, freiberufliche Sozietät) auf die Mitunternehmer / Sozien
  - Änderungen bei der wertmäßigen Zuordnung von Mischimmobilien (= gewerblicher und anderer Nutzungsanteile)

Erbschaftsteuer

- Abschaffung „alter“ Steuervergünstigungen und Beibehaltung des Entlastungsbetrags und Erweiterung der Stundungsmöglichkeiten
- Steuerklassen / Freibeträge / Tarif

1 Gesetz zur Reform des Erbschaftsteuer- und Bewertungsrechts – ErbStRG – vom 31.12.2008, BGBl. I 2008, 3018 ff.

1

- Verschonung von Betriebsvermögen / Anteile an Kapitalgesellschaften / land- und forstwirtschaftlichen Vermögen
- Verschonung von Grundvermögen
- Sonstiges:
  - Einführung einer Mindeststeuer bei Erwerben innerhalb von zehn Jahren
  - Abschaffung des Abzugsverbots für wiederkehrende Renten und Nießbrauchsbelastungen

Zeitliche Anwendung

- Grundsätze der zeitlichen Anwendung
- Rückfallklauseln
- Rückanwendungsoption

Wir haben für Sie den Inhalt (noch) erweitert (= **Ergänzungen**):

Berechnungsbeispiele

- Bewertung von Grundstücken
- Bewertung von Unternehmen (= vereinfachtes Ertragswertverfahren)
- Gleitender Abzugsbetrag
- Junges Verwaltungsvermögen / Verwaltungsvermögensanteil
- Neue Schuldenkappung
- „Schattensteuer" bei der Behaltensfrist und Lohnsummenklausel

Vermögensübertragungen gegen wiederkehrende Leistungen

- neue einkommensteuerrechtliche Grundsätze (JStG 2008)
  - qualifiziertes Vermögen / Beispiel
  - zeitliche Anwendung / Altfälle / Beratungen / (nur noch) dauernde Last
- neue erbschaftsteuerrechtliche Grundsätze (ErbStRG 2009)
  - Schenkung mit Rentenlast / Nießbrauchsvorbehalt
  - Erwerb von Todes wegen mit Rentenlast / Nießbrauchsvorbehalt

Hilfen für die tägliche Praxis

- Checklisten
- Beratervertrag
- Glossar

Ergänzungen zum neuen Bewertungs- und Erbschaftsteuerrecht

§ 4 Berechnungsbeispiele		§ 5 Vermögensübertragungen gegen wiederkehrende Leistungen	
A.	Bewertung von Grundstücken	A.	neue einkommensteuerrechtliche Grundsätze (JStG 2008)
B.	Bewertung von Unternehmen (= vereinfachtes Ertragswertverfahren)		■ qualifiziertes Vermögen/ Beispiele
C.	Gleitender Abzugsbetrag		■ zeitliche Anwendung/ Altfälle / Beratungen / (nur noch) dauernde Last
D.	Junges Verwaltungsvermögen/ Verwaltungsvermögensanteil	B.	neue erbschaftsteuerrechtliche Grundsätze (ErbStRG 2009)
E.	Neue Schuldenkappung		■ Schenkung mit Rentenlast/ Nießbrauchsvorbehalt
E.	„Schattensteuer“ bei der Behaltensfrist und Lohnsummenklausel		■ Erwerb von Todes wegen mit Rentenlast / Nießbrauchsvorbehalt

§ 6 Hilfen für die Praxis					
A.	Checklisten	B.	Beratervertrag	C.	Glossar

Das vorliegende Werk versucht „den dichten Dschungel“ von Regeln, Ausnahmen und Rückausnahmen zu beleuchten und dabei einen praxisorientierten Überblick zu bieten. Durch zahlreiche Schaubilder wird der zum Teil sprachlich missglückte Gesetzestext aufbereitet. Neben den zahlreichen Anwendungsbeispielen werden auch zahlreiche Hinweise für die tägliche Praxis gegeben. Zukünftig werden viele Anwendungsfragen auf den Berater zukommen, für die der Gesetzgeber bisher keine klaren Antworten bietet.

Hinweis:

Leider wird es an vielen Stellen vehement auf die Auffassung der Finanzverwaltung ankommen, also auf die Veröffentlichung der Erbschaftsteuerrichtlinie.

§ 2 Bewertungsrecht

2

A. Allgemeines

I. Überblick über die Vermögensarten

1 Für die Anwendung der verschiedenen Bewertungsvorschriften werden im Erbschaftsteuerrecht die folgenden Vermögensarten unterschieden:

- Anteile an Kapitalgesellschaften[1]
- Grundbesitz[2]
- Bodenschätze[3]
- Betriebsvermögen[4]
- Anteile an Wirtschaftsgütern und Schulden (= vermögensverwaltende Gesellschaften)[5]

  und
- ausländischer (drittstaatlicher) Grundbesitz und ausländisches Betriebsvermögen[6]

  sowie
- sonstiges Vermögen[7]

Hinweis:

Die unterschiedlichen Vermögensarten werden allesamt mit dem gemeinen Wert bewertet; individuell nachgewiesen oder typisiert ermittelt.

2 Um die korrekt eintretende Steuerbelastung ermitteln zu können, muss das übertragene Vermögen in einzelne Vermögensarten[8] unterschieden werden:

- Privatvermögen
- Betriebsvermögen[9] / Anteile an Kapitalgesellschaften[10]
- Verwaltungsvermögen[11]

  und/oder
- „junges" Verwaltungsvermögen[12]

1 § 12 Abs. 2 ErbStG.
2 § 12 Abs. 3 ErbStG.
3 § 12 Abs. 4 ErbStG.
4 § 12 Abs. 5 ErbStG.
5 § 12 Abs. 6 ErbStG.
6 § 12 Abs. 7 ErbStG.
7 § 12 Abs. 1 ErbStG.
8 Darstellung der notwendigen Vermögensarten, welche durch die Erbschaftsteuerreform betroffen sind. Die Aufzählung erhebt keinen Anspruch auf Vollständigkeit.
9 § 12 Abs. 5 ErbStG i. V. m. § 151 Abs. 1 Satz 1 Nr. 2 BewG.
10 § 12 Abs. 2 ErbStG i. V. m. § 151 Abs. 1 Satz 1 Nr. 3 BewG.
11 § 13b Abs. 2 Satz 2 ErbStG.
12 § 13b Abs. 2 Satz 3 ErbStG.

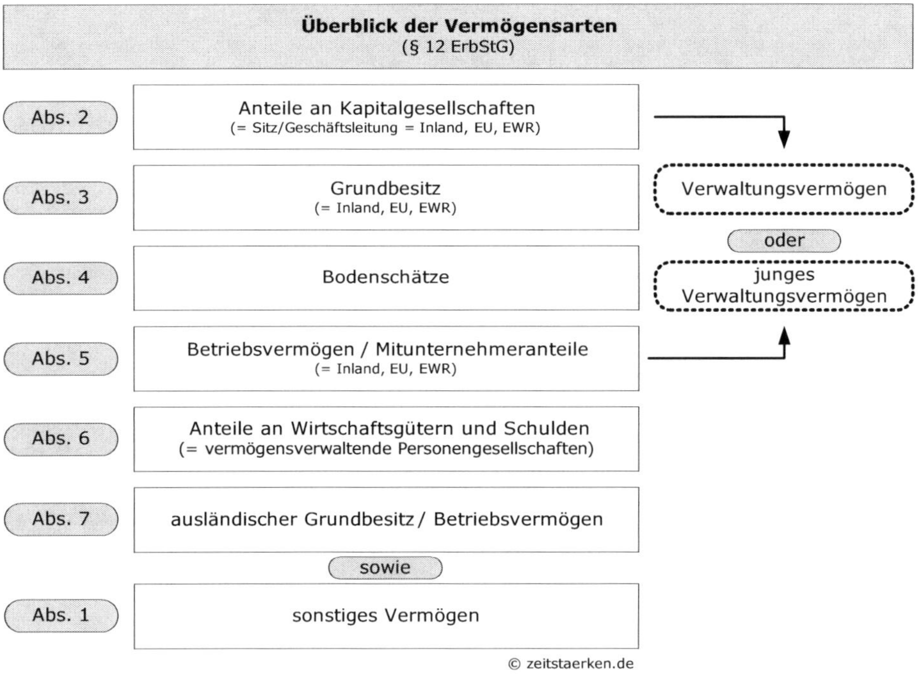

Die einzelnen Vermögensarten und ihre anzuwendende Bewertung für die Erbschaft- und Schenkungsteuer sind wie folgt geregelt. Jede dieser Vermögensarten hat neben individuell zu beachtenden Besonderheiten bei der Bewertung auch Sonderregelungen im Erbschaftsteuerrecht. 3

Hinweis:

Hinzuweisen ist an dieser Stelle bereits, dass die neuen Begriffe „Verwaltungsvermögen" und „junges Verwaltungsvermögen" den Beratern – aufgrund der schwierigen Beurteilung – „Kopfschmerzen" bereiten können.

Das Erbschaftsteuerrecht verweist sodann auf die Bewertungsvorschriften. 4

Nr.	Bewertungsgegenstand	Vorschriften
1.	Anteile an Kapitalgesellschaften	§ 12 ErbStG i. V. m. § 151 Abs. 1 Satz 1 Nr. 3 BewG
2.	Grundbesitz	§ 12 ErbStG i. V. m. § 19 i. V. m. § 151 Abs. 1 Satz 1 Nr. 1 BewG
3.	Bodenschätze	§ 12 ErbStG
4.	inländisches Betriebsvermögen	§ 12 ErbStG i. V. m. § 151 Abs. 1 Satz 1 Nr. 2 BewG
5.	Wirtschaftsgüter und Schulden bei Vermögensverwaltung	§ 12 ErbStG i. V. m. § 151 Abs. 1 Satz 1 Nr. 4 BewG
6.	ausländischer Grundbesitz und Betriebsvermögen	§ 12 ErbStG i. V. m. § 31 BewG
7.	sonstiges Vermögen	§ 12 ErbStG i. V. m. §§ 1 – 16 BewG

5 Für die folgenden Vermögensarten sind **Feststellungserklärungen** abzugeben, in deren Folge **Feststellungsbescheide** ergehen:

- Grundbesitz
- Anteile an Kapitalgesellschaften
- inländisches Betriebsvermögen

  und

- Wirtschaftsgüter und Schulden bei Vermögensverwaltung

Nachdem die Bewertung erfolgt ist, können die neuen Verschonungsregeln geprüft und ggf. angewendet werden.

II. Bewertungsgrundsatz

6 Sämtliche Vermögensarten sind mit dem gemeinen Wert zu bewerten. Diese Pflichtbewertung gilt für alle Übertragungsakte (= Schenkungen unter Lebenden und Erwerbe von Todes wegen) seit dem 1.1.2009. Bei Anwendung der Rückanwendungsoption (= auf Antrag [nur] bei Erwerben von Todes wegen nach dem 31.12.2006 und vor dem 1.1.2009, ohne Gewährung des neuen [erhöhten] persönlichen Freibetrages] wird das Vermögen ebenfalls schon mit den neuen Bewertungsregeln und –verfahren bewertet.

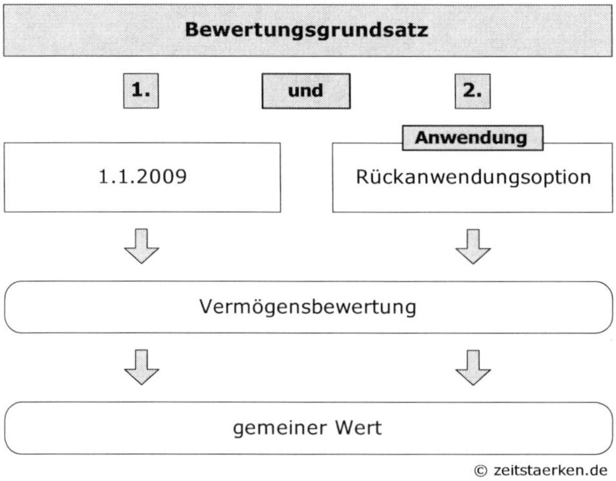

7 Soweit typisierte Bewertungsverfahren (= Grundvermögen und Unternehmensvermögen) zur Anwendung kommen, ist die Ermittlung des gemeinen Wertes für den Berater „unproblematisch". An vielen Stellen des Bewertungsgesetzes vermissen wir allerdings eindeutige Anweisung wie bei anderen Vermögensarten und –gegenstände der gemeine Wert ermittelt werden soll.

Hinweis:

Auch an dieser Stelle wird die Erbschaftsteuerrichtlinie (Teil 2: Bewertungsrecht für die Erbschaftsteuer) viele Zweifelsfragen und Anwendungsprobleme (hoffentlich) lösen.

B. Bewertung von Betriebsvermögen (= Unternehmensvermögen)

2

I. Einleitung

Die Bewertung von Unternehmen prägte nicht nur das Urteil des BVerfG sondern auch das Erbschaftsteuerreformgesetz. Alle Rechtsformen (= Einzelunternehmen, Personengesellschaften und Kapitalgesellschaften) werden nach denselben Grundsätzen bewertet (= **Grundsatz der Rechtsformneutralität und Gesamtbewertung**). Dabei bildet die Bewertung von Kapitalgesellschaften den Ausgangspunkt. Das Einzelunternehmen und die Personengesellschaft schließen sich an. 8

Unterschiede in den Rechtsformen werden durch Anpassungen ausgeglichen (= vgl. vereinfachtes Ertragswertverfahren – Anpassung der Betriebsergebnisse). Insoweit führt die Rechtsformneutralität im Endergebnis zu *keinem* Bewertungsunterschied.

Für Personengesellschaften wurde richtigerweise gesetzlich die Verteilung des Gesamtwertes aufgenommen. Als Besonderheit sei an dieser Stelle bereits darauf hingewiesen, dass das Sonderbetriebsvermögen verselbstständigt mit dem gemeinen Wert zu bewerten ist und dem anteiligen Gesamthandsvermögenswert gesellschafterbezogen hingerechnet wird.

Hinweis:

Das EuGH-Urteil „Jäger"[13] hat ebenfalls Einzug gehalten. Bei in der europäischen Union belegenem Betriebsvermögen wird ebenfalls dieselbe Bewertung angewendet.[14]

II. Bewertungsverfahren

Insgesamt bietet der Steuergesetzgeber nunmehr **fünf Bewertungsmethoden** an. Diese werden im Folgenden erläutert. Für **börsennotierte Kapitalgesellschaften** ergeben sich *keine* Änderungen.[15] Diese werden weiterhin mit dem niedrigsten Kurswert am Bewertungsstichtag bzw. innerhalb der letzten 30 Tage bewertet (= erste Bewertungsmethode). Für ***nicht*** **börsennotierte Anteile an Kapitalgesellschaften** ergeben sich erhebliche Änderungen. Hier ist wie folgt zu unterscheiden: 9

- Als erstes ist die Verkaufspreisableitung anzuwenden.[16] Der gemeine Wert wird aus Verkaufspreisen innerhalb des letzten Jahres vor dem Bewertungsstichtag[17] bewertet (= zweite Bewertungsmethode).
- Soweit keine Verkaufspreisableitung möglich ist, wird der gemeine Wert aus den Ertragsaussichten geschätzt (= dritte Bewertungsmethode). Die Schätzung erfolgt anhand:
  - klassisches Ertragswertverfahren[18]

    Hierfür ist ein Bewertungsgutachten erforderlich.

13 EuGH vom 17.1.200, C 256/06, HFR 2008, 405.
14 Entgegen: § 31 BewG; FinMin Baden-Württemberg vom 16.7.2008, koordinierter Ländererlass, DStR 2008, 1537.
15 § 11 Abs. 1 BewG.
16 § 11 Abs. 2 Satz 2 1. HS BewG.
17 § 11 ErbStG.
18 IDW ES1 WPG Supplement 3/2007.

<u>*oder*</u>

- vereinfachtes (gesetzlich definiertes) Ertragswertverfahren[19]

  Sowohl der Bewertungs- und Berechnungsmodus als auch andere wichtige Ergebnisfaktoren werden gesetzlich festgelegt (z. B. Kapitalisierungszinsfuß).

- Soweit in der täglichen Unternehmensbewertungspraxis für das Unternehmen ein anderes Bewertungsverfahren gängig ist, ist dieses für die Bewertung heranzuziehen (= vierte Bewertungsmethode). Andere gebräuchliche Bewertungsmethoden[20] der Unternehmensbewertungspraxis sind beispielsweise:
  - vergleichsorientierte Methode
  - Multiplikatorenmethode

  Dabei ist auf einen hypothetischen Erwerber des Unternehmens abzustellen.

  <u>*oder*</u>

- Der Substanzwert bildet den Abschluss (= fünfte Bewertungsmethode). Dieser ist die Summe aller gemeinen Werte der betrieblichen Wirtschaftsgüter, aktiven Ansätze sowie Schulden und passiven Ansätze. Der Substanzwert ist auch gleichzeitig der Mindestwert bei Anwendung des Schätzungsverfahrens.

Hinweis:

Der Berater muss u. E. damit immer eine gängige Bewertungsmethode anwenden und diese mit dem Substanz-/Mindestwert vergleichen. Der Substanzwert bildet dabei die Untergrenze.[21]

19 §§ 199 bis 203 BewG.

20 Entwurf eines Gesetzes zur Reform des Erbschaftsteuer- und Bewertungsrechts vom 6.12.2007, Kabinettssache; Gesetzesbegründung, S. 65; Drukarczyk/Ernst in „Branchenorientierte Unternehmensbewertung", Vahlen Verlag, 2. Auflage.

21 „Untergrenze ist stets der Substanzwert als Mindestwert, den ein Steuerpflichtiger am Markt erzielen könnte", BR-Drucks. 4/08 vom 4.1.2008, B. Besonderer Teil, zu Nummer 2 (§ 11 Abs. 2), S. 62.

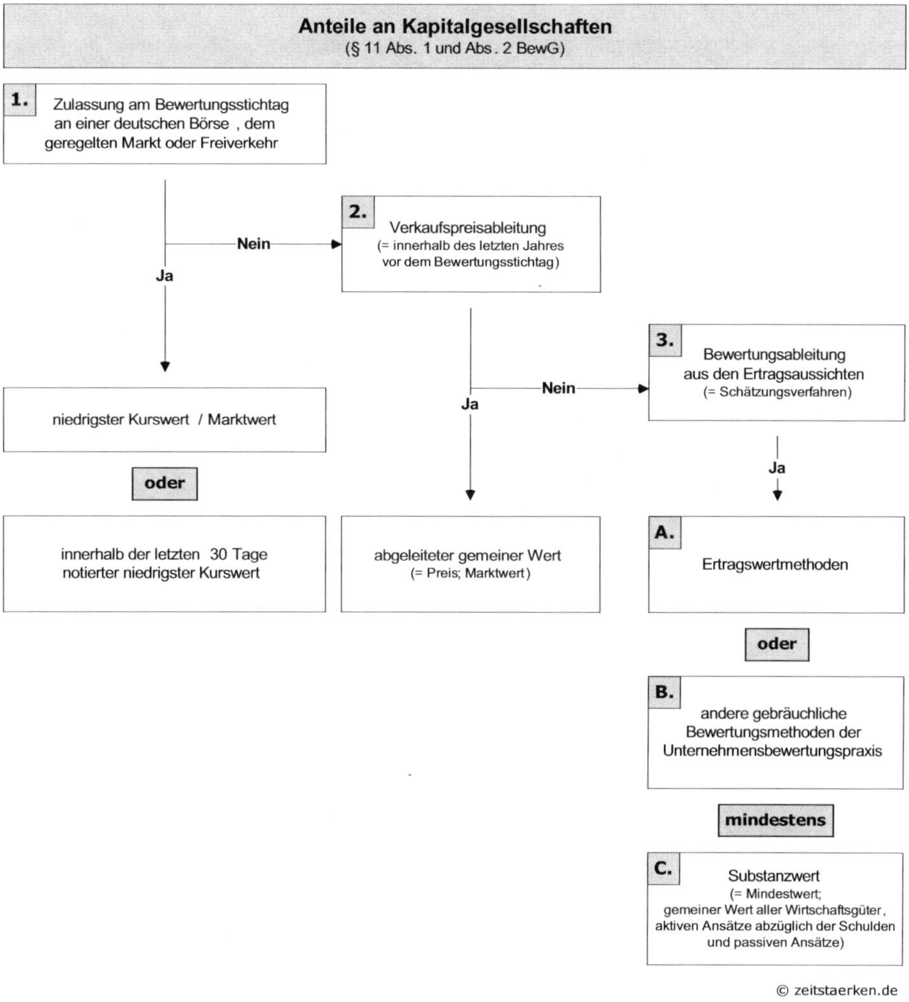

Hinweis:

*Führt das vereinfachte Ertragswertverfahren zu offensichtlich unzutreffenden Ergebnissen, ist es **nicht** anzuwenden (= sog. Escape-Klausel).*[22]

III. Methodenkonkurrenz

Für die Bewertungspraxis muss die Methodenkonkurrenz beantwortet werden.[23] Das o. a. Schaubild zeigt auf, dass die erste Priorität die „Ableitung vom Börsenkurs“ genießt. Gefolgt von der „Verkaufspreisableitung“ und als Auffangmethode die Ansatzableitung aus den Ertragsaussichten. 10

22 § 199 Abs. 1 BewG.

23 Seltenreich in Preisser/Seltenreich/Hegemann, Erbschaftsteuerreform 2009, Haufe Verlag 2009, S. 105.

2

Hinweis:

*Bei den beiden ersten Bewertungsmethoden – Börsenwert- und Verkaufspreisableitung – soll der Vergleich mit dem Substanzwert als Mindestwert gesetzlich (wohl) **nicht** durch geführt werden.*[24]

11 Die „anderen" Bewertungsmethoden sind dem (klassischen oder vereinfachten) Ertragswertverfahren aufgrund des „Erwerberblickwinkels" vorrangig. Das Unternehmen ist so zu bewertet, wie es ein gedachter Erwerber vornehmen würde. Insoweit genießen die anderen Bewertungsmethoden Priorität.

Hinweis:

Insoweit lässt sich festhalten, dass das Ertragswertverfahren an letzter Stelle der Methodenkonkurrenz steht und (immer) erst dann zur Anwendung kommt, wenn andere Methoden (aktiv) ausgeschlossen wurden.

Bleibt zum Schluss die Bewertungskonkurrenz bei der Ertragswertmethode. Gesetzlich ist das vereinfachte Ertragswertverfahren ein Wahlrecht.[25] Der Bewertende kann damit das klassische oder das vereinfachte Ertragswertverfahren auswählen.

12 Die Unterschiedlichkeit wird beim Kapitalisierungszinsfuß deutlich:

- klassisches Ertragswertverfahren[26]

  Bei der Bewertung ist ein individueller kapitalmarktorientierter Kapitalisierungszinsfuß zu ermitteln.

- vereinfachtes (gesetzlich definiertes) Ertragswertverfahren[27]

  Der Steuergesetzgeber hat den Kapitalisierungszinsfuß gesetzlich fixiert. Er besteht aus einem variablen Basiszinssatz (= 3,61 %[28]) und einem pauschalen Zuschlag (4,50 %[29]).

IV. Bewertung von Anteilen an Kapitalgesellschaften

1. Börsennotierte Kapitalgesellschaften

13 Für börsennotierte Kapitalgesellschaften ergeben sich *keine* Änderungen.[30] Diese werden weiterhin mit dem niedrigsten Kurswert am Bewertungsstichtag bzw. innerhalb der letzten 30 Tage bewertet (= erste Bewertungsmethode).

2. Nicht börsennotierte Anteile an Kapitalgesellschaften

14 Die Bewertung von *nicht* börsennotierten Anteilen an Kapitalgesellschaften wird novelliert. Sämtliche Wirtschaftsgüter, die sich im Eigentum der Kapitalgesellschaften befinden, welche ihre Geschäftsleitung oder ihren Sitz im Inland hat, bilden die Grundlage der Bewertung.[31]

24 Seltenreich ebenda.
25 = „kann" § 199 Abs. 1 BewG.
26 IDW ES1 WPG Supplement 3/2007.
27 §§ 199 bis 203 BewG.
28 BMF-Schreiben vom 7.1.2009, IV C 2 – S 3102/07/0001, www.bundesfinanzministerium.de.
29 § 203 Abs. 1 BewG.
30 § 11 Abs. 1 BewG.
31 § 97 Abs. 1 Satz 1 Nr. 1 BewG.

Hinweis:

Der Umfang des „Gewerbetriebs" der Kapitalgesellschaft bleibt unverändert (= Eigentum der GmbH).

2

Die Bewertung erfolgt mit dem **gemeinen Wert**, der sich aus Verkäufen unter fremden Dritten innerhalb des letzten Jahres *vor* dem Besteuerungszeitpunkt ergibt (= **Verkaufspreisableitung**).[32] Ist die Wertermittlung anhand der Verkaufspreisableitung *nicht* möglich, ist der gemeine Wert unter Berücksichtigung der Ertragsaussichten der Kapitalgesellschaft *oder* einer anderen anerkannten im gewöhnlichen Geschäftsverkehr für nichtsteuerliche Zwecke übliche Methode zu ermitteln (= **Ertragswertverfahren**).

Dabei ist die Methode anzuwenden, die ein Erwerber der Bemessung des Kaufpreises zugrunde legen würde (= Kaufpreisermittlungsmethode).[33] Wird das klassische Ertragswertverfahren angewendet, ist ein individueller Kapitalisierungszinsfuß zu ermitteln. Anstelle des klassischen Ertragswertverfahrens kann das gesetzlich definierte vereinfachte Ertragswertverfahren herangezogen werden. Der bei der vereinfachten Ertragswertermittlung[34] anzuwendende Kapitalisierungszinssatz[35] ist gesetzlich geregelt. 15

Der **Substanz-/Mindestwert** ist die Summe der gemeinen Werte der einzelnen Wirtschaftsgüter und aktiven Ansätze[36] abzüglich der Schulden und passiven Ansätze[37].[38] Der Mindestwert kommt zur Anwendung, wenn der Wert abgeleitet aus den Ertragsaussichten geschätzt wird.

Hinweis:

*Soweit die Verkaufspreisableitung angewendet werden muss, spiegelt dieser Wert den realistischen Wert des Unternehmens wieder, so dass der Substanzwert **nicht** die Untergrenze sprich den Mindestwert bildet.*[39]

Der gemeine Wert der Anteile bestimmt sich nach dem Verhältnis des Anteils am Nennkapitel (= Stammkapital) der Gesellschaft zum gemeinen Wert des Betriebsvermögens der Kapitalgesellschaft zum Bewertungsstichtag.[40] Dies gilt *auch*, wenn das Nenn-/Stammkapital noch *nicht* voll eingezahlt ist.[41] Richtet die Vermögens- und Gewinnverteilung nach dem tatsächlich eingebrachten Nenn-/Stammkapital (= ausdrückliche Vereinbarung), so bezieht sich das Aufteilungsverhältnis auf den tatsächlich eingezahlten Betrag.[42] 16

32 § 11 Abs. 2 Satz 1 BewG.
33 § 11 Abs. 2 Satz 2 BewG.
34 § 199 ff. BewG.
35 § 203 BewG.
36 = i. d. R. ARAP.
37 = i. d. R. PRAP.
38 § 11 Abs. 2 Satz 3 BewG.
39 Seltenreich in Preisser/Seltenreich/Hegemann, Erbschaftsteuerreform 2009, Haufe Verlag 2009, S. 105.
40 § 97 Abs. 1b Satz 1 BewG.
41 § 97 Abs. 1b Satz 2 BewG.
42 § 97 Abs. 1b Satz 3 BewG.

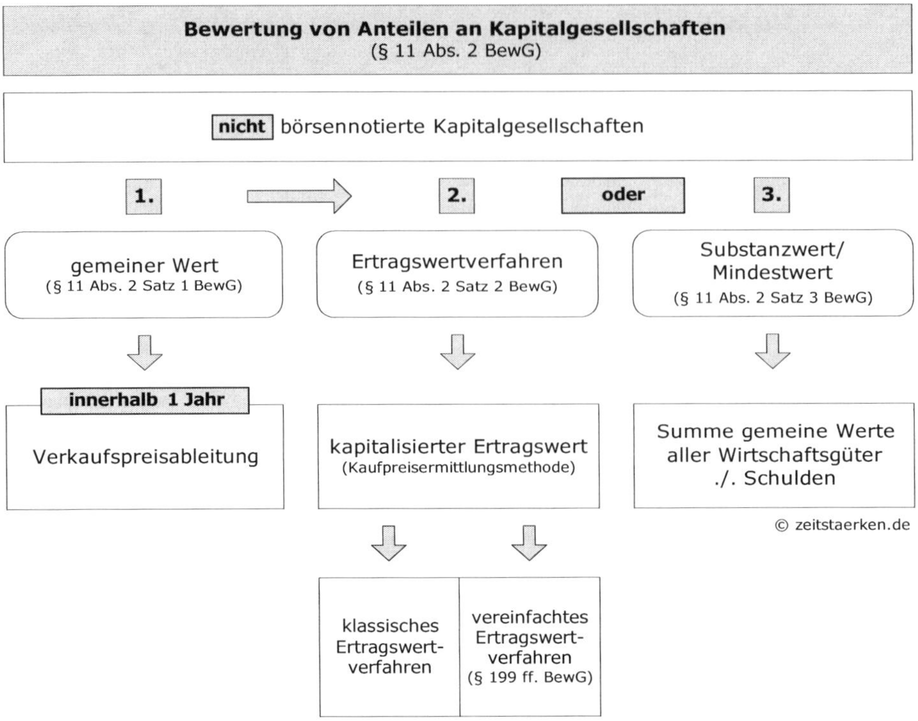

V. Bewertung des Betriebsvermögens / Anteil am Betriebsvermögen

1. Bewertungsmethoden

17 Die Bewertung des Betriebsvermögens erfolgt nun grundsätzlich mit dem gemeinen Wert.[43] Die Bewertung abgeleitet aus der Steuerbilanz gehört der Vergangenheit an – ist abgeschafft.[44] Insoweit werden erfolgreiche Unternehmen im Wert ansteigen, da der *nicht* bilanzierte Geschäfts- oder Firmenwert und die stillen Reserven im Substanzwert aufgedeckt werden müssen.

Hinweis:

Der Umfang des Betriebsvermögens richtet sich (weiterhin) nach den ertragsteuerrechtlichen Grundsätzen des (notwendigen oder gewillkürten) Betriebsvermögens.[45]

18 Der **gemeine Wert** ermittelt sich aus Verkäufen *unter fremden Dritten* innerhalb des letzten Jahres vor dem Besteuerungszeitpunkt (= **Verkaufspreisableitung**).[46] Ist die Wertermittlung des gemei-

43 § 109 Abs. 1 Satz 1 i. V. m. § 11 Abs. 2 BewG.
44 § 109 Abs. 1 BewG a. F.
45 § 95 Abs. 1 BewG i. V. m. § 15 Abs. 1 und Abs. 2 EStG.
46 § 109 Abs. 1 Satz 2 i. V. m. § 11 Abs. 2 BewG.

nen Wertes anhand der Verkaufspreisableitung *nicht* möglich, ermittelt sich der Wert nach dem **Ertragswertverfahren**. Der maßgebliche **Mindestwert** ist die Summe der gemeinen Werte der einzelnen Wirtschaftgüter abzüglich der Schulden (= Substanzwert).

Beispiel:

Vater V will das Einzelunternehmen mit einem gemeinen Wert (= vereinfachtes Ertragswertverfahren) in Höhe von 5.000.000 € auf seinen Sohn S übertragen. Der Substanzwert beträgt 4.500.000 €. V verkauft das Einzelunternehmen an seine Ehefrau für 2.000.000 € und diese verschenkt es innerhalb eines Jahres an ihren Sohn S.

Lösung:

Die Verkaufspreisableitung kann *nicht* angewendet werden, da der Verkauf *nicht* unter fremden Dritten stattgefunden hat.[47] Die Bewertung der Schenkung erfolgt mit dem vereinfachten Ertragswertverfahren.

Hinweis: Ermittlung des Substanz-/Mindestwert

Wie die Ermittlung des immateriellen Geschäfts- und Firmenwerts für den Substanzwert erfolgen muss, hat der Steuergesetzgeber sowohl im Gesetzestext als auch in der Gesetzesbegründung offen gelassen! U. E. ist damit das Schätzungsverfahren und der Rechtsstreit eröffnet.

Bleibt die Frage, ob der Steuergesetzgeber absichtlich diese Berechnungsgröße außer Ansatz gelassen hat, weil er selbst nicht wusste, wie dieser immaterielle Posten ermittelt werden könnte. Daraus leitet sich sofort die zweite Frage ab: Muss der Steuergesetzgeber diesen schwierigen Posten nicht gesetzlich regeln, damit das Bewertungsgesetz einem Normenkontrollverfahren Stand hält?

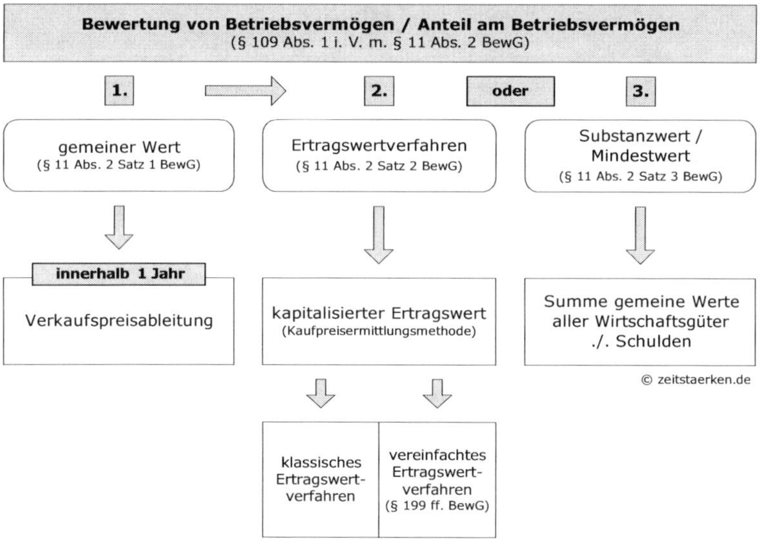

U. E. muss für die Übertragung eines **Teilbetriebs** erst der ganze Betrieb bewertet werden und 19
sodann eine Aufteilung erfolgen. Dieser Grundsatz gilt insbesondere beim vereinfachten Ertragswertverfahren, da Gemeinkosten auf mehrere Teilbetriebe entfallen. U. E. muss damit das Jahresergebnis durch die Anzahl der Teilbetriebe geteilt und durch individuelle Hinzurechnungen und Kürzungen korrigiert werden.

47 § 11 Abs. 2 Satz 2 – Umkehrschluss – BewG.

Alternativ wäre wie folgt vorzugehen. Zuerst werden die direkten Erlöse und Aufwendungen dem Teilbetrieb zugerechnet. Dem übertragenden Teilbetrieb werden im zweiten Schritt anhand eines Betriebsabrechnungsbogens (= BAB) die Gemeinkosten sämtlicher Teilbetriebe durch Anwendung eines ordnungsgemäßen Aufteilungsschlüssels zugeordnet. Aus beiden Zahlengruppen, könnte sodann das (notwendige) Jahresergebnis ermittelt werden.

20 Die Bewertung eines **Mitunternehmer(teil)anteils**[48] erfolgt analog dem Gewerbebetrieb.[49] Sämtliche Wirtschaftsgüter, die sich im Eigentum der Personengesellschaft befinden, welche ihre Geschäftsleitung oder ihren Sitz im Inland hat, bilden die Grundlage der Bewertung.[50] Das Sonderbetriebsvermögen (= SBV) gehört mit zum „Gewerbebetrieb" der Personengesellschaft und ist damit in den Bewertungsumfang mit einzubeziehen.

Zuerst wird das gesamte Gesamthandsvermögen der Personengesellschaft anhand der gewichteten Betriebsergebnisse im vereinfachten Ertragswertverfahren bewertet. Ergänzungsbilanzen werden *nicht* berücksichtigt.[51] Das SBV des einzelnen Mitunternehmers fließt in das vereinfachte Ertragswertverfahren ebenfalls *nicht* mit ein.[52] Das SBV wird einzeln mit dem gemeinen Wert bewertet und bei der Verteilung des Gesamthandwertes dem einzelnen Mitunternehmen hinzuaddiert.[53]

Hinweis:

*Hinsichtlich der Verschonungsregel sei für **Mitunternehmerschaften** darauf hingewiesen, dass*

- *die Überlassung von SBV I und SBV II begünstigtes Vermögen ist.*[54]
- *eine Weitervermietung an einen Dritten eine Verwaltungsgesellschaft auslösen kann.*[55]

21 Hat der Steuerpflichtige mehrere Anteile an verschiedenen Kapitalgesellschaften oder Personengesellschaften oder mehrere Einzelunternehmen, muss für jedes Unternehmen ein selbstständiger Wert ermittelt werden.

2. Verkaufspreisableitung

22 Soweit innerhalb eines Jahres vor der Vermögensübertragung Verkäufe des Vermögens vorliegen, ist der gemeine Wert aus diesen abzuleiten (= Verkaufspreisableitung).[56] Es kann dabei unwiderlegbar vermutet werden, dass zeitnahe Verkäufe in der Vergangenheit den zutreffenden Marktwert richtig widerspiegeln. Berücksichtigt werden nur Veräußerungen **unter fremden Dritten**. Veräußerungen zwischen nahen Angehörigen bleiben außer Betracht.

48 § 109 Abs. 2 i. V. m. § 11 Abs. 2 BewG.
49 § 109 Abs. 1 i. V. m. § 11 Abs. 2 BewG.
50 § 97 Abs. 1 Satz 1 Nr. 5 BewG.
51 § 202 Abs. 1 Satz 1 2. HS 2. Altern. BewG.
52 § 202 Abs. 1 Satz 1 2. HS 1. Altern. BewG.
53 § 97 Abs. 1a Nr. 2 BewG.
54 § 13b Abs. 2 Nr. 1 Satz 3 1 HS 2. Altern. ErbStG.
55 § 13b Abs. 2 Nr. 1 Satz 3 2. HS ErbStG.
56 § 11 Abs. 2 Satz 1 BewG.

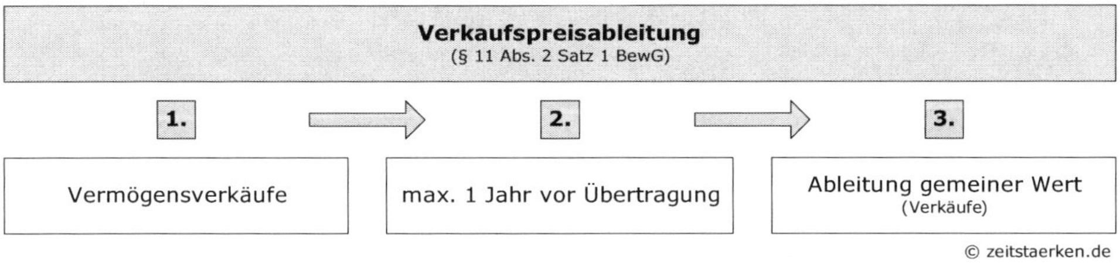

Beispiel: Verkaufspreisableitung

Vater V betreibt einen Fachhandel für Heizung und Sanitärbedarf. Zu Erweiterung des Geschäftsbetriebes hat V den Teilbetrieb (= Malerbetrieb) vor sechs Monaten (1.7.2008) erworben. Zum 1.1.2009 beabsichtigt V seinen gesamten Betrieb auf seinen Sohn S zu übertragen.

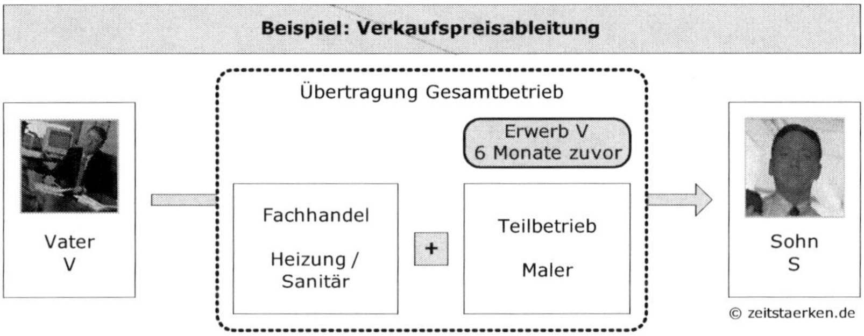

Lösung:

Bei der Schenkung auf seinen Sohn ist der Teilbetrieb aufgrund des Kaufes, welcher weniger als ein Jahr zurückliegt, mit der Verkaufspreisableitung zu bewerten.[57]

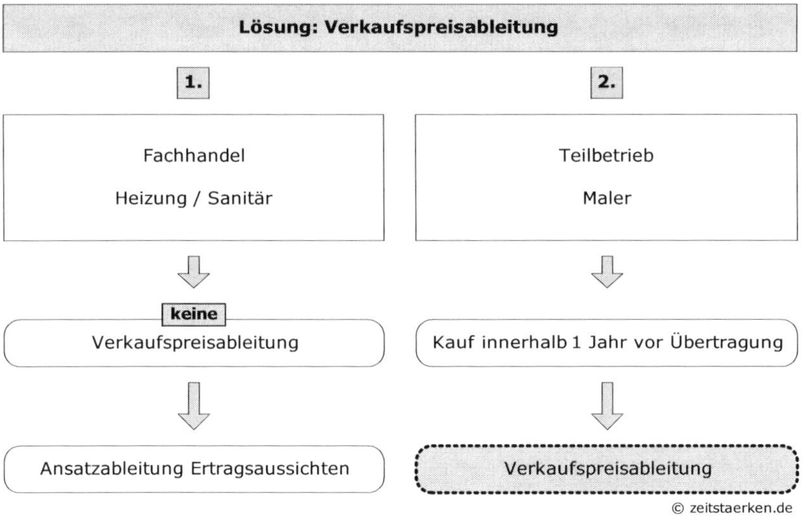

57 § 109 Abs. 1 i. V. m. § 11 Abs. 2 Satz 2 BewG.

VI. Kapitalisiertes Ertragswertverfahren

1. Einleitung

23 Der gemeine Wert wird mangels Verkaufspreisableitung aus den kapitalisierten Ertragsaussichten des Unternehmens abgeleitet.[58] Dabei kann der Bewertende zwischen dem „klassischen" oder „vereinfachten" Ertragswertverfahren wählen.

Hinweis:

Es werden gesetzlich zusätzlich geklärt:

- *Einzelheiten für das vereinfachte Ertragswertverfahren*[59]
- *Ermittlung des anzuwendenden Kapitalisierungsfaktors*[60]

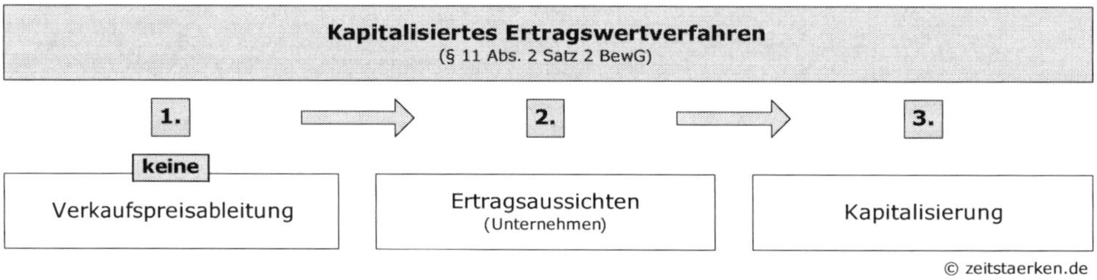

2. Bewertungsgrundsätze

24 Gesetzlich werden die folgenden Bewertungsgrundsätze festgelegt:

- Anwendung des vereinfachten Ertragswertverfahrens[61]
- vereinfachtes Ertragswertverfahren[62]
- Ermittlung des Jahresertrags[63]
- Betriebsergebnis[64]
- Kapitalisierungsfaktor[65]

  daraus resultiert
- vereinfachter Ertragswert

58 § 11 Abs. 2 Satz 2 BewG.
59 § 199 ff. BewG.
60 § 203 BewG.
61 § 199 BewG.
62 § 200 BewG.
63 § 201 BewG.
64 § 202 BewG.
65 § 203 BewG.

2

Bewertungsgrundsätze
(§§ 199 ff. BewG)

1. Anwendung (§ 199 BewG)	**4.** Betriebsergebnis (§ 202 BewG)
2. **vereinfachtes** Ertragswertverfahren (§ 200 BewG)	**5.** Kapitalisierungsfaktor (§ 203 BewG)
3. Ermittlung des Jahresertrags (§ 201 BewG)	**6.** = vereinfachter Ertragswert

3. Anwendung des vereinfachten Ertragswertverfahrens

Bei der Ermittlung des gemeinen Wertes ist das vereinfachte Ertragswertverfahren anzuwenden 25
bei:

- Anteilen an einer Kapitalgesellschaft[66]

  und

- Betriebsvermögen oder (Mitunternehmer-)Anteils am Betriebsvermögen[67].

Das vereinfachte Ertragswertverfahren *kann* dabei angewendet werden, muss aber nicht. Das bedeutet für den Berater, dass eine Vorteilhaftigkeitsanalyse der Verfahren durchzuführen ist. U. E. ist der ausschlaggebende „Entscheidungshebel" der Kapitalisierungsfaktor, welcher entweder individuell oder gesetzlich fixiert[68] zu ermitteln ist. Das vereinfachte Ertragswertverfahren ist dann nicht anzuwenden, wenn es zu offensichtlich unzutreffenden Ergebnissen führt.[69]

Hinweis:

Ab wann ein unzutreffendes Ergebnis vorliegt lässt der Steuergesetzgeber im Gesetzeswerk selbst offen.

66 § 11 Abs. 2 Satz 2 i. V. m. § 199 Abs. 1 BewG.
67 § 109 i. V. m. § 11 Abs. 2 Satz 2 i. V. m. § 199 Abs. 2 BewG.
68 „ Der in diesem Verfahren ..."; § 203 Abs. 1 BewG.
69 § 199 Abs 1 BewG.

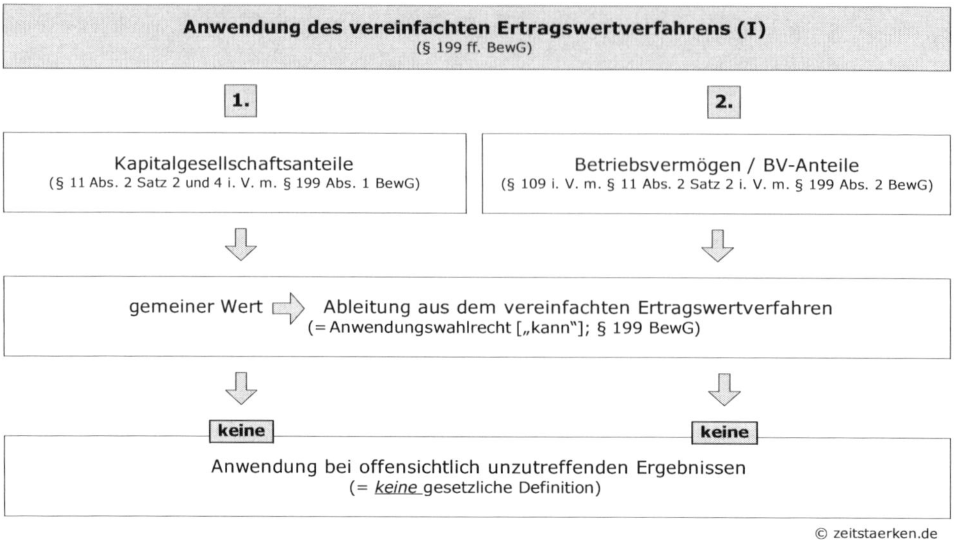

4. Offensichtlich unzutreffendes Ergebnis beim vereinfachten Ertragswertverfahren

26 Das vereinfachte Ertragswertverfahren ist *nicht* anzuwenden, wenn dieses Verfahren zu offensichtlich unzutreffenden Ergebnissen führt. Folgende Anwendungsfälle „der offensichtlichen Unrichtigkeit des vereinfachten Ertragswertverfahren" hat die Finanzverwaltung[70]/Steuergesetzgeber[71] genannt:

- Für den zu bewertenden Unternehmenstyp ist ein anderes anerkanntes, auch im gewöhnlichen Geschäftsverkehr für *nicht* steuerrechtliche Zwecke übliches Verfahren einschlägig, z. B. ein Multiplikatorenverfahren, Umsatzableitungsverfahren.[72]
- Spätere Erbauseinandersetzung.

  Herangezogen werden insbesondere die Ausgleichszahlungen zwischen Erben unter Hinzunahme des geerbten Vermögens als Bewertungsansatz.

  oder
- Zeitnahe (wertaufdeckende) Verkäufe (auch *nach* dem Bewertungsstichtag).

  Wie lange der Zeitraum nach dem Bewertungsstichtag sein soll wird in der Gesetzesbegründung überhaupt *nicht* klargestellt also eine „never ending story". Insoweit werden die Grundsätze des Bewertungs- und Besteuerungsstichtags unterlaufen, da auch nicht fixiert wurde, wie die Wertsteigerungen des Vermögensempfängers zu eliminieren sind.

70 Diskussionsentwurf für eine Anteils- und Betriebsvermögensbewertungsverordnung vom 8.2.2008, Begründung, B. Besonderer Teil, zu § 1, zu Absatz 1 und 2, S. 5.

71 BT-Drucks. vom 26.11.2008, 16/111107, Bericht des Finanzausschusses, zu § 199, S. 26.

72 Vgl. Drukarczyk/Ernst in „Branchenorientierte Unternehmensbewertung", Vahlen Verlag, München, 2007, 2. Auflage.

2

Hinweis: Anerkennung durch die Rechtsprechung (?)

*Angemerkt sei an dieser Stelle, dass die Wertkontrolle aus Geschäftsvorfällen nach dem Bewertungsstichtag gesetzlich **nicht** gestützt ist. U. E. ist eine Wertableitung aus Verkäufen vor dem Bewertungsstichtag gesetzlich fixiert. Die Gesetzesbegründung erweitert somit den Gesetzeswortlaut. Eine Verschiebung des maßgeblichen Bewertungszeitraums muss ausdrücklich im Gesetz geregelt werden, damit diese Anwendung findet. Der Rechtsbehelf ist geboten. Die Judikative wird dieser Aufdeckungsfälle der Finanzverwaltung hoffentlich strikt ablehnen. Der Berater muss aber trotzdem auf das Risiko hinweisen.*

Wenn das vereinfachte Ertragswertverfahren zu offensichtlich unzutreffenden Ergebnissen führt, kann der ermittelte Wert *nicht* übernommen werden: 27

- Unternehmens- bzw. Anteilsinhaber:

  Kein Recht auf Anwendung des vereinfachten Ertragswertverfahrens[73].
- Finanzverwaltung:

  Möglichkeit der Ablehnung der Anwendung des vereinfachten Ertragswertverfahrens[74].

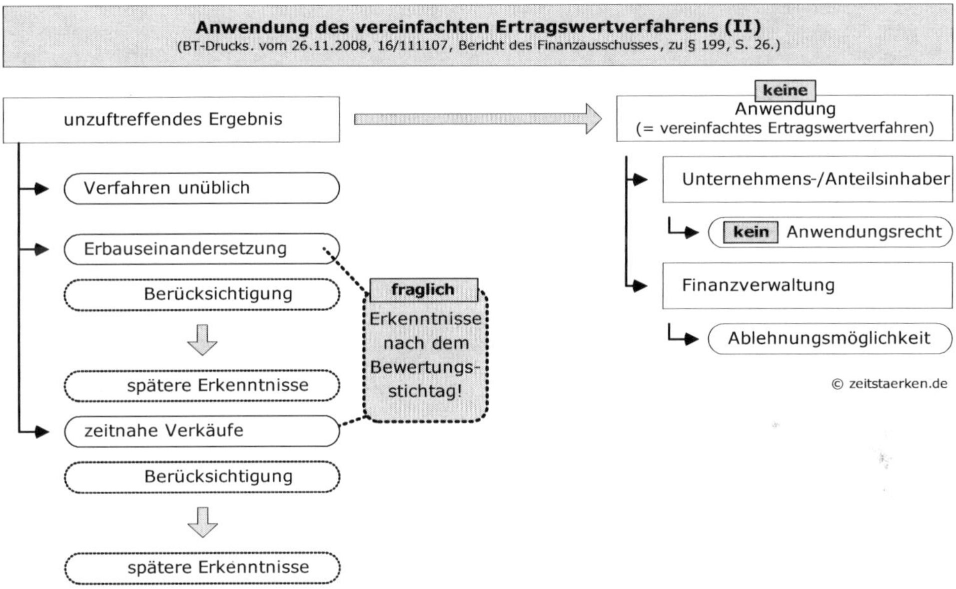

Hinweis: Zeitraum / Nachbewertungsvorbehalt

Es bleibt fraglich, welcher Zeitraum für die offensichtliche Fehlbewertung heranzuziehen ist.

Wird damit nicht (auch) ein Nachbewertungsvorbehalt für Betriebsvermögen eingeführt (?).

5. Wertansatzgebot

Der Wert des vereinfachten Ertragswertverfahrens **ist** anzusetzen, wenn dieser Wert höher ist als der Substanzwert.[75] 28

73 BT-Drucks. vom 26.11.2008, 16/111107, Bericht des Finanzausschusses, zu § 199, S. 26.
74 BT-Drucks. vom 26.11.2008, 16/111107, Bericht des Finanzausschusses, zu § 199, S. 26.
75 = Mindestwert; § 11 Abs. 2 Satz 3 BewG.

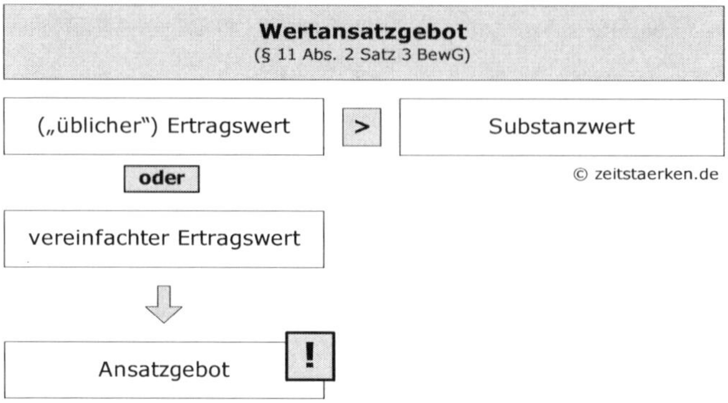

6. Vereinfachtes Ertragswertverfahren

29 Zur Ermittlung des Ertragswerts wird der zukünftig nachhaltig erzielbare Jahresertrag[76] mit dem Kapitalisierungsfaktor[77] multipliziert.[78]

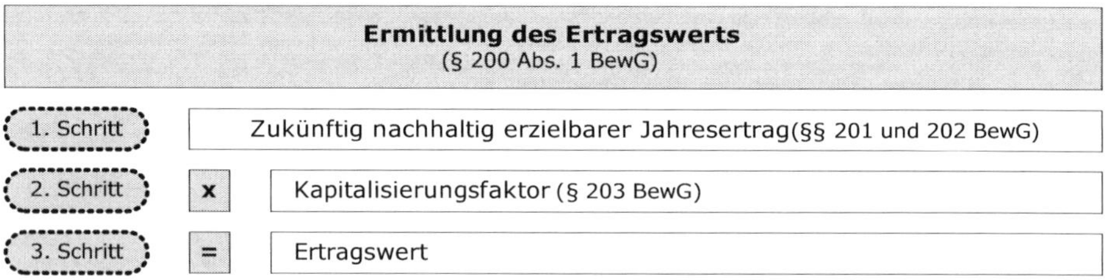

Bestimmte Wirtschaftsgüter des Betriebsvermögens sind *__nicht__* in die Ermittlung des zukünftig nachhaltig erzielbaren Jahresertrages einzubeziehen.

Ein zu bewertender „Gewerbebetrieb" wird für die Anwendung des vereinfachten Ertragswertverfahrens in **„Produktiv-/Elementar-Betriebsvermögen"** und **„betriebliches Nebenvermögen"** (= nicht betriebsnotwendiges Vermögen und Schulden[79]; Unterbeteiligungen und „junge" eingelegte Wirtschaftsgüter und Schulden[80]) aufgeteilt (= **„Trennungs- und Bereinigungspflicht"**).[81] Die wirtschaftlich mit den nicht betriebsnotwendigen und jungen eingelegten Wirtschaftsgütern zusammenhängenden Schulden teilen deren bewertungsrechtliches Schicksal.

30 Das „betriebliche Nebenvermögen" wird dabei auch selbstverständlich mit dem gemeinen Wert bewertet, wirkt sich aber auf das vereinfachte Ertragswertverfahren nicht aus. Die Erträge und Aufwendungen, die mit dem „betrieblichen Nebenvermögen" in wirtschaftlichem Zusammenhang stehen, sind aus den Betriebsergebnissen der maßgeblichen Wirtschaftjahre herauszulösen. Dieses **„betriebliche Nebenvermögen"** wird mit den selbstständig zu ermittelnden gemeinen Werten angesetzt:

76 § 201 BewG.
77 § 203 BewG.
78 § 200 Abs. 1 BewG.
79 = wirtschaftlicher Zusammenhang zu den Wirtschaftsgütern = tatsächliche Verwendung.
80 = wirtschaftlicher Zusammenhang zu den Wirtschaftsgütern = tatsächliche Verwendung.
81 § 200 BewG.

2

- ***nicht*** **betriebsnotwendige Wirtschaftsgüter**[82]/[83] und damit wirtschaftlich zusammenhängende Schulden (= sog. **neutrales Vermögen).**

  Wirtschaftsgüter, die aus dem Gewerbebetrieb / der Gesellschaft herausgelöst werden können, *ohne* die eigentliche Unternehmenstätigkeit zu beeinträchtigen, sind nicht betriebsnotwendige Wirtschaftsgüter.

  Schulden, die mit diesen (neutralen/nicht betriebsnotwendigen) Wirtschaftsgütern im wirtschaftlichen Zusammenhang stehen, teilen das Schicksal der bewertungsrechtlichen Verselbstständigung.[84]

Beispiel:

Zum Betriebsvermögen eines Einzelunternehmens gehört ein Mietwohngrundstück.

- **(„Unter"-) Beteiligungen**[85]

  Für Beteiligungen an anderen Gesellschaften[86] erfolgt eine eigenständige Wertermittlung mit dem gemeinen Wert. Dabei sind die betriebsnotwendigen (Unter-)Beteiligungen und nicht betriebsnotwendigen (Unter-)Beteiligungen eigenständig zu bewerten. Für wirtschaftlich unbedeutende Beteiligungen können im Verwaltungsweg noch Vereinfachungen bei der Bewertung vorgenommen werden.[87]

Beispiel:

Zum Betriebsvermögen gehört eine Beteiligung an einer anderen Kapitalgesellschaft (= Tochterunternehmen) oder eine Beteiligung an einem geschlossenen Immobilienfonds.

Hinweis:

Bei nicht betriebsnotwendigen Wirtschaftsgütern oder „jung" eingelegte Wirtschaftsgüter werden die dazugehörigen Schulden mit herausgelöst. Soweit es sich um eine Beteiligung an einer anderen Gesellschaft handelt, bleiben die Finanzierungsschulden dem Produktivvermögen zugeordnet. Die (Unter-)Beteiligungen werden zwar selbständig mit dem gemeinen Wert bewertet. Es handelt sich dabei aber nur um einen abweichenden Wertansatz bezüglich der (fortgeführten) Anschaffungskosten aus der Steuerbilanz.[88]

- **„junge" eingelegte Wirtschaftsgüter** und damit wirtschaftlich zusammenhängende **Schulden**

  Hierunter sind innerhalb von zwei Jahren vor dem Bewertungsstichtag eingelegte Wirtschaftsgüter[89] und mit diesen in wirtschaftlichem Zusammenhang stehenden Schulden[90] zu verstehen.

Hinweis:

An dieser Stelle sei angemerkt:

82 Z. B. Mietwohngrundstück bei einem Produktionsunternehmen; BT-Drucks. vom 26.11.2008, 16/111107, Bericht des Finanzausschusses, zu § 200 Abs. 2, S. 27.
83 § 200 Abs. 2 BewG.
84 = „mit Herausschwingen"; § 200 Abs. 2 2. Altern. BewG.
85 § 200 Abs. 3 BewG; soweit diese *nicht* bereits neutrales Vermögen (§ 200 Abs. 2 BewG) darstellen.
86 = Anteile an Kapitalgesellschaften oder Mitunternehmer(teil)anteilen.
87 BT-Drucks. vom 26.11.2008, 16/111107, Bericht des Finanzausschusses, zu § 200 Abs. 3, S. 27.
88 BT-Drucks. vom 26.11.2008, 16/111107, Bericht des Finanzausschusses, zu § 202 Abs. 1, S. 28.
89 Soweit diese Wirtschaftsgüter nicht bereits als neutrales Vermögen (§ 200 Abs. 2 BewG) oder als Unterbeteiligung (§ 200 Abs. 3 BewG) auszusondern sind.
90 § 200 Abs. 4 BewG.

2

- *bewertungsrechtlich:*

  Bewertungsrechtlich muss es sich um eingelegte Wirtschaftsgüter innerhalb der letzten zwei Jahren handeln (= junge eingelegte Wirtschaftsgüter), so dass eine verselbstständige Einzelbewertung erfolgen muss.[91]

- *erbschaftsteuerrechtlich:*

  Erbschaftsteuerrechtlich liegt sog. „junges Verwaltungsvermögen" vor, wenn es Wirtschaftgüter des – gesetzlich abschließend aufgezählten – Verwaltungsvermögen sind und dem Betrieb im Besteuerungszeitpunkt weniger als zwei Jahre zuzurechnen sind.[92]

  Der Anlass der Vermögensmehrung ist damit unerheblich (= Einlage, Anschaffung; Herstellung, Überführung oder Übertragung).[93]

Es kann sich dabei in der täglichen Praxis ein und dasselbe Wirtschaftsgut handeln. Der bewertungsrechtliche Umfang ist dabei weiter zu fassen als der erbschaftsteuerrechtliche.

31 **Beispiele:**

- Vor dem Bewertungsstichtag legt der Unternehmenseigentümer Wertpapiere aus dem Privatvermögen in den Betrieb zur Erhöhung der Eigenkapitalquote ein.
- Das Besitzunternehmen vermietet ein bebautes Grundstück an die Betriebs-GmbH. Diese wiederum muss das dritte Obergeschoss zur vollständigen Ausnutzung der Immobilie an einen (weiteren) Dritten weitervermieten. Die Immobilie wurde aufgrund der vollständigen Vermietung im Zeitpunkt der erstmaligen Vermietung in das Besitzunternehmen eingelegt (= Zeitpunkt der Entstehung der Betriebsaufspaltung) und stellt bei diesem somit ein junges eingelegtes Wirtschaftsgut dar.
- Der Unternehmer überführte aus einem anderen Gewerbebetrieb drei Monate vor der Unternehmensübertragung an den Sohn die Registrierkasse mit dem ertragsteuerrechtlichen Buchwert in das dann übertragene Unternehmen.

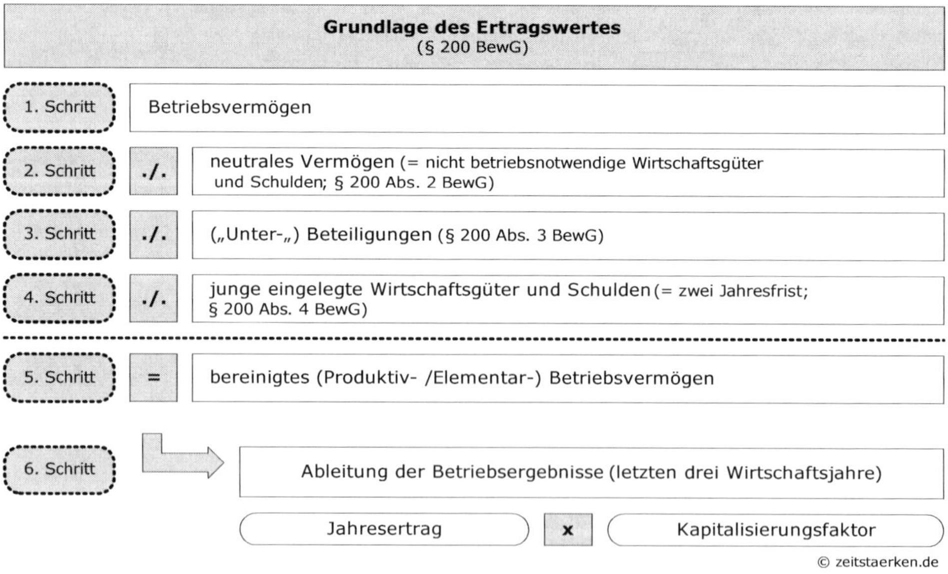

91 § 200 Abs. 4 BewG.
92 § 13b Abs. 2 Satz 3 ErbStG.
93 Vertiefend im Kapitel junges Verwaltungsvermögen.

Bei der Ermittlung der maßgeblichen Betriebsergebnisse müssen Erträge und Aufwendungen, die 32
mit dem „Nebenvermögen“ in einem *wirtschaftlichen Zusammenhang* stehen, eliminiert werden:

- Wirtschaftsgüter und Schulden des neutralen Vermögens:
  - Abschreibungen, Teilwertabschreibungen oder Sonderabschreibungen
  - Schuldzinsen, Disagio; Bankgebühren bei der Kreditvergabe usw.

    U. E. ist hier der weitere Schuldzinsenbegriff anzuwenden, da sämtliche Aufwendungen, die mit einem Finanzierungsdarlehen in wirtschaftlichem Zusammenhang stehen, in der Regel im Schuldbetrag enthalten sind. Der restliche noch nicht getilgte Schuldbetrag wird verselbstständig mit dem Rückzahlungswert angesetzt.
- („Unter-“)Beteiligungen:
  - Gewinnausschüttungen aus einer Beteiligung an einer Kapitalgesellschaft
  - Teilwertabschreibungen wirken sich nur anteilig auf das Betriebsergebnis aus (= 60%iges Teilabzugsverfahren[94]). Diese Ergebniserhöhung wird außerbilanziell durch eine 40%ige Hinzurechnung durchgeführt.

    Da die außerbilanziellen Ergebnisveränderungen[95] im vereinfachten Ertragswertverfahren unberücksichtigt bleiben, muss für eine korrekte Wertermittlung der gesamte Aufwandsbetrag aus den Betriebsergebnissen herausgelöst werden.
  - Betriebsvermögensmehrungen/-minderungen aufgrund Anwendung der Spiegelbildtheorie aus einer Beteiligung an einer Personengesellschaft

Hinweis:

*Die Finanzierungsaufwendungen, die in einem wirtschaftlichen Zusammenhang mit einer Unterbeteiligung angefallen sind, bleiben im maßgeblichen Betriebsergebnis enthalten, da diese durch den selbstständig zu ermittelnden Wert der Beteiligung **nicht** abgedeckt werden (= Belastungsprinzip).*

- innerhalb von zwei Jahren vor dem Bewertungsstichtag eingelegte Wirtschaftsgüter und Schulden“:
  - Abschreibungen, Teilwertabschreibungen oder Sonderabschreibungen
  - Schuldzinsen, Disagio; Bankgebühren bei der Kreditvergabe usw.

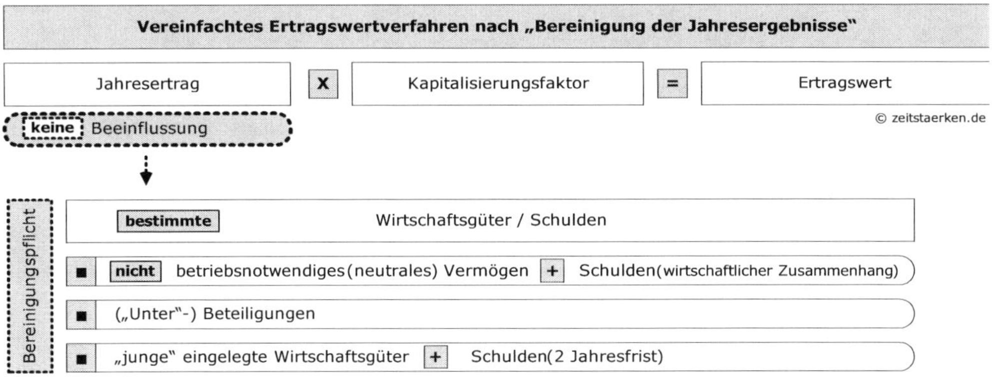

94 § 3c Abs. 2 EStG.
95 § 4 Abs. 4a EStG, § 4 Abs. 5 EStG; § 4 Abs. 5b EStG.

33 Der selbstständig zu ermittelnde Wert von nicht betriebsnotwendigen Wirtschaftsgütern und Schulden und Unterbeteiligungen sowie eingelegten Wirtschaftsgüter innerhalb der Vorbesitzklausel und damit in wirtschaftlichen Zusammenhang stehenden Schulden sind dem ermittelnden Ertragswert **gesondert hinzuzurechnen**.[96] Der **Wert des Betriebsvermögens** setzt sich dann aus den folgenden Komponenten zusammen

- Unternehmen (= Produktivvermögen; ertragsteuerrechtliches notwendiges Betriebsvermögen ermittelt nach dem vereinfachten Ertragswertverfahren)
- Wirtschaftsgüter und Schulden des neutralen Vermögens
- („Unter-„)Beteiligungen

  <u>*und*</u>

- „junge" eingelegte Wirtschaftsgüter und deren Schulden

  Im bewertungsrechtlichen Sinne sind darunter Wirtschaftsgüter zu verstehen, die zwei Jahre vor dem Bewertungsstichtag in das Betriebsvermögen **eingelegt** wurden.

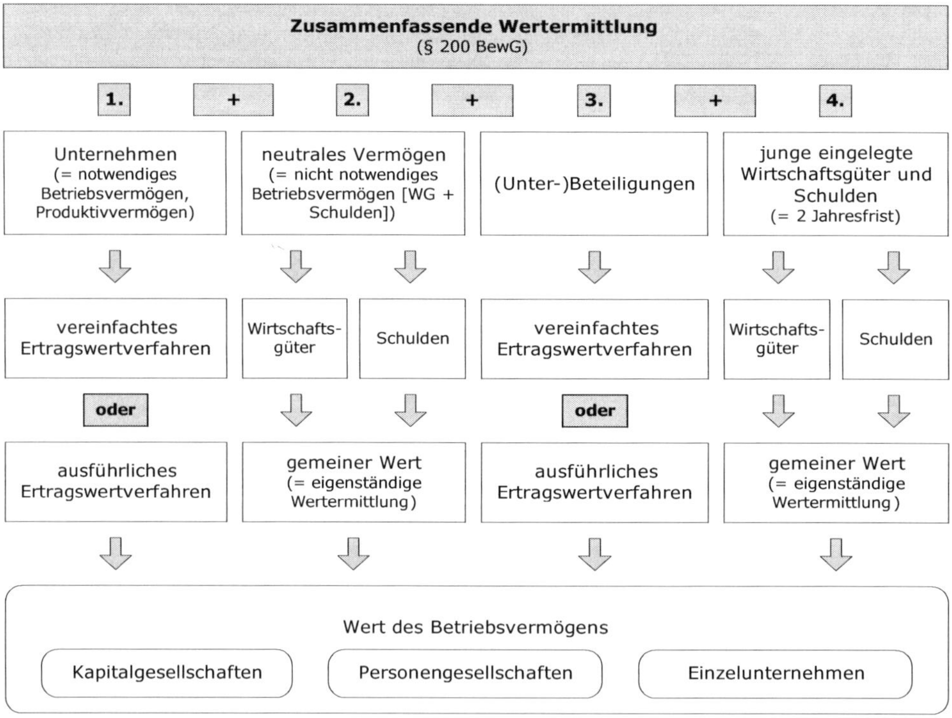

© zeitstaerken.de

Beispiel: Wert des Betriebsvermögen

Das Einzelunternehmen hat folgende nachstehende Wertbestandteile:

- (bereinigter) vereinfachter Ertragswert 2.500.000 €
- nicht betriebsnotwendiges Vermögen:

96 § 200 Abs. 2 BewG.

2

- Wirtschaftsgüter 125.000 €
- Schulden 67.500 €

- Unterbeteiligungen:
  - Vereinfachter Ertragswert 1.250.000 €
  - Schulden 137.000 €
- „junge" eingelegte Wirtschaftsgüter und Schulden:
  - Wirtschaftsgüter 12.500 €
  - Schulden 3.250 €

Der Substanzwert des Unternehmens beträgt 3.250.000 €

Lösung:

Der gemeine Wert des Gewerbebetriebs ermittelt sich wie folgt:

Ermittlung des gemeinen Wertes eines Gewerbebetriebs

	Produktiv-vermögen	nicht betriebs-notwendiges Vermögen	Unterbe-teiligungen	junge eingelegte Wirtschaftsgüter
	Euro			
Ertragswert	2.500.000			
Wirtschaftsgüter		125.000	1.250.000	12.500
Schulden		-67.500		-3.250
Summe	2.500.000	57.500	1.250.000	9.250
vereinfachter Ertragswert				3.816.750
Substanz-/Mindestwert				3.250.000
gemeiner Wert des Gewerbebetriebs				**3.816.750**

Hinweis:

Die zusätzlich mit dem gemeinen Wert anzusetzenden Wirtschaftsgüter und Schulden sowie Beteiligungen können somit ***nicht nur*** *einen* ***positiven*** ***sondern auch*** *einen* ***negativen Wert*** *ergeben.*

Beispiel: Wert des Betriebsvermögen 34

Das Einzelunternehmen hat folgende nachstehende Wertbestandteile:

- (bereinigter) vereinfachter Ertragswert 1.500.000 €
- nicht betriebsnotwendiges Vermögen:
  - Wirtschaftsgut 80.000 €

    Das nicht betriebsnotwendige Wirtschaftsgut wurde ertragsteuerrechtlich zulässigerweise auf den voraussichtlich dauernden wertgeminderten gemeinen Wert abgeschrieben.
  - Schulden 125.500 €

    Die Schulden wurden unverändert mit der von Beginn an vereinbarten Annuität reduziert.

Unterbeteiligungen und „junge" eingelegte Wirtschaftsgüter und Schulden sind *nicht* gegeben.

Der Substanzwert des Unternehmens beträgt 1.750.000 €

2

Lösung:

In diesem Fall ist der Substanzwert als Mindestwert anzusetzen.

Der gemeine Wert des Gewerbebetriebs ermittelt sich wie folgt:

Ermittlung des gemeinen Wertes eines Gewerbebetriebs				
	Produktiv-vermögen	nicht betriebs-notwendiges Vermögen	Unterbe-teiligungen	junge eingelegte Wirtschaftsgüter
	Euro			
Ertragswert	1.500.000			
Wirtschaftsgüter		80.000		
Schulden		-125.500		
Summe	1.500.000	-45.500	0	0
vereinfachter Ertragswert				1.454.500
Substanz-/Mindestwert				1.750.000
gemeiner Wert des Gewerbebetriebs				**1.750.000**

7. Ermittlung des Jahresertrags

35 Die Bewertungsgrundlage bildet der voraussichtlich zukünftig nachhaltig erzielbare Jahresertrag.[97] Eine wichtige Beurteilungsgrundlage für die Schätzung dieses Jahresertrags bietet der *in der Vergangenheit* tatsächlich erzielte **Durchschnittsertrag**.[98] Die Herleitung des Durchschnitterträgs hat – wenn möglich – aus den Betriebsergebnissen[99] der **letzten drei vor dem Bewertungsstichtag abgelaufenen Wirtschaftsjahre** zu erfolgen.[100] Der Jahresertrag ist der Durchschnittswert (= „durch drei zu dividieren[101]“) der Summe der Betriebsergebnisse.[102] Dieses Ergebnis stellt den **Jahresertrag** dar.[103]

Hinweis:

*Ist das Betriebsergebnis eines am Bewertungsstichtag **noch nicht** abgelaufenen Wirtschaftsjahres für die Herleitung des künftig zu erzielenden Jahresertrags von Bedeutung, so ist das gesamte Betriebsergebnis dieses Rumpfwirtschaftsjahres anstelle des drittletzten abgelaufenen Wirtschaftsjahres einzubeziehen.[104]/[105] Dasselbe Schicksal ereilt Unternehmen, welche noch nicht drei Jahre existieren. Hier wird ein „verkürzter" Durchschnittsertrag als maßgebliches Jahresergebnis ermittelt. Für Unternehmensgründer dürfte oft auch der Substanzwert als Mindestwert auszusetzen sein.*

97 § 201 Abs. 1 Satz 1 BewG.
98 § 201 Abs. 1 Satz 2 BewG.
99 § 202 BewG.
100 § 201 Abs. 2 Satz 1 BewG
101 = *ohne* Gewichtung.
102 § 201 Abs. 2 Satz 3 BewG.
103 § 201 Abs. 2 Satz 4 BewG.
104 § 201 Abs. 2 Satz 3 BewG.
105 BFH vom 1.2.2007, II R 19/05, BStBl. II 2007, 635; beim bisherigen Stuttgarter Verfahren wurde die Vorgehensweise vom BFH abgelehnt.

Von einem entsprechend **verkürzten Ermittlungszeitraum** ist auszugehen, wenn 36

- sich im Dreijahreszeitraum der Unternehmenscharakter nachhaltig verändert hat

  <u>oder</u>
- das Unternehmen neu entstanden ist.[106]

Von den früheren Betriebsergebnissen des Gewerbebetriebs oder der Gesellschaft ist auszugehen, bei Unternehmen, die entstanden sind durch

- Umwandlung,
- Einbringung von Betrieben oder Teilbetrieben

  <u>oder</u>
- Umstrukturierung.[107]

Hinweis:

Soweit sich die Änderung der Rechtsform auf den Jahresertrag auswirkt, sind die früheren Betriebsergebnisse entsprechend zu korrigieren.[108]

Beispiel: 37

Das Unternehmen hat einen Durchschnittsertrag in Höhe von 200.000 €. Durch eine Verschmelzung der B-GmbH (Durchschnittsertrag 50.000 €) in das Unternehmen erhöht sich der Durchschnittsertrag danach nachhaltig auf 250.000 €.

Lösung:

Aufgrund der Anpassungsverpflichtung[109] des Durchschnittsertrages muss eine Anhebung erfolgen. Der Erhöhungsdurchschnittsertrag der verschmolzenen B-GmbH muss in den maßgeblichen Durchschnittsertrag des Unternehmens einfließen.

- Durchschnittsertrag vor der Anpassung:

vereinfachte Ertragswertermittlung (§ 199 ff. BewG)

Bewertungsjahr: 2009

Wirtschaftsjahre	2006	2007	2008	Anpassungen Durchschnitt	Ersatzwerte	Ø
Unterschiedsbetrag (BV akt. WJ ./. BV Vor-WJ)	225.000	375.000	300.000			Anzahl Jahre:
./. Einlagen (negativ eingeben!)						3
+ Entnahmen	48.500	59.000	89.641			
Gewinn (§ 4 Abs. 1 Satz 1 EStG) (Es ist nicht notwendig alle Felder auszufüllen!)	273.500	434.000	389.641	0		365.714
Hinzurechnungen	0	0	0	0	0	0
Summe der Einkünfte und der Hinzurechnungen	273.500	434.000	389.641	0	0	365.714
Kürzungen	-80.000	-80.000	-80.000	0	0	-80.000
vorläufiges bereinigtes Betriebsergebnis	193.500	354.000	309.641	0	Änderungen: 0	285.714
10. Ertragsteuerbelastung	-58.050	-106.200	-92.892	0	0	-85.714
KSt/ESt-Satz (vereinfachend; typisierend)	30,00 %	30,00 %	30,00 %	30,00 %	30,00 %	
bereinigtes Betriebsergebnis (= Durchschnittsertrag/Jahresertrag)	135.450	247.800	216.749	0		**200.000**

106 § 201 Abs. 3 Satz 1 BewG.
107 § 201 Abs. 3 Satz 2 BewG.
108 § 201 Abs. 3 Satz 3 BewG.
109 § 201 Abs. 3 Satz 2 BewG.

- Durchschnittsertrag nach der Anpassung:

vereinfachte Ertragswertermittlung (§ 199 ff. BewG)

Bewertungsjahr: 2009

Wirtschaftsjahre	2006	2007	2008	Anpassungen Durchschnitt	Ersatzwerte	Ø
Unterschiedsbetrag (BV akt. WJ ./. BV Vor-WJ)	225.000	375.000	300.000			Anzahl Jahre: 3
./. Einlagen (negativ eingeben!)						
+ Entnahmen	48.500	59.000	89.641	71.429		
Gewinn (§ 4 Abs. 1 Satz 1 EStG) (Es ist nicht notwendig alle Felder auszufüllen!)	273.500	434.000	389.641	71.429		437.143
Hinzurechnungen	0	0	0	0	0	0
Summe der Einkünfte und der Hinzurechnungen	273.500	434.000	389.641	71.429	0	437.143
Kürzungen	-80.000	-80.000	-80.000	0	0	-80.000
					Änderungen:	
vorläufiges bereinigtes Betriebsergebnis	193.500	354.000	309.641	71.429	0	357.143
10. Ertragsteuerbelastung	-58.050	-106.200	-92.892	-21.429	0	-107.143
KSt/ESt-Satz (vereinfachend; typisierend)	30,00 %	30,00 %	30,00 %	30,00 %	30,00 %	
bereinigtes Betriebsergebnis (= Durchschnittsertrag/Jahresertrag)	135.450	247.800	216.749	50.000		**250.000**

Hinweis:

Eine Verschmelzung nach der Vermögensübertragung wäre Steuern reduzierend.

Ermittlung des Jahresertrags
(§ 201 BewG)

1. Schritt: Grundsätze

1. Bewertungsgrundlage: voraussichtlich zukünftig nachhaltig erzielbarer Jahresertrag

2. Beurteilungsgrundlage: vergangsheitsbezogener tatsächlicher Durchschnittsertrag

2. Schritt: Jahresertrag

3. Herleitung: letzten drei vor dem Bewertungsstichtag abgelaufenen Wirtschaftsjahren

4. Durchschnittsertrag: Summe der Betriebsergebnisse / 3

3. Schritt: Besonderheiten

A. Wirtschaftsjahrtausch: bedeutsames noch nicht abgelaufenes Wirtschaftsjahr

B. verkürzter Ermittlungszeitraum → nachhaltige Unternehmensveränderung **oder** → neu entstandenes Unternehmen

C. Ansatz der früheren Betriebsergebnisse bei Umwandlungen und Einbringungen usw

8. Betriebsergebnisse

38 **Ausgangswert** für die Ermittlung des Betriebsergebnisses ist der Unterschiedsbetrag des Betriebsvermögensvergleichs.[110/111] Dieser ist bei Personenunternehmen um Entnahmen und Einlagen entsprechend der ertragsteuerrechtlichen Vorgehensweise zu korrigieren. Dieser Ausgangs-

110 § 4 Abs. 1 Satz 1 EStG.
111 § 202 Abs. 1 Satz 1 1. HS BewG.

wert erscheint uns als richtiger Wertansatz. Nicht abzugsfähige (gewinnerhöhende) Betriebsausgaben[112] oder nicht versteuerungspflichtige (gewinnmindernde) Betriebseinnahmen[113] müssen unmaßgeblich sein, da diese Geschäftsvorfälle das Unternehmen, welches am Bewertungsstichtag tatsächlich übertragen wurde, auch tatsächlich beeinflusst haben.

Ertragsteuerrechtliche Änderungen aufgrund von **Betriebsprüfungen** sind auf Grund der gesetzlichen Verknüpfung erbschaftsteuerrechtlich verpflichtend umzusetzen. U. E. ist der Zweck so auszulegen, dass eine verfahrensrechtliche Bindungswirkung entstanden ist.

<u>*Nicht*</u> in den Ausgangswert <u>*einzubeziehen*</u> sind (bei **Mitunternehmerschaften**): 39

- Ergebnisse aus den Ergänzungsbilanzen

  Ergänzungsbilanzen werden bei einem **Erwerb von Todes wegen** oder einer (Voll-)Schenkung des gesamten Mitunternehmeranteils mit übertragen.[114] Insoweit führt der Vermögensempfänger die positive oder negative Ergänzungsbilanz fort.

  Bei einer **(Teil-)Schenkung** eines Mitunternehmer*teil*anteils bleibt u. E. sowohl die positive als auch die negative Ergänzungsbilanz zurück. Der Schenker bleibt Mitunternehmer und führt deshalb die Ergänzungsbilanzen fort. Es ist aber auch denkbar eine prozentuale Übertragung entsprechend der Kapitalkontenübertragung durchzuführen. Der zweiten Lösung ist der Vorzug zu geben, da die Ergänzungsbilanz an der Gesamthandsbilanz (= hier Kapitalkonto) „anklebt".

  U. E. stellt sich noch folgende Frage: In der täglichen Praxis werden die gemeinen Werte der Wirtschaftgüter für den Substanzwert in der Regel mindestens den Buchwert betragen. Soweit für einzelne Wirtschaftsgüter im Gesamthandsvermögen der Grundsatz aufgestellt werden kann „Buchwert = gemeiner Wert" müssen die Zusatzwerte[115] aus etwaigen Ergänzungsbilanzen hinzuaddiert werden. Wäre der gemeine Wert niedriger als der ausgewiesene Buchwert, wäre das Versäumnis einer voraussichtlichen dauernden Wertminderung (= Teilwert-AfA[116]) zu prüfen.

  <u>*und*</u>

- Ergebnisse aus den Sonderbilanzen

  Das Sonderbetriebsvermögen (= Wirtschaftsgüter und Schulden) sind eigenständig mit dem gemeinen Wert zu bewerten und dem jeweiligen Gesellschafter zuzurechnen. Eine Teilwertabschreibung muss beim vereinfachten Ertragswertverfahren wieder hinzugerechnet werden.[117]

Hinweis:

*Damit wird rechtsformneutral auf den steuerrechtlichen Bilanzgewinn abgestellt. Dieser umfasst die steuerfreien Vermögensmehrungen[118] und sonstigen Einkommensberichtigungen[119], so dass insoweit **<u>keine</u>** Korrekturen mehr erforderlich sind.[120]*

---

112 § 4 Abs. 4a EStG, § 4 Abs. 5 EStG, § 4 Abs. 5b EStG.

113 § 3 Nr. 40 EStG usw.

114 U. E. ergibt sich dieses Ergebnis aus den Lösungswegen des Steuergesetzgebers zu § 6 Abs. 3 EStG. Solange die Besteuerung der stille Reserven territorial in Deutschland gesichert ist (= hier negative Ergänzungsbilanz), soll keine „unternehmensschädliche" Besteuerung eintreten. Die positive Ergänzungsbilanz wird auf Grund des Anschaffungskostenprinzips fortgeführt.

115 = erhöhte Anschaffungskosten eines Mitunternehmers auf die einzelnen Wirtschaftsgüter im Gesamthandsvermögen der Mitunternehmerschaft.

116 § 202 Abs. 1 Satz 2 Nr. 1 Buchst. a BewG.

117 § 97 Abs. 1a Nr. 2 BewG.

118 steuerfreie Veräußerungen, § 8b Abs. 2 KStG.

119 § 4 Abs. 5, Abs. 5a, Abs. 6 EStG.

120 Diskussionsentwurf AntBVBewV-E, Begründung, zu § 4, zu Abs. 1, Seite 7.

Hinweis:

Der Ausgangswert ist zu korrigieren, um Vermögensminderungen und -mehrungen, die einmalig sind oder jedenfalls nicht den künftig nachhaltig erzielbaren Jahresertrag beeinflussen.

40 Dieser Wert ist wie folgt zu korrigieren (= Kurzdarstellung):

Ermittlung des Betriebsergebnisses (= Kurzdarstellung) (§ 202 BewG)		
1. Schritt		Ausgangswert: Gewinn (i. S. d. § 4 Abs. 1 Satz 1 EStG; § 202 Abs. 1 Satz 2 1. HS BewG)
		außer Ansatz: Ergebnisse aus Ergänzungs- und Sonderbilanzen (§ 202 Abs. 1 Satz 2 2. HS BewG)
2. Schritt	+	Hinzurechnungen (§ 202 Abs. 1 Satz 2 Nr. 1 Buchst. a bis f BewG)
3. Schritt	./.	Kürzungen (§ 202 Abs. 1 Satz 2 Nr. 2 Buchst. a bis f BewG)
4. Schritt	+ ./.	steuerrechtlich nicht anzuerkennende Erträge/ Aufwendungen (§ 202 Abs. 1 Satz 2 Nr. 3 BewG)
5. Schritt	./.	Ertragsteueraufwand i. H. v. 30 % (§ 202 Abs. 3 BewG)
6. Schritt	=	„bereinigtes" Betriebsergebnis

41 Folgende Hinzurechnungen und Kürzungen sind vorzunehmen:

- Hinzurechnungen[121]:
  - Investitionsabzugsbeträge, Sonderabschreibungen oder erhöhte Abschreibungen, Bewertungsabschläge, Zuführungen zu steuerfreien Rücklagen sowie Teilwertabschreibungen.

Hinweis:

Zu berücksichtigen im Betriebsergebnis sind __nur__ die planmäßige Abschreibungsbeträge.

  - Absetzungen auf den Geschäfts- oder Firmenwert oder auf firmenwertähnliche Wirtschaftsgüter
  - einmalige Veräußerungsverluste sowie außerordentliche Aufwendungen
  - im Gewinn nicht enthaltene Investitionszulagen, soweit zukünftig mit weiteren zulagebegünstigten Investitionen in gleichem Umfang gerechnet werden kann
  - Ertragsteueraufwand (= Körperschaftsteuer, Zuschlagsteuern und Gewerbesteuer)
  - Aufwendungen im Zusammenhang mit den nicht zum betriebsnotwendigen Vermögen gehörenden Wirtschaftsgütern und Schulden (neutralem Vermögen), (Unter-) Beteiligungen und „junge" eingelegte Wirtschaftsgüter und Schulden"[122]
  - Verluste im Zusammenhang mit den nicht zum betriebsnotwendigen Vermögen gehörenden Wirtschaftsgütern (neutralem Vermögen), (Unter-) Beteiligungen und „jungem Verwaltungsvermögen"[123]

121 § 202 Abs. 1 Nr. 1 BewG.
122 § 200 Abs. 2 und Abs. 4 BewG.
123 § 200 Abs. 2 bis Abs. 4 BewG.

- Kürzungen[124]: 42
  - gewinnerhöhende Auflösungsbeträge steuerfreier Rücklagen sowie Teilwertzuschreibungen[125]
  - einmalige Veräußerungsgewinne sowie außerordentliche Erträge
  - im Gewinn enthaltene Investitionszulagen, soweit zukünftig nicht mit weiteren zulagebegünstigten Investitionen in gleichem Umfang gerechnet werden kann
  - ein angemessener Unternehmerlohn, soweit in der bisherigen Ergebnisrechnung keiner berücksichtigt wurde[126] U. E. ist die Regelung so auszulegen, dass bei tatsächlich gebuchtem/gezahltem Gesellschafter-Geschäftsführer-Gehalt die Anpassung anhand einer BBE-Gehaltsstudie entfällt.[127]

Hinweis:

*Die Höhe des Unternehmerlohns, soweit dieser noch nicht im Betriebsergebnis erfasst wurde, bestimmt sich durch Fremdvergleich (= Gehalt eines nicht beteiligten Geschäftsführers[128]). Daneben kann **auch** fiktiver Lohnaufwand für bislang unentgeltlich tätige Familienangehörige berücksichtigt werden.[129]*

  - Erträge aus Ertragsteuererstattungen (= Körperschaftsteuer, Zuschlagsteuern und Gewerbesteuer)
  - Erträge im Zusammenhang mit den nicht zum betriebsnotwendigen Vermögen gehörenden Wirtschaftsgütern (= neutralem Vermögen) Schulden, (Unter-) Beteiligungen und „junge" eingelegte Wirtschaftsgüter und Schulden[130]
- Hinzurechnungen / Kürzungen[131]: 43

  Sonstige wirtschaftlich *nicht* begründete Vermögensminderungen oder –erhöhungen mit Einfluss auf den zukünftig nachhaltig erzielbaren Jahresertrag und gesellschaftsrechtlichen Bezug.[132] Durch diese Klausel werden steuerrechtlich nicht anzuerkennende Geschäftsvorfälle, die sich aber ordnungsgemäß auf den Unterschiedsbetrag ausgewirkt haben, bewertungsrechtlich korrigiert:
  - verdeckte Gewinnausschüttungen bei Körperschaften
  - Verträge, die dem Fremdvergleich nicht Stand halten
- Steueraufwand

  Das um Hinzurechnungen und Kürzungen korrigierte Betriebsergebnis ist zur Abgeltung des Ertragsteueraufwands um 30 % zu mindern.[133]

124 § 202 Abs. 1 Nr. 2 BewG.
125 § 6 Abs. 1 Nr. 1 Satz 4 und Nr. 2 Satz 3 EStG.
126 Für Einzelunternehmen und Personengesellschaften muss damit in der täglichen Praxis eine Wertermittlung erfolgen!
127 „.., soweit in der bisherigen Ergebnisrechnung kein solcher berücksichtigt worden ist."; § 202 Abs. 1 Nr. 2 Buchst. d BewG.
128 § 202 Abs. 1 Nr. 2 Buchst. d Satz 2 BewG.
129 § 202 Abs. 1 Nr. 2 Buchst. d BewG.
130 § 200 Abs. 2 bis Abs. 4 BewG.
131 § 202 Abs. 1Nr. 2 BewG.
132 Z. B. vGA, vE, überhöhte Pachtzahlungen.
133 § 4 Abs. 3 BewG.

Hinweis:

Die 30 %ige Minderung entspricht der künftigen durchschnittlichen Unternehmersteuerlast für Kapitalgesellschaften und Personenunternehmen nach den Regelungen der Unternehmensteuerreform 2008.[134]

44 Das ermittelte Ergebnis ist ein „bereinigtes“ Betriebsergebnis, welches dann in die Verhältnisrechnung eines Drei-Wirtschaftsjahres-Zeitraums einzubeziehen ist.

Hinweis:

Bei der Einnahmen-Überschussrechnung[135] *ist vom Überschuss der Betriebseinnahmen über die Betriebsausgaben auszugehen (= Ausgangswert des „4/3-Rechners“.*[136]

45 Das ausführliche Schema für die tägliche Praxis sieht wie folgt aus:

Ermittlung des Betriebsergebnisses
(§ 202 BewG)

1. Schritt		Ausgangswert: Gewinn (i. S. d. § 4 Abs. 1 Satz 1 EStG; § 202 Abs. 1 Satz 2 1. HS BewG)
		außer Ansatz: Ergebnisse aus Ergänzungs- und Sonderbilanzen (§ 202 Abs. 1 Satz 2 2. HS BewG)
2. Schritt	+	Hinzurechnungen (§ 202 Abs. 1 Satz 2 Nr. 1 Buchst. a bis f BewG)
		IAB, Sonder-AfA, erhöhte AfA, Zuführungen stfr. Rücklagen sowie Teilwert-AfA
		AfA Geschäfts- oder Firmenwert, firmenwertähnliche Wirtschaftsgüter
		einmalige Veräußerungsverluste, außerordentliche Aufwendungen
		im Gewinn nicht enthaltene Investitionszulagen
		Ertragsteueraufwand (= Körperschaftsteuer, Zuschlagsteuern und Gewerbesteuer)
		Aufwendungen im wirtschaftl. Zusammenhang mit nicht betriebsnotwendigen Wirtschaftsgütern (WG) und Schulden sowie junge eingelegte WG und Schulden (§ 200 Abs. 2 und Abs. 4 BewG)
		Verluste im wirtschaftlichen Zusammenhang mit nicht betriebsnotwendigen WG und Schulden, (Unter-)Beteiligungen und junge eingelegte WG und Schulden (§ 200 Abs. 2 bis Abs. 4 BewG)
3. Schritt	./.	Kürzungen (§ 202 Abs. 1 Satz 2 Nr. 2 Buchst. a bis f BewG)
		gewinnerhöhende Auflösungsbeträge steuerfreier Rücklagen
		einmalige Veräußerungsgewinne, außerordentliche Erträge
		im Gewinn enthaltene Investitionszulagen
		angemessener Unternehmerlohn (= auch bisher unentgeltlich tätige Familienangehörige)
		Erträge aus der Erstattung von Ertragsteuern (= KöSt , Zuschlagsteuern und GewSt)
		Erträge im wirtschaftlichen Zusammenhang mit nicht betriebsnotwendigen WG und Schulden, (Unter-)Beteiligungen und junge eingelegte WG und Schulden (§ 200 Abs. 2 bis Abs. 4 BewG)
4. Schritt	+ ./.	steuerrechtlich nicht anzuerkennende Erträge/ Aufwendungen (§ 202 Abs. 1 Satz 2 Nr. 3 BewG)
5. Schritt	./.	Ertragsteueraufwand i. H. v. 30 % (§ 202 Abs. 3 BewG)
6. Schritt	=	„bereinigtes“ Betriebsergebnis

134 Diskussionsentwurf AntBVBewV-E, Begründung, zu § 4, zu Abs. 3, Seite 8.
135 § 4 Abs. 3 EStG.
136 § 4 Abs. 2 BewG.

Zum **Unternehmerlohn** drängen sich noch einige Bespiele mit Zweifelsfragen auf. 46

- Einzelunternehmen:

  Ein Unternehmerlohn wurde bisher nicht erfasst. Also muss dieser unter Berücksichtigung eines Fremdvergleichs noch mindernd abgezogen werden. Inwieweit das Entnahmeverhalten für die Schätzung des Unternehmerlohns herangezogen werden darf/kann, bleibt fraglich.

- Personengesellschaften:

  Hier sind wiederum zwei Unterfälle zu unterscheiden.

  - Gewinnvorab

    Ein Gewinnvorab ist gesellschaftsrechtlich erlaubt und wird als Entnahme über die Eigenkapitalkonten gebucht. Nach Ablauf des Wirtschaftsjahres wird der bereits ausgezahlten Gewinnanteil (= Gewinnvorab) sozusagen vom Gesamtgewinnanteil abgezogen. Nur der Restbetrag wird in der Regel noch verbleiben (= Gesellschafterdarlehen). Ein Unternehmerlohn ist *noch nicht* erfasst und muss im Rahmen einer Schätzung nach Fremdvergleichsgrundsätzen noch kürzend einbezogen werden.

  - Gewinnvorweg

    Ein Gewinnvorweg wird als schuldrechtlich verselbstständigter Vergütungsbestandteil als Aufwand (= Handelsbilanz) und als Betriebsausgabe (= Steuerbilanz) behandelt. Eine Hinzurechnung erfolgt (erst) in der additiven Gewinnermittlung als Sonderbetriebseinnahme. Hier kann davon ausgegangen werden, dass ein Unternehmerlohn *bereits* erfasst ist. Fraglich bleibt der Fremdvergleichsmaßstab.

- Kapitalgesellschaften:

  Fraglich ist, wie eine überhöhte Gehaltszahlung sich auswirkt. Der gesamte Aufwand wird als bereits im Betriebsergebnis erfasst behandelt. Der *überhöhte* Anteil wird (4. Schritt) hinzugerechnet.

  Wie ist zu verfahren, wenn der Gesellschafter-Geschäftsführer bisher *gar kein* Gehalt bezogen hat? Hier wird der Blickwinkel auf einen nicht beteiligten Geschäftsführer fallen, welcher nach Fremdvergleichsmaßstäben immer ein Gehaltsanspruch auslöst. In diesem Fall wird ein objektiver Unternehmerlohn zur Wahrung der Rechtsformneutralität abgezogen.

  Strittig werden die Fälle, in denen ein Steuerpflichtiger Geschäftsführer mehrerer Kapitalgesellschaften ist und reduzierte Bezüge erhält. Bei welcher Kapitalgesellschaft müssen u. U. die Bezüge an die Wirklichkeit angepasst werden. Wie wirkt sich eine verdeckte Gewinnausschüttung bei Verstoß gegen ein Wettbewerbsverbot aus?

Beispiel: konkurrierende Tätigkeiten 47

Der Steuerpflichtige S ist alleiniger Gesellschafter-Geschäftsführer der Schwesterkapitalgesellschaften A-GmbH und B-GmbH. Bei der A–GmbH erhält S ein vollständiges ungekürztes Gehalt. Für die Tätigkeit als Geschäftsführer erhält S bei der B-GmbH kein Entgelt. Auf einen Ausgleichsanspruch verzichtet S mangels steuerrechtlichen Rats.

Lösung:

Durch die konkurrierende Tätigkeit entsteht eine verdeckte Gewinnausschüttung (= vGA) bei der A-GmbH. Diese sorgt dafür, dass der Schadensersatzanspruch, auf den verzichtet wird, die Höhe der vGA darstellt. Diese vGA sorgt dafür, dass der erfasste Aufwand (in den Betriebsergebnissen) durch eine anteilige Hinzurechnung korrigiert wird. Insoweit wird bei der A-GmbH nur der tatsächlich steuerrechtlich anzuerkennende Unternehmerlohn angesetzt.

Bei der B-GmbH liegt körperschaftsteuerrechtlich eine verdeckte Einlage von S vor. Ein Geschäftsführergehalt kann (fiktiv) mangels Vereinbarung nicht erfasst werden. Insoweit muss bewertungsrechtlich bei der B-GmbH ein anteiliger Unternehmerlohn, ermittelt nach dem Fremdvergleichsgrundsatz eine nicht beteiligten Geschäftsführers, abgezogen werden.

9. Kapitalisierungsfaktor

48 Der Kapitalisierungszinssatz setzt sich aus dem Basiszinssatz und einem Zuschlag in Höhe von 4,5 % zusammen.[137]

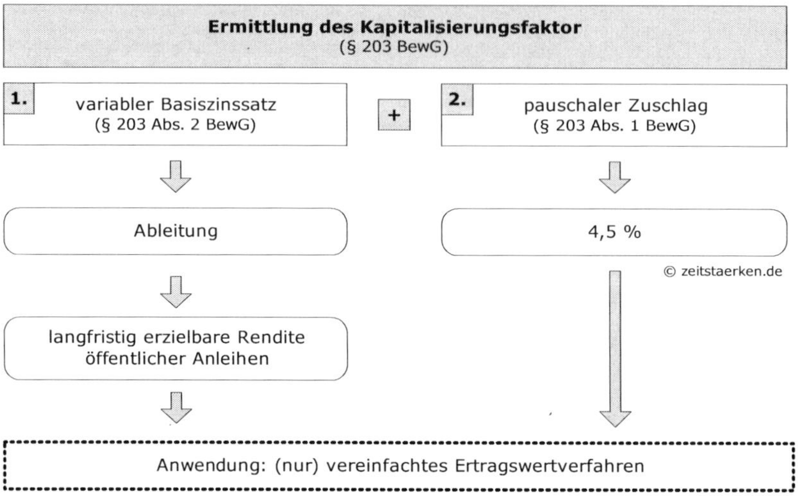

Der Basiszinssatz ergibt sich aus der langfristig erzielbaren Rendite öffentlicher Anleihen.[138] Es ist dabei auf den Zinssatz abzustellen, den die Deutsche Bundesbank anhand der Zinsstrukturdaten jeweils zum ersten Werktag des Jahres errechnet.[139] Dieser Zinssatz ist für alle Wertermittlungen auf Bewertungsstichtage in dem entsprechenden Jahr anzuwenden.[140]

49 Mit BMF-Schreiben[141] wurde der variable Basiszinssatz von 3,61 % für das Jahr 2009 veröffentlicht.

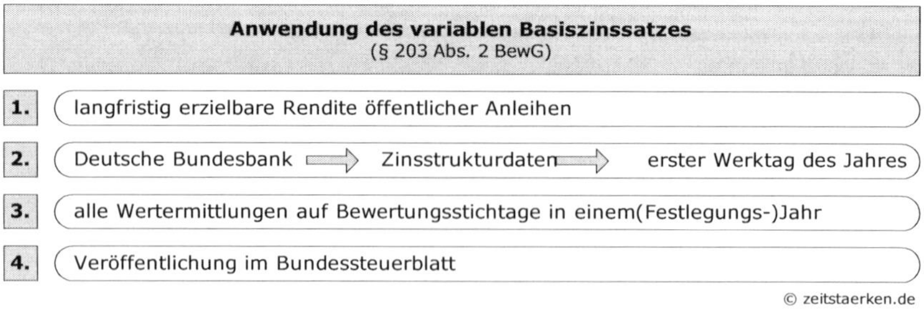

137 § 203 Abs. 1 BewG.
138 § 203 Abs. 2 BewG..
139 § 203 Abs. 2 Satz 2 BewG.
140 § 203 Abs. 2 Satz 3 BewG.
141 BMF-Schreiben vom 7.1.2009, IV C 2 – S 3102/07/0001, www.bundesfinanzministerium.de.

Hinweis:

Das BMF veröffentlicht den maßgebenden Zinssatz jedes Jahr erneut im Bundessteuerblatt.[142]

Der Kapitalisierungsfaktor ergibt sich wie folgt[143]: 50

Kapitalisierungsfaktor
(§ 203 Abs. 3 BewG)

$$\frac{1}{\text{Kapitalisierungszinsatz}}$$

Der Kapitalisierungsfaktor ist für alle Verfahren anzuwenden, bei denen der gemeine Wert nach dem vereinfachten Ertragswertverfahren[144] ermittelt wird.[145]

Hinweis:

Wird der Gewerbebetrieb oder die Beteiligung an einer Mitunternehmerschaft oder Kapitalgesellschaft mit dem „klassischem" Ertragswertverfahren bewertet, sind die gesetzlichen Vorgaben zur Ermittlung des Kapitalisierungszinssatzes nicht anzuwenden. Der Kapitalisierungszinssatz ist individuell zu ermitteln. In dieser Unterscheidung liegt u. E. ein erhöhter Beratungsbedarf in der Weise, dass die Unternehmensbewertung alternativ berechnet und für die endgültige Entscheidung verglichen wird.

10. Ermittlung des vereinfachten kapitalisierten Ertragswerts eines Einzelunternehmers

Beispiel: Ermittlung des vereinfachten kapitalisierten Ertragswerts eines Einzelunternehmers 51

Der Steuerpflichtige S betreibt ein Einzelunternehmen (= Metallverarbeitung), das S im Jahr 2009 an seinen Sohn K übertragen möchte. Zur Bewertung des Einzelunternehmens benötigt S den vereinfachten kapitalisierten Ertragswert. In den letzten drei Jahren vor der Übertragung hatte S mit seinem Einzelunternehmen folgende steuerpflichtige Einkünfte erwirtschaftet:

- 2008 300.000 €
- 2007 270.000 €
- 2006 272.000 €

Im Wirtschaftsjahr 2006 wurde eine einmalige Investitionszulage als steuerfreier Ertrag gebucht.	15.000 €
Im Wirtschaftsjahr 2008 wurde eine Sonderabschreibung in Höhe von gewinnmindernd gebucht.	15.000 €

Im Wirtschaftsjahr 2006 wurde ein Zweit-Firmenfahrzeug des Einzelunternehmers S, welches auch zu Privatfahrten (= 60 %)

142 § 203 Abs. 2 Satz 4 BewG.
143 § 203 Abs. 3 BewG.
144 § 11 Abs. 2 Satz 2 i. V. m. § 199 ff. BewG.
145 § 203 Abs. 1 BewG..

genutzt wird, mit einem Buchwert von 10.000 €
im Betriebsvermögen ausgewiesen.

Der gemeine Wert des Zweit-Firmenfahrzeugs beträgt 8.000 €

Die unentgeltliche Wertabgabe für die private Mitbenutzung wurde nach
der 1 %-Methode mit jährlich brutto 2.500 €
gewinnerhöhend berücksichtigt (Buchung gegen Privatentnahme)

Die Betriebskosten für das gemischt genutzte Fahrzeug betrugen jährlich[146] 5.000 €

Der jeweilige Unternehmerlohn entnommen aus der aktuellen BBE-Gehaltsstudie für Geschäftsführer beträgt:

- 2008 75.000 €
- 2007 80.000 €
- 2006 85.000 €

Die Umlaufrendite für festverzinsliche öffentliche Anleihen beträgt im Bewertungszeitpunkt durchschnittlich 3,61 %[147].

Ein Risikozuschlag von 4,5 % erscheint angemessen.

Lösung:

1. Die Sonderabschreibung ist wieder hinzuzurechnen
3. Die Investitionszulage ist zu kürzen, da sie einmalig ist und in Zukunft aufgrund des Investitionsplans *nicht* mit weiteren Zulagezahlungen gerechnet werden kann.
4. Der („kalkulatorische") Unternehmerlohn mindert den Jahresertrag im Durchschnitt.
5. Der gemischt genutzt Pkw ist als neutrales Vermögen (= nicht betriebsnotwendiges Wirtschaftsgut) mit seinem gemeinen Wert isoliert vom vereinfachten Ertragswertverfahren anzusetzen.

   Die laufenden Betriebskosten des Pkws (= neutrales Vermögen) sind zu neutralisieren.

   Die unentgeltliche Wertabgabe ist als Entnahme wieder hinzuzurechnen und der Ertrag aufgrund der Eigenschaft als *nicht* betriebsnotwendiges Vermögen zu kürzen.
6. Die auf die Hinzurechnungen und Kürzungen entfallenden ertragsteuerrechtlichen Veränderungen führen zu einer Minderung des durchschnittlichen Betriebsergebnisses in Höhe von 30 %.

Der Basiszins (3,61 %) ist um den Risikozuschlag (4,5 %) zu erhöhen. Der Ertragswert als Produkt aus durchschnittlichem Betriebsergebnis und Kapitalisierungsfaktor beträgt 1.783.175 €. Die ausführliche Berechnung in der täglichen Praxis könnte folgendes Erscheinungsbild aufweisen:

146 Vereinfacht inklusive AfA.
147 BMF-Schreiben vom 7.1.2009, IV C 2 – S 3102/07/0001, www.bundesfinanzministerium.de

Nr.: 1

ARBEITSPAPIER

Inhalt: Ermittlung des kapitalisierten Ertragswerts

Beschreibung: Unternehmen oder Anteil an einer Kapitalgesellschaft

Zeile:

vereinfachte Ertragswertermittlung (§ 199 ff. BewG)

Bewertungsjahr: 2009

Wirtschaftsjahre	2006	2007	2008	Anpassungen Durchschnitt	Ersatzwerte	Ø
Unterschiedsbetrag (BV akt. WJ ./. BV Vor-WJ)	272.000	270.000	300.000			Anzahl Jahre:
./. Einlagen (negativ eingeben!)						3
+ Entnahmen	2.500	2.500	2.500			
Gewinn (§ 4 Abs. 1 Satz 1 EStG)	274.500	272.500	302.500	0		283.167
(Es ist nicht notwendig alle Felder auszufüllen!)						
Hinzurechnungen						
1. erhöhte Absetzungen						0
Sonderabschreibungen			15.000			5.000
zusätzlicher optionaler (gedeckelter) Betriebsausgabenabzug						0
AfaA						0
Teilwertabschreibungen						0
2. Zuführungen zu steuerfreien Rücklagen						0
3. Absetzungen auf den Geschäfts- oder Firmenwert						0
4. firmenwertähnliche Wirtschaftsgüter						0
5. Einmalige Veräußerungsverluste						0
6. außerordentliche Aufwendungen						0
7. Investitionszulagen (nur wenn mit weiteren InvZul. in gleicher Höhe gerechnet werden kann)						0
8. Aufwendungen aus nicht betriebsnotwendigem Vermögen	5.000	5.000	5.000			5.000
9. Aufwendungen die steuerrechtlich nicht anerkannt sind						0
10. Ertragssteueraufwendungen (KSt, SolZ, KSt)						0
Summe der Einkünfte und der Hinzurechnungen	279.500	277.500	322.500	0		293.167
Kürzungen						
1. Teilwertzuschreibungen						0
2. Einmalige Veräußerungsgewinne / außerordentliche Erträge						0
3. Investitionszulagen (wenn zukünftig nicht mehr mit InvZul. in gleichem Umfang gerechnet werden kann)	-15.000					-5.000
4. Auflösung steuerfreier Rücklagen						0
5. Erträge die steuerrechtlich nicht anerkannt sind						0
6. Erträge (Überschüsse) aus nicht betriebsnotwendigem Vermögen	-2.500	-2.500	-2.500			-2.500
7. angemessener Unternehmerlohn	-85.000	-80.000	-75.000			-80.000
8. Erträge aus der Beteiligung an anderen Unternehmen						0
9. Erträge aus Erstattungen von Ertragsteuern					Änderungen:	0
vorläufiges bereinigtes Betriebsergebnis	177.000	195.000	245.000	0	0	205.667
10. Ertragsteuerbelastung	-53.100	-58.500	-73.500	0	0	-61.700
KSt/ESt-Satz (vereinfachend; typisierend)	30,00 %	30,00 %	30,00 %	30,00 %	30,00 %	
bereinigtes Betriebsergebnis (= Jahresertrag)	123.900	136.500	171.500	0		**143.967**

Kapitalisierungszinsfuß

Umlaufrendite für festverzinsliche öffentliche Anleihen, die hinsichtlich der Laufzeit mit dem zu bewertenden Unternehmen äquivalent sind (jährlich zum ersten Werktag von der Deutschen Bundesbank bekanntgegeben, veröffentlicht im BStBl.) 3,6100 %

+ Risikozuschlag (allgemeines Unternehmerrisiko, Immobilität, Kapitalstrukturrisiko) 4,5000 %

Σ Kapitalisierungszinsfuß 8,1100 %

Kapitalisierungsfaktor

$$\frac{100}{\text{Kapitalisierungszinsfuß}} = \frac{100}{8{,}1100} = 12{,}3305$$

Ertragswert

1. durchschnittliches Betriebsergebnis x Kapitalisierungsfaktor = 143.967 x 12,3305 = 1.775.175

weitere Hinzurechnungen

2. Gemeiner Wert des neutralen Vermögens (= Wirtschaftsgüter und Schulden) 8.000
3. Gemeiner Wert von (Unter-) Beteiligungen 0
4. Gemeiner Wert von schädlich eingelegtem Vermögen (2 Jahresfrist; Wirtschaftsgüter und Schulden) 0

Σ Wert des Betriebsvermögens (Kapitalgesellschaften, Gesamthandsvermögen [PersGes] und Einzelunternehmen) **1.783.175**

5. (Anteiliger) Ertragswert 100,00% 1.783.175

6. Sonderbetriebsvermögen des Mitunternehmers (= nur Substanzwert; Wirtschaftsgüter und Schulden) 0

Σ Wert des Betriebsvermögens / Mitunternehmer(teil)anteil **1.783.175**

Mandant: Datum:

Die nachstehenden Überlegungen beschäftigen sich mit der Frage, wie die Auswirkung von Verlusten (= negative Betriebsergebnisse/Unterschiedsbeträge) ist.

Fraglich bleiben drei Anwendungsfälle:

Hinweis:

Allen drei Anwendungsfällen liegt zu Grunde, dass das Ergebnis des vereinfachten Ertragswertverfahrens, soweit es positiv ist, (nur) angesetzt wird, wenn es höher ist als der Substanzwert!

1. ein Verlustjahr:

52 In den Durchschnittsertrag fließen drei Betriebsergebnisse ein. Kann ein Betriebsergebnis mit einem ertragsteuerrechtlich negativen Unterschiedsbetrag als Ausgangswert starten? Ja! Entscheidend, ob negative Unterschiedsbeträge sich auswirken ist, ob die durch drei dividierte Betriebsergebnissumme insgesamt positiv wird. Im Gesetz wird sowohl vom Durchschnittsertrag als auch Jahresertrag gesprochen.

Beispiel: ein Verlustjahr

Der Einzelunternehmer E hat folgende anzusetzende Betriebsergebnisse in den letzten drei abgelaufenen Wirtschaftsjahren:

- 2006 85.500 €
- 2007 ./. 48.000 €
- 2008 92.550 €

Das Rumpf-Wirtschaftsjahr bis zur Vermögensübertragung im Jahr 2009 weist keine wesentlichen Besonderheiten auf. Der Unternehmerlohn beträgt (vereinfacht) 30.000 €.

Die Berechnung des vereinfachten Ertragswertes hat folgendes Erscheinungsbild:

vereinfachte Ertragswertermittlung (§ 199 ff. BewG)

Bewertungsjahr: 2009

Wirtschaftsjahre	2006	2007	2008	Anpassungen Durchschnitt	Ersatzwerte	Ø
Unterschiedsbetrag (BV akt. WJ ./. BV Vor-WJ)	85.500	-48.000	92.550			Anzahl Jahre:
./. Einlagen (negativ eingeben!)						3
+ Entnahmen	2.500	2.500	2.500			
Gewinn (§ 4 Abs. 1 Satz 1 EStG) (Es ist nicht notwendig alle Felder auszufüllen!)	88.000	-45.500	95.050	0		45.850
Hinzurechnungen	0	0	0	0	0	0
Summe der Einkünfte und der Hinzurechnungen	88.000	-45.500	95.050	0	0	45.850
Kürzungen	-30.000	-30.000	-30.000	0	0	-30.000
vorläufiges bereinigtes Betriebsergebnis	58.000	-75.500	65.050	0	Änderungen: 0	15.850
10. Ertragsteuerbelastung	-17.400	0	-19.515	0	0	-12.305
KSt/ESt-Satz (vereinfachend; typisierend)	30,00 %	30,00 %	30,00 %	30,00 %	30,00 %	
bereinigtes Betriebsergebnis (= Durchschnittsertrag/Jahresertrag)	40.600	-75.500	45.535	0		3.545

2. Von Verlustjahren zum positiven Durchschnittsertrag:

53 Ist es möglich mit einem negativen Betriebsergebnis zu beginnen und durch die Hinzurechnungen und Kürzungen zu einem Durchschnittsertrag zu kommen? Ja! Entscheidend für das vereinfachte Ertragswertverfahren ist, dass ein Durchschnittsertrag aus den einzelnen Betriebsergebnissen abgeleitet wird.

Beispiel: Von Verlustjahren zum positiven Durchschnittsertrag

Der Einzelunternehmer E hat folgende anzusetzende Betriebsergebnisse in den letzten drei abgelaufenen Wirtschaftsjahren:

- 2006 ./. 2.500 €
- 2007 ./. 8.500 €
- 2008 ./. 3.250 €

Das Rumpf-Wirtschaftsjahr bis zur Vermögensübertragung im Jahr 2009 weist keine wesentlichen Besonderheiten auf. Der Unternehmerlohn beträgt (vereinfacht) 25.000 €.

Aufgrund neuer Technologien wurden jede Maschine mit einer Teilwertabschreibung in Höhe von 17.500 €, 13.000 € und 28.500 € abgewertet.

Die Berechnung des vereinfachten Ertragswertes hat folgendes Erscheinungsbild:

vereinfachte Ertragswertermittlung (§ 199 ff. BewG)

Bewertungsjahr:	2009					
Wirtschaftsjahre	2006	2007	2008	Anpassungen Durchschnitt	Ersatzwerte	Ø
Unterschiedsbetrag (BV akt. WJ ./. BV Vor-WJ)	-2.500	-8.500	-3.250			Anzahl Jahre:
./. Einlagen (negativ eingeben!)						3
+ Entnahmen	13.500	17.500	11.850			
Gewinn (§ 4 Abs. 1 Satz 1 EStG) (Es ist nicht notwendig alle Felder auszufüllen!)	11.000	9.000	8.600	0		9.533
Hinzurechnungen	17.500	13.000	28.500	0	0	19.667
Summe der Einkünfte und der Hinzurechnungen	28.500	22.000	37.100	0	0	29.200
Kürzungen	-25.000	-25.000	-25.000	0	0	-25.000
					Änderungen:	
vorläufiges bereinigtes Betriebsergebnis	3.500	-3.000	12.100	0	0	4.200
10. Ertragsteuerbelastung	-1.050	0	-3.630	0	0	-1.560
KSt/ESt-Satz (vereinfachend; typisierend)	30,00 %	30,00 %	30,00 %	30,00 %	30,00 %	
bereinigtes Betriebsergebnis (= Durchschnittsertrag/Jahresertrag)	2.450	-3.000	8.470	0		**2.640**

3. „Verlust bleibt Verlust“:

Soweit ein Unternehmen ein negatives Durchschnittsergebnis erzielt, ist auch *kein* Jahresertrag erwirtschaftet worden, welcher kapitalisiert werden kann. In diesen Fällen ist immer der Substanzwert entscheidend. 54

Beispiel: „Verlust bleibt Verlust“

Der Einzelunternehmer E hat folgende anzusetzende Betriebsergebnisse in den letzten drei abgelaufenen Wirtschaftsjahren:

- 2006 ./. 17.500 €
- 2007 52.800 €
- 2008 ./. 3.250 €

Das Rumpf-Wirtschaftsjahr bis zur Vermögensübertragung im Jahr 2009 weist keine wesentlichen Besonderheiten auf. Der Unternehmerlohn beträgt (vereinfacht) 35.000 €.

Die Berechnung des vereinfachten Ertragswertes hat folgendes Erscheinungsbild:

vereinfachte Ertragswertermittlung (§ 199 ff. BewG)

Bewertungsjahr:	2009					
Wirtschaftsjahre	2006	2007	2008	Anpassungen Durchschnitt	Ersatzwerte	Ø
Unterschiedsbetrag (BV akt. WJ ./. BV Vor-WJ)	-17.500	52.800	-3.250			Anzahl Jahre:
./. Einlagen (negativ eingeben!)						3
+ Entnahmen	13.500	17.500	11.850			
Gewinn (§ 4 Abs. 1 Satz 1 EStG) (Es ist nicht notwendig alle Felder auszufüllen!)	-4.000	70.300	8.600	0		24.967
Hinzurechnungen	0	0	0	0	0	0
Summe der Einkünfte und der Hinzurechnungen	-4.000	70.300	8.600	0	0	24.967
Kürzungen	-25.000	-25.000	-25.000	0	0	-25.000
					Änderungen:	
vorläufiges bereinigtes Betriebsergebnis	-29.000	45.300	-16.400	0	0	-33
10. Ertragsteuerbelastung	0	-13.590	0	0	0	-4.530
KSt/ESt-Satz (vereinfachend; typisierend)	30,00 %	30,00 %	30,00 %	30,00 %	30,00 %	
bereinigtes Betriebsergebnis (= Durchschnittsertrag/Jahresertrag)	-29.000	31.710	-16.400	0		-4.563

Keine Anwendung des Ertragswertverfahrens, da Durschnittswert negativ! Anwendung des Substanzwerts (= Mindestwert)!

VII. Substanzwert (= Mindestwert)

55 Die Summe der gemeinen Werte der zum Betriebsvermögen gehörenden Wirtschaftsgüter und sonstigen aktiven Ansätze abzüglich der zum Betriebsvermögen gehörenden Schulden und sonstigen Abzüge bilden den **Substanzwert.**[148] Der Substanzwert ist auch gleichzeitig der **Mindestwert.** [149]

Hinweis:

Der Substanzwert ist in der Regel höher als der Liquidationswert und entspricht diesem somit auch nicht, da die Bewertung nach dem Going-concern-Prinzip durchzuführen ist.

Folgende Wertmaßstäbe müssen Beachtung finden:

- Der Umfang des Betriebsvermögens bestimmt sich (nur noch) nach den ertragsteuerrechtlichen Regeln.
- Mangels Bindungswirkung (beim Substanzwert) sind ertragsteuerrechtliche Bilanzierungsfehler nicht zu übernehmen. Die Wertermittlung des Substanzwerts erfolgt sozusagen fehlerbereinigt.
- Soweit das Bewertungsgesetz an deren Stelle Wertermittlungsverfahren für den gemeinen Wert vorgibt, sind u. E. diese bindend für den Substanzwert heranzuziehen:
  - Unbebaute und bebaute Grundstück sowie die Sonderfälle sind mit dem typisierten gemeinen Wert (= Grundbesitzwert) zu bewerten.[150]
  - Rückdeckungslebensversicherungen sind mit dem gemeinen Wert abgeleitet aus dem Rückkaufswert zu bewerten.[151]
- Die Schulden, welche auf unverschontes Verwaltungsvermögen entfallen, „schwingen" aus dem Substanzwert mit hinaus (=„herausgeschwungene Schulden").

148 § 11 Abs. 2 Satz 3 BewG.
149 § 11 Abs. 2 Satz 3 BewG.
150 §§ 178 ff. BewG.
151 § 11 Abs. 4 Satz 1 BewG.

Hinweis:

Zu beachten ist sodann die neue Schuldenkappung.[152] Die „herausgeschwungenen" Schulden sind entweder als gemischte Schenkung oder Nachlassverbindlichkeit anzusetzen.

- Ertragsteuerrechtliche Abzinsungen[153] bei Rückstellungen und Verbindlichkeiten sind nur insoweit bewertungsrechtlich zu berücksichtigen, wie diese besondere Umstände darstellen.[154] Wurde die ertragsteuerrechtliche Abzinsung auf Grund der Laufzeit durchgeführt (= fiktiver ertragsteuerrechtlicher Zinseffekt), zahlt der Vermögensempfänger trotzdem den vollen Rückzahlungsbetrag. Ansetzungspflichtig ist der volle Rückzahlungsbetrag. 56

Hinweis:

Bei der Ermittlung des Substanzwertes sind folgende Regelungen zu beachten:

- *Betriebsgrundstück[155] oder Grundvermögen (= Änderung der Zuordnungsregelung[156]!). Soweit Grundstücksteile nicht betrieblich verwendet oder zu fremden betrieblichen oder Wohnzwecken vermietet und in dem Betriebsvermögen des Unternehmens ordnungsgemäß ausgewiesen werden, dürfen die darauf entfallenden Schulden den Substanzwert nicht mindern. Berücksichtigungsfähig sind diese Schulden entweder im Rahmen der gemischten Schenkung oder als Nachlassverbindlichkeiten.*
- *Wirtschaftgüter, die entweder nicht betriebsnotwendig sind oder jung[157] eingelegt wurden, sind selbstständig zu bewerten. Dieser Wertansatz ist beim Substanzwert zu verwenden. Die wirtschaftlich mit diesen Wirtschaftsgütern zusammenhängenden Schulden sind verselbstständigt mit dem Rückzahlungswert zu bewerten und anzusetzen.*
- *Unterbeteiligungen müssen verselbstständigt anhand der fünf Bewertungsmethoden bewertet werden. Damit liegt ein ordnungsgemäßer gemeiner Wert bereits für den Substanzwert vor.*

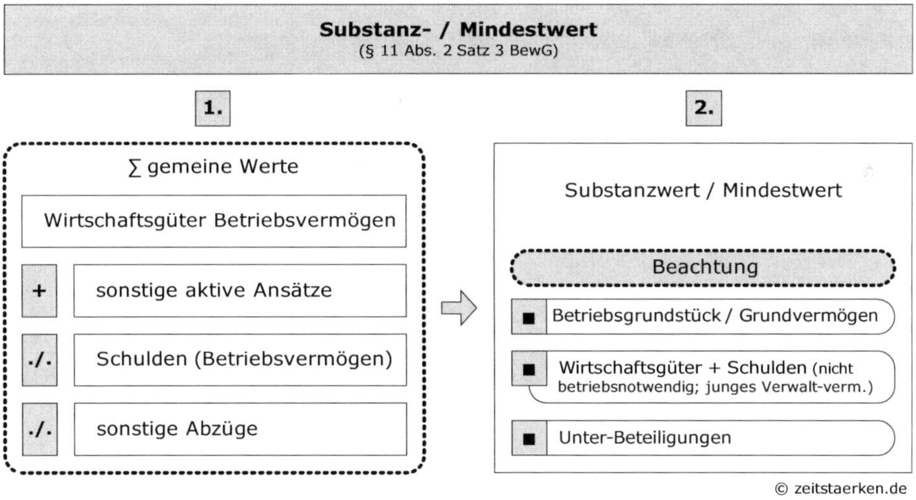

152 § 103 BewG i. V. m. § 13b Abs. 2 ErbStG.
153 § 6 Abs. 1 Nr. 3 oder Nr. 3a EStG.
154 § 12 BewG.
155 § 99 Abs. 1 i. V. m. § 11 Abs. 2 Satz 3 2. HS BewG.
156 Aufhebung: § 99 Abs. 2 BewG a. F.
157 Innerhalb von zwei Jahren vor der Übertragung.

57 Die große Frage für die tägliche Praxis besteht darin, dass der Wortlaut richtigerweise „Die Summe der gemeinen Werte der zum Betriebsvermögen gehörenden Wirtschaftsgüter und sonstige aktiven Ansätze ...“ in den Fokus nimmt. Es darf für den Substanzwert *keine* Unterscheidung geben, ob die Wirtschaftsgüter bilanzierungsfähig sind oder nicht. Entscheidend ist, ob ein bewertbarer Vermögensvorteil übertragen wird.

Insoweit muss ein **originärer Geschäfts- oder Firmenwert beim Substanzwert** angesetzt werden. Der Steuergesetzgeber hat nur „vergessen“, gesetzlich vorzugeben, wie dieser zu ermitteln ist.

58 Dies könnte *zwei Auswirkungen* in der täglichen Praxis erzeugen:

1. Der originäre Geschäfts- und Firmenwert ist außer Ansatz zu lassen, da der Steuergesetzgeber seinen Gesetzesauftrag nicht vollständig ausgenutzt hat. Damit verstößt das Bewertungsgesetz sofort gegen die Pflicht-Vorgaben des BVerfG, das den Ansatz des Firmenwerts gefordert hat. Dieser Überlegung ist also nicht zu folgen.
2. Richtigerweise muss der originäre Geschäfts- und Firmenwert plausibel und für einen Dritten ohne großen Aufwand nachvollziehbar geschätzt werden. Welcher Determinanten und Berechnungsmethoden sich der Berater bedient, lässt das Gesetz offen und werden wohl durch die ErbStR vorgegeben. Fraglich ist immer: Wie viel ein hypothetischer Unternehmenserwerber bezahlen würde abzüglich der gemeinen Werte der bilanzierten Wirtschaftsgüter? Diese Überlegung mindert das Praxisproblem auf keinen Fall. Es sorgt aber für den richtigen Wertabgleich des Ertragswertverfahrens mit dem Substanzwert.

59 **Beispiel: Ermittlung des Substanzwertes (= Mindestwert)**

Der Einzelunternehmer T will sein gewerbliches Unternehmen zum 1.1.2009 auf seinen Sohn S unentgeltlich übertragen. Im Betriebsvermögen befindet sich neben dem Betriebsgrundstück und dem aufstehenden Betriebsgebäude ein weiteres bebautes Grundstück, welches zu fremdbetrieblichen Zwecken vermietet wird. Der neue gemeine Wert des Betriebsgrundstücks I beträgt 672.000 € und des Betriebsgrundstücks II 288.000 €.

Im neuen Ertragswertverfahren sind enthalten:

- Betriebsgrundstück I Wertanteil Grund und Boden 172.000 €
- Betriebsgrundstück II Wertanteil Grund und Boden 58.000 €

Die Bilanz zum 1.1.2009 des Einzelunternehmens stellt sich wie folgt dar:

Bilanz des T Einzelunternehmens
01.01.2009

Aktiva	Buchwerte €	*gemeiner Wert* €	? Passiva	Buchwerte €	*gemeiner Wert* €
originärer FW	0	*250.000*			
Grundstücke I	350.000	*172.000*	Eigenkapital	702.500	*947.500*
Grundstücke II	150.000	*58.000*			
Gebäude I	275.000	*500.000*			
Gebäude II	175.000	*230.000*			
Maschinen	125.000	*135.000*	Sopo m. RL (§ 7g EStG)	120.000	*120.000*
Pkw	35.000	*40.000*			
			Rückstellungen	25.000	*25.000*
Vorräte	120.000	*125.000*			
Forderungen	65.000	*70.000*	Verbindlichkeiten	300.000	*300.000*
Bankkonten	50.000	*50.000*	abgezinste Verb.	200.000	*240.000*
ARAP	5.000	*5.000*	PRAP	2.500	*2.500*
	1.350.000	1.635.000		1.350.000	1.635.000

2

Lösung:

1. Ermittlung des originären Geschäfts-/Firmenwerts (= Ertragsaussichten)

Der originäre Geschäfts- oder Firmenwert wurde in diesem Beispiel im Schätzungswege berücksichtigt.

2. Ermittlung des Substanzwerts (= Mindestwert)

Der Wertanstieg des Unternehmens wird beim Substanzwert sehr deutlich.

Bewertung nach bestehender Rechtslage:		**Bewertung nach "geplanter" Rechtslage:**	?
1. Rohbetriebsvermögen (Besitzposten)		1. Rohbetriebsvermögen (Besitzposten)	
		originärer FW	250.000
Betriebsgrundstücke (Grundbesitzwert)	600.000	Betriebsgrundstücke	960.000
Maschinen u. Pkw	160.000	Maschinen u. Pkw	175.000
Vorräte u. Forderung	185.000	Vorräte u. Forderung	195.000
Bankkonten	50.000	Bankkonten	50.000
ARAP	5.000	ARAP	5.000
Summe der Besitzposten	1.000.000	Summe der Besitzposten	1.635.000
2. Schulden (Schuldposten)		2. Schulden (Schuldposten)	
Sopo m. RL (§7g EStG)	0	Steueranteil aus Sopo (§7g EStG)	0
Rückstellungen	25.000	Rückstellungen	25.000
Verbindlichkeiten	300.000	Verbindlichkeiten	300.000
abgezinste Verb.	200.000	abgezinste Verb. (Rückzahlung)	240.000
PRAP	2.500	PRAP	2.500
Summe der Schuldposten	527.500	Summe der Schuldposten	567.500
3. Wert des Betriebsvermögens		3. Wert des Betriebsvermögens	
Saldo 1. ./. 2.	**472.500**	**Saldo 1. ./. 2.**	**1.067.500**
		(= Substanz- / Mindestwert)	

Bewertungsvergleich der Rechtslage:

neue Rechtslage	
(= Substanz/Mindestwert)	1.067.500
alte Rechtslage	./. 472.500
Mehrwert	**595.000**

3. Abgrenzung für die Erbschaftsteuer: Verschonungsvermögen vs. Verwaltungsvermögen

Als Verwaltungsvermögen kommt das Dritten zur Nutzung überlassene bebaute Grundstück (II) in Betracht.[158] Zur Ermittlung der Verwaltungsquote werden die gemeinen Werte ins Verhältnis zur gemeinen Wert des Betriebs gesetzt:

$$\frac{\text{bebautes Grundstück (II)}}{\text{Bilanzsumme}} = \frac{288.000}{659.500} = \mathbf{44\%}$$

Das Verwaltungsvermögen beträgt *nicht mehr* als 50 % aber mehr als 10 %. Insoweit liegt verschonungsfähiges Vermögen im Sinne der Regelverschonung in Höhe von 85 % vor.[159] Das bebaute Grundstück (II) wurde nicht innerhalb von 2 Jahren vor der Übertragung eingelegt. Insoweit kommt die Einlagensperre (= Vorbesitzklausel; junges Verwaltungsvermögen) *nicht* zur Anwendung.[160]

Hinweis:

Geld und Geldbestände sind weder Verwaltungsvermögen noch entsteht durch die Willkürung junges Verwaltungsvermögen! Soweit die Einlage aber innerhalb der letzten zwei Jahre vor dem Bewertungsstichtag erfolgt, stellt es junges Vermögen dar, welches selbständig mit dem Nennwert bewertet werden muss.

158 § 13b Abs. 2 Satz 2 Nr. 1 ErbStG.
159 § 13b Abs. 2 Satz 1 - Umkehrschluss - ErbStG.
160 § 13b Abs. 2 Satz 3 - Umkehrschluss - ErbStG.

60 Der ermittelte Substanzwert wird mit dem Ertragswert des Unternehmens verglichen. Der höhere Wert von beiden Ermittlungsmethoden ist als Wert des Betriebs anzusetzen. Soweit die Finanzverwaltung einen der beiden Wert für fehlerhaft hält, obliegt ihr der Gegenbeweis.

Hinweis:

Mangels ausdrücklichem Verbot kann der gemeine Wert ermittelt anhand des Substanzwertes (= Mindestwert) auch negativ sein![161]

61 **Beispiel: negativer Wert des Betriebsvermögens**

Der Unternehmer U betreibt sein Einzelunternehmen am Titisee. Folgende Bilanz wurde zum schenkungssteuerrechtlichen Bewertungsstichtag aufgestellt:

negativer Wert des Betriebsvermögens

Aktiva	Buchwert	gemeiner Wert	Passiva	Buchwert	gemeiner Wert
Firmenwert		0	Eigenkapital		
Immatrielle Wirtschaftsgüter	0	0			
Grund und Boden	0	0	Sonderposten	0	0
Gebäude	0	0			
Maschinen	17.500	45.000	Rückstellungen	75.000	75.000
Pkw	25.000	27.500	Verbindlichkeiten LuL	45.500	45.500
BGA	235.000	245.000	Bankverbindlichkeiten	125.500	125.500
Beteiligungen (F-GmbH)	0	0	abgez. son. Verbindlichkeiten	80.000	105.000
Sonstiges AV	7.500	8.000	PRAP	100	100
Vorräte	3.250	4.750			
Forderungen aus LuL	9.500	10.500			
Bank	250	250			
ARAP	1.500	1.500			
Eigenkapital	26.600	8.600			
	326.100	351.100		326.100	351.100

Verkäufe können aus den letzten 12 Monaten nicht herangezogen werden. Auch die Ertragsaussichten sind nicht geeignet, da in den letzten fünf Jahren vor der Schenkung steuerrechtlich (= Unterschiedsbetrag) erhebliche Verluste ausgewiesen wurden. Der vereinfachte Ertragswert beträgt (vereinfachend) 0 €, da ein Durchschnittsverlust vorliegt.

Lösung:

Die Bewertung erfolgt mangels Verkaufspreisableitung und ausreichendem kapitalisierten Ertragswertverfahren mit dem Substanzwert (= Mindestwert). Da der Substanzwert in Höhe von ./. 8.600 € negativ ist, wird dieser angesetzt. Eine analoge Anwendung des Mindestwertes wie beim land- und forstwirtschaftlichen Vermögen („.. darf nicht weniger als 0 Euro betragen.[162]") ist für gewerbliches Betriebsvermögen[163] nicht vorgesehen.

Hinweis:

Insoweit kann der negative Wert zur Abdeckung weiterer positiver Schenkungen in der Beratung genutzt werden.

62 Es ist in der täglichen Praxis darauf zu achten, dass das vereinfachte Ertragswertverfahren mit dem ertragsteuerrechtlichen Unterschiedsbetrag beginnt (= Ausgangswert). Insoweit werden nur steuerbilanzielle Auswirkungen erfasst. Handelsrechtliche Ansätze, die steuerrechtlich verbo-

161 § 11 Abs. 2 Satz 3 i. V. m. § 99 i. V. m. § 103 BewG.
162 § 164 Abs. 6 Satz 2 BewG.
163 Anteile an Kapitalgesellschaften; Einzelunternehmen und Mitunternehmerschaften.

tenen sind, bleiben außer Ansatz. Beim Substanzwert besteht diese Verknüpfung zwischen Ertragsteuer und Erbschaftsteuer *nicht*. Hier wird nur auf den gemeinen Wert der Wirtschaftsgüter abgestellt. Es lässt sich daher auch die Auffassung vertreten, dass beim Substanzwert sämtliche Wirtschaftsgüter und Schulden, gleichgültig, ob diese in der Steuerbilanz ausweisbar wären, anzusetzen sind.

Hinweis:

In der Praxis werden gerne Einheitsbilanzen mit steuerrechtlicher Färbung aufgestellt. Diese sind zur Ableitung des Substanzwertes nicht immer geeignet.

U. U. kann bei einer fehlerhaften Ableitung aus der Steuerbilanz sogar ein negativer Substanzwert „verdeckt" werden.

Gründe für einen gegebenenfalls verdeckten **negativen Substanzwertes** können sein: 63

- Jubiläumsrückstellung
- Drohverlustrückstellung
- am gemeinen Wert orientierte Pensionsrückstellung

Fraglich bliebt, ob das BVerfG den gemeinen Wert also mit Drohverlustrückstellung fordert und der Substanzwert (= Mindestwert[164]/[165]) *nicht* eindeutig herausstellt, inwieweit von der vorliegenden (letzten) Steuerbilanz für bewertungsrechtliche Zwecke abgewichen werden darf/soll? U. E. müssen alle Risiken, in die der Einzel- oder Gesamtrechtsnachfolger eintritt, **wertmindernd** angesetzt werden, soweit diese Wertminderungen im Besteuerungszeitpunkt bestanden haben.

Soweit eine Substanzwertposition, die rechtswidrig außerhalb eines Steuerbilanzgedankens angesetzt wurde, **später wegfällt** (= Werterhöhung oder -minderung), ist die bereits bestandskräftige Steuerfestsetzung wegen neuer Tatsachen zu ändern, soweit noch keine Festsetzungsverjährung eingetreten ist.

VIII. Schuldenabzug (= Wert des Betriebsvermögens)

1. Schuldenabzug

Schulden mindern grundsätzlich den Wert des Betriebsvermögens[166], wenn das Geld für betriebliche Zwecke verwendet worden ist (= wirtschaftlicher Zusammenhang[167]). Schulden, die bereits den Wert von Anteilen an Kapitalgesellschaften oder Personengesellschaften, den Wert des Betriebsvermögens oder des land- und forstwirtschaftlichen Betriebs gemindert haben (= **Betriebsschulden**), können *nicht* mehr als Nachlassverbindlichkeit (zusätzlich) abgezogen werden (= Vermeidung eines Doppelabzugs).[168] Schulden, die den Unternehmenswert nicht beeinflusst haben 64

164 BR-Drucks. 4/08 vom 4.1.2008, Gesetzestext zu § 11 Abs. 2 BewG: „Die Summe der **gemeinen Werte** der zum Betriebsvermögen gehörenden Wirtschaftsgüter und sonstigen aktiven Ansätze abzüglich der zum Betriebsvermögen gehörenden Schulden und sonstigen Abzüge (Substanzwert) der Gesellschaft darf *nicht* unterschritten werden; die §§ 99 und 103 sind anzuwenden [Formatierung des Verfassers]."

165 BR-Drucks. 4/08 vom 4.1.2008, Gesetzesbegründung: „Untergrenze ist stets der Substanzwert als Mindestwert, den ein Steuerpflichtiger am Markt erzielen könnte. Steht fest, dass die Gesellschaft nicht weiter betrieben werden soll, ist der Liquidationswert als besondere Ausprägung des Substanzwerts die Untergrenze. Die Definition des Substanzwerts entspricht inhaltlich den Grundsätzen der bisherigen §§ 98a und 103 BewG."

166 § 11 Abs. 2 Satz 3 BewG.

167 § 4 Abs. 4 EStG.

168 § 10 Abs. 5 Nr. 1 ErbStG.

also außerhalb des Ertragswert- oder Substanzwertverfahrens „liegen“, sind bei der Erbschaft- oder Schenkungsteuerberechnung abzugsfähig.

Bei einer Schenkung führen übernommene Schulden zu einer gemischten Schenkung. Bei einem Erwerb von Todes wegen führen die übergegangenen Schulden auf den/die Vermögensempfänger zu Nachlassverbindlichkeiten (= Erblasserschulden).

2. Schuldenkappung bei der Erbschaftsteuer

65 Ein Abzug der Nachlassverbindlichkeiten wird eingeschränkt, wenn das dahinter stehende Vermögen nicht vollständig der Besteuerung unterworfen wurde (z. B. Anteile an Kapitalgesellschaften durch die Anwendung eines Verschonungsmodells oder der 10%ige Besteuerungsabschlag auf Wohnzweckvermietungsimmobilien).

Die Schuldenkappung ist bei den folgenden Vermögensarten zu berücksichtigen:

- (ertrag- und erbschaftsteuerrechtliches) steuerverschontes Betriebsvermögen, freiberufliches Vermögen, Mitunternehmer(teil)anteile und Anteile an Kapitalgesellschaften[169]
- Wohnzweckvermietungsimmobilien[170]

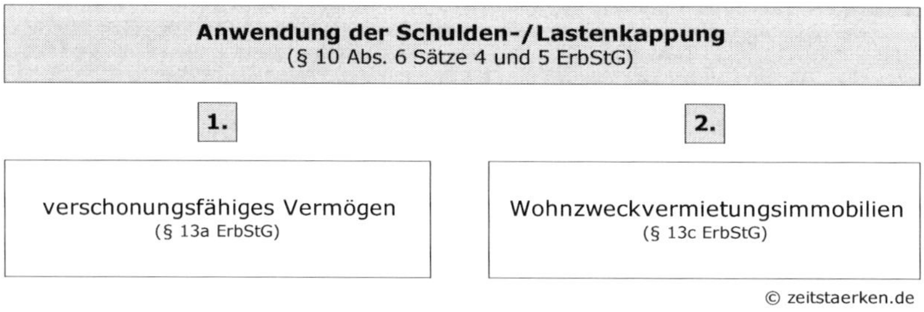

Hinweis:

*Schulden bleiben weiterhin abzugsfähig, soweit diese ertragsteuerrechtlich Betriebsschulden (= tatsächliche Verwendung) darstellen und mit dem Ganzen oder Teilen des bewertungsrechtlichen Betriebsvermögens im Zusammenhang stehen (= dem Grunde nach).[171] Die Abzugsfähigkeit richtet sich nach dem Verhältnis des wirtschaftlichen Zusammenhangs mit befreitem und **nicht** befreitem Vermögen (= der Höhe nach):*

- *Steuerbefreiung für Betriebsvermögen, Betriebe der Land- und Forstwirtschaft und Anteile an Kapitalgesellschaften*[172]

und/oder

- *Steuerbefreiung für zu Wohnzwecken vermietete Grundstücke*[173]

169 § 13a ErbStG
170 § 13c ErbStG; Immobilien, die *nicht* einem Betriebsvermögen zugeordnet werden.
171 § 103 BewG.
172 § 10 Abs. 6 Satz 4 ErbStG i. V. m. § 13a ErbStG.
173 § 10 Abs. 6 Satz 5 ErbStG i. V. m. § 13c ErbStG.

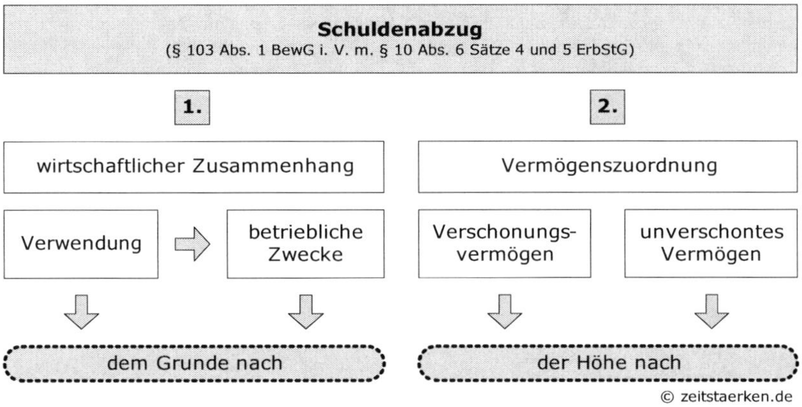

In Höhe des nachstehenden Verhältnisses sind Nachlassverbindlichkeiten bei steuerverschontem Betriebsvermögen insbesondere Anteile an Kapitalgesellschaften gemindert abzugsfähig: 66

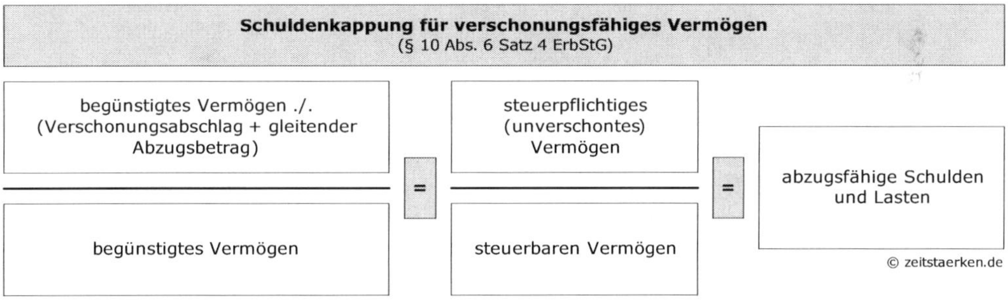

Beispiel: Anteile an Kapitalgesellschaften 67

Vater V schenkt seinem Sohn S seine 40 % Beteiligung an der X-GmbH. Der Wert der Anteile an der Kapitalgesellschaft beträgt nach dem kapitalisierten Ertragswertverfahren 1.125.000 €. Das anteilige Stammkapital in Höhe von 100.000 € hatte S seinerzeit vollständig fremdfinanziert. Die Finanzierung erfolgte über ein endfälliges Darlehen (31.12.2010).

Lösung:

Da eine mehr als 25%ige Beteiligung übertragen wird, liegt verschonungsfähiges Vermögen vor, welches mit einem 85%igen Verschonungsabschlag entlastet wird. Von dem unverschonten Vermögen (1.125.000 € x 15 % =) 168.750 € wird der verminderte gleitende Freibetrag in Höhe von (150.000 € ./. 9.375 € =) 140.625 € abgezogen. Der steuerpflichtige Erwerb beträgt insgesamt 28.125 €. Dies entspricht (28.125 / 1.125.000 =) 2,5 % des Wertes der Anteile an der Kapitalgesellschaft. Somit sind (auch nur) 2,5 % der wirtschaftlich zusammenhängenden Schulden in Höhe von (100.000 € x 2,5 % =) 2.500 € abzugsfähig.

verschonungsfähiges Vermögen ./. Besteuerungsabschlag ./. gleitender Freibetrag / verschonungsfähiges Vermögen	=	1.125.000 € ./. 1.096.875 € / 1.125.000 €	=	2,5%
abzugsfähige Finanzierungsschulden	=	100.000 € x 2,5 %	=	2.500

2

C. Bewertung von Grundvermögen

I. Einleitung zum Bewertungsverfahren

68 Die festgelegte Grundvermögensbewertung dient der Vereinheitlichung und der Erleichterung der Bewertung von:

- unbebauten und bebauten Grundstücken
- Erbbaurechten

und

- Gebäuden auf fremden Grund und Boden

69 Die Wertermittlung ist **typisierend** geregelt *unter Beachtung der Grundsätze der Verkehrswertermittlung nach der Wertermittlungsverordnung*[174].

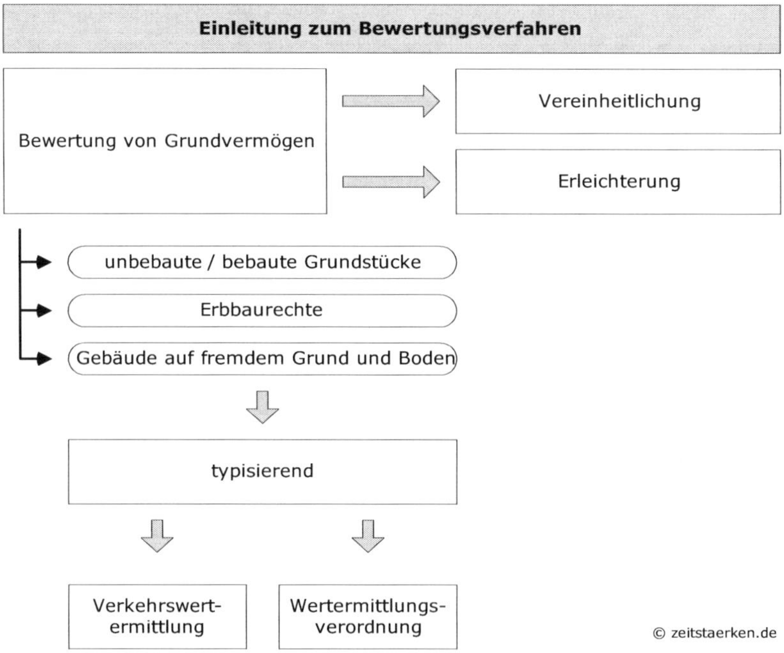

Hinweis:

Bei typisierten Verfahren, welche zur Vereinfachung des Steuerrechts dienen, wird es immer „Gewinner" und „Verlierer" geben.

174 WertV vom 6.12.1988, BGBl. I 2209; zuletzt geändert durch Artikel 3 des Bau- und Raumordnungsgesetzes vom 18.8.1997, BGBl. I, 2110.

II. Grundvermögen

Zum **Grundvermögen** gehören[175]: 70

- Grund und Boden, Gebäude, sonstige Bestandteile und Zubehör
- Erbbaurecht

  und
- Wohnungseigentum, Teileigentum, Wohnungserbbaurecht und Teilerbbaurecht[176]

  soweit diese nicht sind
- land- und forstwirtschaftliches Vermögen[177]
- Betriebsgrundstücke[178]

Hinweis:

Der Bewertungsumfang[179] bleibt unverändert.

Hinweis:

*Betriebsvorrichtungen sind **nicht** Gegenstand der Grundstücksbewertung.*[180]

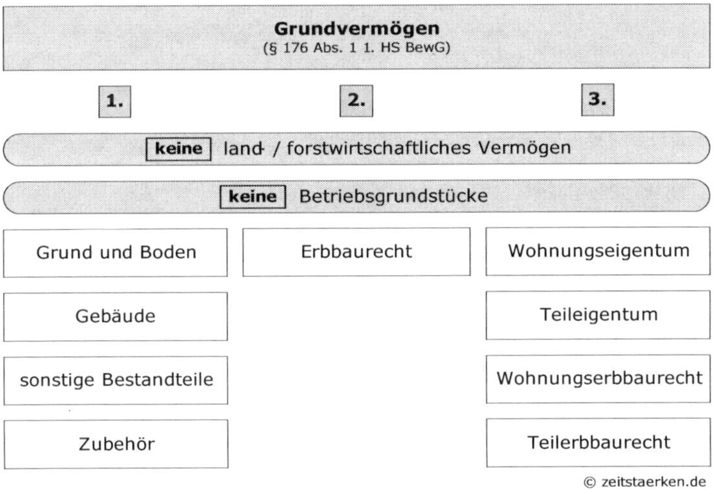

Bei der Bewertung des Grundvermögens ist grundsätzlich auch auf den **gemeinen Wert** abzustellen.[181] Für Grundvermögen gibt es _keine_ absoluten Marktwerte, sondern allenfalls ein Marktwertniveau, auf dem sich mit Abweichungen vertretbare Verkehrswerte bilden lassen. 71

175 § 176 Abs. 1 1. HS BewG.
176 = nach dem Wohnungseigentumsgesetz.
177 §§ 158, 159 BewG.
178 § 99 BewG; _Hinweis:_ Das sog. „Alles-oder-Nichts-Prinzip (§ 99 Abs. 2 BewG)" wird aufgehoben. Sog. Mischimmobilien werden ab dem 1.1.2009 anders beurteilt.
179 § 176 Abs. 1 BewG; entspricht: § 99 Abs. 1 i. V. m. § 68 Abs. 1 BewG.
180 § 176 Abs. 2 BewG; entspricht: § 99 Abs. 1 i. V. m. § 68 Abs. 2 BewG.
181 § 177 BewG.

III. Arten von Grundvermögen

72 Für die Bewertung von Grundstücken sind zu unterscheiden:

- verschiedene Arten von Grundvermögen

  und

- verschiedene (typisierende) Bewertungsverfahren

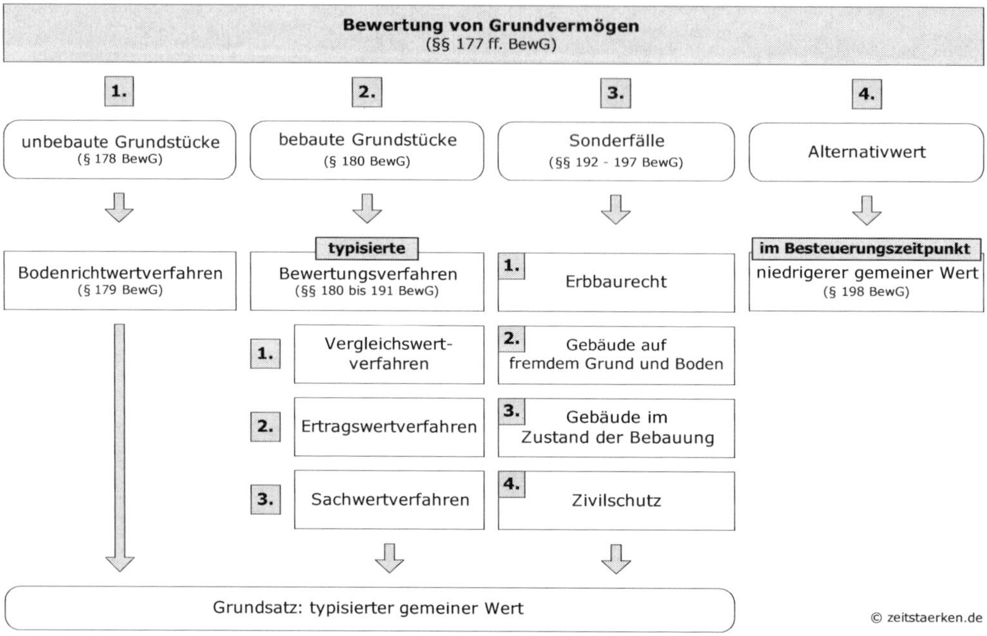

IV. Unbebaute Grundstücke

73 Unbebaute Grundstücke sind Grundstücke, auf denen sich *keine* benutzbaren Gebäude befinden.[182] Die Benutzbarkeit beginnt mit der Bezugsfertigkeit.[183] Gebäude sind als bezugsfertig anzusehen, wenn den zukünftigen Bewohnern oder sonstigen Benutzern zugemutet werden kann, das Gebäude zu benutzen.[184]

Hinweis:

*Auf die Abnahme der Bauaufsichtsbehörde kommt es **nicht** an.*[185]

182 § 178 Abs. 1 Satz 1 BewG.
183 § 178 Abs. 1 Satz 2 BewG.
184 § 178 Abs. 1 Satz 3 2. HS BewG.
185 § 178 Abs. 1 Satz 3 2. HS BewG.

Unbebaute Grundstücke sind grundsätzlich mit dem gemeinen Wert[186] anzusetzen.[187] Unbebaute Grundstücke[188] werden weiterhin mit dem **Bodenrichtwert**[189] bewertet.[190] Bei der Wertermittlung ist *stets* der Bodenrichtwert anzusetzen, der vom Gutachterausschuss zuletzt zu ermitteln war.[191] 74

Hinweis: fehlender Bodenrichtwert

*Lässt sich von den Gutachterausschüssen **kein** Bodenrichtwert ermitteln, ist der Bodenwert aus den Werten vergleichbarer Flächen abzuleiten.*[192]

Hinweis:

*Der bisherige Bewertungsabschlag von 20 % **entfällt**.*

Kann der Steuerpflichtige einen niedrigeren gemeinen Wert nachweisen, wird dieser angesetzt.[193]

Beispiel: unbebautes Grundstück 75

Vater V schenkt seinem Sohn S ein unbebautes Grundstück mit einer Fläche von 300 qm am 1.2.2009. Der letzte festgestellte Bodenrichtwert des örtlichen Gutachterausschusses beträgt 75 €.

Lösung:

Ermittlung des Wertes für unbebaute Grundstücke

		bisherige	neue
Bodenrichtwert		75 €	75 €
davon anzusetzen	80%	60 €	
Fläche des Grundstücks	(in qm)	300	300
Grundstückswert		18.000 €	**22.500 €**
Alternatiwert		*kein* Nachweis	

186 § 9 BewG.
187 § 177 i. V. m. § 179 BewG.
188 § 178 BewG.
189 § 196 BauG.
190 § 179 Satz 1 BewG.
191 § 179 Satz 3 BewG.
192 § 179 Satz 4 BewG.
193 § 198 Satz 1 BewG.

V. Bebaute Grundstücke

76 Bei der Bewertung von bebauten Grundstücken ist als Grundsatz der **gemeine Wert** anzusetzen.[194] Bebaute Grundstücke sind Grundstücke auf denen sich benutzbare Gebäude befinden.[195]

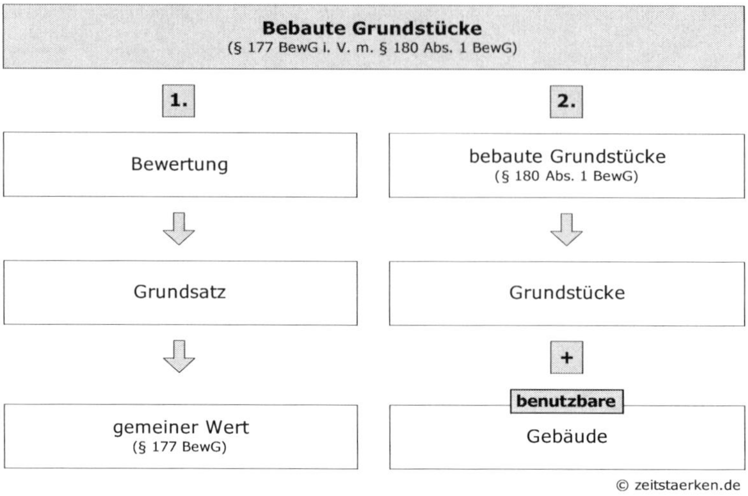

VI. Grundstücksarten beim bebauten Grundstück

77 Folgende **Grundstücksarten** sind zu unterscheiden:

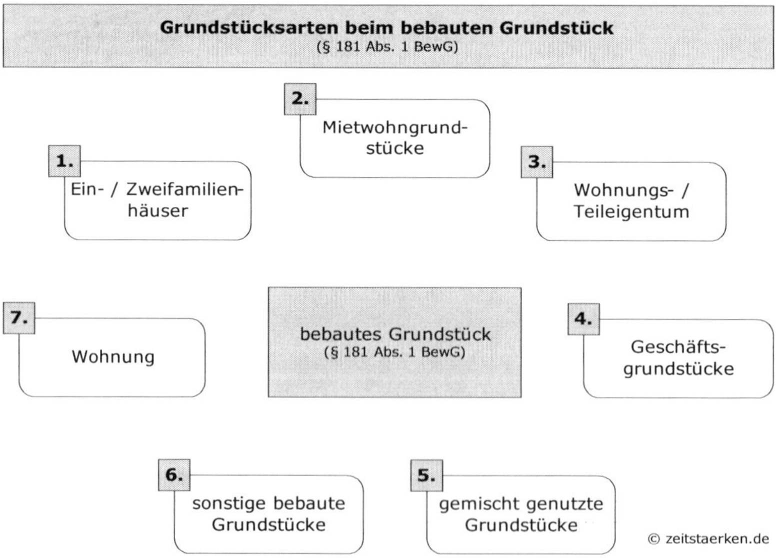

194 § 177 BewG.
195 § 180 Abs. 1 BewG.

- Ein- und Zweifamilienhäuser[196] 78

  Ein- und Zweifamilienhäuser sind Wohngrundstücke, die

  - bis zu zwei Wohnungen enthalten

    und

  - _kein_ Wohneigentum sind.[197]

  Ein Grundstück _gilt auch_ dann als Ein- oder Zweifamilienhaus[198], wenn das Grundstück

  - zu _weniger als 50 %_, berechnet nach der Wohn- oder Nutzfläche, zu anderen als Wohnzwecken mitbenutzt wird[199]

    und

  - dadurch _keine_ Beeinträchtigung in der Eigenart als Ein- oder Zweifamilienhaus erfolgt.

- Mietwohngrundstücke[200] 79

  Mietwohngrundstücke sind Grundstücke, die

  - zu _mehr als 80 %_ Wohnzwecken dienen

    und

  - _nicht_ Ein- und Zweifamilienhäuser oder Wohnungseigentum sind.[201]

- Wohnungs- und Teileigentum[202] 80

  Wohnungseigentum, ist das _Sondereigentum an einer Wohnung_ in Verbindung mit dem Miteigentumsanteil an dem gemeinschaftlichen Eigentum, zu dem es gehört.[203] Teileigentum ist das Sondereigentum an nicht zu Wohnzwecken dienenden Räumen eines Gebäudes in Verbindung mit dem Miteigentum an dem gemeinschaftlichen Eigentum, zu dem es gehört.[204]

196 § 181 Abs. 1 Nr. 1 BewG.
197 § 181 Abs. 2 Satz 1 BewG.
198 § 181 Abs. 2 Satz 1 BewG.
199 Z. B. häusliches Arbeitszimmer.
200 § 181 Abs. 1 Nr. 2 BewG.
201 § 181 Abs. 3 BewG.
202 § 181 Abs. 1 Nr. 3 BewG.
203 § 181 Abs. 4 BewG.
204 § 181 Abs. 5 BewG.

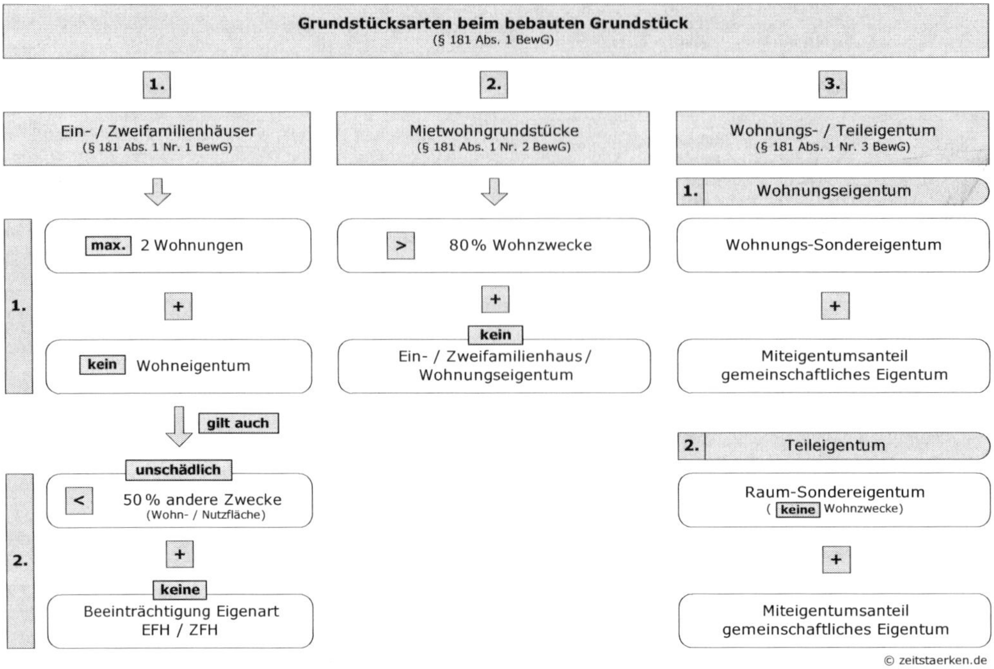

81 ■ Geschäftsgrundstücke[205]

Geschäftsgrundstücke[206] sind Grundstücke, die

- zu _mehr als 80 %_ eigenen oder fremden betrieblichen oder öffentlichen Zwecken dienen
  und
- _nicht_ Teileigentum sind.

82 ■ gemischt genutzte Grundstücke[207]

Gemischt genutzte Grundstücke[208] sind Grundstücke, die

- teils Wohnzwecken,
- teils eigenen oder fremden betrieblichen oder öffentlichen Zwecken dienen
  und
- _nicht_ Ein- und Zweifamilienhäuser, Mietwohngrundstücke, Wohnungseigentum, Teileigentum oder Geschäftsgrundstücke sind.

83 ■ Sonstige bebaute Grundstücke[209]

Soweit das Grundstück bisher _keiner_ Grundstücksart zu geordnet werden kann, handelt es sich um ein sonstiges bebautes Grundstück (= Auffangtatbestand).[210]

205 § 181 Abs. 1 Nr. 4 BewG.
206 § 181 Abs. 6 BewG.
207 § 181 Abs. 1 Nr. 5 BewG.
208 § 181 Abs. 7 BewG.
209 § 181 Abs. 1 Nr. 6 BewG.
210 § 181 Abs. 8 BewG.

- Wohnung[211] 84

  Eine Wohnung liegt vor, wenn
  - Zusammenfassung einer Mehrheit von Räumen, die in ihrer Gesamtheit so beschaffen sein müssen, dass die Führung eines selbständigen Haushalts möglich ist
  - von anderen Wohnungen oder Räumen insbesondere Wohnräumen baulich getrennte Zusammenfassung
  - abgeschlossene Wohneinheit
  - selbständiger Zugang
  - Vorhandensein von notwendigen Nebenräumen (Küche, Bad oder Dusche, Toilette)
  - Wohnfläche mindestens 23 qm

Hinweis:

Die Flächenverhältnisse berechnen sich immer nach den Wohn- oder Nutzflächen!

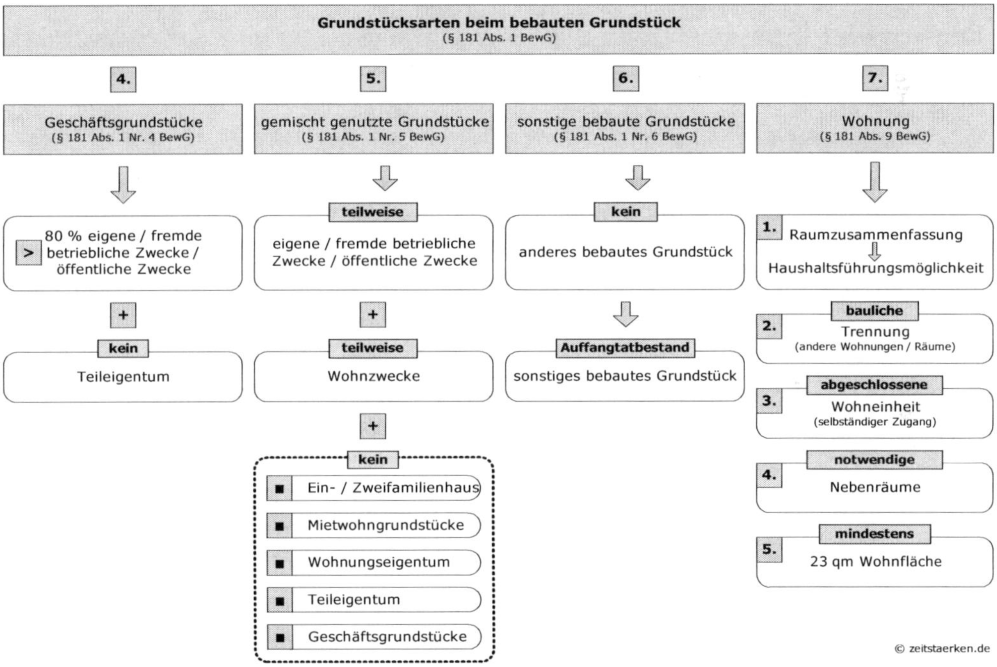

211 § 181 Abs. 9 BewG.

VII. Bewertungsverfahren für bebaute Grundstücke

2

85 **Bebaute Grundstücke**[212] werden wie folgt bewertet (= Kurzüberblick):

- Vergleichswertverfahren:[213]

  Der Marktwert eines Grundstückes wird aus realisierten Kaufpreisen anderer Grundstücke, die in Lage, Nutzung, Bodenbeschaffenheit, Zuschnitt und sonstiger Beschaffenheit mit dem zu bewertenden Grundstück übereinstimmen, abgeleitet. Die Methode kommt regelmäßig in Betracht für Wohnungs- und Teileigentum sowie Ein- und Zweifamilienhäuser.

- Ertragswertverfahren:[214]

  Der Wert der baulichen Anlagen ist getrennt vom Bodenwert auf der Grundlage des Ertrags zu ermitteln. Der Bodenwert ist gemäß der Bewertungsgrundsätzen des unbebauten Grundstücks zu ermitteln. Das Verfahren kommt bei typischen Renditeobjekten in Betracht, wie z. B. Mietwohngrundstücke, Geschäftsgrundstücke und gemischt genutzte Grundstücke, mit feststellbarer üblicher Miete.

- Sachwertverfahren:[215]

  Der Wert der baulichen Anlagen ermittelt sich getrennt vom Bodenwert nach den Herstellungswerten. Der Bodenwert ist gemäß der Bewertungsgrundsätzen des unbebauten Grundstücks[216] zu ermitteln.

  Das Bewertungsverfahren kommt in Betracht bei

  - Grundstücken, bei denen in erster Linie die Herstellungskosten wertbestimmend am Grundstücksmarkt sind, wie z. B. bei Wohnungs- und Teileigentum sowie Ein- und Zweifamilienhäusern, soweit ein Vergleichswert *nicht* vorliegt;
  - Geschäftsgrundstücken und gemischt genutzten Grundstücken, für die sich auf dem örtlichen Grundstücksmarkt *keine* übliche Miete ermitteln lässt;
  - sonstige bebaute Grundstücke.

Grundstücksart	Bewertungsmethode
Ein- und Zweifamilienhäuser	
Ein- und Zweifamilienhäuser	Vergleichswertverfahren
Ein- und Zweifamilienhäuser *ohne* Vergleichswert	Sachwertverfahren
Wohn- und Teileigentum	
Wohnungs- und Teileigentum	Vergleichswertverfahren
Wohnungs- und Teileigentum *ohne* Vergleichswert	Sachwertverfahren
Mietwohn-, Geschäfts- und gemischt genutzte sowie sonstige Grundstücke	
Mietwohngrundstücke	Ertragswertverfahren
Geschäftsgrundstücke mit feststellbarer ortsüblicher Miete	Ertragswertverfahren
gemischt genutzte Grundstücke mit feststellbarer Miete	Ertragswertverfahren
gemischt genutzte Grundstücke ohne feststellbarer Miete	Sachwertverfahren
sonstige bebaute Grundstücke	Sachwertverfahren

212 § 180 BewG.
213 § 182 Abs. 2 i. V. m. § 183 BewG.
214 § 182 Abs. 3 i. V. m. §§ 184 bis 188 BewG.
215 § 182 Abs. 4 i. V. m. §§ 189 bis 191 BewG.
216 § 179 BewG.

Bewertungsmethoden von Grundvermögen
(§ 182 BewG)

1.	Vergleichswertverfahren	■ Wohnungseigentum
		■ Teileigentum
		■ Ein- / Zweifamilienhäuser (EFH / ZFH)
2.	Ertragswertverfahren	■ Mietwohngrundstücke
		■ Geschäftsgrundstücke mit üblicher Miete
		■ Gemischt genutzte Grundstücke mit üblicher Miete
3.	Sachwertverfahren	■ Grundstücke **ohne** Vergleichswert (Nr. 1)
		■ Geschäftsgrundstücke **ohne** übliche Miete
		■ Gemischt genutzte Grundstücke **ohne** übliche Miete
		■ sonstige bebaute Grundstücke

VIII. Bewertung im Vergleichswertverfahren

Das Vergleichswertverfahren erfolgt anhand der **Kaufpreise von Vergleichsgrundstücken.**[217] Als 86
Vergleichsgrundstücke sind Grundstücke heranzuziehen, die hinsichtlich der **Wert beeinflussenden Merkmale** mit dem zu bewertenden Grundstück hinreichend übereinstimmen.

Hinweis:

*Das Erfordernis „hinreichender" Übereinstimmung engt den Kreis der Vergleichsgrundstücke **nicht** zu sehr ein.*[218]

Anstatt der Vergleichspreise können andere Vergleichsfaktoren herangezogen werden. Diese Vergleichsfaktoren müssen von den Gutachterausschüssen für geeignete Bezugseinheiten, insbesondere Flächeneinheiten des Gebäudes, ermittelt und mitgeteilt werden.[219]

Hinweis: modifizierte Wertermittlung

Wenn Vergleichsfaktoren herangezogen werden, die sich ausschließlich auf das Gebäude beziehen, muss der Bodenwert[220] *für den Grund und Boden gesondert berücksichtigt werden.*[221]

217 § 183 Abs. 1 Satz 1 BewG.
218 Diskussionsentwurf GrVBewV-E, Begründung, zu § 1, zu Abs. 1, Seite 25.
219 § 183 Abs. 2 Satz 1 BewG.
220 § 179 BewG.
221 § 183 Abs. 2 Satz 2 BewG.

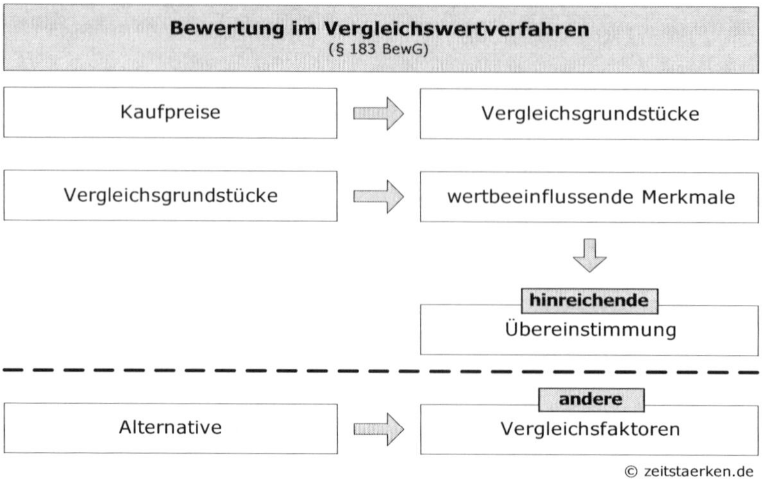

87 Die von den Gutachterausschüssen mitgeteilten Vergleichspreise sind *vorrangig* als Grundlage für die Bewertung heranzuziehen.[222] *Nachrangig* kann auf vergleichbare Kauffälle zurückgegriffen werden, die der Finanzverwaltung vorliegen.

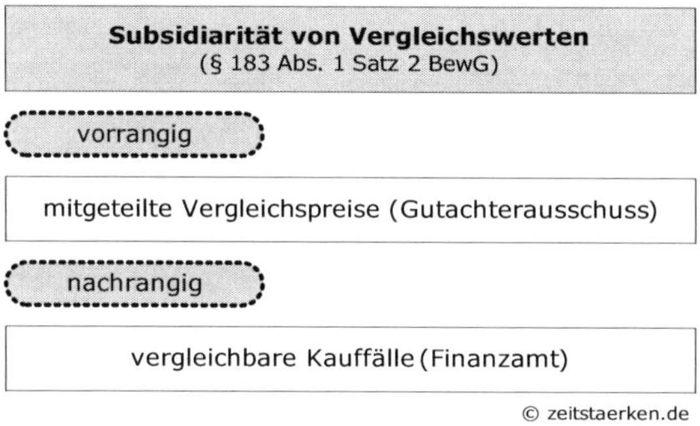

Hinweis: niedriger gemeiner Wert

Ein nachgewiesener niedrigerer gemeiner Wert hat immer Vorrang.[223]

Hinweis:

Unberücksichtigt bleiben insbesondere den Wert beeinflussende Belastungen privatrechtlicher und öffentlich-rechtlicher Art.[224]

Beispiel: Vergleichswertmethode - Gutachterausschuss

Der Steuerpflichtige S schenkt seiner Tochter T ein Einfamilienhaus mit Grundstück im Wege der vorweggenommenen Erbfolge. Das Grundstück hat eine Fläche von 500 qm. Der zuständige Gutachterausschuss hat für Vergleichsgrundstücke (hinreichende Übereinstimmung in Lage und Ausstattung) einen Verkaufspreis von 550 € pro Quadratmeter mitgeteilt.

222 § 183 Abs. 1 Satz 2 BewG.
223 „.. so ist dieser anzusetzen." gem. § 198 BewG.
224 § 183 Abs. 3 BewG.

2

Lösung:

Es handelt sich um ein bebautes Grundstück, für das das Vergleichswertverfahren abgewendet werden kann, da Verkaufspreise des zuständigen Gutachterausschusses vorliegen. Der Wert des übertragenen Grundstücks beträgt (500 qm x 550 €/qm =) 275.000 €.

Beispiel: Vergleichswertmethode - Finanzamt

Der Steuerpflichtige S schenkt seiner Tochter T ein Einfamilienhaus mit Grundstück im Wege der vorweggenommenen Erbfolge. Das Grundstück hat eine Fläche von 500 qm. Der zuständige Gutachterausschuss hat *keine* Verkaufspreise für Vergleichsgrundstücke (hinreichende Übereinstimmung in Lage und Ausstattung) mitgeteilt. Dem Finanzamt liegen Werte aus Verkaufsfällen für vergleichbare Grundstücke vor. In diesen Verkaufsfällen wurden die bebauten Grundstücke für 485 €/qm verkauft.

Lösung:

Die dem Finanzamt vorliegenden Werte können mangels Angaben des Gutachterausschusses für die Wertermittlung zugrunde gelegt werden. Der Wert des übertragenen Grundstücks beträgt (500 qm x 485 €/qm =) 242.500 €.

IX. Bewertung im Ertragswertverfahren

1. Ermittlung des Grundstückswerts

Bei der Anwendung des Ertragswertverfahrens erfolgt eine getrennte Ermittlung von:[225] 88

- Gebäudeertragswert[226]

und

- Bodenwert (Wert des unbebauten Grundstücks[227])[228]

sodann

- Grundstücksertragswert = Summe aus: Bodenwert und Gebäudeertragswert[229]

Hinweis:

Der Mindestwert ist der Bodenwert.[230]

Mit dem Ertragswert des Gebäudes abgegolten sind sonstige bauliche Anlagen, insbesondere Außenanlagen.[231] 89

225 § 184 Abs. 1 BewG.
226 § 185 BewG.
227 § 179 BewG.
228 § 184 Abs. 2 BewG.
229 § 184 Abs. 3 Satz 1 BewG.
230 § 184 Abs. 3 Satz 2 BewG.
231 § 184 Abs. 3 Satz 3 BewG.

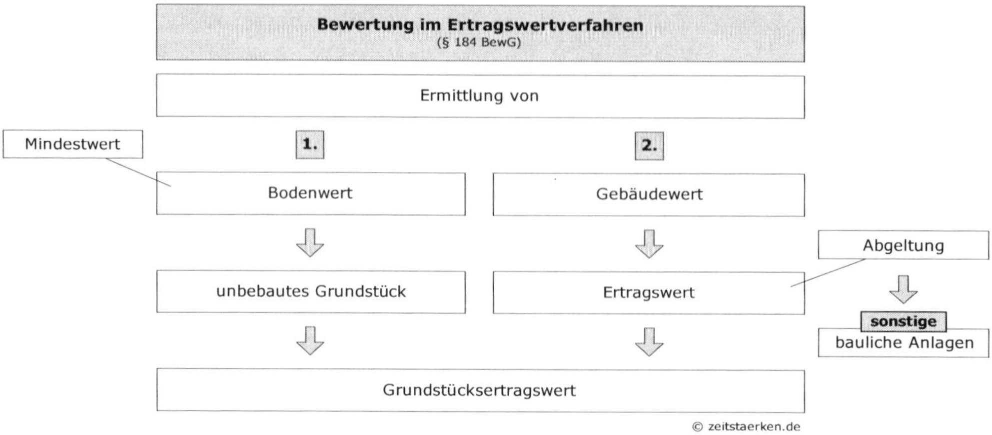

2. Ermittlung des Gebäudeertragswerts

a) Gesamtberechnungsschemata

90 Bei der **Ermittlung des Gebäudeertragswerts** ist wie folgt vorzugehen:

- Der **Rohertrag** des Grundstücks[232] *abzüglich* der Bewirtschaftungskosten[233] ergibt den **Grundstücksreinertrag**.[234]
- Der **Gebäudereinertrag** ergibt sich aus der Verminderung des Grundstücksreinertrags um eine angemessene Bodenwertverzinsung.[235]
- Grundlage für die Verzinsung ist der Liegenschaftszinssatz[236].[237]
- Der **Gebäudereinertrag** ist zu kapitalisieren mit einem **Vervielfältiger**[238].[239]

232 § 186 BewG.
233 § 187 BewG.
234 § 185 Abs. 1 BewG.
235 § 185 Abs. 2 Satz 1 BewG.
236 § 188 BewG.
237 § 185 Abs. 2 Satz 2 BewG.
238 Anlage 21 zum BewG.
239 § 185 Abs. 3 Satz 1 BewG.

Ermittlung des Gebäudeertragswerts
(§ 185 BewG)

Schritt		
1. Schritt		Rohertrag des Grundstücks
2. Schritt	./.	Bewirtschaftungskosten
3. Schritt	=	Grundstücksreinertrag
4. Schritt	./.	Bodenwertverzinsung
Schritt 4a		Gesamtbodenwert
Schritt 4b	./.	verselbständigte Teilflächen
Schritt 4c	=	verbleibende Teilflächen
Schritt 4d	x	Liegenschaftszinssatz
Schritt 4e	=	Bodenwertzins
5. Schritt	=	Gebäudereinertrag
6. Schritt	x	Vervielfältiger
7. Schritt	=	Gebäudeertragswert

Hinweis: Gesamtbodenwert

*Ist das Grundstück wesentlich größer, als es einer den Gebäuden angemessenen Nutzung entspricht, und ist eine zusätzliche Nutzung oder Verwertung einer Teilfläche zulässig und möglich, ist bei der Berechnung des Verzinsungsbetrags der Bodenwert dieser Teilfläche **nicht** anzusetzen.*[240] *U. E. ist für diese Teilfläche (= wirtschaftliche Einheit) eine selbständige Bewertung durchzuführen.*

Beispiel: zwei wirtschaftliche Einheiten

Die Grundstücksfläche eines zu übertragenden Mietgrundstücks beträgt 1.260 qm. Die Fläche, die auf das bebaute Grundstück entfällt, beträgt 390 qm. Die Freifläche beträgt 870 qm und kann als Bauland genutzt werden.

240 § 185 Abs. 2 Satz 3 BewG.

Lösung:

Für die Bewertung handelt es sich um zwei unabhängig von einander zu bewertende wirtschaftlichen Einheiten. Der Wert für das unbebaute Grundstück (= 870 qm) ist anhand des Bodenrichtwertes zu ermitteln. Der Wert für das bebaute Grundstück (= 390 qm) ist anhand des Ertragswertverfahrens zu ermitteln.

b) Rohertrag des Grundstücks

91 **Rohertrag** ist das Nutzungsentgelt, das am Bewertungsstichtag laut vertraglicher Vereinbarung für den Zeitraum von zwölf Monaten zu zahlen ist.[241] *Nicht* zum Rohertrag gehören die Betriebskosten.[242]

Die **übliche Miete** ist anzusetzen für Grundstücke oder Grundstücksteile, die

- eigengenutzt, ungenutzt, zu vorübergehendem Gebrauch oder unentgeltlich überlassen sind.
- der Eigentümer dem Mieter zu einer um mehr als 20 % von der üblichen Miete abweichenden tatsächlichen Miete überlassen hat.

92 Die übliche Miete ergibt sich aus einer Schätzung in Anlehnung an Mieten für Räume gleicher oder ähnlicher Art, Lage und Ausstattung *ohne* die Betriebskosten.[243]

Hinweis:

Die Abweichung der tatsächlich vereinbarten Miete von mehr als 20 % der ortüblichen Miete kann ***nach oben oder nach unten*** *vorliegen.*[244]

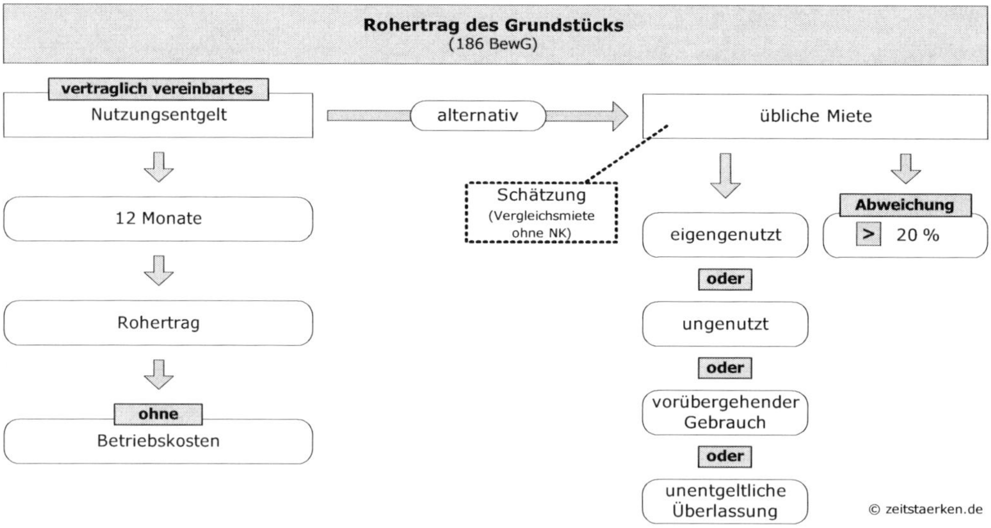

241 § 186 Abs. 1 Satz 1 BewG.
242 § 186 Abs. 1 Satz 2 BewG.
243 § 186 Abs. 2 Sätze 2 und 3 BewG.
244 Gleich lautender Ländererlass vom 2.4.2007, BStBl. I 2007, 314, Tz. 50, Satz 7.

c) Bewirtschaftungskosten

Bewirtschaftungskosten[245] sind die bei gewöhnlicher Bewirtschaftung regelmäßig anfallenden 93

- Verwaltungskosten
- Betriebskosten
- Instandhaltungskosten

und

- Mietausfallwagnis

Bewirtschaftungskosten (= gewöhnliche Bewirtschaftung)
(§ 187 BewG)

1.	2.	3.	4.
Verwaltungskosten	Betriebskosten	Instandhaltungskosten	Mietausfallwagnis

Durch Umlagen gedeckte Betriebskosten bleiben *unberücksichtigt*.[246]

Der Ansatz der Bewirtschaftungskosten erfolgt nach Erfahrungssätzen.[247] 94

Hinweis:

*Soweit die Gutachterausschüsse diese Erfahrungssätze nicht zur Verfügung stellen, ist von **pauschalierten Bewirtschaftungskosten**[248] auszugehen.[249]*

Drucksache 888/08 96

Anlage 23
(zu § 187 Abs. 2 Satz 2)

Pauschalierte Bewirtschaftungskosten für Verwaltung, Instandhaltung und Mietausfallwagnis in Prozent der Jahresmiete oder üblichen Miete (ohne Betriebskosten)

Restnutzungsdauer	Grundstücksart			
	1	2	3	4
	Mietwohngrundstück	gemischt genutztes Grundstück mit einem gewerblichen Anteil von bis zu 50% (berechnet nach der Wohn- bzw. Nutzfläche)	gemischt genutztes Grundstück mit einem gewerblichen Anteil von mehr als 50% (berechnet nach der Wohn- bzw. Nutzfläche)	Geschäftsgrundstück
≥ 60 Jahre	21	21		18
40 bis 59 Jahre	23	22		20
20 bis 39 Jahre	27	24		22
< 20 Jahre	29	26		23

245 § 187 Abs. 1 1. HS BewG.
246 § 187 Abs. 1 2. HS BewG.
247 § 187 Abs. 2 Satz 1 BewG.
248 Anlage 23 zum BewG.
249 § 187 Abs. 2 Satz 2 BewG.

95 Die **Bewirtschaftungskosten** definieren sich wie folgt[250]:

- Verwaltungskosten:

  Kosten der zur Verwaltung des Grundstücks erforderlichen Arbeitskräfte und Einrichtungen. Die Kosten der Aufsicht sowie für die gesetzlichen oder freiwilligen Prüfungen des Jahresabschlusses und der Geschäftsführung.
- Betriebskosten:

  Kosten, die durch das Eigentum am Grundstück oder durch den bestimmungsgemäßen Gebrauch des Grundstücks sowie seiner baulichen und sonstigen Anlagen laufend entstehen.
- Instandhaltungskosten:

  Kosten, die infolge Abnutzung, Alterung und Witterung zur Erhaltung des bestimmungsgemäßen Gebrauchs der baulichen Anlagen während ihrer Nutzungsdauer aufgewendet werden müssen.
- Mietausfallwagnis:

  Das Wagnis einer Ertragsminderung, die durch uneinbringliche Mietrückstände oder Leerstehen von Raum, der zur Vermietung bestimmt ist, entsteht.

  Das Mietausfallwagnis dient auch zur Deckung der Kosten einer Rechtsverfolgung auf Zahlung, Aufhebung eines Mietverhältnisses oder Räumung.

d) Bodenwertverzinsung

96 Für die Bodenwertverzinsung ist der Liegenschaftszinssatz für das Gebäude maßgebend.[251]

e) Liegenschaftszinssatz

97 Der Liegenschaftszinssatz ist der Zinssatz, mit dem der Verkehrswert von Grundstücken im Durchschnitt marktüblich verzinst wird.[252]

Folgende Reihenfolge zur Ermittlung des Liegenschaftszinssatzes ist zu beachten:

1. Schritt:

98 Es sind die von den Gutachterausschüssen ermittelten örtlichen Liegenschaftszinssätze anzuwenden.[253]

2. Schritt:

99 Stehen *keine* geeigneten Liegenschaftszinssätze zur Verfügung, sind die folgenden Zinssätze anzuwenden:[254]

- 5 % für Mietwohngrundstücke
- 5,5 % für gemischt genutzte Grundstücke mit einem gewerblichen Anteil von bis zu 50 %, berechnet nach der Wohn- und Nutzfläche

250 Die Definitionen sind den Entwürfen der Grundvermögen-Bewertungsverordnungen entnommen.
251 § 186 Abs. 2 Satz 2 BewG.
252 § 188 Abs. 1 BewG.
253 § 188 Abs. 2 Satz 1 BewG i. V. m. § 192 ff. BauG.
254 § 188 Abs. 2 Satz 2 BewG.

- 6 % für gemischt genutzte Grundstücke mit einem gewerblichen Anteil von mehr als 50 %, berechnet nach der Wohn- und Nutzfläche

  und

- 6,5 % für Geschäftsgrundstücke

Hinweis:

*Geschäftsgrundstücke sind Grundstücke, die zu mehr als 80 %, berechnet nach der Wohn- und Nutzfläche, eigenen oder fremden betrieblichen oder öffentlichen Zwecken dienen (**ohne** Teileigentum).*[255]

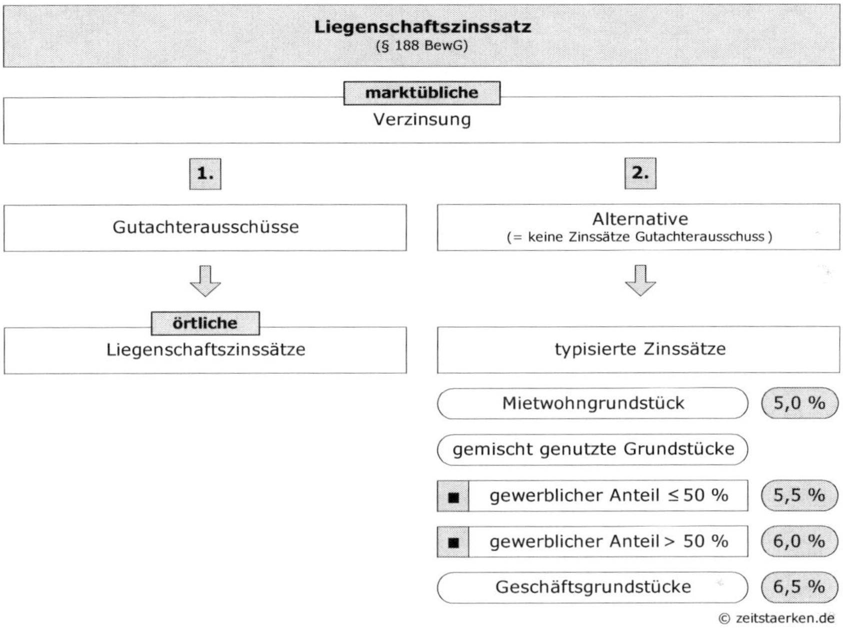

f) Restnutzungsdauer

Die Restnutzungsdauer (= Unterschiedsbetrag[256]) ergibt sich aus Differenz von 100

- wirtschaftlicher Gesamtnutzungsdauer[257]

  und

- Alter des Gebäudes

Hinweis:

*Die Gesamtnutzungsdauer ist **typisierend** geregelt.*

255 § 181 Abs. 6 BewG.
256 § 185 Abs. 3 Satz 3 BewG.
257 Änderungsantrag BewG, Anlage 22.

Restnutzungsdauer
(§ 185 Abs. 3 Satz 3 BewG)

	wirtschaftliche Gesamtnutzungsdauer
./.	Alter des Gebäudes (Besteuerungsjahr ./. Baujahr)
=	Restnutzungsdauer

Drucksache 888/08 94

Anlage 22
(zu § 185 Abs. 3 Satz 3, § 190 Abs. 2 Satz 2)

Wirtschaftliche Gesamtnutzungsdauer

Einfamilien- und Zweifamilienhäuser	80	Jahre
Mietwohngrundstücke	80	Jahre
Wohnungseigentum	80	Jahre
Geschäftsgrundstücke, gemischt genutzte Grundstücke und sonstige bebaute Grundstücke:		
Gemischt genutzte Grundstücke (mit Wohn- und Gewerbeflächen)	70	Jahre

101 Bei Veränderungen am Gebäude <u>*nach*</u> der Bezugsfertigkeit, welche die wirtschaftliche Gesamtnutzungsdauer des Gebäudes verlängern oder verkürzen, ist von einer der Verlängerung oder Verkürzung entsprechenden Restnutzungsdauer auszugehen.[258]

Gebäudeveränderungen
(§ 190 Abs. 2 Satz 3 BewG)

Änderungen
wirtschaftliche Gesamtnutzungsdauer → Verlängerung bzw. Verkürzung der entsprechenden Restnutzungsdauer

Hinweis:

*Die Restnutzungsdauer eines noch genutzten Gebäudes beträgt mindestens **30 %** der wirtschaftlichen Gesamtnutzungsdauer.*[259]

Damit soll einem Mindestwert auch bei älteren Gebäuden Rechnung getragen werden.

258 § 185 Abs. 3 Satz 4 BewG.
259 § 185 Abs. 3 Satz 5 BewG.

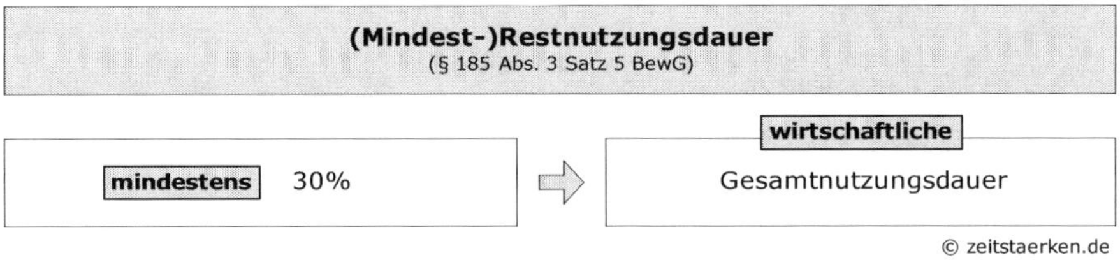

In dem nunmehr aufgehobenen Entwurf der Grundvermögen-Bewertungsverordnung waren folgende Details noch zusätzlich aufgenommen worden[260]: **früheres fiktives Baujahr** Ein frühes fiktives Baujahr ist anzunehmen, wenn ein Gebäude *nicht* mehr den allgemeinen Anforderungen entspricht. 102

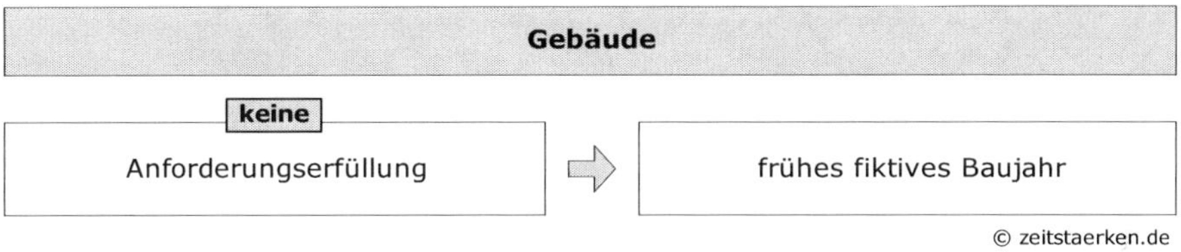

Ein fiktives Baujahr[261] ist in Ausnahmefällen anzunehmen, bei der Durchführung von 103

- durchgreifenden Instandhaltungsmaßnahmen oder Modernisierungsmaßnahmen

  und
- wesentlicher Verlängerung der Restnutzungsdauer.

Hinweis:

Es bleibt abzuwarten, ob die Rechtsprechung und/oder Verwaltung auch hier den indikatorischen Gebäudestandardsprung[262] oder die indikatorische verbesserte Nutzbarkeit heranzieht!

g) Gebäudereinertrag

Der Gebäudereinertrag ergibt sich aus dem Grundstücksreinertrag abzüglich der Bodenwertverzinsung und wird mit einem Vervielfältiger[263] zum Gebäudeertragswert kapitalisiert.[264] 104

260 U. E. bilden diese Informationen die Besprechungsgrundlage der zukünftigen Bewertungsrichtlinien.
261 Abweichung vom tatsächlichen Baujahr.
262 = zu Wohnzwecken genutzte Gebäudeteile.
263 Anlage Nr. 21 BewG.
264 § 185 Abs. 3 BewG.

h) Vervielfältiger

105 *Maßgebend* für den Vervielfältiger sind

- der Liegenschaftszinssatz

  und

- die Restnutzungsdauer

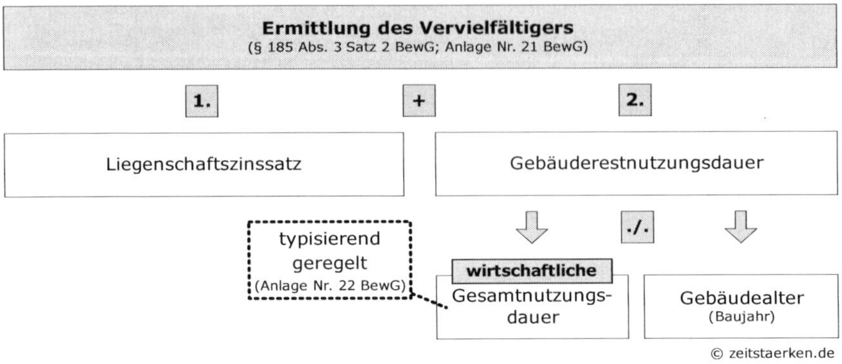

106 Der notwendige Vervielfältiger ergibt sich aus der **Anlage 21**:

Drucksache 888/08 90

Anlage 21
(zu § 185 Abs. 3 Satz 1, § 193 Abs. 3 Satz 2, § 194 Abs. 3 Satz 3 und § 195 Abs. 2 Satz 2 und Abs. 3 Satz 3)

Vervielfältiger

Restnutzungsdauer; Restlaufzeit des Erbbaurechts bzw. des Nutzungsrechts (in Jahren)	Zinssatz										
	3 %	3,5 %	4 %	4,5 %	5 %	5,5 %	6 %	6,5 %	7 %	7,5 %	8 %
1	0,97	0,97	0,96	0,96	0,95	0,95	0,94	0,94	0,93	0,93	0,93
2	1,91	1,90	1,89	1,87	1,86	1,85	1,83	1,82	1,81	1,80	1,78
3	2,83	2,80	2,78	2,75	2,72	2,70	2,67	2,65	2,62	2,60	2,58
4	3,72	3,67	3,63	3,59	3,55	3,51	3,47	3,43	3,39	3,35	3,31
5	4,58	4,52	4,45	4,39	4,33	4,27	4,21	4,16	4,10	4,05	3,99
6	5,42	5,33	5,24	5,16	5,08	5,00	4,92	4,84	4,77	4,69	4,62

3. Zusammenfassung: Bewertung bebauter Grundstücke im Ertragswertverfahren

Zur Wertermittlung eines bebauten Grundstücks im Ertragswertverfahren ist folgende Ermitt- 107
lungsmethode heranzuziehen, wenn *kein* niedrigerer gemeiner Wert vorliegt:

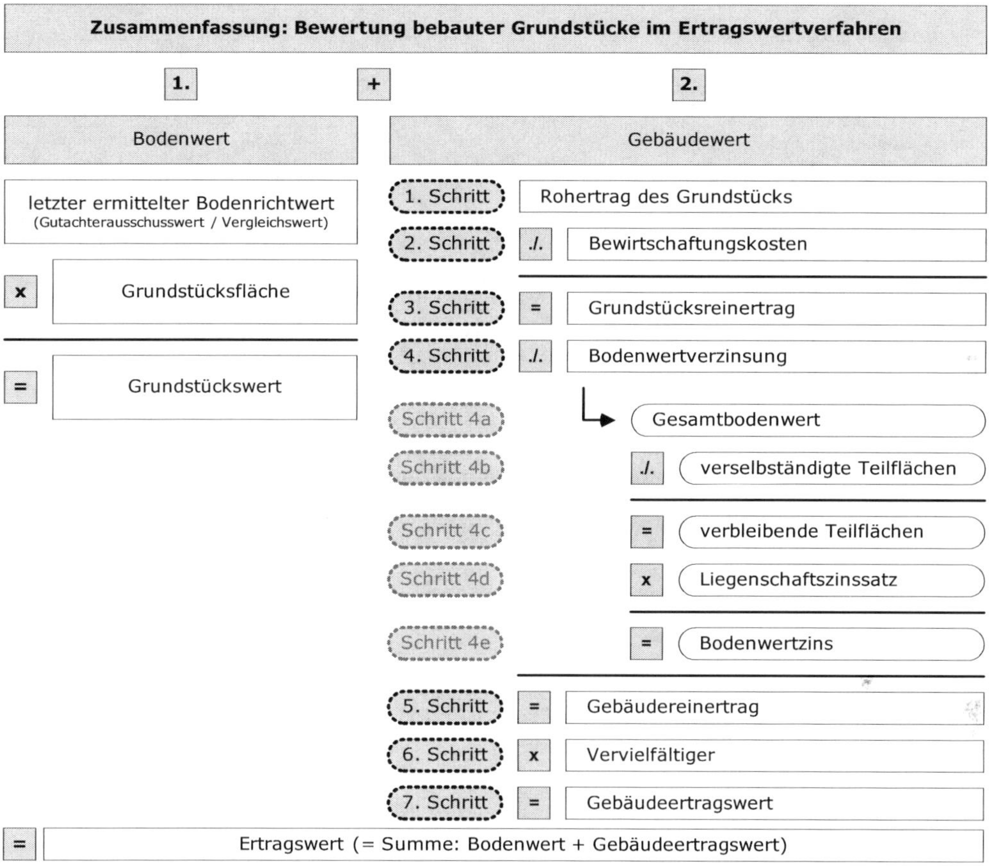

© zeitstaerken.de

Beispiel: bebautes Grundstück im Ertragswertverfahren 108

Der Steuerpflichtige S überträgt ein bebautes Grundstück im Wege der vorweggenommenen Erbfolge auf seine Tochter T. Das Grundstück hat eine Fläche von 500 qm. Der zuletzt festgestellte Bodenrichtwert zum Besteuerungszeitpunkt beträgt 145 €/qm. Das Grundstück ist mit einem vermieteten Einfamilienhaus bebaut. Die vertraglich vereinbarte Jahresnettokaltmiete beträgt 5.400 €. Die übliche Miete beträgt im Besteuerungszeitpunkt 5.800 €. Die Betriebskosten werden vollständig durch Umlagen gedeckt. Betriebskosten sowie ein Liegenschaftszinssatz von einem Gutachterausschuss liegen *nicht* vor. Das Gebäude wurde im Jahr 1979 erbaut. Die Übertragung soll in 2009 erfolgen. Außer den laufenden Instandhaltungsmaßnahmen wurden *keine* die Nutzungsdauer beeinträchtigenden Maßnahmen durchgeführt.

2

Lösung:

Beispiel zum Ertragswertverfahren

1. Schritt: Bodenwert

Bodenrichtwert	145 €/m²
x Fläche	500 m²
= Bodenwert	72.500 €

2. Schritt: Gebäudeertragswert

tatsächliche Miete	5.400 €	93 %	
übliche Miete	5.800 €	100 %	
Differenz	400 €	7 %	
Die Abweichung beträgt weniger als 20 %			
Die tatsächliche Miete ist anzusetzen (= Rohertrag)		5.400 €	
typisierte wirtschaftliche Gesamtnutzungsdauer	80 Jahre		
Alter des Gebäudes	30 Jahre		
Restnutzungsdauer	50 Jahre		
Mindest-Restnutzungsdauer (30 %)	24 Jahre		
./. Bewirtschaftungskosten			
ungedeckte Betriebskosten	0 €		
pauschale Bewirtschaftungskosten 5.400 € x 23 % =	1.242 €		
	1.242 €	-1.242	
Grundstücksreinertragswert		4.158	
./. Bodenwertverzinsung 72.500 € x 5 % =		-3.625	
Gebäudereinertragswert		533	
x Vervielfältiger = Gebäudeertragswert		18,26	9.733

3. Schritt: Wertansatzermittlung

Grundstücksertragswert	82.233
Mindestwert (= Bodenwert)	72.500
Wertansatz: **Grundstücksertragswert**	**82.233**

4. Schritt: Abrundung

Abgerundeter steuerpflichtiger Erwerb	**82.200 €**

X. Bewertung im Sachwertverfahren

2

1. Grundsatzschemata

Bei Anwendung des Sachwertverfahrens ist der Wert des Gebäudes (= Gebäudesachwert)[265] *getrennt* vom Bodenwert zu ermitteln.[266] Mit dem Gebäudewert und dem Bodenwert abgegolten sind sonstige bauliche Anlagen, insbesondere Außenanlagen, und der Wert der sonstigen Anlagen.[267] 109

Hinweis:

Der Bodenwert ist der Wert des unbebauten Grundstücks.[268/269]

Der Bodenwert und der Gebäudesachwert ergeben zusammen den *vorläufigen* Sachwert des Grundstücks. Dieser kann erheblich vom gemeinen Wert abweichen. Aufgrund dieser Abweichung ist eine Anpassung zur Berücksichtigung der Lage auf dem Grundstücksmarkt erforderlich.[270] Die Anpassung erfolgt durch die Multiplikation **mit Wertzahlen**[271].

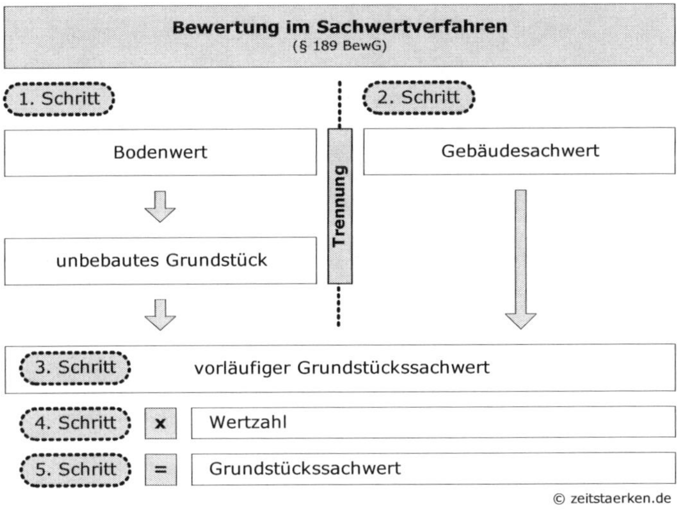

2. Ermittlung des Gebäudesachwerts

Bei der Ermittlung des Gebäudesachwerts ist von den **Regelherstellungskosten** des Gebäudes auszugehen.[272] Regelherstellungskosten sind die **gewöhnlichen** *Herstellungskosten je Flächeneinheit*.[273] 110

265 § 190 BewG.
266 § 189 Abs. 1 Satz 1 BewG.
267 § 189 Abs. 1 Satz 2 BewG.
268 § 179 BewG.
269 § 189 Abs. 2 BewG.
270 § 189 Abs. 3 BewG.
271 § 191 BewG.
272 § 190 Abs. 1 Satz 1 BewG.
273 § 190 Abs. 1 Satz 2 BewG.

111 Der **Gebäuderegelherstellungswert**[274] ergibt sich durch Multiplikation:

- jeweilige Regelherstellungskosten

  Die Regelherstellungskosten sind in der Anlage Nr. 24 zum BewG enthalten.[275]

  multipliziert

- Brutto-Grundfläche

  Die Brutto-Grundfläche[276] ist die Summe aus

  - den Grundflächen aller Grundrissebenen eines Bauwerks mit Nutzungen[277]

    und

  - aus deren konstruktiven Umschließungen

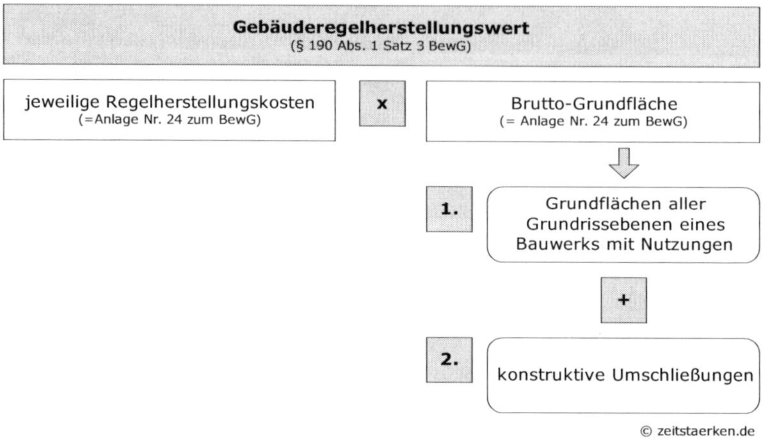

Hinweis:

*Bei der Ermittlung sind nicht die tatsächlichen, sondern die gewöhnlichen Herstellungskosten (= **Normalherstellungskosten**) zugrunde zu legen.*

274 § 190 Abs. 1 Satz 3 BewG.
275 § 190 Abs. 1 Satz 4 BewG und Änderungsantrag BewG, Anlage 24.
276 Anlage Nr. 24 zum BewG; Begriff der Brutto-Grundfläche (BGF).
277 DIN 277-2:2005-02, Tabelle 1, Nr. 1 bis Nr. 9.

Drucksache 888/08 98

2

II. Regelherstellungskosten (RHK)

Regelherstellungskosten 2007 (RHK 2007)

(einschließlich Baunebenkosten, Preisstand 1.1.2007)

1. **Ein- und Zweifamilienhäuser (EUR/m² BGF)**

Typisierte Gesamtnutzungsdauer = 80 Jahre

	Baujahr	*bis 1945*			*1946-1959*			*1960-1969*			*1970-1984*			*1985-1999*			*ab 2000*		
GKL	*Ausstattungsstandard*	*einf.*	*mittel*	*geh.*	*einf.*	*mittel*	*geh.*	*einf.*	*mittel*	*geh.*	*einf.*	*mittel*	*geh.*	*einf.*	*mittel*	*geh.*	*einf.*	*mittel*	*geh.*
	mit Keller																		
1.11	*Dachgeschoss ausgebaut*	580	630	740	620	680	800	670	720	850	710	770	900	760	820	970	790	860	1010
1.12	*Dachgeschoss nicht ausgebaut*	520	570	660	560	610	720	600	650	760	640	690	810	680	740	870	720	770	910
1.13	*Flachdach*	590	630	740	630	680	800	680	730	850	720	770	900	770	830	960	800	870	1010

Hinweis:

Die Regelherstellungskosten beruhen auf:

- *Herstellungskosten einschließlich Baunebenkosten*

und

- *Preisstand 1.1.2007*

Hinweis:

Das BMF wird ermächtigt, die Anlage Nr. 24 „Regelherstellungskosten" - bei Notwendigkeit - zu aktualisieren[278]

- *marktübliche gewöhnliche Herstellungskosten*

und

- *vom Statistischen Bundesamt veröffentlichten Baupreisindex*

Eine **Alterswertminderung** ist vorzunehmen, die sich bestimmt nach:[279] 112

- dem Alter des Gebäudes zum Bewertungsstichtag

und

- der wirtschaftlichen Gesamtnutzungsdauer[280]

Der anzusetzende **Mindestwert** beträgt 40 % des Gebäuderegelherstellungswerts.[281] 113

278 § 190 Abs. 1 Satz 5 BewG.
279 § 190 Abs. 2 Sätze 1 und 2 BewG.
280 Anlage 22 zum BewG.
281 § 190 Abs. 2 Satz 4 BewG.

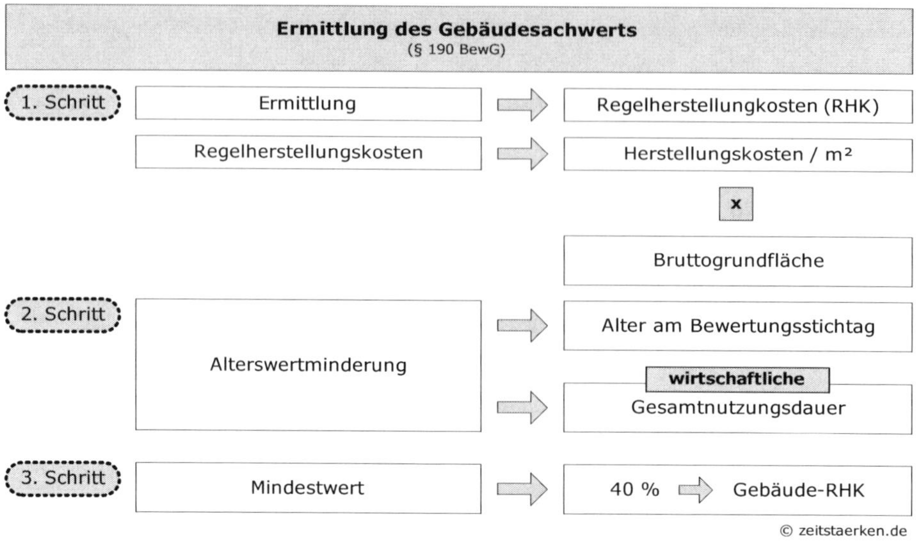

Bei Veränderungen nach Bezugsfertigkeit des Gebäudes, welche die wirtschaftliche Gesamtnutzungsdauer des Gebäudes verlängern oder verkürzen, ist von einem entsprechend früheren oder späteren Baujahr auszugehen.[282]

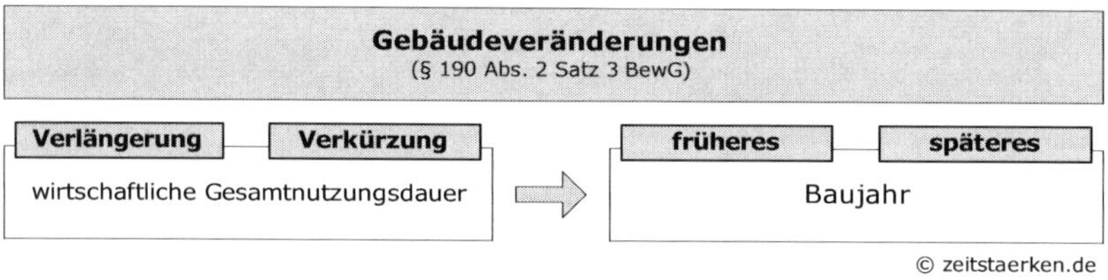

3. Wertzahlen

114 Als Wertzahlen sind die von den Gutachterausschüssen für das Sachwertverfahren bei der Verkehrswertermittlung abgeleiteten **Sachwertfaktoren** anzuwenden.[283] Werden von den Gutachterausschüssen *keine* geeigneten Sachwertfaktoren zur Verfügung gestellt, sind die im Gesetz geregelten[284] Wertzahlen anzuwenden.[285]

Hinweis:

Die Wertzahlen werden in Abhängigkeit von der Höhe des vorläufigen Sachwerts und dem Bodenpreisniveau geregelt. Die pauschalen Wertzahlen beruhen auf der Erwägung, dass mit zunehmender Höhe der Grundstücksinvestition zur Abbildung des gemeinen Werts ein wachsender Abschlag vom vorläufigen Sachwert vorgenommen werden muss.[286]

282 § 190 Abs. 2 Satz 3 BewG.
283 § 191 Abs. 1 BewG.
284 Anlage 25 zum BewG.
285 § 191 Abs. 2 BewG.
286 Diskussionsentwurf GrVBewV-E, Begründung, zu § 9, zu Abs. 2, Seite 30.

Wertzahlen
(§ 191 BewG)

vorrangig

Sachwertfaktoren (Gutachterausschuss)

nachrangig

pauschale Wertzahlen (Rechtsverordnung)

Die pauschalen Wertzahlen sind in der Anlage Nr. 25 zum BewG aufgenommen worden: 115

Anlage 25
(zu § 191 Abs. 2)

Wertzahlen für Ein- und Zweifamilienhäuser nach § 181 Abs. 1 Nr. 1 BewG und Wohnungseigentum nach § 181 Abs. 1 Nr. 3 BewG

Vorläufiger Sachwert § 189 Abs. 3		Bodenrichtwert				
		Bis				
		15 EUR/m²	30 EUR/m²	50 EUR/m²	100 EUR/m²	150 EUR/m²
bis	50.000 EUR	1,0	1,1	1,1	1,1	1,1
	100.000 EUR	0,9	1,0	1,0	1,1	1,1
	150.000 EUR	0,8	0,9	0,9	1,0	1,1
	200.000 EUR	0,7	0,8	0,8	0,9	1,0
	300.000 EUR	0,6	0,7	0,7	0,8	0,9
	400.000 EUR	0,5	0,6	0,6	0,7	0,8
	500.000 EUR	0,4	0,5	0,5	0,6	0,7
über	500.000 EUR	0,3	0,4	0,4	0,5	0,6

Vorläufiger Sachwert § 189 Abs. 3		Bodenrichtwert				
		Bis				über
		200 EUR/m²	300 EUR/m²	400 EUR/m²	500 EUR/m²	500 EUR/m²
bis	50.000 EUR	1,2	1,2	1,3	1,3	1,4
	100.000 EUR	1,1	1,2	1,2	1,3	1,3
	150.000 EUR	1,1	1,1	1,1	1,2	1,3
	200.000 EUR	1,0	1,1	1,1	1,2	1,2
	300.000 EUR	0,9	1,0	1,0	1,1	1,2
	400.000 EUR	0,8	0,9	1,0	1,0	1,1
	500.000 EUR	0,7	0,8	0,9	0,9	1,0
über	500.000 EUR	0,6	0,7	0,8	0,8	0,9

4. Zusammenfassung: Bewertung bebauter Grundstücke im Sachwertverfahren

Zur Wertermittlung eines bebauten Grundstücks im Sachwertverfahren ist folgende Ermittlungsmethode heranzuziehen, wenn *kein* niedrigerer gemeiner Wert vorliegt: 116

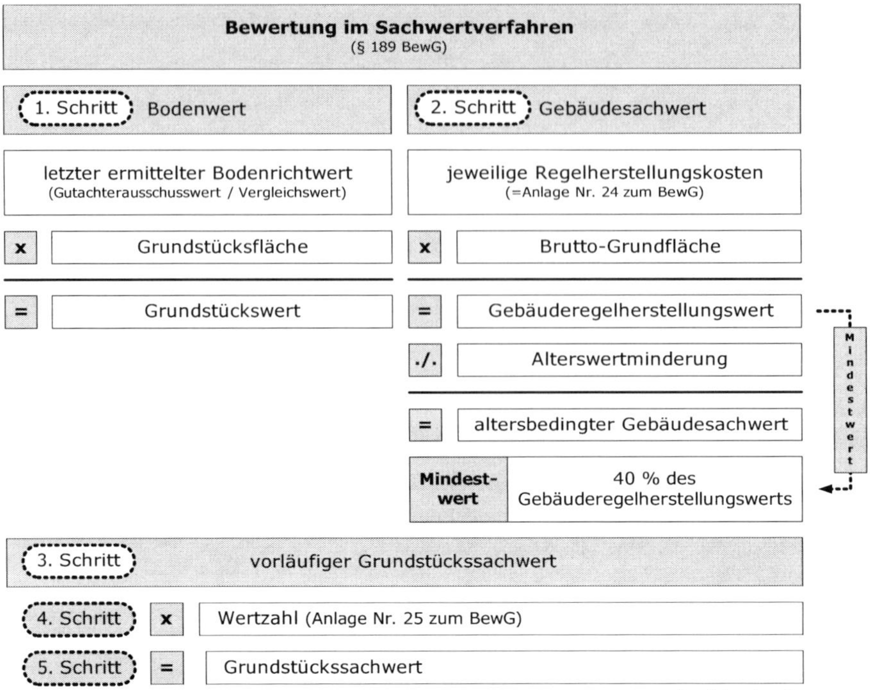

Beispiel: bebautes Grundstück im Sachwertverfahren

Der Steuerpflichtige S erbt im Jahr 2009 ein Einfamilienhaus. Das Einfamilienhaus wurde 1979 erbaut. Die Regelherstellungskosten betragen 720 €/qm. Die Gebäudefläche beträgt 225 qm, die Grundstücksfläche beträgt 400 qm. Der Bodenrichtwert beträgt lt. Gutachterausschuss 200 €/qm.

Lösung:

Beispiel zum Sachwertverfahren			
1. Schritt: Bodenwert			
Bodenrichtwert			200 €/m²
x Fläche			400 m²
= Bodenwert			80.000 €
2. Schritt: Gebäudesachwert			
Regelherstellungskosten		720 €/m²	
x Fläche		225 m²	
Gebäuderegelherstellungskosten		162.000 €	
./. Alterswertminderung			
wirtschaftl. Gesamtnutzungsdauer	80 Jahre		
Alter des Gebäudes	30 Jahre		
Alterswertminderung (162.000€ x 30/80)		-60.750 €	
verbleibender Gebäudewert		101.250 €	
Mindestansatz (40 % von 162.000 €)		64.800 €	
anzusetzender Gebäudesachwert			101.250 €
3. Schritt: Grundstückssachwert			
vorläufiger Grundstückssachwert			181.250 €
x Wertzahl			1,0
= Grundstückssachwert			181.250 €
4. Schritt: Abrundung			
Abgerundeter steuerpflichtiger Erwerb			**181.200 €**

XI. Bewertung des Erbbaurechts / Erbbaurechtsbelasteten Grundstücks

1. Zwei wirtschaftliche Einheiten

Für ein mit einem Erbbaurecht belasteten Grundstück ermittelt sich der Wert des Erbbaurechts gesondert vom Wert des Grundstücks.[287] 117

287 § 192 BewG.

118 Es liegen **zwei wirtschaftliche Einheiten** vor:[288]

- Erbbaurecht[289]

  und

- erbbaurechtsbelastetes Grundstück[290]

119 Die **Bewertung des Erbbraurechts** ist wie folgt geregelt:

- Der Wert des Erbbaurechts ist vorrangig im Vergleichswertverfahren oder aus Kaufpreisen abgeleitete Vergleichsfaktoren zu ermitteln.[291]
- Liegen Vergleichswerte *nicht* vor, erfolgt die Bewertung nach der Summe aus dem Bodenwertanteil[292] und dem Gebäudewertanteil[293].[294]

120 Die **Bewertung des erbbaurechtsbelasteten Grundstücks** ist wie folgt geregelt:

- Der Wert des Erbbaugrundstücks ist vorrangig im Vergleichswertverfahren oder aus Kaufpreisen abgeleitete Vergleichsfaktoren zu ermitteln.[295]
- In anderen Fällen bildet der Bodenwertanteil[296] die Grundlage.[297] Dieser Bodenwertanteil ist gegebenenfalls um einen Gebäudewertanteil[298] zu erhöhen, wenn der des Gebäudes vom Eigentümer des Erbbaugrundstücks nicht oder nur teilweise zu entschädigen ist.[299]

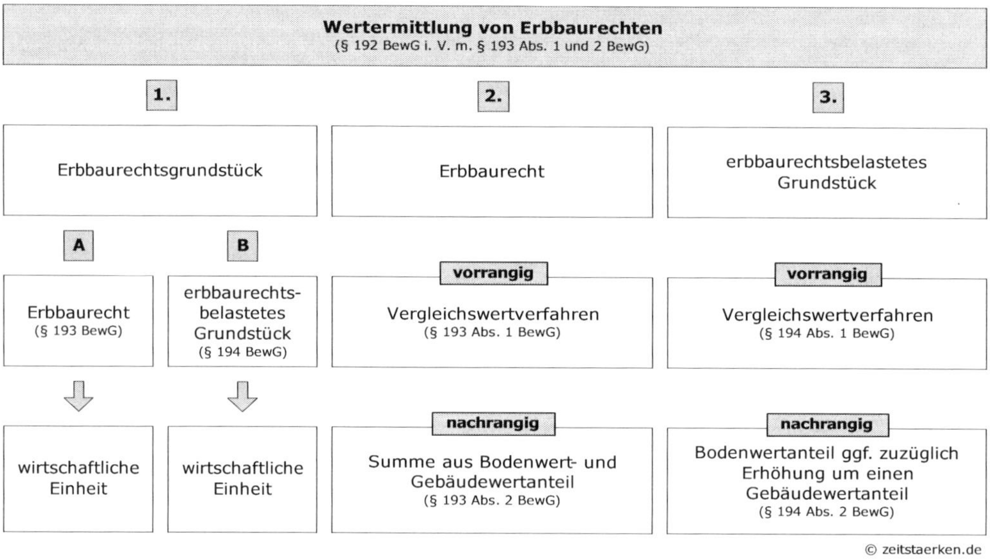

288 § 192 BewG.
289 § 193 BewG.
290 § 194 BewG.
291 § 193 Abs. 1 BewG.
292 § 193 Abs. 3 BewG.
293 § 193 Abs. 5 BewG.
294 § 193 Abs. 2 BewG.
295 § 194 Abs. 1 BewG.
296 § 194 Abs. 3 BewG.
297 § 194 Abs. 2 Satz 1 BewG.
298 § 194 Abs. 4 BewG.
299 § 194 Abs. 2 Satz 2 BewG.

2. Erbbaurecht / belastetes Grundstück

Für Anwendung des **Vergleichswertverfahrens** müssen Kaufpreise vergleichbarer Grundstück vorliegen. 121

Vergleichsgrundstücke (für Erbbaurecht / belastetes Grundstück) sind möglichst[300]:

- innerhalb der gleichen Grundstücksart
- mit annähernd gleich hohen Erbbauzinsen
- in Gebieten mit annähernd gleichem Bodenwertniveau
- mit annähernd gleicher Restlaufzeit

  und

- annähernd gleichen Möglichkeiten der Anpassung der Erbbauzinsen

Hinweis:

Gegebenenfalls kann der Wert des Erbbaugrundstücks durch Anwendung eines Vergleichsfaktors auf den Bodenwert des unbelasteten Grundstücks[301] ermittelt werden.[302]

3. Erbbaurecht

a) Wertermittlungsverfahren

Soweit Vergleichspreise oder Vergleichsfaktoren vorliegen, sind vorrangig diese Vergleichswerte zur Wertermittlung heranzuziehen (= Vergleichswertverfahren).[303] Liegen keine Vergleichswerte vor, bildet der Bodenwertanteil den Wert des Erbbaugrundstücks (= Ertragswertverfahren).[304] 122

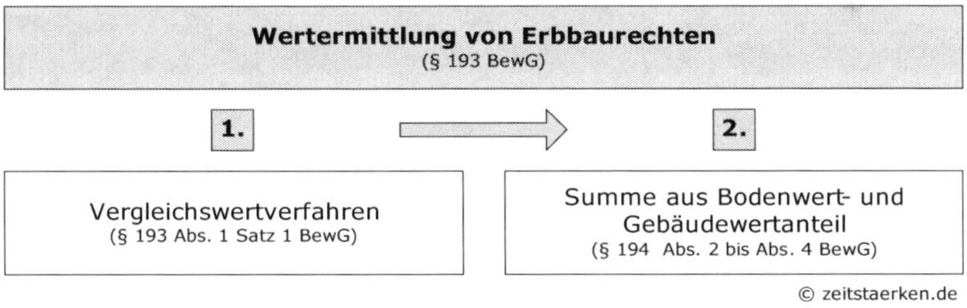

300 BT-Drucks vom 26.11.2008, Bericht des Finanzausschusses, 16/11107, B. Besonderer Teil, zu § 193, S. 24; zu § 194 Abs. 1, S. 25.

301 § 179 BewG.

302 BT-Drucks vom 26.11.2008, Bericht des Finanzausschusses, 16/11107, B. Besonderer Teil, zu § 193, S. 24; zu § 194 Abs. 1, S. 25.

303 § 193 Abs. 1 BewG.

304 § 193 Abs. 2 Satz 1 BewG.

b) Vergleichswertverfahren

123 Die Wertermittlung erfolgt nach dem Vergleichswertverfahren für bebaute Grundstücke.[305]

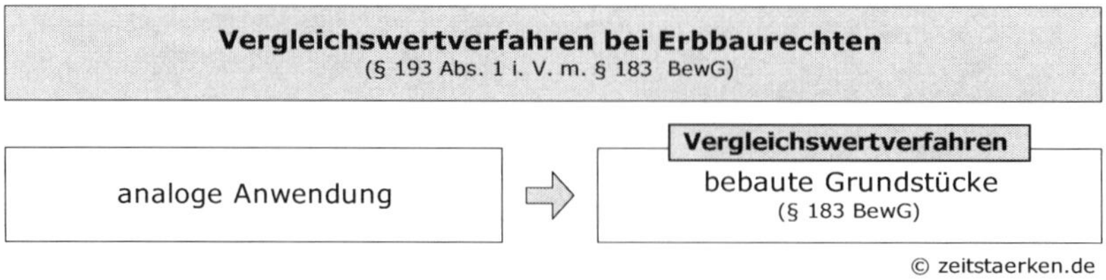

c) Summe aus Bodenwert- und Gebäudewertanteil

124 Die Wertermittlung setzt sich zusammen aus[306]

- Bodenwertanteil[307]

  und

- Gebäudewertanteil[308]

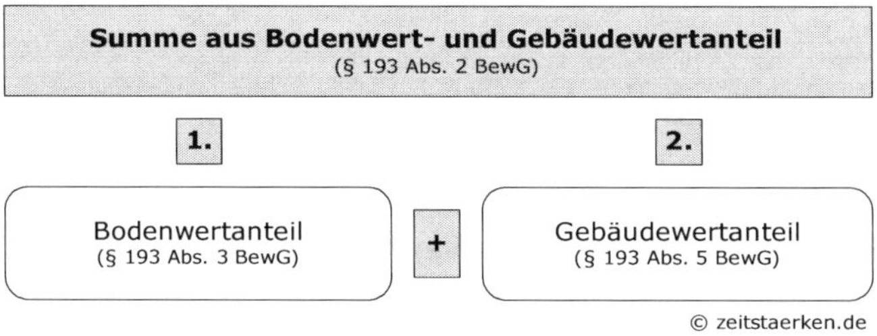

- Bodenwertanteil:

  Der **Bodenwertanteil** ergibt sich aus der *Differenz zwischen*[309]

  - angemessenem Verzinsungsbetrag des Bodenwerts des unbelasteten Grundstücks[310]

  und

  - vertraglich vereinbartem jährlichem Erbbauzins.

  Der **Differenzbetrag** ist mit einem Vervielfältiger[311] zu kapitalisieren.[312]

  Der **angemessene Verzinsungsbetrag** ergibt sich aus der Anwendung des Liegenschaftszinssatzes auf den Wert des unbebauten Grundstücks.[313/314] **Vorrangig** sind die von den Gutach-

305 § 193 Abs. 1 Satz 1 i. V. m. § 183 BewG.
306 § 193 Abs. 2 BewG.
307 § 193 Abs. 3 und 4 BewG.
308 § 193 Abs. 5 BewG.
309 § 193 Abs. 3 Satz 1 BewG.
310 § 194 Abs. 4 BewG.
311 Anlage Nr. 21 zum BewG.
312 § 193 Abs. 3 Satz 2 BewG.
313 § 179 BewG.
314 § 193 Abs. 4 Satz 1 BewG.

terausschüssen ermittelten Liegenschaftszinssätze zu verwenden.[315] Liegen *keine* geeigneten, von Gutachterausschüssen ermittelten Liegenschaftszinssätze vor, sind **typisierte Zinssätze** anzuwenden:[316]

■ Ein- / Zweifamilienhäuser / Wohnungseigentum[317/318]	3,0 %
■ Mietwohngrundstücke / Wohnungseigentum[319/320]	5,0 %
■ gemischt genutzte Grundstücke (gewerblicher Anteil ≤ 50 %)[321] und sonstige bebaute Grundstücke[322]	5,5 %
■ gemischt genutzte Grundstücke (gewerblicher Anteil > 50 % aber max. 80 %)[323/324/325]	6,0 %
■ Geschäftsgrundstücke / Teileigentum[326]	6,5 %

Hinweis:

Der Anteil der gewerblichen Nutzung ermittelt sich nach der Wohn- und Nutzfläche.[327]

315 § 193 Abs. 4 Satz 1 BewG.
316 § 193 Abs. 4 Satz 2 BewG.
317 Das wie Ein- und Zweifamilienhäuser gestaltet ist.
318 § 193 Abs. 4 Satz 2 Nr. 1 BewG.
319 das *nicht* wie Ein- und Zweifamilienhäuser gestaltet ist
320 § 193 Abs. 4 Satz 2 Nr. 2 BewG.
321 Berechnet nach der Wohn- und Nutzfläche.
322 § 193 Abs. 4 Satz 2 Nr. 3 BewG.
323 Berechnet nach der Wohn- und Nutzfläche.
324 § 193 Abs. 4 Satz 2 Nr. 4 BewG.
325 Umkehrschluss aus § 181 Abs. 6 BewG.
326 § 193 Abs. 4 Satz 2 Nr. 5 BewG.
327 § 193 Abs. 4 Satz 2 Nrn. 3 und 4 BewG.

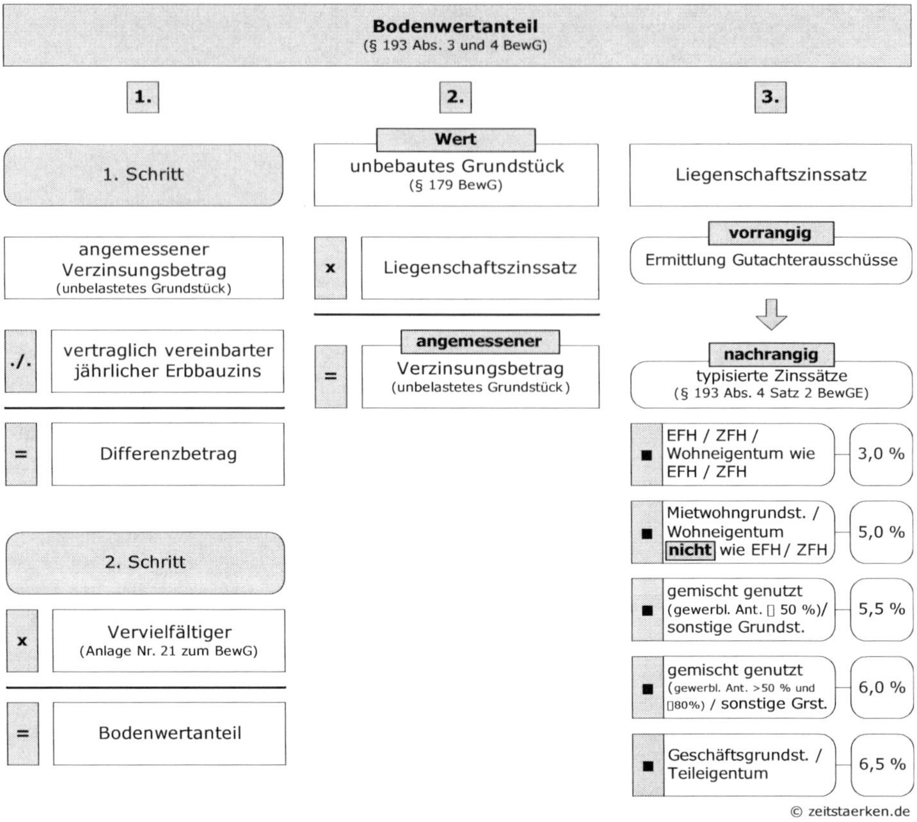

125 ■ Gebäudewertanteil:

Die Wertermittlung[328] erfolgt nach dem

- Gebäudeertragswert[329]

  <u>oder</u>

- Gebäudesachwert[330].

Der Gebäudewertanteil des Erbbaurechts ist um den Gebäudewertanteil des Erbbaugrundstücks[331] zu mindern[332], wenn der verbleibende Gebäudewert bei Ablauf des Erbbaurechts

- <u>*nicht*</u> zu entschädigen ist

  <u>*oder*</u>

- <u>*nur teilweise*</u> zu entschädigen ist.

328 § 193 Abs. 5 Satz 1 BewG.
329 § 185 BewG.
330 § 190 BewG.
331 § 194 Abs. 4 BewG.
332 § 193 Abs. 5 Satz 2 BewG.

Bei der Minderung des Gebäudewertanteils des Erbbaurechts infolge fehlender Entschädigung bei Ablauf des Erbbaurechts wird typisierend unterstellt, dass das Gebäude infolge der Regelungen über die Mindest-Restnutzungsdauer[333] (= Gebäudeertragswertverfahren) und über den Mindest-Gebäudewert[334] (= Gebäudesachwertverfahren) zu diesem Zeitpunkt noch einen erheblichen Wert hat.

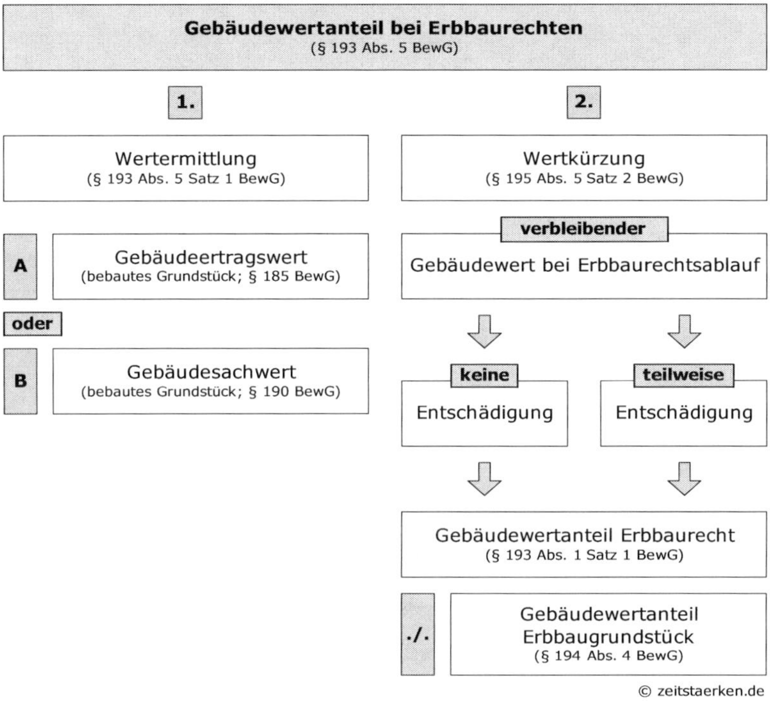

Hinweis:

Der Nachweis des niedrigeren gemeinen Wertes bleibt unbenommen.[335]

Beispiel: Erbbaurecht mit Entschädigungsverpflichtung 126

Der Steuerpflichtige S schenkt seiner Tochter T am 1.1.2009 ein Mietwohngrundstück (Baujahr 1978) mit 4 Wohnungen.

Die (angemessene) Größe des Grundstücks beträgt	1.000 qm
Der Bodenwert beträgt	400 €/qm
Die Jahresnettokaltmiete beträgt	48.000 €
Der jährliche Erbbauzins beläuft sich auf	12.000 €

Liegenschaftszinssätze von Gutachterausschüssen liegen *nicht* vor.

Bei Ablauf des Erbbaurechts ist der Verbleib des Gebäudes voll zu entschädigen.

Die Restlaufzeit des Erbbaurechts beträgt 33 Jahre.

333 § 185 Abs. 3 Satz 5 BewG.
334 § 190 Abs. 2 Satz 4 BewG.
335 § 198 BewG.

Lösung:

1. Bodenwertanteil:

a)	Wert des unbebauten Grundstücks[336] 1.000 qm x 400 €/qm =	400.000 €
b)	angemessene Verzinsung typisierter Liegenschaftszinssatz[337]:	5,0 %
c)	angemessener Verzinsungsbetrag 400.000 € x 5,0 %=	20.000 €
d)	./. vertraglich vereinbarter Erbbauzins	./. 12.000 €
e)	Differenzbetrag	8.000 €
f)	x Vervielfältiger[338]	x 16,00
g)	**Bodenwertanteil**	**128.000 €**

2. Gebäudewertanteil:

a)	Rohertrag: Jahresnettokaltmiete	48.000 €		
b)	./. Bewirtschaftungskosten Das Gebäude hat eine Restnutzungsdauer von 49[339] Jahren.[340] Da *keine* von Gutachterausschüssen ermittelten Bewirtschaftungskosten zur Verfügung stehen, werden die typisierten Bewirtschaftungskostensätze[341] angewendet: 23 % (48.000 € x 23 % =)	./. 11.040 €		
c)	Reinertrag	36.960 €		
d)	./. Verzinsung des Bodenwerts Die gesamte Fläche ist anzusetzen, da die Grundstücksfläche *nicht* unverhältnismäßig zur Gebäudegröße ist. Liegenschaftszinssätze von Gutachterausschüssen liegen *nicht* vor. Somit erfolgt die Anwendung der typisierten Liegenschaftszinssätze[342]: 5,0 % (400.000 € x 5,0 % =)	./. 20.000 €		
e)	Gebäudereinertrag	16.960 €		
f)	x Vervielfältiger[343] Die Gesamt-Nutzungsdauer beträgt 80 Jahre. Die Rest-Nutzungsdauer darf 30 % der Gesamt-Nutzungsdauer nicht unterschreiten.[344] 80 Jahre x 30 % = Die Restnutzungsdauer von 49 Jahren unterschreitet *nicht* die Mindestnutzungsdauer von 24 Jahren.	x 18,17 24 Jahre		
g)	**Gebäudeertragswert**	**308.163 €**	+	308.163 €

Da eine vollständige Entschädigung bei Ablauf des Erbbaurechts erfolgt, ist der Gebäudewertanteil *nicht* zu kürzen.[345]

Ertragswert des Erbbaurechts **436.163 €**

336 § 179 BewG.
337 § 193 Abs. 4 Satz 2 Nr. 2 BewG.
338 Anlage 21 zum BewG, Restlaufzeit 33 Jahre.
339 2009 ./. 1978 = 31 Jahre; 80 Jahre Gesamtnutzungsdauer ./. 31 Jahre = 49 Jahre Restnutzungsdauer.
340 Baujahr: 1978, Gesamtnutzungsdauer: 80 Jahre; Anlage 22 zum BewG, Mietwohngrundstück.
341 Anlage 23 zum BewG, Mietwohngrundstück, Restlaufzeit 50 Jahre.
342 § 188 Abs. 2 Satz 2 Nr. 1 BewG.
343 Anlage 21 zum BewG, Restnutzungsdauer 49 Jahre.
344 § 185 Abs. 3 Satz 5 BewG.
345 Umkehrschluss aus § 193 Abs. 5 Satz 2 BewG.

Zusammenfassend lässt sich die Bewertung des Erbbaurechts wie folgt abbilden: 127

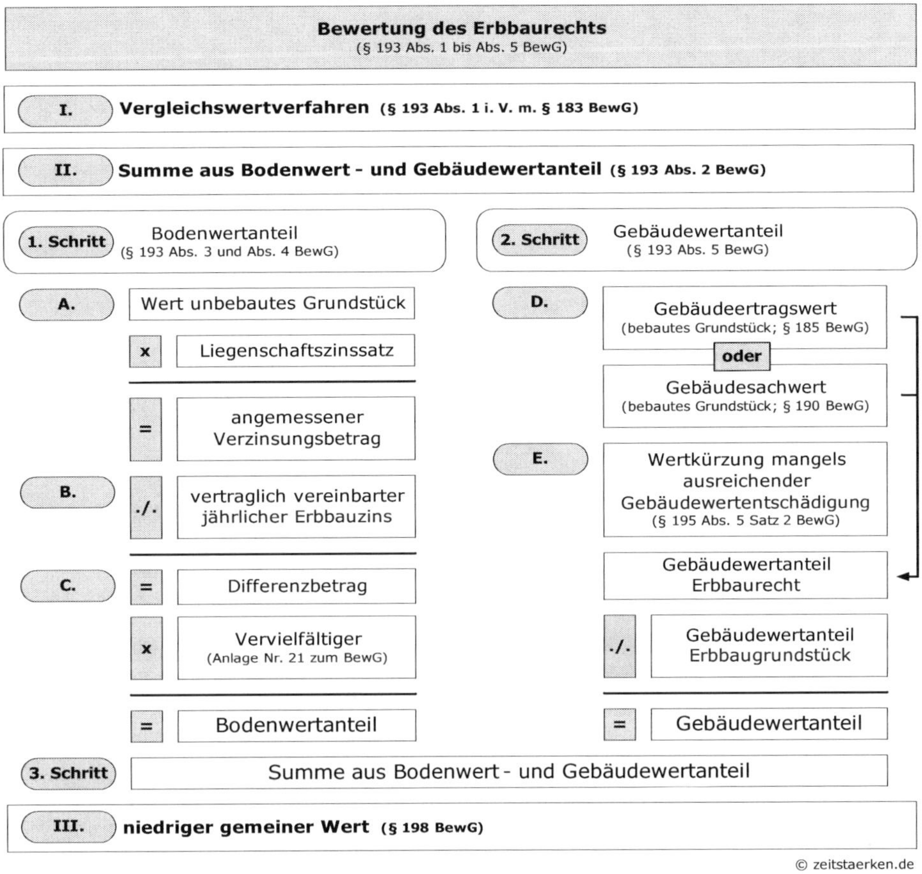

4. Bewertung des Erbbaugrundstücks

a) Wertermittlungsverfahren

Soweit Vergleichspreise *oder* Vergleichsfaktoren vorliegen, sind vorrangig diese Vergleichswerte zur Wertermittlung heranzuziehen (= Vergleichswertverfahren).[346] Liegen *keine* Vergleichswerte vor, bildet der Bodenwertanteil den Wert des Erbbaugrundstücks (= Ertragswertverfahren).[347] 128

346 § 194 Abs. 1 BewG.
347 § 194 Abs. 2 Satz 1 BewG.

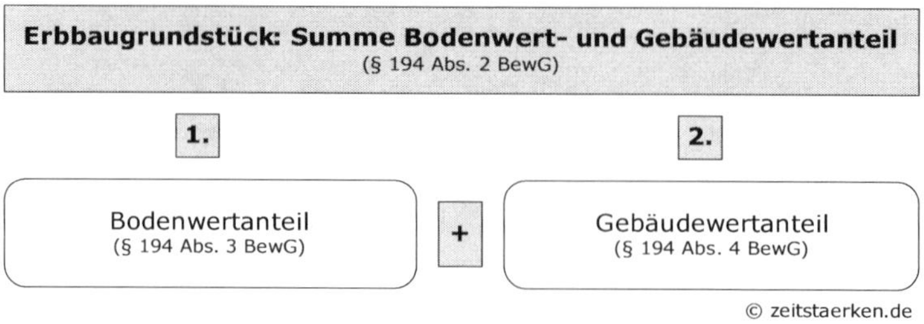

b) Vergleichswertverfahren

129 Die Wertermittlung erfolgt nach dem Vergleichswertverfahren für bebaute Grundstücke.[348]

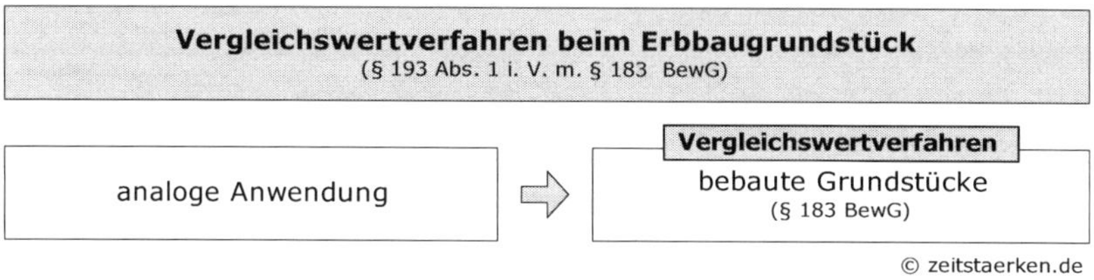

c) Summe aus Bodenwert- und Gebäudewertanteil

130 In den Fällen in denen das Vergleichswertverfahren *nicht* angewendet werden kann, ist das Ertragswertverfahren anzuwenden.[349]

aa) Ermittlungsverfahren

131 Der Wert des Erbbaurechts ermittelt sich aus dem

- Bodenwertanteil des Erbbaugrundstücks

  multipliziert
- Abzinsungsfaktor

  und
- ggf. Gebäudeanteilerhöhung

348 § 194 Abs. 1 Satz 1 i. V. m. § 183 BewG.
349 § 194 Abs. 2 Satz 1 BewG.

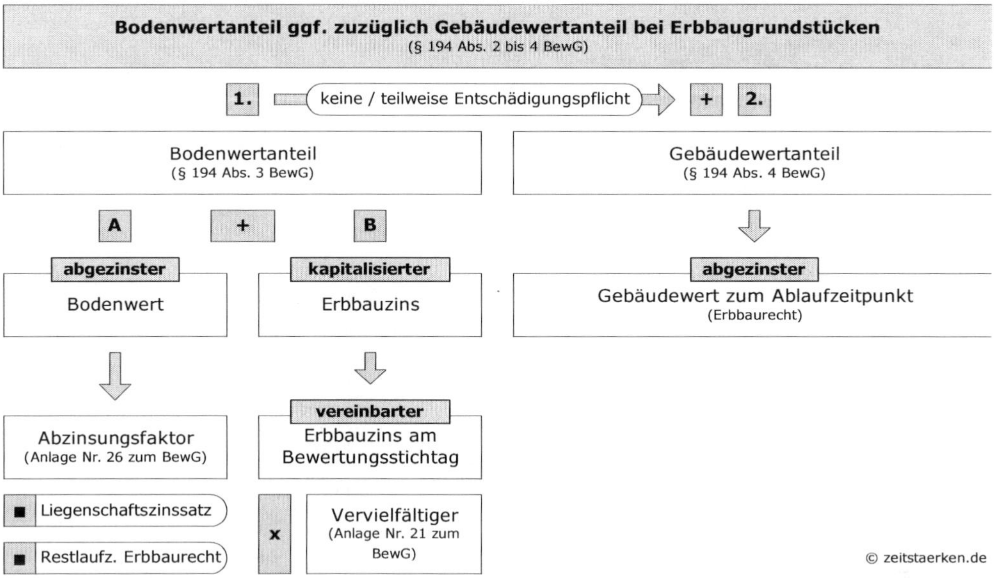

bb) Bodenwertanteil

Der **Bodenwertanteil** setzt sich zusammen aus 132

- über die Restlaufzeit des Erbbaurechts abgezinsten Bodenwerts[350]

  und

- über die Restlaufzeit des Erbbaurechts kapitalisierten Erbbauzinsen

Maßgebend für die Berechnung sind die am Bewertungsstichtag vereinbarten, jährlichen Erbbauzinsen.[351]

Die Erbbauzinsen werden mit dem Vervielfältiger[352] kapitalisiert.[353]

350 § 179 BewG.
351 § 194 Abs. 3 Satz 3 1. HS BewG.
352 Anlage Nr. 21 zum BewG.
353 § 194 Abs. 3 Satz 3 2. HS BewG.

2

Anlage 21
(zu § 185 Abs. 3 Satz 1,
§ 193 Abs. 3 Satz 2, § 194 Abs. 3 Satz 3 und
§ 195 Abs. 2 Satz 2 und Abs. 3 Satz 3)

Vervielfältiger

Restnutzungsdauer; Restlaufzeit des Erbbaurechts bzw. des Nutzungsrechts (in Jahren)	Zinssatz										
	3 %	3,5 %	4 %	4,5 %	5 %	5,5 %	6 %	6,5 %	7 %	7,5 %	8 %
1	0,97	0,97	0,96	0,96	0,95	0,95	0,94	0,94	0,93	0,93	0,93
2	1,91	1,90	1,89	1,87	1,86	1,85	1,83	1,82	1,81	1,80	1,78
3	2,83	2,80	2,78	2,75	2,72	2,70	2,67	2,65	2,62	2,60	2,58
4	3,72	3,67	3,63	3,59	3,55	3,51	3,47	3,43	3,39	3,35	3,31
5	4,58	4,52	4,45	4,39	4,33	4,27	4,21	4,16	4,10	4,05	3,99
6	5,42	5,33	5,24	5,16	5,08	5,00	4,92	4,84	4,77	4,69	4,62
7	6,23	6,11	6,00	5,89	5,79	5,68	5,58	5,48	5,39	5,30	5,21
8	7,02	6,87	6,73	6,60	6,46	6,33	6,21	6,09	5,97	5,86	5,75
9	7,79	7,61	7,44	7,27	7,11	6,95	6,80	6,66	6,52	6,38	6,25
10	8,53	8,32	8,11	7,91	7,72	7,54	7,36	7,19	7,02	6,86	6,71

cc) Gebäudewertanteil

133 Soweit der Eigentümer des Erbbaugrundstücks eine vollständige Entschädigung an den Eigentümer des Erbbaurechts entrichten muss, ist ein Gebäudewertanteil beim Erbbaugrundstück *nicht* anzusetzen. Der Gebäudewertanteil entfällt in diesem Fall ausschließlich auf das Erbbaurecht. Zum Bodenwertanteil ist ein **Gebäudewertanteil** hinzuzurechnen[354], wenn der Eigentümer des Erbbaugrundstücks bei Ablauf des Erbbaurechts den Wert des Gebäudes[355]

- *nicht* entschädigen muss

  oder

- *nur teilweise* entschädigen muss.

Gebäudewertanteil ist der Gebäudewert, der dem Eigentümer des Erbbaugrundstücks bei Ablauf des Erbbaurechts entschädigungslos zufällt.[356] Entscheidend für die Gebäudeertrags- oder Gebäudesachwertermittlung beim Erbbaugrundstück ist, dass für die Wertermittlung ein anderer Vervielfältiger als beim Erbbaurecht angewendet werden muss.

Folgende Vervielfältiger sind zu unterscheiden:

- Vervielfältiger beim Erbbaurecht

  Beim Erbbaurecht wird die tatsächlich Restnutzungsdauer (= wirtschaftliche typisierte Gesamtnutzungsdauer [nach Anlage Nr. 22 zum BewG] ./. Alter des Gebäudes **am Bewertungsstichtag**) ermittelt.

354 § 194 Abs. 2 Satz 2 BewG.
355 § 194 Abs. 4 1. HS BewG.
356 § 194 Abs. 4 1. HS BewG.

- Vervielfältiger beim Erbbaugrundstück

  Beim Erbbaugrundstück wird die tatsächlich Restnutzungsdauer (= wirtschaftliche typisierte Gesamtnutzungsdauer [nach Anlage Nr. 22 zum BewG] ./. Alter des Gebäudes **am Ablaufstichtag des Erbbaurechts**) ermittelt.[357]

  Die Mindest-Restnutzungsdauer[358] oder der Mindest-Gebäudewert[359] sind hierbei entsprechend zu berücksichtigen.

Hinweis:

Diese Unterscheidung in der Anwendung des Vervielfältigers führt dazu, dass der Gebäudewert beim Erbbaurecht und beim Erbbaugrundstück aufgrund der verbleibenden Restlaufzeit des Erbbaurechts unterschiedlich sind.

Dieser Gebäudewertanteil (beim Erbbaugrundstück) ist auf den Bewertungsstichtag in Abhängigkeit der Restlaufzeit des Erbbaurechts und dem Liegenschaftszinssatz abzuzinsen.[360/361]

dd) Abzinsungsfaktor

Der **Abzinsungsfaktor**[362] für den Bodenwert ermittelt sich aus 134

- Liegenschaftszinssatz[363] für das Grundstück[364]

  und

- Restlaufzeit des Erbbaurechts

Drucksache 888/08 106

Anlage 26
(zu § 194 Abs. 3 Satz 2 und Abs. 4 sowie § 195 Abs. 3 Satz 2)

Abzinsungsfaktoren

Restlaufzeit des Erbbaurechts bzw. des Nutzungsrechts (in Jahren)	Zinssatz										
	3 %	3,5 %	4 %	4,5 %	5 %	5,5 %	6 %	6,5 %	7 %	7,5 %	8 %
1	0,9709	0,9662	0,9615	0,9569	0,9524	0,9479	0,9434	0,9390	0,9346	0,9302	0,9259
2	0,9426	0,9335	0,9246	0,9157	0,9070	0,8985	0,8900	0,8817	0,8734	0,8653	0,8573
3	0,9151	0,9019	0,8890	0,8763	0,8638	0,8516	0,8396	0,8278	0,8163	0,8050	0,7938
4	0,8885	0,8714	0,8548	0,8386	0,8227	0,8072	0,7921	0,7773	0,7629	0,7488	0,7350

357 BT-Drucks. vom 26.11.2008, 16/11107, Bericht des Finanzausschusses, B. Besonderer Teil, zu § 194 Abs. 4, S. 25: .. auf den Zeitpunkt des Ablaufs des Erbbaurechts..".
358 § 185 Abs. 3 Satz 5 BewG.
359 § 190 Abs. 2 Satz 4 BewG.
360 Anlage 26 zum BewG.
361 § 194 Abs. 4 2. HS BewG.
362 Anlage 26 zum BewG.
363 Zinssätze der Gutachterausschüsse oder typisierte Liegenschaftszinssätze.
364 § 193 Abs. 4 BewG.

135 **Beispiel: Bewertung des Erbbaugrundstücks**

Der Steuerpflichtige S schenkt seiner Tochter am 1.1.2009 ein mit einem Erbbaurecht belasteten Grundstück.

Die (angemessene) Größe des Grundstücks beträgt	1.000 qm
Der Bodenwert beträgt	400 €/qm
Der jährlich vereinbarte Erbbauzins beträgt	12.000 €

Bei Ablauf des Erbbaurechts ist der Verbleib des Gebäudes in voller Höhe zu entschädigen. Die Restlaufzeit des Erbbaurechts beträgt zum Besteuerungszeitpunkt noch 33 Jahre.

Lösung:

1. Bodenwertanteil

Wert des unbebauten Grundstücks[365]: 1.000 qm x 400 €/qm		400.000 €
x Abzinsungsfaktor[366]		x 0,1999
= abgezinster Bodenwert		79.960 €
+ kapitalisierte Erbbauzinsen		
Erbbauzinsen	12.000 €	
x Vervielfältiger[367]	16,00	+ 192.000 €
= Bodenwertanteil		**271.960 €**

2. Gebäudewertanteil

Der Gebäudewert wird voll entschädigt bei Ende des Erbbaurechts. Deshalb erfolgt *keine* Erhöhung des Bodenwertanteils.

3. Wert des Erbbaugrundstücks **271.960 €**

136 Zusammenfassend lässt sich die Bewertung des Erbbaugrundstücks wie folgt abbilden:

365 § 179 BewG.
366 Anlage Nr. 26 zum BewG.
367 Anlage Nr. 21 zum BewG.

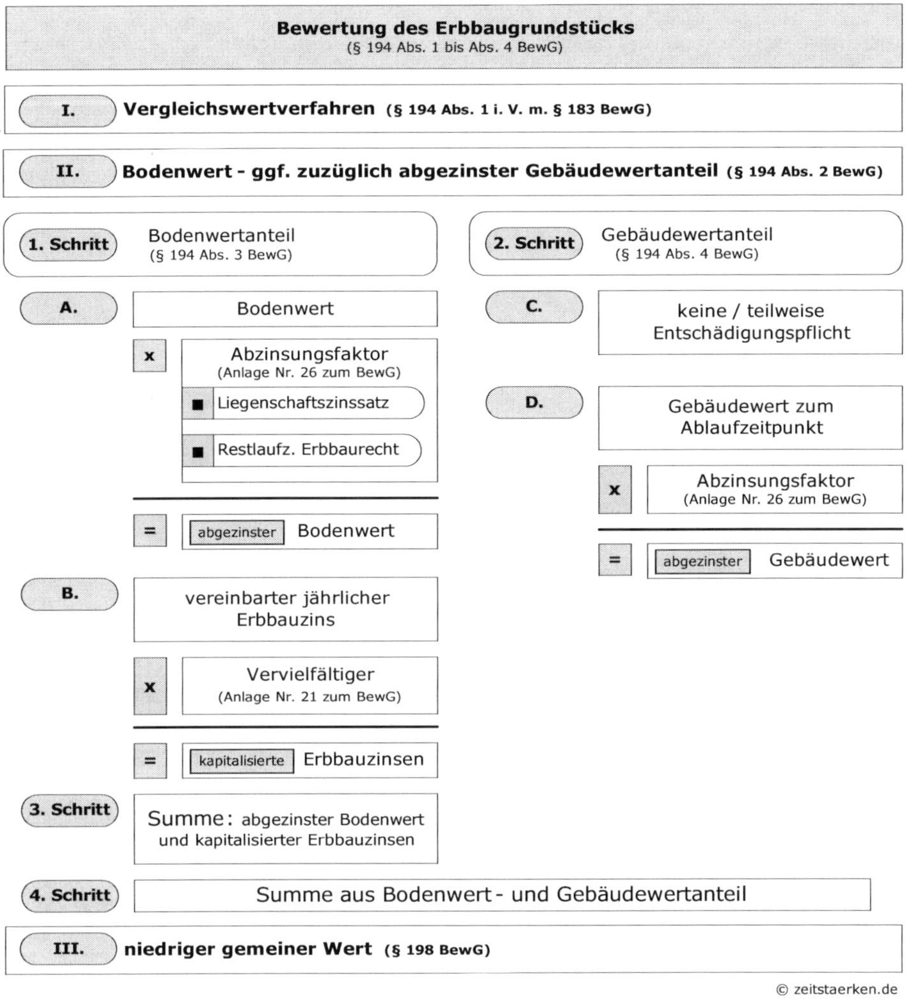

XII. Gebäude auf fremden Grund und Boden

1. Begriffsdefinition

Ein Gebäude auf fremdem Grund und Boden liegt vor, wenn[368] 137

- ein Dritter (= nicht der Grundstückseigentümer) ein Gebäude auf dem Grundstück erbaut

  und

- dem Dritten das Gebäude steuerrechtlich zuzurechnen[369] ist.

368 Begründung zum Entwurf eines Gesetzes zur Reform des Erbschaftsteuer- und Bewertungsrechts, BR-Drucks. 4/08, zu § 184 BewG, Seite 78.

369 § 39 AO.

Ein Gebäude gehört dann *nicht* zum Grundstück, wenn[370]

- das Gebäude nur zu einem vorübergehenden Zweck mit dem Grund und Boden verbunden worden ist

  oder

- aufgrund der Ausübung eines Rechts an einem fremden Grundstück erbaut worden ist.

138 Ein Gebäude auf fremdem Grund und Boden liegt auch dann vor, wenn dem Nutzer bei Beendigung des Nutzungsrechts eine Entschädigung in Höhe des Verkehrswerts des Grundstücks durch den Grundstückseigentümer zusteht.[371]

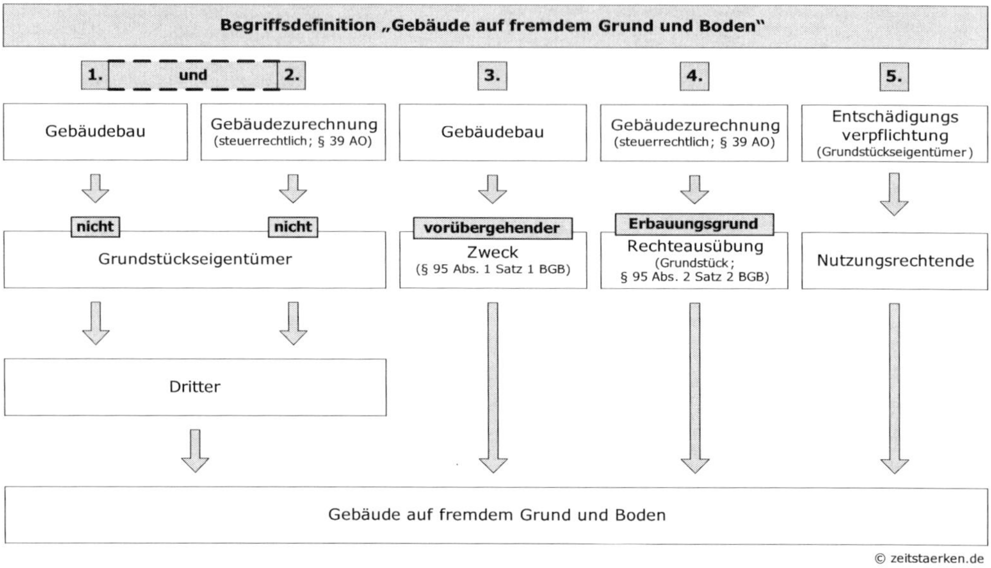

2. Wertermittlungsverfahren

139 Es erfolgt eine gesonderte Ermittlung der Werte für[372]

- Gebäude auf fremdem Grund und Boden[373]

  und

- belastetes Grundstück[374]

Es handelt sich um zwei gesonderte wirtschaftliche Einheiten[375].

Der **Gebäudewert** bestimmt sich nach dem

- Ertragswertverfahren[376]

370 § 95 Abs. 1 BGB.
371 Krause und Grootens in „Der Entwurf zur neuen Grundbesitzbewertung nach dem ErbStRG", Verlag NWB, Herne, BBEV 4/2008, 132 unter II.
372 § 195 Abs. 1 BewG.
373 § 195 Abs. 2 BewG.
374 § 195 Abs. 3 BewG.
375 § 195 Abs. 1 BewG.
376 § 185 BewG.

<u>*oder*</u>

- Sachwertverfahren[377/378]

Der Wert des belasteten Grundstücks ermittelt sich aus[379]

- abgezinster Bodenwert[380] auf den Bewertungsstichtag

  <u>*zuzüglich*</u>

- kapitalisiertes Entgelt auf die Restlaufzeit des Nutzungsrechts

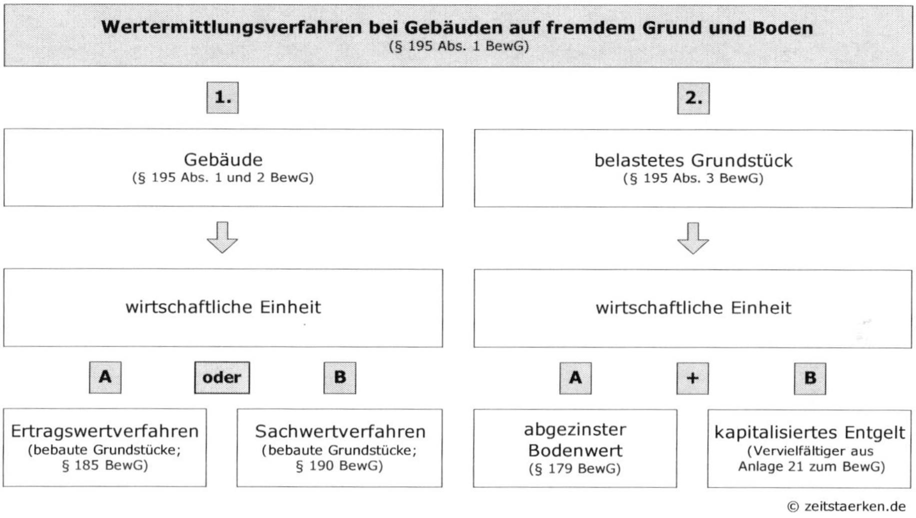

3. Ertragswertverfahren

140 Die Gebäudewertermittlung erfolgt wie für bebaute Grundstücke[381]/[382]. Verpflichtet sich der Nutzer zur Beseitigung des Gebäudes bei Ablauf des Nutzungsrechts, so ist zur Kapitalisierung der Vervielfältiger für die bis zur Beseitigung des Gebäudes verbleibende Restnutzungsdauer anzuwenden.[383]

Hinweis: - Gebäudeertragswert -

Die Untergrenze von 30 % der Gesamtnutzungsdauer für die Mindest-Restnutzungsdauer[384] ist für Gebäude auf fremdem Grund und Boden ***<u>nicht</u>*** *zu berücksichtigen![385] Somit kann bei der Ermittlung des Gebäudeertragswerts auch eine Restnutzungsdauer von weniger als 30 % der Gesamtnutzungsdauer angewendet werden.*

377 § 190 BewG.
378 § 195 Abs. 2 Satz 1 BewG.
379 § 195 Abs. 3 BewG.
380 § 179 BewG.
381 § 185 BewG.
382 § 195 Abs. 2 Satz 1 1. Alt. BewG.
383 § 195 Abs. 2 Satz 2 BewG.
384 § 185 Abs. 3 Satz 5 BewG.
385 § 195 Abs. 2 Satz 3 BewG.

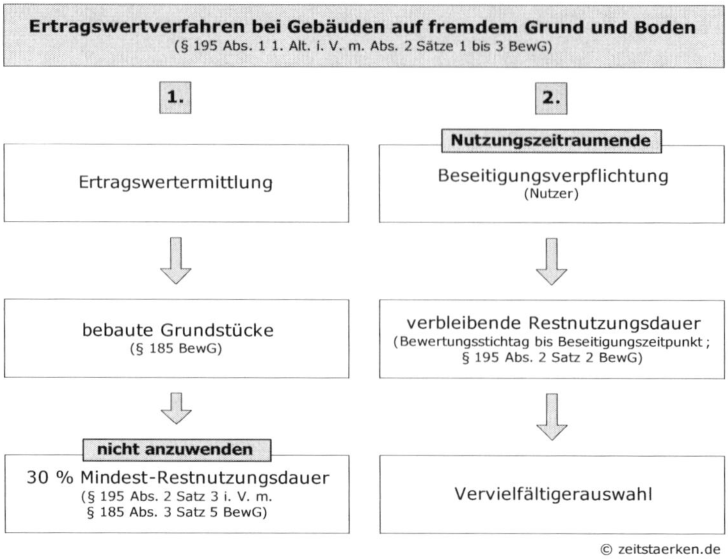

4. Sachwertverfahren

141 Die Gebäudewertermittlung erfolgt wie für bebaute Grundstücke.[386/387] Ist der Nutzer zur Beseitigung des Gebäudes bei Ablauf des Nutzungsrechts verpflichtet, ist das Alter des Gebäudes am Bewertungsstichtag und die tatsächliche Gesamtnutzungsdauer für die Sachwertermittlung (= Alterswertminderung) maßgebend.[388]

Hinweis:

*Die Untergrenze von 40 % des Gebäuderegelherstellungswerts für die Restnutzungsdauer[389] ist für Gebäude auf fremdem Grund und Boden **nicht** zu berücksichtigen![390] Somit kann bei der Ermittlung des Gebäudesachwerts auch ein Restwert von weniger als 40 % des Gebäuderegelherstellungswerts angewendet werden.*

386 § 190 BewG.
387 § 195 Abs. 2 Satz 1 2. Alt. BewG.
388 § 195 Abs. 2 Satz 4 BewG.
389 § 190 Abs. 2 Satz 4 BewG.
390 § 195 Abs. 2 Satz 5 BewG.

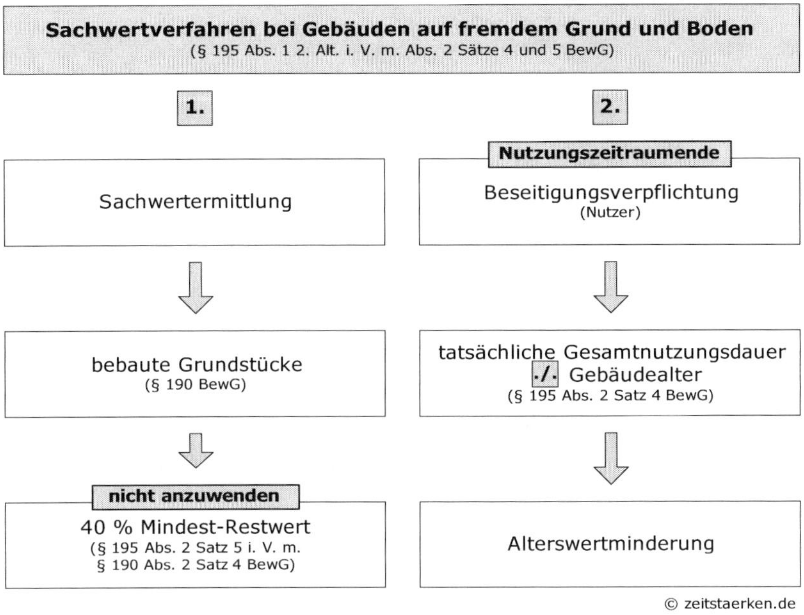

5. Wert des belasteten Grundstücks

Der Wert des belasteten Grundstücks setzt sich zusammen aus[391] 142

- auf den Bewertungsstichtag abgezinster Bodenwert[392]

  <u>*zuzüglich*</u>

- Restlaufzeit des Nutzungsrechts kapitalisierten Nutzungsentgelt

Der **Abzinsungsfaktor** ermittelt sich aus[393]/[394]

- dem Liegenschaftszinssatz
  (von Gutachterausschüssen ermittelt oder typisierte Liegenschaftszinssätze)[395]

  <u>*und*</u>

- der Restlaufzeit des Nutzungsrechts

Das **kapitalisierte Entgelt** ergibt sich aus[396]

- dem vereinbarten jährlichen Nutzungsentgelt am Bewertungsstichtag

  <u>*und*</u>

- einem Vervielfältiger[397]

391 § 195 Abs. 3 Satz 1 BewG.
392 § 179 BewG.
393 § 195 Abs. 3 Satz 2 BewG.
394 Anlage 26 zum BewG.
395 § 193 Abs. 4 BewG.
396 § 195 Abs. 3 Satz 3 BewG.
397 Anlage 21 zum BewG.

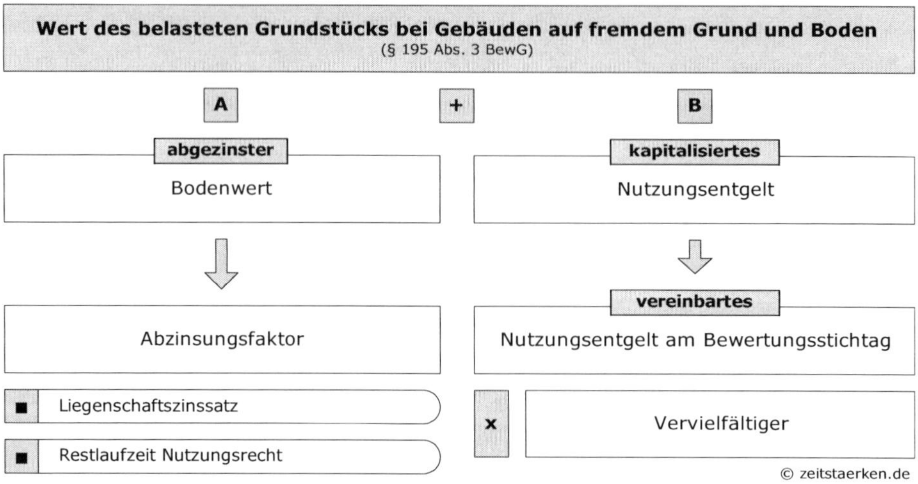

143 **Beispiel: Gebäude auf fremdem Grund und Boden**

Der Grundstückseigentümer E verpachtet sein Grundstück an den Steuerpflichtigen S.

Der Pachtvertrag läuft vom 1.1.2001 bis zum 31.12.2030.

S errichtet auf dem Grundstück eine Lagerhalle und verwendet diese Lagerhalle (ohne Sozialräume) für seinen Gewerbebetrieb.

Die Grundstücksgröße beträgt 3.000 qm	
Davon werden für das Gebäude verwendet (= Nutzfläche)	2.000 qm
Zum 1.1.2009 möchte S seiner Tochter T das Gebäude schenken.	
Der Bodenrichtwert beträgt zum 31.12.2008	65 €/qm
S hat sich verpflichtet bei Beendigung des Nutzungsverhältnisses den ursprünglichen Zustand wieder herzustellen (= unbebautes Grundstück).	
S hat monatlich einen Pachtzins zu entrichten in Höhe von	1.000 €
Die übliche Miete für derartige Gebäude beträgt am 31.12.2008	3,50 €/qm

Es liegen *keine* Liegenschaftszinssätze oder Bewirtschaftungskostensätze von Gutachterausschüssen vor.

Lösung:

1. Gebäudewert:

Der Gebäudewert bestimmt sich nach dem Ertragswert bebauter Grundstücke.[398]

Da es sich um ein eigengenutztes Grundstück (= eigene gewerbliche Zwecke) handelt, ist die übliche Miete anzusetzen.[399]

Der Rohertrag des Grundstücks beträgt (3,50 €/qm x 2.000 qm x 12 Monate =)	84.000 €

Davon sind die Bewirtschaftungskosten abzuziehen.[400]

398 § 195 Abs. 2 Satz 1 1. Alt. BewG i. V. m. § 182 Abs. 3 Nr. 2 BewG und § 185 BewG.
399 § 186 Abs. 2 Satz 1 Nr. 1 BewG.
400 § 185 Abs. 1 2. HS BewG.

Da keine von Gutachterausschüssen ermittelten Bewirtschaftungskosten vorliegen, sind die typisierten Bewirtschaftungskosten[401] anzuwenden.[402]

Die Restnutzungsdauer beträgt aufgrund der Abrissverpflichtung am Ende des Nutzungszeitraums noch 22 Jahre.[403]

Die Gesamtnutzungsdauer beträgt 50 Jahre.[404]

Der Mindestwert von 30 % der Gesamtnutzungsdauer ist nicht anzuwenden.[405]

Die Bewirtschaftungskosten betragen somit 22 %. (84.000 € x 22 % =)	./. 18.480 €
Reinertrag des Grundstücks[406]	65.520 €

Vom Reinertrag des Grundstücks ist die Bodenwertverzinsung abzuziehen.[407]

Da keine von Gutachterausschüssen ermittelten Liegenschaftszinssätze vorliegen, sind die typisierten Liegenschaftszinssätze anzuwenden.[408]

Der Liegenschaftszinssatz für das Geschäftsgrundstück beträgt 6,5 %.[409]

Bei der Berechnung der Bodenwertverzinsung ist das gesamte Grundstück zu berücksichtigen, da es nicht unverhältnismäßig groß im Verhältnis zur Nutzung ist.[410]

(3.000 qm x 65 €/qm x 6,5 % =)	./. 12.675 €
Gebäudereinertrag[411]	52.845 €
x Vervielfältiger[412]	x 11,54
Gebäudeertragswert (= Grundbesitzwert für Gebäude auf fremdem Grund und Boden)	609.831 €

2. Wert des belasteten Grundstücks:

a) abgezinster Bodenwert[413]

Der Bodenwert[414] des Grundstücks beträgt (3.000 qm x 65 €/qm =)	195.000 €
Der Abzinsungsfaktor beträgt bei einem Liegenschaftszinssatz von 6,5 % und einer Restlaufzeit des Nutzungsverhältnisses von 22 Jahren 0,2502.[415]	
Der abgezinste Bodenwert beträgt (195.000 € x 0,2502 =)	48.789 €

b) kapitalisierter Pachtzins[416]

Die am Bewertungsstichtag vereinbarte jährliche Pacht beträgt (1.000 € x 12 =)	12.000 €

Der Kapitalisierungsfaktor ergibt sich aus dem Vervielfältiger für einen Liegenschaftszinssatz von 6,5 % für eine Restnutzungsdauer von 22 Jahren.[417]

401 Anlage 23 zum Änderungsantrag BewG.
402 § 187 Abs. 2 Satz 2 BewG.
403 1.1.2009 bis 31.12.2030; § 195 Abs. 2 Satz 2 BewG.
404 Anlage 22 zum Änderungsantrag BewG.
405 § 195 Abs. 2 Satz 3 BewG i. V. m. § 185 Abs. 3 Satz 5 BewG.
406 § 185 Abs. 1 BewG.
407 § 185 Abs. 2 BewG.
408 § 188 Abs. 2 Satz 2 BewG.
409 § 188 Abs. 2 Satz 2 Nr. 4 BewG
410 Umkehrschluss aus § 185 Abs. 2 Satz 3 BewG.
411 § 185 Abs. 2 Satz 1 2. HS BewG.
412 Anlage 21 zum Änderungsantrag BewG, 6,5 % für 22 Jahre.
413 § 195 Abs. 3 Satz 1 BewG.
414 § 179 BewG.
415 § 195 Abs. 3 Satz 2 BewG i. V. m. Anlage 26 zum Änderungsantrag BewG.
416 § 195 Abs. 3 Satz 1 BewG.
417 § 193 Abs. 3 Satz 3 BewG.

Der kapitalisierte Pachtzins beträgt (12.000 € x 11,54 =)	+ 138.480 €	
Der Bodenwert des belasteten Grundstücks beträgt	187.269 €	+ 187.269 €
Der Gesamtwert des Gebäudes auf fremdem Grund und Boden beträgt		797.100 €

XIII. Anwendungsbeispiele

144 **Beispiel: vermietetes Mietwohngrundstück / Ertragswertverfahren (I)**

Der Steuerpflichtige S vermietet ein Mietwohngrundstück (Baujahr 1970[418]). Das Haus wurde im Jahr 1995 angeschafft. Der Grund und Boden hat eine Fläche von 500 qm. Die Grundfläche des Hauses beträgt 250 qm. Der zuletzt festgestellte Bodenrichtwert beträgt 400 € pro qm. Die monatliche Kaltmiete für das Haus beträgt 1.875 €. An Nebenkosten werden 300 € monatlich von den Mietern bezahlt. Die Nebenkosten decken die Betriebskosten vollständig. Die ortsübliche Miete beträgt 2.000 €. Es liegen *keine* Erfahrungssätze der Gutachterausschüsse über die Bewirtschaftungskosten vor. Zum 1.1.2009 will S das Einfamilienhaus seiner Tochter T schenken.

Lösung:

- Bewertungsmethode / Bewertungsmaßstab -

Die Bewertung erfolgt anhand des Ertragswertverfahrens.[419] Dabei ist der Gebäudeertragswert getrennt vom Bodenwert zu ermitteln. Die Summe aus beiden Werten ergibt den Ertragswert für das Grundstück.

- Bodenwert -

Der **Bodenwert** ist der Wert des unbebauten Grundstückstücks.[420] Dieser ermittelt sich aus der Fläche des Grundstücks multipliziert mit dem Bodenrichtwert:

500 qm x 400 €/qm = Bodenwert = 200.000 €

- Restnutzungsdauer -

Die typisierte Nutzungsdauer des Gebäudes beträgt[421]	80 Jahre
Alter des Gebäudes im Jahr der Schenkung (2009 ./. 1970 =)	39 Jahre
Restnutzungsdauer (80 Jahre ./. 39 Jahre =)	41 Jahre
Mindest-Restnutzungsdauer (80 Jahre x 30 % =)	24 Jahre
= Ansatz der Restnutzungsdauer	41 Jahre

- Gebäudeertragswert -

Der **Gebäudeertragswert** ermittelt sich wie folgt:

Umlagen:

Die Nebenkosten (= Umlagen) sind *nicht* anzusetzen.[422]

418 Das Jahr der Bezugsfertigkeit wird nach derzeitigen Rechtsstand 2008 als volles Jahr berücksichtigt, Gleich lautender Ländererlass vom 2.4.2007, BStBl. I 2007, 314, Tz. 53, Abs. 1 Satz 2.
419 § 182 Abs. 3 Nr. 1 BewG.
420 § 179 BewG.
421 Anlage 22 „Mietwohngrundstücke" zum BewG.
422 § 186 Abs. 1 Satz 2 BewG.

Rohertrag:		
vereinbarte Miete am Bewertungsstichtag für 12 Monate[423]		
1.875 € x 12 Monate		22.500 €
Bewirtschaftungskosten:		
Bewirtschaftungskosten, die *nicht* vom Mieter durch Umlagen ersetzt werden	./.	0 €
Pauschal angesetzter Verwaltungs- und Instandhaltungskosten sowie Mietausfallwagnis (mangels Gutachterausschuss-Werte)		
vereinbarte Miete 22.500 € x typisierter Prozentsatz[424] 23 % =	./.	5.175 €
Grundstücksrohertrag 17.325 €		
Bodenwertverzinsung:		
Der Liegenschaftszinssatz beträgt typisiert[425] 5,00 %.		
Gesamtbodenwert 200.000 € x 5,00 %[426] = Bodenwertzins =	./.	10.000 €
Gebäudereinertrag		7.325 €
Vervielfältiger:		
x Vervielfältiger = $\frac{(1+0{,}05)^4 - 1}{(1+0{,}05)^4 \; x \, (1+0{,}05) - 1)}$ =		17,2943
= kapitalisierter Gebäudewert (7.325 € x 17,2943 =)		126.681 €

- Grundstücksertragswert -

Gebäudeertragswert		126.681 €
+ Bodenwert	200.000 €	
= Grundstücksertragswert		326.681 €

423 § 186 Abs. 1 Satz 1 BewG.
424 Anlage 23 zum BewG.
425 § 188 Abs. 2 Satz 2 Nr. 1 BewG.
426 § 188 Abs. 2 Nr. 1 BewG.

Nr.: 1

ARBEITSPAPIER

Inhalt: Eingabe der Determinanten

Beschreibung: Eingabe der Ermittlungsdeterminanten

Zeile:

Determinanten

Bodenwert

Fläche	500 m²
Bodenrichtwert (ggf. vergleichbare Flächen) / m²	400 €

Gebäudewert

A. Ertragswertverfahren

Überlassungsart	Vermietung an fremde Dritte
Monatsnettokaltmiete lt. Vertrag	1.875 €
Monatsnettokalt-Vergleichsmiete	2.000 €
Verwaltungskosten (jährl.)	[redacted]
Betriebskosten (jährl.)[1]	
Instandhaltungskosten (jährl.)	
Mietausfallwagnis (jährl.)	
Bewirtschaftungskosten	Alternativ: nach Rechtsverordnung
(ohne Betriebskosten) / Gebäudeart	Mietwohngrundstück
ungenutzte Grundstücksteilflächen	0 m²
Gebäudeart f. Liegenschaftszinssatz	Alternativ: Mietwohngrundstück
→ Liegenschaftszinssatz lt. Gutachterausschuss	0,00 %
Bewertungsjahr	2009
(fiktives) Baujahr	1970
Mindest-Restnutzungdauer	30,00 %
Gebäudeart f. wND[2]	Mietwohngrundstücke
Veränderung der wND durch bauliche Maßnahmen	+ 0 Jahre

[1] Nur wenn *nicht* durch Umlagen gedeckt.
[2] wND = wirtschaftliche Gesamtnutzungsdauer.

B. Sachwertverfahren

Baujahr	bis 1945
Bauart	einfach
Gebäudeart	keine Auswahl
Gebäudegrundfläche	0 m²
Bewertungsjahr	
Baujahr	
Mindest-Gebäudewert	40,00 %
Veränderung der wND durch bauliche Maßnahmen	+ 0 Jahre
Sachwertfaktor	Gutachterausschuss
→ Sachwertfaktor lt. Gutachterausschuss	0,0000
Eigentumsart (Sachwertfaktor nach Gesetz)	EFH / ZFH / Wohneigentum

Mandant: ?? Mandanten-Nr.: ?? Datum: 09.12.2008

2

Nr.: 2

ARBEITSPAPIER

Inhalt: Ermittlung des Grundstückswerts anhand des Ertragswertverfahrens

Beschreibung: Ermittlung anhand der Grundsätze des Entwurfs der Reform des Erbschaftsteuer- und Bewertungsgesetzes.

Zeile:

Ertragswertverfahren

A. Bodenwert							Wertermittlung
Fläche x Bodenrichtwert =	500 m²	x	400 €	=			200.000 €
B. Gebäudeertragswert						Gebäudewert	
1. Grundstücksrohertrag							
I Jahresmiete							
Monatsnettokaltmiete	1.875 €	x	12	=		22.500 €	
II übliche Miete	Es ist die Jahresmiete anzusetzen!						
	€		%				
übliche Miete	2.000 €		100,00%	x 0 =		0 €	
tatsächliche Miete	1.875 €		93,75%				
Δ	125 €		6,25%				
2. Bewirtschaftungskosten							
I Verwaltungskosten	pauschal nach Anlage Nr. 23 zum BewG				0 €		
II Betriebskosten					0 €		
III Instandhaltungskosten	pauschal nach Anlage Nr. 23 zum BewG				0 €		
IV Mietausfallwagnis	pauschal nach Anlage Nr. 23 zum BewG				0 €		
V pauschaler Ansatz (I, III, IV, *nicht* aber II)	23 %				5.175 €		
Σ					5.175 €	-5.175 €	
3. Grundstücksrohertrag						17.325 €	
4. Bodenwertverzinsung							
I Gesamtbodenwert					200.000 €		
II ./. ungenutzte Teilflächen	0 m²	x	400 €	=	0 €		
III genutzte Teilflächen					200.000 €		
IV x Liegenschaftszinssatz					5,00 %		
V = Bodenwertzins					10.000 €	-10.000 €	
5. Gebäudereinertrag						7.325 €	
6. Vervielfältiger							
Alter des Gebäudes		39 Jahre					
wirtschaftliche (typisierte) Gesamtnutzungsdauer		80 Jahre					
Restnutzungsdauer (ggf. Mindestwert)		41 Jahre					
Vervielfältiger	$\frac{6}{0{,}3696}$	=	17,2943				
Gebäudereinertrag	7.325 €	x	Vervielfältiger	17,2943 = kapitalisierter Gebäudewert			126.681 €
C. Grundstücksertragswert							**326.681 €**
D. Mindestwert							**200.000 €**

Der Grundstücksertragswert nach Buchst. C ist anzusetzen.

E. Grundbesitzwert	**326.681 €**

Mandant: Mandanten-Nr.: Datum:

2

145 Beispiel: Gemischt genutztes Geschäftsgrundstück / Ertragswertverfahren (II)

Der Einzelunternehmer E verstarb am 15.7.2008 bei einer Geschäftsreise. Rechtmäßige Alleinerbin ist Ehefrau F. E betrieb in seinem gemischt genutzten Haus (Baujahr 1986) im Erdgeschoss ein Einzelhandelsgeschäft. Im Obergeschoss wohnte E mit seiner Familie. Beide Geschosse sind gleich groß. Der Ausstattungsstandart ist gehoben. Das Gebäude hat ein Flachdach und keinen Keller. Das Wohngebäude wurde auf einer 15 x 15 m (= 225 qm) großen Fläche im Jahre 1985 erbaut.

Das Grundstück hat eine Gesamtfläche von	1.200 m²
Der Bodenrichtwert beträgt	285 €
Die ortsübliche Miete (kalt) für dieses Grundstück beträgt	2.500 €
Die Betriebskosten betragen monatlich durchschnittlich	245 €

Ein Liegenschaftszinssatz eines Gutachterausschusses liegt *nicht* vor.

Hinweis:

Da die ortsübliche Miete ohne Betriebskosten vorgegeben ist, kommt ein Abzug für Betriebskosten nicht in Betracht.[427] *Bei Nachfrage beim Gutachterausschuss muss klar und eindeutig erfragt werden, ob es sich um eine „warm" oder „kalt" ortsübliche Miete handelt.*

Lösung:

Die Bewertung erfolgt anhand des Ertragswertverfahrens.[428]

Nr.: 1

ARBEITSPAPIER

Inhalt: Eingabe der Determinanten

Beschreibung: Eingabe der Ermittlungsdeterminanten

Zeile:

Determinanten

Bodenwert

Fläche	1.200 m²
Bodenrichtwert (ggf. vergleichbare Flächen) / m²	285 €

B. Sachwertverfahren

Baujahr	bis 1945
Bauart	einfach
Gebäudeart	keine Auswahl
Gebäudegrundfläche	0 m²
Bewertungsjahr	
Baujahr	
Mindest-Gebäudewert	40,00 %
Veränderung der wND durch bauliche Maßnahmen	+ 0 Jahre
Sachwertfaktor	Gutachterausschuss
→ Sachwertfaktor lt. Gutachterausschuss	0,0000
Eigentumsart (Sachwertfaktor nach Gesetz)	EFH / ZFH / Wohneigentum

Gebäudewert

A. Ertragswertverfahren

Überlassungsart	eigengenutzt
Monatsnettokaltmiete lt. Vertrag	0 €
Monatsnettokalt-Vergleichsmiete	2.500 €
Verwaltungskosten (jährl.)	[redacted]
Betriebskosten (jährl.)[1]	
Instandhaltungskosten (jährl.)	
Mietausfallwagnis (jährl.)	
Bewirtschaftungskosten	Alternativ: nach Rechtsverordnung
(ohne Betriebskosten) / Gebäudeart	gemischt gen. Grst. (bis 50 % gewerbl.)
ungenutzte Grundstücksteilflächen	0 m²
Gebäudeart f. Liegenschaftszinssatz	Alternativ: Gew. Grst. bis 50,0 %
→ Liegenschaftszinssatz lt. Gutachterausschuss	0,00 %
Bewertungsjahr	2008
(fiktives) Baujahr	1985
Mindest-Restnutzungdauer	30,00 %
Gebäudeart f. wND[2]	gemischt genutzte Grundstücke (mit Wohn- u. Gewerbeflächen)
Veränderung der wND durch bauliche Maßnahmen	+ 0 Jahre

[1] Nur wenn *nicht* durch Umlagen gedeckt.
[2] wND = wirtschaftliche Gesamtnutzungsdauer.

Mandant: ?? Mandanten-Nr.: ?? Datum: 09.12.2008

---

427 § 186
428 § 182 Abs. 3 Nr. 2 BewG.

Nr.: 2

ARBEITSPAPIER

Inhalt: Ermittlung des Grundstückswerts anhand des Ertragswertverfahrens

Beschreibung: Ermittlung anhand der Grundsätze des Entwurfs der Reform des Erbschaftsteuer- und Bewertungsgesetzes.

Zeile:

Ertragswertverfahren

							Wertermittlung
A. Bodenwert							
Fläche x Bodenrichtwert =	1.200 m²	x	285 €	=			342.000 €

						Gebäudewert
B. Gebäudeertragswert						
1. Grundstücksrohertrag						
I Jahresmiete	Es ist die übliche Miete anzusetzen!					
Monatsnettokaltmiete	0 €	x	0	=		0 €
II übliche Miete						
	€	%				
übliche Miete	2.500 €	100,00%	x	12 =		30.000 €
tatsächliche Miete	0 €	0,00%				
Δ	2.500 €	100,00%				
2. Bewirtschaftungskosten						
I Verwaltungskosten	pauschal nach Anlage Nr. 23 zum BewG				0 €	
II Betriebskosten	kein Betriebskostenansatz				0 €	
III Instandhaltungskosten	pauschal nach Anlage Nr. 23 zum BewG				0 €	
IV Mietausfallwagnis	pauschal nach Anlage Nr. 23 zum BewG				0 €	
V pauschaler Ansatz (I, III, IV, *nicht* aber II)	22 %				6.600 €	
Σ					6.600 €	-6.600 €
3. Grundstücksrohertrag						23.400 €
4. Bodenwertverzinsung						
I Gesamtbodenwert					342.000 €	
II ./. ungenutzte Teilflächen	0 m²	x	285 €	=	0 €	
III genutzte Teilflächen					342.000 €	
IV x Liegenschaftszinssatz					5,50 %	
V = Bodenwertzins					18.810 €	-18.810 €
5. Gebäudereinertrag						4.590 €

6. Vervielfältiger

Alter des Gebäudes	23 Jahre
wirtschaftliche (typisierte) Gesamtnutzungsdauer	70 Jahre
Restnutzungsdauer (ggf. Mindestwert)	47 Jahre

Vervielfältiger $\frac{11}{0{,}6811}$ = 16,7143

Gebäudereinertrag	4.590 €	x	Vervielfältiger	16,7143 = kapitalisierter Gebäudewert	76.719 €
C. Grundstücksertragswert					**418.719 €**
D. Mindestwert					**342.000 €**

Der Grundstücksertragswert nach Buchst. C ist anzusetzen.

E. Grundbesitzwert	**418.719 €**

Mandant: ?? Mandanten-Nr.: ?? Datum: 09.12.2008

146 **Beispiel: Einfamilienhaus / Sachwertverfahren**

Der Steuerpflichtige S möchte in 2009 sein selbstgenutztes Einfamilienhaus seiner Tochter T schenken. Das zweigeschossige Haus enthält ein ausgebautes Dachgeschoss und einen Keller. Das im Jahre 1964 erbaute Gebäude steht auf eine Grundfläche von 12 x 12 m (= 144 qm). Die Ausstattung entspricht mittlerem Standard. An dem Gebäude wurden laufend Instandhaltungsarbeiten durchgeführt, die Heizung erneuert und die Sanitäreinrichtung modernisiert.

Der Bodenrichtwert beträgt	450 €/m²
Das Grundstück hat eine Fläche von	810 m²

Ein Vergleichswert liegt *nicht* vor.

Ein Sachwertfaktor wurde von einem Gutachterausschuss *nicht* ermittelt.

Lösung:

Die Bewertung erfolgt anhand des Sachwertverfahrens.[429]

Nr.: 1

ARBEITSPAPIER

Inhalt: Eingabe der Determinanten

Beschreibung: Eingabe der Ermittlungsdeterminanten

Zeile:

Determinanten

Bodenwert

Fläche	810 m²
Bodenrichtwert (ggf. vergleichbare Flächen) / m²	450 €

B. Sachwertverfahren

Baujahr	1960-1969
Bauart	mittel
Gebäudeart	EFH / ZFH mit Keller Dachgeschoss ausgebaut
Gebäudegrundfläche	144 m²
Bewertungsjahr	2009
Baujahr	1964
Mindest-Gebäudewert	40,00 %
Veränderung der wND durch bauliche Maßnahmen	+ 0 Jahre
Sachwertfaktor	Alternativ: nach Rechtsverordnur
→ Sachwertfaktor lt. Gutachterausschuss	0,0000
Eigentumsart (Sachwertfaktor nach Gesetz)	EFH / ZFH / Wohneigentum

Gebäudewert

A. Ertragswertverfahren

Überlassungsart	eigengenutzt
Monatsnettokaltmiete lt. Vertrag	0 €
Monatsnettokalt-Vergleichsmiete	0 €
Verwaltungskosten (jährl.)	[redacted]
Betriebskosten (jährl.)[1]	
Instandhaltungskosten (jährl.)	
Mietausfallwagnis (jährl.)	
Bewirtschaftungskosten	Gutachterausschuss
(ohne Betriebskosten) / Gebäudeart	Mietwohngrundstück
ungenutzte Grundstücksteilflächen	0 m²
Gebäudeart f. Liegenschaftszinssatz	Gutachterausschuss
→ Liegenschaftszinssatz lt. Gutachterausschuss	0,00 %
Bewertungsjahr	
(fiktives) Baujahr	
Mindest-Restnutzungdauer	30,00 %
Gebäudeart f. wND[2]	EFH / ZFH
Veränderung der wND durch bauliche Maßnahmen	+ 0 Jahre

[1] Nur wenn *nicht* durch Umlagen gedeckt.
[2] wND = wirtschaftliche Gesamtnutzungsdauer.

Mandant: ?? Mandanten-Nr.: ?? Datum: 09.12.2008

429 § 182 Abs. 4 Nr. 1 BewG.

Nr.: 3

ARBEITSPAPIER

Inhalt: Ermittlung des Grundstückswerts anhand des Sachwertverfahrens

Beschreibung: Ermittlung anhand der Grundsätze des Entwurfs des Erbschaftsteuer- und Bewertungsgesetzes.

Zeile:

Sachwertverfahren

					Gebäudewert	Wertermittlung
A. Bodenwert						
Fläche x Bodenrichtwert =	810 m²	x	450 €	=		364.500 €
B. Gebäudesachwert						
Regelherstellungskosten (Normalherstellungskosten) je m²				720 €		
x Gebäudegrundfläche				144 m²		
= Herstellungskosten				103.680 €	103.680 €	
./. Alterswertminderung						
Alter des Gebäudes	45 Jahre					
wirtschaftliche (typisierte) Gesamtnutzungsdauer	80 Jahre					
Restnutzungsdauer	35 Jahre					
Alterswertminderung (verstrichene ND)	45 Jahre	x Abschreibung		1,25 % =	-58.320 €	
					45.360 €	45.360 €
Vorläufiger Sachwert						409.860 €
x Wertzahl						0,9000
C. Grundstückssachwert						**368.874 €**
D. Grundbesitzwert						**368.874 €**

Mandant: Mandanten-Nr.: Datum:

D. Bewertung des land- und forstwirtschaftlichen Vermögens

147 Die Neubewertung des land- und forstwirtschaftlichen Vermögens sieht ein modifizierendes Verfahren vor, das sich am gemeinen Wert unter Berücksichtigung der Betriebsfortführung orientiert (= **modifizierter Verkehrswert**).

Betriebswohnungen und Wohnteil

148 Die Bewertung der landwirtschaftlichen **Betriebswohnungen** und des **Wohnteils** erfolgt nach den Bewertungsregeln des Grundvermögens[430].[431] Bei enger räumlicher Verbindung von Wohnraum mit dem Betrieb sind der Wert des Wohnteils und der Wert der Betriebswohnungen um 15 % zu ermäßigen.[432] Auf Nachweis ist ein niedrigerer gemeiner Wert anzusetzen.[433]

Wirtschaftsteil

149 Die Bewertung des **Wirtschaftsteils** erfolgt mit dem **gemeinen Wert.**[434] Es ist dabei davon auszugehen, dass der Erwerber den Betrieb der Land- und Forstwirtschaft fortführt.[435]

Die Ermittlung des Wirtschaftteils erfolgt grundsätzlich mit den Wirtschaftswerten[436]:[437]

- der land- und forstwirtschaftlichen Nutzungen
- der Nebenbetriebe
- des Abbau-, Geringst- und Unlandes

Hierbei ist von der nachhaltigen Ertragsfähigkeit land- und forstwirtschaftlicher Betriebe auszugehen.[438] Die Ertragsfähigkeit ist der nachhaltig erzielbare Reingewinn[439] und umfasst das ordentliche Ergebnis abzüglich eines angemessenen Lohnansatzes für die Arbeitsleistung des Betriebsinhabers und für nicht entlohnte Arbeitskräfte. Der jeweilige Reingewinn ist für die Wertermittlung zu kapitalisieren.[440] Der Mindestwert[441] darf nicht unterschritten werden.[442]

Mindestwert

150 Der Mindestwert ist zu berücksichtigen und setzt sich zusammen aus:[443]

- dem Wert für Grund und Boden

  sowie
- dem Wert der übrigen Wirtschaftsgüter

430 §§ 177 ff. BewG.
431 § 167 Abs. 1 BewG.
432 § 167 Abs. 3 BewG.
433 § 167 Abs. 4 BewG.
434 § 162 Abs. 1 Satz 1 BewG.
435 §162 Abs. 1 Satz 2 BewG.
436 § 163 BewG.
437 § 162 Abs. 1 Satz 3 BewG.
438 § 163 Abs. 1 Satz 1 BewG.
439 § 163 Abs. 1 Satz 2 BewG.
440 Kapitalisierungszinssatz 5,5 %, Kapitalisierungsfaktor 18,6; § 163 Abs. 11 BewG.
441 § 164 BewG.
442 § 162 Abs. 1 Satz 3 BewG.
443 § 164 Abs.1 BewG.

Für die Ermittlung des **Mindestwertes**[444] gilt Folgendes:

- für den Grund und Boden[445] ermittelt sich der Wert anhand des zu bestimmenden Pachtpreises pro Hektar nach Nutzung, Nutzungsteil und Nutzungsart.[446] Bei der landwirtschaftlichen Nutzung ist dabei die Betriebsgröße in Europäische Größeneinheiten (EGE) [447] zu berücksichtigen.[448] Der danach maßgebliche Pachtpreis[449] ist mit den Eigentumsflächen zu vervielfältigen.[450] Der regionale Pachtpreis ist zu kapitalisieren.[451]
- bei alle übrigen Wirtschaftsgütern[452] bestimmt sich der Wert nach der Nutzung, dem Nutzungsteil und der Nutzungsart des Grund und Bodens. Bei der landwirtschaftlichen Nutzung ist dabei die Betriebsgröße in EGE[453] zu berücksichtigen. Der danach maßgebliche Wert für das Besatzkapital ergibt sich aus den jeweiligen Anlagen[454] und ist mit den selbst bewirtschafteten Flächen zu vervielfältigen.[455]
- Der Mindestwert ist die Summe der Werte für Grund und Boden und der übrigen Wirtschaftsgüter abzüglich Schulden.[456]
- Der Mindestwert darf nicht weniger als 0 Euro betragen.[457]

Nachbewertungsvorbehalt

Eine Neubewertung mit dem **Liquidationswert**[458] **findet bei Veräußerung oder Aufgabe innerhalb von 15 Jahren** statt (= **Nachbewertungsvorbehalt**).[459] Auch wenn **wesentliche Wirtschaftsgüter**[460] innerhalb eines Zeitraums von 15 Jahren dem Betrieb der Land- und Forstwirtschaft *nicht mehr* auf Dauer zu dienen bestimmt sind, erfolgt die Bewertung mit dem Liquidationswert.[461] Der Liquidationswert ist mit Wirkung für die Vergangenheit[462] anzusetzen.[463] 151

Wird der Veräußerungserlös innerhalb von sechs Monaten wie folgt verwendet, erfolgt keine rückwirkende Neubewertung mit dem Liquidationserlös (= **Reinvestitionsklausel**):

- ausschließlich für den Erwerb eines anderen land- und forstwirtschaftlichen Betriebs oder Anteils an einer entsprechenden Personengesellschaft[464]
- Verwendung ausschließlich im betrieblichen Interesse[465]

444 § 164 BewG.
445 § 158 Abs. 3 Satz 1 BewG.
446 § 164 Abs. 2 Satz 1 BewG.
447 § 163 Abs. 3 Satz 4 Nr. 1 bis 3 BewG.
448 § 164 Abs. 2 Satz 2 BewG.
449 Ermittlung anhand: Spalte 5 der Anlagen 14, 15 und 17; Spalte 4 der Anlagen 16, 18
450 § 164 Abs. 2 Satz 3 BewG.
451 Kapitalisierungszinssatz 5,5 %, Kapitalisierungsfaktor 18,6; § 164 Abs. 3 BewG.
452 = Besatzkapital; § 158 Abs. 6 Satz 1 Nr. 2 bis 5 BewG.
453 § 163 Abs. 3 Satz 4 Nr. 1 bis 3 BewG.
454 Spalte 6 der Anlagen 14, 15a 17 sowie Spalte 5 der Anlagen 16, 18.
455 § 164 Abs. 4 Satz 1 BewG.
456 § 164 Abs. 6 Satz 1 BewG.
457 § 164 Abs. 6 Satz 2 BewG.
458 § 166 BewG.
459 § 162 Abs. 3 i. V. m. § 166 Abs. 1 BewG.
460 § 158 Abs. 3 Satz 1 Nr. 1 bis 3 und 5 BewG.
461 § 162 Abs. 4 i. V. m. § 166 Abs. 1 BewG.
462 § 175 Abs. 1 Nr. 2 AO.
463 § 166 Abs. 1 BewG.
464 § 162 Abs. 3 Satz 2 BewG.
465 § 162 Abs. 4 Satz 2 BewG.

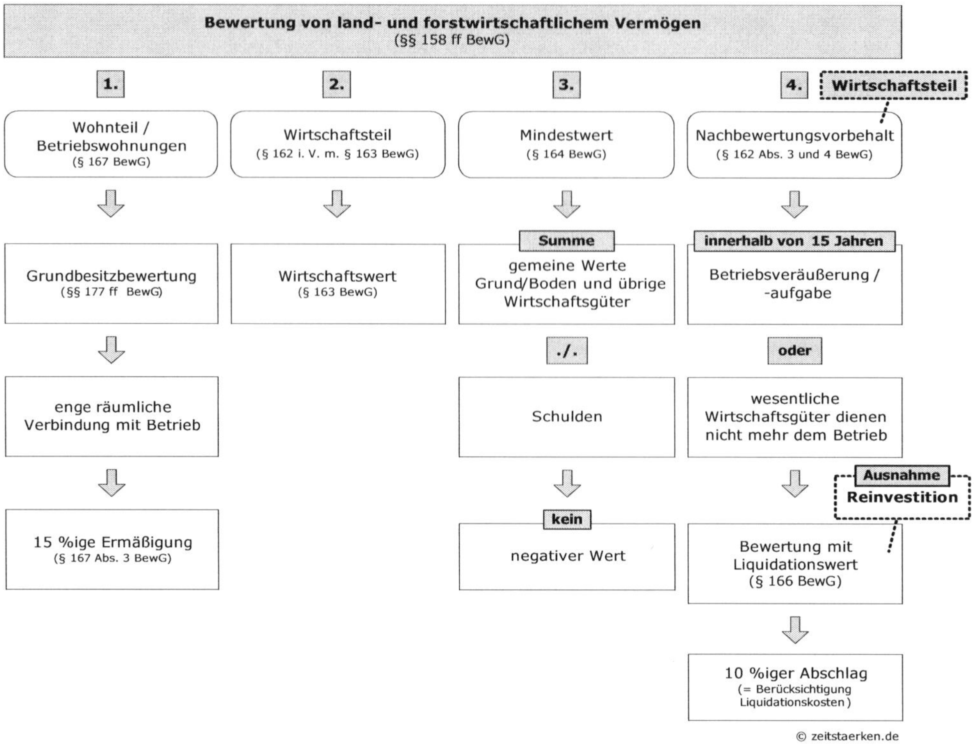

Hinweis:

Der gewährte Verschonungsabschlag auf das land- und forstwirtschaftliche Vermögen fällt gänzlich oder innerhalb eines 7/10-Jahres-Zeitraums weg (= Behaltensfrist):[466]

- *bei Veräußerung von*
  - *land- und forstwirtschaftliches Vermögen*[467]
  - *selbst bewirtschaftete Grundstücke*[468]
- *wenn land- und forstwirtschaftliches Vermögen dem Betrieb nicht mehr auf Dauer zu dienen bestimmt ist*
- *wenn der bisherige Betrieb als Stückländerei zu qualifizieren wäre*

oder

- *Grundstücke*[469] *nicht mehr selbst bewirtschaftet werden*

152 Bei der Ermittlung des Liquidationswertes ist Folgendes zu beachten:

- Grund und Boden:

  Der Grund und Boden[470] der wirtschaftlichen Einheit „Betrieb der Land- und Forstwirtschaft" ist mit den *zuletzt vor* dem Bewertungsstichtag ermittelten Bodenrichtwerten zu ermitteln.[471]

466 § 13a Abs. 5 Nr. 2 ErbStG.
467 § 168 Abs. 1 Nr. 1 BewG.
468 § 159 BewG.
469 § 159 BewG.
470 § 158 Abs. 3 Satz 1 Nr. 1 BewG.
471 § 166 Abs. 2 Nr. 1 Satz 1 BewG.

Zur Berücksichtigung der Liquidationskosten ist der ermittelte Bodenwert um 10 % zu mindern.[472]

Hinweis:

U. E. könnten dadurch Wertsteigerungen nach dem Erbfall oder der Schenkung unzulässigerweise besteuert werden.

- Übrige Wirtschaftsgüter:

  Die übrigen Wirtschaftsgüter[473]/[474] sind mit dem **gemeinen Wert** anzusetzen[475]:

  - Wirtschaftsgebäude
  - stehende Betriebsmittel
  - normaler Bestand an umlaufenden Betriebsmitteln
  - immaterielle Wirtschaftsgüter

  Zur Berücksichtigung der Liquidationskosten ist die ermittelten Werte um 10 % zu mindern.[476]

Hinweis:

*Als normaler **Bestand an umlaufenden Betriebsmitteln** gilt ein solcher, der zur gesicherten Fortführung des Betriebs erforderlich ist.*[477]

472 § 166 Abs. 2 Nr. 1 Satz 2 BewG.

473 § 158 Abs. 3 Satz 1 Nr. 2 bis Nr. 5 BewG.

474 BR-Drucks. 4/08 vom 4.1.2008, Gesetzesbegründung, 67: Zum Grund und Boden gehören alle Flächen, die nicht als Grundvermögen zu erfassen sind. Wirtschaftsgebäude sind Gebäude oder Gebäudeteile, die ausschließlich der unmittelbaren Bewirtschaftung des Betriebs und nicht Wohnzwecken dienen. Stehende Betriebsmittel wie z. B. das lebende und tote Inventar dienen einem Betrieb längerfristig. Dagegen sind umlaufende Betriebsmittel zum Verbrauch im eigenen Betrieb oder zum Verkauf bestimmt. Zu den immateriellen Wirtschaftsgütern gehören insbesondere Lieferrechte und von staatlicher Seite gewährte Vorteile, die die Voraussetzungen eines Wirtschaftsguts erfüllen. Ein normaler Bestand an umlaufenden Betriebsmitteln stellt sicher, dass eine ordnungsgemäße Bewirtschaftung bis zur nächsten Ernte möglich ist.

475 § 166 Abs. 2 Nr. 2 Satz 1 BewG.

476 § 166 Abs. 2 Nr. 2 Satz 2 BewG.

477 § 158 Abs. 3 Satz 2 BewG.

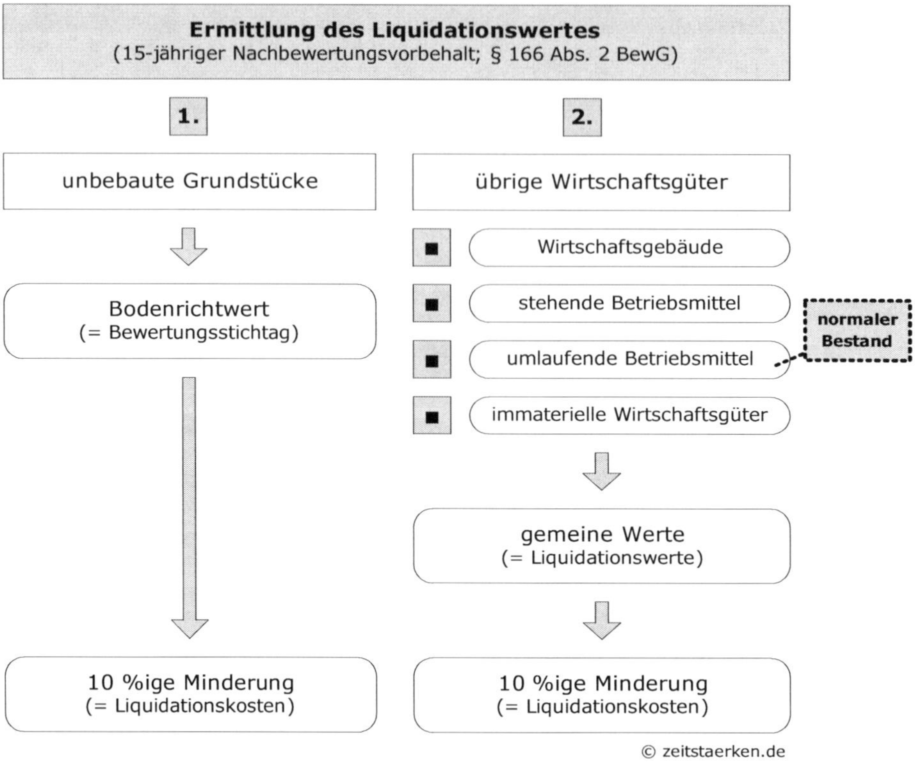

Hinweis:

*<u>Fraglich</u> bleibt, inwieweit die **Wertsteigerungen des Rechtsnachfolgers** beim Nachbewertungsvorbehalt berücksichtigt werden? Derzeitig findet sich gar keine Regelung. Insoweit muss bei einer objektiv nachvollziehbaren Wertsteigerung des Rechtsnachfolgers ein Abzug aufgrund teleologischer Reduktion erfolgen, damit <u>**keine**</u> Fehlbesteuerung eintritt.*

E. Sonstiges zum neuen Bewertungsrecht

I. Änderung des Umfangs des Betriebsgrundstücks

1. Änderung

153 Eine Änderung ist für das sog. **Betriebsgrundstück** vorgesehen. Zukünftig sind nur noch Gebäudeteile verschont, die im **ertragsteuerrechtlichen Betriebsvermögen** liegen. Hier soll das sog. „Alles-oder-Nichts-Prinzip" *<u>abgeschafft</u>* werden.[478]

478 *<u>Aufhebung</u>*: § 99 Abs. 2 BewG a. F.

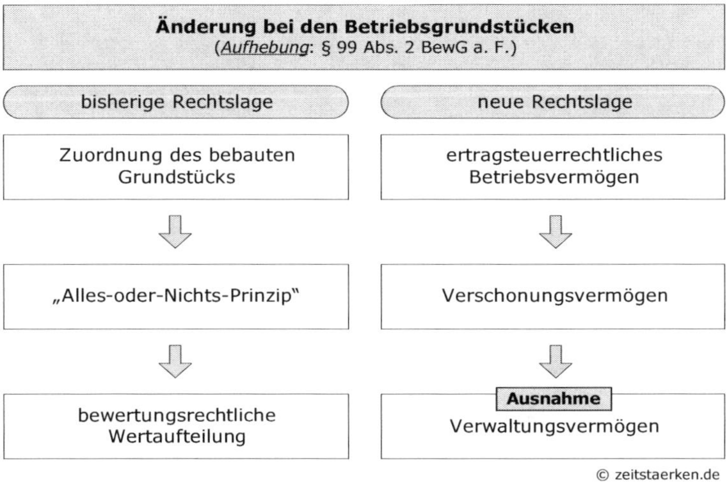

2. Bisherige Regelungen zum Betriebsgrundstück

Die ertragsteuerrechtliche Trennung eines Betriebsgrundstückes in einzelne Wirtschaftsgüter nach dem einheitlichen Nutzungs- und Funktionszusammenhang hatte folgende Konsequenzen: 154

- Nutzung zu eigenen gewerblichen Zwecken = notwendiges Betriebsvermögen
- Nutzung zu eigenen Wohnzwecken = notwendiges Privatvermögen
- Nutzungsüberlassung zu fremden gewerblichen Zwecken = gewillkürtes Vermögen (= Zuordnungswahlrecht)
- Nutzungsüberlassung zu fremden Wohnzwecken = gewillkürtes Vermögen (= Zuordnungswahlrecht)

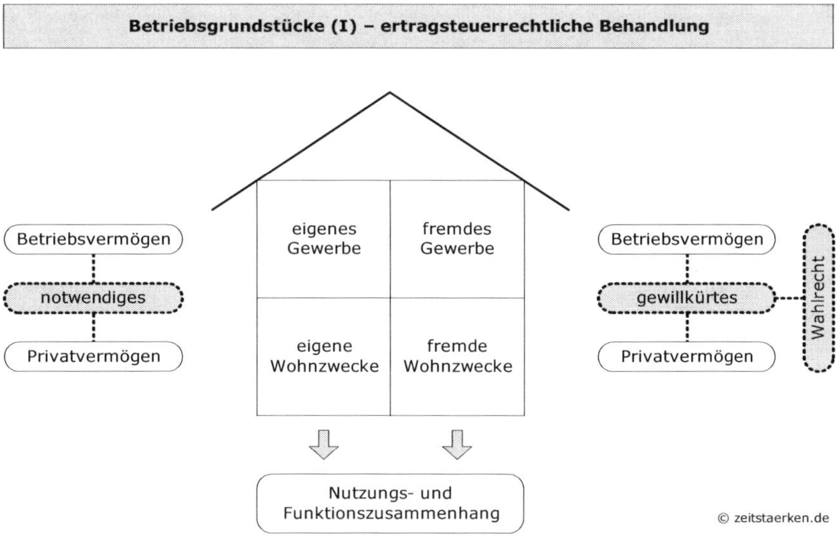

Dieses ertragsteuerrechtliche Zuordnungsprinzip **war** für die Bewertung (= Erbschaftsteuer) ***nicht* anzuwenden** (= Durchbrechung der Bestandsidentität[479]). Unabhängig von der ertragsteuerrechtlichen Aufteilung des bebauten Grundstücks in einzelne Wirtschaftsgüter, musste die **wirtschaftliche Einheit „bebautes Grundstück[480]"** einheitlich zugeordnet werden (= sog. [altes] **„Alles-oder-Nichts-Prinzip"**).

155 Um diese bewertungsrechtliche (Gesamt-) Zuordnung vornehmen zu können, war wie folgt vorzugehen:

1. Das gesamte bebaute Grundstück war mit dem Grundbesitzwert[481] zu bewerten.
2. Dabei waren u. U. für die unterschiedlichen Nutzungen unterschiedliche Bewertungsmethoden anzuwenden:
   - eigenes Gewerbe ➔ ortsübliche Miete / Sonderfall
   - eigene Wohnzwecke ➔ ortsübliche Miete / Vergleichsmiete
   - fremdes Gewerbe ➔ tatsächliche / ortsübliche Miete
   - fremde Wohnzwecke ➔ tatsächliche / ortsübliche Miete

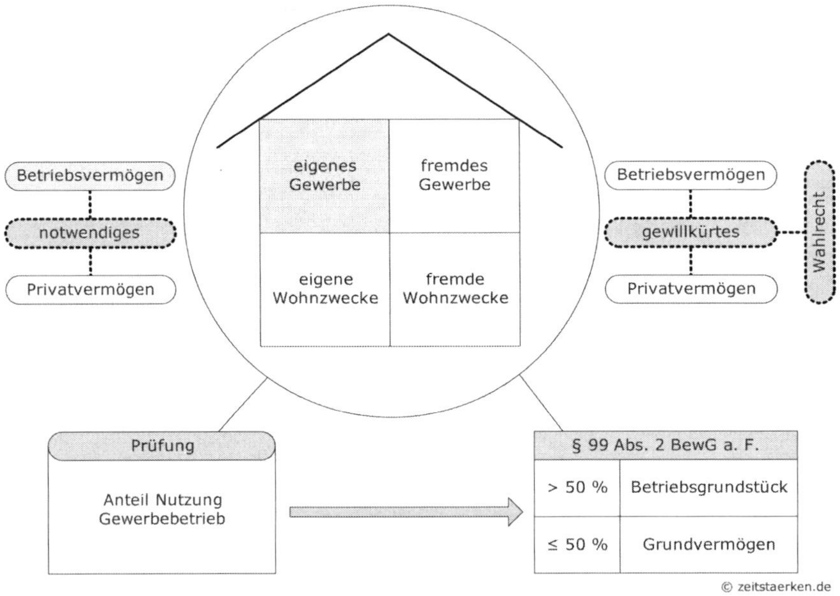

479 § 99 Abs. 2 BewG a. F.
480 § 99 Abs. 1 i. V. m. § 68 Abs. 1 Nr. 1 BewG.
481 § 138 ff BewG.

Nach der durchgeführten (alten) (Grundbesitz-)Bewertung war zu prüfen, wie viel Wert entfiel auf welche Nutzung: 156

Grundstücksnutzung		Zugehörigkeit
Grundstück dient zu **mehr als** der Hälfte seines Werts dem Gewerbebetrieb[482]	=	Betriebsgrundstück[483]
Grundstück dient nur **zur Hälfte oder weniger** seines Werts dem Gewerbebetrieb[484]	=	Grundvermögen

Für Betriebsgrundstücke, die im ertragsteuerrechtlichen Betriebsvermögen stehen, waren folgende (alte) Besonderheiten zu beachten: 157

Grundstückseigentümer		Zugehörigkeit
Grundstückseigentümer sind mehrere Personen, von denen *nicht* wenigstens eine Person Mitunternehmer ist[485/486/487]	=	Grundvermögen
Grundstückseigentümer sind sämtliche Mitunternehmer (Gesamthands- oder Bruchteilsvermögen)	=	Betriebsgrundstück
Grundstücke, die im Eigentum von Körperschaften, Personenvereinigungen oder Vermögensmassen stehen[488]	=	Betriebsgrundstück

Die Zuordnung von Grundstücken erfolgte *entweder* zum Grundvermögen *oder* zum Betriebsvermögen (= Betriebsgrundstück[489]). 158

Grundstückseigentümer	Betriebliche Nutzung des Grundstücks	
	mehr als zur Hälfte	bis zur Hälfte oder weniger
Grundstückseigentümer sind mehrere Personen, von denen wenigstens eine (fremde) Person *nicht* Mitunternehmer ist[490]	Grundvermögen	Grundvermögen
Grundstückseigentümer sind sämtlich Mitunternehmer (Gesamthands- oder Bruchteilsvermögen)	Betriebsgrundstück	Grundvermögen
Grundstückseigentümer sind *nicht* sämtlich Mitunternehmer (Bruchteilsvermögen) *ohne* fremde Personen	Betriebsgrundstück	Grundvermögen
Grundstück des Ehegatten[491] mit gewerblicher Nutzung[492] des anderen	(siehe unten)	(siehe unten)
Grundstücke, die im Eigentum von Körperschaften, Personenvereinigungen oder Vermögensmassen stehen[493]	Betriebsgrundstück	Betriebsgrundstück

482 § 99 Abs. 2 Satz 1 BewG a. F.
483 Abweichend von ertragsteuerrechtlichen Regelungen siehe R 4.2 Abs. 7 bis 14 EStR a. F.
484 § 99 Abs. 2 Satz 2 BewG a. F.
485 § 99 Abs. 2 Satz 3 BewG a. F.
486 Weitere Beispiele siehe H 117 ErbStH a. F.
487 Abweichende Bewertung hinsichtlich des Grundstücks, welches beiden Ehegatten gehört, bei der Erbschaftsteuer und der allgemeinen Bewertung.
488 § 99 Abs. 2 Satz 4 BewG a. F.
489 § 99 BewG a. F.
490 § 99 Abs. 2 Satz 3 BewG a. F, weitere Beispiele siehe H 117 ErbStH a. F.
491 Der Ehegatte gilt als andere Person gem. § 99 Abs. 2 BewG a. F. i. V. m. § 12 Abs. 5 ErbStG, § 17 Abs. 1 BewG; R 117 Abs. 2 Satz 3 ErbStR.
492 § 12 Abs. 5 ErbStG i. V. m. § 17 Abs. 1 und § 99 Abs. 2 BewG a. F.
493 § 99 Abs. 2 Satz 4 BewG a. F.

159 Nachstehendes Schaubild stellt die alte bewertungs- und erbschaftsteuerrechtliche Behandlung des sog. Ehegattengrundstücks dar:

Grundstücke derEhegatten (Eigentümer)	Betriebliche Nutzung im Gewerbebetrieb des Ehegatten EM			
	> 50 %		≤ 50 %	
	BewG	ErbStG	BewG	ErbStG
❶ EM[494] 100 % + EF[495] 0 %	Betriebsgrundstück	**Betriebsgrundstück**		
❷ EM 50 % + EF 50 %	Betriebsgrundstück[496]	Grundvermögen[497]	Grundvermögen	
❸ EM 0 % + EF 100 %	Betriebsgrundstück	Grundvermögen[498]		

Hinweis:

*Die Regelung der „Ehegatten-Klausel" ist bei der Erbschaftsteuer und Schenkungsteuer **nicht** anwendbar.*[499]/[500]

3. Neue Regelung für Betriebsgrundstücke

160 Seit der Bewertungsreform durch das ErbStRG sind nur die **Gebäudeteile** im **Umfang des Betriebsvermögens**[501] enthalten, welche ertragsteuerrechtlich Betriebsvermögen darstellen. Also sind Grundstücke und Grundstücksteile bewertungsrechtlich auch Betriebsvermögen, wenn diese notwendig oder nicht notwendig aber gewillkürt sind.

a) notwendiges Betriebsvermögen / eigenbetriebliche Nutzung

161 Liegt ein betrieblich notwendiges Grundstück wegen eigenbetrieblicher Nutzung vor, wird es bei der Bewertung, wie folgt berücksichtigt:

- Ertragswertverfahren

  Die Erträge und Aufwendungen des Grundstücks fließen in den Ertragswert ein.

- Substanzwertverfahren

  Soweit der Substanzwert ermittelt wird, wird das Grundstück mit dem typisierten Grundbesitzwert[502] bewertet.

Die eigengewerblich genutzten Gebäude/Gebäudeteile sind damit *immer* begünstigtes Vermögen, *solange nicht* der gesamte Betrieb als unverschontes Vermögen aufgrund eines zu hohen Anteils an Verwaltungsvermögen von der Verschonung ausgeschlossen bleibt (= notwendiges Betriebsvermögen).

494 EM = Ehemann.
495 EF = Ehefrau.
496 § 99 Abs. 2 i. V. m. § 26 BewG.
497 § 12 Abs. 5 ErbStG i. V. m. § 17 Abs. 1 BewG.
498 § 12 Abs. 5 ErbStG i. V. m. § 17 Abs. 1 BewG.
499 § 26 BewG; R 117 Abs. 2 Satz 3 ErbStR.
500 § 12 Abs. 5 ErbStG i. V. m. § 17 Abs. 1 BewG.
501 §§ 95 bis 97 BewG.
502 Bei der Anwendung des typisierten Grundbesitzwertes ist darauf zu achten, dass ein niedrigerer gemeiner Wert nachgewiesen durch ein Sachverständigengutachten Vorrang hat.

Hinweis:

Wendet der Steuerpflichtige die ertragsteuerrechtliche Sonderverschonung „Grundstück von untergeordneter Bedeutung“[503] *an, verzichtet er damit auf die erbschaftsteuerrechtliche betriebliche Verschonung.*

Dafür sind etwaige stille Reserven nur bei den privaten Veräußerungsgeschäften über einen zehn Jahreszeitraum steuerverstrickt.

Sobald der Grundstücksteil die Wertgrenze des untergeordneten Grundstücks übersteigt, erfolgt eine Einlage mit den o. a. Konsequenzen.

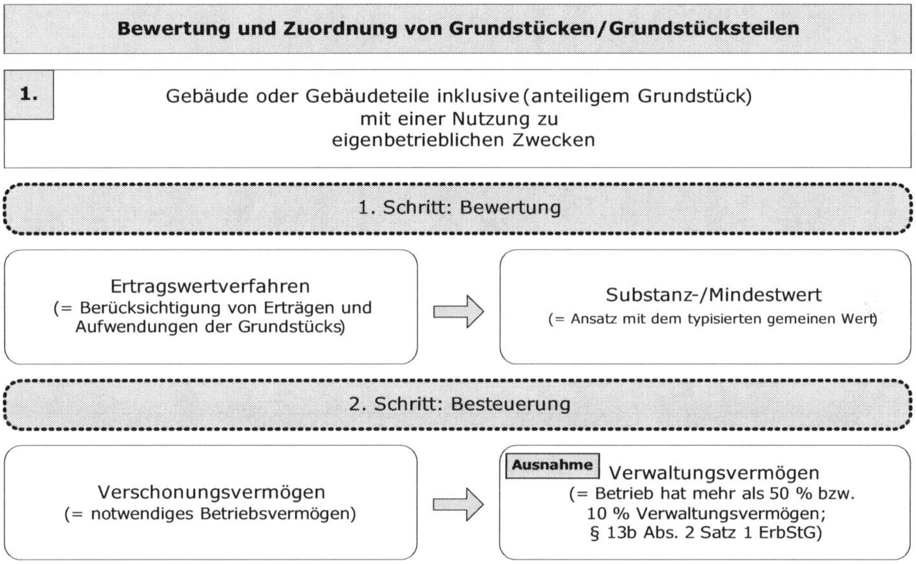

© zeitstaerken.de

b) selbstgenutzte zu Wohnzwecken genutzte Gebäudeteil

Die (bisher) selbstgenutzte Immobilie ist grundsätzlich mit dem typisierten Grundbesitzwert zu 162 bewerten. Der selbst zu Wohnzwecken genutzte Gebäudeteil ist damit nur noch durch die persönlichen Freibeträge steuerbefreit. Eine Steuerschonung kann durch die neuen Steuerbefreiungen beim Erwerb von Todes wegen für das Familienheim zur Anwendung kommen.[504] Die lebzeitige Zuwendung unter Ehegatten bleibt uneingeschränkt anwendbar.[505]

503 § 8 EStDV.
504 § 13 Abs. 1 Nr. 4b und Nr. 4c ErbStG.
505 § 13 Abs. 1 Nr. 4a ErbStG.

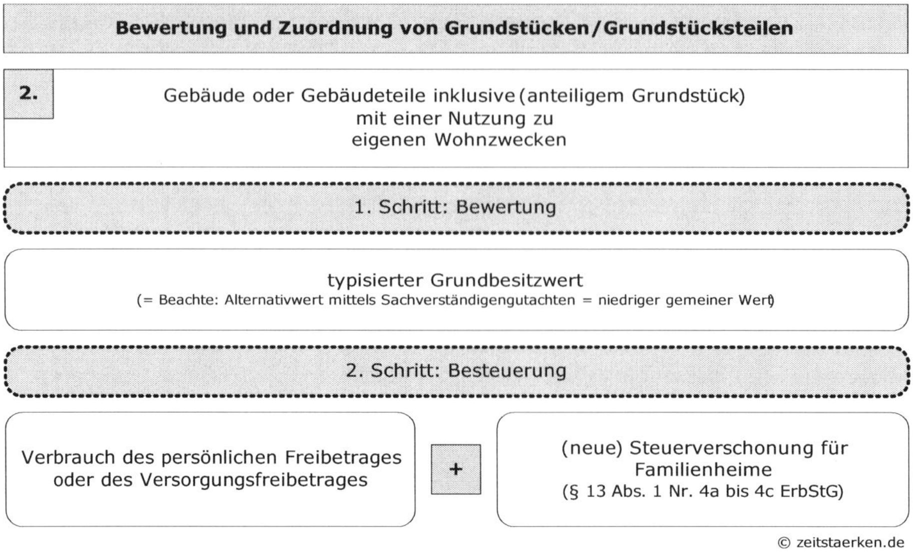

c) gewillkürtes Betriebsvermögen / fremdbetriebliche oder fremde Wohnzwecke Nutzung

163 Gebäudeteile, die zu fremden gewerblichen Zwecken oder fremden Wohnzwecken genutzt werden, sind davon abhängig, ob diese dem Betriebs- oder Privatvermögen zugeordnet wurden.

- Gewillkürtes Betriebsvermögen

  Soweit die Einlage innerhalb von zwei Jahren vor dem Besteuerungsstichtag stattgefunden hat, liegt ein **junges eingelegtes Wirtschaftsgut** vor, welches selbstständig mit dem Grundbesitzwert zu bewerten ist.[506] Wird das Unternehmen mit dem Ertragswert bewertet, müssen die Erträge und Aufwendungen des jungen eingelegten Grundstücks ausgesondert werden.

  - Ist der Gebäudeteil **weniger als zwei Jahre** am Besteuerungsstichtag dem Betrieb zuzurechnen, liegt **junges Verwaltungsvermögen** vor, welches bei der Erbschaftsteuer grundsätzlich unverschont besteuert wird.[507] Neben der zeitlichen Komponente (zwei Jahren) muss es sich auch um Verwaltungsvermögen handeln. Das ist gegeben, wenn das Grundstück einem weiteren Dritten zur Nutzung überlassen wird.[508] Handelt es sich dabei um eine Wohnzweckvermietungsimmobilie ist der 10%ige Besteuerungsabschlag anzuwenden.[509]

    Hierbei ist die Reflexwirkung der neuen Schuldenkappung zu beachten.[510] Da das Grundstück betrieblich unverschont bleibt, verbraucht es den persönlichen Freibetrag[511] und ggf. den Versorgungsfreibetrag[512].

506 § 200 Abs. 4 BewG.
507 § 13b Abs. 2 Satz 3 ErbStG.
508 § 13b Abs. 2 Satz 2 ErbStG; abschließende Aufzählung mit Ausnahmen und Rückausnahmen.
509 § 13c ErbStG.
510 § 10 Abs. 6 Satz 5 ErbStG.
511 § 16 ErbStG.
512 § 17 ErbStG.

- Ist die **zwei Jahresfrist überschritten**, handelt es sich bei dem Grundstück aber auf Grund der Überlassung an einen weiteren Dritten trotzdem um **Verwaltungsvermögen**. Ist der Anteil des Verwaltungsvermögens mehr als 50 % oder 10 % sind die Verschonungsmodelle jeweils _nicht_ nutzbar. Handelt es sich dabei um eine Wohnzweckvermietungsimmobilie ist der 10%ige Besteuerungsabschlag anzuwenden.[513] Ist der Anteil des Verwaltungsvermögen so gering, dass entweder die Verschonungsoption (=nicht mehr als 10 %) oder die Regelverschonung (= nicht mehr als 50 %) greift, wird das gewillkürte Betriebsvermögen mit verschont (= Alles-oder-Nichts-Prinzip).

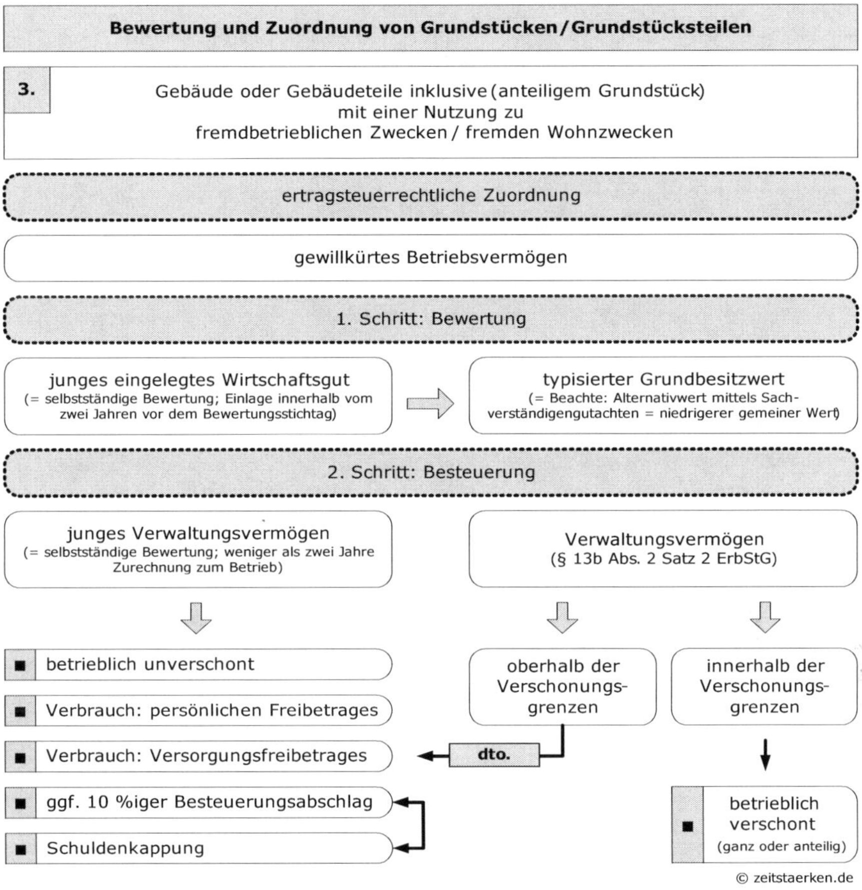

- Gewillkürtes Privatvermögen

  Das Grundstück ist mit dem typisierten Grundbesitzwert zu bewerten. Soweit das Grundstück oder Grundstücksteil dem ertragsteuerrechtlichen Privatvermögen zugeordnet worden ist, verbraucht das Grundstück auch den persönlichen Freibetrag. Soweit es sich um eine Wohnzweckvermietungsimmobilie kommt der Vermögensempfänger in den Genuss des (neuen) 10%igen Besteuerungsabschlags.[514] Hierbei ist die Reflexwirkung der neuen Schuldenkappung zu beachten.[515]

513 § 13c ErbStG.
514 § 13c ErbStG.
515 § 10 Abs. 6 Satz 5 ErbStG.

164 Soweit das Grundstück aber nicht in einem Einzelunternehmen sondern durch eine Gesellschaft mit Eigentum genutzt wird, ergeben sich die folgenden Ergebnisse. Grundstücke, die im **Eigentum von Kapitalgesellschaften** stehen, sind immer Betriebsgrundstücke.[516] Grundstükke im Eigentum einer **gesamten Hand** sind ebenfalls immer Betriebsgrundstück, solange keine privaten Wohnzwecke der Gesellschafter erfüllt werden (= Gesamthandsvermögen einer Mitunternehmerschaft[517]).[518] Grundstück, die von einem Mitunternehmer an die Mitunternehmerschaft vermietet werden (= **Sonderbetriebsvermögen** [= **SBV**]), stellt bei Nutzung als notwendiges oder gewillkürtes Betriebsvermögen ebenfalls ein Betriebsgrundstück dar.[519] Diese Zurechnung des SBV geht anderen Zurechnungen vor.[520]

Hinweis:

Damit ist es bei Schwesterpersonengesellschaften wieder zur bewertungsrechtlichen Durchbrechung der bilanziellen Handhabung gekommen.

516 § 97 Abs. 1 Satz 1 Nr. 1 BewG.
517 § 15 Abs. 1 Nr. 2 und Abs. 3 EStG; § 18 Abs. 4 Satz 2 EStG.
518 § 97 Abs. 1 Satz 1 Nr. 5 BewG.
519 § 97 Abs. 1 Satz 1 Nr. 5 Satz 2 1. HS BewG.
520 § 97 Abs. 1 Satz 1 Nr. 5 Satz 2 2. HS BewG.

Grundstückseigentümer		Zugehörigkeit
Grundstücke, die im Eigentum von Körperschaften, Personenvereinigungen oder Vermögensmassen stehen[521]	=	Betriebsgrundstück
Grundstückseigentümer sind sämtlich Mitunternehmer (Gesamthandsvermögen)[522]	=	Betriebsgrundstück
Grundstückseigentümer sind eine oder mehrere Personen und das Grundstück wird einer Mitunternehmerschaft/Sozietät zur Nutzung überlassen (SBV)[523]	=	Betriebsgrundstück

Beispiel: Schwesterpersonengesellschaften [521 522 523] **165**

Die A-GmbH & Co. KG vermietet ein Grundstück aus dem Gesamthandsvermögen an die Schwesterpersonengesellschaft B-GmbH & Co. KG. Beide Mitunternehmerschaften gehören alleinig M.

Lösung:

- Ertragssteuerrechtliche Lösung:

  Hier gilt der Grundsatz „Eigenbetriebsvermögen" geht vor „Sonderbetriebsvermögen". Das Grundstück wird im Gesamthandsvermögen der A-GmbH & Co. KG ausgewiesen.[524]

- Bewertungsrechtliche Lösung:

  Hier gilt nur die bewertungsrechtliche Zuordnung. Die ertragsteuerrechtliche Zuordnung wird durchbrochen und das Grundstück ist als SBV bei der B-GmbH & Co. KG mit dem Grundbesitzwert zu bewerten und zuzurechnen.

Beispiel: Doppelstöckige Gesellschaften **166**

Die A-GmbH & Co. KG vermietet ein Grundstück aus dem Gesamthandsvermögen an die Tochterpersonengesellschaft B-GmbH & Co. KG.

Lösung:

- Ertragssteuerrechtliche Lösung:

  Die Zurechnung erfolgt – wie bei der Überlassung durch Einzelunternehmer – zum SBV der Gesellschaft (A-GmbH & Co. KG)bei der anderen Gesellschaft
  (B-GmbH & Co. KG). [525]

- Bewertungsrechtliche Lösung:

  Hier entspricht die bewertungsrechtliche Zuordnung der ertragsteuerrechtlichen.

<u>Folgende Besonderheiten</u> sowohl für die Bewertung als auch für die Ermittlung der Erbschaft- oder Schenkungsteuer fallen ins Gewicht der Beratung. Wurde das Grundstück innerhalb der letzten zwei Jahre vor dem Bewertungsstichtag eingelegt, handelt es sich um **junge eingelegte Wirtschaftsgüter**, welche selbstständig zu bewerten sind. Als **Produktivvermögen** werden die Grundstücke dann bezeichnet, wenn diese *<u>nicht</u>* Dritten zur Nutzung überlassen werden. Als **verschonungsfähiges Vermögen** werden dieselben Grundstücke bezeichnet, wenn der Betrieb zu *<u>nicht</u>* mehr als 50 % aus Verwaltungsvermögen besteht. **167**

521 § 97 Abs. 1 Satz 1 Nr. 1 BewG.
522 § 97 Abs. 1 Satz 1 Nr. 5 BewG.
523 § 97 Abs. 1 Satz 1 Nr. 5 Satz 2 BewG.
524 BMF-Schreiben vom 28.4.1998, IV B 2 – S 2241 – 42/98, BStBl. I 1998, 583.
525 BMF-Schreiben vom 28.4.1998, IV B 2 – S 2241 – 42/98, a. a. O., Tz. 1 Abs. 2 Satz 2.

Ist das Grundstück weniger als zwei Jahre dem Betrieb im Besteuerungszeitraum zuzurechnen und stellt es dazu noch Verwaltungsvermögen dar (= z. B. Vermietung an einen (weiteren) Dritten ohne Öffnungsklausel), so wird es als **junges Verwaltungsvermögen** unverschont besteuert.

Hinweis: Vermeidung von gestalterischem Missbrauch

Sowohl Gebäude als auch Gebäudeteile können ertragsteuerrechtlich durch Einlage vom Privatvermögen in das (ertragsteuerrechtliche) gewillkürte Betriebsvermögen „umgeschichtet" werden. So eine Einlagehandlung zur Ausnutzung der „großen Steuerverschonung" beim Betriebsvermögen – also ein Auffüllen des Betriebs – ist vom Steuergesetzgeber unerwünscht. Insoweit greift die erbschaftsteuerrechtliche Sonderregelung des sog. „jungen Verwaltungsvermögens".[526]

*Eine Schenkung- oder Erbschaftsteuerverschonung tritt für dieses eingelegte Vermögen **nicht** ein, soweit die Einlage zwei Jahre vor dem Besteuerungsstichtag stattgefunden hat.*

168 Das nachstehende Schaubild soll ihnen einen Überblick über die einzelnen Schritte eines Grundstücks abbilden:

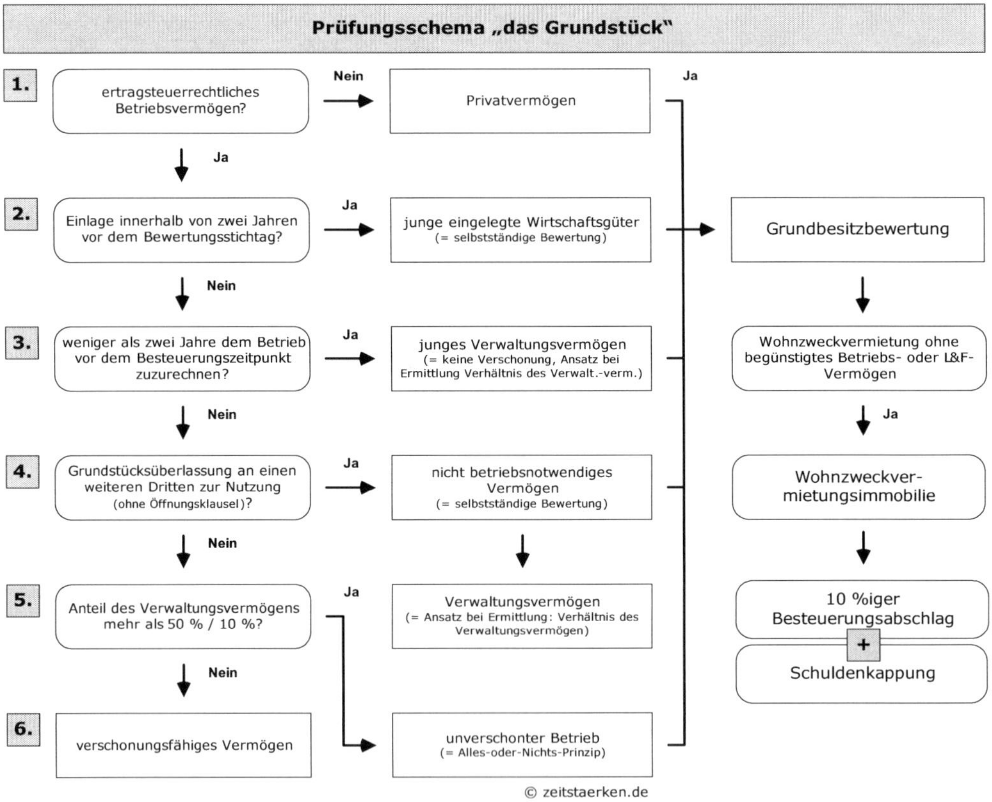

Die nachstehende Unterscheidung spiegelt einen Überblick für die tägliche Praxis wieder. Immobilienorganigramme für eine Mischimmobilie könnten für die tägliche Praxis so angefertigt werden.

526 § 13b Abs. 2 Satz 3 ErbStG.

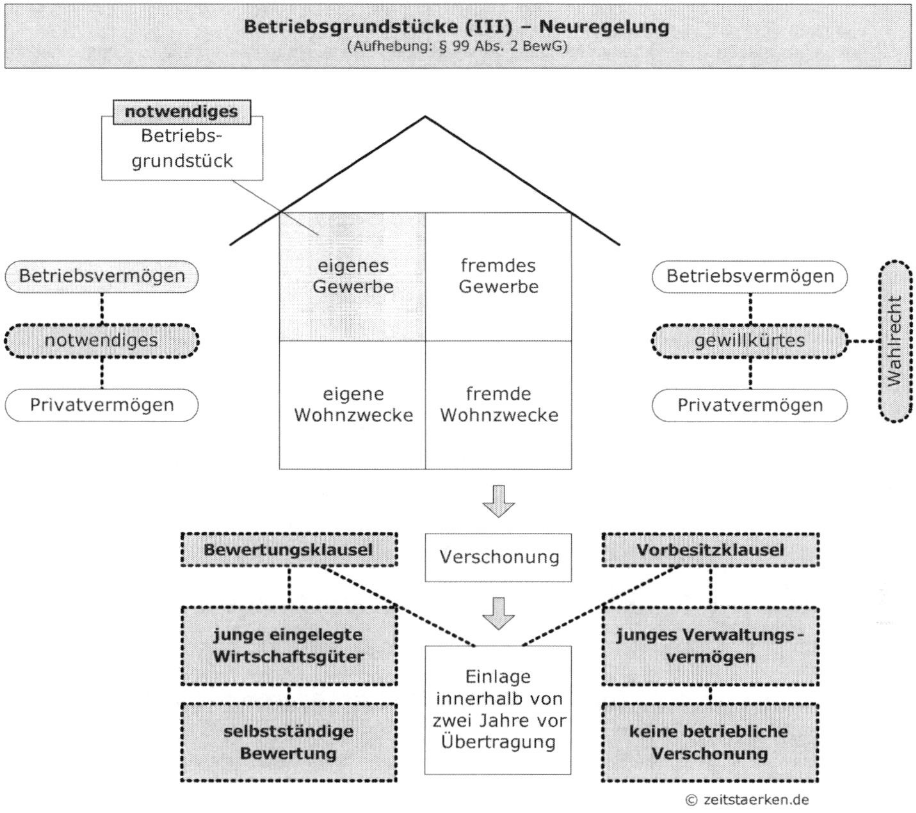

Das nachstehende Beispiel stellt wertmäßig die Änderungen beim Betriebsgrundstück dar, wenn es sich dabei um eine Mischimmobilie handelt. 169

Beispiel: Änderungen beim Betriebsgrundstück

Der Gewerbetreibende G nutzt eine zweigeschossige Immobilie. Das Erdgeschoss wird für eigene gewerbliche Zwecke (= Malerbetrieb) genutzt. Das Obergeschoss bewohnt G mit seiner Familie.

Die Werte für die jeweiligen Etagen betragen:

1) Grundbesitzwerte der bisherigen Rechtslage

a)	Malerbetrieb	275.000 €
	Wohnzwecke	125.000 €
b)	Malerbetrieb	85.000 €
	Wohnzwecke	215.000 €

2) Gemeinen Werte der derzeitigen (neuen) Rechtslage

a)	Malerbetrieb	440.000 €
	Wohnzwecke	200.000 €
b)	Malerbetrieb	136.000 €
	Wohnzwecke	344.000 €

2

Lösung:

Galt bisher das Alles-oder-Nichts-Prinzip wird im neuen Bewertungsrecht deutlich, dass der erhöhte Grundbesitzwert sich bei Mischimmobilien auf unterschiedliche Vermögensarten auswirken kann.

		Fall a/1)	Fall b/1)	Fall a/2)	Fall b/2)
		bisher (Grundbesitzwert)	bisher (Grundbesitzwert)	derzeitig (Gemeiner Wert)	derzeitig (Gemeiner Wert)
1. Bewertung der Immobilie					
Malerbetrieb	60%	275.000	85.000	440.000	136.000
Wohnzwecken	60%	125.000	215.000	200.000	344.000
Vermietung	0%	0	0	0	0
		400.000	300.000	640.000	480.000
2. Zuordnung der Immobilie		(Prüfung der 50 %-Grenze)		(Prüfung: Betriebsvermögen)	
Betriebsgrundstück		400.000		440.000	136.000
Grundvermögen			300.000	200.000	344.000

4. Aufteilung des Wert des Betriebsvermögen

a) Anteil am Betriebsvermögen einer Personengesellschaft

170 Der gemeine Wert eines Anteils am Betriebsvermögen einer Personengesellschaft[527] ist wie folgt zu ermitteln:[528]

1. Schritt:

171 Berechnung des Ertragswerts[529] für das **Gesamthandsvermögen**[530]

2. Schritt:

172 Die **Aufteilung** erfolgt dann:

- Vorwegzurechnung der Kapitalkonten aus der Gesamthandsbilanz dem jeweiligen Gesellschafter[531]

Hinweis:

*Das Kapital etwaiger Ergänzungsbilanzen der Gesellschafter wird **nicht** berücksichtigt, weil die Ergänzungsbilanzen weder bei der Ermittlung des Unternehmenswerts berücksichtigt werden noch zusätzliche Entnahmerechte gewähren.*[532]

- Restwertaufteilung nach dem für die Gesellschaft maßgeblichen Gewinnverteilungsschlüssel[533]

527 § 97 Abs. 1 Satz 1 Nr. 5 BewG.
528 § 97 Abs. 1a BewG.
529 § 97 Abs. 1 Satz 1 Nr. 5 i. V. m. § 109 Abs. 2 i. V. m. § 11 Abs. 2 BewG.
530 § 97 Abs. 1a Nr. 1 1. HS BewG.
531 § 97 Abs. 1a Nr. 1 Buchst. a BewG.
532 BT-Drucks. 16/111107 vom 25.11.2008, Bericht des Finanzausschusses, B. Besonderer Teil, zu Nummer 6 (§ 97), S. 16.
533 § 97 Abs. 1a Nr. 1 Buchst. b 1. HS BewG.

Hinweis:

*Vorabgewinnanteile sind **nicht** zu berücksichtigen.*[534]

3. Schritt:

Für die Wirtschaftsgüter und Schulden des **Sonderbetriebsvermögens** des übertragenden Ge- 173
sellschafters ist der gemeine Wert zu ermitteln.[535] Sodann wird der Wert des SBV dem jeweiligen Gesellschafter zugerechnet.[536]

4. Schritt:

Der **Wert des Anteils des übertragenden Gesellschafters** ergibt sich als Summe aus dem Anteil 174
am Gesamthandsvermögen und dem Wert des Sonderbetriebsvermögens.[537]

Hinweis:

*Die Wertermittlung nach dem vereinfachten Ertragswertverfahren ist **nur** für das Gesamthandsvermögen durchzuführen, **nicht** für das Sonderbetriebsvermögen. Ansonsten müsste das SBV aller Gesellschafter einbezogen werden und **nicht** nur dasjenige des Gesellschafters, dessen Anteil Zuwendungsgegenstand ist.*

*Die gebuchten Aufwands- und Ertragsposten im Zusammenhang mit Sonderbetriebsvermögen bleiben im vereinfachten Ertragswertverfahren (für das Gesamthandsvermögen) berücksichtigt, so dass es **nicht** zu einer doppelten Erfassung kommt. Wird das Gesamthandsvermögen mit dem Substanzwert bewertet/angesetzt, so sind die Wirtschaftsgüter und Schulden des SBV nicht enthalten. Eine Doppelerfassung ist **nicht** möglich.*

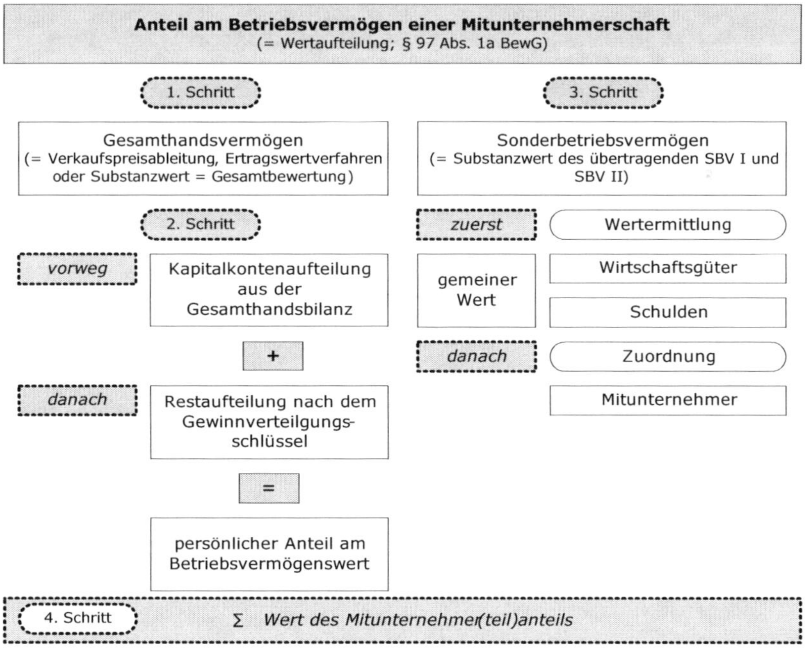

534 § 97 Abs. 1a Nr. 1 Buchst. b 2. HS BewG.
535 § 97 Abs. 1a Nr. 2 Satz 1 BewG.
536 § 97 Abs. 1a Nr. 2 Satz 2 BewG.
537 § 97 Abs. 1a Nr. 3 BewG.

175 **Beispiel: Übertragung Mitunternehmeranteil**

Der Gesellschafter A der AB-OHG will seinen Mitunternehmeranteil auf seinen Sohn S unentgeltlich übertragen. Der Ertragswert der OHG beträgt 2.300.000 € und der Substanzwert insgesamt 1.500.000 €. Die Kapitalkonten belaufen sich für A auf 200.000 € und für B auf 300.000 €. A vermietet ein Grundstück an die AB-OHG mit einem Grundbesitzwert in Höhe von 375.000 €. Der Gewinnverteilungsschlüssel beträgt 2/3 für A und 1/3 für B.

Lösung:

Der Substanzwert wird als Mindestwert nicht angesetzt, da der Wert des vereinfachten Ertragswertverfahrens höher ist.

Der Wert des Mitunternehmeranteils vom Gesellschafter A ermittelt sich wie folgt:

1. Schritt "Gesamtbewertung GHV":			Euro
	Ertragswert		2.300.000
	Substanzwert		1.500.000
	Wertansatz		2.300.000
2. Schritt "Aufteilung":			
./.	Kapitalkonto Gesell. **A**		200.000
./.	Kapitalkonto Gesell. B		300.000
	verbleiben		1.800.000
	Verteilung lt. Gewinnverteilungsschlüssel		
	Anteil **A**	2/3	1.200.000
	Anteil B	1/3	600.000
	verbleiben		0
3. Schritt "SBV":			
	Vermietungsimmobilie **A**		375.000
4. Schritt "Wert des Mitunternehmeranteils"			
=	Wert des Mitunternehmeranteil **A**		**1.775.000**

b) Anteil am Betriebsvermögen einer Kapitalgesellschaft

176 Der Anteil eines Gesellschafters an dem Wert einer Kapitalgesellschaft bestimmt sich nach dem Beteiligungsverhältnis.[538]

538 § 97 Abs. 1b Satz 1 BewG.

Das Verhältnis beträgt: 177

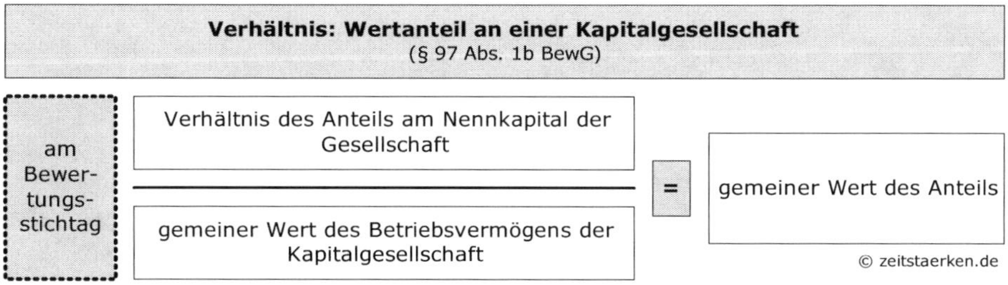

Dies gilt auch, wenn das Nennkapital *noch nicht* voll eingezahlt ist.[539] Richtet sich der Vermögens- und Gewinnanteil am Gesellschaftsvermögen der Gesellschaft nach den tatsächlichen Einlagen, so wird auch der gemeine Wert nach dem tatsächlich eingezahlten Nennkapital verteilt.[540] Dazu bedarf es einer ausdrücklichen Vereinbarung der Gesellschafter.

II. Geldvermögen

Das übertragene Geldvermögen wird weiterhin mit dem Nennwert bewertet. Soweit es sich um ausländische Geldbestände handelt, wird anhand des Devisenkurses am Bewertungs- und Besteuerungsstichtag eine Umrechnung erfolgen.[541] 178

III. Lebensversicherungen

Noch nicht fällige Ansprüche aus Lebens-, Kapital- oder Rentenversicherungen sind mit dem **Rückkaufswert** (= gemeiner Wert) anzusetzen.[542] Das ist der Rückkaufswert, den der Versicherungsnehmer von der Versicherung beanspruchen kann.[543] 179

Hinweis:

Der bisherige alternative Wertansatz in Höhe von 2/3 der eingezahlten Prämien ist weggefallen.

Hinweis:

Die Berechnung des Werts, insbesondere die Berücksichtigung von ausgeschütteten und gutgeschriebenen Gewinnanteilen kann durch Rechtsverordnung geregelt werden.[544]

539 § 97 Abs. 1b Satz 2 BewG.
540 § 97 Abs. 1b Satz 3 BewG.
541 R 109 Abs. 5 EStR.
542 § 12 Abs. 4 Satz 1 ErbStG.
543 § 12 Abs. 4 Satz 2 ErbStG.
544 § 12 Abs. 4 Satz 3 ErbStG.

IV. Lebenslängliche Nutzungen und Leistungen

180 Der Kapitalwert von lebenslänglichen Nutzungen und Leistungen ist mit dem Vielfachen eines Jahreswertes anzusetzen.[545] Die Vervielfältiger sind nach der Sterbetafel des Statistischen Bundesamtes zu ermitteln.[546]

Hinweis:

Die Sterbetafeln sind ab dem 1.1. des auf die Veröffentlichung der Sterbetafel durch das Statistische Bundesamt folgenden Kalenderjahres anzuwenden.

181 Der Kapitalwert ist mit 5,5 % als Mittelwert zwischen dem Kapitalwert für jährlich vorschüssige und jährlich nachschüssige Zahlungsweise zu berechnen.[547]

Hinweis:

Das BMF veröffentlicht die Vervielfältiger und die Sterbetafel im Bundessteuerblatt.[548]

545 § 14 Abs. 1 Satz 1 ErbStG.
546 § 14 Abs. 1 Satz 2 ErbStG.
547 § 14 Abs. 1 Satz 3 ErbStG.
548 § 14 Abs. 1 Satz 4 ErbStG.

§ 3 Erbschaftsteuerrecht

A. Allgemeines

I. Abschaffung der bisherigen Vergünstigungen für Betriebsvermögen

Die **bisherigen** erbschaft- und schenkungsteuerrechtlichen Vergünstigungen für Betriebsvermö- 1
gen sowie die Schuldenkappung werden **abgeschafft**.

Abgeschafft werden:

- Unternehmerfreibetrag in Höhe von 225.000 €[1],

  und
- Bewertungsabschlag in Höhe von 35 %[2]

II. Entlastungsbetrag und Steuerstundung

Hinweis: 2

*Der **Entlastungsbetrag**[3] für die Steuerklasse II und Steuerklasse III bleibt insoweit bestehen, als nach Anwendung des gleitenden Abzugsbetrags Betriebsvermögen besteuert wird. Auch die gesetzlich vorgesehene Stundung[4] bleibt erhalten. Diese wird sogar um eine Grundvermögenskomponente erweitert.*[5]

1 § 13a Abs. 1 ErbStG a. F.
2 § 13a Abs. 2 ErbStG a. F.
3 § 19a ErbStG.
4 § 28 ErbStG.
5 § 28 Abs. 3 ErbStG.

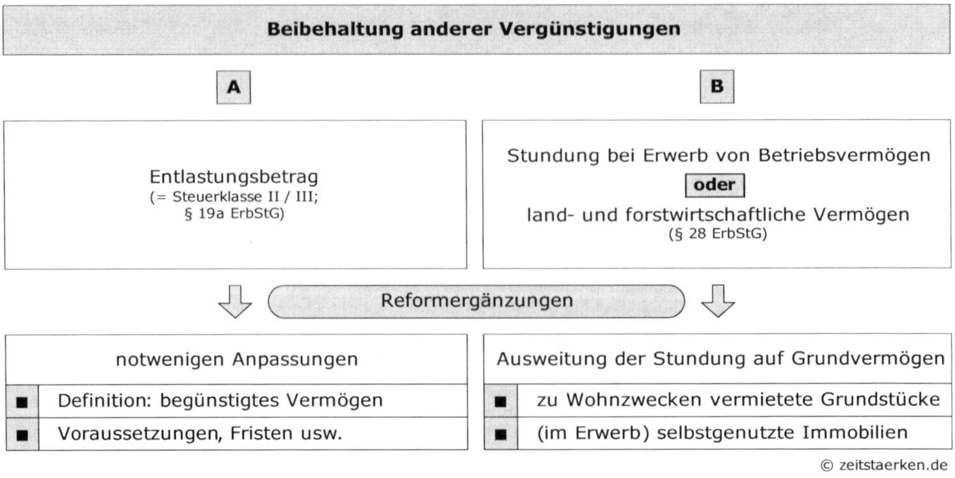

III. Eingetragene Lebenspartner

3 Die eingetragenen Lebenspartner bleiben weiterhin in der **Steuerklasse III** verankert (= **Ungleichbehandlung gegenüber Ehegatten**).[6] Geblieben ist die Gleichstellung des überlebenden Lebenspartners für den Steuertarif auf begünstigtes (Betriebs-)Vermögen. Durch die Anwendung des Steuerentlastungsbetrages[7], d. h. dem rechnerischen Wechsel von Steuerklasse III in die Steuerklasse I, wird die Steuerbelastung für begünstigtes Vermögen reduziert.

Die Lebenspartner werden den Ehegatten in vielen Bereichen gleichgestellt (= **Gleichstellung der Lebenspartnerschaften**):

- Erhöhung des persönlichen Freibetrages (500.000 €)[8]
- Gewährung des Versorgungsfreibetrages (256.000 €)[9]
- steuerfreier Zugewinnausgleich[10]
- gemeinschaftliches Testament[11] bei Lebenspartner und der Anwendung der Sonderregelung der „Besteuerung von Vor- und Nacherben“[12]
- steuerfreie lebzeitige Zuwendung eines Familienheims[13]
- steuerfreier Erwerb von Todes wegen eines Familienheims[14]

6 § 15 Abs. 1 III ErbStG.
7 § 19a ErbStG.
8 § 16 Abs. 1 Nr. 6 ErbStG.
9 § 17 Abs. 1 ErbStG.
10 § 5 ErbStG.
11 § 10 Abs. 4 LPartG.
12 § 15 Abs. 3 ErbStG.
13 § 13 Abs. 1 Nr. 4a Satz 3 ErbStG.
14 § 13 Abs. 1 Nr. 4b ErbStG.

Lebenspartner (= teilweise Gleichstellung mit Ehepartnern)	
1.	Erhöhung des persönlichen Freibetrages (500.000 €; § 16 Abs. 1 Nr. 6 ErbStG)
2.	Gewährung des Versorgungsfreibetrages (256.000 €; § 17 Abs. 1 ErbStG)
3.	steuerfreier Zugewinnausgleich (§ 5 ErbStG)
4.	gemeinschaftliches Testament bei Lebenspartner und der Anwendung der Sonderregelung der "Besteuerung von Vor- und Nacherben" (§ 15 Abs. 3 ErbStG)
5.	steuerfreie lebzeitige Zuwendung eines Familienheims (§ 13 Abs. 1 Nr. 4a ErbStG)
6.	steuerfreier Erwerb von Todes wegen eines Familienheims (§ 13 Abs. 1 Nr. 4b und Nr. 4c ErbStG)
A.	**ungleich** (weiterhin) Steuerklasse III (§ 15 Abs. 1 III ErbStG)
I	**unverändert** (Steuer-)Entlastungsbetrag durch Tarifwechsel auf begünstigtes Vermögen (§ 19a i. V. m. § 13b ErbStG)

Hinweis:

Insoweit kommt der Steuergesetzgeber „den Rufen nach Gleichstellung" nach. Allerdings __nicht__ vollständig, wie sich im Weiteren an dem Berechnungsbeispiel zeigt. Inwieweit damit dem anhängigen Verfahren beim BVerfG[15] abgeholfen wurde, bleibt offen.

Beispiel: Vergleich: Ehe- zu Lebenspartner 4

Der Steuerpflichtige S vererbt seiner Ehefrau / seinem Lebenspartner ein Einzelunternehmen und Mietwohngrundstücke sowie Bargeld.

Die Bewertung erfolgt jeweils ordnungsgemäß mit dem (typisierten) gemeinen Wert:

- Einzelunternehmen 3.250.000 €
- Mietwohngrundstücke 875.000 €
- Bargeld 125.000 €

Ein steuerfreier Zugewinnausgleich ist bei beiden Partnerschaften *nicht* zu berücksichtigen.

Lösung:

Bei der Erbschaftsteuerberechnung ist auffällig, dass nach dem Verbrauch des (gleichen) persönlichen Freibetrag in Höhe von 500.000 € und dem (gleichen) Versorgungsfreibetrag in Höhe von 256.000 € aufgrund der unterschiedlichen Steuerklasse unterschiedliche Steuertarif anzuwenden sind. Für den überlebenden Lebenspartner greift der Steuertarifwechsel für begünstigtes Vermögen, der sog. „Entlastungsbetrag[16]". Der steuerpflichtige Erwerb des überlebenden Lebenspartners löst eine höhere Steuerbelastung für das Privatvermögen aus!

15 Anhängiges Verfahren beim BVerfG, Az. 1 BvR 611/07; BFH vom 1.12.2007, II R 43/05, n. V.; BFH vom 20.6.2007, II R 56/05, BStBl. II 2007, 649.

16 § 19a ErbStG.

Steuerbelastung des überlebenden Ehepartners (= Steuerklasse I)

Vergleich Ehe- zu Lebenspartner: Steuerbelastungsberechnung des überlebenden Ehepartners

			neue Rechtslage			
			85 %iger Verschonungsabschlag		100 %iger Verschonungsabschlag	
	A. begünstigtes Vermögen					
Verschonung	gemeiner Wert des begünstigten Vermögens (= vereinfachtes Ertragswertverfahren)			3.250.000		3.250.000
	darin enthalten:					
	junges Verwaltungsvermögen			0		
	davon Wohnzweckvermietung					
	weiteres Verwaltungsvermögen			0		
	Anteil des Verwaltungsvermögen		0%			
	nicht begünstigtes Verwaltungsvermögen					
	verschonungsfähiges Vermögen					
	Bewertungsabschlag / verschontes Vermögen		85 %	-2.762.500	100 %	-3.250.000
	unverschontes Vermögen					
	verbleiben			487.500		0
Abzugsbetrag	unveschontes Vermögen		487.500		kein Abzugsbetrag	
	Abzugsbetrag (Berücksichtigung Vorverbrauch!)		-150.000			
	verbleibender Betrag		337.500			
	Abzugsbetrag		150.000			
	50 % vom verbliebenen Betrag (max. 150.000)		-150.000			
	verbleibender Abzugsbetrag		0	0		
	B. begünstigte Wohnzweckvermietungsgrundstücke					
	Mietwohngrundstücke		875.000			
	Besteuerungsabschlag	10%	-87.500	787.500		787.500
	(weiteres) Privatvermögen			125.000		125.000
	C. Schulden und Lasten (§ 10 Abs. 5 und Abs. 6 EStG)					
	Erblasserverbindlichkeiten	0				
	Eranfallschulden	0				
	Pauschbetrag für Erbanfallkosten	-10.300		-10.300		-10.300
	steuerpflichtiges Vermögen			1.389.700		902.200
	persönlicher Freibetrag		St-Kl. I	-500.000	St-Kl. I	-500.000
	Versorgungsfreibetrag			-256.000		-256.000
	steuerpflichtiger Erwerb			633.700		146.200
	Abrundung = maßgeblicher stpfl. Erwerb			633.700		146.200
	Steuersatz / Erbschaft- / Schenkungsteuer		19 %	120.403	11 %	16.082
	Prüfung des Härteausgleichs			0		0
	festzusetzende Erbschaft- / Schenkungsteuer			**120.403**		**16.082**

Steuerbelastung des überlebenden Lebenspartners (= Steuerklasse III)

Option des Erbschaft- / Schenkungsteuerrechts bei Übertragung von KapGes-Anteilen an einen Lebenspartner

Bereich	Position	Eingabe	neue Rechtslage (mit altem persönlichen Freibetrag): 85 %iger Verschonungsabschlag			100 %iger Verschonungsabschlag	
Verschonung	gemeiner Wert der Anteile an KapGes (= vereinfachtes Ertragswertverfahren)			3.250.000			3.250.000
	darin enthalten:						
	junges Verwaltungsvermögen			0			
	davon Wohnzweckvermietung						
	weiteres Verwaltungsvermögen			0			
	Anteil des Verwaltungsvermögen		0%				
	nicht begünstigtes Verwaltungsvermögen						
	verschonungsfähiges Vermögen						
	Bewertungsabschlag / begünstigtes Vermögen		85 %	-2.762.500		100 %	-3.250.000
	verbleiben			487.500			0
Abzugsbetrag	nicht begünstigtes Vermögen		487.500			kein Abzugsbetrag	
	Abzugsbetrag (Berücksichtigung Vorverbrauch!)		-150.000				
	verbleibender Betrag		337.500				
	Abzugsbetrag		150.000				
	50 % vom verbliebenen Betrag (max. 150.000)		-150.000				
	verbleibender Abzugsbetrag		0	0			
	B. begünstigte Wohnzweckvermietungsgrundstücke						
	Mietwohngrundstücke		875.000				
	Besteuerungsabschlag	10%	-87.500	787.500			787.500
	(weiteres) Privatvermögen			125.000			125.000
	Schulden und Lasten (§ 10 Abs. 5 und Abs. 6 EStG)						
	Erblasserverbindlichkeiten	0					
	Eranfallschulden	0					
	Pauschbetrag für Erbanfallkosten	-10.300		-10.300			-10.300
	steuerpflichtiges Vermögen			1.389.700			902.200
	persönlicher Freibetrag		St-Kl. III	-500.000		St-Kl. III	-500.000
	Versorgungsfreibetrag			-256.000			-256.000
	steuerpflichtiger Erwerb			633.700			146.200
	Abrundung = maßgeblicher stpfl. Erwerb			633.700			146.200
	Steuersatz / Erbschaft- / Schenkungsteuer		30 %	190.110		30 %	43.860
	Prüfung des Härteausgleichs (§ 19 ErbStG)			0			0
	Tarifbegrenzung für Steuerklassen II / III (= Entlastungsbetrag; § 19a ErbStG)			24.398			0
	Steuer nach der tatsächlichen Steuerklasse			190.110			43.860
	Aufteilung (§ 19a Abs. 4 Satz 1 ErbStG)						
	verschontes (begünstigtes) Vermögen (§ 13b Abs. 4 ErbStG)		2.762.500			3.250.000	
	nicht verschontes Vermögen		487.500			0	
	abzgl. Abzugsbetrag		0			0	
	abzgl. Schulden auf das nicht verschonte Betriebsvermögen		0			0	
	bereinigtes nicht verschontes Vermögen	35%	487.500	66.539	0%	0	0
	Wert des gesamten Vermögensanfalls		1.400.000	123.571		902.200	43.860
	Steuer nach Steuerklasse I		19%	120.403		11%	16.082
	Aufteilung (§ 19a Abs. 4 Satz 2 ErbStG)						
	bereinigtes nicht verschontes Vermögen	35%	487.500	42.141	0%	0	0
	Wert des gesamten Vermögenanfalls		1.400.000	78.262		902.200	16.082
	Unterschiedsbetrag (Steuerbelastungen: unverschontes begünstigtes Vermögen)			24.398			
	Entlastungsbetrag		100%	24.398			0
	festzusetzende Erbschaft- / Schenkungsteuer			165.712			43.860

B. Steuerklasse / Tarif / Freibeträge

I. Steuerklassen

5 Die Steuerklassen I bis III bleiben unverändert.[17]

Steuerklassen (§ 15 ErbStG)

Steuerklasse I	Steuerklasse II	Steuerklasse III
Ehegatten	Eltern und Voreltern	eingetragene Lebenspartnerschaft
Kinder / Stiefkinder	Geschwister	übrige Erwerber
Enkelkinder	Nichten und Neffen	
Eltern und Voreltern (= Erwerb von Todes wegen)	Stiefeltern	
	Schwiegerkinder	
	Schwiegereltern	
	geschiedene Ehegatten	

© zeitstaerken.de

Hinweis:

Die eingetragene Lebenspartnerschaft wird weiterhin der Steuerklasse III zugeordnet. Für die persönlichen Freibeträge soll diese aber den Ehegatten gleichgestellt werden. Soweit das Vermögen den (neuen) persönlichen Freibetrag in Höhe von 500.000 € überschreitet, beginnt damit der Tarif mit 30 %.

II. Persönliche Freibeträge

6 Die persönlichen Freibeträge[18] werden für Verwandte in gerader Linie (= Ehegatten, Kinder und Enkel) angehoben. Die anderen persönlichen Freibeträge erfahren eine „zarte" Anhebung (= Glättung).

17 § 15 ErbStG.
18 § 16 ErbStG.

Persönliche Freibeträge (§ 16 ErbStG)		
	bisherige Rechtslage	**neue Rechtslage**
Ehegatten	307.000 €	500.000 €
Kinder	205.000 €	400.000 €
Enkel	51.200 €	200.000 €
sonstige Personen der Stkl.I	51.200 €	100.000 €
Personen Stkl. II	10.300 €	20.000 €
Personen Stkl. III	5.200 €	20.000 €
eingetragene Lebenspartnerschaft	5.200 €	500.000 €

Hinweis:

*Insbesondere die Freibetragsanhebungen der Steuerklasse II und III dürften die erhöhte Bewertung der Vermögensarten **nicht** kompensieren (= „Verlierer" der geplanten Bewertungs- und Erbschaftsteuerreform).*

Durch eine Heirat oder Adoption kann die Steuerklasse III verlassen und zur Steuerklasse I mit hohen Freibeträgen gewechselt werden. Insoweit ist Vorsicht geboten. Durch diesen familienrechtlichen Vorgang werden erbrechtliche Ansprüche gefestigt und bereits erbberechtigte Personen erhalten weniger Vermögensanteil. Der Pflichtteil sinkt durch die neu begründeten Pflichtteilsansprüche. 7

Hinweis:

*Für **beschränkt Erbschaftsteuerpflichtige** ist ein Freibetragsanhebung von 1.100 € auf 2.000 € auf das Inlandsvermögen vorsehen.*[19]

III. Sachliche Freibeträge

Auch die sachlichen Freibeträge[20] insbesondere für andere bewegliche körperliche Gegenstände sollen sich verändern (= „zarte" Anhebung / Glättung). 8

19 § 16 Abs. 2 ErbStG.
20 § 13 ErbStG.

Sachliche Freibeträge (§ 13 Abs. 1 Nr. 1 ErbStG)	bisherige Rechtslage	neue Rechtslage
Hausrat Stkl. I	41.000 €	41.000 €
andere bewegl. körperl. Gegenstände Stkl. I	10.300 €	12.000 €
Steuerklassen II und III	10.300 €	12.000 €

© zeitstaerken.de

IV. Steuertarif

9 Der anzuwendende Steuertarif[21] erfährt für die Steuerklasse II und III eine erhebliche Verschärfung.

Steuertarif (§ 19 ErbStG)

bisherige Rechtslage				neue Rechtslage			
Wert steuerpfl. Erwerb bis einschließlich ... €	vom Hundertsatz in Steuerklasse			Wert steuerpfl. Erwerb bis einschließlich ... €	vom Hundertsatz in Steuerklasse		
	I	II	III		I	II	III
52.000	7	12	17	75.000	7	30	30
256.000	11	17	23	300.000	11	30	30
512.000	15	22	29	600.000	15	30	30
5.113.000	19	27	35	6.000.000	19	30	30
12.783.000	23	32	41	13.000.000	23	50	50
25.565.000	27	37	47	26.000.000	27	50	50
> 25.565.000	30	40	50	> 26.000.000	30	50	50

© zeitstaerken.de

10 **Beispiel:**

Der Steuerpflichtige S ist *nicht* verheiratet und hat *keine* Kinder. Durch den Tod von S erbt seine Schwester G all sein (Bar-)Vermögen. Das (Bar-)Vermögen ist mit insgesamt 250.000 € zu bewerten. Der gemeine Wert beläuft sich auf 400.000 €. Die Nachlassverbindlichkeiten betragen 75.000 €.

21 § 19 ErbStG.

Lösung:

		Fall 1a (Grundbesitzwert)	Fall 1b (Gemeiner Wert)
Bereicherung (brutto)		250.000	400.000
Besteuerungsabschlag	10%		-40.000
			360.000
Nachlassverbindlichkeiten		-75.000	-75.000
Pauschbetrag		-10.300	-10.300
Bereicherung (netto)		164.700	274.700
persönlicher Freibetrag		-10.300	-20.000
steuerpflichtiger Erwerb		154.400	254.700
Steuerklasse		II	II
Steuersatz		17%	30%
Erbschaftsteuer		26.248	76.410
Mehrsteuer			**50.162**

Die Bewertung mit dem gemeinen Wert führt zu einem Anstieg der Bereicherung, welche in der Steuerklasse II *nicht* durch einen Anstieg des persönlichen Freibetrages kompensiert wird. Die Mehrsteuer beruht auf dem geringen Anstieg des persönlichen Freibetrages und des hohen Anstiegs des Steuersatzes.

Hinweis:

In den Fällen des Erwerbs einer Immobilie kann der Erwerber für die Dauer der Selbstnutzung eine Steuerstundung[22] beantragen, wenn

- *eine Selbstnutzung vorliegt,*
- *kein anderes verwertbares (- nicht Immobilien-) Vermögen geerbt wurde*

und

- *kein eigenes Vermögen vorliegt, so dass eine Veräußerung der geerbten Immobilie für die Zahlung der Erbschaftsteuer notwendig wäre.*

Hinweis:

Zukünftig wird verstärkt darüber nachzudenken sein, eine Erbschaft aufgrund der hohen Erbschaftsteuerbelastung auszuschlagen. Die Erbschaft muss hierfür form- und fristgerecht ausgeschlagen werden. Die Ausschlagung erfolgt durch Erklärung gegenüber dem örtlich zuständigen Nachlassgericht[23] entweder zur Niederschrift oder in öffentlich beglaubigter Form. Grundsätzlich beträgt die Frist zur Ausschlagung ***sechs Wochen*** *nach Kenntnisnahme der Erbschaft.[24] Nach Ablauf der Frist gilt die Erbschaft als angenommen.[25]*

22 § 28 Abs. 3 ErbStG.
23 § 1945 Abs. 1 BGB.
24 § 1944 Abs. 1 i. V. m. Abs. 2 Satz 2 BGB.
25 § 1943 2. HS BGB.

C. Verschonung von L+F-Vermögen / Betriebsvermögen / Kapitalgesellschaftsanteilen

3

I. Überblick

1. Vermögensarten

11 Auch zukünftig ist weiterhin für die Bewertung des Vermögensanfalls für die Erbschaftsteuer zwischen den folgenden Vermögensarten zu unterscheiden:

- Anteile an Kapitalgesellschaften
- Grundbesitz
- Bodenschätze
- inländisches Betriebsvermögen
- Anteile an Wirtschaftsgütern und Schulden
- ausländischer Grundbesitz / Betriebsvermögen

sowie

- sonstiges Vermögen

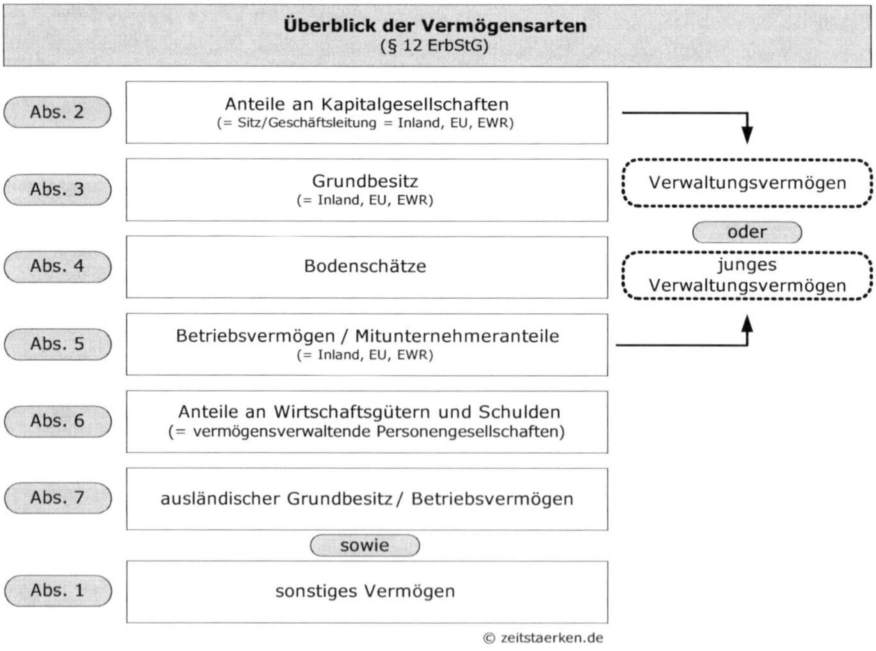

Hinweis:

Die Bewertung erfolgt nach den Vorschriften des (neuen) Bewertungsrechts.

Um die Steuerbelastung errechen zu können, muss der Berater nicht nur zwischen Privat- und Betriebsvermögen abgrenzen, sondern auch zwischen verschonungsfähigem Vermögen gegenüber Verwaltungsvermögen und jungem Verwaltungsvermögen. 12

2. Privatvermögen

Erbschaft- und schenkungsteuerrechtliches Privatvermögen ist gegeben, wenn es *weder* Betriebsvermögen eines Einzelunternehmens *noch* einer Mitunternehmerschaft sowie Anteile an einer Kapitalgesellschaft darstellt. Das Vermögen darf damit weder zur Erzielung von land- und forstwirtschaftlichen noch für gewerbliche Einkünfte verwendet werden. Die Nutzung zur Erzielung von sog. „freiberuflichen" Einkünften ist ebenfalls ausgeschlossen. Umgekehrt sind Wirtschaftsgüter, die im Bereich von Überschusseinkünften eingesetzt werden immer Privatvermögen. 13

Privatvermögen stellen damit beispielhaft dar: 14

- (Privat-)Geld, Wertpapiere und vergleichbare nicht betriebliche Forderungen[26] sowie Lebensversicherungen
- Kunstgegenstände, Sammlungen usw.

  und/oder
- selbstgenutzte oder vermietete Immobilien und Freiflächen[27]

Hinweis: Immobilienübertragungen

*Sowohl für die selbstgenutzten Immobilien[28] als auch für die vermieteten Immobilien[29] wurden **neue Steuervergünstigungen** geregelt. Ebenfalls begünstigt werden ab dem 1.1.2009 „betriebliche Wohnungsunternehmen".[30]*

3. Betriebsvermögen

Das Betriebsvermögen durchläuft für die Prüfung, ob eine Steuervergünstigung anzuwenden (= Regelverschonung[31]) oder auszuwählen (= Verschonungsoption[32]) ist, mehrere Stufen (= vgl. im Weiteren die Prüfungsschemata). Im ersten Schritt muss es sich um **ertragsteuerrechtliches Betriebsvermögen** handeln, d. h. die Wirtschaftsgüter müssen für die Gewinneinkunftsarten[33] eingesetzt werden (= **begünstigtes Vermögen**). Dabei werden die ertragsteuerrechtlichen Grundsätze zum Teil erbschaftsteuerrechtlich verändert (= z. B. die Beteiligungsgrenze von mehr als 25 % an Kapitalgesellschaften[34]). Soweit das begünstigte Vermögen über die Schädlichkeitsprüfung des jungen und/oder vollständigen **Verwaltungsvermögens** „hinweg gekommen ist", liegt sog. **verschonungsfähiges Vermögen** vor. 15

26 § 12 Abs. 1 ErbStG.
27 § 12 Abs. 3 i. V. m. § 151 Abs. 1 Satz 1 Nr. 1 BewG.
28 § 13 Abs. 1 Nr. 4a bis Nr. 4c ErbStG.
29 § 13c ErbStG.
30 § 13b Abs. 2 Nr. 2 Buchst. d ErbStG.
31 § 13a Abs. 1 i. V. m. § 13b Abs. 4 ErbStG.
32 § 13a Abs. 8 ErbStG.
33 §§ 13, 15, 17, 18 EStG.
34 § 13b Abs. 1 Nr. 3 ErbStG.

16 Danach steht die Entscheidung an, welches **Verschonungsmodell** der Vermögensempfänger auswählt. Der Vermögensempfänger muss sich grundsätzlich bei Abgabe der Steuererklärung *unwiderruflich* erklären.[35]

Hinweis:

Erklären heißt konkret, dass der Vermögensempfänger die Entscheidung bis zur formellen Bestandskraft der Steuerfestsetzung abgeben kann.[36]

Wird vom Vermögensempfänger keine Erklärung zur Verschonung abgegeben, wird standardmäßig die Regelverschonung angewendet.

4. Verwaltungsvermögen

17 Die Steuervergünstigungen für begünstigtes (Betriebs-)Vermögen können nur angewendet werden, wenn das land- und forstwirtschaftliche Vermögen oder das Betriebsvermögen der Betriebe oder Gesellschaften nicht aus schädlichem **Verwaltungsvermögen** besteht.[37] Dabei ist darauf zu achten, dass die beiden Steuerverschonungsmodelle unterschiedliche Grenzen aufweisen. Die Definition, was als Verwaltungsvermögen gilt, ist bei beiden Verschonungsmodellen identisch. Es handelt sich dabei um eine abschließende Aufzählung.

	Regelverschonung[38]	Verschonungsoption[39]
unschädlicher Anteil am Verwaltungsvermögen	≤ 50 %	≤ 10 %

18 Soweit die Grenze überschritten wird, ist das gesamte Unternehmen unverschont der Besteuerung zuzuführen (= **Alles-oder-Nichts-Prinzip**). Unschädliches Verwaltungsvermögen (= Grenzwertunterschreitung; ≤ 50 % bzw. ≤ 10 %) gilt aber zusammen mit dem produktiven Betriebsvermögen als verschonungsfähiges Vermögen (= **Alles-oder-Nichts-Prinzip**).

Hinweis:

Das Verwaltungsvermögen[40] *ist gesetzlich definiert und mit einer Vielzahl von Ausnahmen und Rückausnahmen versehen. Für die Beratung muss dabei dringend unterschieden werden zwischen:*

notwendige begriffe Abgrenzungen			
	Bewertungsrecht		**Erbschaftsteuerrecht**
■	Produktivbetriebsvermögen	■	begünstigtes (Betriebs-)Vermögen
■	nicht betriebsnotweniges Vermögen	■	verschonungsfähiges Vermögen
■	Unterbeteiligungen	■	Verwaltungsvermögen
■	junge eingelegte Wirtschaftsgüter	■	junges Verwaltungsvermögen

35 § 13a Abs. 8 ErbStG.
36 BT-Drucks. 16/11107 vom 26.11.2008, Bericht des Finanzausschusses, B. Besonderer Teil, zu Nummer 11 (§ 13a), S. 13.
37 § 13b Abs. 2 Satz 1 ErbStG.
38 § 13b Abs. 2 Satz 1 ErbStG.
39 § 13a Abs. 8 Nr. 3 ErbStG.
40 § 13b Abs. 2 Satz 2 ErbStG.

5. Junges Verwaltungsvermögen

Bisher konnten der Unternehmerfreibetrag[41] und der Bewertungsabschlag[42] zur Gestaltungsberatung genutzt werden. Aus Privatvermögen wurde durch eine Privateinlage vor der Schenkung gewillkürtes Betriebsvermögen und die betrieblich zugeführten Wirtschaftsgüter waren sodann steuerbegünstigt. Auf jeden Fall wirkte der Bewertungsabschlag in Höhe von 35 %. Dieser Vorgehensweise ist nur noch eingeschränkt möglich. 19

Empfehlenswert sind Privateinlagen grundsätzlich dann, wenn

- die Zwei-Jahres-Frist vor der Vermögensübertragung ablaufen kann,
- es sich bei den eingelegten Wirtschaftsgütern *nicht* um Verwaltungsvermögen handelt,
- das eingelegte Vermögen bis zum Besteuerungszeitpunkt durch Geschäftsvorfälle verbraucht ist z. B. Geldeinlage,
- im Besteuerungszeitpunkt innerhalb der Zwei-Jahres-Frist der persönliche Freibetrag verbraucht werden kann, da kein weiteres Vermögen an denselben Vermögensempfänger übertragen wird,
- usw.

Soweit Verwaltungsvermögen nicht bereits den ganzen Übertragungsakt „schädlich infiziert" (= mehr als 50 % bzw. 10 % Verwaltungsvermögensanteil am Betrieb) und damit die Steuerbegünstigung ausschließt, muss überprüft werden, ob dieses Verwaltungsvermögen weniger als zwei Jahre im Besteuerungszeitpunkt zum Betrieb gehört (= sog. **junges Verwaltungsvermögen**).[43] 20

Damit *kein* betrieblich unverschontes junges Verwaltungsvermögen vorliegt, muss das Wirtschaftgut mindestens zwei Jahre dem Betriebsvermögen im Besteuerungszeitpunkt zuzurechnen gewesen sein. Damit sind nicht nur Privateinlagen von Verwaltungsvermögen sondern auch Anschaffungen und Herstellungen von Verwaltungsvermögen innerhalb der letzten zwei Jahre betroffen. Der Zwei-Jahres-Zeitraum ist stichtagsbezogen zu ermitteln. Als junges Verwaltungsvermögen kommen sämtliche positiven Wirtschaftsgüter in Betracht, die die Qualifikation des Verwaltungsvermögens erfüllen.

6. Verschonungsmodelle

Soweit aufgrund von Anknüpfungen an das ertragsteuerrechtliche Betriebsvermögen einzelne Wirtschaftsgüter *nicht mehr* im verschonungsfähigen Vermögen anzusetzen sind (z. B. Änderungen bei Betriebsgrundstücken), wird zukünftig der persönliche Freibetrag in Anspruch genommen oder ein eventuell nutzbarer Versorgungsfreibetrag verbraucht. 21

Für die Verschonung von qualifiziertem Betriebsvermögen wird es zukünftig zwei Verschonungsmodelle geben:

- Regelverschonung (= Grundmodell)[44] 22
  - 85%iger Verschonungsabschlag auf verschonungsfähiges Vermögen
  - Behaltensfrist 7 Jahre

41 § 13a Abs. 1 ErbStG a. F.
42 § 13a Abs. 2 ErbStG a. F.
43 § 13b Abs. 2 Satz 3 ErbStG.
44 § 13a Abs. 1 i. V. m. § 13b Abs. 4 ErbStG.

- Lohnsummenklausel 650 %
- Verwaltungsvermögen höchstens 50 %
- Gewährung eines gleitenden Abzugsbetrags in Höhe von maximal 150.000 €
- Schädliche Verwendung: Abschmelzung der Steuerfreiheit um 1/7 pro Jahr (= Verstoß gegen die Behaltensfrist)
- Verstoß gegen Lohnsummenklausel: Kürzung des Verschonungsabschlags um die Differenz zu 650 %

23 - Verschonungsoption (= Antragspflicht)[45]
  - 100%iger Verschonungsabschlag auf verschonungsfähiges Vermögen
  - Behaltensfrist 10 Jahre
  - Lohnsummenklausel 1000 %
  - Verwaltungsvermögen höchstens 10 %
  - Schädliche Verwendung: Abschmelzung der Steuerfreiheit um 1/10 pro Jahr (= Verstoß gegen die Behaltensfrist)
  - Verstoß gegen Lohnsummenklausel: Kürzung des Verschonungsabschlags um die Differenz zu 1000 %

Verschonungsmodell für den Verschonungsabschlag für Betriebsvermögen
(§ 13a ErbStG)

	Regelverschonung (§ 13a Abs. 1 und Abs. 5 ErbStG)	Verschonungsoption (§ 13a Abs. 8 ErbStG)
Verschonungsabschlag	85 %	100 %
steuerpflichtiger Anteil	15 %	
gleitender Abzugsbetrag	150.000 €	
Verwaltungsvermögen	≤ 50 %	≤ 10 %
Behaltensfrist	7 Jahre	10 Jahre
Lohnsumme (von Ausgangslohnsumme)	650 %	1.000 %
schädliche Verwendung	Abschmelzung: 1/7 p. a.	Abschmelzung: 1/10 p. a.
Verstoß Lohnsummenklausel	Kürzung: Differenz / 650 %	Kürzung: Differenz / 1000 %

45 § 13a Abs. 8 ErbStG.

7. Prüfung Verwaltungsvermögen

Sog. **Verwaltungsvermögen**[46]**, d. h. ein Anteil von mehr als 50 % bzw. 10 % am bewertungsrechtlichen Betriebsvermögen**[47], ist immer sofort steuerpflichtig und verbraucht ebenfalls den persönlichen Freibetrag oder ggf. den Versorgungsfreibetrag. 24

Als **Verwaltungsvermögen** *gilt*:

- Dritten zur Nutzung überlassene Grundstücke[48] mit Ausnahmen (= Öffnungsklausel)
- Anteile an Kapitalgesellschaften mit einer Beteiligungsquote von 25 % oder weniger, soweit ein Stimmrechtsbündel *nicht* gegeben ist, mit Ausnahmen.[49]
- Beteiligungen an Mitunternehmerschaften und Sozietäten sowie Anteile an Kapitalgesellschaften, soweit bei dieser Gesellschaft das Verwaltungsvermögen mehr als 50 % beträgt.[50]
- Wertpapiere sowie vergleichbare Forderungen.[51]

  und
- Kunstgegenstände, -sammlungen usw., die nicht dem Hauptzweck des Unternehmens dienen (= in der Regel: des Anlagevermögens).[52]

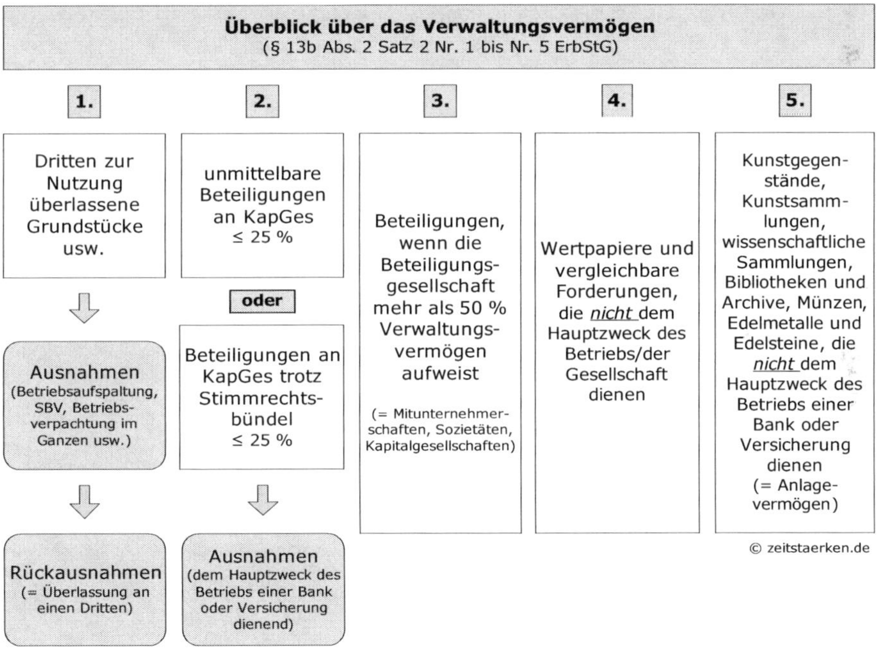

46 § 13b Abs. 2 Satz 1 ErbStG.
47 § 13b Abs. 2 Satz 4 ErbStG.
48 § 13b Abs. 2 Satz 2 Nr. 1 ErbStG.
49 § 13b Abs. 2 Satz 2 Nr. 2 ErbStG.
50 § 13b Abs. 2 Satz 2 Nr. 3 ErbStG.
51 § 13b Abs. 2 Satz 2 Nr. 4 ErbStG.
52 § 13b Abs. 2 Satz 2 Nr. 5 ErbStG.

25 Aufgrund der beiden Verschonungsmodelle erfolgt die Prüfung des Verschonungsvermögens in unterschiedlicher Weise:

- Prüfungsschema Verschonungsvermögen I (= Regelverschonung)

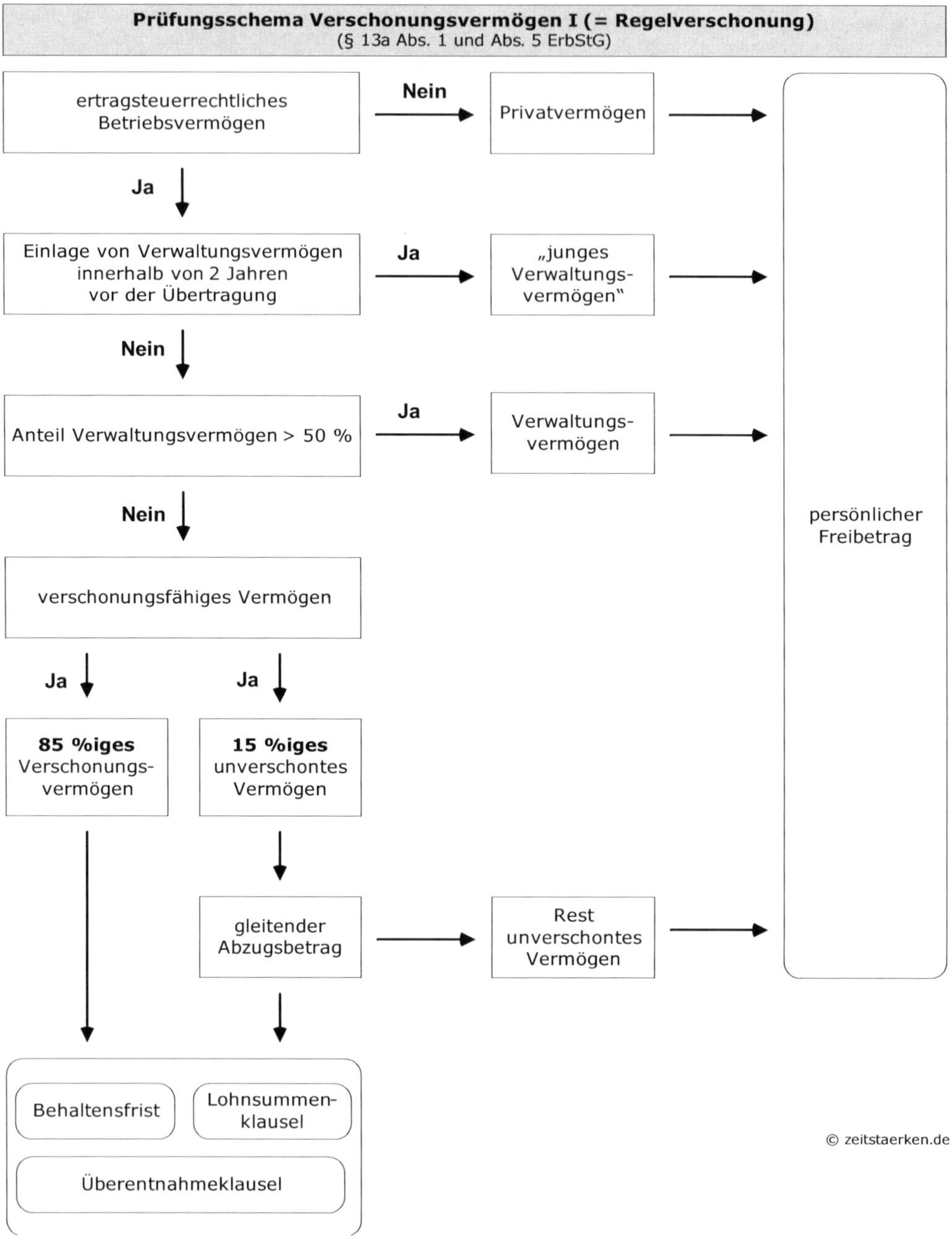

- Prüfungsschema Verschonungsvermögen II (= Verschonungsoption) 26

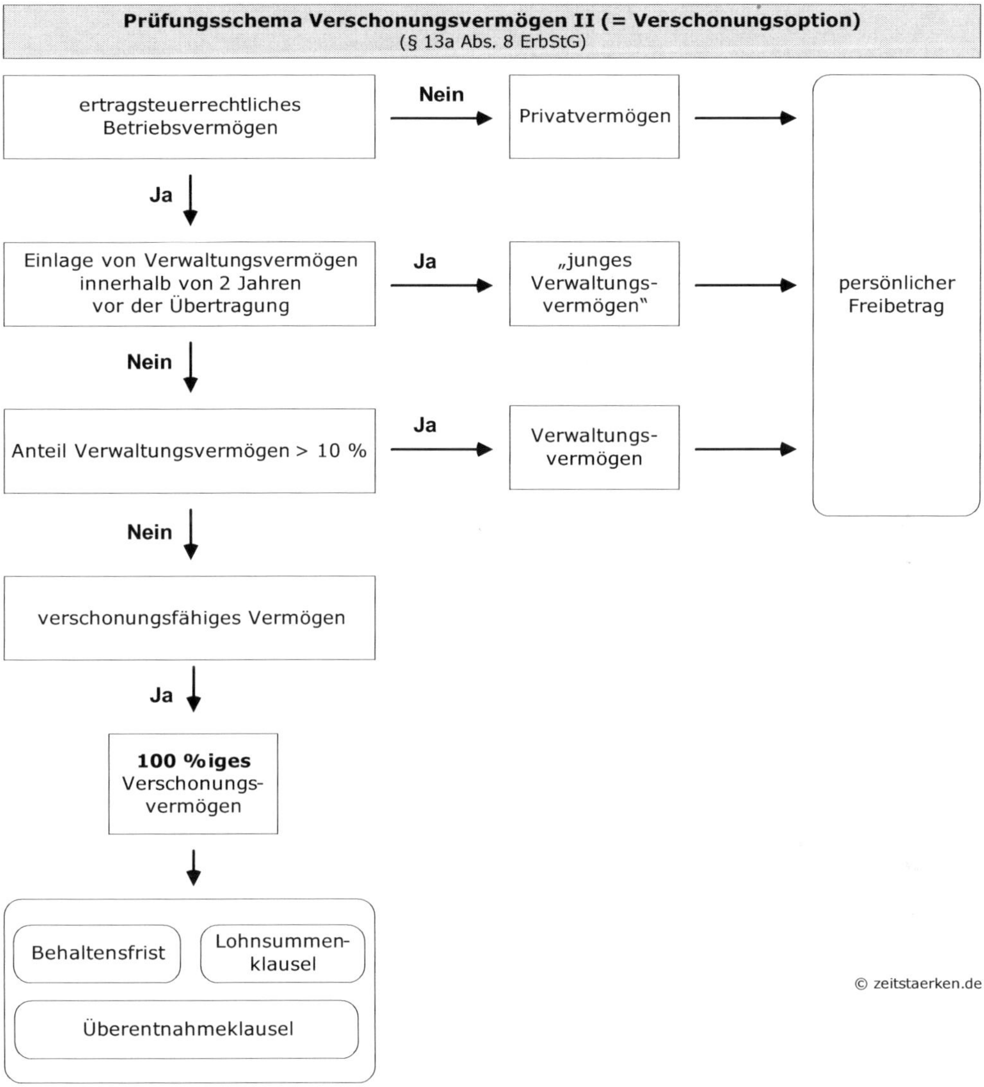

8. Erfüllungspflichten der Steuerverschonungsmodelle

Damit der **Verschonungsabschlag** bestehen bleibt, muss *sowohl* die sieben- bzw. zehnjährige Behaltensfrist *als auch* die sieben- bzw. zehnjährige Lohnsummenklausel erfüllt werden. Damit der **gleitende Abzugsbetrag** (= Wirkung wie ein Freibetrag) gewährt bleibt, ist (nur) die sieben- bzw. zehnjährige Behaltensfrist zu erfüllen. 27

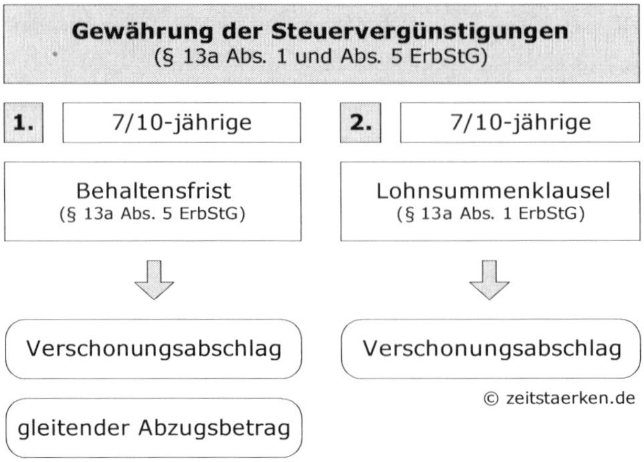

9. Gleitender Abzugsbetrag (= Freibetrag)

28 Das Vermögen, welches *nicht* dem Verschonungsabschlag in Höhe von 85 % bzw. 100 % unterliegt, soll grundsätzlich besteuert werden (= unverschontes Vermögen). Soweit das unverschonte Vermögen (= verbleibender Wert des Betriebsvermögens) einen Wert in Höhe von 150.000 € übersteigt, mindert die Hälfte des übersteigenden Wertes den (gleitenden) Abzugsbetrag (= Freibetrag).[53] Der verminderte (= verbleibende) Abzugsbetrag mindert sodann das steuerpflichtige Betriebsvermögen.

29 Die Berechnung des verbleibenden Abzugsbetrages kann wie folgt vorgenommen werden:

- 1. Schritt:

  Im ersten Schritt wird der gleitende Abzugsbetrag in Höhe von 150.000 € gewährt.

- 2. Schritt:

  Als zweites muss der Wert des schädlichen Betriebsvermögens ermittelt werden. Die Ermittlung erfolgt dadurch, dass vom Wert des begünstigten Vermögens sowohl der Verschonungsabschlag als auch der vollständige Abzugsbetrag (150.000 €) abgezogen werden.

- 3. Schritt:

  Soweit ein übersteigender Wert verbleibt, wird davon die Hälfte als sog. „schädliches Betriebsvermögen“ vom (gleitenden) Abzugsbetrag (150.000 €) abgezogen. In Höhe der „schädlichen Hälfte“ wird somit der Abzugsbetrag nicht gewährt.

53 § 13a Abs. 2 Satz 2 ErbStG.

Abzugsbetrag
(§ 13a Abs. 2 ErbStG)

1.	**Schritt**	gleitender Abzugsbetrag (= Freibetrag)		150.000 €
2.	**Schritt**	schädliches Betriebsvermögen		
		Wert des begünstigten Vermögens		
	./.	Verschonungsmodell (85 %)		
	=	verbleibender Wert des Betriebsvermögens		
	./.	Abzugsbetrag (statisch: 150.000 €)		
	=	verbleibender Betrag (= übersteigender Wert)		
	davon	hälftiger verbleibender Betrag →	./.	schädliches BV
3.	**Schritt**	verbleibender Abzugsbetrag	=	Restbetrag, min 0 €

Hinweis:

Der gleitende Abzugsbetrag wird einmal innerhalb von zehn Jahren für von derselben Person anfallende Erwerbe gewährt.[54]

Die nachstehenden Berechnungsbeispiele zeigen neben der Berechnung auch die Ergebnisgrundsätze des verbleibenden Abzugsbetrages an. 30

Ergebnisgrundsätze des verbleibenden (gleitenden) Abzugsbetrages

1. Ergebnisgrundsatz

Wert des Betriebsvermögens	≤	1.000.000 €	=	vollständige Gewährung des Abzugsbetrages

2. Ergebnisgrundsatz

Wert des Betriebsvermögens	>	1.000.000 €	=	anteilige Gewährung des Abzugsbetrages
	<	3.000.000 €		

3. Ergebnisgrundsatz

Wert des Betriebsvermögens	≥	3.000.000 €	=	**keine** Gewährung des Abzugsbetrages

54 § 13a Abs. 2 Satz 3 ErbStG.

3

Hinweis:

*Wählt der Steuerpflichtige die Verschonungsoption mit 100%iger-Steuerbefreiung kommt der gleitende Abzugsbetrag **nicht** mehr zur Anwendung. Der Steuerpflichtige verzichtet somit auf dessen Gewährung. Bei einer späteren schädlichen Verwendung des Betriebsvermögens (= Nachversteuerung) wird der Abzugsbetrag aufgrund des ausgewählten Verschonungsmodells auch **nicht mehr** gewährt (= Ausschluss des Systemwechsels bei den Verschonungsmodellen). Ein Systemwechsel zwischen den Verschonungsmodellen bei Eintritt eines Verstoßes gegen die Behaltensfrist bzw. Lohnsummenklausel ist **ausgeschlossen**, da die formelle Bestandskraft der Steuerfestsetzung bereits eingetreten ist.*

31 **Beispiel: gleitender Abzugsbetrag I**

Vater V überträgt seinem Sohn S einen begünstigten Gewerbebetrieb.[55] Der ganze Gewerbebetrieb wird mit 1.000.000 € bewertet (= gemeiner Wert). S wählt die Versteuerung nach dem Grundfall (= Regelverschonung in Höhe von 85 %).

Lösung:

Bei der vorweggenommen Erbfolge (= Schenkung) wird der 85%ige Verschonungsabschlag in Höhe von (1.000.000 € x 85 % =) 850.000 € gewährt.[56] Damit ist ein verbleibender Wert in Höhe von (1.000.000 € ./. 850.000 € =) 150.000 € grundsätzlich voll steuerpflichtig, *soweit* der gleitende Abzugsbetrag *keine* Auswirkung erzeugt.

Der gleitende Abzugsbetrag ermittelt sich wie folgt (= Arbeitspapier):

Ermittlung des Abzugsbetrags und die Auswirkung des Abzugsbetrags

1. Schritt:	**gleitender Abzugsbetrag (= Freibetrag)**				**150.000 €**
2. Schritt:	**schädliches Betriebsvermögen (= Minderung des Abzugsbetrages)**				
	Wert des Betriebsvermögens			1.000.000 €	
	./.	Regelverschonung	85%	-850.000 €	
	=	verbleibender Wert des Betriebsvermögens		150.000 €	
	./.	Abzugsbetrag		-150.000 €	
	=	verbleibender Betrag		0 €	
	davon	hälftiger verbleibender Betrag		0 €	0 €
3. Schritt:	**verbleibender Abzugsbetrag**				**150.000 €**
4. Schritt:	**Ermittlung steuerpflichtiges Betriebsvermögen**				
	Wert des Betriebsvermögens				1.000.000 €
	./.	Regelverschonung			-850.000 €
	=	verbleibender Wert des Betriebsvermögens			150.000 €
	./.	verbleibender Abzugsbetrag			-150.000 €
	=	steuerpflichtiges Betriebsvermögen			**0 €**

32 **Beispiel: gleitender Abzugsbetrag II**

Vater V überträgt seinem Sohn S einen begünstigten Gewerbebetrieb.[57] Der ganze Gewerbebetrieb wird mit 1.250.000 € bewertet (= gemeiner Wert). S wählt die Versteuerung nach dem Grundfall (= Regelverschonung in Höhe von 85 %).

Lösung:

Bei der vorweggenommen Erbfolge (= Schenkung) wird der 85%ige Verschonungsabschlag in Höhe von (1.250.000 € x 85 % =) 1.062.500 € gewährt.[58] Damit ist ein verbleibender Wert in Höhe von (1.250.000 € ./. 1.062.500 € =) 187.500 € grundsätzlich voll steuerpflichtig, *soweit* der gleitende Abzugsbetrag *keine* Auswirkung erzeugt.

55 § 13b Abs. 1 Nr. 2 ErbStG.
56 § 13b Abs. 4 ErbStG.
57 § 13b Abs. 1 Nr. 2 ErbStG.
58 § 13b Abs. 4 ErbStG.

Der gleitende Abzugsbetrag ermittelt sich wie folgt (= Arbeitspapier):

Ermittlung des Abzugsbetrags und die Auswirkung des Abzugsbetrags

1. Schritt:	**gleitender Abzugsbetrag (= Freibetrag)**				**150.000 €**
2. Schritt:	**schädliches Betriebsvermögen (= Minderung des Abzugsbetrages)**				
	Wert des Betriebsvermögens			1.250.000 €	
	./.	Regelverschonung	85%	-1.062.500 €	
	=	verbleibender Wert des Betriebsvermögens		187.500 €	
	./.	Abzugsbetrag		-150.000 €	
	=	verbleibender Betrag		37.500 €	
	davon	hälftiger verbleibender Betrag		18.750 €	-18.750 €
3. Schritt:	**verbleibender Abzugsbetrag**				**131.250 €**
4. Schritt:	**Ermittlung steuerpflichtiges Betriebsvermögen**				
	Wert des Betriebsvermögens				1.250.000 €
	./.	Regelverschonung			-1.062.500 €
	=	verbleibender Wert des Betriebsvermögens			187.500 €
	./.	verbleibender Abzugsbetrag			-131.250 €
	=	steuerpflichtiges Betriebsvermögen			**56.250 €**

Beispiel: gleitender Abzugsbetrag III 33

Vater V überträgt seinem Sohn S einen begünstigten Gewerbebetrieb.[59] Der ganze Gewerbebetrieb wird mit 3.000.000 € bewertet (= gemeiner Wert).[60] S wählt die Versteuerung nach dem Grundfall (= Regelverschonung in Höhe von 85 %).

Lösung:

Bei der vorweggenommen Erbfolge (= Schenkung) wird der 85%ige Verschonungsabschlag in Höhe von (3.000.000 € x 85 % =) 2.550.000 € gewährt.[61] Damit ist ein verbleibender Wert in Höhe von (3.000.000 € ./. 2.550.000 € =) 450.000 € grundsätzlich voll steuerpflichtig, _soweit_ der gleitende Abzugsbetrag _keine_ Auswirkung erzeugt. Der gleitende Abzugsbetrag ermittelt sich wie folgt (= Arbeitspapier):

Ermittlung des Abzugsbetrags und die Auswirkung des Abzugsbetrags

1. Schritt:	**gleitender Abzugsbetrag (= Freibetrag)**				**150.000 €**
2. Schritt:	**schädliches Betriebsvermögen (= Minderung des Abzugsbetrages)**				
	Wert des Betriebsvermögens			3.000.000 €	
	./.	Regelverschonung	85%	-2.550.000 €	
	=	verbleibender Wert des Betriebsvermögens		450.000 €	
	./.	Abzugsbetrag		-150.000 €	
	=	verbleibender Betrag		300.000 €	
	davon	hälftiger verbleibender Betrag		150.000 €	-150.000 €
3. Schritt:	**verbleibender Abzugsbetrag**				**0 €**
4. Schritt:	**Ermittlung steuerpflichtiges Betriebsvermögen**				
	Wert des Betriebsvermögens				3.000.000 €
	./.	Regelverschonung			-2.550.000 €
	=	verbleibender Wert des Betriebsvermögens			450.000 €
	./.	verbleibender Abzugsbetrag			0 €
	=	steuerpflichtiges Betriebsvermögen			**450.000 €**

59 § 13b Abs. 1 Nr. 2 ErbStG.
60 § 109 Abs. 1 Satz 1 BewG i. d. F. ErbStRG.
61 § 13b Abs. 4 ErbStG.

3

Hinweis:

Der gleitende Abzugsbetrag fällt bei

- *schädlicher Verwendung innerhalb von sieben Jahren nach dem Eigentümerwechsel **vollständig** weg*

und

- *einer Überentnahme innerhalb von sieben Jahren nach dem Eigentümerwechsel **für den Betrag der Überentnahme** weg.*

Ein Verstoß gegen die Lohnsummenklausel hat keine Auswirkung auf die Gewährung und Höhe des Abzugsbetrages.

II. Begünstigtes Vermögen

1. Überblick

34 **Begünstigtes Vermögen**[62] ist:

- land- und forstwirtschaftliches Vermögen
  - inländischer Wirtschaftsteil des land- und forstwirtschaftlichen Vermögens
  - selbstbewirtschaftete Grundstücke
  - land- und forstwirtschaftliches Vermögen in der Europäischen Union (EU)[63] oder europäischen Wirtschaftsraum
- Betriebsvermögen/freiberufliches Vermögen/Mitunternehmer
  - gewerbliches Betriebsvermögen als ganzer Betrieb oder Teilbetrieb
  - Mitunternehmer(teil)anteile
  - freiberufliches Vermögen als ganzer Betrieb oder Teilbetrieb
  - (Teil-)Anteile an Sozietäten
- Dabei kann sich das Betriebsvermögen im Inland oder in der europäischen Union sowie im europäischen Wirtschaftsraum befinden.

  und
- Anteile an Kapitalgesellschaften

  Bei denen der Schenker/Erblasser
  - *zu mehr als* 25 % an der Kapitalgesellschaft beteiligt ist.

    sowie
  - *bis zu* 25 % an der Kapitalgesellschaft beteiligt ist *und* eine Stimmrechtsbündelung/-pool rechtswirksam vereinbart ist.

    Durch das Stimmrechtsbündel muss sich die Summe der gebündelten Anteile auf mehr als 25 % anheben.

  Dabei kann sich der Sitz oder die Geschäftsleitung der Kapitalgesellschaft im Inland oder in der europäischen Union sowie im europäischen Wirtschaftsraum befinden. In welchem Land das Vermögen gehalten wird (= z. B. schweizerische Betriebsstätte) ist unmaßgeblich.

62 § 13b Abs. 1 ErbStG.
63 Betriebsstätte in der EU.

Hinweis:

Es besteht damit ein Unterschied zwischen dem europäischen Betriebsvermögen und dem europäischem Sitz/Geschäftsleitung einer Kapitalgesellschaft mit außereuropäischem Vermögen!

Begünstigtes Vermögen
(§ 13b Abs. 1 ErbStG)

1.	2.	3.
land- und forstwirtschaftliches Vermögen	Betriebsvermögen/ freiberufliches Vermögen	Anteile an Kapitalgesellschaften
inländischer Wirtschaftsteil des land- und forstwirtschaftlichen Vermögens	gewerbliches Betriebsvermögen (= ganzer Betrieb/Teilbetrieb)	Beteiligung Schenker/ Erblasser > 25 % (= Sitz oder Geschäftsleitung im Inland/EU/EWR)
selbstbewirtschaftete Grundstücke	Mitunternehmer-(teil-)anteile	Beteiligung Schenker/ Erblasser ≤ 25 % + rechtswirksame Stimmrechts-bündelung = Anteilsvereinigung von mehr als 25 %
land- und forstwirtschaftliches Vermögen, das einer Betriebsstätte in einem Mitgliedstaat der EU oder in der EWR dient	freiberufliches Vermögen (= ganzer Betrieb/Teilbetrieb)	
	(Teil-)Anteile an Sozietäten	

2. Land- und forstwirtschaftliches Vermögen

Das steuerbegünstigte land- und forstwirtschaftliche Vermögen wird neu definiert. 35

Begünstigtes land- und forstwirtschaftliches Vermögen ist gegeben bei:

- inländischem Wirtschaftsteil des land- und forstwirtschaftlichen Vermögens[64]
- selbst bewirtschaftete Grundstücke[65] Dieses sind Flächen, die dem Grundvermögen zugerechnet werden, da die Flächen in absehbarer Zeit anderen *nicht* land- und forstwirtschaftlichen Zwecken dienen werden (= z. B. Bauland, Industrieland oder Land für Verkehrszwecke).[66]

  und
- land- und forstwirtschaftliches Vermögen, das einer Betriebsstätte in einem Mitgliedstaat der EU oder in der EWR dient

64 § 13b Abs. 1 Nr. 1 ErbStG i. V. m. § 168 Abs. 1 Nr. 1 BewG.
65 § 159 BewG.
66 § 159 Abs. 2 BewG,

Hinweis: Ausnahme vom begünstigten L+F-Vermögen

Ausgenommen vom begünstigten land- und forstwirtschaftlichen Vermögen sind ***Stückländereien.***[67] *Dieses sind Flächen, die einzeln genutzt und auch einzeln zu bewerten sind. Dabei wird der land- und fortwirtschaftliche Betrieb für mindestens 15 Jahre an einen anderen Betrieb verpachtet.*[68]

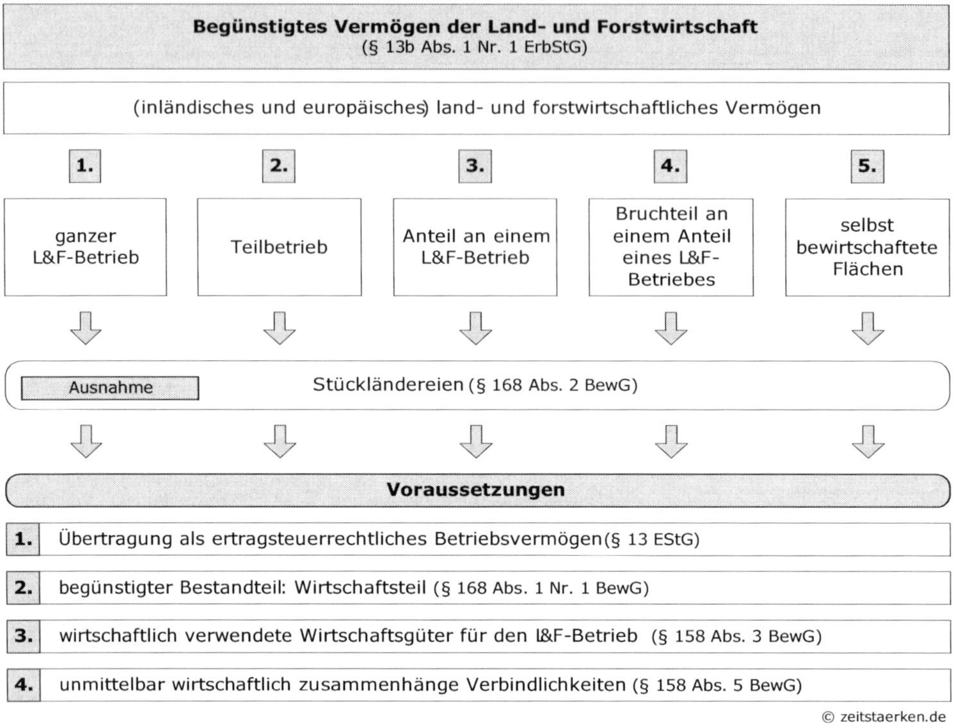

Hinweis:

Voraussetzung ist, dass die übertragenen Wirtschaftsgüter ertragsteuerrechtlich als Betriebsvermögen[69] *zu werten sind.*

Hinweis:

Grundstücke von untergeordneter Bedeutung[70] *sind damit keine steuerbegünstigten Grundstücke, da diese in der Regel nicht im Betriebsvermögen aktiviert sind.*

36 Land- und Forstwirtschaft ist die planmäßige Nutzung der natürlichen Kräfte des Bodens zur Erzeugung von Pflanzen und Tieren sowie die Verwertung der dadurch selbst gewonnenen Erzeugnisse.[71] Zum **land- und forstwirtschaftlichen Vermögen** gehören *alle* Wirtschaftgüter, die einem Betrieb der Land- und Forstwirtschaft zu diesem Zweck auf Dauer zu dienen bestimmt sind.[72] Die wirtschaftliche Einheit des land- und forstwirtschaftlichen Vermögens ist der Betrieb der Land-

67 § 168 Abs. 2 BewG.
68 § 160 Abs. 7 BewG.
69 § 13 ErbStG.
70 § 8 EStDV.
71 § 158 Abs. 1 Satz 1 BewG.
72 § 158 Abs. 1 Satz 2 BewG.

und Forstwirtschaft.[73] Wird ein Betrieb der Land- und Forstwirtschaft in Form einer Personengesellschaft oder Gemeinschaft geführt, sind in die wirtschaftliche Einheit auch die Wirtschaftsgüter einzubeziehen, die einem oder mehreren Beteiligten gehören, wenn sie dem Betrieb der Land- und Forstwirtschaft auf Dauer zu dienen bestimmt sind.[74]

Zu den Wirtschaftsgütern[75], die der wirtschaftlichen Einheit Betrieb der Land- und Forstwirtschaft zu dienen bestimmt sind, gehören insbesondere 37

1. der Grund und Boden,
2. die Wirtschaftsgebäude,
3. die stehenden Betriebsmittel,
4. der normale Bestand an umlaufenden Betriebsmitteln, als normaler Bestand an umlaufenden Betriebsmitteln gilt ein solcher, der zur gesicherten Fortführung des Betriebs erforderlich ist.[76]
5. die immateriellen Wirtschaftsgüter,
6. die Wohngebäude und der dazugehörende Grund und Boden.

Zum land- und forstwirtschaftlichen Vermögen gehören *nicht*[77] 38

1. Grund und Boden sowie Gebäude und Gebäudeteile, die *nicht* land- und forstwirtschaftlichen Zwecken dienen,
2. Kleingartenland und Dauerkleingartenland,
3. Geschäftsguthaben, Wertpapiere und Beteiligungen,
4. über den normalen Bestand hinausgehende Bestände an umlaufenden Betriebsmitteln,
5. Tierbestände oder Zweige des Tierbestands und die hiermit zusammenhängenden Wirtschaftsgüter[78], wenn die Tiere weder zur landwirtschaftlichen Nutzung noch nach § 175 zu den übrigen land- und forstwirtschaftlichen Nutzungen gehören. Die Zugehörigkeit der landwirtschaftlich genutzten Flächen zum land- und forstwirtschaftlichen Vermögen wird hierdurch *nicht* berührt,
6. Geldforderungen und Zahlungsmittel,
7. Pensionsverpflichtungen.

Verbindlichkeiten gehören zum land- und forstwirtschaftlichen Vermögen, soweit die Verbindlichkeiten *nicht* im unmittelbaren wirtschaftlichen Zusammenhang mit den Wirtschaftsgüter außerhalb des land- und forstwirtschaftlichen Vermögens[79] stehen (= Verwendungsprüfung).[80]

Das begünstigte Vermögen eines Land- und Forstwirts besteht aus dem **Wirtschaftsteil.**[81/82]

73 § 158 Abs. 2 Satz 1 BewG.
74 § 158 Abs. 2 Satz 2 BewG.
75 § 158 Abs. 3 Satz 1 BewG.
76 § 158 Abs. 3 Satz 2 BewG.
77 § 158 Abs. 4 BewG.
78 Z. B.: Gebäude und abgrenzbare Gebäudeteile mit den dazugehörenden Flächen, Betriebsmittel.
79 § 158 Abs. 4 BewG.
80 § 158 Abs. 5 BewG.
81 § 160 Abs. 2 Nr. 1 BewG.
82 § 13b Abs. 1 Nr. 1 ErbStG i. V. m. § 168 Abs. 1 Nr. 1 BewG.

39 Der Wirtschaftsteil umfasst dabei[83]:

1. die land- und forstwirtschaftlichen Nutzungen:
   a) die landwirtschaftliche Nutzung
   b) die forstwirtschaftliche Nutzung
   c) die weinbauliche Nutzung
   d) die gärtnerische Nutzung
   e) die übrigen land- und forstwirtschaftlichen Nutzungen
2. die Nebenbetriebe
3. die folgenden *nicht* zu einer Nutzung nach den Nummern 1 und 2 gehörenden Wirtschaftsgüter:
   a) Abbauland
   b) Geringstland
   c) Unland

40 Der Anbau von Hopfen, Tabak und Spargel gehört nur zu den Sondernutzungen, wenn *keine* landwirtschaftliche Nutzung im Sinne des Satzes 1 Nr. 1 Buchstabe a vorliegt.[84] **Nebenbetriebe** sind Betriebe, die dem Hauptbetrieb zu dienen bestimmt sind und nicht einen selbständigen gewerblichen Betrieb darstellen.[85] Zum **Abbauland** gehören die Betriebsflächen, die durch Abbau der Bodensubstanz überwiegend für den Betrieb der Land- und Forstwirtschaft nutzbar gemacht werden (Sand-, Kies-, Lehmgruben, Steinbrüche, Torfstiche und dergleichen).[86] Zum **Geringstland** gehören die Betriebsflächen geringster Ertragsfähigkeit, für die nach dem Bodenschätzungsgesetz[87] *keine* Wertzahlen festzustellen sind.[88] Zum **Unland** gehören die Betriebsflächen, die auch bei geordneter Wirtschaftsweise keinen Ertrag abwerfen können.[89]

***Nicht* begünstigt** sind damit andere Bestandteile des land- und forstwirtschaftlichen Betriebs:

- Betriebswohnungen[90]

  und

- Wohnteil[91]

41 **Betriebswohnungen** sind Wohnungen, die einem Betrieb der Land- und Forstwirtschaft zu dienen bestimmt, aber nicht dem Wohnteil zuzurechnen sind.[92] Der **Wohnteil** eines Betriebs der Land- und Forstwirtschaft umfasst die Gebäude und Gebäudeteile, die dem Inhaber des Betriebs, den zu seinem Haushalt gehörenden Familienangehörigen und den Altenteilern zu Wohnzwecken dienen.[93]

Die Abgrenzung zwischen land- und forstwirtschaftlich genutzter Flächen gegenüber dem Grundvermögen ist wie folgt vorzunehmen.[94]

83 § 160 Abs. 2 Satz 1 BewG.
84 § 160 Abs. 2 Satz 2 BewG.
85 § 160 Abs. 3 BewG.
86 § 160 Abs. 4 BewG.
87 vom 20.12.2007, BGBl. I 2007, 3150, 3176.
88 § 160 Abs. 5 BewG.
89 § 160 Abs. 6 BewG.
90 § 160 Abs. 2 Nr. 2 BewG.
91 § 160 Abs. 2 Nr. 3 BewG.
92 § 160 Abs. 8 BewG.
93 § 160 Abs. 9 BewG.
94 § 159 BewG.

Land- und forstwirtschaftlich genutzte Flächen sind dem Grundvermögen zuzurechnen, wenn nach ihrer Lage, den am Bewertungsstichtag bestehenden Verwertungsmöglichkeiten oder den sonstigen Umständen anzunehmen ist, dass die Flächen in absehbarer Zeit anderen als land- und forstwirtschaftlichen Zwecken, insbesondere als Bauland, Industrieland oder Land für Verkehrszwecke, dienen werden. Bildet ein Betrieb der Land- und Forstwirtschaft die Existenzgrundlage des Betriebsinhabers, so sind dem Betriebsinhaber gehörende Flächen, die von einer Stelle aus ordnungsgemäß nachhaltig bewirtschaftet werden, dem Grundvermögen nur dann zuzurechnen, wenn mit großer Wahrscheinlichkeit anzunehmen ist, dass die Flächen spätestens nach zwei Jahren anderen als land- und forstwirtschaftlichen Zwecken dienen werden. 42

Flächen sind stets dem Grundvermögen zuzurechnen, wenn die Flächen in einem Bebauungsplan als Bauland festgesetzt sind, ihre sofortige Bebauung möglich ist und die Bebauung innerhalb des Plangebiets in benachbarten Bereichen begonnen hat oder schon durchgeführt ist. Die Zuordnung zum Grundvermögen gilt *nicht* für die Hofstelle und für andere Flächen in unmittelbarem räumlichen Zusammenhang mit der Hofstelle bis zu einer Größe von insgesamt 1 Hektar.

3. Betriebsvermögen/freiberufliches Vermögen/ Mitunternehmer

Begünstigtes Vermögen ist gegeben, wenn im Rahmen der Gewinneinkunftsarten „Gewerbebetrieb[95]" und/oder „selbstständige Arbeit[96]" betriebliche wirtschaftliche Einheiten geführt werden. Als begünstigtes Vermögen wird angesehen, wenn ein **ganzer Betrieb**[97] also **sämtliche funktionalen wesentlichen Betriebsgrundlagen und sämtliche quantitativen Betriebsgrundlagen** (= **stille Reserven**)[98]übertragen werden (= kombinierte funktionale-quantitative Betrachtungsweise). 43

Als funktional *und/oder* quantitativ wesentlich eingestuft werden: 44

- Grundstücke, soweit es *kein* Umlaufvermögen des Grundstückshändlers ist usw. unbebaute oder bebaute **Grundstücke** zählen immer dann zum funktional wesentlichen Betriebsvermögen, wenn der Betrieb auf ihre Nutzung nicht verzichten kann. Quantitativ wesentlich sind Grundstücke immer dann, wenn erhebliche stille Reserven enthalten sind. In jedem Fall muss eine Einzelsachverhaltsprüfung stattfinden.
- Patente, Firmenrechte und Geschäfts- und Firmenwert

  und/oder
- betrieblich unverzichtbare Maschinen

Nicht funktional wesentlich sind das Umlaufvermögen und die Schulden.

95 § 95 i. V. m. § 2 BewG i. V. m. § 15 EStG.
96 § 96 i. V. m. § 2 BewG i. V. m. § 18 EStG.
97 § 13b Abs. 1 Nr. 1 ErbStG.
98 Die Neuregelung knüpft an die ertragsteuerrechtlichen Gesichtspunkte des § 16 EStG an.

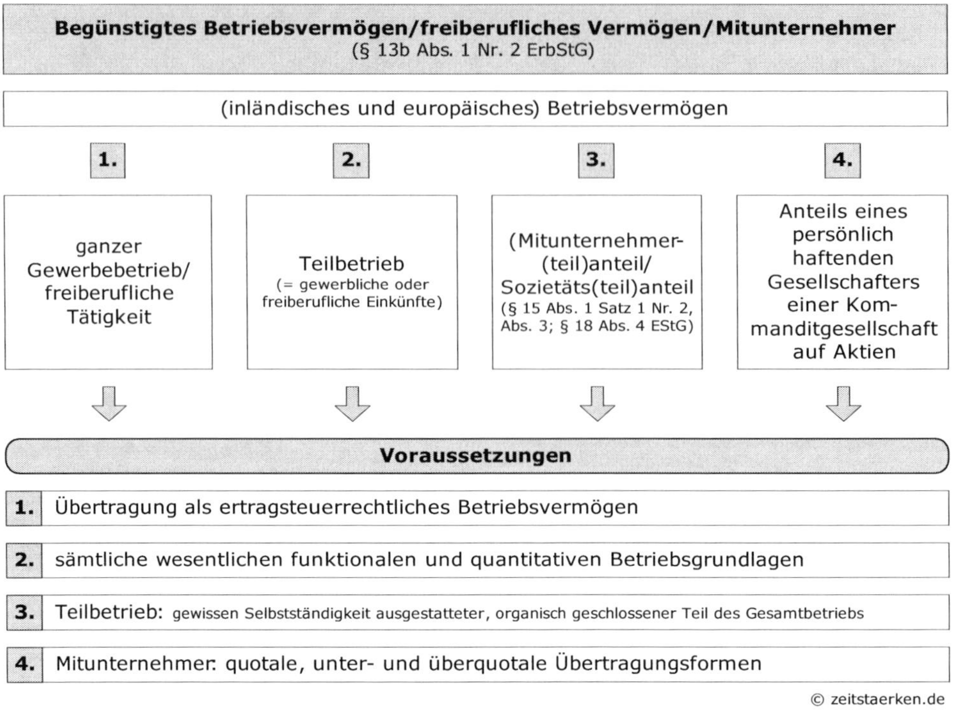

Hinweis: EU / EWR

Entsprechendes Betriebsvermögen, das einer Betriebsstätte in der EU oder EWR dient, ist begünstigtes Vermögen.

45 Soweit der Schenker funktional wesentliche Betriebsgrundlagen zurückbehält, ist ***kein*** begünstigtes Vermögen übertragen worden, mit der Wirkung, dass weder die Regelverschonung noch die Verschonungsoption Anwendung findet (= „Alles-oder-Nichts-Prinzip").[99]

Hinweis:

Für die Prüfung, ob sämtliche wesentlichen funktionalen Betriebsgrundlagen übertragen worden sind, werden (wohl) dieselben Kriterien wie im Einkommensteuergesetz herangezogen werden.

Hinweis: nicht funktional wesentliche Betriebsgrundlagen

*Die Annahme einer Betriebsübertragung im Ganzen wird **nicht** dadurch ausgeschlossen, dass der Schenker Wirtschaftsgüter, die nicht zu den wesentlichen Betriebsgrundlagen gehören und in den Wirtschaftsgütern **keine** erheblichen stillen Reserven ruhen, zurückbehält.[100] Insoweit wird in der Regel eine mit dem Teilwert zu bewertende Entnahme[101] in das (unbegünstigte) Privatvermögen vorliegen, soweit keine Überführung[102] oder Übertragung[103] in ein anderes Betriebsvermögen gegeben ist.*

---

99 Hinweis: Funktional wesentliche Betriebsgrundlagen können nur bei einer anteiligen Übertragung einer Mitunternehmerstellung im Sonderbetriebsvermögen zurückbehalten werden.

100 BFH vom 26.5.1993, X R 101/90, BStBl. II 1993, 710; BFH vom 24.3.1987, I R 202/83, BStBl. II 1987, 705; BFH vom 29.10.1987, IV R 93/85, BStBl. II 1988, 374.

101 § 6 Abs. 1 Nr. 4 EStG.

102 § 6 Abs. 5 Sätze 1 und 2 EStG.

103 § 6 Abs. 5 Satz 3 EStG.

Hinweis:

Grundstücke von untergeordneter Bedeutung[104] sind damit keine steuerbegünstigten Grundstücke, da diese in der Regel nicht im Betriebsvermögen aktiviert sind.

Beispiel: Weiterverpachtung (keine Betriebsaufspaltung) 46

A verpachtet das bebaute Grundstück an eine A-GmbH. A hält *keine* Anteile an der A-GmbH Die A-GmbH nutzt dieses Grundstück wie folgt:

- 100%ige Weiterpachtung an die Y GmbH & Co. KG
- 75%ige Selbstnutzung und 25%ige Weiterverpachtung

Die Nutzungsverhältnisse entsprechen den Wertverhältnissen auf Basis des gemeinen Wertes.

Lösung:

- 100%ige Weiterverpachtung

  Soweit ein Grundstück weiterverpachtet wird, liegt Verwaltungsvermögen vor.
- 75%ige Selbstnutzung und 25%ige Weiterverpachtung

  Soweit ein Grundstück (weiter-)verpachtet wird, liegt Verwaltungsvermögen vor.

Die tatsächliche Nutzung/Verwendung der A-GmbH ist mangels Beteiligung unerheblich. Die Immobilie ist *immer* als Grundvermögen festzustellen und wird durch den 10%igen Bewertungsabschlag erbschaftsteuerrechtlich verschont, wenn es sich um eine Wohnzweckimmobilie handelt.[105]

Hinweis:

Wäre A an der A-GmbH beteiligt und kann A seinen Betätigungswillen (= personelle Verflechtung) durchsetzen, stellt die Verpachtung des Grundstücks (= eine wesentliche Betriebsgrundlage, sachliche Verflechtung) eine Betriebsaufspaltung dar.

Nicht ausreichend für die Anwendung des Verschonungsabschlags ist es, wenn **nach** dem Erbfall/ Schenkung Betriebsvermögen entsteht. Es ist weiterhin zwingende Voraussetzung das Betriebsvermögen bereits *vor der Vermögensübertragung* besteht. Ein **Teilbetrieb**[106] ist ein mit einer gewissen Selbstständigkeit ausgestatteter, organisch geschlossener Teil des Gesamtbetriebs, der für sich betrachtet alle Merkmale eines Betriebs aufweist und für sich lebensfähig ist.[107] Die **Übertragung eines Anteils an einer Mitunternehmerschaft**[108] ist ebenso begünstigt wie die Übertragung eines Anteils an einer Sozietät oder Gemeinschaftspraxis[109]. Auch die Bruchteilsübertragung (= Mitunternehmerteilanteils) ist begünstigt. 47

Mitunternehmeranteile an einem gewerblichen oder selbstständigen Unternehmen sind ebenso grundsätzlich begünstigtes Vermögen[110]:

- GbR, OHG, KG und GmbH & Co. KG

  oder
- Sozietät und Partnerschaftsgesellschaft

104 § 8 EStDV.
105 § 13c ErbStG.
106 § 95 i. V. m. § 2 BewG i. V. m. § 15 EStG.
107 R 16 Abs. 3 EStR.
108 § 95 i. V. m. § 97 i. V. m. § 2 BewG i. V. m. § 15 Abs. 1 Satz 1 Nr. 2 oder Abs. 3 oder § 18 Abs. 4 EStG.
109 § 18 Abs. 4 EStG.
110 § 13b Abs. 1 Nr. 2 ErbStG.

Hinweis:

*Als Erwerb (= Vermögensübertragung) einer Beteiligung **gilt auch**, wenn eine Person in ein bestehendes Einzelunternehmen aufgenommen[111] wird oder ein Teil seiner Beteiligung an einer Personengesellschaft übertragen wird.[112]*

48 *Voraussetzung* für die Anwendung der Verschonungsregeln ist, dass die Mitunternehmerstellung übertragen wird. Hierbei sind die ertragsteuerrechtlichen Grundsätze anzuwenden. Damit besteht der Mitunternehmeranteil aus einem Anteil am Gesamthandsvermögen und dem Sonderbetriebsvermögen (I und II) des Mitunternehmers. Das neue Erbschaftsteuerrecht sieht explizit nur vor, dass Immobilien im Sonderbetriebsvermögen *kein* Verwaltungsvermögen darstellen, wenn diese Rechtsposition auf den Vermögenserwerber übergeht.[113]

Bei unentgeltlichen Übertragungen eines **Mitunternehmer(teil)anteils** sind vier unterschiedliche Fälle zu beachten, die wohl allesamt begünstigtes Vermögen darstellen:

- gesamte Anteilsübertragung (mit Beendigung der Mitunternehmerstellung)
- quotale Anteilsübertragung
- unterquotale Anteilsübertragung (siehe nachstehendes Schaubild)

  oder
- überquotale Anteilsübertragung (siehe nachstehendes Schaubild)

49 Bei der Übertragung von **Sonderbetriebsvermögen** sind zwei Varianten zu unterscheiden:

- Die isolierte Übertragung von Wirtschaftsgütern des Sonderbetriebsvermögens von einem Mitunternehmer auf eine Privatperson (siehe nachstehendes Schaubild) ist *nicht* begünstigt, da der Erwerber *kein* Mitunternehmer wird. Steuerrechtlich *nicht* begünstigt ist die isolierte Übertragung von Sonderbetriebsvermögen. Hierbei erlangt der Vermögensempfänger *keinen* Anteil an einer Gesamthand und bereits vorhandenes Betriebsvermögen ist *nicht* durch die Überführung vermehrt worden. Das Sonderbetriebsvermögen gilt ertragsteuerrechtlich als ins Privatvermögen entnommen. Es kann damit kein begünstigtes (Verschonungs-)Vermögen mehr vorliegen. Insoweit ist *keine* Verschonung (= weder Regelverschonung, Verschonungsoption noch der Abzugsbetrag) zu gewähren.

  oder
- Die isolierte Übertragung von Wirtschaftsgütern des Sonderbetriebsvermögens von einem Mitunternehmer auf einen Mitunternehmer derselben oder einer anderen Mitunternehmerschaft ist wiederum begünstigt. Fraglich ist der Fall, in dem zwar der Anteil am Gesamthandsvermögen übertragen, das Sonderbetriebsvermögen aber zurückbehalten[114] wird. Die Anteilsübertragung ist grundsätzlich begünstigtes Vermögen. Allerdings ist darauf zu achten, dass das Sonderbetriebsvermögen, soweit es aus vermieteten Grundstücken besteht, zum *Verwaltungsvermögen* zählt, da der Vermögensempfänger *nicht* in die Rechtsstellung eintritt.[115]

111 § 24 Abs. 1 UmwStG.
112 R 51 Abs. 3 Satz 3 ErbStR [zum alten Recht].
113 § 13b Abs. 2 Satz 2 Nr. 1 Buchst. a 2. Altern. ErbStG.
114 Ertragsteuerrechtlich handelt es sich in der Regel um eine mit dem Teilwert zu bewertende Entnahme (§ 6 Abs. 1 Nr. 4 EStG), soweit der Zurückbehaltende kein Mitunternehmer bleibt (§ 6 Abs. 3 EStG) oder die Wirtschaftsgüter als in ein anderes Betriebsvermögen überführt gelten (§ 6 Abs. 5 EStG).
115 § 13b Abs. 2 Satz 2 Nr. 1 Buchst. a Umkehrschluss ErbStG.

U. E. sind sechs der sieben Übertragungsformen eines Mitunternehmeranteils bzw. des Sonderbetriebsvermögens weiterhin begünstigt, da 50

- die bisherigen begünstigten Übertragungsmöglichkeiten bestehen bleiben sollten[116]

  <u>*und*</u>

- der Gesetzeswortlaut *nicht explizit* die Übertragung des gesamten Mitunternehmeranteils[117] fordert.

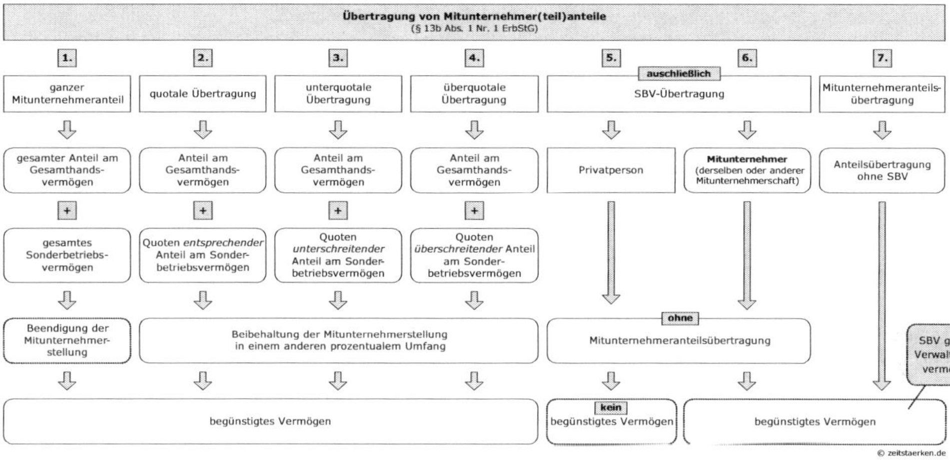

Hinweis:

Insoweit kann die Regel aufgestellt werden: Liegt ertragsteuerrechtlich eine begünstigte Buchwertübertragung vor, ist (wohl auch) eine erbschaftsteuerrechtliche Vorschonung möglich, soweit weder schädliches Verwaltungsvermögen überwiegt noch junges Verwaltungsvermögen gegeben ist.

Hinweis:

Die Immobilien-GmbH & Co. KG ist <u>nicht</u> verschonungsfähiges Vermögen, da in der Regel der Anteil am Verwaltungsvermögen mehr als 50 %/10 % beträgt.

Die **Übertragungen einzelner Wirtschaftsgüter** bedürfen einer näheren Betrachtung. Soweit einzelne Wirtschaftsgüter übertragen werden, ist eine begünstigte erbschaftsteuerrechtliche Übertragung (wohl) <u>*nicht*</u> geboten.[118] Dabei kann es sich bei einer unentgeltlichen Übertragung ertragsteuerrechtlich um eine begünstigte Buchwertübertragung handeln.[119] U. E. ist es fraglich, ob diese Ausklammerung der Überführung/Übertragung von einzelnen Wirtschaftsgütern (noch) sachgerecht ist. 51

116 BR-Drucks. vom 4.1.2008, 4/08, B. Besonderer Teil, zu Nummer 12, zu § 13b Abs. 1 Nummer 2, Seite 55; vgl. R 51 Abs. 3 Sätze 4 ff. ErbStR.
117 Vgl. § 16 Abs. 1 Satz 1 Nr. 2 EStG.
118 R 51 Abs. 3 Satz 6 2 Altern. ErbStR.
119 § 6 Abs. 5 EStG.

52 Folgende Überlegungen könnten Grundlage einer teleologischen Reduktion sein:

- Das Ertragsteuerrecht sieht nicht nur den Tausch sondern auch den unentgeltlichen Überführungs-[120] oder Übertragungsakt[121] von einzelnen Wirtschaftsgütern mit dem Buchwert vor. Insoweit ist der Gesetzgeber ertragsteuerrechtlich von „verschonungsfähigen Geschäftsvorfällen" ausgegangen. Das ertragsteuerrechtliche Betriebsvermögen bildet die Grundlage erbschaftsteuerrechtlicher Begünstigungen.[122]

  Warum wurde dann die unentgeltliche Überführung bzw. Übertragung nicht auch erbschaftsteuerrechtlich als begünstigtes Vermögen verschont?
- Soweit diese einzelnen Wirtschaftsgüter wesentliche Betriebsgrundlagen sind, können Veräußerung ohne „qualitative Reinvestition[123]" zur zeitanteiligen Versagung der Verschonung und den vollständigen Untergang des Abzugsbetrags führen. Seltsam ist doch der Blickwinkel, dass für begünstigtes Vermögen „ein ganzer Betrieb" notwendig ist, für die Versagung der Verkauf, die Entnahme oder die Überführung/Übertragung zu betriebsfremden Zwecken ausreichen soll.
- Die neue Reinvestitionsklausel erlaubt (u. U.) dem Steuerpflichtigen den Verkauf des Betriebs, Teilbetriebs und des Mitunternehmer(teil)anteils soweit der Veräußerungserlös innerhalb der begünstigten Vermögensarten verbleibt.[124] Warum ist nur der Verkauf und *nicht* die Überführung bzw. Übertragung in derselben Vermögensart (begünstigtes Vermögen) „reparaturfähig"?
- Abschließend darf nicht verkannt werden, dass zum Beispiel eine Immobilie ein einzelnes Wirtschaftsgut von vielen anderen darstellen kann. Es ist aber auch möglich, dass eine Immobilie einen ganzen Betrieb (z. B. Besitzunternehmen) oder ein (ganzes) Sonderbetriebsvermögen einer Mitunternehmerschaft (z. B. Vermietung an einer Personengesellschaft) darstellt. Warum wurden nicht die ertragsteuerrechtlichen Buchwertansätze bei der (unentgeltlichen) Überführung bzw. Übertragung von einzelnen Wirtschaftsgütern als begünstigtes erbschaftsteuerrechtliches Vermögen übernommen?

4. Anteile an Kapitalgesellschaften

a) Unmittelbare Beteiligung

53 Ob Anteile an einer Kapitalgesellschaft begünstigtes Vermögen darstellen, ist anhand kumulativer Tatbestandsmerkmale zu ermitteln.

Unentgeltlich übertragene Anteile sind dann begünstigtes Vermögen (= **Mindestbeteiligung**), wenn

- der Erblasser oder Schenker oder sog. „vereinigte Gesellschafter" *zu mehr als 25 %* an der Kapitalgesellschaft beteiligt war/ist[125]

120 = kein Rechtsträgerwechsel; § 6 Abs. 5 Sätze 1 und 2 EStG.
121 = mit Rechtsträgerwechsel; § 6 Abs. 5 Satz 3 EStG.
122 § 95 BewG; § 13b Abs. 1 Nr. 1 ErbStG.
123 = Reinvestition in dieselbe Vermögensart innerhalb von sechs Monaten; § 13a Abs. 5 Sätze 3 und 4 ErbStG.
124 Die Gesetzbegründung spricht von derselben Vermögensart; BT-Drucks. vom 26.11.2008, 16/11107, Bericht des Finanzausschusses, ErbStRG, zu Nummer 11, zu § 13a Abs. 5 Satz 3, S. 12.
125 § 13b Abs. 1 Nr. 3 ErbStG.

und

- die Kapitalgesellschaft dabei im Zeitpunkt der Entstehung der Steuer[126] ihren Sitz oder Geschäftsleitung im Inland, in der EU oder im EWR hat.

Die **Mindestbeteiligung** wird nach der Summe ermittelt 54

- der unmittelbar zuzurechnenden Anteile des Erblassers/Schenkers

  und

- gegebenenfalls weiterer „vereinigter" Gesellschafter bei Vorliegen eines rechtswirksamen sog. Stimmrechts- und Poolvertrages.[127]

Ein **Stimmrechtsbündel** liegt vor wenn, mehrere Gesellschafter ihre Gesellschaftsanteile mit der (zivilrechtlich wirksamen) Verpflichtung bündeln[128] und mit der Folge: 55

- einheitliche Verfügung über die Anteile

  oder

  Anteilsübertragungen nur noch ausschließlich auf andere derselben Verpflichtung unterliegende Anteilseigner

  und

- einheitliche Stimmrechtsausübung gegenüber nicht gebundenen Gesellschaftern

Hinweis:

*Eine mittelbare Beteiligung an einer Kapitalgesellschaft ist weiterhin **nicht** begünstigt.*

Begünstigtes Vermögen – Anteile an Kapitalgesellschaften
(§ 13b Abs. 1 Nr. 3 ErbStG)

Anteile an einer inländischen und europäischen Kapitalgesellschaft

Voraussetzungen

1. Sitz oder Geschäftsleitung der Kapitalgesellschaft im Inland oder EU/ EWR-Staat

2. Mindestbeteiligung (= Beteiligung von mehr als25 %)

unmittelbares Beteiligungsverhältnis

A. Gesellschafter

B. Stimmrechtsbündel / -pool

Erblasser / Schenker
=
Beteiligung > 25 %

mehrere Gesellschafter
(= Beteiligung von 25 % oder weniger)
vereinbaren unwiderruflich die gemeinsame Verfügung und Stimmrechtsausübung
(= Gesamtbeteiligung mehr als 25 %)

126 § 9 ErbStG.
127 § 13b Abs. 1 Nr. 3 Satz 2 ErbStG.
128 Werner in „Erbschaftsteuerreform – dramatische Konsequenzen für größere Familiengesellschaften", BBEV 2008, 164 ff.

Hinweis:

Die Regelung des Stimmrechts- und Poolvertrages hat Bedeutung vor allem für Familien-Kapitalgesellschaften, deren Anteile über mehrere Generationen hinweg weitergegeben (und „zersplittert") wurden.

56 Das neue Instrument „**Stimmrechtsbündel**" auf dem wir Berater spielen dürfen bedarf weiterer Erläuterungen.[129]

- **Summe der Anteile**:

  Es heißt im Gesetzeswortlaut „..*nach der Summe der dem Erblasser oder Schenker unmittelbar zuzurechnenden Anteil und der Anteile weiterer Gesellschafter* [Formatierungen des Verfassers]...".

  Wir verstehen diesen Beginn der Stimmrechtsbündelungsklausel so, dass weder ein (unrealistischer) einheitliche Erbfall noch eine einheitliche Schenkung der Kapitalgesellschaftsanteile eintreten muss. Die Gesellschafter vereinbaren rechtswirksam das Stimmrechtsbündel und bei der jeweiligen Übertragung können zur Prüfung der Mindestbeteiligung die Anteile weiterer „gebündelter" Gesellschafter hinzuaddiert werden. Insoweit können unterschiedliche Übertragungsstichtage der einzelnen „gebündelten" Gesellschafter auftreten. U. E. beginnt damit aber für jeden Übertragungsakt eine selbstständige Behaltensfrist.

  Da die Aufhebung eine schädliche Handlung, also ein Verstoß gegen die Behaltensfrist darstellt, löst der letzte Übertragungsakt die notwendige Dauer des Stimmrechtsbündels aus. Schwieriger wird das ganze schon bei der Lohnsummenklausel. Konsequenterweise müssen auch sämtlich Anteile die Lohnsummenklausel erfüllen. Also bei jedem einzelnen gebündelten Übertragungsakt müssen wiederum die 650 % bzw. 1000 % erfüllt werden.

- **einheitliche Verfügung**:

  Es heißt aber weiter im Gesetzeswortlaut „..,*wenn die Gesellschafter untereinander verpflichtet sind, über die Anteile nur* ***einheitlich*** *zu verfügen* ..[Formatierungen des Verfassers]".

  Was heißt jetzt genau, dass nur eine einheitliche Verfügung ausgeübt werden darf? U. E. ist damit die Teilnahme an der Gesellschafterversammlung zu verstehen. Also gibt es nach der Bündelung nur noch eine Gesellschafterstimme. Das kann die Finanzverwaltung kontrollieren. Unklar sind die Sanktionen, welche sich ergeben, wenn das Stimmrechtsbündel nicht eingehalten worden sind. Gibt es überhaupt Sanktionen? Das Erbschaftsteuergesetz kennt nur die Aufhebung mit Nachversteuerung. Hier scheint dem Gesetzesgeber ein richtiger Fehler (= „Lücke") unterlaufen zu sein.

  <u>Oder</u> heißt „.. *einheitlich zu verfügen [Formatierung des Verfassers]* ..", dass die Übertragung nur einheitlich auf Vermögensempfänger übertragen werden dürfen? Bei einem Erbfall schwer realisierbar. Somit würde dann als Schlussfolgerung bleiben, dass das Stimmrechtsbündel nur bei zeitgleichen Schenkungen anwendbar ist. Dann ist wiederum der o. a. erläuterte Satzbestandteil unschlüssig „..*nach der Summe der dem Erblasser oder Schenker [Formatierung des Verfassers]* ..".

- **Übertragung auf einen „gebündelten" Gesellschafter**:

  Der weitere Teil der Vorschrift zeigt, dass auch eine eingeschränkte Übertragung auf Gesellschafter innerhalb des Stimmrechtsbündel begünstigt wird: „.. *oder sie* [die Anteile; *Erläuterung des Verfassers*] *ausschließlich auf andere derselben Verpflichtung unterliegende Anteilseigner zu übertragen [Formatierung des Verfassers]*..". Dies wiederum könnte ein Einlösen

129 <u>Vertiefend</u>: Seltenreich in Preisser/Hegemann/Seltenreich, Erbschaftsteuerreform 2009, Haufe Verlag, S. 193.

etwaiger Zweifelsfragen der ersten Alternative „.. *einheitlich zu verfügen [Formatierung des Verfassers]* ..“ darstellen, in dem die Übertragung (= Erwerb von Todes wegen oder Schenkung unter Lebenden) innerhalb des Stimmrechtsbündels vorgenommen werden.

Beispiel: Übertragung auf „gebündelten“ Gesellschafter 57

Vater V hält 30 % der Anteile an einer X-GmbH. V möchte 10 % zur Nutzung des zehnjährigen Freibetragszyklus bereits auf seine Tochter T übertragen.

Lösung:

Bei der ersten 10%igen Übertragung handelt es sich um begünstigtes Vermögen, da die Beteiligung des Schenkers mehr als 25 % beträgt. Bei einem späteren Erbfall beträgt die Beteiligungsquote nur noch 20 % bei V. Somit läge kein begünstigtes Vermögen vor. V könnte mit T ein Stimmrechtsbündel abschließen und testamentarisch festlegen, dass die restlichen Anteile direkt auf T übertragen werden. Da die Summe der gebündelten Anteile von V und T nunmehr mehr als 25 % nämlich (20 % + 10 % =) 30% beträgt und die (Rest-)Anteilsübertragung auf einen „gebündelten“ Gesellschafter nämlich T erfolgt, ist begünstigtes Vermögen gegeben.

- **einheitliche Stimmrechtsausübung**:

  Die Verpflichtung „.. *und das Stimmrecht gegenüber nichtgebundenen Gesellschaftern nur einheitlich ausüben; [Formatierungen des Verfassers]*“ ist eindeutig. Die „gebündelten“ Gesellschafter dürfen mit einer Stimme in der Gesellschafterversammlung sprechen. Die Protokolle werden zum Beweis ausreichen. Eine **einheitliche Stimmrechtsausübung** bedeutet, dass die Einflussnahme einzelner Anteilseigner zum Zwecke einer einheitlichen Willensbildung zurücktreten muss. Dies ist in unterschiedlicher Weise geregelt. Neben der Möglichkeit zur gemeinsamen Bestimmung eines Sprechers oder eines Aufsichts- oder Leitungsgremiums kann die einheitliche Stimmrechtsausübung auch dadurch erreicht werden, dass einzelne Anteilseigner auf ihr Stimmrecht verzichten oder die Anteile von vornherein stimmrechtslos sind.[130]

Hinweis:

Voraussetzung für die Einbeziehung der Anteile in die Entlastung ist daher <u>nicht</u>, dass der konkrete Anteil ein Stimmrecht einräumt. Ferner ist <u>nicht</u> erforderlich, dass die Einflussnahme auf die Geschicke der Gesellschaft ausschließlich durch Anteilseigner (= Familienmitgliedern) erfolgt. [131]

Das einheitliche Stimmrechtsbündel kann wie folgt beispielhaft „gelebt“ werden: 58

- einen Sprecher eines Stimmrechtsbündels in der Gesellschafterversammlung
- Aufsichts- oder Leitungsgremium

  <u>oder</u>
- Verzicht einzelner Gesellschafter des Stimmrechtsbündels

Hinweis:

Der Berater darf an dieser Stelle gespannt auf die neuen Erbschaftsteuerrichtlinien warten!

Damit es zu *<u>keiner</u>* rückwirkenden unverschonten Besteuerung der übertragenen Anteile an der Kapitalgesellschaft kommt (= Nachversteuerung), darf das Stimmrechtsbündel sieben bzw. zehn Jahre *<u>nicht</u>* aufgehoben werden.

130 BR-Drucks. vom 4.1.2008, 4/08, B. Besonderer Teil, zu Nummer 12, zu § 13b Abs. 1 Nummer 3, Seite 56.
131 BR-Drucks. vom 4.1.2008, 4/08, B. Besonderer Teil, zu Nummer 12, zu § 13b Abs. 1 Nummer 3, Seite 56.

59 **Beispiel: Stimmrechtsbündel**

Die Anteile der X-GmbH werden von den Gesellschaftern A, B, C und D zu gleichen Teilen (jeweils 25 %) gehalten. Die Gesellschafter A und B haben vertraglich ein Stimmrechtsbündel vereinbart. Gesellschafter A verstirbt und dessen Sohn S ist Alleinerbe. Der Anteil an Verwaltungsvermögen beträgt bei der X-GmbH 20 %.

Lösung:

S erbt einen Anteil an einer Kapitalgesellschaft in Höhe von (nicht mehr als) 25 %. Dieser Anteil, isoliert betrachtet, würde aufgrund der geringen Beteiligungsquote zum *nicht* begünstigten Verwaltungsvermögen zählen. Da die Gesellschafter A und B ein Stimmrechtsbündel rechtswirksam vereinbart haben, zählen die Anteile der beiden Gesellschafter für die Beurteilung zusammen. Damit ergibt sich eine Beteiligung von mehr als 25 %. Der Anteil des Verwaltungsvermögens beträgt bei der X-GmbH nur 20 % und somit weit unter 50 %, so dass *kein* Verwaltungsvermögen für die Regelverschonung vorliegt. Der Anteil an der X-GmbH stellt somit verschonungsfähiges Vermögen dar.

Hinweis:

U. E. muss das Stimmrechtsbündel aufgrund der Auswirkungen beim Erbfall nunmehr sieben Jahre für die Anwendung der Regelverschonung bestehen bleiben (= Behaltensfrist).[132]

60 Weitere Zweifelsfragen sollen in Kürze aufgezeigt werden.

Beim Stimmrechtsbündel ist zwischen der Aufhebung und der Nichterfüllung zu unterscheiden. Auch die Weiterübertragung von „gebündelten Anteilen" ist unklar.

- **Aufhebung**:

  Soweit das Stimmrechtsbündel innerhalb der sieben oder zehn Jahresfrist aufgehoben wird, erfolgt eine zeitanteilige Nachversteuerung.[133] U. E. könnten bei einer vollständigen Aufhebung sämtliche Schenkungen und Erbfälle mit Anteilsübertragungen zeitanteilig nach zu versteuern sein, welche durch das Stimmrechtsbündel begünstigt waren.

Hinweis:

Inwieweit die Finanzverwaltung ersetzende Stimmrechtsbündel (in diesem Fall) erlaubt, bleibt fraglich!

61 **Beispiel: Aufhebung**

Die Gesellschafter A, B und C sind jeweils mit 20 % an der X-GmbH in Freiburg beteiligt. Allesamt vereinbaren einen zivilrechtlich wirksamen Stimmrechtsbündel. A überträgt seine Anteile sofort auf seinen Sohn S. B und C übertragen ihre Anteile ebenfalls auf ihre Kinder. Nach der Übertragung beendet S das Stimmrechtsbündel im vierten Jahr nach der unentgeltlichen Übertragung und bezahlt die zeitanteilige Nachsteuer aus einer größeren Gewinnausschüttung.

Zweifelsfrage:

Es ist nicht abschließend geklärt, ob A über seinen Anteil im Wege der vorweggenommenen Erbfolge bei rechtswirksamen Abschlüssen des Stimmrechtsbündels uneinheitlich verfügen darf? Wie oben bereits ausgeführt, sprechen wir uns für die Übertragungsmöglichkeit aus. Aber mit den eindeutigen Anwendungskonsequenzen der Behaltensfrist und Lohnsummenklausel.

Ein Verstoß würde in diesem Beispiel bisher nur A mit einer Nachsteuer belasten.

132 § 13a Abs. 5 Nr. 5 ErbStG.
133 § 13a Abs. 5 Satz 1 Nr. 5 ErbStG.

Lösung:

Grundsätzlich löst die Aufbebung des Stimmrechtsbündels, welches zur Steuerverschonung geführt hat, die zeitanteilige Nachversteuerung aller „gebündelten" Anteile aus.

Hinweis:

Inwieweit es für die Kinder von B und C möglich ein weiteres „hilfreiches" Stimmrechtsbündel zu vereinbaren, um die zeitanteilige Nachversteuerung zu vermeiden, ist unklar.

- **Nichterfüllung**:

  Problematisch bleibt auch der Fall, in dem ein Unterzeichner des Stimmrechtsbündels abweichend vom vereinbarten in der Gesellschaftsversammlung handelt. U. E. wird die Nichteinhaltung des Stimmrechtsbündel oder –pools als Schädlichkeit für die Verschonung eingestuft und führt somit zur zeitanteiligen Nachversteuerung.[134] U. E. ist zu befürchten, dass auch in diesem Fall sämtliche begünstigte Übertragungen (= Infizierung) zeitanteilig steuerpflichtig werden.

Hinweis:

Inwieweit nur der schädlich handelnde Gesellschafter oder alle Unterzeichner zur zeitanteiligen Nachversteuerung festgesetzt werden, ist ebenfalls offen.

Beispiel: Nichterfüllung 62

Die Gesellschafter A und B sind mit jeweils 15 % an der X-GmbH in Freiburg beteiligt. Beide wollen ihre Anteile auf ihre Kinder S und T anteilig mit jeweils 10 % übertragen. Um die Regelverschonung in Höhe von 85 % nutzen zu können, vereinbaren A und B zivilrechtlich wirksam ein Stimmrechtsbündel. In der ersten Gesellschafterversammlung nach der Übertragung verlangt T ein eigenen Stimmrecht und handelt damit der Stimmrechts- und Poolvereinbarung zu wider.

Lösung:

Unstreitig kann das Kind S die zivilrechtlich eine eventuell vereinbarte Vertragsstrafe und Schadenersatz verlangen. Fraglich ist, inwieweit die schädliche Handlung von T auf S steuerrechtlich durchschlägt. U. E. werden beide Schenkungen unverschont der zeitanteiligen Nachversteuerung zugeführt, da die Behaltensfrist von sieben Jahren nicht erfüllt ist.[135]

- **Weiterübertragung**:

  Auch die Weiterübertragung stimmrechtsgebündelter Anteile ist ***nicht*** unumstritten. Das nachfolgende Beispiel soll die erhebliche Komplexität nochmals verdeutlichen.

Beispiel: Weiterübertragung 63

Die Gesellschafter A, B und C halten jeweils 20 % der Anteile an der X-GmbH in Freiburg. Für die begünstigten vorweggenommenen Erbfolgen bündeln die drei Poolvertragsunterzeichner ihre Anteile (= einheitliche Stimmrechtsausübung usw.). Alle drei Gesellschafter übertragen steuerbegünstigt ihre 20%igen Anteile auf jeweils ein Kind (= M, N und O). Alle drei Kinder treten mit allen Rechten und Pflichten in den Stimmrechts- und Poolvertrag ein (= Behaltensfrist und Lohnsummenklausel Nr. 1). O wiederum überträgt die Anteile nach zwei Jahren weiter auf seinen Sohn S (= Behaltensfrist und Lohnsummenklausel Nr. 2 [?]).

134 *Andere Auffassung*: „Allerdings dürfte der Verstoß gegen die Stimmrechtsvereinbarung nicht zum Wegfall der Vergünstigungen führen; denn das Gesetz verlangt insoweit nur eine „Verpflichtung" zur Stimmrechtsbündelung", vgl. Szczesny in „Der Familienpool nach der geplanten Erbschaftsteuerreform", BBEV 2008, 4 ff.

135 § 13a Abs. 5 Satz 1 Nr. 5 ErbStG.

3

Lösung:

Unstrittig ist, dass bei der Weiterübertragung auf S begünstigtes Vermögen vorliegt, da das Stimmrechtsbündel rechtswirksam vorliegt und die gebündelten Anteile mehr als 25 % Mindestbeteiligung ergeben. Fraglich ist die Prüfung der Behaltensfrist und der Lohnsummenklausel.

U. E. gesetzlich *nicht* eindeutig geklärt ist, ob

- die Behaltensfrist und der Zeitraum der Lohnsummenklausel sich aufteilen, so dass die Begünstigten M und N die „ersten" Fristen beachten müssen und nur für S die neuen Zeiträume gelten. Soweit dieser Vorgehensweise den Vorzug zu geben ist, muss der Berater zwei Lohnsummenklauseln überwachen. Hinweisend sei an dieser Stelle klargestellt, dass dann auch zwei Überentnahmeregelungen zu beachten sind.
- sämtliche Übertragungen als in den „ersten" Fristen verhaftet gelten. S tritt in die verbleibenden Jahre von O ein. Insoweit ist dann nur eine – nämlich die „erste" - Lohnsummeklausel und Überentnahmegrenze zu beachten.
- sämtliche Übertragungen – da gebündelt – eine neue – also die zweite - Behaltensfrist und Lohnsummenklausel als auch Überentnahmegrenze erhalten. Dann würden eine Übertragung sämtliche gebündelte und ebenfalls bereits übertragende Anteile „mitreißen".

Unsere Auffassung

U. E. sind die beiden Lösungsvorschläge der einheitlichen Beurteilung abzulehnen, da jeder Vermögensübergang erbschaftsteuerrechtlich grundsätzlich für sich zu beurteilen ist. Der erste Lösungshinweis verdeutlicht die Komplexität des Stimmrechtsbündels und sorgt für einen erhöhten Beratungs- und Überwachungsbedarf.

64 Der Vertrag über das „Stimmrechtsbündel / -pool" kann wie folgt beispielsweise verfasst werden.

Hinweis:

Es ist bisher unklar, ob das Stimmrechtsbündel / -pool notariell beurkundet werden muss.

§ 1 Einheitliche Stimmabgabe

Die Unterzeichner (Vertragsparteien) sind allesamt Gesellschafter der [X-GmbH]. Die Unterzeichner werden in Zukunft bei allen Gesellschafterbeschlüssen

- übereinstimmend eine einheitliche Stimmabgabe vollziehen

  oder
- sich übereinstimmend der Stimme enthalten.

§ 2 Festlegung des Abstimmungsverhaltens

Vor jedem Gesellschafterbeschluss werden die Unterzeichner ihr Stimmverhalten durch einen zwischen den Unterzeichnern zu treffenden Beschluss festlegen. Der Beschluss wird schriftlich protokolliert. Der Beschluss wird mit Mehrheit der vorhandenen Stimmen von [X] % gefasst. Je 100 € eines Geschäftsanteils gewähren eine Stimme.

§ 3 Verfügungsbeschränkung

1 Eine Übertragung von Geschäftsanteilen an der [X-GmbH] ist nur auf einen Unterzeichner dieser Vereinbarung zulässig. Die Rechte und Pflichten aus diesem Stimmbindungs- und Poolvertrag gelten für die erwerbende Vertragspartei unverändert fort.

2 Darüber hinaus ist eine Übertragung von Geschäftsanteilen an der Gesellschaft auf einen Dritten nur dann zulässig, wenn der Erwerber diesem Stimmbindungs- und Poolvertrag schriftlich beitritt und in alle Rechte und Pflichten des übertragenden Gesellschafters eintritt sowie sich gegenüber

den übrigen Unterzeichnern dieser Vereinbarung seinerseits verpflichtet, die Geschäftsanteile an der Gesellschaft nur auf solche Personen zu übertragen, die diesem Vertrag schriftlich beitreten und die Verpflichtungen aus dieser Vereinbarung übernimmt.

3 Überträgt ein Gesellschafter seine Beteiligung an der Gesellschaft auf einen Dritten, so garantiert der jeweils übertragende Gesellschafter im Wege eines selbstständigen Garantieversprechens gegenüber den jeweils anderen Unterzeichnern dieser Vereinbarung, dass die erwerbende Person spätestens mit Erwerb der Geschäftsanteile diesem Stimmbindungs- und Poolvertrag beitritt und in alle Rechte und Pflichten des übertragenden Gesellschafters eintritt.

4 Überträgt der übertragende Gesellschafter nur einen Teil seiner Geschäftsanteile auf einen Dritten, so hat er zu bewirken, dass diese Person diesem Stimmbindungs- und Poolvertrag beitritt. Der übertragende Gesellschafter und die erwerbende Person sind in diesem Fall Gesamtgläubiger bzw. -schuldner hinsichtlich der Rechte und Pflichten des übertragenden Gesellschafters aus diesem Stimmbindungs- und Poolvertrag.

§ 4 Vertragsstrafe

1 Im Falle einer von einem rechtmäßigen Beschluss gemäß § 2 abweichenden Stimmabgabe durch eine Vertragspartei hat diese an die übrigen Vertragsparteien im Verhältnis des Nennbetrags der Geschäftsanteile derselben zueinander eine Vertragsstrafe im Betrage von insgesamt [X] € zu zahlen. Das Recht, Schadensersatz, Erfüllung oder Unterlassung zu verlangen, wird durch die Zahlung der Vertragsstrafe *nicht* berührt. Die Vertragsstrafe wird auf den Schadensersatz angerechnet.

2 Überträgt ein Unterzeichner seinen Geschäftsanteil oder einen Teil seines Geschäftsanteils auf einen Dritten, *ohne* dass der Erwerber dieser Vereinbarung beitritt, hat der Unterzeichner an die übrigen Unterzeichner im Verhältnis des Nennbetrags der Geschäftsanteile derselben zueinander eine Vertragsstrafe im Betrage von insgesamt [X] € zu zahlen. Das Recht, Schadensersatz, Erfüllung oder Unterlassung zu verlangen, wird durch die Zahlung der Vertragsstrafe *nicht* berührt. Die Vertragsstrafe wird auf den Schadensersatz angerechnet.

§ 5 Dauer

Dieser Vertrag wird für die Dauer von sieben Jahren [zehn Jahren] geschlossen.

(Unterzeichner A)	(Unterzeichner B)

b) Mittelbare Beteiligung

Mittelbare Beteiligungen wirken sich aus bei der 65

- Ermittlung der *Ausgangslohnsumme*, wenn die Beteiligung im Betriebsvermögen gehalten wird und mehr als 25 % beträgt. Die Ausgangslohnsumme wird um einen den Beteiligungsquoten entsprechenden Lohnsummenanteil erhöht.[136]
- Ermittlung des *Verwaltungsvermögensanteils*, wenn die Beteiligung 25 % oder weniger beträgt, im Betriebsvermögen gehalten wird und *kein* Stimmrechtsbündel vorliegt.[137]

136 § 13a Abs. 4 Satz 5 ErbStG.
137 § 13b Abs. 2 Satz 2 Nr. 2 ErbStG.

- Ermittlung des *Verwaltungsvermögensanteils*, wenn die Beteiligung mehr als 25 % beträgt und bei der Beteiligungsgesellschaft mehr als 50 % bzw. 10 % Verwaltungsvermögen vorliegt.[138]

5. Vom begünstigtem zum verschonungsfähigen Vermögen (= Prüfungsschema)

66 Soweit das begünstigte Vermögen nicht mehr als 50 % bzw. 10 % aus Verwaltungsvermögen besteht, handelt es sich dann um verschonungsfähiges Vermögen. Sind die Voraussetzungen für verschonungsfähiges Vermögen erfüllt, ist die Regelverschonung (= 85%ige Steuerbefreiung bei siebenjähriger Erfüllungsfrist) immer anzuwenden, während dessen die Verschonungsoption (= 100%ige Steuerbefreiung bei zehnjähriger Erfüllungsfrist) nur bei unwiderruflichen Antrag angewendet wird.

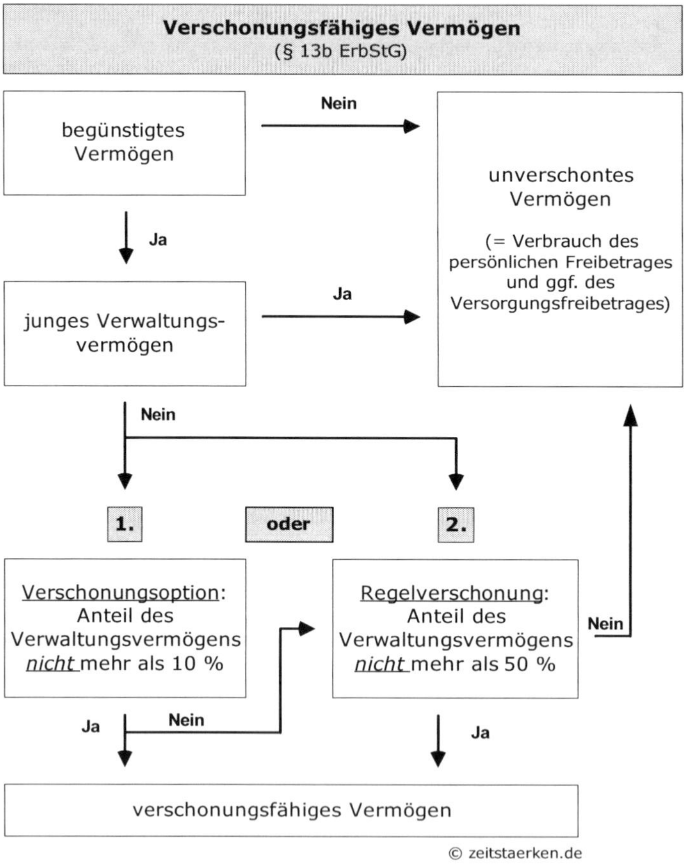

138 § 13b Abs. 2 Satz 2 Nr. 3 ErbStG.

III. Verwaltungsvermögen

1. Junges Verwaltungsvermögen

3

Bisher konnten der Unternehmerfreibetrag[139] und der Bewertungsabschlag[140] zur Gestaltungsberatung genutzt werden. Um missbräuchlichen Gestaltungen vorzubeugen, wurde das sog. **junge Verwaltungsvermögen**[141] (= „Vorbesitzklausel") aufgenommen. Aus Privatvermögen wurde vor der Schenkung gewillkürtes Betriebsvermögen und die betrieblich zugeführten Wirtschaftsgüter waren sodann nach der Privateinlage steuerbegünstigt. Dieser Vorgehensweise ist nur noch eingeschränkt möglich. Soweit Verwaltungsvermögen nicht bereits den ganzen Übertragungsakt „schädlich infiziert" und damit die Steuerbegünstigung ausschließt, muss überprüft werden, ob dieses Verwaltungsvermögen weniger als zwei Jahre im Besteuerungszeitpunkt zum Betrieb gehört (= sog. **junges Verwaltungsvermögen**).[142] Diese Wirtschaftsgüter des Verwaltungsvermögens stellen damit dann *nicht*verschonungsfähiges Vermögen dar, wenn diese innerhalb von zwei Jahren vor der Übertragung in das Betriebsvermögen eingelegt, angeschafft oder hergestellt worden sind. 67

Beispiel: Einlage innerhalb von zwei Jahren vor der Schenkung 68

Der Steuerpflichtige S betreibt einen Gewerbetrieb in eigenen Räumen. 2/3 des Gebäudes werden zu eigenen gewerblichen Zwecken genutzt. 1/3 des Gebäudes sind fremd vermietetes Privatvermögen.

Lösung:

Soweit S den Verschonungsabschlag und den Abzugsbetrag auch für den vermieteten Anteil in Anspruch nehmen möchte, muss die Einlage (= Wille + Handlung[143]) des fremd vermieteten Privatvermögens mindestens zwei Jahre vor der Schenkung/dem Erbfall erfolgen.[144]

Hinweis:

Ein „Auffüllen des Verwaltungsvermögen" – durch Einlage von Privatvermögen in das gewillkürte Betriebsvermögen – bis zur Unschädlichkeitsgrenze von 50 % bzw. 10 % ist damit nicht möglich.

139 § 13a Abs. 1 ErbStG a. F.
140 § 13a Abs. 2 ErbStG a. F.
141 § 13b Abs. 2 Satz 3 ErbStG.
142 § 13b Abs. 2 Satz 3 ErbStG.
143 Handlung = Einbuchung und Aufnahme ins Anlageverzeichnis.
144 § 13b Abs. 2 Satz 3 ErbStG.

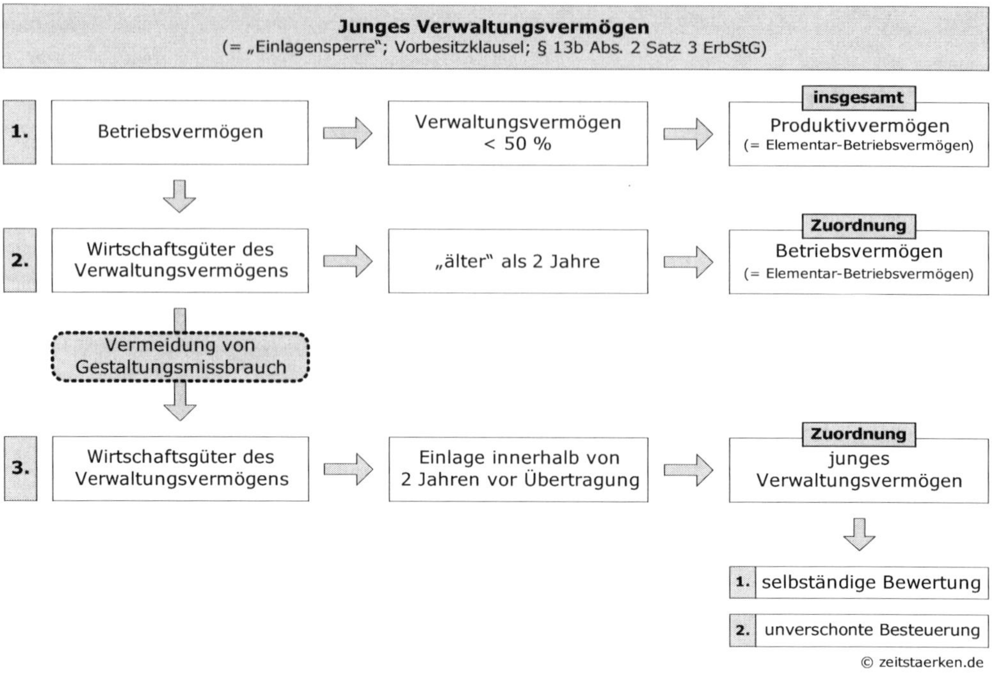

69 Ein erster Überblick gibt das nachstehende Schaubild:

Junges Verwaltungsvermögen (§ 13b Abs. 2 Satz 3 i. V. m. Abs. 2 Satz 2 ErbStG)	
Ja	**Nein**
■ Verpachtungsgrundstücke an weitere Dritte	■ Patente, Rechte und derivativer Geschäftswert
■ Kapitalgesellschaftsbeteiligungen mit 25 % und weniger (ohne Stimmrechtsbündel)	■ Maschinen, Lkw und Pkw sowie Betriebsvorrichtungen
■ Gesellschaftsbeteiligungen mit einem Verwaltungsvermögensanteil von mehr als 50 %	■ Waren, halbfertige Erzeugnisse und Roh-, Hilfs- und Betriebsstoffe
■ Wertpapiere und vergleichbare Forderungen	■ Bank, Geldbestände und Kasse
■ Kunstgegenstände ohne Vertriebszweck	■ ARAP

Hinweis:

*Ein „Auffüllen des Verwaltungsvermögen" - mit Privatvermögen durch Einlage in das gewillkürte Betriebsvermögen - bis zur Unschädlichkeitsgrenze von 50 % bzw. 10 % ist damit innerhalb von zwei Jahren vor dem Besteuerungszeitpunkt möglich aber erbschaftsteuerrechtlich betrieblich unverschont. So ganz ist es dem Steuergesetzgeber aber **nicht** gelungen das Auffüllen zu vermeiden. Soweit das Einlagewirtschaftsgut **kein** Wirtschaftsgut des Verwaltungsvermögens darstellt, ist die Einlage innerhalb von zwei Jahren betrieblich zu verschonen z. B. Geldeinlagen oder die Einlage eines Pkw.*

Beispielhafte Geschäftsvorfälle für **junges Verwaltungsvermögen** sind: 70

- Überführung eines Wirtschaftsgutes in ein anderes Betriebsvermögen mit anschließender Rückverpachtung des übertragenen Wirtschaftsgutes (= ohne Betriebsaufspaltung)
- Privateinlage eines Wirtschaftsgutes mit anschließender Wirtschaftsgutverpachtung an einen Dritten

  oder
- Verschmelzung von zwei Betrieben/Gesellschaften mit anschließender Wirtschaftsgutverpachtung an einen (weiteren) Dritten

Hinweis:

Das „junge" Verwaltungsvermögen ist beim 50 % bzw. 10 %-Verhältnis uneingeschränkt zu berücksichtigen.[145] Somit wirkt sich das junge Verwaltungsvermögen bei der Prüfung der Verschonungsmöglichkeiten zweimal aus nämlich einmal als junges Verwaltungsvermögen selbst und zum anderen beim (vollständigen) Verwaltungsvermögen. Erfüllt das junge Verwaltungsvermögen auch den Status des „nicht betriebsnotwendigen Vermögens[146]", muss es verselbstständigt bewertet werden.

2. (vollständiges) Verwaltungsvermögen

Der Verschonungsabschlag wird *nicht* gewährt, wenn das Betriebsvermögen dieser o. a. Betriebe[147] zu jeweils **mehr als 50 % bzw. 10 %** aus Verwaltungsvermögen besteht.[148] 71

Das ***nicht*** **begünstigte Vermögen (= Verwaltungsvermögen)** wird *abschließend* wie folgt aufgezählt:

- Dritten zur Nutzung überlassene Grundstücke, Grundstücksteile, grundstücksgleiche Rechte und Bauten[149] mit Ausnahmen (= Öffnungsklauseln)
- Anteile an Kapitalgesellschaften, bei denen die Beteiligungsquote 25 % oder weniger beträgt *und kein* Stimmrechtsbündel/Verfügungsbeschränkung vorliegt[150]
- Anteile an Mitunternehmerschaften und Kapitalgesellschaften (= Beteiligungsquote von mehr als 25 %) mit einem Verwaltungsvermögen von mehr als 50 %[151] (= mittelbare Beteiligung; Unterbeteiligungen)

145 Hannes/Onderka in „Erbschaftsteuerreform: Die Besteuerung des Erwerbs von Betriebsvermögen – keine Sternstunde der Steuervereinfachung", ZEV 2008, 16 ff.

146 § 200 Abs. 4 BewG.

147 = Land- und Forstwirtschaft; Gewerbebetrieb; selbständig/freiberuflich Tätiger; Teilbetrieb; Mitunternehmerschaft; Anteile an Kapitalgesellschaften.

148 § 13b Abs. 2 Satz 1 ErbStG.

149 § 13b Abs. 2 Nr. 1 ErbStG.

150 § 13b Abs. 2 Nr. 2 ErbStG.

151 § 13b Abs. 2 Nr. 3 ErbStG.

- Wertpapiere und vergleichbare Forderungen[152]
- Kunstgegenstände, Kunstsammlungen, wissenschaftliche Sammlungen, Bibliotheken und Archive, Münzen, Edelmetalle und Edelsteine[153], die Anlagevermögen sind und *nicht* dem Hauptzweck dienen

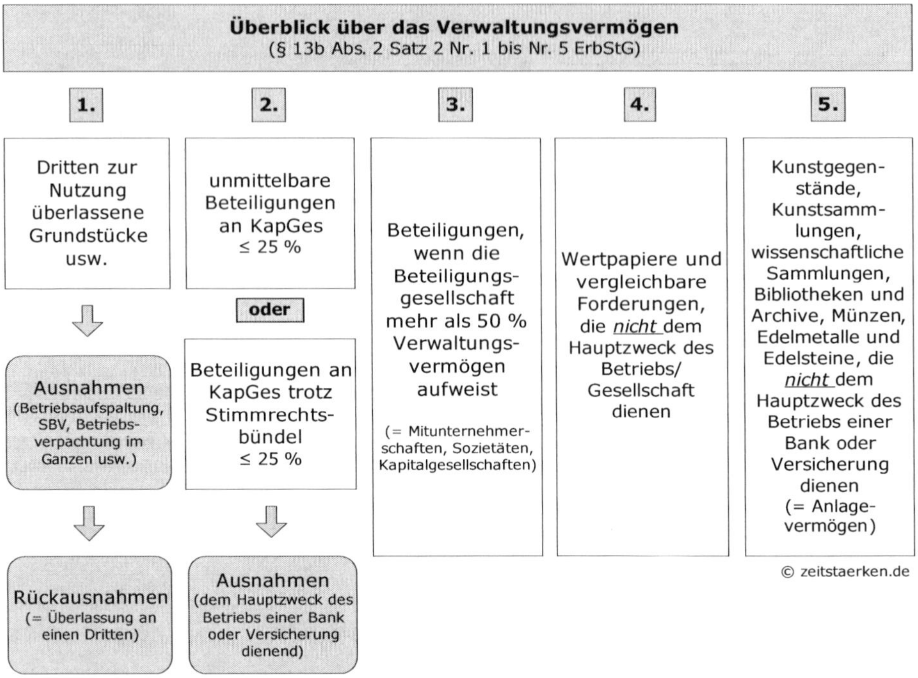

Hinweis:

Geld und Geldbestände gehören nicht zum Verwaltungsvermögen. Da Geldbestände nicht zum Verwaltungsvermögen gehören, greift hierfür auch nicht die sog. zweijährige Vorbesitzklausel. Insoweit bieten sich immer noch Gestaltungen in der täglichen Praxis an. Geld und Geldbestände könnten somit die Möglichkeit eröffnen, das Verhältnis zwischen Produktivvermögen und Verwaltungsvermögen zu beeinflussen, um die Grenzverhältnisse von 50 % bzw. 10 % am Bewertungs- und Besteuerungsstichtag einzuhalten.

- Dritten zur Nutzung überlassene Grundstücke

  Diese Art des Verwaltungsvermögens zeichnet sich durch ein entgeltliches oder unentgeltliches Überlassungsverhältnisses aus. An die Art der Überlassung stellt das ErbStG keine besonderen Anforderungen. Sowohl eine Selbstnutzung durch den mietenden Dritten als auch eine Weitervermietung sind betroffen. Eine Öffnung für Vermietungen an nahe Angehörige ist nicht explizit aufgenommen. Der Steuergesetzgeber mildert die Folgen dieser Verwaltungsvermögensart dadurch ab, dass insgesamt fünf Öffnungsklauseln gesetzlich abschließend festgelegt worden sind.
- Anteile an Kapitalgesellschaften 25 % - ohne wirksamen Stimmrechtsbündel

152 § 13b Abs. 2 Nr. 4 ErbStG.
153 § 13b Abs. 2 Nr. 5 ErbStG.

Soweit der Schenker oder Erblasser *nicht* mehr als 25 % Kapitalgesellschaftsanteile innehat, liegt *kein* begünstigtes Vermögen vor. Sind Kapitalgesellschaftsanteile Betriebsvermögen eines Einzelunternehmens, einer Mitunternehmerschaft oder eine anderen Kapitalgesellschaft selbst und beträgt die Beteiligungsquote auch nur maximal 25 % liegt Verwaltungsvermögen vor. Um aus diesen Status zu entfliehen, müsste die Beteiligungsquote auf über 25 % unmittelbare Beteiligung aufgestockt werden. Die Möglichkeit die betrieblichen Anteile mit Anteilen anderer Gesellschafter zu bündeln, bleibt bestehen (= Stimmrechtsbündel). 3

Hinweis:

Das Stimmrechtsbündel kann damit bei Beteiligungen im Privat- und Betriebsvermögen genutzt werden. Die Voraussetzungen und Zweifelsfragen sind identisch.

Nicht betroffen sind Anteile an Kapitalgesellschaften, wenn diese mit dem Hauptzweck eines Kreditinstituts, eines Finanzdienstleistungsinstituts oder eines Versicherungsunternehmens in wirtschaftlichen Zusammenhang stehen.

Beispiel: Doppelstöckige Gesellschaften 72

Die M-GmbH hält 20 % an der V-GmbH. Die V-GmbH ist eine Vertriebsgesellschaft mehrerer unterschiedlicher Unternehmen (= Verkaufsverbund). Die 15%igen Anteile an der M-GmbH befinden sich im Betriebsvermögen der A-GmbH & Co. KG. Vater V will die Anteile an der A-GmbH & Co. KG im Ganzen auf seine Tochter T übertragen.

Lösung:

Die 20%ige Beteiligung an der V-GmbH stellt bei der M-GmbH Verwaltungsvermögen dar. Die 15%ige Beteiligung an der M-GmbH ist auch Verwaltungsvermögen. Insoweit entwickelt sich der Fall fort. Jede Gesellschaftsbeteiligung ist für sich zu bewerten. In Höhe der Beteiligungsquote entsteht bei den Obergesellschaften verschonungsfähiges oder Verwaltungsvermögen. Beim Mitunternehmeranteil wird sozusagen endgültig abgerechnet. Entweder überschreitet das Verwaltungsvermögen die Grenzwerte oder nicht.

- **Beteiligungen an Gesellschaften mit einem Verwaltungsvermögensanteil von mehr als 50 %**

  Sehr arbeitsaufwendig ist die dritte Art des Verwaltungsvermögens. Werden Beteiligungen an einer Mitunternehmerschaft oder Kapitalgesellschaft im Betriebsvermögen gehalten, so sind diese Anteile selbstständig als Unterbeteiligungen zu bewerten. Dazu muss überprüft werden, ob die Beteiligungsgesellschaft selbstständig mehr als 50 % Verwaltungsvermögen aufweist.

  Bei Mitunternehmeranteilen ist die Beteiligungsquote unerheblich. Betroffen sind: GbR, Sozietäten, Partnerschaftsgesellschaften, OHG, KG, GmbH & Co. KG. Kapitalgesellschaftsanteile sind in der dritten Art des Verwaltungsvermögens nur betroffen, wenn die Beteiligungsquoten unmittelbar oder gebündelt mehr als 25 % betragen. Doppelstöckige Firmenstrukturen führen damit bei der Feststellung von Verwaltungsvermögen zu einem erhöhten Prüfungsaufwand. Es kann auch zu einem Kaskadeneffekt kommen.

Beispiel: Unterbeteiligungen

Im Einzelunternehmen E sind Mitunternehmeranteile an der M-GmbH & Co. KG ausgewiesen. Die Beteiligung beträgt 15 %. Die M-GmbH & Co. KG besteht zu 77 % aus Verwaltungsvermögen. Die mitunternehmerische Unterbeteiligung entspricht einem 57 % Verwaltungsvermögensanteil im Einzelunternehmen. Vater V will das Einzelunternehmen auf seinen Sohn S übertragen.

Lösung:

Die Übertragung des Einzelunternehmens ist zwar begünstigtes Vermögen aber *kein* verschonungsfähiges Vermögen, da beide Verwaltungsvermögensgrenzen (= 10 % bzw. 50 %) durch die mitunternehmerische Beteiligung im Einzelunternehmen überschritten werden.

73 Befinden sich Anteile an Beteiligungsgesellschaften im Betriebsvermögen des land- und forstwirtschaftlichen Betriebs, des Gewerbebetriebs, der Mitunternehmerschaft oder der Kapitalgesellschaft, ist zu prüfen, ob dadurch Verwaltungsvermögen entsteht:

- Beteiligung an einer Mitunternehmerschaft[154] *oder* Sozietät[155]
  - Beteiligung = Verwaltungsvermögen
    - Das (eigene) Verwaltungsvermögen der Beteiligungsgesellschaft beträgt mehr als 50 % des Gesamtvermögens.

      Die Beteiligungsquote ist unerheblich.
  - Beteiligung = verschonungsfähiges Vermögen
    - Das (eigene) Verwaltungsvermögen der Beteiligungsgesellschaft beträgt *nicht mehr* als 50 % des Gesamtvermögens.

      Die Beteiligungsquote ist unerheblich.

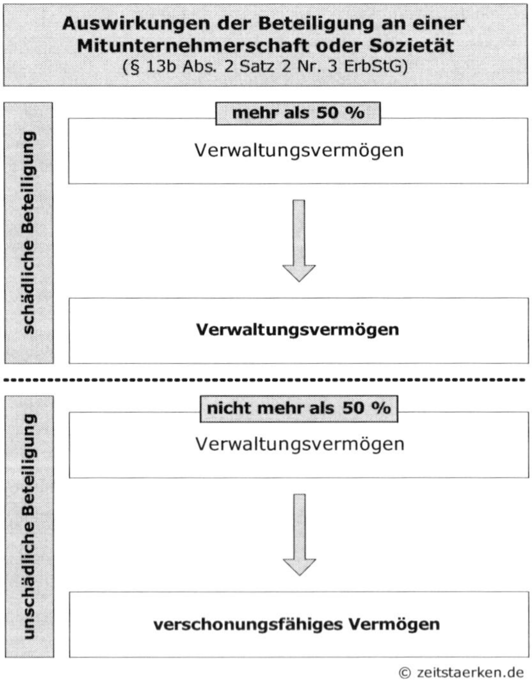

- Beteiligung an einer Kapitalgesellschaft[156]
  - Beteiligung = Verwaltungsmögen

154 § 15 Abs. 1 Satz 1 Nr. 2 oder Abs. 3 EStG.
155 § 18 Abs 4 EStG.
156 § 13b Abs. 2 Satz 2 Nr. 3 ErbStG.

  - Die Beteiligungsquote muss mehr als 25 % betragen

    und
  - das (eigene) Verwaltungsvermögen der Beteiligungsgesellschaft beträgt mehr als 50 % des Gesamtvermögens.
- Beteiligung = verschonungsfähiges Vermögen
  - Die Beteiligungsquote muss mehr als 25 % betragen

    und
  - das (eigene) Verwaltungsvermögen der Beteiligungsgesellschaft beträgt *nicht mehr* als 50 % des Gesamtvermögens

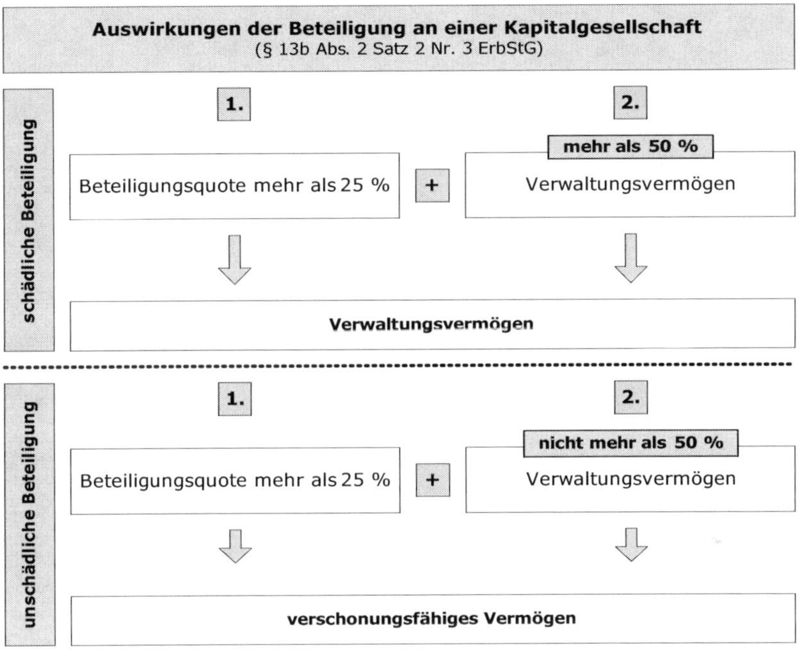

Hinweis:

Beträgt die Beteiligungsquote 25 % oder weniger, so liegt im vollen Umfang der Beteiligung Verwaltungsvermögen vor.[157]

Beispiel: Beteiligung – Verwaltungsvermögen < 50 % 74

Der Steuerpflichtige S ist Allein-Gesellschafter-Geschäftsführer der X-GmbH. Als S den Betrieb der X-GmbH erweitern will, gründet S eigens zur Absicherung des originären Geschäftsbetriebs die Tochtergesellschaft Y-GmbH. Der Anteil von Verwaltungsvermögen beträgt bei der Y-GmbH 30 %. Sämtliche Anteile an der Y-GmbH werden im Betriebsvermögen der X-GmbH ausgewiesen. S schenkt sämtliche Anteile an der X-GmbH seiner Tochter T mit einem kapitalisierten Ertragswert in Höhe von 2.500.000 €. Darin enthalten ist wiederum ein kapitalisierter Ertragswert in Höhe von 325.000 € für die

157 § 13b Abs. 2 Satz 2 Nr. 2 ErbStG.

Anteile an der Y-GmbH. Außerdem ist im Betriebsvermögen der X-GmbH ein fremd vermietetes Grundstück mit einem Verkehrswert von 700.000 € enthalten.

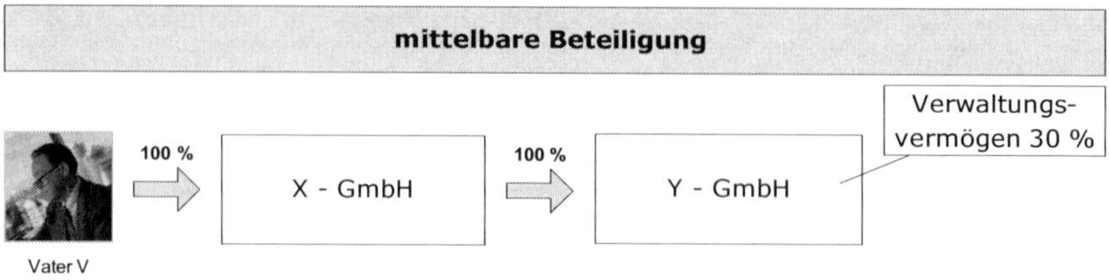

Lösung:

Die Beteiligung der X-GmbH an der Y-GmbH beträgt mehr als 25 %. Aufgrund der mehr als 25%igen Beteiligung ist für die Prüfung, ob für die X-GmbH Verwaltungsvermögen vorliegt, der Anteil des Verwaltungsvermögens der Y-GmbH entscheidend.[158] Der Anteil des Verwaltungsvermögens der Y-GmbH beträgt _nicht mehr_ als 50 % (= 30 %), deshalb stellt der Anteil an der Y-GmbH für die X-GmbH verschonungsfähiges Vermögen dar.[159] Bei der Überprüfung des Verwaltungsvermögens der X-GmbH sind die Anteile an der Y-GmbH _als verschonungsfähiges Vermögen_ einzubeziehen.

Das Verwaltungsvermögen der X-GmbH in Höhe von 700.000 € setzt sich wie folgt zusammen:

- fremd vermietetes Grundstück 700.000 €

Grundstück / Bilanzsumme	=	700.000 / 2.500.000	=	**28%**

Der Anteil des Verwaltungsvermögens der X-GmbH beträgt 28 %. Es liegt insgesamt verschonungsfähiges Vermögen vor. Somit ist der Verschonungsabschlag von 85 % bei der Regelverschonung zu gewähren.

75 **Beispiel: Beteiligung - Verwaltungsvermögen > 50%**

Der Steuerpflichtige S ist Allein-Gesellschafter-Geschäftsführer der X-GmbH. Als S den Betrieb der X-GmbH erweitern will, gründet S eigens zur Absicherung des originären Geschäftsbetriebs die Tochtergesellschaft Y-GmbH. Sämtliche Anteile an der Y-GmbH werden im Betriebsvermögen der X-GmbH ausgewiesen. S schenkt sämtliche Anteile an der X-GmbH seiner Tochter T mit einem kapitalisierten Ertragswert in Höhe von 2.500.000 €. Darin enthalten ist wiederum ein kapitalisierter Ertragswert in Höhe von 525.000 € für die Anteile an der Y-GmbH. Der Anteil von Verwaltungsvermögen beträgt bei der Y-GmbH 55 %. Außerdem ist im Betriebsvermögen der X-GmbH ein fremd vermietetes Grundstück mit einem Verkehrswert von 750.000 € enthalten.

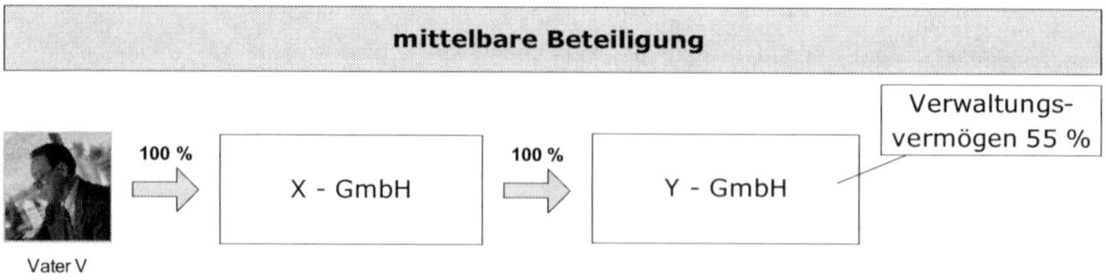

158 § 13b Abs. 2 Satz 2 Nr. 3 ErbStG.
159 Umkehrschluss: § 13b Abs. 2 Satz 2 Nr. 3 ErbStG.

Lösung:

Die Beteiligung der X-GmbH an der Y-GmbH beträgt mehr als 25 %. Aufgrund der mehr als 25%igen Beteiligung ist für die Prüfung, ob für die X-GmbH Verwaltungsvermögen vorliegt, der Anteil des Verwaltungsvermögens der Y-GmbH entscheidend.[160] Der Anteil von Verwaltungsvermögen beträgt bei der Y-GmbH mehr als 50 % (= 55%). Der Wert der Beteiligung an der Y-GmbH stellt für die X-GmbH Verwaltungsvermögen dar.[161] Der Beteiligungswert in Höhe von 525.000 € ist in die Berechnung des Verwaltungsvermögens der X-GmbH *als Verwaltungsvermögen* mit einzubeziehen.

3

Das Verwaltungsvermögen der X-GmbH in Höhe von 1.275.000 € setzt sich wie folgt zusammen:

- Beteiligung an der Y-GmbH 525.000 €
- fremd vermietetes Grundstück 750.000 €

Y-GmbH + Grundstück / Bilanzsumme	=	1.275.000 / 2.500.000	=	**51%**

Der Anteil des Verwaltungsvermögens der X-GmbH beträgt 51 %. Es liegt insgesamt schädliches Verwaltungsvermögen vor. Somit ist **kein** Verschonungsabschlag zu gewähren.

- **Wertpapiere und vergleichbare Forderungen** 76

Wertpapiere sind verbriefte Stimmrechts- und Gewinnbezugsrechte. Diese sind immer Verwaltungsvermögen. Die Titulierung oder die Anlagestrategie der Wertpapiere spielt dabei keine Rolle. Entscheidend ist, dass Erträge erzielt werden. Ob es sich dabei um klassische Kapitalerträge oder (versteckte) Wertsteigerungen handelt, ist ebenfalls unmaßgeblich. *Nicht* betroffen sind Wertpapiere, wenn diese mit dem Hauptzweck eines Kreditinstituts, eines Finanzdienstleistungsinstituts oder eines Versicherungsunternehmens in wirtschaftlichen Zusammenhang stehen.

Die Formulierung „.. *und vergleichbare Forderungen .. [Formatierung des Verfassers]*“ bezieht sich auf weitere Finanzinnovationen, die vom Kapitalmarkt entwickelt wurden und u. U. nicht direkt unter das Stichwort „Wertpapiere“ zu subsumieren sind (= Auffangtatbestand). U. E. ist die Rückdeckungsversicherung (= in der Regel in Form einer Lebensversicherung) *kein* Wertpapier und auch *keine* vergleichbare Forderung. Diese vierte Art des Verwaltungsvermögens wurde geschaffen, um das Auffüllen des verschonten Vermögens durch grundsätzliches Privatvermögen oder renditelose Vermögensgegenstände zu vermeiden. Die Rückdeckungsversicherung ist ein Erfordernis zu Finanzierung der Pensionsrückstellung, um eine verdeckte Gewinnausschüttung zu vermeiden. Aus diesem Grund ist die Rückdeckungsversicherung *kein* Verwaltungsvermögen.

- **Kunstgegenstände** 77

Kunstgegenstände, Edelmetalle und –steine sowie Bibliothek usw. sind immer dann Verwaltungsvermögen, wenn diese Gegenstände *nicht* dem Hauptzweck eines Unternehmens dienen also Umlaufvermögen sind. Liegen Kunstgegenstände des Anlagevermögens vor, handelt es sich damit um Verwaltungsvermögen. Ausnahmsweise sind Vorführ-Gegenstände des Anlagevermögens u. E. *kein* Verwaltungsvermögen.

160 § 13b Abs. 2 Satz 2 Nr. 3 ErbStG.
161 § 13b Abs. 2 Satz 2 Nr. 3 ErbStG.

3. Öffnungsklausel

a) Überblick

78 Die Erbschaftsteuerreform beinhaltet zwei abschließende Aufzählungen nämlich die des begünstigten Vermögens und die des Verwaltungsvermögens.

U. E. aus reiner „Klientenpolitik“ heraus, wurde zur Abmilderung des Verwaltungsvermögens (= unverschontes Betriebsvermögen) sog. Öffnungsklauseln als Ausnahmen gesetzlich fixiert. Auffallend ist das trotzdem nicht alle „Lücken“ geschlossen worden sind. Diese Ausnahmen (= Öffnungsklauseln) werden aber zugleich wieder von Rückausnahmen (= Versagung der Öffnungsklauseln) begleitet. Also ein „Hin und Her“ welches der Berater in den Praxisfällen genau überprüfen muss.

Die Öffnungsklauseln betreffen aber nur das Verwaltungsvermögen „Überlassung von Grundstücke zur Nutzung an Dritte“. Die anderen Arten des Verwaltungsvermögens haben *keine* Öffnungsklauseln erfahren. Unter bestimmten Voraussetzungen ist die Überlassung von Grundstükken, Grundstücksteile, grundstücksgleichen Rechten und Bauten an Dritte als *nicht* Verwaltungsvermögen zu qualifizieren (= sog. **Öffnungsklausel**).

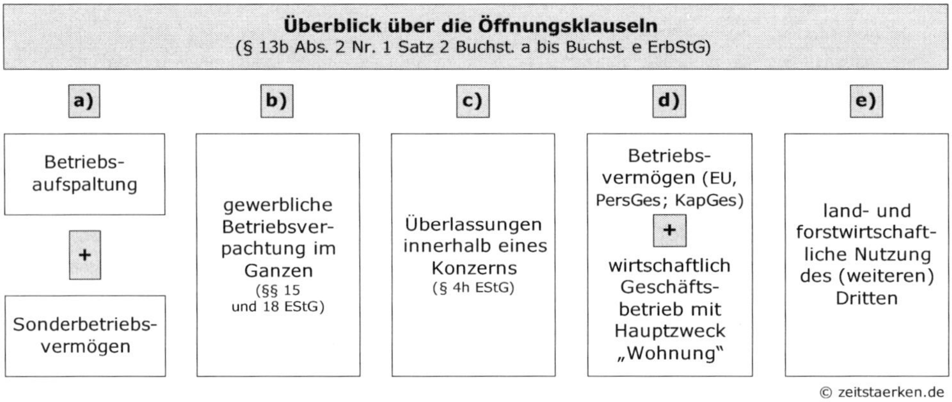

79 *Nicht* an Dritte zur Nutzung überlassen gelten Grundstücke, wenn

- der Erblasser oder Schenker[162]
  - seinen (einheitlichen geschäftlichen) Betätigungswillen allein oder zusammen mit anderen Gesellschaftern auf beiden Seiten (= Vermieter und Mieter) durchsetzen kann (= **Betriebsaufspaltung**)

    oder
  - das Wirtschaftsgut seiner Mitunternehmerschaft/Sozietät (unentgeltlich oder entgeltlich) zur Nutzung zur Verfügung stellt (= **Sonderbetriebsvermögen**)

    und
  - der Erbe oder Beschenkte in diese Rechtsposition eintritt.

162 § 13b Abs. 2 Satz 2 Nr. 1 Satz 2 Buchst. a ErbStG.

- bei einer **gewerblichen Betriebsverpachtung im Ganzen**[163], wenn
  - der Pächter des Betriebs Erbe des Verpächters wird

    oder
  - die Verpachtung an Dritten erfolgt,
    - weil Beschenkter im Zeitpunkt der Steuerentstehung den Betrieb noch nicht selbst führen kann
    - die Verpachtung auf 10 Jahre befristet ist

  Die Frist beginnt bei einem Beschenkten, der das 18. Lebensjahr noch nicht vollendet hat, mit Vollendung des 18. Lebensjahres
- Überlassungen innerhalb eines **Konzerns**[164]
- Überlassene Grundstücke gehören zum Betriebsvermögen[165] einer
  - Personengesellschaft
  - Kapitalgesellschaft

    und
  - der **Hauptzweck** des wirtschaftlichen Geschäftsbetriebs[166] ist die **Vermietung von Wohnungen**

b) Betriebsaufspaltung

(Unbebaute und bebaute) Grundstücke, die an ein Betriebsvermögen desselben Steuerpflichtigen vermietet werden und wesentliche Betriebsgrundlagen sind, stellen Wirtschaftsgüter einer **Betriebsaufspaltung** dar. 80

Zukünftig ist für die Erbschaftsteuer zu unterscheiden, ob diese Grundstücke

- dem Steuerpflichtigen (sozusagen) selbst zur Nutzung überlassen werden

  oder
- einem fremden Dritten.

Kann der Erblasser/Schenker sowohl bei dem Grundstück als auch beim Nutzungsunternehmen seinen Willen durchsetzen, liegt hinsichtlich des Grundstücks Produktivvermögen vor. Bei der Überprüfung der Durchsetzbarkeit des Willens ist die ertragsteuerrechtliche Personengruppentheorie anzuwenden. D. h. sind mehrere Personen sowohl am Grundstück als auch am Betriebsunternehmen beteiligt, werden die Anteile zur Prüfung der Willensdurchsetzbarkeit zusammen addiert. *Entscheidend* ist weiter, dass der Vermögensempfänger (= Erbe/Beschenkte) in die Rechtsposition des Schenkers/Erblassers eintritt.

163 § 13b Abs. 2 Satz 2 Nr. 1 Satz 2 Buchst. b ErbStG.
164 § 13b Abs. 2 Satz 2 Nr. 1 Satz 2 Buchst. c ErbStG.
165 § 13b Abs. 2 Satz 2 Nr. 1 Satz 2 Buchst. d ErbStG.
166 § 14 AO.

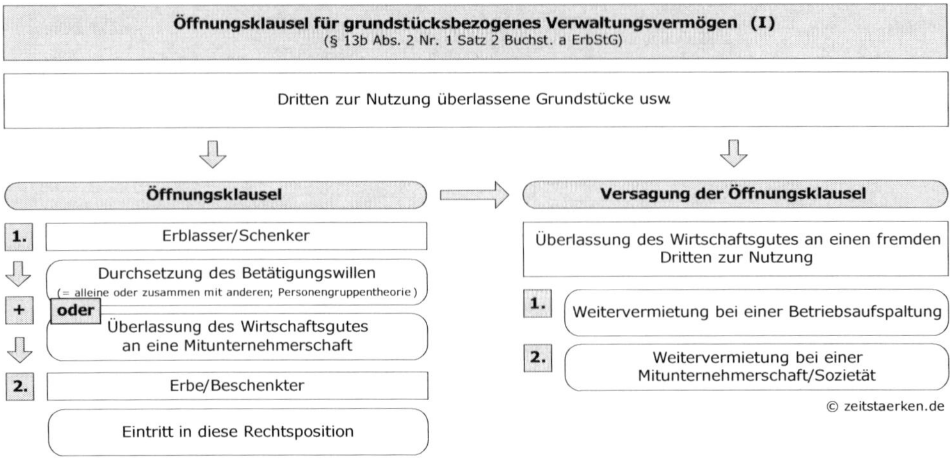

81 **Beispiel: Betriebsaufspaltung – kein Verwaltungsvermögen – ein Kind**

Vater V ist sowohl 100%iger Eigentümer des Besitz- als auch des Betriebsunternehmens. Das Betriebsunternehmen wird in Form einer GmbH betrieben. Die B-GmbH hat *kein* Verwaltungsvermögen. Das Besitzunternehmen überlässt ein bebautes Grundstück, welches vom Betriebsunternehmen selbst genutzt wird. V stirbt und sein Sohn S ist Alleinerbe.

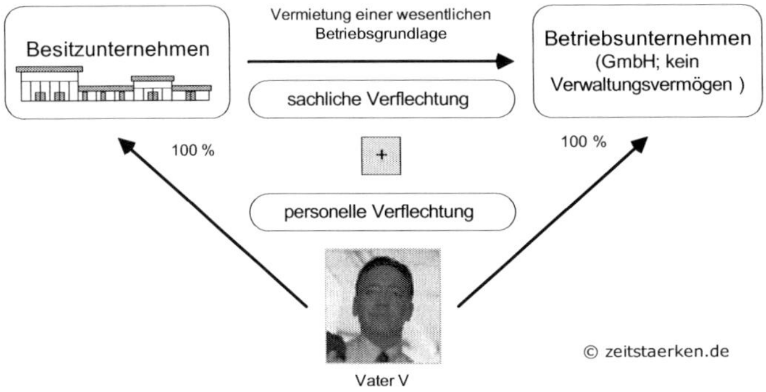

Lösung:

- Betriebsunternehmen/B-GmbH

  An der B-GmbH werden mehr als 25 % der Beteiligung übertragen und die im Betriebsvermögen befindliche Beteiligung an der B-GmbH stellt kein Verwaltungsvermögen dar. Die B-GmbH hat selbst auch kein schädliches Verwaltungsvermögen von mehr als 50 %. Da *kein* schädliches Verwaltungsvermögen vorliegt, stellt die Übertragung der 100%igen Beteiligung ausschließlich verschonungsfähiges Vermögen dar.

- Besitzunternehmen

  Für die Prüfung des schädlichen Verwaltungsvermögens ist das verpachtete Grundstück *nicht* heranzuziehen (= Öffnungsklausel), da V seinen einheitlichen geschäftlichen Betätigungswillen sowohl im Besitz- als auch Betriebsunternehmen durchsetzen konnte. Sohn S führt die Betriebsaufspaltung alleine und damit die Rechtspositionen fort. Wegen der weiterhin bestehenden der Rechtsposition „Durchsetzung des Betätigungswillens" ist die Übertragung des Besitzunternehmens verschonungsfähiges Vermögen. Da sowohl die 10 %- als auch die 50 %-Grenze unterschritten werden, kann sowohl die Regelverschonung als auch die Verschonungsoption genutzt werden.

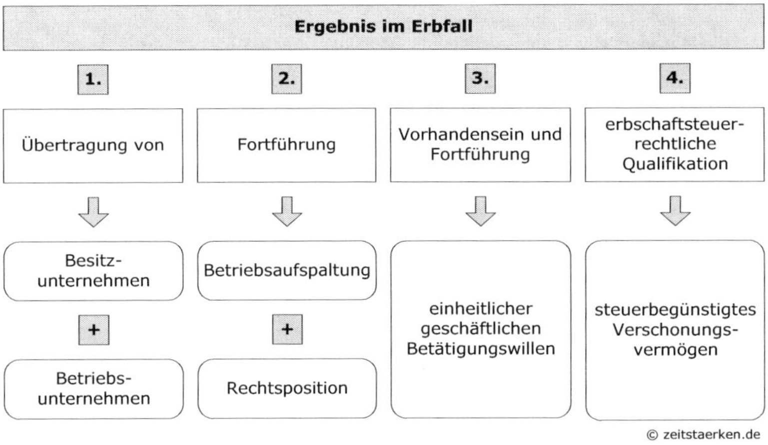

Hinweis:

Das Betriebsunternehmen muss als Unterbeteiligung selbstständig bewertet werden.

Hinweis:

*Soweit im Rahmen einer Betriebsaufspaltung nur unbewegliche oder bewegliche Wirtschaftsgüter überlassen werden, welche **keine** Grundstücke sind, liegt immer ausschließlich verschonungsfähiges Vermögen vor.*

Beispiel: Betriebsaufspaltung – Verwaltungsvermögen – ein Kind 82

Vater V ist sowohl 100%iger Eigentümer des Besitz- als auch des Betriebsunternehmens. Das Betriebsunternehmen wird in Form einer B-GmbH betrieben. Das Verwaltungsvermögen beträgt bei der GmbH 60 %. Das Besitzunternehmen überlässt ein bebautes Grundstück, welches vom Betriebsunternehmen selbst genutzt wird. V stirbt und sein Sohn S ist Alleinerbe.

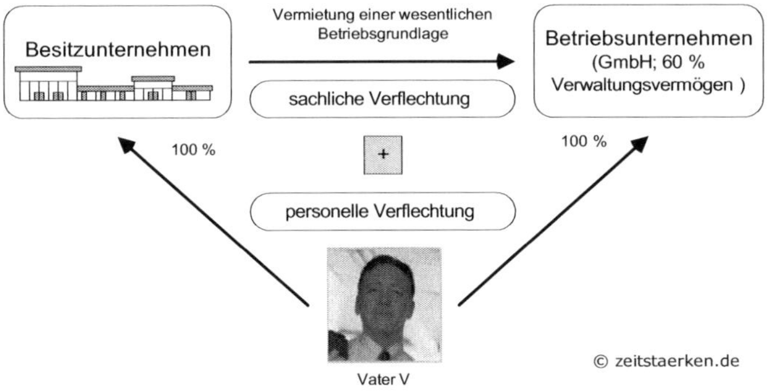

Lösung:

- Betriebsunternehmen/B-GmbH

  Vater V war zu mehr als 25 % an der Betriebs-GmbH beteiligt und hat sämtliche Anteile übertragen. Die Beteiligung liegt als Unterbeteiligung im Betriebsvermögen des Besitzunternehmens und wird selbstständig bewertet. Da die GmbH mehr als 50 % Verwaltungsvermögen aufweist, liegt **Verwaltungsvermögen** vor.

- Besitzunternehmen

  Für die Prüfung des schädlichen Verwaltungsvermögens ist das verpachtete Grundstück *nicht* heranzuziehen (= Öffnungsklausel), da V seinen einheitlichen geschäftlichen Betätigungswillen sowohl im Besitz- als auch Betriebsunternehmen durchsetzen konnte. Sohn S führt die Betriebsaufspaltung alleine und damit die Rechtspositionen fort. Ob insgesamt verschonungsfähiges Vermögen vorliegt, ist von den Wertverhältnissen der Unterbeteiligung und den anderen im Besitzunternehmen befindlichen Wirtschaftsgüter abhängig. Liegt der Wertanteil des Verwaltungsvermögens 10 % und weniger kann trotzdem sowohl die Regelverschonung als auch die Verschonungsoption genutzt werden. Beträgt der Wertanteil mehr als 10 % aber maximal 50 % ist die Regelverschonung anzuwenden. Bei einem Verwaltungsvermögenswertanteil von mehr als 50 % kann keine betriebliche Verschonung genutzt werden.

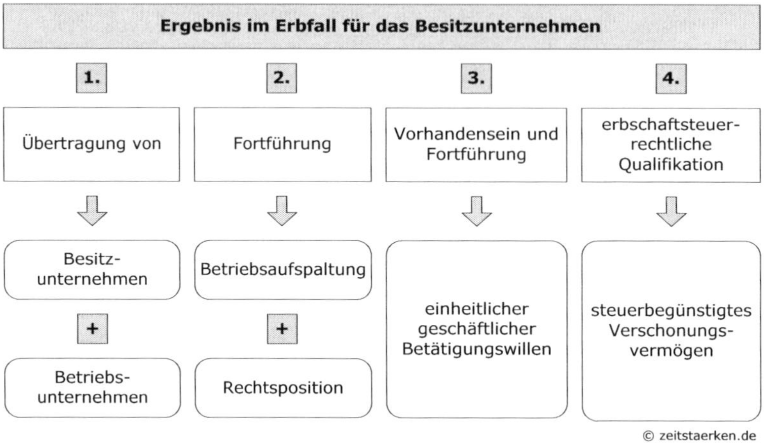

83 **Beispiel: Betriebsaufspaltung – kein Verwaltungsvermögen - zwei Kinder**

Vater V ist sowohl 100%iger Eigentümer des Besitz- als auch des Betriebsunternehmens. Das Besitzunternehmen (= B-GmbH) überlässt ein bebautes Grundstück, welches vom Betriebsunternehmen selbst genutzt wird. Die B-GmbH weist kein Verwaltungsvermögen aus. V stirbt und seine Kinder S und T sind Erben zu gleichen Teilen.

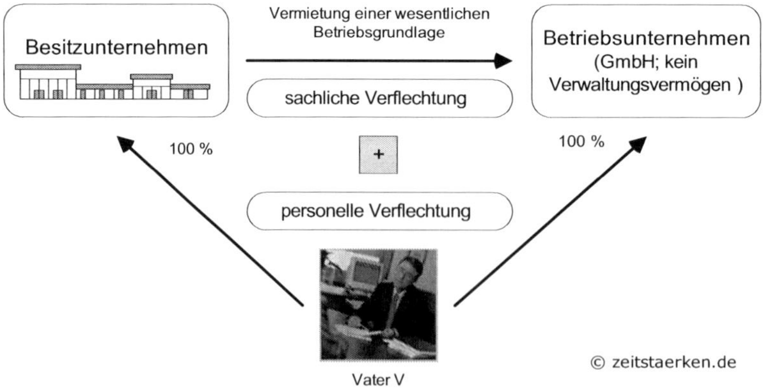

Lösung:

S und T führen die Betriebsaufspaltung fort. Ertragsteuerrechtlich wird aufgrund der Personengruppentheorie die Betriebsaufspaltung fortgesetzt.

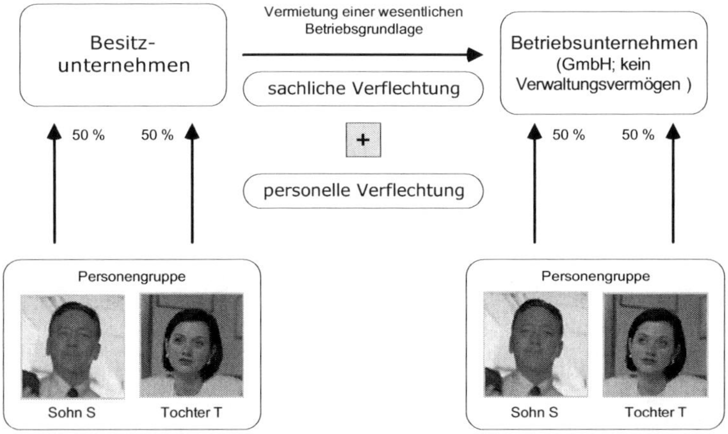

© zeitstaerken.de

- Betriebsunternehmen/B-GmbH

  Vater V war zu mehr als 25 % beteiligt (= Mindestbeteiligung) und überträgt sämtliche Anteile auf seine Kinder. Da die GmbH *kein* Verwaltungsvermögen aufweist, stellen die Anteile Produktivvermögen des Besitzunternehmens dar.

- Besitzunternehmen

  Der Schenker konnte bezogen auf das Übertragungsgrundstück seinen Betätigungswillen durchsetzen. Diese Rechtsposition muss auf den Beschenkten übergehen. Weder S noch T können alleine ihren Willen durchsetzen. Gesetzlich ist die Anwendung der ertragsteuerrechtlichen Personengruppentheorie nur beim Erblasser/Schenker[167] vorgesehen. Bei den Vermögensempfängern[168] muss der Eintritt in diese Rechtstellung erfolgen! Aber genau das kann gar nicht vorliegen, da keine der beiden eine Mehrheitsbeteiligung erhält. Ist die Anwendung der Personengruppentheorie auch bei den Vermögensempfänger möglich? U. E. lässt der Gesetzestext diese Anwendung *nicht* zu. Damit ist das Grundstück als Verwaltungsvermögen anzusehen. Ob jetzt eine der beiden Verschonungsmodelle angewendet werden kann, ist von den Wertverhältnissen des Produktivvermögens abzüglich sämtlicher Schulden zum Verwaltungsvermögen abhängig (siehe Beispiel „Betriebsaufspaltung – Verwaltungsvermögen - ein Kind").

167 „.. a) der Erblasser oder Schenker sowohl im überlassenden Betrieb als auch im nutzenden Betrieb allein oder zusammen mit anderen Gesellschaftern einen einheitlichen geschäftlichen Betätigungswillen durchsetzen konnte .."; § 13b Abs. 2 Satz 2 Nr. 1 Buchst. a ErbStG.

168 „ a) ... und diese Rechtsstellung auf den Erwerber übergegangen ist, .." § 13b Abs. 2 Satz 2 Nr. 1 Buchst. a ErbStG.

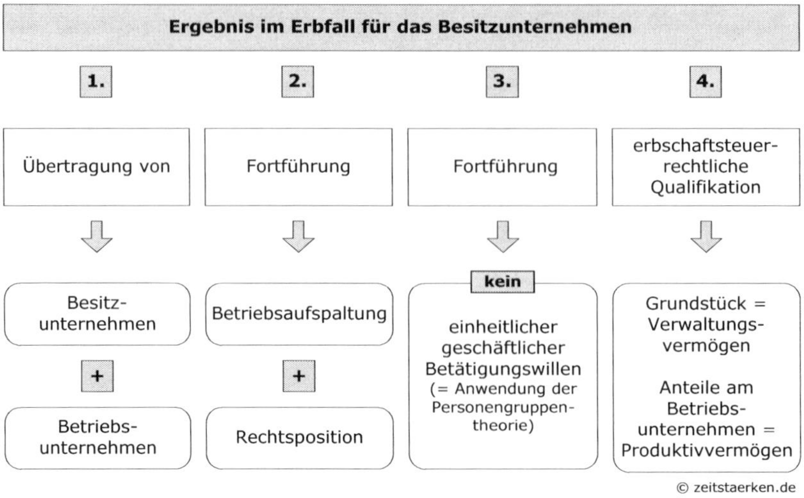

Hinweis:

An dieser Stelle wird schon der erste Nachbesserungsbedarf des Steuergesetzgebers deutlich!

84 **Beispiel: Betriebsaufspaltung - Verwaltungsvermögen - zwei Kinder**

Vater V ist sowohl 100%iger Eigentümer des Besitz- als auch des Betriebsunternehmens. Das Besitzunternehmen (= B-GmbH) überlässt ein bebautes Grundstück, welches vom Betriebsunternehmen selbst genutzt wird. Das Betriebsunternehmen besteht aus 75 % Verwaltungsvermögen V stirbt und seine Kinder S und T sind Erben zu gleichen Teilen.

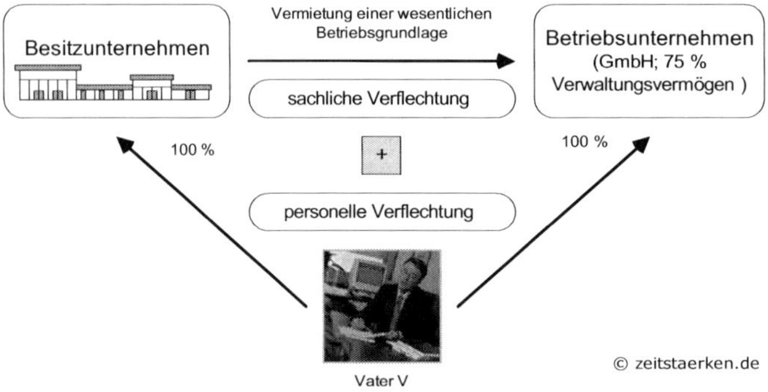

Lösung:

S und T führen die Betriebsaufspaltung fort. Ertragsteuerrechtlich wird aufgrund der Personengruppentheorie die Betriebsaufspaltung fortgesetzt.

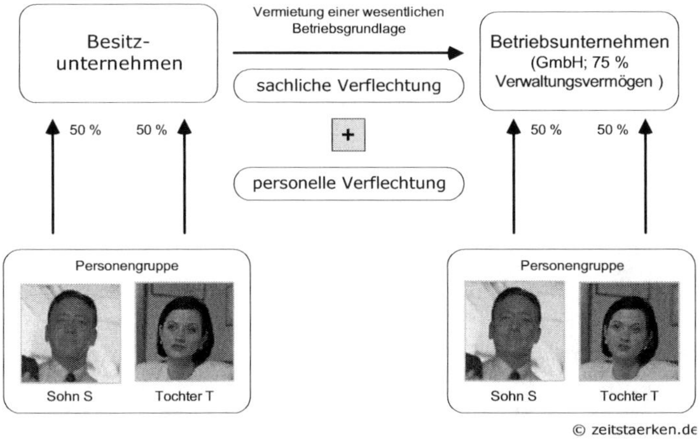

- Betriebsunternehmen/B-GmbH

  Vater V war zwar zu mehr als 25 % beteiligt (= Mindestbeteiligung) und überträgt sämtliche Anteile auf seine Kinder. Da die GmbH aber 75 % Verwaltungsvermögen aufweist, stellen die Anteile Verwaltungsvermögen des Besitzunternehmens dar.

- Besitzunternehmen

  Die Kinder können jeweils ihren Betätigungswillen nicht durchsetzen. Die Anteilsmehrheit des Vaters wechselt in zwei gleichberechtigte Anteile ohne Durchsetzungskraft. Die ertragsteuerrechtliche Personengruppentheorie kann mangels ausdrücklicher gesetzlicher Erlaubnis nicht angewendet werden. Also ist das Grundstück als Verwaltungsvermögen einzustufen. Da nunmehr sowohl Grundstück als auch die Kapitalgesellschaftsanteile Verwaltungsvermögen darstellen, ist das gesamte Besitzunternehmen betrieblich unverschontes Vermögen.

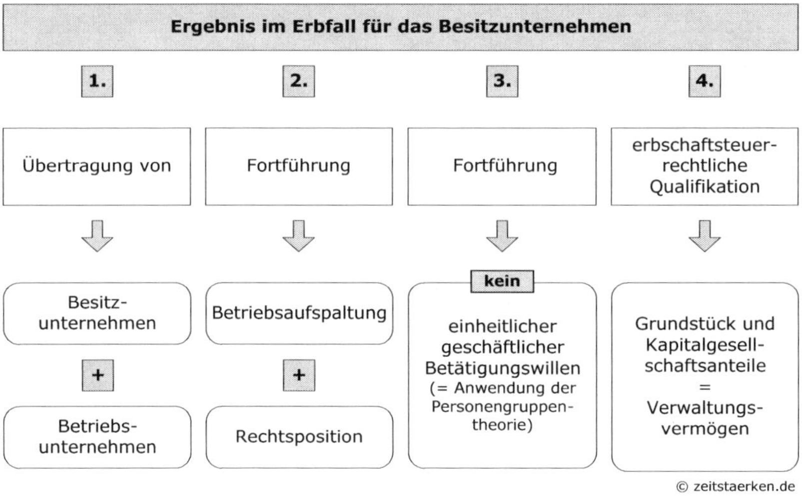

Hinweis:

Ein anderes Ergebnis könnte durch die Erbschaftsteuerrichtlinien eintreten, wenn die Finanzverwaltung die Anwendung der Personengruppentheorie auf die Vermögensempfänger ausdehnt. An dieser Stelle wird schon der erste Nachbesserungsbedarf vehement gefordert werden dürfen!

85 **Beispiel: mehrköpfige Betriebsaufspaltung**

Vater V ist sowohl 50%iger Eigentümer des Besitz- als auch des Betriebsunternehmens. Die anderen 50 % an den beiden Unternehmen hält seine Schwester S. Das Besitzunternehmen überlässt ein bebautes Grundstück, welches vom Betriebsunternehmen selbst genutzt wird. Das Betriebsunternehmen weist kein Verwaltungsvermögen aus. V stirbt und seine Tochter T ist Alleinerbin.

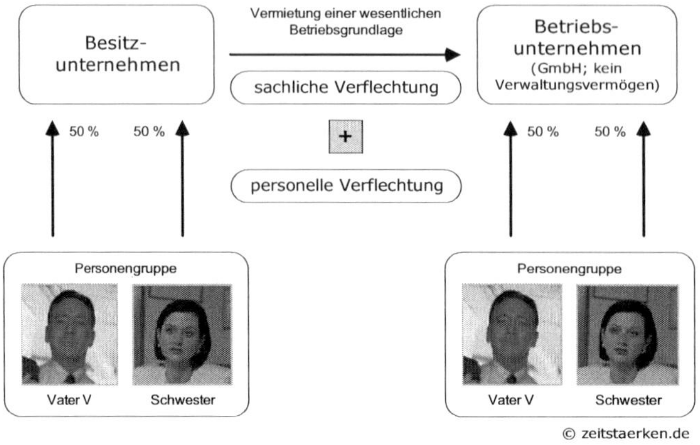

Lösung:

Ertragsteuerrechtlich führt nach dem Tode die Tochter T zusammen mit der Schwester des Vaters die Betriebsaufspaltung fort.

- Betriebsunternehmen

  Da Vater V zu mehr als 25 % an der GmbH beteiligt war, diese Anteile übertragen hat und die GmbH *kein* Verwaltungsvermögen ausweist, liegt Produktivvermögen vor.

- Besitzunternehmen

  Gesetzlich zulässig ist die Personengruppentheorie beim Erblasser/Schenker. Zusammen mit seiner Schwester beherrscht V sowohl das Besitz- als auch das Betriebsunternehmen. Diese Rechtsposition wird auch auf die Tochter übertragen. Hier bedarf nach dem Wortlaut der Öffnungsklausel keine Personengruppentheorie beim Vermögensempfänger, da der gesetzlich geforderte Eintritt umfangsgleich stattgefunden hat.

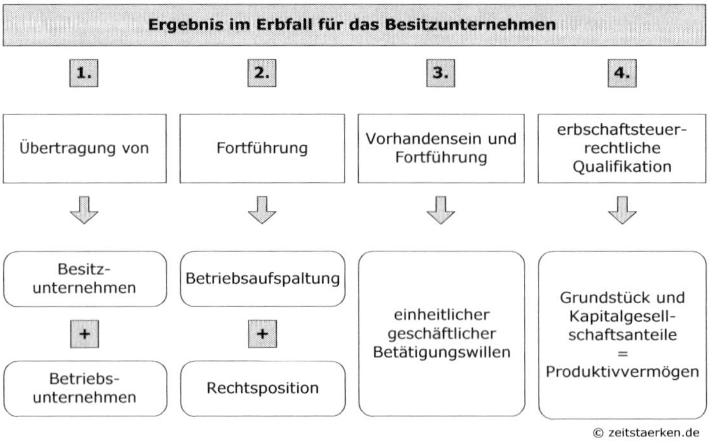

Beispiel: Weiterverpachtung (= Betriebsaufspaltung) 86

A verpachtet das bebaute Grundstück an eine A-GmbH. Weitere Wirtschaftsgüter werden *nicht* an die A-GmbH vermietet. A hält 100 % der Anteile an der A-GmbH

Die A-GmbH nutzt dieses Grundstück wie folgt:

- 100%ige Weiterpachtung an die Y-GmbH & Co. KG
- 75%ige Selbstnutzung und 25%ige Weiterverpachtung

Die Nutzungsverhältnisse entsprechen dem Verhältnis der gemeinen Werte.

Lösung:

- 100%ige Weiterverpachtung

  Das Verpachtungsgrundstück ist zu 100 % ertragsteuerrechtliches Betriebsvermögen des Besitzunternehmens. Soweit ein Grundstück weiterverpachtet wird, liegt Verwaltungsvermögen vor.[169] Es kommt zur Versagung der Öffnungsklausel. Somit liegt nur ein an Dritte überlassenes Grundstück vor. Der Anteil des Verwaltungsvermögens beträgt damit mehr als 50 % und damit liegt *kein* verschonungsfähiges Vermögen vor. Das Besitzunternehmen wird wie Privatvermögen behandelt und nur durch den persönlichen Freibetrag oder ggf. Versorgungsfreibetrag verschont.

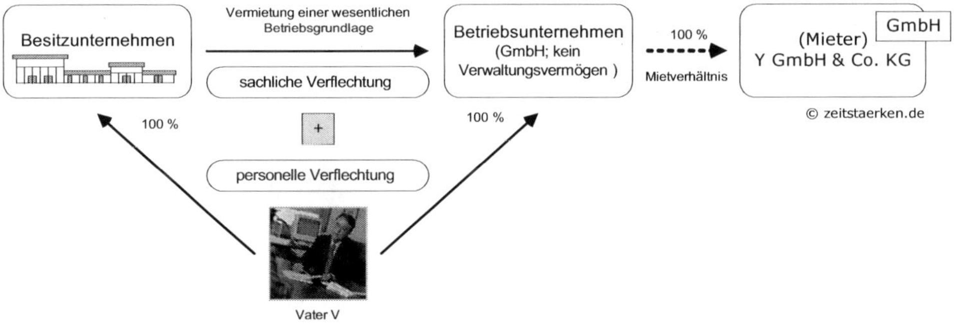

- 75%ige Selbstnutzung und 25%ige Weiterverpachtung

  Das bebaute Grundstück ist nach dem Nutzungs- und Funktionszusammenhang einzeln zu beurteilen. In Höhe der Weiterverpachtung liegt Verwaltungsvermögen vor. In Höhe der Selbstnutzung liegt Produktivvermögen vor. Da *nicht mehr* als 50 % Verwaltungsvermögen vorliegen, stellt das gesamte Besitzunternehmen verschonungsfähiges Vermögen für die Regelverschonung dar.

c) Sonderbetriebsvermögen

Soweit ein unbebautes oder bebautes Grundstück von einem Mitunternehmer an eine Mitunternehmerschaft vermietet wird (= **Sonderbetriebsvermögen**), liegt grundsätzlich Produktivvermögen vor. Entscheidend ist aber auch bei der Öffnungsklausel, dass der Vermögensempfänger in die Rechtsposition des Erblassers/Schenkers eintritt. 87

169 § 13b Abs. 2 Nr. 2 Satz 3 2. HS ErbStG.

Öffnungsklausel für grundstücksbezogenes Verwaltungsvermögen (I)
(§ 13b Abs. 2 Nr. 1 Satz 2 Buchst. a ErbStG)

Dritten zur Nutzung überlassene Grundstücke usw.

Öffnungsklausel

1. Erblasser/Schenker
   - Durchsetzung des Betätigungswillen (= alleine oder zusammen mit anderen)
   - + oder Überlassung des Wirtschaftsgutes an eine Mitunternehmerschaft
2. Erbe/Beschenkter
   - Eintritt in diese Rechtsposition

Versagung der Öffnungsklausel

Überlassung des Wirtschaftsgutes an einen fremden Dritten zur Nutzung

1. Weitervermietung bei einer Betriebsaufspaltung
2. Weitervermietung bei einer Mitunternehmerschaft/Sozietät

© zeitstaerken.de

Hinweis:

Auf die Durchsetzung eines einheitlichen geschäftlichen Betätigungswillen kommt es nicht an.

Hinweis:

Dieser Grundsatz gilt sowohl für SBV I als auch für SBV II, soweit die Rechtsposition vom Beschenkten/Erben fortgeführt wird.

88 **Beispiel: Sonderbetriebsvermögen – quotale Übertragung**

Vater V ist Mitunternehmer an der EV-OHG zu 25 % beteiligt. V vermietet ein ausschließlich betrieblich genutztes bebautes Grundstück an die OHG. Das bebaute Grundstück stellt damit SBV I der EV-OHG dar. V stirbt und seine Tochter T ist Alleinerbin.

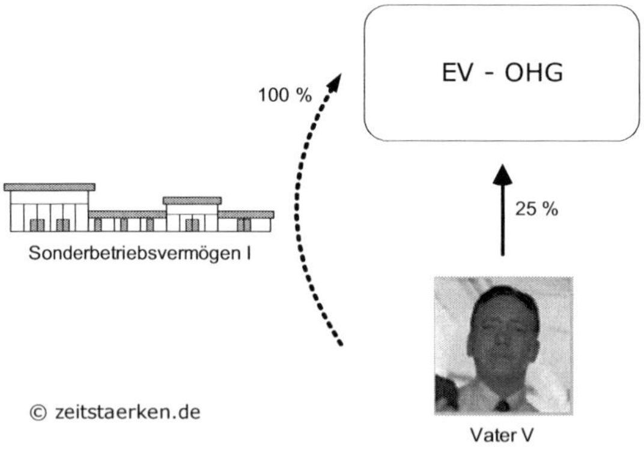

Lösung:

- Übertragung des Mitunternehmeranteils mit SBV:

  Im Gesellschaftsvertrag sollte eine sog. qualifizierte Nachfolgeklausel aufgenommen werden, so dass der Anteil am Gesamthandsvermögen direkt auf die bestimmte Nachfolgerin übergeht. Die Übertragung erfolgt ertragsteuerrechtlich mit den Buchwerten.[170] Weiterhin muss für das SBV I ein Testament aufgesetzt werden, in dem die Unternehmensnachfolgerin direkt als Erbin eingesetzt wird.

- Produktiv- und ggf. Verschonungsvermögen:

  Da die Vermietung von SBV I an die Mitunternehmerschaft weiterhin bestehen bleibt, liegt Produktivvermögen vor.[171] Soweit der Verwaltungsvermögensanteil der OHG weniger als 50 % bzw. 10 % beträgt, ist die Mitunternehmeranteilsübertragung begünstigtes und verschonungsfähiges Vermögen.

- Besonderheiten SBV:

  Das Sonderbetriebsvermögen ist selbstständig zu bewerten und fließt nicht in das vereinfachte Ertragswertverfahren ein. Das Grundstück, welches sich im SBV befindet, wird mit dem grundsätzlich mit dem typisierten Grundbesitzwert bewertet, wenn nicht der niedrigere gemeine Wert als Alternativwert durch ein Sachverständigengutachten nachgewiesen wird.

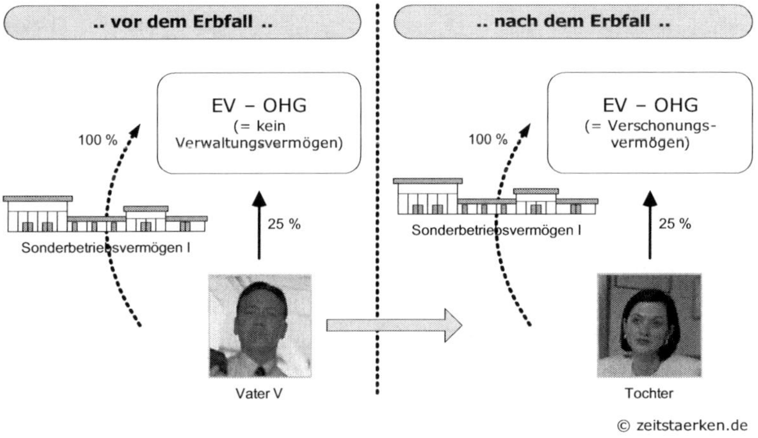

Hinweis:

*Damit SBV I/SBV II **nicht** in eine Erbengemeinschaft fällt und damit ertragsteuerrechtlich **nicht** als entnommen gilt, muss das SBV mittels Testament an den qualifizierten Unternehmensnachfolger direkt übertragen werden (= Personenidentität im Gesellschaftsvertrag und Testament).*

Beispiel: Zurückbehaltung von SBV – unterquotale Übertragung 89

Vater V möchte seiner Tochter T nach ihrem BWL-Studium bereits einen kleinen Anteil am Mitunternehmeranteil schenken. Deshalb überträgt V von seinem 50%igen Mitunternehmeranteil 20 % auf seine Tochter. V vermietet ein bebautes Grundstück an die Mitunternehmerschaft X-GmbH & Co. KG. Das bebaute Grundstück möchte V zurück behalten.

170 § 6 Abs. 3 EStG.
171 § 13b Abs. 2 Satz 2 Nr. 1 Buchst. a 2. Altern. ErbStG..

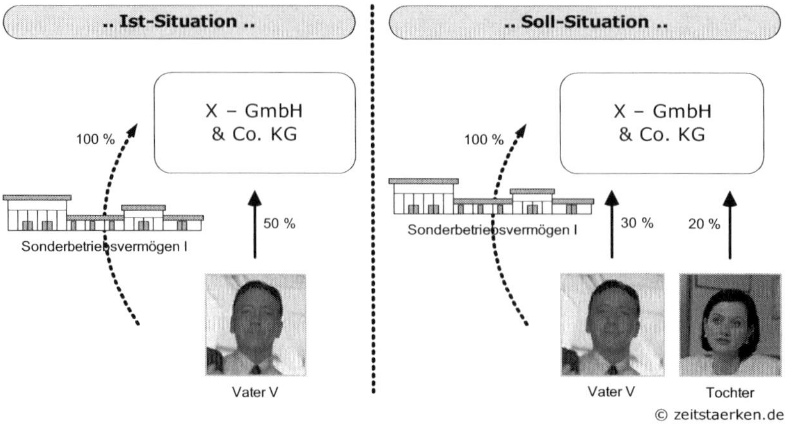

Lösung:

- Einkommen- und Gewerbesteuer:

  Die Übertragung eines Anteils an einem Mitunternehmeranteil ist auch bei Zurückbehaltung von SBV steuerneutral durchführbar.[172] Die Bewertung erfolgt zwingend mit den Buchwerten. Die Tochter (= Rechtsnachfolger) darf innerhalb der fünfjährigen Sperrfrist den Anteil *nicht* verkaufen (= „Stillhaltefrist").

- Erbschaftsteuerreform 2009:

  Bezüglich der Zurückbehaltung von SBV bei der Schenkung eines Anteils an einem Mitunternehmeranteil ist *keine* eindeutige gesetzliche Regelung für die unter- oder überquotalen Übertragung analog der Einkommensteuer[173] bisher aufgenommen worden. Die Übertragung eines Anteils an einem Mitunternehmeranteil ist an *keine* Mindestbeteiligungshöhe gebunden. Insoweit ist die Übertragung u. E. steuerbegünstigt, d. h. verschonungsfähiges Vermögen.[174] Auf die Durchsetzung des geschäftlichen Betätigungswillens kommt es *nicht* an. U. E. erfolgt jetzt eine unterquotale Übertragung und später damit u. U. eine überquotale Übertragung. Die Besteuerung der stillen Reserven (ertragsteuerrechtlich) und die Besteuerung des Vermögenswertes (erbschaftsteuerrechtlich) sind gewährleistet.

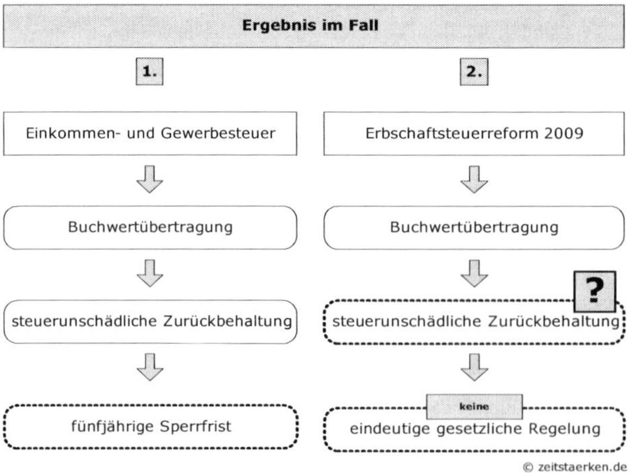

172 § 6 Abs. 3 Satz 2 EStG.
173 § 6 Abs. 3 EStG; BMF-Schreiben vom 03.03.2005, IV B 2 S 2241 – 14/05, BStBl. I 2005, 458.
174 R 51 Abs. 3 Sätze 4 und 5 ErbStR.

Hinweis:

Die quotale, unter- und überquotale Übertragung ist ertragsteuerrechtlich steuerneutral (= steuerbegünstigt) möglich.[175] *U. E. ist damit auch verschonungsfähiges Vermögen gegeben.* ***Fraglich*** *bleibt, ob die Finanzverwaltung den Begriff „Eintritt in die Rechtsposition des Erblassers/Schenkers" bei einer vollständigen Zurückbehaltung des SBV bejaht. In die Rechtsposition des Vermieters ist der Vermögensempfänger nicht eingetreten. Aus Gründen der Abwehrberatung sollte immer ein Zwerganteil in Höhe von 5 % auf den Vermögensempfänger bis zur Klarstellung der Gesetzeslage mit übertragen werden.*

Beispiel: Mitunternehmeranteil und (mehr) SBV – überquotale Übertragung 90

Vater V möchte seiner Tochter T bereits einen kleinen Anteil am Mitunternehmeranteil schenken. Deshalb überträgt V von seinem 50%igen Mitunternehmeranteil 20 % auf seine Tochter. V vermietet ein bebautes Grundstück an die Mitunternehmerschaft X-GmbH & Co. KG. Das bebaute Grundstück schenkt V ebenfalls seiner Tochter.

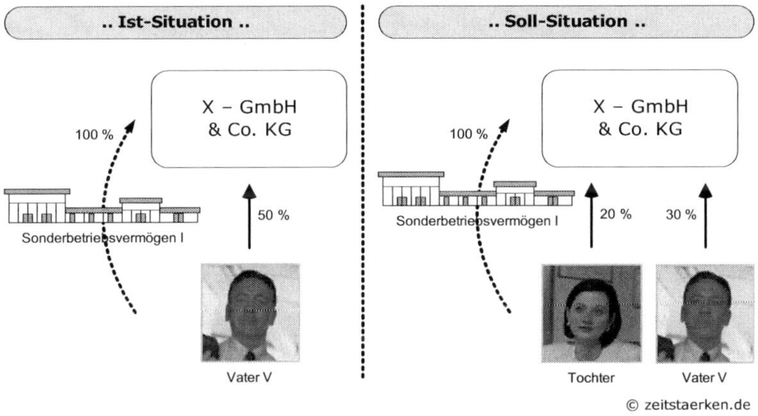

Lösung:

- Einkommen- und Gewerbesteuer:

  Wird bei der Teilanteilsübertragung von Gesamthandsvermögen Sonderbetriebsvermögen in überquotalem Umfang übertragen, ist eine Aufteilung in die Übertragung des quotalen Teils des SBV[176] und die Übertragung des überquotalen Teils des SBV[177] vorzunehmen. Beide Übertragungsakte erfolgen zwingend mit den Buchwerten. Die Tochter (= Rechtsnachfolger) darf innerhalb der fünfjährigen Sperrfrist den quotalen Anteil *nicht* verkaufen (= „Stillhaltefrist"). Für den überquotalen Anteil am SBV gilt die dreijährige Sperrfrist.

- Erbschaftsteuerreform 2009:

  Die Übertragung eines Anteils an einem Mitunternehmeranteil ist an *keine* Mindestbeteiligungshöhe gebunden. Der erforderliche Eintritt in die Rechtsposition erfolgte. Insoweit ist die Übertragung steuerbegünstigt, d. h. verschondungsfähiges Vermögen. [178] Da zugleich mit dem Sonderbetriebsvermögen auch Anteile an der Mitunternehmerschaft übertragen werden, ist damit m. E. auch für das Sonderbetriebsvermögen verschonungsfähiges Vermögen gegeben.

175 § 6 Abs. 5 EStG; BMF-Schreiben vom 3.5.2005, BStBl. I 2005, 458.
176 § 6 Abs. 3 Satz 1 EStG; BMF-Schreiben vom 3.5.2005, BStBl. I 2005, 458.
177 § 6 Abs. 5 EStG; BMF-Schreiben vom 3.5.2005, BStBl. I 2005, 458.
178 R 51 Abs. 3 Sätze 4 und 5 ErbStR.

Hinweis:

*U. E. ist die einzelne Übertragung von SBV **nicht** erbschaftsteuerrechtlich begünstigt.*[179] *Ein Übertragungsakt von SBV I/SBV II oder einzelnen Wirtschaftsgütern ohne ein „zusammen mit einem Teil seiner Beteiligung" ist **nicht** begünstigt.*[180]

Ausnahme: *Soweit der Empfänger bereits Mitunternehmer derselben Mitunternehmerschaft ist, sollte eine ertragsteuer-*[181] *und u. U. erbschaftsteuerrechtlich begünstigte Übertragung möglich sein. Ein Eintritt in die Rechtsposition (= Vermieter) erfolgt. Es bleibt fraglich, ob es für die Finanzverwaltung ausreichend erscheint.*

Grundsatz: *Der Erwerb einzelner Wirtschaftsgüter aus dem SBV ist begünstigt, wenn die Übertragung mit dem Erwerb einer Gesellschaftsbeteiligung verbunden ist.*[182]

d) Betriebsverpachtung im Ganzen

91 In den letzten Zügen der Erbschaftsteuerreform 2009 ist die Betriebsverpachtung im Ganzen als Öffnungsklausel in das Gesetz aufgenommen worden. Die Betriebsverpachtung muss im Ganzen durchgeführt werden, d. h. sämtliche funktionalen und quantitativen wesentlichen Betriebsgrundlagen müssen verpachtet werden. Der Betriebsverpächter muss den Betrieb jederzeit wieder aufnehmen können.[183] Die Verpächtereinnahmen müssen weiterhin zu Gewinneinkünften aus Gewerbebetrieb oder selbstständiger Arbeit[184] führen.

Hinweis:

Die Verpachtung eines land- und forstwirtschaftlichen Betriebs in welchem Grundstücksflächen an einen Dritten zur land- und forstwirtschaftlichen Nutzung überlassen werden, hat eine eigene Öffnungsklausel erhalten.[185]

92 Diese Voraussetzungen müssen erbschaftsteuerrechtlich ebenfalls erfüllt werden. Im ersten Anwendungsfall dieser Öffnungsklausel müssen insgesamt *drei Voraussetzungen* erfüllt werden. Fraglich bleibt die praktische Anwendung: Wann ist der Pächter eines ganzen Betriebs auch gleichzeitig Erbe?[186]

- Erblasser/Schenker

  Betriebsverpachtung im Ganzen (= kombinierte Betrachtungsweise)
- Erbe/Beschenkter[187]
  - unbefristete Verpachtung

    und
  - Pächter ist Erbe des Verpachtungsbetriebs

93 *Alternativ* müssen im zweiten Anwendungsfall dieser Öffnungsklausel auch drei Voraussetzungen kumulativ erfüllt sein. Die Praxis wird diese Öffnung begrüßen. Sie wird trotzdem bei gewerblichen Unternehmen eher selten auftreten. Hauptanwendungsfall wird das freiberufliche Vermögen darstellen, wenn das Kind den freien Beruf des Elternteils ebenfalls ausüben will. Diese Öffnungsklausel gilt nur für Schenkungen!

179 *Umkehrschluss*: R 51 Abs. 3 Sätze 4 und 5 ErbStR.
180 FG Münster vom 14.6.2007, 3 K 1261/06, EFG 2007, 1455, nrkr, *Revision*: BFH Az. II R 29/07.
181 § 6 Abs. 5 Satz 3 Nr. 3 EStG.
182 R 51 Abs. 3 Satz 8 ErbStR.
183 R 16 Abs. 5 EStR.
184 § 2 Abs. 1 Nr. 2 bis 3 EStG.
185 § 13b Abs. 2 Satz 2 Nr. 1 Buchst. e ErbStG.
186 *Vertiefend*: Seltenreich in Preisser/Hegemann/Seltenreich, Erbschaftsteuerreform 2009, Haufe Verlag, S. 78 f.
187 § 13b Abs. 2 Satz 2 Nr. 1 Buchst. a Doppelbuchst. aa) ErbStG.

- Schenker
  Betriebsverpachtung im Ganzen (= kombinierte Betrachtungsweise)
- Beschenkter[188]
  - Verpachtung an einen Dritten. Die Verpachtung erfolgt an einen Dritten, da der Beschenkte den Betrieb mangels beruflicher Qualifikation noch nicht fortführen kann.

    und
  - Verpachtungsdauer höchstens zehn Jahre. Hat der Beschenkte des Verpachtungsbetriebs das 18. Lebensjahr noch nicht vollendet, beginnt die Frist mit der Vollendung des 18. Lebensjahres. Gesetzlich verlangt wird aber, dass der Beschenkte spätestens mit Ablauf des zehnjährigen Übergangszeitraums den Betrieb selbst übernimmt. Kommt es zu keiner Übernahme, wird ein im Rahmen der Betriebsverpachtung im Ganzen überlassenes Grundstück zum Verwaltungsvermögen.

Hinweis:

Ausgenommen von der alternativen Öffnungsklausel sind Beschenkte, die gar nicht in der Lage sind den Betrieb überhaupt zu übernehmen. In diesen Fällen ist das verpachtete Grundstück als Verwaltungsvermögen zu qualifizieren. Die Schädlichkeit dieses Ergebnisses hängt wieder vom Einzelfall ab. Fraglich bleibt dann: Wie hoch ist der Verwaltungsvermögenswertanteil gegenüber dem restlichen gemeinen Wert des Betriebs?

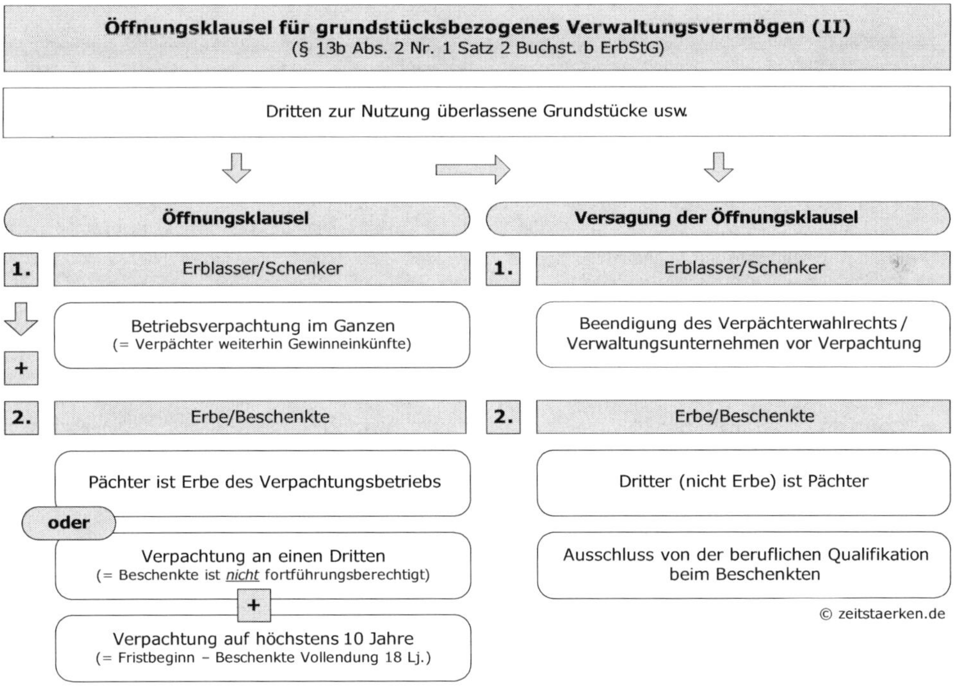

188 § 13b Abs. 2 Satz 2 Nr. 1 Buchst. a Doppelbuchst. bb) ErbStG.

94 Ausgenommen von dieser Öffnungsklausel sind auch verpachtete Betriebe, die vor ihrer Verpachtung die Voraussetzungen als begünstigtes Vermögen *nicht* erfüllt haben.[189] Es muss sich also um qualifiziertes L+F-Vermögen, gewerbliches Betriebsvermögen oder freiberufliches Vermögen handeln. Weiterhin ausgenommen von der Öffnungsklausel sind zur verpachtete Betriebe, deren Hauptzweck in der Überlassung von Grundstücken, Grundstücksteilen, grundstücksgleichen Rechten und Bauten.[190] Dabei darf es sich um ein „geöffnetes" Wohnungsvermietungsunternehmen[191] handeln.

95 **Beispiel: Betriebsverpachtung (I)**

Vater V ist Eigentümer des Verpachtungsbetriebs (= Gastronomie). Der Sohn betreibt diese Gastronomie weiter, in dem S den Gewerbebetrieb vom Vater angepachtet hat. Der Verpachtungsbetrieb besteht aus Gewerbefläche, Gewerbegebäude und Maschinen. Der Anteil des Verwaltungsvermögens (= vermietete bebaute Grundstücke) beträgt aufgrund der vermieteten Gewerbefläche und des vermieteten Gebäudes 90 % Wertanteil. V stirbt und sein Sohn S ist Alleinerbe.

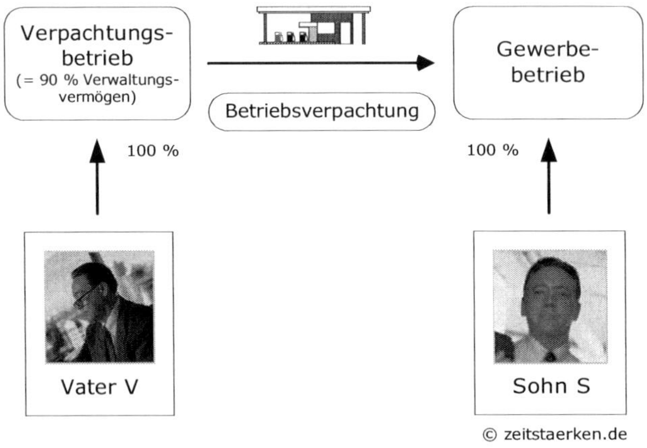

Lösung:

Der Sohn erbt den Verpachtungsbetrieb. Beim Sohn vereinigen sich Verpachtungs- und Betreiberbetrieb zu einem Gewerbebetrieb. Für die Beurteilung, ob der gesamte Verpachtungsbetrieb verschonungsfähiges Vermögen darstellt, ist zu prüfen, ob der Verpachtungsbetrieb zu mehr als 50 % aus Verwaltungsvermögen besteht. Das Betriebsvermögen besteht zu 90 % aus Verwaltungsvermögen, deshalb handelt es sich insgesamt grundsätzlich *nicht* um verschonungsfähiges Vermögen, soweit *keine* Öffnungsklausel greift. Die Betriebsverpachtung im Ganzen führte beim Vater mangels Aufgabeerklärung zu gewerblichen Einkünften und die Verpachtung wurde an den späteren Erben ausgeübt. Die Öffnungsklausel greift. Die zur Nutzung an den Sohn (= Betreiberunternehmen) überlassen Grundstücke zählen zum Produktivvermögen. Insoweit liegt jetzt wiederum verschonungsfähiges Vermögen vor.

96 **Beispiel: Betriebsverpachtung (II)**

Vater V ist Eigentümer des Verpachtungsbetriebs. Der Sohn betreibt einen Gewerbebetrieb und pachtet den Betrieb vom Vater an. Der Verpachtungsbetrieb besteht aus Gewerbefläche, Gewerbegebäude und einem sehr hohen Anteil an Maschinen. Der Anteil des Verwaltungsvermögens beträgt aufgrund der vermieteten Gewerbefläche und des vermieteten Gebäudes 40 %. V stirbt und die Erbengemeinschaft bestehend aus Ehefrau, Sohn und Tochter sind Erben.

189 § 13b Abs. 2 Satz 2 Nr. 1 Buchst. b Satz 2 1. HS ErbStG.
190 § 13b Abs. 2 Satz 2 Nr. 1 Buchst. b Satz 2 2. HS ErbStG.
191 § 13b Abs. 2 Satz 2 Nr. 1 Buchst. d ErbStG.

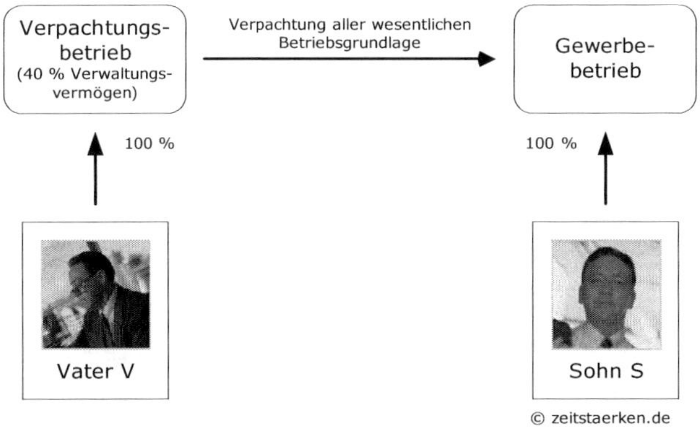

Lösung:

Nunmehr hat Vater V zwar den gewerblichen Verpachtungsbetrieb im Ganzen verpachtet und weiterhin Gewinneinkunftsarten erzielt. Problem bereitet jetzt die Erbengemeinschaft, an der Personen teilnehmen, die nicht Pächter sind. U. E. ist jetzt das Grundstück (= 40 % Verwaltungsvermögen des Betriebs) zu 2/3 Verwaltungsvermögen und 1/3 Produktivvermögen.

Beispiel: freiberufliche Tätigkeit (I) 97

Vater V ist Arzt und betreibt eine freiberufliche Praxis. V stirbt plötzlich und unerwartet bei einem Autounfall. Seine Tochter T ist im Medizinstudium und ist testamentarische Alleinerbin der Praxis. Im Betriebsvermögen der Arztpraxis befindet sich ein „Ärztehaus". Zwei der drei Stockwerke werden an andere Ärzte verpachtet.

Lösung:

Dieser Fall ist nicht durch eine Öffnungsklausel „begünstigt", weil die zur Nutzung überlassenen Grundstücke durch den Erwerb von Todes wegen übertragen werden. „Geöffnet" ist ausschließlich der Fall der Schenkung unter Lebenden.

Beispiel: freiberufliche Tätigkeit (II) 98

Steuerberater S schenkt seiner 22 Jahre alten Tochter T die Steuerberatungspraxis. Die Steuerberatungspraxis ist an einen Berufskollegen wegen lang andauernder Krankheit von S im Ganzen verpachtet. Die Verpachtung ist höchstens 10 Jahre vereinbart. Im Betriebsvermögen befindet sich ein ehemals vollständig eigenbetrieblich genutztes Bürohaus, dass von dem Berufskollegen für die Steuerberatungspraxis genutzt wird. T hat das Steuerberaterexamen im Visier, muss bis zur Prüfungszulassung noch drei Jahre warten.

Lösung:

Bei Schenkung ist das Grundstück, obwohl es an einen Dritten überlassen wurde, als Produktivvermögen zu werten, da

- S eine freiberufliche Praxis im Ganzen verpachtet hatte,
- das Vermögen im Wege der Schenkung auf T übertragen wurde
- T den Beruf noch nicht – aber hoffentlich bald – ausüben kann

und

- die Verpachtungsdauer höchstens zehn Jahre beträgt.

99 Gesetzlich „im Dunklen fischt der Suchende“, wenn er sich die Frage stellt: Wie ist erbschaftsteuerrechtlich zu verfahren, wenn der Beschenkte die berufliche Qualifikation zwar objektiv nachvollziehbar anstrebt, aber sie trotz stetigem Bemühung nicht erreicht? U. E. liegt in dem Zeitpunkt in dem feststeht, dass der Beschenkte die berufliche Qualifikation subjektiv oder objektiv nicht mehr erreichen kann, ein rückwirkendes Ereignis[192] vor. Das Dritten zur Nutzung überlassen Grundstück war bisher Produktivvermögen und ist rückwirkend dann Verwaltungsvermögen. Ob sich daraus eine Steuernachzahlung ergibt, ist vom Einzelsachverhalt abhängig. Die Auswirkungen bei rückwirkendem Verwaltungsvermögen hängen vom entsprechenden Wertanteil ab und stellen sich wie folgt dar:

Verwaltungsvermögenswertanteil		ursprüngliche Steuerfestsetzung	rückwirkende Steuerfestsetzung
bisher	aktuell		
≤ 10 %	≤ 10 %	Der Vermögensempfänger hat entweder die Regelverschonung oder die Verschonungsoption gewährt bekommen.	Die genutzte Steuerverschonung bleibt unverändert. Auf eine geänderte Steuerfestsetzung kann verzichtet werden.
	> 10 % - ≤ 50 %	Der Vermögensempfänger hatte die Verschonungsoption beantragt.	Die Verschonungsoption ist zu versagen, da die Grenze von mehr als 10 % überschritten wird. Inwieweit dem Vermögensempfänger jetzt die Regelverschonung gewährt wird lässt das Gesetz offen. U. E. ist die Regelverschonung anzuwenden, da der Vermögensempfänger gar kein Wahlrecht ausüben konnte. Die Ausübung des Wahlrechts entfaltet keine schädliche Wirkung.
	> 10 % - ≤ 50 %	Der Vermögensempfänger hatte die Regelverschonung genutzt.	Die Steuerfestsetzung erfährt keine Änderung.
	> 50 %	Der Vermögensempfänger hatte entweder die Verschonungsoption beantrag oder die Regelverschonung genutzt.	Die Steuerfestsetzung muss in beiden Fällen geändert werden und es kommt insoweit zu einer Nachzahlung wie das nunmehr unverschonte Betriebsvermögen nicht durch den persönlichen Freibetrag oder Versorgungsfreibetrag abgedeckt wird.
> 10 % - ≤ 50 %	> 10 % - ≤ 50 %	Der Vermögensempfänger hatte die Regelverschonung genutzt.	Die Steuerfestsetzung erfährt keine Änderung.
	> 50 %		Die Steuerfestsetzung muss geändert werden und es kommt insoweit zu einer Nachzahlung wie das nunmehr unverschonte Betriebsvermögen nicht durch den persönlichen Freibetrag oder Versorgungsfreibetrag abgedeckt wird.
> 50 %	> 50 %	Der Vermögensempfänger konnte weder die Regelverschonung noch die Verschonungsoption nutzen.	Die Steuerfestsetzung erfährt keine Änderung.

192 § 175 Abs. 1 Satz 1 Nr. 2 AO.

e) Überlassung innerhalb eines Konzerns

Die Nutzungsüberlassung an einen Dritten ist „geöffnet“ also als Produktivvermögen zu subsumieren, wenn sowohl der überlassene Betrieb als auch der nutzende Betrieb zu einem Konzern[193] gehören, soweit keine Nutzungsüberlassung an einen weitern Dritten (außerhalb) des Konzern erfolgt.[194] Die „Kettenüberlassung“ über mehrere einzelne Konzernbetriebe innerhalb desselben Konzerns sind alle unschädlich. Ein Betrieb gehört zu *einem* [„.. innerhalb eines ..“[195]] Konzern, wenn der Betrieb nach dem einschlägigen Rechnungslegungsstandard in einen Konzernabschluss einzubeziehen ist oder einbezogen werden könnte.[196] 100

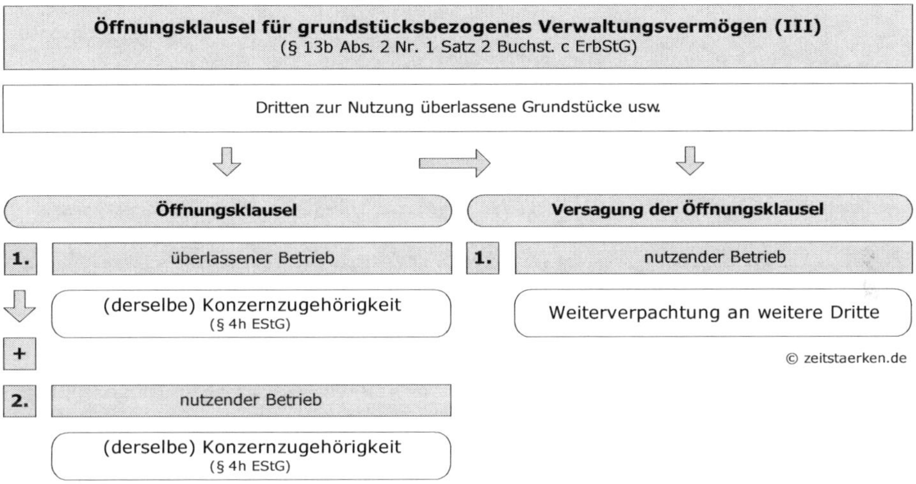

f) Wohnungsvermietungsunternehmen

Es geht wieder um die Nutzungsüberlassung an einen Dritten. Diesmal rücken die Vermietungsimmobilien, die sich in einem Betriebsvermögen eines Einzelunternehmers, einer gesamten Hand oder im Betriebsvermögen einer Kapitalgesellschaft befinden, in die Öffnungsklauseln. 101

Hinweis:

*Befinden sich die zu Wohnzwecken genutzten weitervermieteten Wohnungen im Sonderbetriebsvermögen eines Mitunternehmers eine Mitunternehmerschaft wird die Öffnungsklausel **nicht** gewährt.*[197]

Weiterhin muss das Betreiben des Wohnungsunternehmens einen wirtschaftlichen Geschäftsbetrieb erfordern. Der Hauptzweck des Unternehmens muss darin bestehen, dass Wohnungen vermietet werden.

193 § 4h EStG.
194 § 13b Abs. 2 Satz 2 Nr. 1 Buchst. c ErbStG.
195 BT-Drucks. 16/11107 vom 26.11.2008, Bericht des Finanzausschusses, B. Besonderer Teil, zu Nummer 12 (§ 13b), S. 14.
196 § 4h Abs. 3 Satz 5 EStG; *Einzelheiten*: BMF-Schreiben vom 8.7.2008, IV C 7 – S 2742 – a/07/10001, BStBl. I 2008, 718, Tz. 59 ff.
197 „.. zum Betriebsvermögen, zum gesamthänderisch gebundenen Betriebsvermögen einer Personengesellschaft oder zum Vermögen einer Kapitalgesellschaft gehören ..“, § 13b Abs. 2 Satz 2 Nr. 1 Buchst. d ErbStG.

102 Eine Wohnung ist wie folgt bewertungsrechtlich definiert:

> „Eine Wohnung ist die Zusammenfassung einer Mehrheit von Räumen, die in ihrer Gesamtheit so beschaffen sein müssen, dass die Führung eines selbständigen Haushalts möglich ist. Die Zusammenfassung einer Mehrheit von Räumen muss eine von anderen Wohnungen oder Räumen, insbesondere Wohnräumen, baulich getrennte, in sich abgeschlossene Wohneinheit bilden und einen selbständigen Zugang haben. Außerdem ist erforderlich, dass die für die Führung eines selbständigen Haushalts notwendigen Nebenräume (Küche, Bad oder Dusche, Toilette) vorhanden sind. Die Wohnfläche muss mindestens 23 Quadratmeter (m^2) betragen." [198]

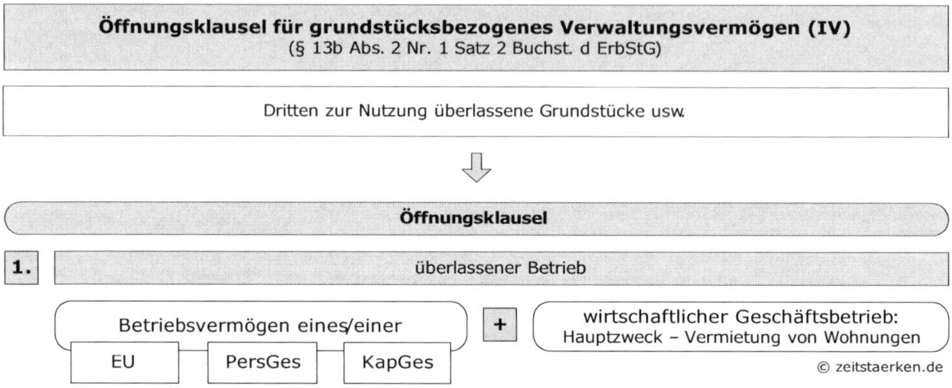

g) Land- und forstwirtschaftliche Nutzung eines weiteren Dritten

103 Die Überlassung zur (weiteren) **land- und forstwirtschaftlichen Nutzung**[199] führt zu Produktivvermögen bei zur Nutzung überlassenen Grundstücken an weitere Dritte. Diese Öffnungsklausel wird in Bezug infolge der Besonderheit des Bewertungsverfahrens für Stückländereien[200] gesetzlich verankert.

198 § 181 Abs. 9 BewG.
199 § 13b Abs. 2 Satz 2 Nr. 1 Satz 2 Buchst. e ErbStG.
200 § 160 Abs. 7 BewG.

4. Versagung der Öffnungsklausel

Soweit Wirtschaftsgüter insbesondere Grundstücke an einen Dritten **weiterverpachtet** werden, liegt _kein_ Verschonungsvermögen vor.[201] 104

3

Insoweit verliert die Öffnungsklausel ihre Wirkung:

- Betriebsaufspaltung oder Überlassung an eine Mitunternehmerschaft (= Sonderbetriebsvermögen). Die sog. Öffnungsklausel greift _nicht_, wenn diese Wirtschaftsgüter (= wesentliche Betriebsgrundlage = Betriebsaufspaltung; Sonderbetriebsvermögen = Mitunternehmerschaften) an einen Dritte weiter vermietet werden.

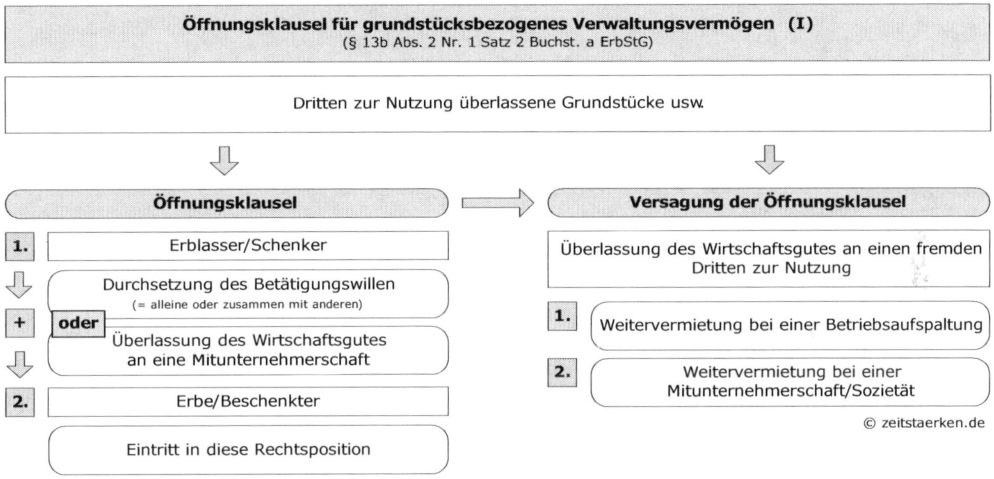

- Betriebsverpachtung im Ganzen

  Die Öffnungsklausel greift _nicht_, wenn
  - der verpachtete Betrieb vor der Verpachtung _kein_ begünstigter Betrieb[202] ist
  - Hauptzweck des Betriebs ist die Überlassung von Grundstücken an Dritte zur Nutzung
  - Aufgabe des Verpächterwahlrechts
  - Dritter (nicht der Pächter) wird Erbe
  - Ausschluss von der beruflichen Qualifikation beim Beschenkten

201 § 13b Abs. 2 Nr. 2 Satz 3 2. HS ErbStG.
202 § 13b Abs. 1 und Abs. 2 Satz 1 ErbStG.

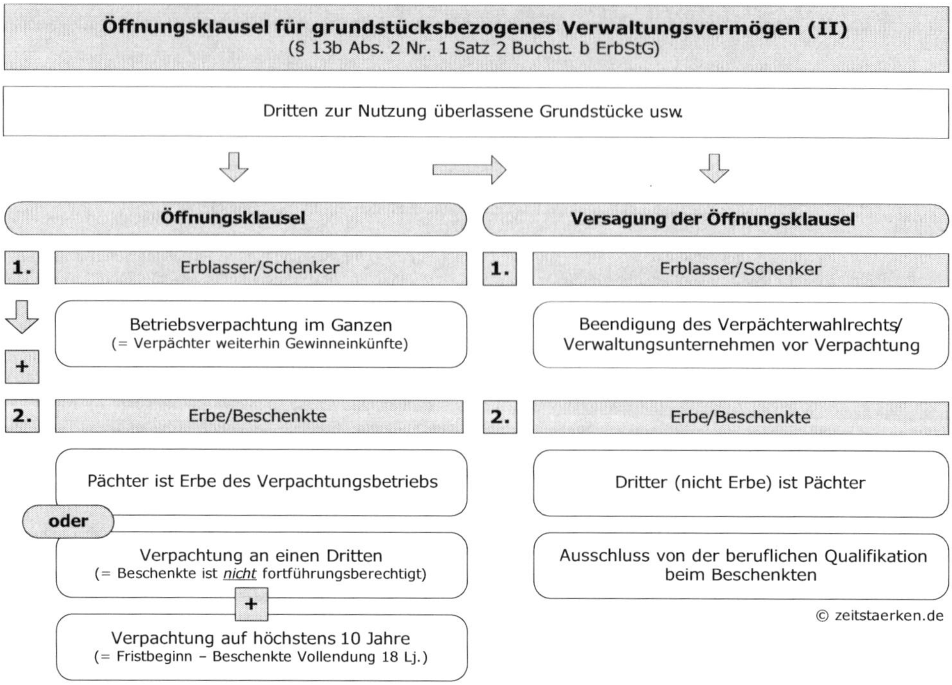

105 ■ Überlassungen innerhalb eines **Konzerns.** *Keine* Öffnungsklausel bei anschließender Nutzungsüberlassung an weitere Dritte außerhalb des Konzerns.

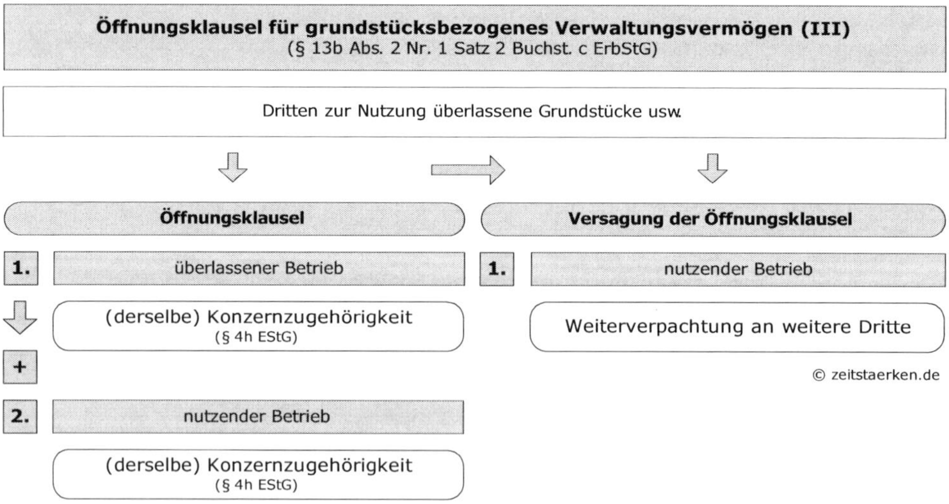

5. Ermittlung und Auswirkung der Verwaltungsvermögensgrenze

Der **Anteil des Verwaltungsvermögens** am gemeinen Wert des Betriebs bestimmt sich nach dem **Verhältnis**[203]: 106

3

Berechnungsformel: 50 %- bzw. 10 %-Grenze (§ 13b Abs. 2 Satz 4; Abs. 8 Nr. 3 ErbStG)		
Summe der gemeinen Werte der Einzelwirtschaftsgüter des Verwaltungsvermögens (= Einzelbewertung; ohne Abzug von Schulden)	=	%iger Anteil des Verwaltungs-vermögens
gemeiner Wert des Betriebs (= Börsenkurs; Verkaufspreisableitung; vereinfachtes Ertragswertverfahren; andere übliche Bewertungsmethode, Substanzwert [= Mindestwert])		

© zeitstaerken.de

Hierzu werden im Schrifttum[204] folgende Aussagen getroffen: 107

- Für die Prüfung werden die abschießend aufgezählten Wirtschaftsgüter des Verwaltungsvermögens selbstständig und unabhängig vom Unternehmen nach den Regeln des Bewertungsgesetzes bewertet (= isolierte Bewertung außerhalb des Unternehmens).[205] Schulden, die auf das Verwaltungsvermögen entfallen, sind *nicht* beim Verwaltungsvermögen abzuziehen.[206] Diese mindern wie die weiteren Schulden das Produktivvermögen.
- Der Betrieb wird mit dem jeweiligen anzuwendenden Verfahren zur Ermittlung des gemeinen Wertes bewertet:[207]
  - Börsenkurs
  - Verkaufspreisableitung
  - vereinfachtes Ertragswertverfahren
  - andere zulässige und übliche Bewertungsverfahren
  - Substanzwert (= Mindestwert; Summe aller Wirtschaftsgüter, sonstige aktiven Ansätze und Schulden sowie sonstigen passiven Ansätze bewertet mit dem gemeinen Wert). Schulden sind bei der Bewertung des Betriebs mit dem gemeinen Wert zu berücksichtigen. U. E. ist eine ertragsteuerrechtliche Abzinsung bewertungsrechtlich „rückgängig" zu machen, da der Rückzahlungsbetrag den Vermögensempfänger belastet.

203 § 13b Abs. 2 Satz 4 1. HS ErbStG.

204 Stahl in „Schenkung- und Erbschaftsteuerplanung im Vorfeld der Erbschaftsteuerreform 2008", KÖSDI 2007, 15820 ff.; Stahl in „Erbschaftsteuerreform-Entwurf 2008: Neue Rechtslage und Steuerplanung", KÖSDI 2008, 16056 ff.; Piltz in „Verwaltungsvermögen im neuen Erbschaftsteuerrecht", ZEV 2008, 229 ff.; Schulte in „Die Reform der Erbschaftsteuer", FR 2008, 341 ff.

205 § 13b Abs. 2 Satz 4 1. HS ErbStG.

206 Stahl in „Schenkung- und Erbschaftsteuerplanung im Vorfeld der Erbschaftsteuerreform 2008", KÖSDI 2007, 15820 ff.; Stahl in „Erbschaftsteuerreform-Entwurf 2008: Neue Rechtslage und Steuerplanung", KÖSDI 2008, 16056 ff.; *andere Auffassung:* Schulte in „Die Reform der Erbschaftsteuer", FR 2008, 341 ff.

207 § 13b Abs. 2 Satz 4 1. HS ErbStG.

108 **Beispiel: Prüfung der 50 %-Grenze**

(Verschonungsfähiges Vermögen)

Der Gewerbetreibende G betreibt sein alteingesessenes Unternehmen, Finanzdienstleistungsagentur, in eigenen Büros in Titisee. Die Immobilie wird zu 1/3 selbst genutzt und zu 2/3 fremd vermietet. Die fremd vermieteten Gebäudeteile sind dem (gewillkürten) Betriebsvermögen zugeordnet. Weiterhin ist G an einer F-GmbH mit 40 % beteiligt. Das Vermögen der F-GmbH besteht ausschließlich aus Verschonungsvermögen.[208] Die Anteile an der F-GmbH liegen im Betriebsvermögen des Einzelunternehmens. Zur Aufbesserung der Büroatmosphäre hat G im Besprechungszimmer Kunstwerke angebracht (= sonstiges Anlagevermögen; = gemeiner Wert[209]). G möchte das Unternehmen auf seinen Sohn übertragen. Der Mindestwert (= Substanzwert) ist größer als der gemeine Wert nach dem vereinfachten Ertragswertverfahren.[210]

Prüfung des Verwaltungsvermögens

Aktiva	*Buchwert*	*gemeiner Wert*	*Passiva*	*Buchwert*	*gemeiner Wert*
Firmenwert		125.000	Eigenkapital	796.000	1.732.250
Immaterielle Wirtschaftsgüter	15.000	40.000			
Grund und Boden	325.000	520.000	Sonderposten	30.000	30.000
Gebäude	450.000	720.000			
Maschinen	17.500	25.000	Rückstellungen	125.000	125.000
Pkw	115.000	125.000	Verbindlichkeiten LuL	17.500	17.500
BGA	235.000	275.000	Bankverbindlichkeiten	335.000	335.000
Beteiligungen (F-GmbH)	35.000	300.000	abgez. son. Verbindlichkeiten	80.000	95.000
Sonstiges AV	7.500	8.000	PRAP	3.250	3.250
Vorräte	3.250	12.000			
Forderungen aus LuL	85.500	90.000			
Bank	96.500	96.500			
ARAP	1.500	1.500			
	1.386.750	2.338.000		1.386.750	2.338.000

Hinweis:

Die Bewertung des Verwaltungsvermögens erfolgt u. E. ***ohne*** *„Going-Concern-Prinzip". Insoweit ist grundsätzlich eine selbständige Bewertung durchzuführen. Im Beispiel wird das Ertragswertverfahren für Grundbesitz herangezogen.*[211]

208 § 13b Abs. 2 Satz 2 Nr. 3 ErbStG.
209 § 9 BewG.
210 § 11 Abs. 2 Satz 3 BewG.
211 § 184 i. V. m. § 182 Abs. 3 Nr. 1 BewG.

3

Lösung:

Es sind die gemeinen Werte des Verwaltungsvermögens anzusetzen. Die Aufzählung des (gesetzlich fixierten) Verwaltungsvermögens ist abschließend. Die Schulden sind gänzlich vom Produktivvermögen abzuziehen. Da das Verwaltungsvermögen weniger als 50 % ausmacht, liegt grundsätzlich verschonungsfähiges Vermögen vor. Aufgrund der Überschreitung der 10 %-Grenze, ist die Wahl zur vollständigen Steuerbefreiung (= Verschonungsoption) nicht möglich. Somit ist (nur) die Regelverschonung anzuwenden. Da der gemeine Wert des Unternehmens weniger als 3.000.000 € beträgt, wird der gleitende Abzugsbetrag (noch) anteilig gewährt.

Prüfung des Verwaltungsvermögens

Produktivvermögen	Ansatz in %	Wert	**Verwaltungsvermögen**	Ansatz in %	Wert
Firmenwert	100%	125.000	Firmenwert	0%	0
Immaterielle Wirtschaftsgüter	100%	40.000	Immaterielle Wirtschaftsgüter	0%	0
Grund und Boden	33%	173.316	Grund und Boden	67%	346.684
Gebäude	33%	239.976	Gebäude	67%	480.024
Maschinen	100%	25.000	Maschinen	0%	0
Pkw	100%	125.000	Pkw	0%	0
BGA	100%	275.000	BGA	0%	0
Beteiligungen	100%	300.000	Beteiligungen	0%	0
Sonstiges AV	0%	0	Sonstiges AV	100%	8.000
Vorräte	100%	12.000	Vorräte	0%	0
Forderungen aus LuL	100%	90.000	Forderungen aus LuL	0%	0
Bank	100%	96.500	Bank	0%	0
ARAP	100%	1.500	ARAP	0%	0
Zwischensumme		1.503.292	Zwischensumme		834.708
./. Schulden und sonstige Abzüge		-575.750			
Summe des Produktivvermögens		**927.542**	**Summe des Verwaltungsvermögens**		**834.708**
Anteil des Verwaltungsvermögens		**47,37%**			

Das Unternehmensvermögen stellt grundsätzlich Verschonungsvermögen dar!

Beispiel: Prüfung der 50 %-Grenze 109

(Verwaltungsvermögens)

Der Gewerbetreibende G betreibt sein alteingesessenes Unternehmen, Finanzdienstleistungsagentur, in eigenen Büros in Titisee. Die Immobilie wird zu 1/4 selbst genutzt und zu 3/4 fremd vermietet. Die fremd vermieteten Gebäudeteile sind dem (gewillkürten) Betriebsvermögen zugeordnet. Weiterhin ist G an einer F-GmbH mit 20 % beteiligt.[212] Die Anteile an der F-GmbH liegen im Betriebsvermögen des Einzelunternehmens. Zur Aufbesserung der Büroatmosphäre hat G im Besprechungszimmer Kunstwerke angebracht (= sonstiges Anlagevermögen; = gemeiner Wert[213]). G möchte das Unternehmen auf seinen Sohn übertragen. Der Mindestwert (= Substanzwert) ist größer als der gemeine Wert nach dem vereinfachten Ertragswertverfahren.[214]

212 § 13b Abs. 2 Satz 2 Nr. 2 ErbStG.
213 § 9 BewG.
214 § 11 Abs. 2 Satz 3 BewG.

Prüfung des Verwaltungsvermögens					
Aktiva	*Buchwert*	*gemeiner Wert*	***Passiva***	*Buchwert*	*gemeiner Wert*
Firmenwert		125.000	Eigenkapital	796.000	1.732.250
Immaterielle Wirtschaftsgüter	15.000	40.000			
Grund und Boden	325.000	520.000	Sonderposten	30.000	30.000
Gebäude	450.000	720.000			
Maschinen	17.500	25.000	Rückstellungen	125.000	125.000
Pkw	115.000	125.000	Verbindlichkeiten LuL	17.500	17.500
BGA	235.000	275.000	Bankverbindlichkeiten	335.000	335.000
Beteiligungen (F-GmbH)	35.000	300.000	abgez. son. Verbindlichkeiten	80.000	95.000
Sonstiges AV	7.500	8.000	PRAP	3.250	3.250
Vorräte	3.250	12.000			
Forderungen aus LuL	85.500	90.000			
Bank	96.500	96.500			
ARAP	1.500	1.500			
	1.386.750	2.338.000		1.386.750	2.338.000

Hinweis:

*Die Bewertung des Verwaltungsvermögens erfolgt u. E. **ohne** „Going-Concern-Prinzip". Insoweit ist grundsätzlich eine selbständige Bewertung durchzuführen. Im Beispiel wird das Ertragswertverfahren für Grundbesitz herangezogen.*[215]

Lösung:

Es sind die gemeinen Werte des Verwaltungsvermögens anzusetzen. Die Aufzählung des (gesetzlich fixierten) Verwaltungsvermögens ist abschließend.

Prüfung des Verwaltungsvermögens					
Produktivvermögen	Ansatz in %	Wert	**Verwaltungsvermögen**	Ansatz in %	Wert
Firmenwert	100%	125.000	Firmenwert	0%	0
Immaterielle Wirtschaftsgüter	100%	40.000	Immaterielle Wirtschaftsgüter	0%	0
Grund und Boden	25%	130.000	Grund und Boden	75%	390.000
Gebäude	25%	180.000	Gebäude	75%	540.000
Maschinen	100%	25.000	Maschinen	0%	0
Pkw	100%	125.000	Pkw	0%	0
BGA	100%	275.000	BGA	0%	0
Beteiligungen	0%	0	Beteiligungen	100%	300.000
Sonstiges AV	0%	0	Sonstiges AV	100%	8.000
Vorräte	100%	12.000	Vorräte	0%	0
Forderungen aus LuL	100%	90.000	Forderungen aus LuL	0%	0
Bank	100%	96.500	Bank	0%	0
ARAP	100%	1.500	ARAP	0%	0
Zwischensumme		1.100.000	Zwischensumme		1.238.000
./. Schulden und sonstige Abzüge		-575.750			
Summe des Produktivvermögens		**524.250**	**Summe des Verwaltungsvermögens**		**1.238.000**
Anteil des Verwaltungsvermögens		**70,25%**			

Das Unternehmensvermögen stellt unverschontes Verwaltungsvermögen dar!

215 § 184 i. V. m. § 182 Abs. 3 Nr. 2 BewG.

Hinweis:

Die Überprüfung der 10 %-Grenze bei der Verschonungsoption erfolgt analog.

Soweit der gemeine Wert des begünstigten Vermögens nach einem anderen Bewertungsverfahren berechnet wird, muss der Wert des begünstigten Vermögens dem Verwaltungsvermögen gegenüber gestellt werden.

IV. Erfüllungspflichten für die Verschonungsmodelle

1. Lohnsummenklausel

a) Überblick Regelverschonung

Die Summe der maßgebenden jährlichen Lohnsummen darf **innerhalb von sieben Jahren** nach Erwerb (= Lohnsummenfrist) insgesamt **650 %** der Ausgangslohnsumme *nicht* unterschreiten (= Mindestlohnsumme).[216] 110

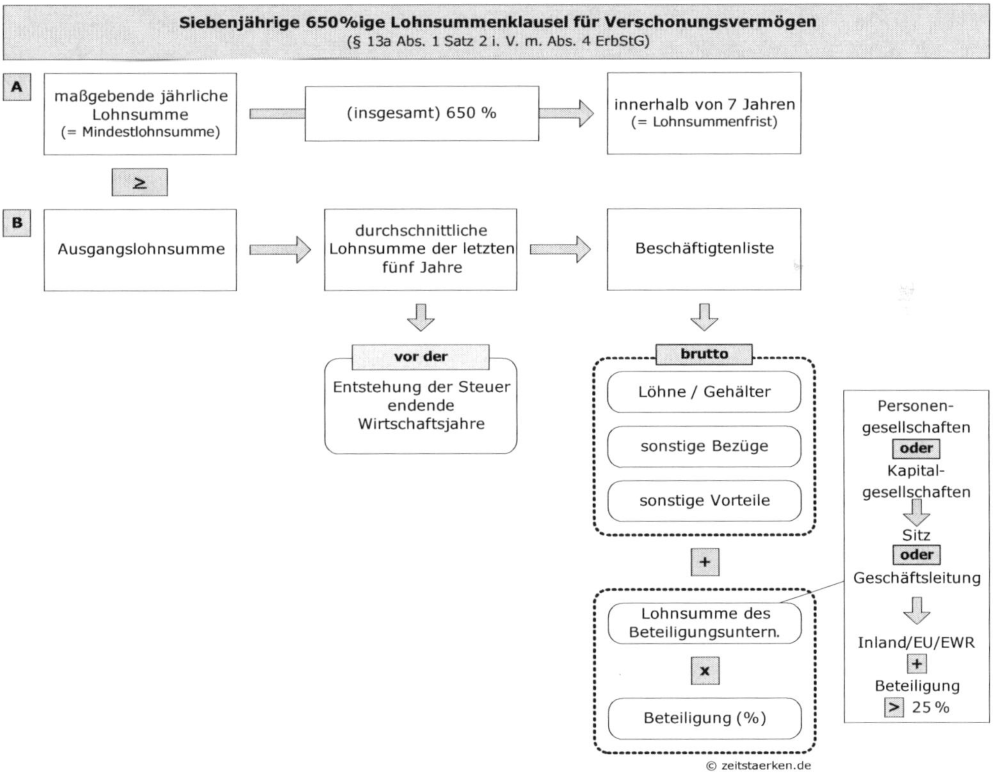

216 § 13a Abs. 1 Satz 2 ErbStG.

Hinweis:

Erreicht der Erwerber vor Ablauf der siebenjährigen Lohnsummenfrist die Mindestlohnsumme von 650 %, so sind die Voraussetzungen der Lohnsummenregel bereits dann erfüllt.

111 **Beispiel: „650 % - Lohnsummenregel"**

Das Unternehmen zahlt 500.000 € Löhne. So müssen bis zum Ende des siebten Jahres wohl tatsächlich weiterhin insgesamt 3.250.000 € Löhne – also 650 % - bezahlt werden. Soweit die 650 %-Grenze innerhalb des Sieben-Jahreszeitraums „geknackt" wird, gilt diese (auch) als erfüllt.

b) Überblick Verschonungsoption

112 Bei unwiderruflichem Antrag zur Option, darf die Summe der maßgebenden jährlichen Lohnsummen darf **innerhalb von zehn Jahren** nach Erwerb (= Lohnsummenfrist) insgesamt **1000 %** der Ausgangslohnsumme *nicht* unterschreiten (= Mindestlohnsumme).[217]

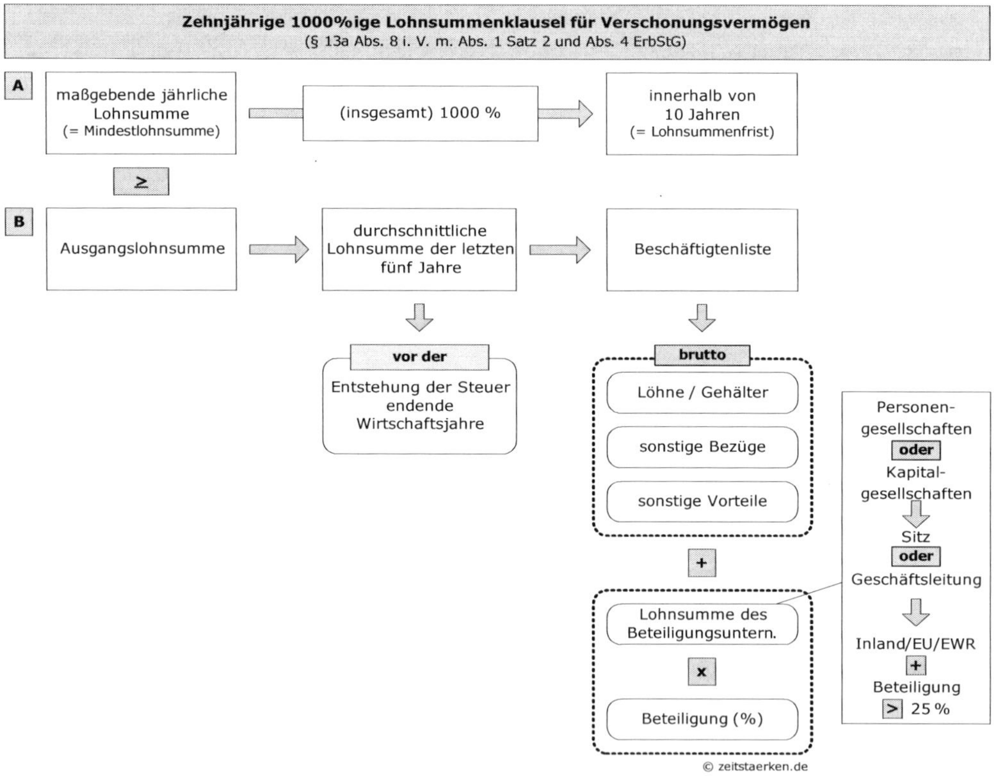

Hinweis:

Erreicht der Erwerber vor Ablauf der zehnjährigen Lohnsummenfrist die Mindestlohnsumme von 1000 %, so sind die Voraussetzungen der Lohnsummenregel bereits dann erfüllt.

217 § 13a Abs. 1 Satz 2 ErbStG.

Beispiel: „1000 % - Lohnsummenregel" 113

Das Unternehmen zahlt 500.000 € Löhne. So müssen bis zum Ende des zehnten Jahres eine Lohnsumme in Höhe von (500.000 € x 10 Jahre =) 5.000.000 € eingehalten werden. Soweit die 1000 %-Grenze innerhalb des Zehn-Jahreszeitraums „geknackt" wird, gilt diese (auch) als erfüllt.

c) *Keine* Lohnsummenklausel

Hinweis: 114

*Die Lohnsummenklausel ist **nicht** anzuwenden, wenn die Ausgangslohnsumme Null Euro beträgt oder der Betrieb **nicht mehr als zehn Beschäftigte** hat.*[218]

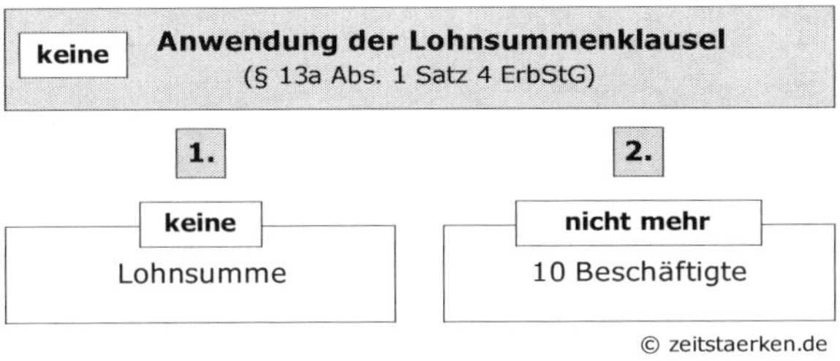

d) Eckpunkte der Lohnsummenklausel

Die Lohnsummenklausel[219] enthält folgende Eckpunkte: 115

- Die **Lohnsumme** umfasst alle Vergütungen, die im maßgebenden Wirtschaftsjahr an die auf den Lohn- und Gehaltslisten erfassten Beschäftigten gezahlt werden. Außer Ansatz bleiben Lohnzahlungen an Arbeitnehmer, die nicht ausschließlich oder überwiegend für den Betrieb tätig sind.
- Zu den **Vergütungen** zählen alle Geld- und Sachleistungen für die von den Beschäftigten erbrachte Arbeit. Die Leistungsbezeichnung ist unerheblich. Ob es sich um regelmäßige oder unregelmäßige Zahlungen handelt, ist unerheblich.
- Zu den Löhnen und Gehältern gehören auch alle von den Beschäftigten zu entrichtenden **Sozialbeiträge, Einkommensteuern und Zuschlagsteuern**.
- Zu den Löhnen und Gehältern zählen alle vom Beschäftigten empfangenen Sondervergütungen, Prämien, Gratifikationen, Abfindungen, Zuschüsse zu Lebenshaltungskosten, Familienzulagen, Trinkgelder, Provisionen, Teilnehmergebühren und vergleichbare Vergütungen.

Hinweis:

Nicht zu den Löhnen und Gehältern zählen die vom Beschäftigten selbst abzuführenden Sozialbeiträge.

218 § 13a Abs. 1 Satz 4 ErbStG.
219 § 13a Abs. 4 ErbStG.

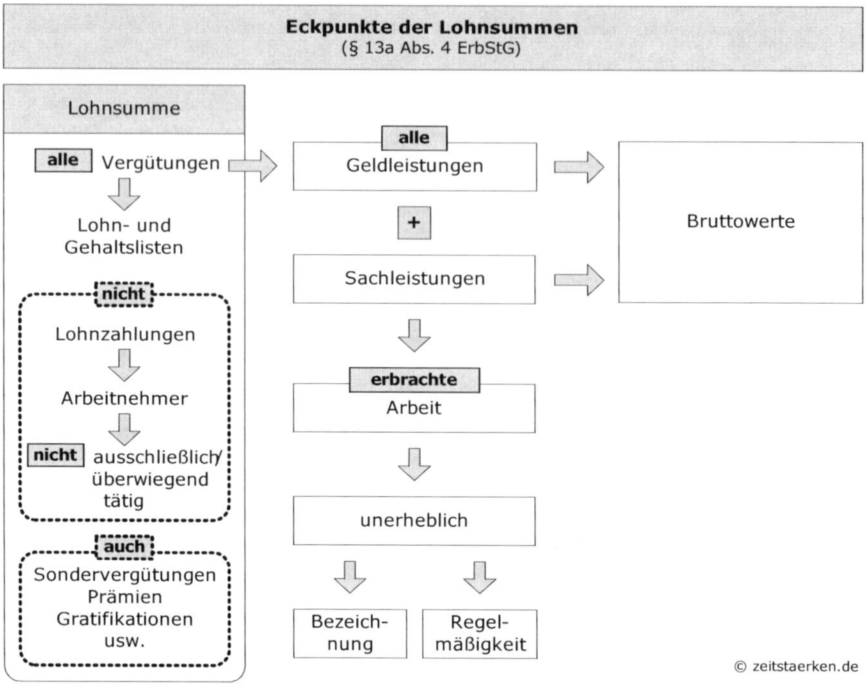

e) Maßgebliche Lohnsumme

116 Der Verschonungsabschlag und der Abzugsbetrag bleiben vollständig gewährt, wenn die **maßgebliche jährliche Lohnsummen** innerhalb von sieben bzw. zehn Jahren nach dem Erwerb insgesamt **650 % bzw. 1000 % der Ausgangslohnsumme** *nicht* unterschreitet.[220]

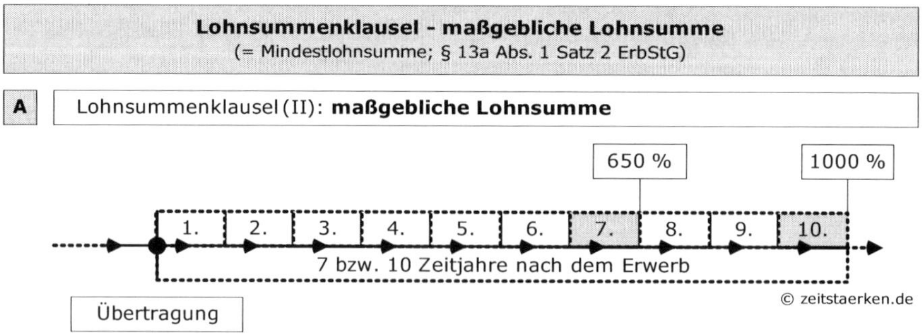

f) Ausgangslohnsumme

117 **Ausgangslohnsumme** ist die durchschnittliche Lohnsumme der letzten fünf vor dem Zeitpunkt der Entstehung der Steuer endenden Wirtschaftsjahre.[221]

220 § 13a Abs. 1 Satz 2 ErbStG.
221 § 13a Abs. 1 Satz 3 ErbStG.

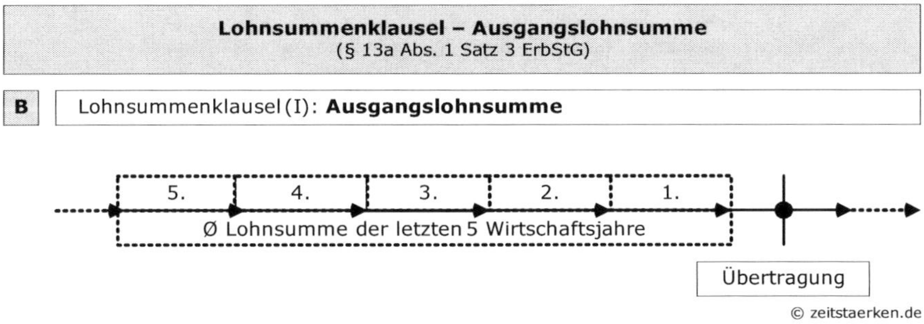

g) Unterschreiten der Lohnsumme

Soweit die Summe der maßgebenden jährlichen Lohnsummen *weniger* als 650 %/1000 % der Ausgangslohnsumme beträgt (= Stichtagsprinzip), fällt der Verschonungsabschlag anteilig weg. Der Verschonungsabschlag von 85 % bzw. 100 % mindert sich in demselben prozentualen Verhältnis, indem die maßgebenden jährlichen Lohnsummen die Mindestlohnsumme unterschreitet. Die Minderung des Verschonungsabschlags erfolgt mit Wirkung für die Vergangenheit.[222] 118

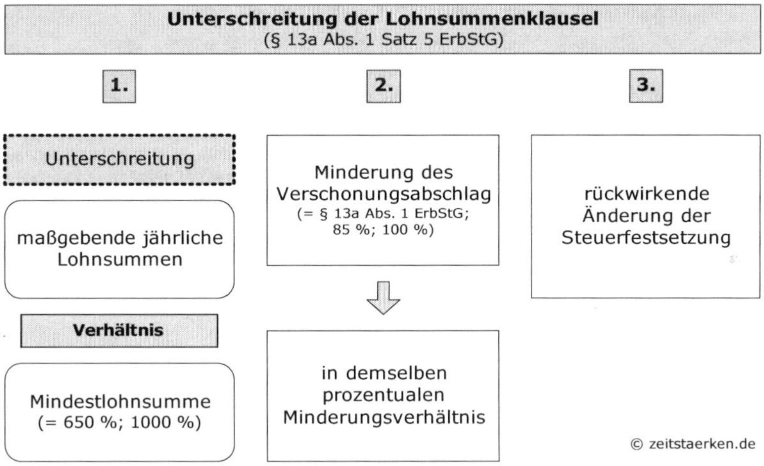

Beispiel: Unterschreiten der Lohnsummenklausel 119

Der Steuerpflichtige hat nach Ablauf der siebenjährigen Lohnsummenfrist eine Lohnsumme von nur 585 % erreicht. Die Mindestlohnsumme beträgt 650 %.

Lösung:

Durch das Unterschreiten der Mindestlohnsumme nach Ablauf der Lohnsummenfrist muss eine anteilige Kürzung des Verschonungsabschlags erfolgen. Die Kürzung erfolgt in dem Verhältnis, in dem die erreichte Lohnsumme zur Mindestlohnsumme steht.

222 § 13a Abs. 1 Satz 5 ErbStG.

Kurzberechnung

585 % Lohnsumme x 85 % Verschonungsabschlag / 650 % Mindestlohnsumme =

verbleibender Verschonungsabschlag	76,50 %

ausführliche Berechnung

Unterschreitung Mindestlohnsumme: (650 ./. 585 =)	65
entspricht in %: (65 / 650 x 100 =)	10 %
Verschonungsabschlag	85,00 %
Kürzung um Unterschreitung: (85 x 10% =)	./. 8,50 %
verbleibender Verschonungsabschlag	76,50 %

2. Behaltensfrist

a) Verstöße gegen die Behaltensfrist

120 Im neuen Erbschaftsteuergesetz sind eine Vielzahl von schädlichen Handlungen als Verstöße gegen die Behaltensfrist von sieben bzw. zehn Jahren „installiert" worden.[223] Zu einigen Verstößen wurden wieder Rückausnahmen (= **Reinvestitionsklausel**) zugelassen

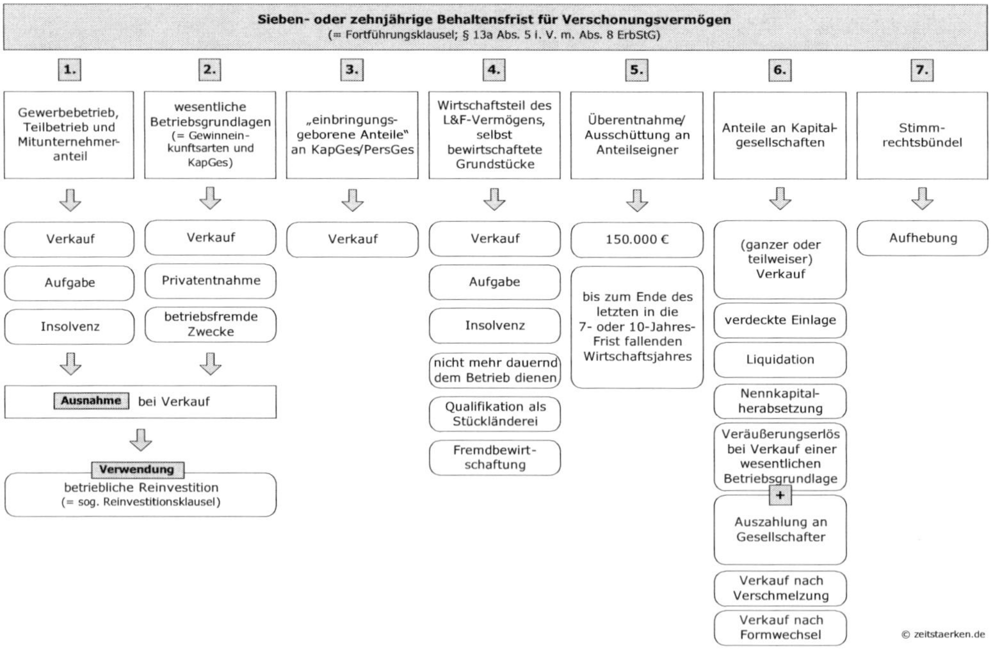

223 § 13a Abs. 5 ErbStG.

Verstöße gegen die Behaltensfrist von sieben/zehn Jahre sind:[224] 121

- Betriebsveräußerung/Teilbetriebsveräußerung oder Veräußerung von Mitunternehmeranteilen[225]. Als Veräußerung gilt die Aufgabe. U. E. ist eine Mitunternehmer*teil*anteilsveräußerung ebenfalls schädlich. Sobald das Betriebsvermögen innerhalb der sieben-/zehnjährigen Behaltensfrist in eine Kapitalgesellschaft[226] oder Mitunternehmerschaft[227] eingebracht wird, darf dieser „geborene" Anteil nicht veräußert werden.
- Veräußerung, Aufgabe/Teilveräußerung eines Betriebes der Land- und Forstwirtschaft[228].
- Veräußerung einer wesentlichen Betriebsgrundlage, soweit der Erlös dem Betrieb[229] nicht mehr zur Verfügung steht (= Entnahme; andere betriebsfremde Zwecke).
- Veräußerung/Teilveräußerung von Anteilen an Kapitalgesellschaften sowie die verdeckte Einlage. Die Herabsetzung des Nennkapitals ist ebenfalls schädlich. Die Veräußerung einer wesentlichen Betriebsgrundlage, soweit der Erlös dem Betrieb[230] nicht mehr zur Verfügung steht (= Entnahme; andere betriebsfremde Zwecke) und an die Gesellschafter verteilt wird. Die Verschmelzung[231] einer Kapitalgesellschaft innerhalb der sieben-/zehnjährigen Behaltensfrist ist schädlich. Ebenso die Aufhebung des Stimmrechtsbündels oder der Verfügungsbeschränkung[232].

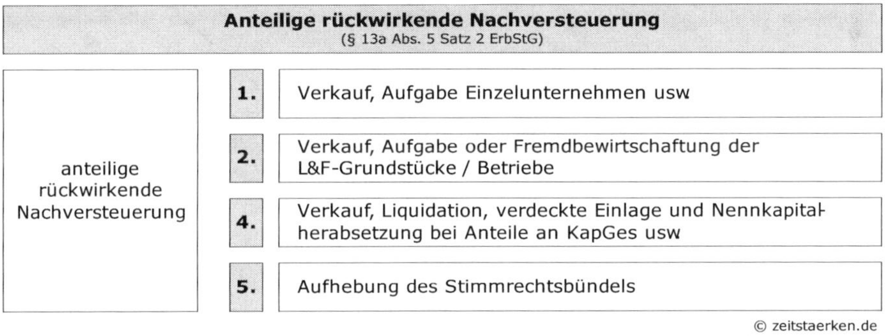

- Verstoß gegen die Überentnahmeregelung in Höhe von 150.000 €. Eine **Überentnahme** liegt vor, wenn der Betriebsübernehmer oder Mitunternehmer bis zum Ende des letzten in die Sieben-/Zehn-Jahres-Frist fallende Wirtschaftsjahr Entnahmen tätigt, die die Summe der Einlagen und der ihm zuzurechnenden Gewinne/Gewinnanteile seit dem Erwerb **um mehr als 150.000 €** übersteigen. Bei Ausschüttungen an Gesellschafter einer Kapitalgesellschaft ist sinngemäß zu verfahren, wenn die „Alt-Gewinnrücklage", welche vor dem Übertragungsakt auf den Vermögensempfänger bestanden hat, über 150.000 € verwendet wird.

224 § 13a Abs. 5 ErbStG.
225 § 13a Abs. 5 Nr. 1 ErbStG.
226 § 20 UmwStG.
227 § 24 UmwStG.
228 § 13a Abs. 5 Nr. 2 ErbStG.
229 § 13 EStG; § 15 EStG, § 18 EStG.
230 § 13 EStG; § 15 EStG, § 18 EStG.
231 § 3 bis § 16 UmwStG.
232 § 13a Abs. 5 Nr. 5 ErbStG.

Hinweis:

U. E. ist die Überentnahme/-ausschüttungsregelung in Höhe von 150.000 € je Einzelunternehmer, Mitunternehmer, Sozius oder Anteilseigner zu gewähren.

Hinweis:

*Die Überentnahmen betreffen **immer** den **gesamten** Behaltenszeitraum. Über das Vorliegen der Überentnahme kann erst **nach** dem Ablauf des Zeitraums entschieden werden. Somit kommt **kein** zeitanteiliger Wegfall, sondern immer nur ein vollständiger Wegfall des Verschonungsabschlags in Betracht.*

Betragsmäßige rückwirkende Nachversteuerung (§ 13a Abs. 5 Satz 2 i. V. m. Abs. 8 ErbStG)		
betragsmäßige rückwirkende Nachversteuerung	**3.**	erbschaftsteuerrechtliche Überentnahme [Entnahmen > ((Summe aus Gewinnen und Einlagen) + 150.000 €)]

122 **Beispiel: Verstoß Behaltensfrist - Veräußerung**

Der Steuerpflichtige S erbt am 1.1.01 von seinem Vater den Betrieb und führt diesen fort. S nimmt die Regelverschonung in Anspruch. Die Behaltensfrist dauert sieben Jahre bis 31.12.07. Am 30.6.04 erhält S ein lukratives Angebot von einem Konkurrenten und veräußert den gesamten Betrieb an diesen. Mit dem erhaltenen Veräußerungserlös setzt sich S zur Ruhe.

Lösung:

Es liegt ein Verstoß gegen die Behaltensfrist vor, da die Veräußerung innerhalb der Frist von sieben Jahren erfolgt und *keine* Reinvestition vorgenommen wird. Der Verschonungsabschlag von 85 % ist rückwirkend anteilig zu versagen. Die anteilige Kürzung erfolgt nach dem Verhältnis der verbleibenden Behaltensfrist zur gesamten Behaltensfrist. Die verbleibende Behaltensfrist beträgt 4 Jahre. Verschonungsabschlag ist um 4/7 zu kürzen.

Berechnung des verbleibenden Verschonungsabschlags

Verschonungsabschlag	85,00 %
Kürzung 85 % x 4/7	./. 48,56 %
verbleibender Verschonungsabschlag	36,44 %

b) Teilveräußerung

123 Die Verstöße gegen die Behaltensfrist wirken sich immer nur zu dem Teil aus, *soweit* ein schädlicher Tatbestand verwirklicht wird.[233]

Beispiel: Teilveräußerung

Der Steuerpflichtige S hat am 1.1.01 von seinem Vater einen Betrieb geerbt. S nimmt die Regelverschonung in Anspruch. Die Behaltensfrist dauert sieben Jahre bis 31.12.07. Am 30.9.05 verkauft S die Hälfte des Betriebs (TB1), die andere Hälfte des Betriebs (TB2) führt S weiter fort.

233 § 13a Abs. 5 Satz 1 ErbStG.

Lösung:

Durch den Verkauf des TB1 innerhalb der Behaltensfrist von sieben Jahren, kommt es zu einer Kürzung des auf den TB1 entfallenden (hälftigen) Verschonungsabschlags im Verhältnis der verbleibenden Behaltensfrist[234] (3 Jahre) zur gesamten Behaltensfrist (7 Jahre), d. h. 3/7 vom hälftigen Verschonungsabschlag (85 % / 2 =) 42,5 %.

Kürzung Verschonungsabschlag TB1:

Anteil am Verschonungsabschlag (85 % / 2)	42,50 %
Verhältnis verbleibende / gesamte Behaltensfrist	3/7
Kürzung (42,5 % x 3/7)	18,21 %
verbleibender Verschonungsabschlag TB1 (42,5 % ./. 18,21 %)	24,29 %
zuzüglich anteiliger Verschonungsabschlag TB2 (85 % / 2)	+ 42,50 %
insgesamt verbleibender Verschonungsabschlag	66,79 %

c) Reinvestition

Die **Reinvestition** muss innerhalb von sechs Monaten in entsprechendes Vermögen[235] investiert werden.[236] 124

Hinweis:

*Die Veräußerung von Teilbetrieben oder wesentlichen Betriebsgrundlagen führen **nicht** zum Verschonungswegfall, wenn der Veräußerungserlös in der begünstigten Vermögensart verbleibt.[237] Eine **Reinvestition** ist damit unschädlich; eine Entnahme schädlich.*

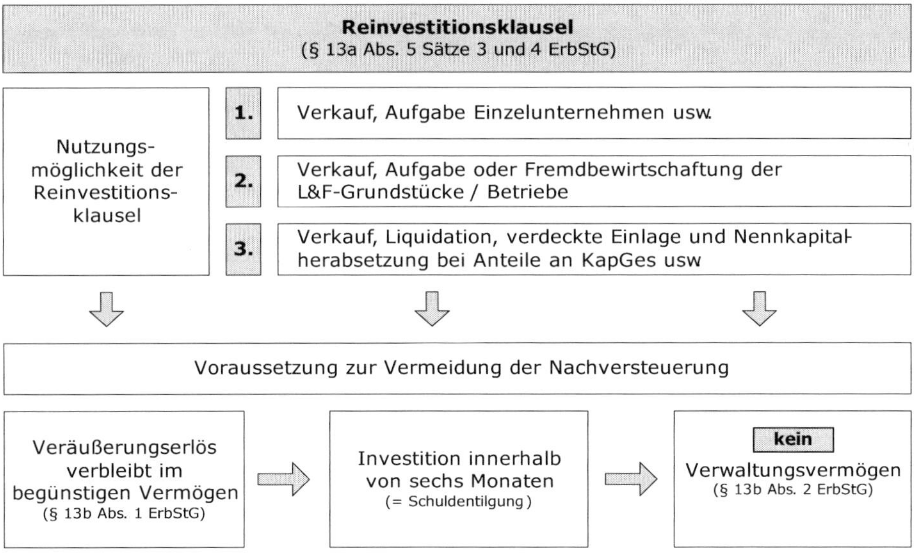

234 einschließlich des Jahres, in dem die Verfügung erfolgt, § 13a Abs. 5 Satz 2 ErbStG.
235 *Kein* Verwaltungsvermögen, § 13b Abs. 2 ErbStG.
236 § 13a Abs. 5 Satz 4 ErbStG.
237 § 13a Abs. 5 Satz 3 ErbStG.

d) Verstoß gegen die Behaltensfrist

125 Das im Besteuerungszeitpunkt vorhandene verschonungsfähige Vermögen muss über **sieben bzw. zehn Jahre** im Betrieb erhalten werden (= Fortführungsklausel). Eine Veräußerung, Aufgabe oder Teilveräußerung sowie die Veräußerung oder Entnahme von wesentlichen Betriebsgrundlagen innerhalb von sieben bzw. zehn Jahren führen in dem **Verhältnis der verbleibenden Behaltensfrist - einschließlich dem Jahr in dem die Verfügung erfolgte - zur gesamten Behaltensfrist** zum Wegfall des Verschonungsabschlags.[238]

Hinweis:

*Der **gleitende Abzugsbetrag** fällt bei Verstoß gegen die Behaltensfrist rückwirkend **vollständig** weg.*[239]/[240]

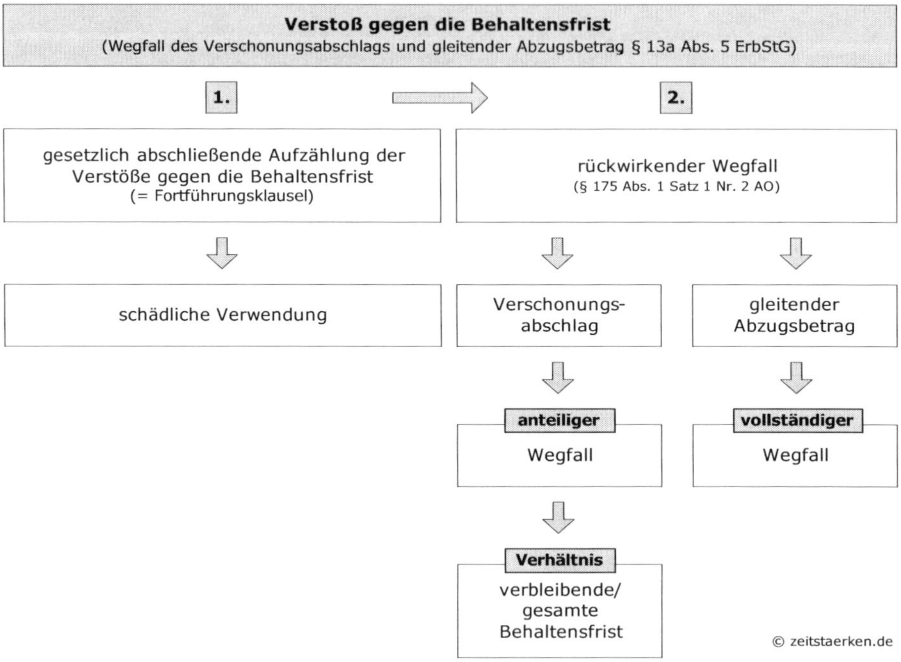

3. Überentnahmeklausel/Überausschüttungsklausel

126 Die Erben oder Beschenkten tätigen während der sieben- bzw. zehnjährigen Behaltensfrist, die über die Gewinn(anteil)e zuzüglich etwaiger Einlagen und einen Nichtaufgriffsbetrag (= Unschädlichkeitsbetrag) in Höhe von 150.000 € hinausgehen.[241] Erzielte Verluste bleiben unberücksichtigt.[242] Die Überentnahmeregelung „mutiert" bei Kapitalgesellschaftsübertragungen zu einer „Überausschüttungsklausel".[243] Der maßgebliche Gesamtgewinn, die etwaigen Einlagen und die

238 § 13a Abs. 5 Satz 2 ErbStG.
239 § 13a Abs. 2 ErbStG; § 13a Abs. 5 Sätze 1 und 2 ErbStG.
240 *Thonemann* in „Erbschaftsteuerreform – Änderungsantrag der Regierungsfraktion", Der Betrieb 2008, 2616.
241 § 13a Abs. 5 Satz 1 Nr. 3 1. HS ErbStG.
242 § 13a Abs. 5 Satz 1 Nr. 3 2. HS ErbStG.
243 § 13a Abs. 5 Satz 1 Nr. 3 Satz 2 ErbStG.

u. U. schädlichen Entnahmen sind auf **das Ende des letzten in die Siebenjahresfrist fallenden Wirtschaftsjahres** zu ermitteln und die Übernahmeklausel zu prüfen.[244]

Hinweis:

Der siebenjährige Behaltenszeitraum verlängert sich bei Ausübung des Wahlrechts zur Verschonungsoption auf einen Zehnjahreszeitraum.[245]

Ob eine Überentnahme eingetreten ist, kann nur am Ende der sieben- oder zehnjährigen Behaltensfrist überprüft werden. Durch Gewinnerhöhungen oder einer kurzfristigen Einlage kann die Überentnahme vermieden werden. Einlagen können Vermögensverschiebungen aus dem Privat- ins Betriebsvermögen sein; aber auch Vermögensübertragungen zwischen zwei Betrieben sind möglich. Die Einlage kann kurz nach dem Kontrollstichtag wieder rückgängig gemacht werden. Der Steuergesetzgeber hat *keine* Sperrfrist in das ErbStG aufgenommen. Soweit eine Überentnahme eingetreten wird, ist die ursprüngliche Steuerfestsetzung auf Grund eines rückwirkenden Ereignisses[246] zu korrigieren. 127

Hinweis:

In welcher Art und Weise die Überentnahme zu einer Neuberechnung führt, lässt sich dem ErbStG nicht genau entnehmen. Folgende Alternativen könnten anwendbar sein:

- *Erhöhung des unverschonten Vermögens*

oder

- *Abzug vom begünstigten Vermögen*

Beispiel: Überentnahmeklausel 128

Vater V überträgt das Einzelunternehmen auf seine Tochter T am 11.5.2009. Der gemeine Wert des Betriebs ermittelt nach dem vereinfachten Ertragswertverfahren beträgt 3.900.000 €.

Der Gesamtgewinn beträgt (vereinfacht):

- siebenjährige Behaltensfrist (11.5.2009 – 31.12.2016) 2.300.000 €
- zehnjährige Behaltensfrist (11.5.2009 – 31.12.2019) 3.000.000 €

Im Jahr 2011 wurde ein Verlust in Höhe von 450.000 € erlitten.

Die Einlagen (vereinfacht) betragen:

- siebenjährige Behaltensfrist (11.5.2009 – 31.12.2016) 100.000 €
- zehnjährige Behaltensfrist (11.5.2009 – 31.12.2019) 110.000 €

Die Entnahmen (vereinfacht) betragen:

- siebenjährige Behaltensfrist (11.5.2009 – 31.12.2016) 3.500.000 €
- zehnjährige Behaltensfrist (11.5.2009 – 31.12.2019) 4.000.000 €

244 § 13a Abs. 5 Satz 1 Nr. 3 ErbStG.
245 § 13a Abs. 8 Nr. 2 i. V. m. Abs. 5 ErbStG.
246 § 175 Abs. 1 Satz 1 Nr. 2 AO.

Lösung:

- ursprüngliche Steuerfestsetzung

Beispiel Überentnahmeklausel						
			neue Rechtslage			
			85 %iger Verschonungsabschlag		100 %iger Verschonungsabschlag	
Verschonung	gemeiner Wert des begünstigten Vermögens (= vereinfachtes Ertragswertverfahren)			3.900.000		3.900.000
Verschonung	*darin enthalten:*					
Verschonung	junges Verwaltungsvermögen			0		0
Verschonung	*davon Wohnzweckvermietung*	*100%*				
Verschonung	weiteres Verwaltungsvermögen			0		0
Verschonung	Anteil des Verwaltungsvermögen		0%		0%	
Verschonung	nicht begünstigtes Verwaltungsvermögen			0		0
Verschonung	verschonungsfähiges Vermögen			3.900.000		3.900.000
Verschonung	Bewertungsabschlag / verschontes Vermögen		85 %	-3.315.000	100 %	-3.900.000
Verschonung	unverschontes Vermögen			585.000		0
	verbleiben (unverschontes Vermögen und Verwaltungsvermögen)			585.000		0
Abzugsbetrag	unverschontes Vermögen		585.000		kein Abzugsbetrag	
Abzugsbetrag	Abzugsbetrag (Berücksichtigung Vorverbrauch!)		-150.000			
Abzugsbetrag	verbleibender Betrag		435.000			
Abzugsbetrag	Abzugsbetrag		150.000			
Abzugsbetrag	50 % vom verbliebenen Betrag (max. 150.000)		-150.000			
Abzugsbetrag	verbleibender Abzugsbetrag		0	0		
	Besteuerungsabschlag (Wohnzweckvermietung)	Ja	10%	0		0
	steuerpflichtiges Vermögen			585.000		0
	persönlicher Freibetrag		St-Kl. I	-400.000	St-Kl. I	0
	steuerpflichtiger Erwerb			185.000		0
	Abrundung = maßgeblicher stpfl. Erwerb			185.000		0
	Steuersatz / Erbschaft- / Schenkungsteuer		11 %	20.350	11 %	0
	Prüfung des Härteausgleichs			0		0
	festzusetzende Erbschaft- / Schenkungsteuer			**20.350**		**0**

Berechnung der Überentnahme

Das Berechnungsschema hat sich gegenüber dem „alten" Erbschaftsteuerrecht *nicht* verändert. Nur die Nichtaufgriffsgrenze (= Unschädlichkeitsbetrag) ist auf 150.000 € im Gegenzug zur Verlängerung der Behaltensfrist erhöht worden.

Berechnung der Überentnahme

		neue Rechtslage	
		85 %iger	100 %iger
	Gesamtgewinn (maßgeblicher Zeitraum)	2.300.000	3.000.000
+	Verluste	450.000	450.000
=	bereinigter Gewinn	2.750.000	3.450.000
+	Einlagen	100.000	110.000
+	Nichtaufgriffsbetrag	150.000	150.000
		3.000.000	3.710.000
./.	Entnahmen	-3.500.000	-4.000.000
=	**Überentnahme**	-500.000	-290.000

- rückwirkend berichtigte Steuerfestsetzung

T muss bei Anwendung der Regelverschonung 109.800 € nachbezahlen. Insoweit löst die Überentnahme in Höhe von 500.000 € eine Steuerbelastung in Höhe von 109.800 € aus. Ein weiterer Nachteil ist eingetreten, der persönliche Freibetrag ist vollständig verbraucht. Bei Anwendung der Verschonungsoption kommt es zwar zu keiner Steuernachzahlung, aber der persönliche Freibetrag ist in Höhe von 290.000 € bereits verbraucht.

Erbschaftsteuerberechnung bei rückwirkend geänderter Steuerfestsetzung

		neue Rechtslage: 85 %iger Verschonungsabschlag		100 %iger Verschonungsabschlag	
Verschonung	gemeiner Wert des begünstigten Vermögens (= vereinfachtes Ertragswertverfahren)		3.900.000		3.900.000
	darin enthalten:				
	junges Verwaltungsvermögen		0		0
	davon Wohnzweckvermietung	100%			
	weiteres Verwaltungsvermögen		0		0
	Anteil des Verwaltungsvermögen	0%		0%	
	nicht begünstigtes Verwaltungsvermögen		0		0
	verschonungsfähiges Vermögen		3.900.000		3.900.000
	Bewertungsabschlag / verschontes Vermögen	85 %	-3.315.000	100 %	-3.900.000
	unverschontes Vermögen		585.000		0
	Überentnahme		**500.000**		**290.000**
verbleiben (unverschontes Vermögen und Verwaltungsvermögen)			1.085.000		290.000
Abzugsbetrag	unverschontes Vermögen	1.085.000		kein Abzugsbetrag	
	Abzugsbetrag (Berücksichtigung Vorverbrauch!)	-150.000			
	verbleibender Betrag	935.000			
	Abzugsbetrag	150.000			
	50 % vom verbliebenen Betrag (max. 150.000)	-150.000			
	verbleibender Abzugsbetrag	0	0		
steuerpflichtiges Vermögen			1.085.000		290.000
persönlicher Freibetrag		St-Kl. I	-400.000	St-Kl. I	-290.000
steuerpflichtiger Erwerb			685.000		0
Abrundung = maßgeblicher stpfl. Erwerb			685.000		0
Steuersatz / Erbschaft- / Schenkungsteuer		19 %	130.150	7 %	0
Prüfung des Härteausgleichs			0		0
bereits gezahlte Erbschaftsteuer			20.350		0
festzusetzende Erbschaft- / Schenkungsteuer			**109.800**		**0**

- rückwirkend berichtigte Steuerfestsetzung II:

Alternativ könnte die Kürzung auch beim begünstigten Vermögen vorgenommen werden. Dadurch entsteht eine geringere Nachzahlung.

Erbschaftsteuerberechnung bei rückwirkend geänderter Steuerfestsetzung

			neue Rechtslage		
			85 %iger Verschonungsabschlag		100 %iger Verschonungsabschlag
Verschonung	gemeiner Wert des begünstigten Vermögens (= vereinfachtes Ertragswertverfahren)		3.900.000		3.900.000
	abzüglich: Übernentnahme		-500.000		-290.000
	verbleibendes begünstigtes Vermögen		3.400.000		3.610.000
	darin enthalten:				
	junges Verwaltungsvermögen		0		0
	davon Wohnzweckvermietung	*100%*			
	weiteres Verwaltungsvermögen		0		0
	Anteil des Verwaltungsvermögen	0%		0%	
	nicht begünstigtes Verwaltungsvermögen		0		0
	verschonungsfähiges Vermögen		3.400.000		3.610.000
	Bewertungsabschlag / verschontes Vermögen	85 %	-2.890.000	100 %	-3.610.000
	unverschontes Vermögen		510.000		0
verbleiben (unverschontes Vermögen und Verwaltungsvermögen)			510.000		0
Abzugsbetrag	unverschontes Vermögen	510.000		kein Abzugsbetrag	
	Abzugsbetrag (Berücksichtigung Vorverbrauch!)	-150.000			
	verbleibender Betrag	360.000			
	Abzugsbetrag	150.000			
	50 % vom verbliebenen Betrag (max. 150.000)	-150.000			
	verbleibender Abzugsbetrag	0	0		
Sonstiges steuerpflichtiges Vermögen (= **Übernentnahme**)			500.000		290.000
steuerpflichtiges Vermögen			1.010.000		290.000
persönlicher Freibetrag		St-Kl. I	-400.000	St-Kl. I	-290.000
steuerpflichtiger Erwerb			610.000		0
Abrundung = maßgeblicher stpfl. Erwerb			610.000		0
Steuersatz / Erbschaft- / Schenkungsteuer		19 %	115.900	7 %	0
Prüfung des Härteausgleichs			19.400		0
bereits gezahlte Erbschaftsteuer			20.350		0
festzusetzende Erbschaft- / Schenkungsteuer			**76.150**		**0**

4. Zusammentreffen von Lohnsummenunterschreitung und Behaltensfristverstoß

129 In der Praxis wird es vorkommen, dass sowohl die Behaltensfrist nicht eingehalten wird und auch die Lohnsumme unterschritten wird. Der Gesetzgeber sieht *keine* ausdrückliche Regelung für diesen Fall vor, somit sind drei Fallgestaltungen denkbar.[247]

- Regelung zum Verstoß gegen Behaltensfrist verdrängt Regelung zum Verstoß gegen die Mindestlohnsumme

  Der Verstoß gegen die Behaltensfrist erfolgt zwingend zeitlich vor dem Verstoß gegen die Mindestlohnsumme, da diese erst nach Ablauf der siebenjährigen Lohnsummenfrist überprüft wird. Ein Verdrängen durch die früher eintretende Vorschrift, erscheint jedoch *nicht* vorgesehen, da somit die Erhaltung von Arbeitsplätzen von vornherein *keine* Rolle spielen würde. Würde im letzten Jahr der Behaltens- und Lohnsummenfrist bei starker Unterschreitung der Mindestlohnsumme der Betrieb veräußert, käme es lediglich zu einer Kürzung des Verschonungsabschlags um 1/7, ohne dass die Unterschreitung der Lohnsumme sanktioniert würde.

- Parallele Anwendung beider Regelungen mit jeweils absoluter Auswirkung

  Da der Verstoß gegen die Behaltensfrist zeitlich vor den Verstoß gegen die Mindestlohnsumme fällt, ist die Kürzung auf den vollen Verschonungsabschlag von 85 % vorzunehmen. Der Verstoß gegen die Mindestlohnsumme sieht eine prozentuale Verminderung des „zu gewährenden" Verschonungsabschlags vor. Dieser ist nach Gesetzeswortlaut[248] der volle Verschonungsabschlag von 85 %. Nach dieser Vorgehensweise würde bei Unterschreiten der Lohnsumme wieder der Verschonungsabschlag von 85 % gekürzt werden

- Parallele Anwendung beider Regelungen mit anteiliger Auswirkung

  Der Verstoß gegen die Behaltensfrist fällt zeitlich vor den Verstoß gegen die Mindestlohnsumme, somit ist die Kürzung auf den vollen Verschonungsabschlag von 85 % vorzunehmen. Der Verstoß gegen die Mindestlohnsumme mindert in dieser Variante den verbliebenen, reduzierten Verschonungsabschlags. Denn zu diesem Zeitpunkt ist der zu gewährende Verschonungsabschlag nur noch der durch den Verstoß gegen die Behaltensfrist bereits gekürzte Verschonungsabschlag.

Hinweis:

Diese Variante erfasst die Gesetzessystematik am besten.[249]

247 *Thonemann* in „Erbschaftsteuerreform – Änderungsantrag der Regierungsfraktion", Der Betrieb 2008, 2616.
248 § 13b Abs. 4 ErbStG.
249 *Thonemann* in „Erbschaftsteuerreform – Änderungsantrag der Regierungsfraktion", Der Betrieb 2008, 2616.

Zusammentreffen von Verstoß gegen Behaltensfrist und Mindestlohnsumme
(*anlehnend*: Thonemann in „Erbschaftsteuerreform - Änderungsantrag der Regierungsfraktion", Der Betrieb 2008, 2616)

	1.	2.	3.
	Verstoß Behaltensfrist **verdrängt** Verstoß Mindestlohnsumme	Parallele Anwendung beider Regelungen: jeweils **absolute** Auswirkung	Parallele Anwendung beider Regelungen: **anteilige** Auswirkung (Erfassung Gesetzes-systematik)
Regelung Verstoß Behaltensfrist	Kürzung Verschonungsabschlag 85 %	Kürzung Verschonungsabschlag 85 %	Kürzung Verschonungsabschlag 85 %
Regelung Verstoß Mindestlohnsumme	**keine** weitere Kürzung Verschonungsabschlag	Kürzung Verschonungsabschlag 85 %	Kürzung **gekürzter** Verschonungsabschlag

Beispiel: Verstoß gegen Behaltensfrist und Lohnsummenklausel 130

Der Steuerpflichtige S hat am 1.1.01 von seinem Vater einen Betrieb geerbt. S nimmt die Regelverschonung in Anspruch. Die Behaltensfrist dauert sieben Jahre bis 31.12.07. Am 30.9.05 verkauft S den Betrieb. Bei Veräußerung beträgt die Lohnsumme 600 %.

Lösung:

Schritt 1:

Durch den Verkauf des Betriebs innerhalb der Behaltensfrist von sieben Jahren, kommt es zu einer Kürzung des Verschonungsabschlags im Verhältnis der verbleibenden Behaltensfrist[250] (3 Jahre) zur gesamten Behaltensfrist (7 Jahre), d. h. 3/7 vom Verschonungsabschlag 85 %.

Kürzung Verschonungsabschlag:

Verschonungsabschlag	85,00 %
Verhältnis verbleibende / gesamte Behaltensfrist	3/7
Kürzung (85,00 % x 3/7)	36,42 %
verbleibender Verschonungsabschlag (85,00 % ./. 36,42 %)	48,58 %

Schritt 2:

Da die Mindestlohnsumme (650 %) mit einer tatsächlichen Lohnsumme von 600 % *nicht* eingehalten wurde, muss eine weitere anteilige Kürzung des Verschonungsabschlags vorgenommen werden.

Kurzberechnung

600 % x 48,58 % Verschonungsabschlag / 650 % =	
verbleibender Verschonungsabschlag:	44,85 %

250 einschließlich des Jahres, in dem die Verfügung erfolgt, § 13a Abs. 5 Satz 2 ErbStG.

ausführliche Berechnung

Verschonungsabschlag	48,58 %
Kürzung um (650 ./. 600 =) 50/650 = 7,69 %	
48,58 % x 7,69 %	./. 3,73 %
verbleibender Verschonungsabschlag	44,85 %

V. Anzeige- / Mitteilungsverpflichtung

131 Folgende Mitteilungen muss der Erwerber gegenüber dem zuständigen Finanzamt innerhalb der angegebenen Fristen **schriftlich**[251] anzeigen:

- Beim **Unterschreiten der Mindestlohnsumme** innerhalb **einer Frist von sechs Monaten** nach Ablauf der Lohnsummenfrist muss die Unterschreitung der Lohnsummengrenze angezeigt werden (= **Anzeigepflicht**).[252]
- Bei einem **Verstoß gegen die Behaltensfrist** muss der Sachverhalt **innerhalb von einem Monat** nach Eintritt des jeweiligen Tatbestands mitgeteilt werden.[253]

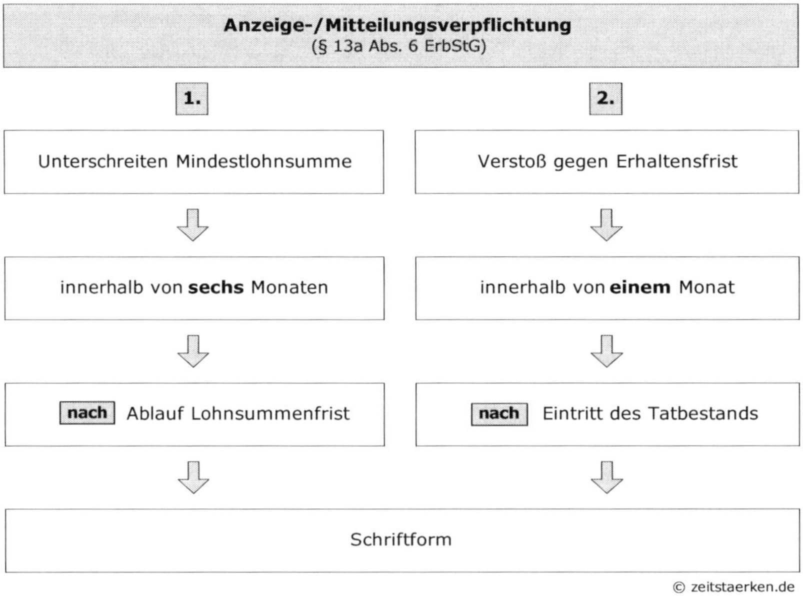

Hinweis:

*Die im ersten Gesetzentwurf vorgesehene **Selbstberechnungspflicht** des Steuerpflichtigen wurde aufgegeben! Somit können auch **keine** Säumniszuschläge mehr anfallen.*

251 § 13a Abs. 6 Satz 5 ErbStG.
252 § 13a Abs. 6 Satz 1 ErbStG.
253 § 13a Abs. 6 Satz 2 ErbStG.

Hinweis:

Die Mitteilungsverpflichtung besteht auch, wenn ***keine*** *Besteuerung ausgelöst wird!*[254]

VI. Festsetzungsfrist

Die Mitteilung ist eine Steuererklärung.[255] Die Festsetzungsfrist für die Steuer endet nicht vor 132
Ablauf des vierten Jahres, nachdem die Finanzbehörde von dem Unterschreiten der Lohnsummengrenze oder dem Verstoß gegen die Behaltensregelungen Kenntnis erlangt.

D. Verschonung von Grundvermögen

I. Steuerbefreiungsänderungen im Hinblick auf Grundvermögen

1. Familienheim

Bisher gab es nur eine Steuerbefreiung für Schenkungen eines Familienheims an den Ehegat- 133
ten.[256]

Zukünftig sind **drei verschiedene Konstellationen** zu unterscheiden:[257]

- Zuwendungen unter Lebenden an den Ehegatten/Lebenspartner
- Zuwendungen von Todes wegen an den Ehegatten/Lebenspartner

  und

- Zuwendungen von Todes wegen an Kinder

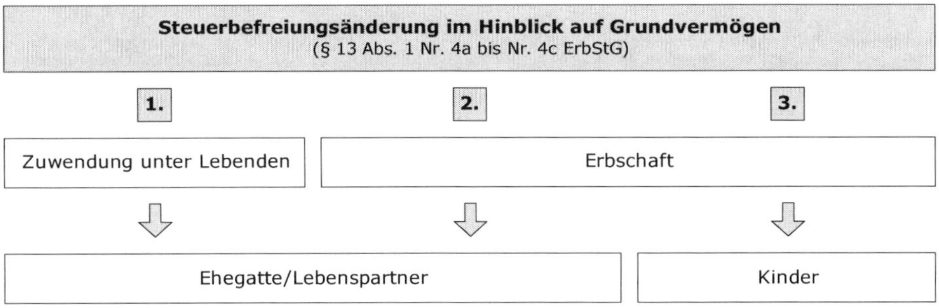

© zeitstaerken.de

254 § 13a Abs. 6 Satz 6 ErbStG.
255 § 13a Abs. 6 Satz 4 ErbStG.
256 § 13 Abs. 1 Nr. 4 ErbStG.
257 § 13 Abs. 1 Nr. 4a bis Nr. 4c ErbStG

Hinweis:

*Dabei beinhaltet das **Familienheim** bebaute Grundstücke:*

- *inländisches Eigentum*

und

- *Eigentum in einem Mitgliedsstaat der EU bzw. einem EWR-Staat*

134 Es handelt sich dabei um Grundstücke[258]:

- Ein- und Zweifamilienhäuser
- Mietwohngrundstücke
- Wohnungs- und Teileigentum
- Geschäftsgrundstücke

oder/und

- gemischt genutzte Grundstücke

© zeitstaerken.de

2. Lebzeitige Grundstückszuwendung

135 Findet eine lebzeitige Grundstückszuwendung an den Ehegatten statt, ist diese schenkungsteuerfrei[259], *soweit* darin eine Wohnung zu eigenen Wohnzwecken genutzt wird (= Familienheim).

Hinweis:

- *Gleiches gilt bei der Freistellung von Verpflichtungen des Ehegatten, die der Ehegatte im Zusammenhang mit der Anschaffung oder Herstellung des Familienheims eingegangen ist.*[260]
- *Entsprechendes gilt **auch**, wenn ein Ehegatte nachträglichen Herstellungs- oder Erhaltungsaufwand für ein Familienheim trägt, dass im gemeinsamen Eigentum der Ehegatten oder im Eigentum des anderen Ehegatten steht.*[261]

258 § 181 Abs. 1 Nr. 1 bis Nr. 5 BewG.
259 § 13 Abs. 1 Nr. 4a ErbStG.
260 § 13 Abs. 1 Nr. 4a 2. HS ErbStG.
261 § 13 Abs. 1 Nr. 4a Satz 2 ErbStG.

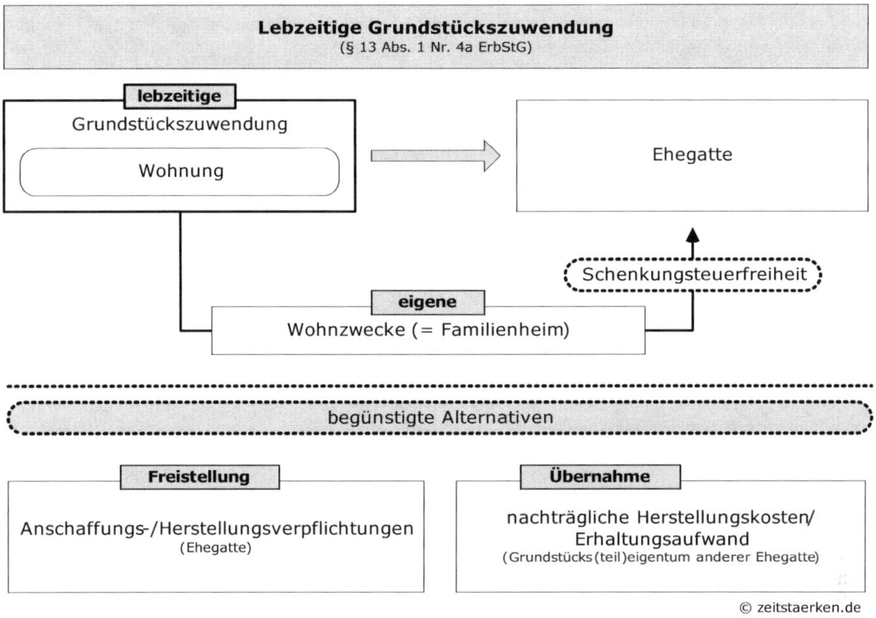

3. Ehegattenerwerb von Todes wegen

Der steuerfreie Erwerb eines Ehegattengrundstücks ist nur bei kumulativer Erfüllung der nachstehenden Voraussetzungen gegeben[262]: 136

- Der Erblasser hat bis zum Erbfall das Grundstück[263] zu eigenen Wohnzwecken (= Selbstnutzung [?]) genutzt.

  oder

- Der Erblasser war aus zwingenden Gründen an einer Selbstnutzung zu eigenen Wohnzwecken gehindert.

  und

- Bestimmung zur Selbstnutzung zu eigenen Wohnzwecken (= Familienheim)

Hinweis:

*Die Steuerbefeiung greift **nicht**, wenn aufgrund letztwilliger Verfügung des Erblassers oder einer rechtsgeschäftlichen Verfügung des Erblasses eine Weiterübertragung auf einen (weiteren) Dritten erfolgt.*

Steuerrechtlich ist die Steuerbefeiung für Familienheime im Erbfall *nur* gegeben, wenn die Immobilie beim Ehegatten verbleibt *und nicht* aufgrund einer Nachlassteilung weiter übertragen wird.[264]

262 § 13 Abs. 1 Nr. 4b ErbStG.
263 § 181 Abs. 1 Nr. 1 bis Nr. 5 BewG.
264 § 13 Abs. 1 Nr. 4b Satz 2 ErbStG.

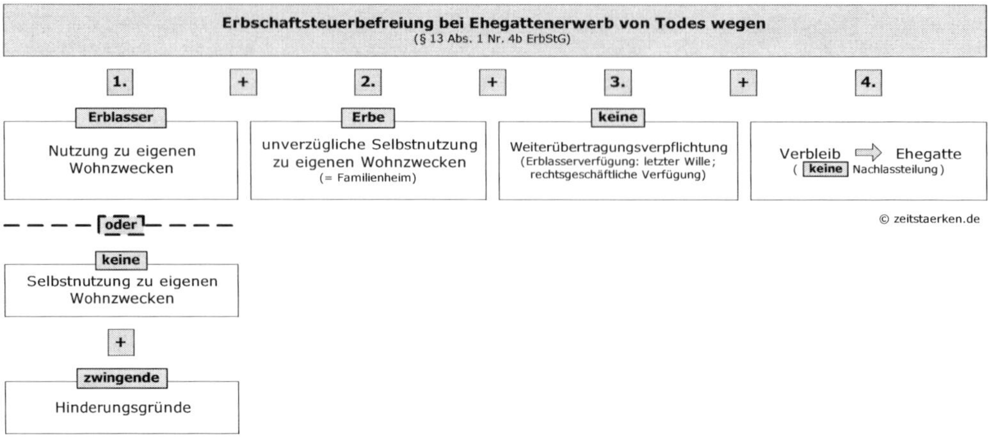

137 Die Steuerbefeiung fällt mit Wirkung für die Vergangenheit weg[265], wenn der Erwerber das Familienheim innerhalb von 10 Jahren nach dem Erwerb *nicht mehr* zur Selbstnutzung zu eigenen Wohnzwecke nutzt.

Hinweis:

*Eine anteilige Steuernachzahlung ist gesetzlich **nicht** vorgesehen.*

*Soweit „am letzten Tag der 10 Jahresfrist" die Tatbestandsvoraussetzung **nicht** mehr erfüllt wird, muss die **gesamte Steuer** nachbezahlt werden (= „Fallbeileffekt")!*

Ausnahmsweise ist die Selbstnutzung zu eigenen Wohnzwecken innerhalb der 10 Jahre *nicht* mehr erforderlich, wenn die Witwe/der Witwer aus zwingenden Gründen verhindert ist:

- Tod

  oder

- Pflegebedürftigkeit

Hinweis:

*Aus den Gesetzesmaterialien ist eine Schädlichkeit für die Steuerbefreiung **nicht** zu erkennen, wenn die Witwe / der Witwer wieder heiratet.*

265 Analoge Anwendung § 175 Abs. 1 Nr. 1 AO.

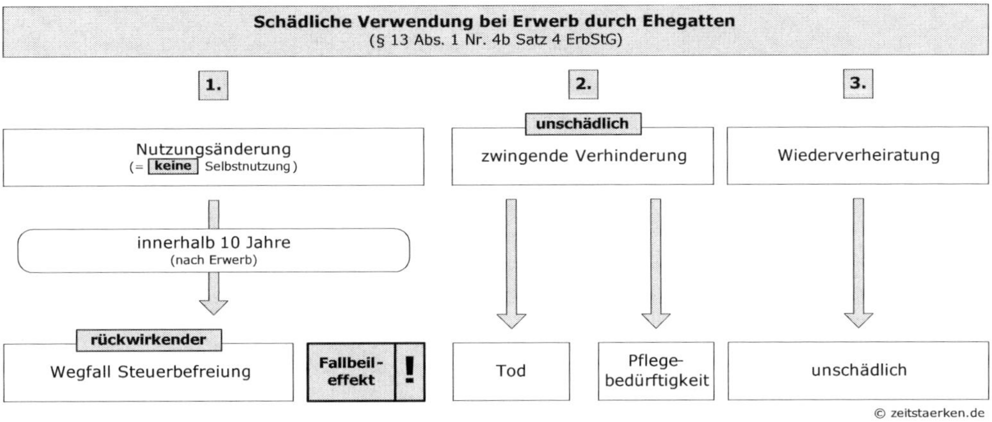

U. E. ist unter dem Begriff Selbstnutzung - wobei dieser unbestimmte Rechtsbegriff *nicht* gesetzlich definiert wird - zu verstehen: 138

- die Zugehörigkeit des Grundstücks/der Wohnung zum Bereich des privaten Haushalts

  und
- der Erblasser und der Erbe tatsächlich ihren ersten Wohnsitz dort begründen

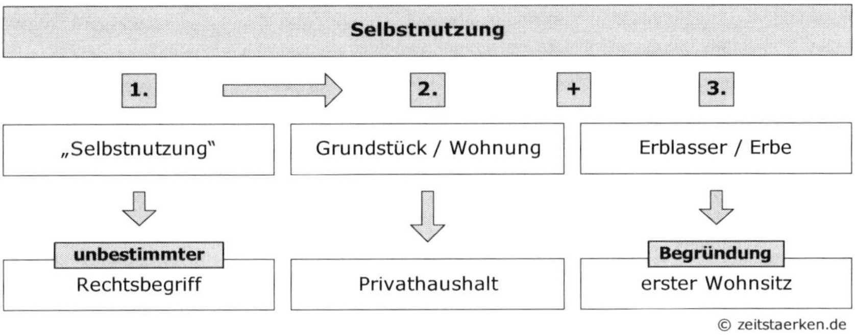

4. Grundstückserwerb von Todes wegen durch Kinder

Die „eingeschränkte" Steuerbefeiung für Grundstückserwerbe von Todes wegen bei Übertragung eines Familienheims ist anzuwenden für:[266] 139

- Kinder[267]

  und
- Kinder verstorbener Kinder[268]

266 § 13 Abs. 1 Nr. 4c ErbStG.
267 = Steuerklasse I Nr. 2.
268 = Steuerklasse I Nr. 2.

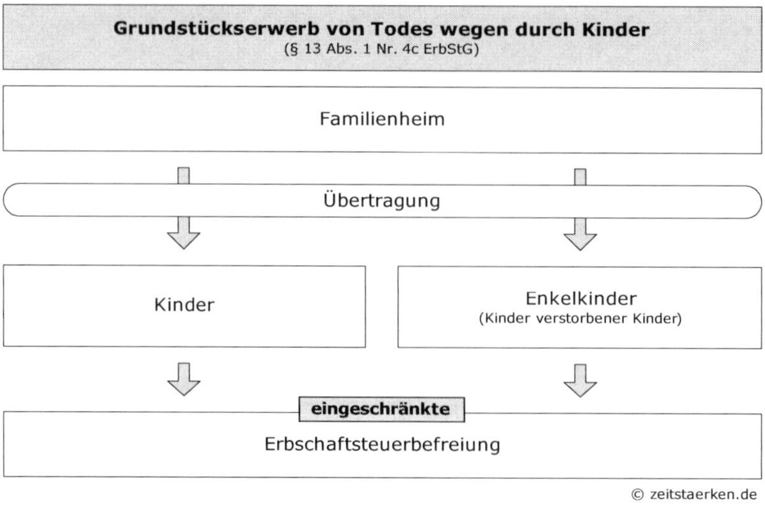

140 Auch diese Steuerbefreiung ist an kumulativ zu erfüllende Voraussetzungen geknüpft:

Immobilie

- in welcher der Erblasser bis zum Erbfall eine Wohnung zu eigenen Wohnzwecken (= Selbstnutzung [?]) genutzt hat

  <u>*oder*</u>

  bei der der Erblasser aus zwingenden Gründen (= Pflegebedürftigkeit) an einer Selbstnutzung zu eigenen Wohnzwecken gehindert war

  <u>*und*</u>

- die unverzüglich zur Selbstnutzung zu eigenen Wohnzwecken bestimmt ist (= Familienheim)

  <u>*und*</u>

- <u>*soweit*</u> die Wohnfläche der Wohnung 200 qm <u>*nicht*</u> übersteigt.

Hinweis:

*Durch die gesetzliche Vorgabe „soweit die Wohnfläche der Wohnung 200 qm **nicht** übersteigt" ist u. E. eine Aufteilung der übertragenen Immobilie in einen steuerbefreiten und einen steuerpflichtigen Teil notwendig. Der steuerpflichtige Anteil des Grundstücks verbraucht sodann den persönlichen Freibetrag.*

Hinweis:

*Die Befreiung kann **nicht** in Anspruch genommen werden, soweit das begünstigte Vermögen aufgrund einer Bestimmung des Erblassers auf einen Dritten zu übertragen ist (= selbstwillige Verfügung; rechtsgeschäftliche Verfügung). Dies gilt auch, wenn im Rahmen der Erbauseinandersetzung ein Dritter das Grundvermögen erhält.*

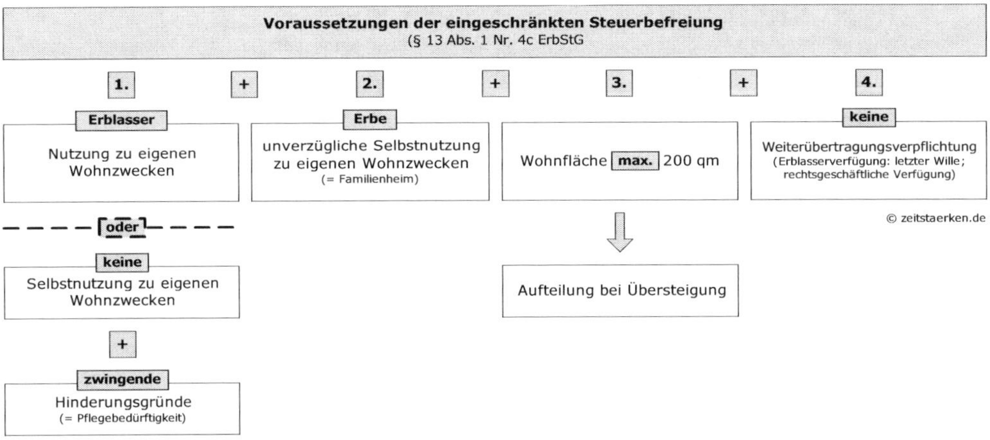

141 Soweit das Grundvermögen vom Erben auf einen Dritten übertragen wird und der Dritte eine Selbstnutzung zu Wohnzwecken vornimmt, ist das Grundstück beim nutzenden Dritten selbst begünstigtes Vermögen.[269] Die Werterhöhung beschränkt sich auf den Wert des begünstigten Vermögens des Dritten, um den Wert des hingegebenen Vermögens, höchstens jedoch um den Wert des übertragenen Vermögens.[270] Die Beendigung der Selbstnutzung zu Wohnzwecken, unabhängig aus welchem Grund dies geschieht, innerhalb von 10 Jahren nach dem Erbfall führt zu rückwirkender **vollen** Versteuerung.[271] Ausnahmsweise ist die volle Versteuerung *nicht* durchzuführen, wenn der Erbe oder weitere Dritte aus zwingenden Gründen einer Selbstnutzung zu eigenen Wohnzwecken gehindert ist.[272]

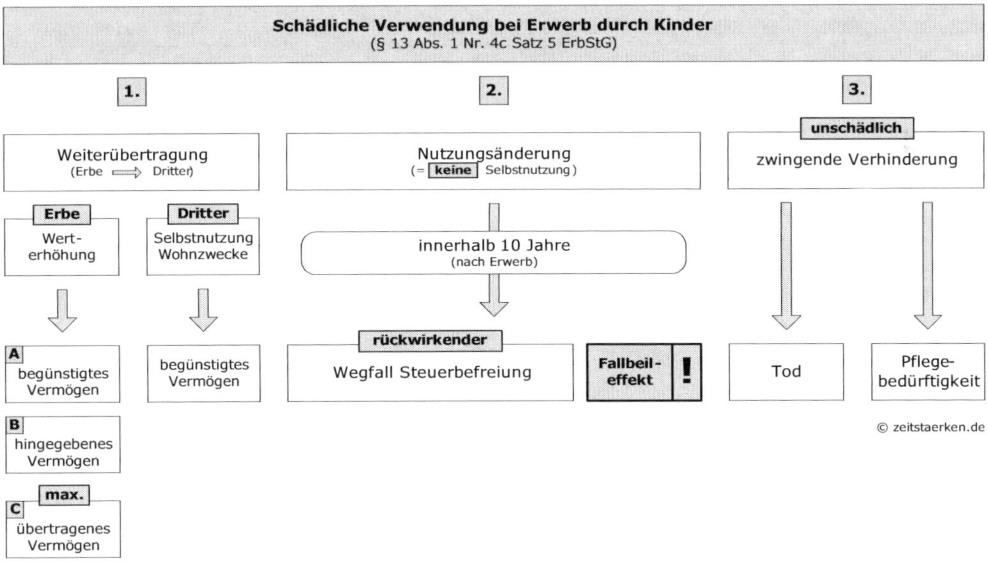

269 § 13 Abs. 1 Nr. 4c Satz 3 ErbStG.
270 § 13 Abs. 1 Nr. 4c ErbStG.
271 § 13 Abs. 1 Nr. 4c ErbStG.
272 § 13 Abs. 1 Nr. 4c ErbStG.

5. Zusammenfassung

142 Die neue und alte Steuerverschonung für Familienheime, welche vor und nach der Vermögensübertragung eigenen Wohnzwecken dienen und nach Übertragung sogar der Selbstnutzung des Vermögensempfängers lässt sich wie folgt zusammen fassen:

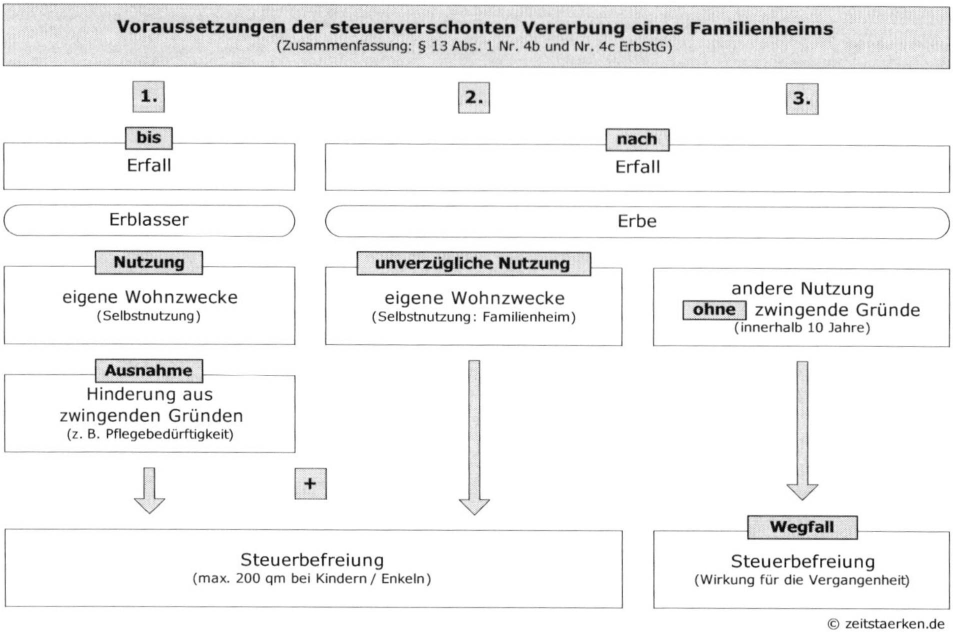

II. Bewertungsabschlag bei Wohnzweckvermietungsimmobilien

143 Spezieller Grundbesitz wird mit einem **Wertabschlag** in Höhe von **10 %** begünstigt.[273] Damit sind **90 %** des neuen Grundbesitzwertes **steuerpflichtig**.

Der **verminderte Wertansatz** gilt für:

- bebaute Grundstücke
  - Einfamilienhäuser
  - Zweifamilienhäuser
  - Eigentumswohnungen
  - Teileigentum
- Mietwohngrundstücke

273 § 13c Abs. 1 ErbStG.

Diese Grundstücke müssen im Inland und in der EU belegen sein. Diese Grundstücke dürfen 144
nicht zu einem begünstigten Betriebsvermögen[274] oder einem begünstigten land- und forstwirtschaftlichen Vermögen[275] gehören.

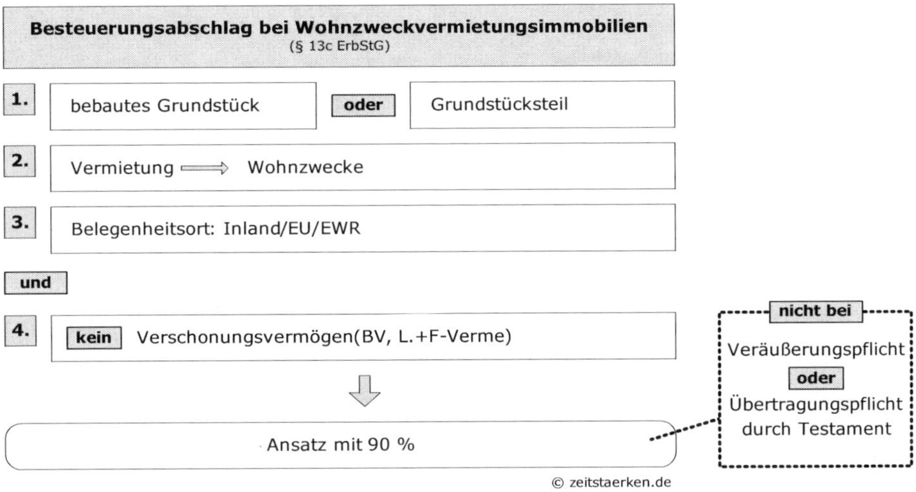

Hinweis:

Soweit schädliches Verwaltungsvermögen (= erbschaftsteuerrechtliche Behandlung wie Privatvermögen) aus Dritten zur Nutzung überlassenen Grundstücken besteht, ist wie folgt zu unterscheiden:

- *zu Wohnzwecken vermietete Immobilie = 10%iger Wertabschlag*

oder

- *zu betrieblichen Zwecken vermietete Immobilie = **kein** Wertabschlag*

Beispiel: 145

Der Steuerpflichtige S vermietet alle vier Wohnungen eines Vierfamilienhauses. Das Mietwohngrundstück hat einen Grundbesitzwert (= Ertragswertverfahren) in Höhe von (alt: 325.000 €) 541.667 €.

S schenkt das Mietwohngrundstück an seine

a) Ehefrau

b) Tochter

c) Schwester

Lösung:

Aufgrund der neuen Bewertung, des neuen Besteuerungsabschlags und der neuen persönlichen Freibeträge ergeben sich zukünftig folgende Steuerbelastungen:

274 § 13a ErbStG.
275 § 13a ErbStG.

			Schenkung an					
			Ehefrau		Tochter		Schwester	
			alt	neu	alt	neu	alt	neu
	Grundbesitzwert	60%	325.000	541.667	325.000	541.667	325.000 0	541.667
./.	Besteuerungsabschlag	10%	--	-54.167	--	-54.167	--	-54.167
./.	persönlicher Freibetrag		-307.000	-500.000	-205.000	-400.000	-10.300	-20.000
=	steuerpflichtiger Erwerb		18.000	0	120.000	87.500	314.700	467.500
x	Steuersatz 7% 11% 22% 30%		1.260	0	13.200	9.625	69.234	140.250
	Steuermehr-/-minderbelastung		Minderbelastung	-1.260	Minderbelastung	-3.575	Mehrbelastung	71.016

III. Steuerstundung bei Grundstücksübertragungen

146 Die Stundungsmöglichkeit der Erbschaft- und Schenkungsteuer ist auf zu Wohnzwecken vermietete Immobilien erweitert worden.[276] Die Stundung ist auf maximal zehn Jahre begrenzt. Die Stundung endet, wenn die zu Wohnzwecken vermietete Immobilie vom Erwerber (weiter-)verschenkt wird. Voraussetzung für die Stundung ist, dass der Erwerber dieser Wohnzweckvermietungsimmobilie die auf den Erwerb entfallende Steuer nur durch einer Veräußerung dieses Vermögens aufbringen kann. Die Vorlage geeigneter Nachweise ist erforderlich.

Hinweis:

Es bleibt abzuwarten besser noch gesagt fraglich, inwieweit Steuerpflichtige tatsächlich in den Genuss einer Stundung kommen werden?

276 § 28 Abs. 3 ErbStG.

§ 4 Zeitliche Anwendung

A. Zeitliche Anwendung und Wahlrechte

I. Anwendung der Bewertungs- und Erbschaftsteuerreform

Das neue Bewertungs- und Erbschaftsteuerrecht findet für *alle* Erwerbe Anwendung, für die die Steuer **ab dem 1.1.2009** entsteht.[1] 1

II. Schenkungen unter Lebenden

Für Schenkungen, die vor dem 1.1.2009 ausgeführt worden sind, ist das alte Bewertungs- und Erbschaftsteuerrecht anzuwenden. Soweit die Schenkungen nach dem 31.12.2008 zivilrechtlich wirksam ausgeführt worden sind/werden, ist das neue Bewertungs- und Erbschaftsteuerrecht maßgeblich. 2

Hinweis:

Ein Wahlrecht besteht nicht![2]

III. Erbfälle

Auch für Erwebe von Todes wegen gilt: 3

- Erbfall nach dem 31.12.2006 – vor dem 1.1.2009 altes Recht
- Erbfall nach dem 31.12.2008 neues Recht

Nur für **Erbfälle** gibt es ein **Wahlrecht** zur Anwendung des neuen Rechts für den Zeitraum vom 1.1.2007 bis zum 31.12.2008 (= **Rückanwendungsoption**).[3]

Hinweis: Gesetzesbegründung

Schenkungen unter Lebenden wurden nicht in die Rückanwendungsoption zur Vermeidung von Gestaltungsmissbräuchen aufgenommen![4]

Bei diesem Wahlrecht stehen allerdings *nicht* die neuen erhöhten persönlichen Freibeträge zur Verfügung.[5] Das Wahlrecht beinhaltet also das neue Bewertungs- und das neue Erbschaftsteuerrecht – *ohne* neue persönliche Freibeträge.[6]

1 § 37 Abs. 1 ErbStG i. V. m. Art. 6 Abs. 1 ErbStRG.
2 *Kritisch:* Crezelius in „Der Entwurf eines Gesetzes zur Reform des Erbschaftsteuer- und Bewertungsrechts (Erbschaftsteuerreformgesetz – ErbStG)“, DStR 2007, 2277 ff.
3 Art. 3 ErbStRG.
4 BR-Drucks. vom 4.1.2008, 4/08, ErbStRG, Gesetzesbegründung, zu Art. 3, S. 79.
5 Art. 3 Abs. 1 Satz 1 ErbStRG.
6 Art. 3 Abs. 1 Satz 2 ErbStRG.

Hinweis: Gesetzesbegründung

„Um zu verhindern, dass Erwerber von Vermögen, dass nicht von höheren Bewertung betroffen ist, z. B. Kapitalvermögen, in unberechtigter Weise von der rückwirkenden Anwendung des neuen Rechts profitieren können, können im Rahmen der Günstigerprüfung nur die bisherigen persönlichen Freibeträge abgezogen werden."[7]

4 Sämtliche Erbschaft- und Schenkungsteuerfestsetzungen als auch Feststellungsbescheide zu den Grundbesitzwerten sollten mit einem Vorläufigkeitsvermerk versehen sein. Insoweit ist eine **Wahlrechtsausübung bis 30.6.2009** möglich.[8] Der Antrag auf Wahlrechtsausübung kann **innerhalb von sechs Monaten nach Inkrafttreten (= 30.6.2009)** des ErbStRG gestellt werden.[9] Der Antrag ist **unwiderruflich**, *wenn* der Vermögensempfänger gegen die neuen kumulativ zu erfüllenden Verschonungsvoraussetzungen verstoßen hat![10]

B. Sonderregelung: vertragliches Rückforderungsrecht

5 Der Steuergesetzgeber hat die Möglichkeit der Gestaltungsberatung und steuerrechtliche Anerkennung des Widerrufsvorbehaltes oder anderer (fixierter) Rückforderungsrechte erkannt. Im Reformpaket „ErbStRG" wird eine lex specialis für sog. Widerrufsvorbehalte / Rückforderungsrechte für **Betriebsvermögen** umgesetzt (= eine sog. Missbrauchsbekämpfungsnorm[11]).

Hinweis:

*Der steuerrechtliche Gestaltungsmissbrauch[12] wird dieser Gestaltung wohl kaum entgegen treten können, da die tatsächliche Vereinbarung eines Widerrufsbehalts **nicht** unangemessen ist.*

6 Die neuen Begünstigungsvorschriften (= Verschonungsabschlag[13] und/oder gleitender Freibetrag[14]) sind *nicht* anzuwenden, wenn das begünstigte Betriebsvermögen

- vor dem 1.1.2011 erworben[15] wird,
- bereits Gegenstand einer vor dem 1.1.2007 ausgeführten Schenkung desselben Schenkers an denselben Beschenkten war

  und
- wegen eines vertraglichen Rückforderungsrechts nach dem 11.11.2005[16] herausgegeben werden musste.[17]

7 BR-Drucks. vom 4.1.2008, 4/08, ErbStRG, Gesetzesbegründung, zu Art. 3, S. 79.
8 Art. 6 Abs. 3 i. V. m. Art. 3 ErbStRG.
9 Art. 3 Abs. 2 ErbStRG.
10 Art. 3 Abs. 3 ErbStG.
11 § 37 Abs. 3 ErbStG.
12 § 42 AO.
13 § 13a Abs. 1 Satz 1 i. V. m. § 13b Abs. 4 ErbStG.
14 § 13a Abs. 2 ErbStG.
15 = Erwerb von Todes wegen und Schenkungen unter Lebenden.
16 Es könnte sich um eine echte Rückwirkung (= tatbestandliche Rückanknüpfung) handeln; vgl. ausführlich Dr. Wälzholz in „Erbschaftsteuerreform – Übergangsregelungen, Rückwirkung, freie Rückforderungsrechte und Verfahren", BBEV 2007, 374 ff.
17 § 37 Abs. 3 ErbStG.

Nichtanerkennung der betrieblichen Steuervergünstigung bei ausgeführten Rückforderungsrechten
(§ 37 Abs. 3 ErbStG)

1.	Schenkung von Betriebsvermögen	vor dem 1.1.2011
2.	(Vor-)Schenkung desselben Schenkers an denselben Beschenkten	vor dem 1.1.2007
und		
3.	Herausgabe wegen eines vertraglichen Rückforderungsrechts	nach dem 11.11.2005

Hinweis:

„Der neue Absatz 3 soll verhindern, dass Zuwendungen, die vor dem 1. Januar 2007 ausgeführt und nach §§ 13a, 19a ErbStG entlastet werden, aufgrund vertraglicher Widerrufs- und Rücktrittsklauseln zurück abgewickelt werden, verbunden mit einer Erstattung der bereits entrichteten Steuer gemäß § 29 Abs. 1 Nr. 1 ErbStG, um die günstigeren neuen Bestimmungen auszunutzen. Die bisherigen §§ 13a, 19a ErbStG sind über den Zeitpunkt des Inkrafttretens der Neuregelung hinaus nicht anwendbar.

Der Ausschluss der neuen Begünstigungen soll für Zuwendungen gelten, für die innerhalb eines Zeitraums von 5 Jahren seit dem 1. Januar 2007 die Steuer entsteht."[18] *„Am 11. November 2005 haben die Koalitionsparteien in ihrer Vereinbarung angekündigt, die Unternehmensnachfolge durch die hier geregelten Begünstigungen zu erleichtern. Rückabwicklungen ab diesem Datum führen deshalb dazu, dass die neuen Begünstigungen für eine nachfolgende Zuwendung nicht in Anspruch genommen werden können [Formatierungen des Verfassers]."*[19]

Bei freien Widerrufsvorbehalten für private Immobilien usw. ist <u>*keine*</u> Nichtanwendungsvorschrift für deren Gestaltung verabschiedet worden. Insoweit kann eine Schenkung, unter Besteuerung nach dem derzeitigen Recht, im Schenkungsvertrag mit Widerrufsvorbehalt versehen werden, um später eine Rückforderung geltend zu machen, und das neue Recht bei einer erneuten Schenkung anzuwenden. 7

Beispiel: Privatvermögen

Vater V schenkt seiner Tochter mit freiem Widerrufsvorbehalt ein Mietwohngrundstück zum 1.2.2008. Der steuerrechtliche Wert (alte) Grundbesitzwert beziffert sich auf 300.000 €[20] und der (neue) Grundbesitzwert[21] auf 500.000 €. Auf dem Mietwohngrundstück lasten in wirtschaftlichem Zusammenhang mit der Anschaffung verursachte Schulden in Höhe von 25.000 €. Die Valuta beträgt zum 1.2.2009 20.000 €. Zum 31.1.2009 übt der Vater sein Rückforderungsrecht aus. Die bis dahin vereinnahmten Mieteinnahmen (= Jahreswert 5.000 €) verbleiben der Tochter. Zum 1.2.2009 schenkt Vater das Mietwohngrundstück erneut seiner Tochter.

18 BR-Drucks. vom 4.1.2008, 4/08, ErbStRG, Gesetzesbegründung, zu Nummer 28, zu Buchstabe b, § 37 Abs. 3, S. 61.
19 BR-Drucks. vom 4.1.2008, 4/08, ErbStRG, Gesetzesbegründung, zu § 37 Abs. 3, S. 61.
20 § 12 Abs. 3 ErbStG i. V. m. § 146 BewG.
21 § 12 Abs. 3 ErbStG i. V. m. § 176 Abs. 1 Nr. 1 i. V. m. § 180 Abs. 1 i. V. m. § 181 Abs. 1 Nr. 2 i. V. m. Abs. 3 i. V. m. § 182 Abs. 3 BewG (= Ertragswertverfahren).

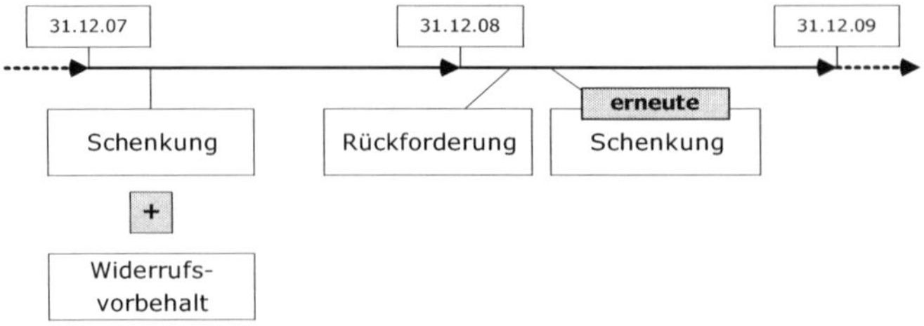

Lösung:

Bei der Ausübung des Rückforderungsrechts muss beachtet werden, dass die ursprüngliche Schenkungsteuer *nicht* vollständig erstattet wird.

Ermittlung der Schenkungsteuer bei freiem Rückforderungrecht im Privatvermögen

1. Belastungsvergleich		**altes Recht**		**neues Recht**
Privatvermögen (Mietwohngrundstück)	60%	300.000 €	100%	500.000 €
verminderter Wertansatz (§ 13c ErbStG)			10%	-50.000 €
Besteuerungswert		300.000 €	90%	450.000 €
Verkehrswert		500.000 €		500.000 €
Schuldübernahme		25.000 €		20.000 €
(neue) Schuldenkappung (§ 10 Abs. 6 Satz 5 ErbStG)			90%	18.000 €
gemischte Schenkung		285.000 €		432.000 €
persönlicher Freibetrag		-205.000 €		-400.000 €
steuerpflichtiger Erwerb		80.000 €		32.000 €
Steuerklasse		I		I
Steuertarif		11%		7%
Schenkungsteuer		**8.800 €**		**2.240 €**

2. Schenkungsteuererstattung wegen Rückforderung:		
Schenkungsteuerbetrag aus dem Jahr 2008		8.800 €
Wert des Nießbrauchs:		
durchschnittlicher Jahresertrag	5.000 €	
Dauer des Nießbrauchsrechts (in Jahren)	1	
Vervielfältiger (Tab. Nr. 7 zu § 13 Abs. 1 BewG)	0,974	
	4.870 €	
persönlicher Freibetrag	-205.000 €	
steuerpflichtiger Erwerb	0 €	
Steuerklasse	I	
Steuertarif	7%	
Schenkungsteuer	0 €	0 €
(verminderte) Schenkungsteuererstattung	=	**8.800 €**

3. Steuerbelastungsvergleich:			
Schenkungsteuer ohne Rückübertragung	=	(bisheriges Recht)	8.800 €
	=	(neues Recht)	2.240 €
Schenkungsteuer mit Rückübertragung	=		2.240 €

Hinweis:

Inwieweit die Finanzverwaltung derartige zeitlich in kurzen Abständen stattfindende Gestaltungen durch Anwendung der sog. Gesamtplanrechtsprechung[22] angreifen wird, bleibt abzuwarten.[23] Als Abwehrberatung ist es empfehlenswert, zwischen dem Rückfall und der erneuten Schenkung eine „Schamfrist" von mindestes 12 Monaten abzuwarten. Die jeweiligen Übertragungen müssen durch tatsächliche Grundbucheintragungen dokumentiert werden, soweit unbebaute oder bebaute Grundstücke betroffen sind. Nur so wird zivil- und steuerrechtlich von tatsächlich vollzogenen Schenkungen und Rückfällen ausgegangen.

Beispiel: Betriebsvermögen mit fixierter Rückfallklausel 8

Vater V überträgt seinem Sohn S einen Anteil an seinem Mitunternehmeranteil mit einem Wert (des Betriebsvermögens / Mitunternehmerteilanteil) in Höhe von 475.000 €. Die jährlichen Gewinnanteile betragen 75.000 € und dürfen bei einem eventuellen Rückfall von S behalten werden. Die Schenkung erfolgt auf den 31.3.2008. Der Schenkungsvertrag enthält eine fixierte zulässige Rückfallklausel, soweit bei einer Verheiratung *kein* Ehegattenvertrag mit Gütertrennung vereinbart wird. Zum 31.12.2008 heiratet S *ohne* Ehevertrag. Zum 30.6.2010 einigt sich S mit seiner Ehefrau auf einen Ehevertrag mit Gütertrennung und eine „Ausgleichslebensversicherung".

Lösung:

Aufgrund des Rückfallsrechts erlischt die Schenkungsteuer. Die Schenkungsteuererstattung mindert sich um den Kapitalwert der jährlichen Gewinne aus dem Mitunternehmerteilanteil.

C. Rückanwendungsoption

In der täglichen Praxis werden nur Vergleichsberechnungen die richtige Ausübung der Rückanwendungsoption „ans Tageslicht bringen". Dafür ist mit dem Mandanten ein sog. „Schattensteuer" hypothetisch zu ermitteln. 9

Hinweis:

Der Berater ist aufgefordert, ein worst case – Szenario für seinen Mandanten abzubilden. Die „Schattensteuer" soll das Risiko aufzeichnen, welche (Nach-)Steuerbelastung entsteht, wenn entweder eine Beendigung der Erwerbsquelle (= Verstoß gegen die Behaltensfrist) oder die Nichteinhaltung der Lohnsumme eintritt.

Folgende Determinanten geben den Ausschlag für die Ausübung der Rückanwendungsoption: 10

- Werterhöhung (= -differenz) der Vermögensbewertung zwischen altem und neuem Bewertungsrecht
- Erhöhung der persönlichen Freibeträge
- Änderungen in den Tarifstufen

  und
- Systemwechsel für Verschonungen auf „Betriebsvermögen"

  sowie
- Eintrittsjahr der schädlichen Handlung

22 Unterfall des § 42 AO.
23 Vgl. OFD Karlsruhe vom 20.06.2006, S 2241/27 – 8 St 111, www.nwb/portal; OFD Koblenz vom 20.06.2006, S 2241/27 – 8 St 111, Datev-Lexinform. Nr. 5230260; andere Auffassung mangels Missbrauchvermeidungsnorm: RiBFH Kanzler in Festschrift Korn „Gestaltung und Abwehr im Steuerrecht – Die unentgeltliche Übertragung von Mitunternehmeranteilen und -teilanteilen – Gesetzespuzzle oder Rechtsanwendung?", 2005, 287, 296-298; RiBFH Wendt in "Unentgeltliche Übertragung von Mitunternehmeranteilen nach § 6 Abs. 3 EStG", FR 2005, 468, 471 f.

11 **Beispiel: Tochter**

Der Unternehmer U verstirbt am 1.11.2008 tödlich auf der Autobahn. Alleinerbin seines Unternehmens ist Tochter T (32. Lebensjahr).

Das Einzelunternehmen hat folgende Bewertung:

■ Wert des Betriebsvermögens (= Steuerbilanzwerte; altes Recht)	2.750.000 €
■ vereinfachtes Ertragswertverfahren (= gemeiner Wert; neues Recht)	5.000.000 €

Um die Auswirkungen des Optionsmodells zu verdeutlichen, nehmen wir an, dass die Tochter T das Einzelnunternehmen verkauft

a) im 3. Jahr

b) im 7. Jahr

Weiterhin wird angenommen, dass die Lohnsumme insgesamt 585 bzw. 800 % beim Ablauf der Lohnsummenklauseln beträgt

a) nach Ablauf von sieben Jahren	=	585 %
b) nach Ablauf von zehn Jahren	=	800 %

Hinweis:

Bei einem Verkauf nach Ablauf eines Fünf-Jahres-Zeitraums[24], ergibt sich nur noch eine Auswirkung bei Option zum neuen Recht!

Lösung:

1. Schritt:

Soweit in die Entscheidungsfindung nur die „primäre Steuerbelastung" einbezogen wird, ist auf den ersten Blick eine Option zum neuen Recht günstiger.

2. Schritt:

Durch die hypothetisch durchgeführte Nachversteuerung wird ein gegebenenfalls eintretendes Risiko „in Zahlen" ausgedrückt (= „Schattensteuer").

24 § 13a Abs. 5 ErbStG .a. F.

■ Steuerbelastungsvergleich im Besteuerungszeitpunkt

Option des Erbschaft- / Schenkungsteuerrechts bei Betriebsübertragung an ein Kind

		alte Rechtslage		neue Rechtslage			
		35 %iger Bewertungsabschlag		85 %iger Verschonungsabschlag		100 %iger Verschonungsabschlag	
Verschonung	gemeiner Wert des Betriebsvermögens (= vereinfachtes Ertragswertverfahren)				5.000.000		5.000.000
Verschonung	Wert des Betriebsvermögens (= Steuerbilanzwerte)		2.750.000				
Verschonung	Betriebsvermögensfreibetrag		-225.000				
Verschonung	verbleiben		2.525.000				
Verschonung	Bewertungsabschlag / verschontes Vermögen	35 %	-883.750	85 %	-4.250.000	100 %	-5.000.000
verbleiben					750.000		0
Abzugsbetrag	unverschontes Vermögen			750.000		kein Abzugsbetrag	
Abzugsbetrag	Abzugsbetrag (Berücksichtigung Vorverbrauch!)			-150.000			
Abzugsbetrag	verbleibender Betrag			600.000			
Abzugsbetrag	Abzugsbetrag			150.000			
Abzugsbetrag	50 % vom verbliebenen Betrag (max. 150.000)			-150.000			
Abzugsbetrag	verbleibender Abzugsbetrag			0	0		
steuerpflichtiges Vermögen			1.641.250		750.000		0
persönlicher Freibetrag		St-Kl. I	-205.000	St-Kl. I	-205.000	St-Kl. I	0
steuerpflichtiger Erwerb			1.436.250		545.000		0
Abrundung = maßgeblicher stpfl. Erwerb			1.436.200		545.000		0
Steuersatz / Erbschaft- / Schenkungsteuer		19 %	272.878	15 %	81.750	7 %	0
Prüfung des Härteausgleichs			0		0		0
festzusetzende Erbschaft- / Schenkungsteuer			**272.878**		**81.750**		**0**

- Steuerbelastungsvergleich im Verkaufszeitpunkt (= Nachversteuerung bei Verkauf im dritten Jahr)

Verkauf im 3. Jahr nach der Übertragung

		alte Rechtslage		neue Rechtslage			
		35 %iger Bewertungsabschlag		85 %iger Verschonungsabschlag		100 %iger Verschonungsabschlag	
Verschonung	gemeiner Wert des Betriebsvermögens (= vereinfachtes Ertragswertverfahren)				5.000.000		5.000.000
	Wert des Betriebsvermögens (= Steuerbilanzwerte)		2.750.000				
	Betriebsvermögensfreibetrag		0				
	verbleiben		2.750.000				
	Bewertungsabschlag / verschontes Vermögen	0 %	0	85 %	-4.250.000	100 %	-5.000.000
	Reduzierung Verschonungsabschlag			5/7	3.035.714	8/10	4.000.000
verbleiben					3.785.714		4.000.000
Abzugsbetrag	unverschontes Vermögen			3.785.714		kein Abzugsbetrag	
	Abzugsbetrag (**Fallbeileffekt; *kein* Verbrauch**)			0			
	verbleibender Betrag			3.785.714			
	Abzugsbetrag			0			
	50 % vom verbliebenen Betrag (max. 0)			0			
	verbleibender Abzugsbetrag			0	0		
steuerpflichtiges Vermögen			2.750.000		3.785.714		4.000.000
persönlicher Freibetrag		St-Kl. I	-205.000	St-Kl. I	-205.000	St-Kl. I	-205.000
steuerpflichtiger Erwerb			2.545.000		3.580.714		3.795.000
Abrundung			2.545.000		3.580.700		3.795.000
Steuersatz / Erbschaft- / Schenkungsteuer		19 %	483.550	19 %	680.333	19 %	721.050
Prüfung des Härteausgleichs			0		0		0
festzusetzende Erbschaft- / Schenkungsteuer			483.550		680.333		721.050
bereits bezahlte ErbSt / SchenkSt			-272.878		-81.750		0
ErbSt- / SchenkSt-Nachzahlung			**210.672**		**598.583**		**721.050**

■ Steuerbelastungsvergleich im Verkaufszeitpunkt (= Nachversteuerung bei Verkauf im siebten Jahr)

Verkauf im 7. Jahr nach der Übertragung

		alte Rechtslage		neue Rechtslage			
		35 %iger Bewertungsabschlag		85 %iger Verschonungsabschlag		100 %iger Verschonungsabschlag	
Verschonung	gemeiner Wert des Betriebsvermögens (= vereinfachtes Ertragswertverfahren)				5.000.000		5.000.000
Verschonung	Wert des Betriebsvermögens (= Steuerbilanzwerte)		2.750.000				
Verschonung	Betriebsvermögensfreibetrag		-225.000				
Verschonung	verbleiben		2.525.000				
Verschonung	Bewertungsabschlag / verschontes Vermögen	35 %	-883.750	85 %	-4.250.000	100 %	-5.000.000
Verschonung	Reduzierung Verschonungsabschlag			1/7	607.143	4/10	2.000.000
	verbleiben				1.357.143		2.000.000
Abzugsbetrag	unverschontes Vermögen			1.357.143		kein Abzugsbetrag	
Abzugsbetrag	Abzugsbetrag (**Fallbeileffekt; *kein* Verbrauch**)			0			
Abzugsbetrag	verbleibender Betrag			1.357.143			
Abzugsbetrag	Abzugsbetrag			0			
Abzugsbetrag	50 % vom verbliebenen Betrag (max. 0)			0			
Abzugsbetrag	verbleibender Abzugsbetrag			0	0		
	steuerpflichtiges Vermögen		1.641.250		1.357.143		2.000.000
	persönlicher Freibetrag	St-Kl. I	-205.000	St-Kl. I	-205.000	St-Kl. I	-205.000
	steuerpflichtiger Erwerb		1.436.250		1.152.143		1.795.000
	Abrundung		1.436.200		1.152.100		1.795.000
	Steuersatz / Erbschaft- / Schenkungsteuer	19 %	272.878	19 %	218.899	19 %	341.050
	Prüfung des Härteausgleichs		0		0		0
	festzusetzende Erbschaft- / Schenkungsteuer		272.878		218.899		341.050
	bereits bezahlte ErbSt / SchenkSt		-272.878		-81.750		0
	ErbSt- / SchenkSt-Nachzahlung		**0**		**137.149**		**341.050**

■ Steuerbelastungsvergleich mit Ablauf der Lohnsummenerfüllungsfrist (= Nachversteuerung)

Nicht-Einhaltung der Lohnsummenklausel

neue Rechtslage (mit altem persönlichen Freibetrag)

1. Schritt: Lohnsumme

	Jahr	Lohnsumme	Ausgangslohnsummen	
1.1 Ermittlung Ausgangslohnsumme				
5. Vor-Wirtschaftsjahr	2003	100.000		
4. Vor-Wirtschaftsjahr	2004	100.000		
3. Vor-Wirtschaftsjahr	2005	100.000		
2. Vor-Wirtschaftsjahr	2006	100.000		
1. Vor-Wirtschaftsjahr	2007	100.000		
Summe		500.000		
Durchschnitt		100.000 → # →	650.000	
		# →		1.000.000
1.2 Überprüfung Erreichung Lohnsummenklausel		Lohnsumme		
1. Folgejahr (Bewertungsjahr)	2008	100.000	-100.000	-100.000
2. Folgejahr	2009	100.000	-100.000	-100.000
3. Folgejahr	2010	100.000	-100.000	-100.000
4. Folgejahr	2011	75.000	-75.000	-75.000
5. Folgejahr	2012	75.000	-75.000	-75.000
6. Folgejahr	2013	80.000	-80.000	-80.000
7. Folgejahr	2014	55.000	-55.000	-55.000
8. Folgejahr	2015	65.000		-65.000
9. Folgejahr	2016	70.000		-70.000
10. Folgejahr	2017	80.000		-80.000
verbleibende, nicht erfüllte Ausgangslohnsumme			65.000	200.000
Reduzierung Verschonungsabschlag (in Prozent vom bisherigen Verschonungsabschlag)			**10,0 %**	**20,0 %**
absolute Reduzierung (in Prozent vom gemeinen Wert des Betriebsvermögens)			8,5 %	20,0 %

2. Schritt: Steuerermittlung		35 %iger Bewertungsabschlag		85 %iger Verschonungsabschlag, 650 %ige Lohnsummenklausel			100 %iger Verschonungsabschl[ag], 1.000 %ige Lohnsummenklaus[el]	
				v. gemeinen Wert	v. Verschonungs-abschlag		v. gemeinen Wert	v. Verschonungs-abschlag
Verschonung	gemeiner Wert des Betriebsvermögens (= vereinfachtes Ertragswertverfahren)					5.000.000		
Verschonung	Wert des Betriebsvermögens (= Steuerbilanzwerte)		2.750.000					
Verschonung	Betriebsvermögensfreibetrag		-225.000					
Verschonung	verbleiben		2.525.000					
Verschonung	Bewertungsabschlag / verschontes Vermögen	35 %	-883.750	85,0 %	100,0 %	-4.250.000	100,0 %	100,0 %
Verschonung	Reduzierung Verschonungsabschlag			-8,5 %	-10,0 %	425.000	-20,0 %	-20,0 %
				76,5 %	90,0 %		80,0 %	80,0 %
verbleiben						1.175.000		
Abzugsbetrag	unverschontes				1.175.000		kein Abzugsbetrag	
Abzugsbetrag	Abzugsbetrag (*kein* Wegfall)				-150.000			
Abzugsbetrag	verbleibender Betrag				1.025.000			
Abzugsbetrag	Abzugsbetrag				150.000			
Abzugsbetrag	50 % vom verbliebenen Betrag (max. 150.000)				-150.000			
Abzugsbetrag	verbleibender Abzugsbetrag				0	0		
steuerpflichtiges Vermögen			1.641.250			1.175.000		
persönlicher Freibetrag		St-Kl. I	-205.000		St-Kl. I	-205.000		St-Kl. I
steuerpflichtiger Erwerb			1.436.250			970.000		
Abrundung = maßgeblicher stpfl. Erwerb			1.436.200			970.000		
Steuersatz / Erbschaft- / Schenkungsteuer		19 %	272.878		19 %	184.300		19 %
Prüfung des Härteausgleichs			0			0		
festzusetzende Erbschaft- / Schenkungsteuer			272.878			184.300		
bereits bezahlte ErbSt / SchenkSt			-272.878			-81.750		
ErbSt- / SchenkSt-Nachzahlung			0			102.550		

Beispiel: Lebenspartnerschaft – Grundstück 12

A und B sind eingetragene Lebenspartner. Lebenspartner A verstirbt aufgrund eines Flugzeugabsturzes am 15.12.2008 und hinterlässt seinem Lebenspartner B ein Mietwohngrundstück

- Grundbesitzwert (= altes Recht) 809.000 €
- Ertragswert (= gemeiner Wert; neues Recht) 1.295.000 €

Der steuerfreie Zugewinnausgleich beträgt (vereinfachend) 100.000 €

Lösung:

Es ist darauf zu achten, dass bei Option zum neuen Recht trotzdem nur die alten persönlichen Freibeträge[25] gewährt werden. Im neuen Recht wirkt sich der geringere steuerpflichtige Erwerb auch auf den Tarifsatz aus. Der (neue) steuerfreie Zugewinnausgleich und (neue) Versorgungsfreibetrag für Lebenspartner ist zu gewähren.

Erbschaftsteuerrechtsbelastung bei Vermietungsimmobilien an einen Lebenspartner

		alte Rechtslage		neue Rechtslage	
			kein Abschlag		10 %iger Besteuerungsabschlag
Grundbesitzwert					
Gemeiner Wert des Grundvermögens			775.000		1.350.000
Vermietungsobjekt	Ja				
Abschlag für Vermietungsobjekte				10%	-135.000
verbleiben				90%	1.215.000
Verschonung					
Sonstiges Vermögen			0		0
steuerpflichtiges Vermögen			775.000		1.215.000
steuerfreier Zugewinnausgleich					-100.000
persönlicher Freibetrag		St-Kl. III	-5.200	St-Kl. III	-5.200
Versorgungsfreibetrag					-256.000
steuerpflichtiger Erwerb			769.800		853.800
Abrundung = maßgeblicher stpfl. Erwerb			769.800		853.800
Steuersatz / Erbschaft- / Schenkungsteuer		35 %	269.430	30 %	256.140
Prüfung des Härteausgleichs			0		0
festzusetzende Erbschaft- / Schenkungsteuer			**269.430**		**256.140**

25 § 16 ErbStG a. F.

Beispiel: Lebenspartnerschaft – Anteile an Kapitalvermögen 13

A und B sind eingetragene Lebenspartner. Lebenspartner A verstirbt aufgrund eines Flugzeugabsturzes am 15.12.2008 und hinterlässt seinem Lebenspartner B eine 30 %ige Beteiligung an einer X-GmbH mit einem Wert ermittelt nach

- Stuttgarter Verfahren (= Steuerbilanzwerte; altes Recht) 2.750.000 €
- vereinfachtes Ertragswertverfahren (= gemeiner Wert; neues Recht) 5.000.000 €

Sowohl die Behaltensfrist als auch die Lohnsummenklausel werden erfüllt. Der steuerfreie Zugewinnausgleich beträgt (vereinfachend) 100.000 €.

Lösung:

Es ist darauf zu achten, dass bei Option zum neuen Recht trotzdem nur die alten persönlichen Freibeträge[26] gewährt werden. Im neuen Recht wirkt sich der geringere steuerpflichtige Erwerb auch auf den Tarifsatz – der jetzt anstatt 35 % noch 30 % beträgt – aus.

26 § 16 ErbStG a. F.

Option des Erbschaft- / Schenkungsteuerrechts bei Übertragung von KapGes-Anteilen an einen Lebenspartner

		alte Rechtslage		neue Rechtslage (mit altem persönlichen Freibetrag)			
		35 %iger Bewertungsabschlag		85 %iger Verschonungsabschlag		100 %iger Verschonungsabschlag	
Verschonung	gemeiner Wert der Anteile an KapGes (= vereinfachtes Ertragswertverfahren)				5.000.000		5.000.000
Verschonung	Wert des Betriebsvermögens (= Steuerbilanzwerte)		2.750.000				
Verschonung	Betriebsvermögensfreibetrag		-225.000				
Verschonung	verbleiben		2.525.000				
Verschonung	Bewertungsabschlag / verschontes Vermögen	35 %	-883.750	85 %	-4.250.000	100 %	-5.000.000
	verbleiben				750.000		0
Abzugsbetrag	unverschontes Vermögen			750.000		kein Abzugsbetrag	
Abzugsbetrag	Abzugsbetrag (Berücksichtigung Vorverbrauch!)			-150.000			
Abzugsbetrag	verbleibender Betrag			600.000			
Abzugsbetrag	Abzugsbetrag			150.000			
Abzugsbetrag	50 % vom verbliebenen Betrag (max. 150.000)			-150.000			
Abzugsbetrag	verbleibender Abzugsbetrag			0	0		
	Sonstiges Vermögen		0		0		0
	Schulden und Lasten (§ 10 Abs. 5 und Abs. 6 EStG)		0		0		0
	steuerpflichtiges Vermögen		1.641.250		750.000		0
	persönlicher Freibetrag	St-Kl. III	-5.200	St-Kl. III	-5.200	St-Kl. III	0
	steuerpflichtiger Erwerb		1.636.050		744.800		0
	Abrundung = maßgeblicher stpfl. Erwerb		1.636.000		744.800		0
	Steuersatz / Erbschaft- / Schenkungsteuer	35 %	572.600	30 %	223.440	30 %	0
	Prüfung des Härteausgleichs (§ 19 ErbStG)		0		0		0
	Tarifbegrenzung für Steuerklassen II / III (= Entlastungsbetrag; § 19a ErbStG**)**		230.349		81.928		0

I. Antrag auf Option / Verfahrensrecht

Der Antrag auf Rückanwendungsoption ist wie folgt in der täglichen Praxis auszuüben: 14

- Erbfall nach dem 31.12.2006 und vor dem 1.1.2009 *ohne* Steuerfestsetzung *mangels* Abgabe einer Steuererklärung:

  Der Vermögensempfänger kann das Wahlrecht zum „alten" oder „neuem" Recht ausüben. Bei Abgabe der Erbschaftsteuererklärung kann der Antrag auf das „neue" Recht gestellt werden.

4

Musterformulierung „Änderungsantrag"

Sehr geehrte Damen und Herren,

hiermit beantragen ich [wir] als Erbe [Erben] des [der] am ??.??.???? verstorbenen Herrn xxxx [verstorbenen Frau xxxx] die Anwendung des neuen Bewertungs- und Erbschaftsteuerrechts in der Fassung des Erbschaftsteuerreformgesetzes. Mir [Uns] ist bekannt, dass für die Steuerfestsetzung die „alten" persönlichen Freibeträge anzuwenden sind. Weiterhin ist mir [uns] bekannt, dass bei der Nichterfüllung der Voraussetzungen (= Behaltensfrist und Lohnsummenklausel) ein Wechsel zum „alten" Verschonungssystem nicht möglich ist.

Mit freundlichen Grüßen

____

(= Unterschrift Antragsteller)

Hinweis:

Es ist davon auszugehen, dass in den neuen Erbschaftsteuerformulare für „Optionsfälle" Angaben von Seiten des Vermögensempfängers zu machen sind.

- Erbfall nach dem 31.12.2006 und vor dem 1.1.2009 *mit* Steuerfestsetzung: 15

  Soweit Steuerfestsetzungen unter dem Vorläufigkeitsvermerk stehen, können diese mittels einfachen Antrags zum „neuen Recht" geändert werden. Nach Bekanntgabe des Änderungsbescheides wird der Vorläufigkeitsvermerk aufgehoben. Soweit Steuerfestsetzungen unanfechtbar sind, kann die Anwendung der Rückanwendungsoption trotzdem beantragt werden.[27]

Musterformulierung „Änderungsantrag"

Sehr geehrte Damen und Herren,

hiermit beantragen ich [wir] als Erbe [Erben] des [der] am ??.??.???? verstorbenen Herrn xxxx [verstorbenen Frau xxxx] die Anwendung des neuen Bewertungs- und Erbschaftsteuerrechts in der Fassung des Erbschaftsteuerreformgesetzes. Ich [Wir] beantrage[n] die Erbschaftsteuerfestsetzung vom ??.??.???? zu ändern. Die Unterlagen für die Wertermittlung (= gemeiner Wert) habe[n] ich [wir] diesem Antrag beigefügt. Mir [Uns] ist bekannt, dass für die Steuerfestsetzung die „alten" persönlichen Freibeträge anzuwenden sind.

Weiterhin ist mir [uns] bekannt, dass bei der Nichterfüllung der Voraussetzungen (= Behaltensfrist und Lohnsummenklausel) ein Wechsel zum „alten" Verschonungssystem nicht möglich ist.

Mit freundlichen Grüßen

____

(= Unterschrift Antragsteller)

27 Art. 3 Abs. 2 ErbStRG.

II. Berücksichtigung früherer Erwerbe

16 Dem Wortlaut „Berücksichtigung früherer Erwerbe“[28] ist folgende **Berechnung(sreihenfolge)** zu entnehmen[29]:

1. Ansatz des letzten Erwerbs mit dem aktuell festgestellten Wert (ohne persönlichen Freibetrag)
2. Ermittlung des Gesamtbetrages durch Hinzurechnung des Vorerwerbs (ohne persönlichen Freibetrag)
3. (Einmal) Abzug des persönlichen Freibetrags von diesem Gesamtbetrag
4. Anwendung des Steuersatzes auf den Gesamterwerb (nach 3.) ergibt die Gesamtsteuer
5. Von der Gesamtsteuer ist die Steuer auf den Vorerwerb abzuziehen (jetzt unter Berücksichtigung der verbrauchten persönlichen Freibeträge bei Vorerwerben bzw. der höheren damaligen Steuer)
6. Gesamtsteuer (nach 4.) ./. Abzugsteuer (nach 5.) = Festzusetzende Steuer für den Letzterwerb

Berücksichtigung frühere Erwerbe
(§ 14 ErbStG; Vgl. Meincke in „Zusammenrechnung mehrerer Erwerbe im Erbschaft und Schenkungsteuerrecht", DStR 2007, 273)

1.	Ansatz des letzten Erwerbs mit dem aktuell festgestellten Wert (ohne persönlichen Freibetrag)
2.	Ermittlung des Gesamtbetrages durch Hinzurechnung des Vorerwerbs (ohne persönlichen Freibetrag)
3.	(einmal) Abzug des persönliche Freibetrags von diesem Gesamtbetrag
4.	Anwendung des Steuersatzes auf den Gesamterwerb(nach 3.) ergibt die Gesamtsteuer
5.	von der Gesamtsteuer ist die Steuer auf den Vorerwerb abzuziehen(unter Berücksichtigung der verbrauchten persönlichen Freibeträge bei Vorerwerben bzw der höheren damaligen Steuer)
6.	Gesamtsteuer (nach 4.) ./. Abzugsteuer (nach 5.) = Festzusetzende Steuer für den Letzterwerb

Die Zusammenrechnung des aktuellen Erwerbs mit Vorerwerben innerhalb der letzten zehn Jahre bleibt bestehen.[30] Bei der zehnjährigen Zusammenrechnung früherer Erwerbe wird eine **Mindeststeuer**[31] eingeführt (= Abschaffung des Anrechnungsüberhangs).

28 § 14 ErbStG
29 Vgl. *Meincke* in „Zusammenrechnung mehrerer Erwerbe im Erbschaft- und Schenkungsteuerrecht“, DStR 2007, 273.
30 § 14 Abs. 1 Satz 1 ErbStG.
31 § 14 Abs. 1 Satz 4 ErbStG.

Folgende **Steueranrechnungsregeln/Berechnungsreihenfolge** sind zu beachten: 17

- Von der Steuer für den Gesamtbetrag wird die Steuer abgezogen, die für die früheren Erwerbe nach den persönlichen Verhältnissen des Erwerbers und auf der Grundlage der geltenden Vorschriften zur Zeit des letzten Erwerbs zu erheben gewesen wäre.[32]
- Anstelle der Steuer nach der ersten Regelung ist die tatsächlich für die früheren Erwerbe zu entrichtende Steuer abzuziehen, wenn diese Steuer höher ist.[33]
- Die sich für den letzten Erwerb ohne Zusammenrechnung mit früheren Erwerben ergebende Steuer darf durch den Abzug der früheren Steuer *nicht unterschritten* werden (= **Mindeststeuer**).[34]

Hinweis: Auswirkung der Neuregelung „Mindeststeuer"

Anders als nach der bisherigen Berechnung „Berücksichtigung früherer Erwerbe" ist es nicht mehr möglich, dass die auf frühere Erwerbe tatsächlich gezahlte Schenkungsteuer dazu genutzt wird, innerhalb des folgenden Zehnjahreszeitraums weitere Schenkungen vorzunehmen, die wegen des Anrechnungsüberhangs steuerfrei bleiben.

Die Erbschaft- oder Schenkungsteuer für den Letzterwerb muss immer als sog. Mindeststeuer fest- 18
gesetzt werden. Die Steuer, die sich nach den geltenden Vorschriften für den Letzterwerb ohne Zusammenrechnung ergibt, bildet die Untergrenze der für diesen Erwerb festzusetzenden Steuer.

Hinweis: Gesetzgeberisches Ziel

„Damit wird der eigentliche Zweck der Vorschrift erreicht, dass durch die Zusammenrechnung der persönliche Freibetrag nur einmal im Zehnjahreszeitraum berücksichtigt wird. Progressionsvorteile durch Aufteilen einer Zuwendung in mehrere kleine sollen vermieden werden."[35]

Beispiel: Geldschenkung

Der Steuerpflichtige S schenkte seiner Lebenspartnerin im Jahr 2000 125.000 €. Im Jahr 2009 schenkt S seiner (dann) Ehefrau weitere 510.000 €.

Lösung:

Schenkungsteuer bei Vorerwerben

		EUR	EUR	EUR
1. Erbwerb im Jahr	**2000**			
Wert der Schenkung (Geldbestände)				125.000
./. Unternehmerfreibetrag	Nein			0
				125.000
./. Bewertungsabschlag	40%			0
				125.000
./. persönlicher Freibetrag	Steuerklasse	III		-5.200
= steuerpflichtiger Erwerb				119.800
x Steuersatz	Steuerklasse	III	15%	
= Schenkungsteuer				**17.970**

32 § 14 Abs. 1 Satz 2 ErbStG.
33 § 14 Abs. 1 Satz 3 ErbStG.
34 § 14 Abs. 1 Satz 4 ErbStG.
35 BR-Driucks. vom 4.1.2008, 4/08, B. Besonderer Teil, zu Artikel 1, zu Nummer 13, § 14 Abs. 1, S. 58.

2. Erbwerb im Jahr **2009**

	Wert der Schenkung (Geldbestände)				510.000
./.	Regelverschonung				
	verschonungsfähiges Vermögen	Nein			
	Verschonungsoption	Nein	85%		0
	steuerpflichtiger Anteil				510.000
./.	gleitender Abzugsbetrag		kein Ansatz		
	unverschontes Vermögen				
	Abzugsbetrag				
	übersteigender Betrag	0			
	davon die Hälfte (50 %)	0			
	verbleibender gleitender Abzugsbetrag		0		0
=	steuerpflichtiges Vermögen				510.000

3. Gesamterwerb

	Erwerbsvorgang	**2000**			125.000
+	Erwerbsvorgang	**2009**			510.000
=	Gesamterwerb				635.000
./.	persönlicher Freibetrag	Steuerklasse	I		-500.000
=	steuerpflichtiger Gesamterwerb				135.000
x	Steuersatz	Steuerklasse	I	11%	
=	Schenkungsteuer				14.850
./.	Steuer aus Vorschenkungen (= fiktive Abzugssteuer)				
	Erwerbsvorgang	2000		125.000	
./.	persönlicher verbrauchter Freibetrag			-5.200	
=	steuerpflichtiger Erwerb			119.800	
x	Steuersatz (Tarif 2009)	Steuerklasse	I	7%	
=	Schenkungsteuer			8.386	
	tatsächlich gezahlte Steuer 2000			17.970	-14.850
=	Steuer 2009				**0**

4. Mindeststeuer

=	steuerpflichtiges Vermögen				510.000
./.	persönlicher Freibetrag	Steuerklasse	I		-500.000
=	steuerpflichtiger Erwerb				10.000
x	Steuersatz	Steuerklasse	I	7%	
=	Schenkungsteuer				**700**

5. Steuergesamtbelastung (mit Vorerwerben und Mindeststeuer) **18.670**

Die Mindeststeuer ist anzuwenden, d. h. zu entrichten, da die Steuer für den Gesamterwerb nach Anrechnung der Steuer für den Vorerwerb *niedriger* ist als die Mindeststeuer.

Beispiel: Schenkung von Kapitalgesellschaftsanteilen 19

Vater V ist Allein-Gesellschafter-Geschäftsführer der X-GmbH. Der Steuerpflichtige V schenkte im Jahr 2000 seinem Sohn S 10 % der Anteile an der X-GmbH in Höhe von 1.450.000 € (= Bewertung nach dem Stuttgarter Verfahren). Im Jahr 2009 schenkt V weitere 15 % Anteile an der X-GmbH in Höhe von 3.000.000 € (= gemeiner Wert, vereinfachtes Ertragswertverfahren). Das Verwaltungsvermögen der X-GmbH beträgt mehr als 10 %.

Lösung:

Die einzelnen Erwerbe verlieren bei der Gesamtbewertung nicht ihre Selbständigkeit.[36] Für die früheren Erwerbe bleibt deren früherer steuerrechtlicher Wert maßgebend.[37] Die Steuer für den Gesamtbetrag ist auf der Grundlage der geltenden Tarifvorschriften im **Zeitpunkt des Letzterwerbs** zu berechnen.[38] Die Steuerklasse, die persönlichen Freibeträge und der Steuertarif richten sich deshalb nach dem geltenden – hier also neuen – Recht. Von der Steuer für den Gesamtbetrag wird die Steuer abgezogen, welche für die früheren Erwerbe nach den persönlichen Verhältnissen und auf der Grundlage der Tarifvorschriften zur Zeit des letzten Erwerbs zu erheben gewesen wäre (= fiktive Abzugssteuer).[39] Ist die tatsächlich entrichtete Steuer der Vorerwerbe höher, so ist dieser Steuerbetrag abzuziehen (= Abzugssteuer).[40] Zu einer Erstattung der Abzugssteuer auf die Vorerwerbe kann es nicht kommen![41] Die Steuer ist in diesem Fall auf 0 € festzusetzen.

Schenkungsteuer bei Vorerwerben

			EUR	EUR	EUR
1. Erbwerb im Jahr		**2000**			
	Wert der Schenkung (Geldbestände)				1.450.000
./.	Unternehmerfreibetrag	Ja			-256.000
					1.194.000
./.	Bewertungsabschlag	40%			-477.600
					716.400
./.	persönlicher Freibetrag	Steuerklasse	I		-205.000
=	steuerpflichtiger Erwerb				511.400
x	Steuersatz	Steuerklasse	I	15%	
=	Schenkungsteuer				**76.710**

36 R 70 Abs. 1 Satz 2 ErbStR.
37 R 70 Abs. 2 Satz 1 ErbStR.
38 R 70 Abs. 3 Satz 1 ErbStR.
39 R 70 Abs. 3 Satz 3 ErbStR.
40 R 70 Abs. 3 Satz 4 ErbStR.
41 BFH vom 17.10.2001, II R 17/00, BStBl. II 2002, 52; R 70 Abs. 3 Satz 5 ErbStR.

2. Erbwerb im Jahr	**2009**			
Wert der Schenkung (Geldbestände)				3.000.000
./. Regelverschonung				
verschonungsfähiges Vermögen	Ja			
Verschonungsoption	Nein	85%		-2.550.000
steuerpflichtiger Anteil				450.000
./. gleitender Abzugsbetrag		-150.000		
unverschontes Vermögen	450.000			
Abzugsbetrag	-150.000			
übersteigender Betrag	300.000			
davon die Hälfte (50 %)	150.000	150.000		
verbleibender gleitender Abzugsbetrag		0		0
= steuerpflichtiges Vermögen				450.000

3. Gesamterwerb				
Erwerbsvorgang	**2000**			716.400
+ Erwerbsvorgang	**2009**			450.000
= Gesamterwerb				1.166.400
./. persönlicher Freibetrag	Steuerklasse	**I**		-400.000
= steuerpflichtiger Gesamterwerb				766.400
x Steuersatz	Steuerklasse	I	19%	
= Schenkungsteuer				145.616
./. Steuer aus Vorschenkungen (= fiktive Abzugssteuer)				
Erwerbsvorgang	2000		716.400	
./. verbrauchter persönlicher Freibetrag			-205.000	
= steuerpflichtiger Erwerb			511.400	
x Steuersatz (Tarif 2009)	Steuerklasse	I	15%	
= Schenkungsteuer			76.710	
tatsächlich gezahlte Steuer 2000			76.710	-76.710
= Steuer 2009				**68.906**

4. Mindeststeuer				
Wert der Schenkung (Geldbestände)				3.000.000
./. Verschonung				-2.550.000
steuerpflichtiger Anteil				450.000
./. gleitender Freibetrag				0
= steuerpflichtiges Vermögen				450.000
./. persönlicher Freibetrag	Steuerklasse	I		-400.000
= steuerpflichtiger Erwerb				50.000
x Steuersatz	Steuerklasse	I	7%	
= Schenkungsteuer				**3.500**

5. Steuergesamtbelastung (mit Vorerwerben und Mindeststeuer) **145.616**

Die Mindeststeuer findet *keine* Anwendung, da die Steuer für den Gesamterwerb nach Anrechnung der Steuer für den Vorerwerb *höher* ist als die Mindeststeuer.

§ 5 Berechnungsbeispiele

A. Bewertung von Grundstücken

I. Unbebautes Grundstück

1 **Beispiel: unbebautes Grundstück**

Der Steuerpflichtige S schenkt seinem Sohn M ein unbebautes Grundstück mit einer Fläche von 310 qm am 1.2.2009. Der letzte festgestellte Bodenrichtwert des örtlichen Gutachterausschusses beträgt 80 €.

2 **Lösungshinweis:**

Die Berechnung des gemeinen Werts für unbebaute Grundstücke lässt sich wie folgt zusammenfassen:

- 1. Schritt:

  Der Grundbesitzwert ermittelt sich aus der Multiplikation der Grundstücksfläche mit dem letzten festgestellten Bodenrichtwert des Gutachterausschusses.

- 2. Schritt:

  Alternativ kann der niedrigere gemeine Wert durch ein Sachverständigengutachten nachgewiesen werden.

Lösung: 3

Nr.: 1

ARBEITSPAPIER

Inhalt: Eingabe der Determinanten

Beschreibung: Eingabe der Ermittlungsdeterminanten

Zeile:

Determinanten

Bodenwert

Fläche	310 m²
Bodenrichtwert (ggf. vergleichbare Flächen) / m²	80 €

B. Sachwertverfahren

Baujahr	bis 1945
Bauart	einfach
Gebäudeart	keine Auswahl
Gebäudegrundfläche	0 m²
Bewertungsjahr	
Baujahr	
Mindest-Gebäudewert	40,00 %
Veränderung der wND durch bauliche Maßnahmen	+ 0 Jahre
Sachwertfaktor	Gutachterausschuss
→ Sachwertfaktor lt. Gutachterausschuss	0,0000
Eigentumsart (Sachwertfaktor nach Gesetz)	EFH / ZFH / Wohneigentum

Gebäudewert

A. Ertragswertverfahren

Überlassungsart	eigengenutzt
Monatsnettokaltmiete lt. Vertrag	0 €
Monatsnettokalt-Vergleichsmiete	0 €
Verwaltungskosten (jährl.)	[redacted]
Betriebskosten (jährl.)[1]	
Instandhaltungskosten (jährl.)	
Mietausfallwagnis (jährl.)	
Bewirtschaftungskosten	Gutachterausschuss
(ohne Betriebskosten) / Gebäudeart	Mietwohngrundstück
ungenutzte Grundstücksteilflächen	0 m²
Gebäudeart f. Liegenschaftszinssatz	Gutachterausschuss
→ Liegenschaftszinssatz lt. Gutachterausschuss	0,00 %
Bewertungsjahr	
(fiktives) Baujahr	
Mindest-Restnutzungdauer	30,00 %
Gebäudeart f. wND[2]	EFH / ZFH
Veränderung der wND durch bauliche Maßnahmen	+ 0 Jahre

[1] Nur wenn *nicht* durch Umlagen gedeckt.

[2] wND = wirtschaftliche Gesamtnutzungsdauer.

Mandant: ?? Mandanten-Nr.: ?? Datum: 09.12.2008

Nr.: 3

ARBEITSPAPIER

Inhalt: Ermittlung des Grundstückswerts anhand des Sachwertverfahrens

Beschreibung: Ermittlung anhand der Grundsätze des Entwurfs des Erbschaftsteuer- und Bewertungsgesetzes.

Zeile:

Sachwertverfahren

A. Bodenwert						Wertermittlung
Fläche x Bodenrichtwert =	310 m²	x	80 €	=		24.800 €
B. Gebäudesachwert					Gebäudewert	
Regelherstellungskosten (Normalherstellungskosten) je m²				0 €		
x Gebäudegrundfläche				0 m²		
= Herstellungskosten				0 €	0 €	
./. Alterswertminderung						
Alter des Gebäudes	0 Jahre					
wirtschaftliche (typisierte) Gesamtnutzungsdauer	0 Jahre					
Restnutzungsdauer	0 Jahre					
Alterswertminderung (verstrichene ND)	0 Jahre	x Abschreibung	#DIV/0!	=	#DIV/0!	
				##	#DIV/0!	
					#DIV/0!	0 €
Vorläufiger Sachwert						24.800 €
x Wertzahl			Wertermittlung des unbebauten Grundstücks			1,0000
C. Grundstückssachwert						**24.800 €**
D. Grundbesitzwert (Rundung)						**24.500 €**

Mandant: ??

Mandanten-Nr.: ?? Datum: 09.12.2008

II. Bebautes Grundstück – Ertragswertverfahren

Beispiel: vermietetes Mietwohngrundstück / Ertragswertverfahren (I) 4

Der Steuerpflichtige S vermietet ein Mietwohngrundstück (Baujahr 1970[1]). Das Haus wurde im Jahr 1995 angeschafft. Der Grund und Boden hat eine Fläche von 500 qm. Die Grundfläche des Hauses beträgt 250 qm. Der zuletzt festgestellte Bodenrichtwert beträgt 400 € pro qm. Die monatliche Kaltmiete für das Haus beträgt 1.875 €. An Nebenkosten werden 300 € monatlich von den Mietern bezahlt. Die Nebenkosten decken die Betriebskosten vollständig. Die ortsübliche Miete beträgt 2.000 €. Es liegen *keine* Erfahrungssätze der Gutachterausschüsse über die Bewirtschaftungskosten vor. Zum 1.1.2009 will S das Einfamilienhaus seiner Tochter T schenken.

Lösungshinweis: 5

Die Berechnung des gemeinen Werts für bebaute Grundstücke im Ertragswertverfahren lässt sich wie folgt zusammenfassen:

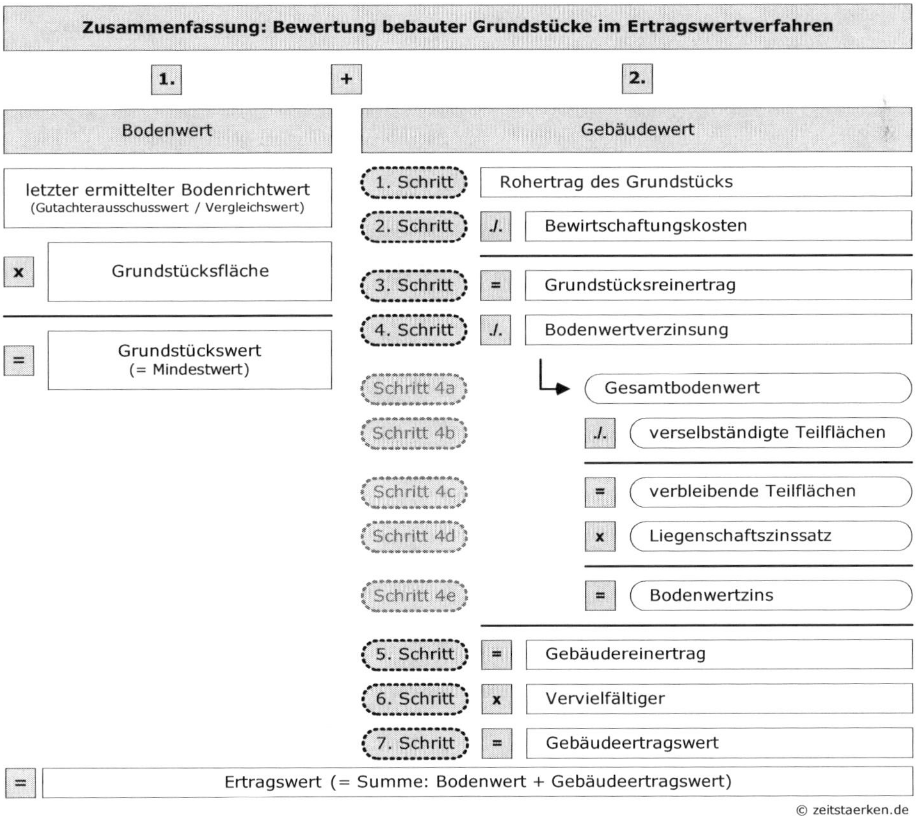

1 Das Jahr der Bezugsfertigkeit wird nach derzeitigen Rechtsstand 2008 als volles Jahr berücksichtigt, Gleich lautender Ländererlass vom 2.4.2007, BStBl. I 2007, 314, Tz. 53, Abs. 1 Satz 2.

6 **Lösung:**

- 1. Schritt:

  Der Grundbesitzwert (= **Bodenwertanteil**) ermittelt sich aus der Multiplikation der Grundstücksfläche mit dem letzten festgestellten Bodenrichtwert des Gutachterausschusses.

- 2. Schritt:

  Bei der Ermittlung des **Gebäudewertanteils** sollte als erstes die Restnutzungsdauer aus der typisierenden Gesamtnutzungsdauer (Anlage Nr. 22 zum BewG) abgeleitet werden. Die Mindestrestnutzungsdauer beträgt 30 % der Gesamtnutzungsdauer.

- 3. Schritt:

  Als nächstes erfolgt die Ermittlung der Jahresnettokaltmiete unter Beachtung der 20%igen Abweichung gegenüber der ortsüblichen Miete. Nebenkosten sind aus der Jahresmiete zu eliminieren.

- 4. Schritt:

  Soweit die Bewirtschaftungskosten *nicht* vom Gutachterausschuss festgesetzt worden sind, werden die pauschal ermittelten Bewirtschaftungskosten (Anlage Nr. 23 zum BewG) für die Berechnung herangezogen.

- 5. Schritt:

  Für den Abzug der Bodenwertverzinsung, ist der vorher ermittelte Bodenwert mit dem Liegenschaftszinssatz zu multiplizieren. Soweit der Gutachterausschuss den Liegenschaftszinssatz *nicht* festgelegt hat, ist dieser typisierend dem BewG (§ 188 Abs. 2 Satz 2 BewG) in Abhängigkeit zur Grundstücksart zu entnehmen. Die ermittelte Bodenwertverzinsung mindert den Grundstücksrohertrag zum Gebäudereinertrag.

- 6. Schritt:

  Der Gebäudereinertrag wird mit einem Vervielfältiger multipliziert und somit kapitalisiert. Insoweit wird der Gebäudeertragswert ermittelt.

- 7. Schritt:

  Der Bodenwertanteil bildet den Mindestwert des bebauten Grundstücks ab.

- 8. Schritt:

  Alternativ kann der niedrigere gemeine Wert durch ein Sachverständigengutachten nachgewiesen werden.

Nr.: 1

ARBEITSPAPIER

Inhalt: Eingabe der Determinanten

Beschreibung: Eingabe der Ermittlungsdeterminanten

Zeile:

Determinanten

Bodenwert

Fläche	500 m²
Bodenrichtwert (ggf. vergleichbare Flächen) / m²	400 €

B. Sachwertverfahren

Baujahr	bis 1945
Bauart	einfach
Gebäudeart	keine Auswahl
Gebäudegrundfläche	0 m²
Bewertungsjahr	
Baujahr	
Mindest-Gebäudewert	40,00 %
Veränderung der wND durch bauliche Maßnahmen	+ 0 Jahre
Sachwertfaktor	Gutachterausschuss
→ Sachwertfaktor lt. Gutachterausschuss	0,0000
Eigentumsart (Sachwertfaktor nach Gesetz)	EFH / ZFH / Wohneigentum

Gebäudewert

A. Ertragswertverfahren

Überlassungsart	Vermietung an fremde Dritte
Monatsnettokaltmiete lt. Vertrag	1.875 €
Monatsnettokalt-Vergleichsmiete	2.000 €
Verwaltungskosten (jährl.)	[redacted]
Betriebskosten (jährl.)[1]	
Instandhaltungskosten (jährl.)	
Mietausfallwagnis (jährl.)	
Bewirtschaftungskosten	Alternativ: nach Rechtsverordnung
(ohne Betriebskosten) / Gebäudeart	Mietwohngrundstück
ungenutzte Grundstücksteilflächen	0 m²
Gebäudeart f. Liegenschaftszinssatz	Alternativ: Mietwohngrundstück
→ Liegenschaftszinssatz lt. Gutachterausschuss	0,00 %
Bewertungsjahr	2009
(fiktives) Baujahr	1970
Mindest-Restnutzungdauer	30,00 %
Gebäudeart f. wND[2]	Mietwohngrundstücke
Veränderung der wND durch bauliche Maßnahmen	+ 0 Jahre

[1] Nur wenn *nicht* durch Umlagen gedeckt.

[2] wND = wirtschaftliche Gesamtnutzungsdauer.

Mandant: ?? Mandanten-Nr.: ?? Datum: 09.12.2008

Nr.: 2

ARBEITSPAPIER

Inhalt: Ermittlung des Grundstückswerts anhand des Ertragswertverfahrens

Beschreibung: Ermittlung anhand der Grundsätze des Entwurfs der Reform des Erbschaftsteuer- und Bewertungsgesetzes.

Zeile:

Ertragswertverfahren

						Gebäudewert	Wertermittlung
A. Bodenwert							
Fläche x Bodenrichtwert =	500 m²	x	400 €	=			200.000 €
B. Gebäudeertragswert							
1. Grundstücksrohertrag							
I Jahresmiete							
Monatsnettokaltmiete	1.875 €	x	12	=		22.500 €	
II übliche Miete	Es ist die Jahresmiete anzusetzen!						
	€	%					
übliche Miete	2.000 €	100,00%	x	0 =		0 €	
tatsächliche Miete	1.875 €	93,75%					
Δ	125 €	6,25%					
2. Bewirtschaftungskosten							
I Verwaltungskosten	pauschal nach Anlage Nr. 23 zum BewG				0 €		
II Betriebskosten					0 €		
III Instandhaltungskosten	pauschal nach Anlage Nr. 23 zum BewG				0 €		
IV Mietausfallwagnis	pauschal nach Anlage Nr. 23 zum BewG				0 €		
V pauschaler Ansatz (I, III, IV, *nicht* aber II)	23 %				5.175 €		
∑					5.175 €	-5.175 €	
3. Grundstücksrohertrag						17.325 €	
4. Bodenwertverzinsung							
I Gesamtbodenwert					200.000 €		
II ./. ungenutzte Teilflächen	0 m²	x	400 €	=	0 €		
III genutzte Teilflächen					200.000 €		
IV x Liegenschaftszinssatz					5,00 %		
V = Bodenwertzins					10.000 €	-10.000 €	
5. Gebäudereinertrag						7.325 €	
6. Vervielfältiger							
Alter des Gebäudes		39 Jahre					
wirtschaftliche (typisierte) Gesamtnutzungsdauer		80 Jahre					
Restnutzungsdauer (ggf. Mindestwert)		41 Jahre					
Vervielfältiger	6 / 0,3696	=	17,2943				
Gebäudereinertrag	7.325 €	x	Vervielfältiger	17,2943 = kapitalisierter Gebäudewert			126.681 €
C. Grundstücksertragswert							**326.681 €**
D. Mindestwert							**200.000 €**
Der Grundstücksertragswert nach Buchst. C ist anzusetzen.							
E. Grundbesitzwert (Rundung)							**326.500 €**

Mandant: ?? Mandanten-Nr.: ?? Datum: 09.12.2008

Beispiel: Gemischt genutztes Geschäftsgrundstück / Ertragswertverfahren (II) 7

Der Einzelunternehmer E verstarb am 15.1.2009 bei einer Geschäftsreise. Rechtmäßige Alleinerbin ist Ehefrau F. E betrieb in seinem gemischt genutzten Haus (Baujahr 1986) im Erdgeschoss ein Einzelhandelsgeschäft. Im Obergeschoss wohnte E mit seiner Familie. Beide Geschosse sind gleich groß. Der Ausstattungsstandard ist gehoben. Das Gebäude hat ein Flachdach und keinen Keller. Das Wohngebäude wurde auf einer 15 x 15 m (= 225 qm) großen Fläche im Jahre 1985 erbaut.

Das Grundstück hat eine Gesamtfläche von	1.200 m^2
Der Bodenrichtwert beträgt	285 €/m^2
Die ortsübliche Miete (kalt) für dieses Grundstück beträgt	2.500 €
Die Betriebskosten betragen monatlich durchschnittlich	245 €

Ein Liegenschaftszinssatz eines Gutachterausschusses liegt *nicht* vor.

Hinweis:

Da die ortsübliche Miete ohne Betriebskosten vorgegeben ist, kommt ein Abzug für Betriebskosten ***nicht*** *in Betracht.*[2] *Bei Nachfrage beim Gutachterausschuss muss klar und eindeutig erfragt werden, ob es sich um eine „warm"* ***oder*** *„kalt" ortsübliche Miete handelt.*

2 § 186

8 **Lösung:**

Die Bewertung erfolgt anhand des Ertragswertverfahrens.[3]

Nr.: 1

ARBEITSPAPIER

Inhalt: Eingabe der Determinanten

Beschreibung: Eingabe der Ermittlungsdeterminanten

Zeile:

Determinanten

Bodenwert

Fläche	1.200 m²
Bodenrichtwert (ggf. vergleichbare Flächen) / m²	285 €

B. Sachwertverfahren

Baujahr	bis 1945
Bauart	einfach
Gebäudeart	keine Auswahl
Gebäudegrundfläche	0 m²
Bewertungsjahr	
Baujahr	
Mindest-Gebäudewert	40,00 %
Veränderung der wND durch bauliche Maßnahmen	+ 0 Jahre
Sachwertfaktor	Gutachterausschuss
→ Sachwertfaktor lt. Gutachterausschuss	0,0000
Eigentumsart (Sachwertfaktor nach Gesetz)	EFH / ZFH / Wohneigentum

Gebäudewert

A. Ertragswertverfahren

Überlassungsart	eigengenutzt
Monatsnettokaltmiete lt. Vertrag	0 €
Monatsnettokalt-Vergleichsmiete	2.500 €
Verwaltungskosten (jährl.)	[redacted]
Betriebskosten (jährl.)[1]	
Instandhaltungskosten (jährl.)	
Mietausfallwagnis (jährl.)	
Bewirtschaftungskosten (ohne Betriebskosten) / Gebäudeart	Alternativ: nach Rechtsverordnung; gemischt gen. Grst. (bis 50 % gewerbl.)
ungenutzte Grundstücksteilflächen	0 m²
Gebäudeart f. Liegenschaftszinssatz	Alternativ: Gew. Grst. bis 50,0 %
→ Liegenschaftszinssatz lt. Gutachterausschuss	0,00 %
Bewertungsjahr	2008
(fiktives) Baujahr	1985
Mindest-Restnutzungdauer	30,00 %
Gebäudeart f. wND[2]	gemischt genutzte Grundstücke (mit Wohn- u. Gewerbeflächen)
Veränderung der wND durch bauliche Maßnahmen	+ 0 Jahre

[1] Nur wenn *nicht* durch Umlagen gedeckt.
[2] wND = wirtschaftliche Gesamtnutzungsdauer.

Mandant: ?? Mandanten-Nr.: ?? Datum: 09.12.2008

3 § 182 Abs. 3 Nr. 2 BewG.

Nr.: 2

ARBEITSPAPIER

Inhalt: Ermittlung des Grundstückswerts anhand des Ertragswertverfahrens

Beschreibung: Ermittlung anhand der Grundsätze des Entwurfs der Reform des Erbschaftsteuer- und Bewertungsgesetzes.

Zeile:

Ertragswertverfahren

							Wertermittlung
A. Bodenwert							
Fläche x Bodenrichtwert =	1.200 m²	x	285 €	=			342.000 €
B. Gebäudeertragswert						Gebäudewert	
1. Grundstücksrohertrag							
I Jahresmiete	Es ist die übliche Miete anzusetzen!						
Monatsnettokaltmiete	0 €	x	0	=		0 €	
II übliche Miete							
	€		%				
übliche Miete	2.500 €		100,00%	x 12 =		30.000 €	
tatsächliche Miete	0 €		0,00%				
Δ	2.500 €		100,00%				
2. Bewirtschaftungskosten							
I Verwaltungskosten	pauschal nach Anlage Nr. 23 zum BewG				0 €		
II Betriebskosten	kein Betriebskostenansatz				0 €		
III Instandhaltungskosten	pauschal nach Anlage Nr. 23 zum BewG				0 €		
IV Mietausfallwagnis	pauschal nach Anlage Nr. 23 zum BewG				0 €		
V pauschaler Ansatz (I, III, IV, *nicht* aber II)	22 %				6.600 €		
Σ					6.600 €	-6.600 €	
3. Grundstücksrohertrag						23.400 €	
4. Bodenwertverzinsung							
I Gesamtbodenwert					342.000 €		
II ./. ungenutzte Teilflächen	0 m²	x	285 €	=	0 €		
III genutzte Teilflächen					342.000 €		
IV x Liegenschaftszinssatz					5,50 %		
V = Bodenwertzins					18.810 €	-18.810 €	
5. Gebäudereinertrag						4.590 €	
6. Vervielfältiger							
Alter des Gebäudes			23 Jahre				
wirtschaftliche (typisierte) Gesamtnutzungsdauer			70 Jahre				
Restnutzungsdauer (ggf. Mindestwert)			47 Jahre				
Vervielfältiger	$\frac{11}{0,6811}$	=	16,7143				
Gebäudereinertrag	4.590 €	x	Vervielfältiger	16,7143 = kapitalisierter Gebäudewert			76.719 €
C. Grundstücksertragswert							**418.719 €**
D. Mindestwert							**342.000 €**

Der Grundstücksertragswert nach Buchst. C ist anzusetzen.

E. Grundbesitzwert (Rundung)	**418.500 €**

Mandant: ?? Mandanten-Nr.: ?? Datum: 09.12.2008

III. Bebautes Grundstück – Sachwertverfahren

9 **Beispiel: Einfamilienhaus / Sachwertverfahren**

Der Steuerpflichtige S möchte in 2009 sein selbstgenutztes Einfamilienhaus seiner Tochter T schenken. Das zweigeschossige Haus enthält ein ausgebautes Dachgeschoss und einen Keller. Das im Jahre 1964 erbaute Gebäude steht auf eine Grundfläche von 12 x 12 m (= 144 qm). Die Ausstattung entspricht mittlerem Standard. An dem Gebäude wurden laufend Instandhaltungsarbeiten durchgeführt, die Heizung erneuert und die Sanitäreinrichtung modernisiert.

Der Bodenrichtwert beträgt 450 €/m²

Das Grundstück hat eine Fläche von 810 m²

Ein Vergleichswert liegt *nicht* vor.

Ein Sachwertfaktor wurde von einem Gutachterausschuss *nicht* ermittelt.

10 **Lösungshinweis:**

Die Berechnung des gemeinen Werts für bebaute Grundstücke im Sachwertverfahren lässt sich wie folgt zusammenfassen:

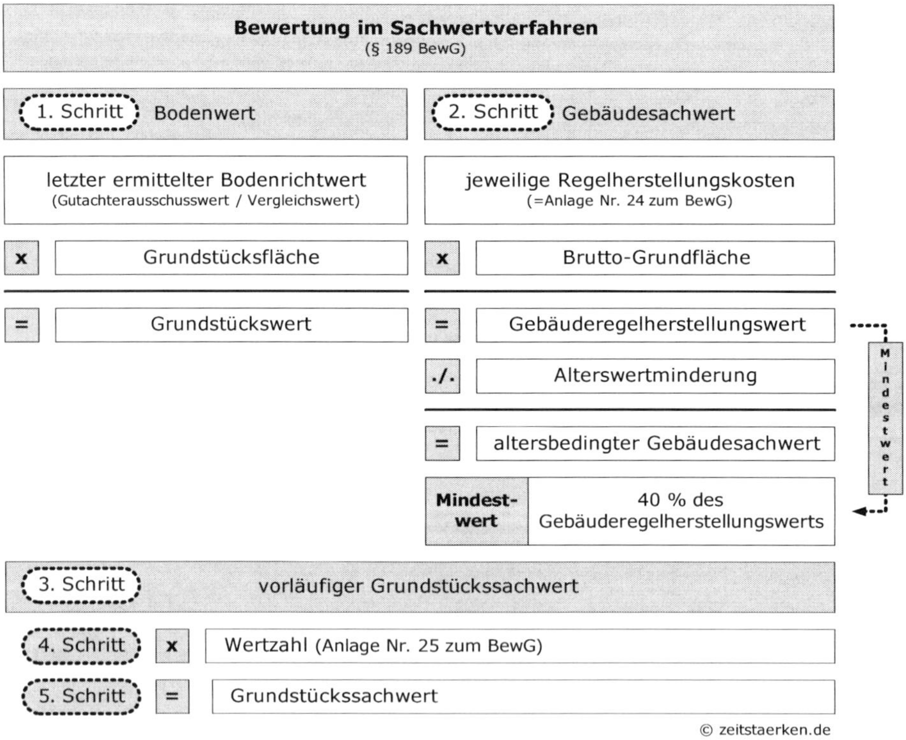

11 **Lösung:**

■ 1. Schritt:

Der Grundbesitzwert (= **Bodenwertanteil**) ermittelt sich aus der Multiplikation der Grundstücksfläche mit dem letzten festgestellten Bodenrichtwert des Gutachterausschusses.

- 2. Schritt:

  Die Ermittlung des Gebäudesachwerts erfolgt in mehreren Schritten. Bei der Ermittlung des **Gebäudewertanteils** sollte als erstes die Restnutzungsdauer aus der typisierenden Gesamtnutzungsdauer (Anlage Nr. 22 zum BewG) abgeleitet werden. Als Weiteres muss die Brutto-Grundfläche des Gebäudes bestimmt werden. Die Regelherstellungskosten sind in Abhängigkeit von typisierenden Faktoren zu bestimmen (Anlage Nr. 24 zum BewG):

  - Grundstücksart (z. B. Ein- und Zweifamilienhäuser)
  - Baujahr (z. B. 1960 – 1969)
  - Ausstattungsstandard (einfach, mittel oder gehoben)
  - mit oder ohne Keller
  - Dachgeschoss ausgebaut oder nicht ausgebaut oder Flachdach

  Die Gebäuderegelherstellungskosten werden um die Alterswertminderung verringert. Der Abschreibungssatz wird dabei aus der typisierenden Gesamtnutzungsdauer abgeleitet (z. B. 100 Jahre / 80 Jahre Gesamtnutzungsdauer = 1,25 % AfA-Satz). Aus der Reduzierung der Gebäuderegelherstellungskosten ermittelt sich der altersbedingte Gebäudesachwert. Der Mindestgebäudesachwert beträgt immer 40 % der Gebäuderegelherstellungswerts.

- 3. Schritt:

  Der Bodenwertanteil und der altersbedingte Gebäudesachwert werden zum vorläufigen Grundstückssachwert zusammen addiert.

- 4. Schritt:

  Der vorläufige Grundstückssachwert wird durch die Anwendung der Wertzahl (Anlage Nr. 25 zum BewG) zum endgültigen Grundstückssachwert verändert.

- 5. Schritt:

  Der (endgültige) Grundstückssachwert ist anzusetzen, soweit nicht alternativ der niedrigere gemeine Wert durch ein Sachverständigengutachten nachgewiesen wird.

12 **Lösung:**

Die Bewertung erfolgt anhand des Sachwertverfahrens.[4]

Nr.: 1

ARBEITSPAPIER

Inhalt: Eingabe der Determinanten

Beschreibung: Eingabe der Ermittlungsdeterminanten

Zeile:

Determinanten

Bodenwert

Fläche	810 m²
Bodenrichtwert (ggf. vergleichbare Flächen) / m²	450 €

B. Sachwertverfahren

Baujahr	1960-1969
Bauart	mittel
Gebäudeart	EFH / ZFH mit Keller Dachgeschoss ausgebaut
Gebäudegrundfläche	144 m²
Bewertungsjahr	2009
Baujahr	1964
Mindest-Gebäudewert	40,00 %
Veränderung der wND durch bauliche Maßnahmen	+ 0 Jahre
Sachwertfaktor	Alternativ: nach Rechtsverordnur
→ Sachwertfaktor lt. Gutachterausschuss	0,0000
Eigentumsart (Sachwertfaktor nach Gesetz)	EFH / ZFH / Wohneigentum

Gebäudewert

A. Ertragswertverfahren

Überlassungsart	eigengenutzt
Monatsnettokaltmiete lt. Vertrag	0 €
Monatsnettokalt-Vergleichsmiete	0 €
Verwaltungskosten (jährl.)	[redacted]
Betriebskosten (jährl.)[1]	
Instandhaltungskosten (jährl.)	
Mietausfallwagnis (jährl.)	
Bewirtschaftungskosten	Gutachterausschuss
(ohne Betriebskosten) / Gebäudeart	Mietwohngrundstück
ungenutzte Grundstücksteilflächen	0 m²
Gebäudeart f. Liegenschaftszinssatz	Gutachterausschuss
→ Liegenschaftszinssatz lt. Gutachterausschuss	0,00 %
Bewertungsjahr	
(fiktives) Baujahr	
Mindest-Restnutzungdauer	30,00 %
Gebäudeart f. wND[2]	EFH / ZFH
Veränderung der wND durch bauliche Maßnahmen	+ 0 Jahre

[1] Nur wenn *nicht* durch Umlagen gedeckt.
[2] wND = wirtschaftliche Gesamtnutzungsdauer.

Mandant: ?? Mandanten-Nr.: ?? Datum: 09.12.2008

4 § 182 Abs. 4 Nr. 1 BewG.

Nr.: 3

ARBEITSPAPIER

Inhalt: Ermittlung des Grundstückswerts anhand des Sachwertverfahrens

Beschreibung: Ermittlung anhand der Grundsätze des Entwurfs des Erbschaftsteuer- und Bewertungsgesetzes.

Zeile:

Sachwertverfahren

						Gebäudewert	Wertermittlung
A. Bodenwert							
Fläche x Bodenrichtwert =	810 m²	x	450 €	=			364.500 €
B. Gebäudesachwert							
Regelherstellungskosten (Normalherstellungskosten) je m²					720 €		
x Gebäudegrundfläche					144 m²		
= Herstellungskosten					103.680 €	103.680 €	
./. Alterswertminderung							
Alter des Gebäudes	45 Jahre						
wirtschaftliche (typisierte) Gesamtnutzungsdauer	80 Jahre						
Restnutzungsdauer	35 Jahre						
Alterswertminderung (verstrichene ND)	45 Jahre	x Abschreibung			1,25 % =	-58.320 €	
						45.360 €	45.360 €
Vorläufiger Sachwert							409.860 €
x Wertzahl							0,9000
C. Grundstückssachwert							**368.874 €**
D. Grundbesitzwert (Rundung)							**368.500 €**

Mandant: ?? Mandanten-Nr.: ?? Datum: 09.12.2008

IV. Bebautes Grundstück – Mindestwert

13 **Beispiel: Gemischt genutztes Geschäftsgrundstück / Mindestwert im Ertragswertverfahren**

Der Steuerpflichtige S verstarb am 15.2.2009 bei einer Geschäftsreise. Rechtmäßige Alleinerbin ist Ehefrau F. S vererbt F ein Wohngebäude (Baujahr 1990), das derzeit leer steht (bislang *keine* neuen Mieter). Der Ausstattungsstandard ist einfach.

Das Gebäude hat einen Dachstuhl und einen Keller.

Das Wohngebäude wurde auf einer 12 x 12 m (= 144 qm) großen Fläche im Jahre 1990 erbaut.

Das Grundstück hat eine Gesamtfläche von	850 m^2
Der Bodenrichtwert beträgt	300 €/m^2
Die ortsübliche Miete (kalt) für dieses Grundstück beträgt	1.290 €
Die Betriebskosten betragen monatlich durchschnittlich (Leerstand)	50 €

Ein Liegenschaftszinssatz eines Gutachterausschusses liegt *nicht* vor.

Hinweis:

Die typisierend ermittelte Bodenwertverzinsung zehrt den Gebäudereinertrag (= Jahresnettokaltmiete abzüglich typisierend pauschalierten Bewirtschaftungskosten) auf. Der insoweit negative Gebäudereinertrag „verpufft", da der Bodenwertanteil als Mindestwert ***ohne*** *Minderung als Grundbesitzwert anzusetzen ist.*

14 **Lösungshinweis:**

Der anzusetzende Mindestwert entspricht dem Bodenwertanteil.

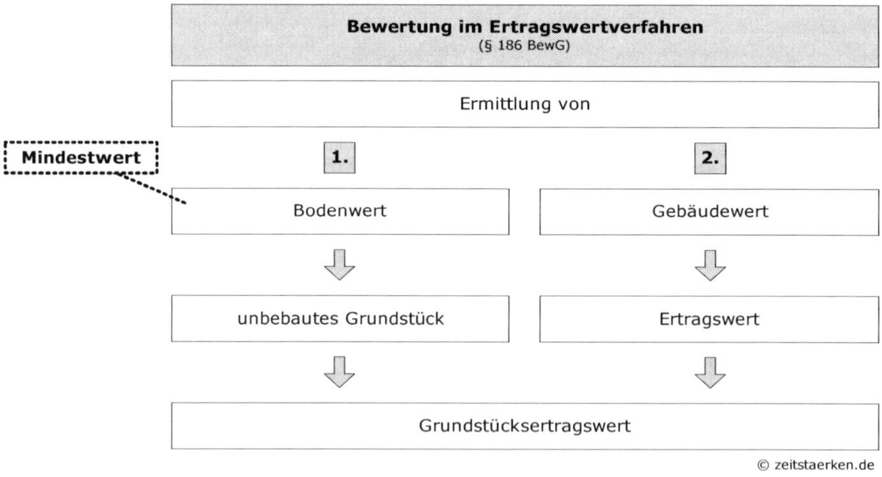

Lösung: 15

Die Bewertung erfolgt anhand des Ertragswertverfahrens.[5]

Nr.: 1

ARBEITSPAPIER

Inhalt: Eingabe der Determinanten

Beschreibung: Eingabe der Ermittlungsdeterminanten

Zeile:

Determinanten

Bodenwert	**Gebäudewert**
Fläche: 850 m²	**A. Ertragswertverfahren**
Bodenrichtwert (ggf. vergleichbare Flächen) / m²: 300 €	Überlassungsart: ungenutzt
	Monatsnettokaltmiete lt. Vertrag: 0 €
	Monatsnettokalt-Vergleichsmiete: 1.290 €
B. Sachwertverfahren	Verwaltungskosten (jährl.)
Baujahr: bis 1945	Betriebskosten (jährl.)[1]
Bauart: einfach	Instandhaltungskosten (jährl.)
Gebäudeart: keine Auswahl	Mietausfallwagnis (jährl.) [redacted]
Gebäudegrundfläche: 0 m²	Bewirtschaftungskosten: Alternativ: nach Rechtsverordnung
	(ohne Betriebskosten) / Gebäudeart: Mietwohngrundstück
Bewertungsjahr	ungenutzte Grundstücksteilflächen: 0 m²
Baujahr	Gebäudeart f. Liegenschaftszinssatz: Alternativ: Mietwohngrundstück
Mindest-Gebäudewert: 40,00 %	→ Liegenschaftszinssatz lt. Gutachterausschuss: 0,00 %
Veränderung der wND durch bauliche Maßnahmen: + 0 Jahre	Bewertungsjahr: 2009
	(fiktives) Baujahr: 1990
	Mindest-Restnutzungdauer: 30,00 %
Sachwertfaktor: Gutachterausschuss	Gebäudeart f. wND[2]: Mietwohngrundstücke
→ Sachwertfaktor lt. Gutachterausschuss: 0,0000	Veränderung der wND durch bauliche Maßnahmen: + 0 Jahre
Eigentumsart (Sachwertfaktor nach Gesetz): EFH / ZFH / Wohneigentum	[1] Nur wenn *nicht* durch Umlagen gedeckt. [2] wND = wirtschaftliche Gesamtnutzungsdauer.

Mandant: ?? Mandanten-Nr.: ?? Datum: 09.12.2008

5 § 182 Abs. 3 Nr. 2 BewG.

Nr.: 2

ARBEITSPAPIER

Inhalt: Ermittlung des Grundstückswerts anhand des Ertragswertverfahrens

Beschreibung: Ermittlung anhand der Grundsätze des Entwurfs der Reform des Erbschaftsteuer- und Bewertungsgesetzes.

Zeile:

Ertragswertverfahren

A. Bodenwert							**Wertermittlung**
Fläche x Bodenrichtwert =	850 m²	x	300 €	=			255.000 €
B. Gebäudeertragswert						**Gebäudewert**	
1. Grundstücksrohertrag							
I Jahresmiete	Es ist die übliche Miete anzusetzen!						
Monatsnettokaltmiete	0 €	x	0	=		0 €	
II übliche Miete							
	€	%					
übliche Miete	1.290 €	100,00%	x 12	=		15.480 €	
tatsächliche Miete	0 €	0,00%					
Δ	1.290 €	100,00%					
2. Bewirtschaftungskosten							
I Verwaltungskosten	pauschal nach Anlage Nr. 23 zum BewG				0 €		
II Betriebskosten	kein Betriebskostenansatz				0 €		
III Instandhaltungskosten	pauschal nach Anlage Nr. 23 zum BewG				0 €		
IV Mietausfallwagnis	pauschal nach Anlage Nr. 23 zum BewG				0 €		
V pauschaler Ansatz (I, III, IV, *nicht* aber II)	21 %				3.251 €		
Σ					3.251 €	-3.251 €	
3. Grundstücksrohertrag						12.229 €	
4. Bodenwertverzinsung							
I Gesamtbodenwert					255.000 €		
II ./. ungenutzte Teilflächen	0 m²	x	300 €	=	0 €		
III genutzte Teilflächen					255.000 €		
IV x Liegenschaftszinssatz					5,00 %		
V = Bodenwertzins					12.750 €	-12.750 €	
5. Gebäudereinertrag						-521 €	
6. Vervielfältiger							
Alter des Gebäudes		19 Jahre					
wirtschaftliche (typisierte) Gesamtnutzungsdauer		80 Jahre					
Restnutzungsdauer (ggf. Mindestwert)		61 Jahre					
Vervielfältiger	19 / 0,9807	=	18,9794				
Gebäudereinertrag	-521 €	x	Vervielfältiger	18,9794 = kapitalisierter Gebäudewert			-9.888 €
C. Grundstücksertragswert							**245.112 €**
D. Mindestwert							**255.000 €**
Der Mindestwert ist anzusetzen!							
E. Grundbesitzwert (Rundung)							**255.000 €**

Mandant: ?? Mandanten-Nr.: ?? Datum: 09.12.2008

V. Erbbaurecht / erbbaurechtsbelastetes Grundstück

Beispiel: Erbbaurecht mit Entschädigungsverpflichtung 16

Der Steuerpflichtige S schenkt seiner Tochter T am 1.1.2009 ein Mietwohngrundstück (Baujahr 1978) mit 4 Wohnungen.

Die (angemessene) Größe des Grundstücks beträgt	1.000 m^2
Der Bodenwert beträgt	400 €/m^2
Die Monatsnettokaltmiete sowie die übliche Miete betragen je	4.000 €
Die Betriebskosten werden durch die Umlagen vollständig gedeckt.	
Der jährliche Erbbauzins beläuft sich auf	12.000 €

Liegenschaftszinssätze von Gutachterausschüssen liegen _nicht_ vor. Bei Ablauf des Erbbaurechts ist der Verbleib des Gebäudes voll zu entschädigen. Die Restlaufzeit des Erbbaurechts beträgt 32 Jahre (bis 31.12.2041).

Lösungshinweise: 17

Bei der Bewertung von Erbbaurechten und belasteten Grundstücke ist darauf zu achten, dass es sich um zwei getrennt von einander zu bewertende wirtschaftliche Einheiten handelt.

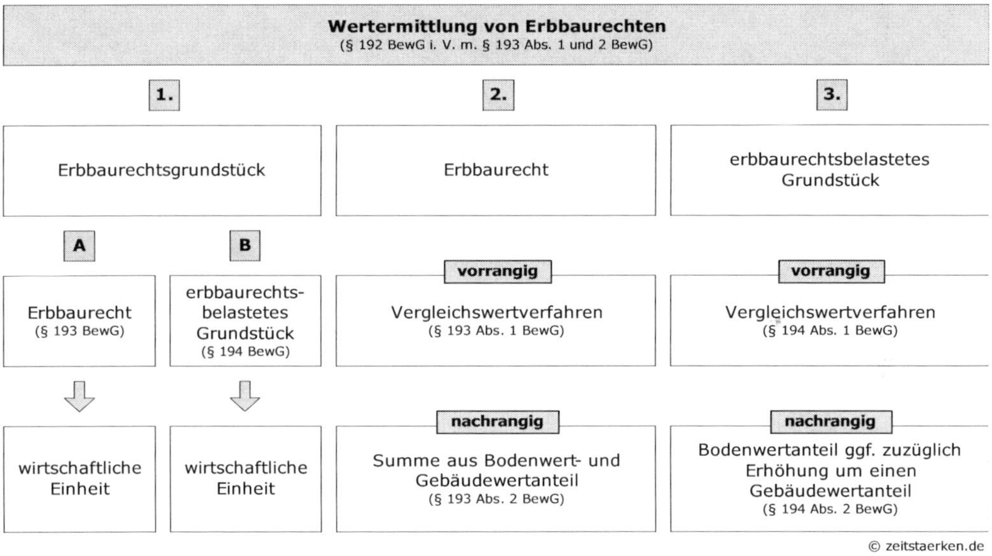

A. Bewertung des Erbbaurechts

Bei der Bewertung des Erbbaurechts ist darauf zu achten, dass es insgesamt drei Bewertungsalternativen gibt:

I. Vergleichswertverfahren
II. Summe aus Bodenwert und Gebäudewertanteil
III. nachgewiesener niedriger gemeiner Wert

Bei der Anwendung „Summe aus Bodenwert- und Gebäudewertanteil", welches wohl der häufigste Anwendungsfall sein wird, ist die Ermittlung in drei Schritten aufzuteilen:

1. Schritt: Ermittlung des Bodenwertanteils

2. Schritt: Ermittlung des Gebäudewertanteils

3. Schritt: Addition der beiden Ergebnisse

- 1. Schritt

  Der Wert des unbebauten Grundstücks (= Bodenrichtwertverfahren) wird mit dem Liegenschaftszinssatz multipliziert. Entweder wird der Liegenschaftszinssatz des Gutachterausschusses oder, wenn dieser nicht festgelegt worden ist, der gesetzlich typisierend festgesetzte angewendet. Von der so ermittelten angemessenen Verzinsung des Bodenwerts wird der vertraglich vereinbarte jährliche Erbbauzins abgezogen, um als Ergebnis den Differenzbetrag zu ermitteln. Dieser Differenzbetrag wird mit dem Vervielfältiger (Anlage Nr. 21 zum BewG) multipliziert, um den maßgeblichen Bodenwertanteil zu berechnen.

- 2. Schritt

  Der Gebäudeertragswert wird entweder bei Vorliegen von tatsächlichen oder ortsüblichen Mieten im Gebäudeertragswertverfahren oder ansonsten im Gebäudesachwertverfahren ermittelt. Zu beachten ist die Wertkürzung, wenn die Gebäudewertentschädigung gar nicht oder nur teilweise vorliegt. In diesem Fall wird der Gebäudewertanteil des Erbbaurechts um den Gebäudewertanteil des erbbaurechtsbelasteten Grundstücks gekürzt.

- 3. Schritt

  Die Summe aus dem Bodenwert- und Gebäudewertanteil bildet das Endergebnis.

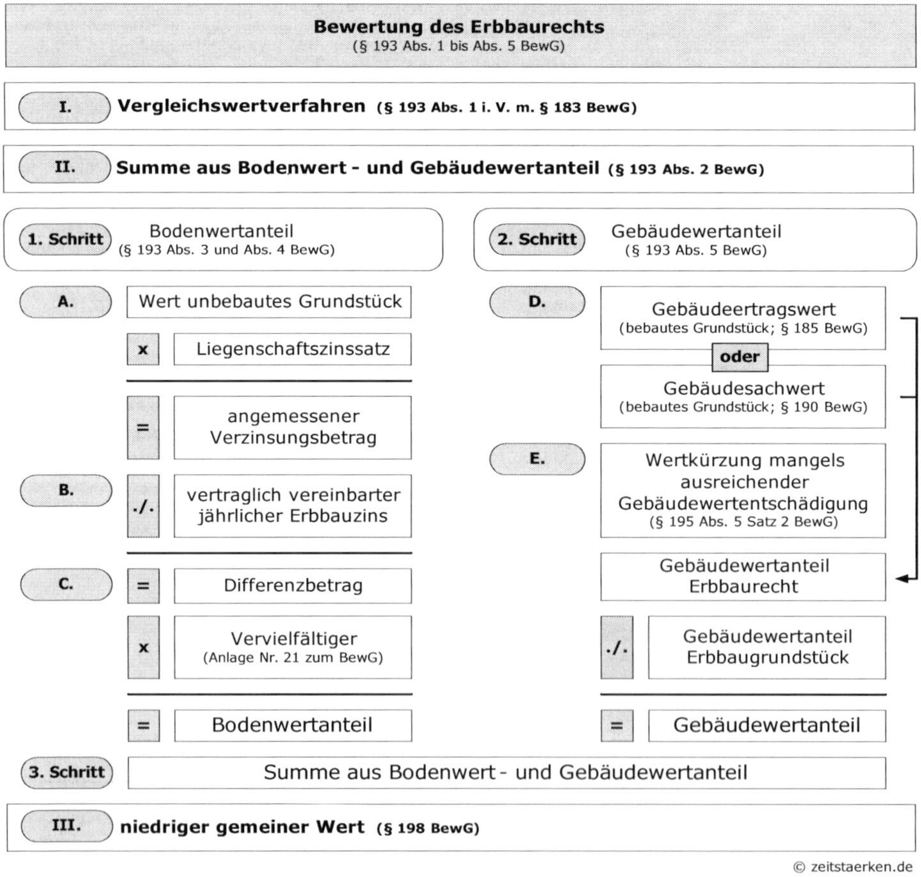

B. Bewertung des belasteten Grundstücks

Bei der Bewertung des Erbbaugrundstücks ist darauf zu achten, dass es insgesamt drei Bewertungsalternativen gibt:

I. Vergleichswertverfahren

II. Bodenwertanteil ggf. zuzüglich abgezinster Gebäudewertanteil

III. nachgewiesener niedriger gemeiner Wert

Bei der Anwendung „Bodenwertanteil ggf. zuzüglich des abgezinsten Gebäudewertanteils", welches wohl der häufigste Anwendungsfall sein wird, ist die Ermittlung in vier Schritten aufzuteilen:

1. Schritt: Ermittlung des Bodenwertanteils

2. Schritt: Ermittlung des Gebäudewertanteils

3. Schritt: Addition des abgezinsten Bodenwerts und der kapitalisierten Erbbauzinsen

4. Schritt: Summe aus Bodenwert- und Gebäudewertanteil

- 1. Schritt

  Für die Ermittlung des Bodenwertanteils sind zwei Berechnungsschritte notwendig. Als erstes wird der Bodenwert (= Wert des unbebauten Grundstücks im Bodenrichtwertverfahren) durch die Multiplikation mit dem Abzinsungsfaktor (Anlage Nr. 26 BewG) zum abgezinsten Bodenwert berechnet. Der Abzinsungsfaktor bestimmt sich dabei nach dem Liegenschaftszinssatz und der Restlaufzeit des Erbbaurechts. Als zweites werden die vereinbarten jährlichen Erbbauzinsen mit dem Vervielfältiger (Anlage Nr. 21 zum BewG) zu den kapitalisierten Erbbauzinsen ermittelt.

- 2. Schritt

  Der Gebäudewertanteil wird nur berücksichtigt, soweit keine oder nur eine teilweise Entschädigungspflicht beim Ablauf des Erbbaurechts für das Gebäude vorliegt. Ist eine vollwertige Entschädigung vereinbart, ist der Gebäudewert nicht beim Erbbaugrundstück zu berechnen. Soweit eine Berechnung erforderlich ist, ist der Gebäudewert durch Multiplikation mit dem Abzinsungsfaktor (Anlage Nr. 26 zum BewG) zum abgezinsten Gebäudewert zu ermitteln.

- 3. Schritt

  Der abgezinste Bodenwert und die kapitalisierten Erbbauzinsen werden zu einer Summe als Bodenwertanteil zusammen addiert.

- 4. Schritt

  Summe aus Bodenwert- und gegebenenfalls Gebäudewertanteil bildet den Wert des Erbbaugrundstücks.

Bewertung des Erbbaugrundstücks
(§ 194 Abs. 1 bis Abs. 4 BewG)

I. Vergleichswertverfahren (§ 194 Abs. 1 i. V. m. § 183 BewG)

II. Bodenwert - ggf. zuzüglich abgezinster Gebäudewertanteil (§ 194 Abs. 2 BewG)

1. Schritt Bodenwertanteil
(§ 194 Abs. 3 BewG)

A. Bodenwert
x Abzinsungsfaktor
(Anlage Nr. 26 zum BewG)
n Liegenschaftszinssatz
n Restlaufz. Erbbaurecht
= abgezinster Bodenwert

B. vereinbarter jährlicher Erbbauzins
x Vervielfältiger
(Anlage Nr. 21 zum BewG)
= kapitalisierter Erbbauzinsen

3. Schritt Summe: abgezinster Bodenwert und kapitalisierter Erbbauzinsen

2. Schritt Gebäudewertanteil
(§ 194 Abs. 4 BewG)

C. keine / teilweise Entschädigungspflicht

D. Gebäudewert zum Ablaufzeitpunkt
x Abzinsungsfaktor
(Anlage Nr. 26 zum BewG)
= abgezinster Gebäudewert

4. Schritt Summe aus Bodenwert- und Gebäudewertanteil

III. niedriger gemeiner Wert (§ 198 BewG)

Lösung:

18

Nr.: 1

ARBEITSPAPIER

Inhalt: Eingabe der Determinanten

Beschreibung: Eingabe der Ermittlungsdeterminanten

Zeile:

Determinanten

I. Grund und Boden / Gebäude

Anwendung Ertragswertverfahren ▼

Bodenwert

Fläche	1.000 m²
Bodenrichtwert (ggf. vergleichbare Flächen) / m²	400 €

C. Sachwertverfahren

Baujahr	bis 1945 ▼
Bauart	einfach ▼
Gebäudeart keine Auswahl	▼
Gebäudegrundfläche	0 m²
Bewertungsjahr	
Baujahr	
Mindest-Gebäudewert	40,00 %
Veränderung der wND durch bauliche Maßnahmen	+ 0 Jahre
Sachwertfaktor	Gutachterausschuss ▼
→ Sachwertfaktor lt. Gutachterausschuss	0,0000
Eigentumsart EFH / ZFH / Wohneigentum (Sachwertfaktor nach Gesetz)	▼

Gebäudewert

A. Vergleichswertverfahren

Vergleichswert	0 €

B. Ertragswertverfahren

Überlassungsart	Vermietung an fremde Dritte ▼
Monatsnettokaltmiete lt. Vertrag	4.000 €
Monatsnettokalt-Vergleichsmiete	4.000 €
Verwaltungskosten (jährl.)	[redacted]
Betriebskosten (jährl.)[1]	
Instandhaltungskosten (jährl.)	
Mietausfallwagnis (jährl.)	
Bewirtschaftungskosten (ohne Betriebskosten) / Gebäudeart	Alternativ: nach Rechtsverordnung ▼ Mietwohngrundstück ▼
ungenutzte Grundstücksteilflächen	0 m²
Gebäudeart f. Liegenschaftszinssatz	Alternativ: Mietwohngrundstück ▼
→ Liegenschaftszinssatz lt. Gutachterausschuss	0,00 %
Bewertungsjahr	2009
(fiktives) Baujahr	1978
Mindest-Restnutzungdauer	30,00 %
Gebäudeart f. wND[2]	Mietwohngrundstücke ▼
Veränderung der wND durch bauliche Maßnahmen	+ 0 Jahre

[1] Nur wenn *nicht* durch Umlagen gedeckt.

[2] wND = wirtschaftliche Gesamtnutzungsdauer.

II. Erbbaurecht

Jährlicher Erbbauzins	12.000 €
Gebäudeart f. Liegenschaftszinssatz	Mietwohngrundstücke / Wohnungseigentum (▼
→ Liegenschaftszinssatz lt. Gutachterausschuss	0,00 %
Anteil des Gebäudes, der nach Ablauf des Erbbaurechts dem Grundstückseigentümer zufällt	100,00 %
Bewertungsstichtag	01.01.2009
Ablauf des Erbbaurechts (letzter Tag)	31.12.2041
Minderung bei Anwendung des Vergleichswertverfahrens	0 €
Entschädigung bei Ablauf des Erbbaurechts für das/die Gebäude	vollständige Entschädigung ▼

Mandant: ?? Mandanten-Nr.: ?? Datum: 02.01.2009

Nr.: 2

ARBEITSPAPIER

Inhalt: Ermittlung des Grundstückswerts anhand des Ertragswertverfahrens

Beschreibung: Ermittlung anhand der Grundsätze des Entwurfs der Reform des Erbschaftsteuer- und Bewertungsgesetzes.

Zeile:

Ertragswertverfahren

A. Bodenwert (Berechnung zur Ermittlung des Gebäudeertragswerts) — Wertermittlung

Fläche x Bodenrichtwert =	1.000 m²	x	400 €	=	400.000 €

B. Gebäudeertragswert — Gebäudewert

1. Grundstücksrohertrag

I Jahresmiete

Monatsnettokaltmiete	4.000 €	x	12	=	48.000 €

II übliche Miete — Es ist die Jahresmiete anzusetzen!

	€	%				
übliche Miete	4.000 €	100,00%	x	0	=	0 €
tatsächliche Miete	4.000 €	100,00%				
Δ	0 €	0,00%				

2. Bewirtschaftungskosten

I Verwaltungskosten	pauschal nach Anlage Nr. 23 zum BewG	0 €	
II Betriebskosten		0 €	
III Instandhaltungskosten	pauschal nach Anlage Nr. 23 zum BewG	0 €	
IV Mietausfallwagnis	pauschal nach Anlage Nr. 23 zum BewG	0 €	
V pauschaler Ansatz (I, III, IV, *nicht* aber II)	23 %	11.040 €	
Σ		11.040 €	-11.040 €

3. Grundstücksrohertrag — 36.960 €

4. Bodenwertverzinsung

I Gesamtbodenwert					400.000 €	
II ./. ungenutzte Teilflächen	0 m²	x	400 €	=	0 €	
III genutzte Teilflächen					400.000 €	
IV x Liegenschaftszinssatz					5,00 %	
V = Bodenwertzins					20.000 €	-20.000 €

5. Gebäudereinertrag — 16.960 €

6. Vervielfältiger

Alter des Gebäudes	31 Jahre
wirtschaftliche (typisierte) Gesamtnutzungsdauer	80 Jahre
Restnutzungsdauer (ggf. Mindestwert)	49 Jahre

Vervielfältiger $\frac{10}{0{,}5461}$ = 18,1676

Gebäudereinertrag 16.960 € x Vervielfältiger 18,1676 = kapitalisierter Gebäudewert **308.122 €**

Mandant: ?? Mandanten-Nr.: ?? Datum: 02.01.2009

Nr.: 1

ARBEITSPAPIER

Inhalt: Wertermittlung des Erbbaurechts

Beschreibung: Ermittlung des Werts des Erbbaurechts

Zeile:

Wertermittlung Erbbaurecht

1. Bodenwertanteil	Wertermittlung	
Grundstücksgröße	1.000 m²	
Bodenrichtwert (lt. Gutachterausschuss)	400 m²	
Bodenwert	400.000 m²	
Liegenschaftszins	5,0 %	20.000 €
jährlicher Erbbauzins		-12.000 €
Differenz = Bodenwertanteil		8.000 €
Restlaufzeit des Erbbaurechts		
Bewertungsstichtag	01.01.2009	
Ablauf des Erbbaurechts (letzter Tag)	31.12.2041	
Restlaufzeit (kalendarisch)	32 Jahre 12 Monate 31 Tage	
Restlaufzeit (dezimal, gerundet auf 2 Stellen)	33,00 Jahre	Bodenwertanteil
Vervielfältiger (Anlage Nr. 21 zum BewG)	16,00	128.000 €

2. Gebäudewertanteil (lt. besonderer Berechnung)

D. Gebäudewertanteil	
Gebäudeertragswert	308.122 €
(alternativ) Gebäudesachwert	0 €
	308.122 €

E. abzüglich Minderung aufgrund zu geringer Entschädigung

Entschädigungspflicht: Nein

	Wert	Quote*	anteilig	Abzinsungsfaktor**		
Gebäudeertragswert	233.960 €	100,00 %	233.960 €	0,1999	0 €	
Gebäudesachwert	0 €	100,00 %	0 €	0,1999	0 €	Gebäudewertanteil
					0 €	308.122 €

3. Wert des Erbbaurechts **436.122 €**

* Quote = Anteil des Gebäudes, der nach Ablauf des Erbbaurechts dem Grundstückseigentümer zufällt.

** Anlage 26 zum BewG.

Mandant: ?? Mandanten-Nr.: ?? Datum: 02.01.2009

Nr.: 1

ARBEITSPAPIER

Inhalt: Wertermittlung des Erbbaugrundstücks

Beschreibung: Bei der Ermittlung des Erbbaugrundstücks muss auch zuerst der Bodenwertanteil (immer) berechnet werden. In Abhängig der Entschädigungsleistung am Auslaufzeitpunkt muss ein Gebäudewertanteil hinzugerechnet werden.

Zeile:

Wertermittlung Erbbaugrundstück

1. Bodenwertanteil		Wertermittlung	
A. abgezinster Bodenwertanteil:			
Restlaufzeit des Erbbaurechts			
Bewertungsstichtag	01.01.2009		
Ablauf des Erbbaurechts (letzter Tag)	31.12.2041		
Restlaufzeit (kalendarisch)	32 Jahre 12 Monate 31 Tage		
Restlaufzeit (dezimal, gerundet auf 2 Stellen)	33,00 Jahre		
Liegenschaftszinssatz	5,0%		
Grundstücksgröße		1.000 m²	
Bodenrichtwert (lt. Gutachterausschuss)		400 m²	
Bodenwert		400.000 m²	
Abzinsungsfaktor (Anlage Nr. 26 zum BewG)		0,1999	79.960 €
B. kapitalisierter Erbbauzins			
jährlicher Erbbauzins		12.000 €	
Vervielfältiger (Anlage Nr. 21 zum BewG)		16,00	192.000 €
2. Summe: abgezinster Bodenwert und akpitalisierte Erbbauzinsen			Bodenwertanteil 271.960 €
3. Gebäudewertanteil (lt. besonderer Berechnung)			
C. Kein / teilweise Entschädigungspflicht			
Entschädigungspflicht		Nein	
D. (ggf.) abgezinster Gebäudewertanteil zum Ablaufzeitpunkt			
Gebäudeertragswert		233.960 €	
(alternativ) Gebäudesachwert		0 €	
Abzinsungsfaktor (Anlage Nr. 26 zum BewG)		0,1999	Gebäudewertanteil 0 €
3. Wert des Erbbaugrundstücks			**271.960 €**

* Quote = Anteil des Gebäudes, der nach Ablauf des Erbbaurechts dem Grundstückseigentümer zufällt.
** Anlage 26 zum Bew G.

Mandant: ?? Mandanten-Nr.: ?? Datum: 02.01.2009

19 **Beispiel: Erbbaurecht ohne Entschädigungsverpflichtung**

Der Steuerpflichtige S schenkt seiner Tochter T am 1.1.2009 ein Mietwohngrundstück (Baujahr 1978) mit 4 Wohnungen.

Die (angemessene) Größe des Grundstücks beträgt	1.000 qm
Der Bodenwert beträgt	400 €/m²
Die Monatsnettokaltmiete sowie die übliche Miete betragen je	4.000 €
Die Betriebskosten werden durch die Umlagen vollständig gedeckt.	
Der jährliche Erbbauzins beläuft sich auf	12.000 €

Liegenschaftszinssätze von Gutachterausschüssen liegen *nicht* vor. Bei Ablauf des Erbbaurechts ist der Verbleib des Gebäudes nicht zu entschädigen. Die Restlaufzeit des Erbbaurechts beträgt 32 Jahre (bis 31.12.2041).

Lösungshinweise: 20

Entscheidend für die Gebäudeertrags- oder Gebäudesachwertermittlung beim Erbbaugrundstück ist, dass für die Wertermittlung ein anderer Vervielfältiger als beim Erbbaurecht angewendet werden muss.

Folgende Vervielfältiger sind zu unterscheiden:

- Vervielfältiger beim Erbbaurecht

  Beim Erbbaurecht wird die tatsächlich Restnutzungsdauer (= wirtschaftliche typisierte Gesamtnutzungsdauer [nach Anlage Nr. 22 zum BewG] ./. Alter des Gebäudes **am Bewertungsstichtag**) ermittelt.

- Vervielfältiger beim Erbbaugrundstück

  Beim Erbbaugrundstück wird die tatsächlich Restnutzungsdauer (= wirtschaftliche typisierte Gesamtnutzungsdauer [nach Anlage Nr. 22 zum BewG] ./. Alter des Gebäudes **am Ablaufstichtag des Erbbaurechts**) ermittelt.[6]

  Die Mindest-Restnutzungsdauer[7] oder der Mindest-Gebäudewert[8] sind hierbei entsprechend zu berücksichtigen.

Diese Unterscheidung in der Anwendung des Vervielfältigers führt dazu, dass der Gebäudewert beim Erbbaurecht und beim Erbbaugrundstück aufgrund der verbleibenden Restlaufzeit des Erbbaurechts unterschiedlich sind.

6 BT-Drucks. vom 26.11.2008, 16/11107, Bericht des Finanzausschusses, B. Besonderer Teil, zu § 194 Abs. 4, S. 25: .. auf den Zeitpunkt des Ablaufs des Erbbaurechts..".
7 § 185 Abs. 3 Satz 5 BewG.
8 § 190 Abs. 2 Satz 4 BewG.

21 **Lösung:**

Nr.: 2

ARBEITSPAPIER

Inhalt: Ermittlung des Grundstückswerts anhand des Ertragswertverfahrens

Beschreibung: Ermittlung anhand der Grundsätze des Erbschaftsteuer- und Bewertungsgesetzes.

Zeile:

Ertragswertverfahren

A. Bodenwert (Berechnung zur Ermittlung des Gebäudeertragswerts) — Wertermittlung

Fläche x Bodenrichtwert =	1.000 m²	x	400 €	=			400.000 €

B. Gebäudeertragswert — Gebäudewert

1. Grundstücksrohertrag

I Jahresmiete

Monatsnettokaltmiete	4.000 €	x	12	=		48.000 €

II übliche Miete — Es ist die Jahresmiete anzusetzen!

	€	%				
übliche Miete	4.000 €	100,00%	x	0	=	0 €
tatsächliche Miete	4.000 €	100,00%				
Δ	0 €	0,00%				

2. Bewirtschaftungskosten

I Verwaltungskosten	pauschal nach Anlage Nr. 23 zum BewG	0 €	
II Betriebskosten		0 €	
III Instandhaltungskosten	pauschal nach Anlage Nr. 23 zum BewG	0 €	
IV Mietausfallwagnis	pauschal nach Anlage Nr. 23 zum BewG	0 €	
V pauschaler Ansatz (I, III, IV, *nicht* aber II)	23 %	11.040 €	
Σ		11.040 €	-11.040 €

3. Grundstücksrohertrag — 36.960 €

4. Bodenwertverzinsung

I Gesamtbodenwert					400.000 €	
II ./. ungenutzte Teilflächen	0 m²	x	400 €	=	0 €	
III genutzte Teilflächen					400.000 €	
IV x Liegenschaftszinssatz					5,00 %	
V = Bodenwertzins					20.000 €	-20.000 €

5. Gebäudereinertrag — 16.960 €

6. Vervielfältiger

Alter des Gebäudes	31 Jahre
wirtschaftliche (typisierte) Gesamtnutzungsdauer	80 Jahre
Restnutzungsdauer (ggf. Mindestwert)	49 Jahre

Vervielfältiger $\frac{10}{0,5461}$ = 18,1676

Gebäudereinertrag 16.960 € x Vervielfältiger 18,1676 = kapitalisierter Gebäudewert **308.122 €**

Mandant: ?? Mandanten-Nr.: ?? Datum: 02.01.2009

Nr.: 2

ARBEITSPAPIER

Inhalt: Ermittlung des Grundstückswerts anhand des Ertragswertverfahrens

Beschreibung: Ermittlung anhand der Grundsätze des Erbschaftsteuer- und Bewertungsgesetzes.

Zeile:

Ertragswertverfahren (Minderung)

									Wertermittlung
A. Bodenwert (Berechnung zur Ermittlung des Gebäudeertragswerts)									
Fläche x Bodenrichtwert =	1.000 m²	x	400 €	=				400.000 €	
B. Gebäudeertragswert								Gebäudewert	
1. Grundstücksrohertrag									
I Jahresmiete									
Monatsnettokaltmiete	4.000 €	x	12	=				48.000 €	
II übliche Miete	Es ist die Jahresmiete anzusetzen!								
	€	%							
übliche Miete	4.000 €	100,00%	x	0	=			0 €	
tatsächliche Miete	4.000 €	100,00%							
Δ	0 €	0,00%							
2. Bewirtschaftungskosten									
I Verwaltungskosten	pauschal nach Anlage Nr. 23 zum BewG						0 €		
II Betriebskosten							0 €		
III Instandhaltungskosten	pauschal nach Anlage Nr. 23 zum BewG						0 €		
IV Mietausfallwagnis	pauschal nach Anlage Nr. 23 zum BewG						0 €		
V pauschaler Ansatz (I, III, IV, *nicht* aber II)	23 %						11.040 €		
Σ							11.040 €	-11.040 €	
3. Grundstücksrohertrag								36.960 €	
4. Bodenwertverzinsung									
I Gesamtbodenwert							400.000 €		
II ./. ungenutzte Teilflächen	0 m²	x	400 €	=			0 €		
III genutzte Teilflächen							400.000 €		
IV x Liegenschaftszinssatz							5,00 %		
V = Bodenwertzins							20.000 €	-20.000 €	
5. Gebäudereinertrag								16.960 €	
6. Vervielfältiger									
Alter des Gebäudes		63 Jahre							
wirtschaftliche (typisierte) Gesamtnutzungsdauer		80 Jahre							
Restnutzungsdauer (ggf. Mindestwert)		24 Jahre							
Vervielfältiger	$\frac{2}{0{,}1613}$	=	13,7948						
Gebäudereinertrag	16.960 €	x	Vervielfältiger	13,7948	= kapitalisierter Gebäudewert				**233.960 €**

Mandant: ?? Mandanten-Nr.: ?? Datum: 02.01.2009

Nr.: 1

ARBEITSPAPIER

Inhalt: Wertermittlung des Erbbaurechts

Beschreibung: Ermittlung des Werts des Erbbaurechts

Zeile:

Wertermittlung Erbbaurecht

1. Bodenwertanteil	Wertermittlung	
A. Angemessener Bodenverzinsungsbetrag		
Grundstücksgröße	1.000 m²	
Bodenrichtwert (lt. Gutachterausschuss)	400 m²	
Bodenwert	400.000 m²	
Liegenschaftszins	5,0 %	20.000 €
B. Vertraglich vereinbarter jährlicher Erbbauzins		
jährlicher Erbbauzins		-12.000 €
C. Differenzbetrag		
Differenz = Bodenwertanteil		8.000 €
Restlaufzeit des Erbbaurechts		
Bewertungsstichtag	01.01.2009	
Ablauf des Erbbaurechts (letzter Tag)	31.12.2041	
Restlaufzeit (kalendarisch)	32 Jahre 12 Monate 31 Tage	
Restlaufzeit (dezimal, gerundet auf 2 Stellen)	33,00 Jahre	
		Bodenwertanteil
Vervielfältiger (Anlage Nr. 21 zum BewG)	16,00	128.000 €

2. Gebäudewertanteil (lt. besonderer Berechnung)		
D. Gebäudewertanteil		
Gebäudeertragswert	308.122 €	
(alternativ) Gebäudesachwert	0 €	
	308.122 €	
E. abzüglich Minderung aufgrund zu geringer Entschädigung		
Entschädigungspflicht: ja		

	Wert	Quote*	anteilig	Abzinsungsfaktor**		
Gebäudeertragswert	233.960 €	100,00 %	233.960 €	0,2099	-49.108 €	
Gebäudesachwert	0 €	100,00 %	0 €	0,2099	0 €	Gebäudewertanteil
					-49.108 €	259.014 €

3. Wert des Erbbaurechts **387.014 €**

* Quote = Anteil des Gebäudes, der nach Ablauf des Erbbaurechts dem Grundstückseigentümer zufällt.

** Anlage 26 zum BewG.

Mandant: ?? Mandanten-Nr.: ?? Datum: 02.01.2009

VI. Mischimmobilie – Zuordnungsveränderung

22 **Beispiel: Änderungen beim Betriebsgrundstück**

Der Gewerbetreibende G nutzt eine zweigeschossige Immobilie. Das Erdgeschoss wird für eigene gewerbliche Zwecke (= Malerbetrieb) genutzt. Das Obergeschoss bewohnt G mit seiner Familie. Der Wert des Betriebsvermögens (= *ohne* Grundstücke; Bewertungsidentität) beträgt 500.000 €. Der Wert des Malerbetriebs wird mit 1.250.000 € angegeben (= Mindestwert *ohne* Grundstücke). Der Grundbesitzwert des gewerblich genutzten Immobilienteils beträgt 275.000 €.

Der gemeine Wert des gewerblich genutzten Immobilienteils beträgt 440.000 €. Der Grundbesitzwert des selbst genutzten Immobilienteils beträgt 180.000 € und der gemeine Wert 270.000 €. G verstirbt am 1.5.2009 und vererbt alles seiner Ehefrau F.

Lösung: 23

Nr.: 1

ARBEITSPAPIER

Inhalt: Belastungsvergleich für Gesamterwerbe

Beschreibung: Eingabe der Determinanten zum Fall.

Zeile:

Determinanten

Erblasser / Schenker	Gewerbetreibender G
Erbe / Beschenkter	Ehefrau F
Erwerbsgrund	Tod des Erblassers
Steuerklasse des Steuerschuldners	Ehegatte
Einordnung für Versorgungs-FB	Ehegatte

Vermögensanfall	**Variante 1**	**Variante 2**	
	Grundbesitzwert	Grundbesitzwert	Verältnis zum gemeinen Wert
- Immobilie (gewerblich/selbständig genutzt)	275.000	0	+ 60,00 %
- Immobilie (Vermietung)	0	0	+ 0,00 %
- Immobilie (Eigennutzung)	180.000	0	+ 50,00 %
	Wert des so. BV	Wert des so. BV	Verältnis zum gemeinen Wert
- sonstiger Wert der Wirtschaftsgüter im BV	500.000	0	+ 150,00 %
	Bereicherung	Bereicherung	
- Privatvermögen	0	0	
- Nachlassverbindlichkeiten	0	0	
-gemischte Schenkung			
a) Verkehrswert	0	0	
b) Verbindlichkeiten (Nennwert)	0	0	
c) Steuerwert der Schenkung	0	0	
d) Bereicherung	0	0	

Mandant: ?? Mandanten-Nr.: ?? Datum: 02.01.2009

Nr.: 2

ARBEITSPAPIER

Inhalt: Berechnung der Varianten

Beschreibung: Berechnung nach neuem und altem Recht.

Zeile:

Berechnung der Varianten nach neuer und alter Gesetzesfassung

			Variante 1 a. F. derzeitig (Grundbesitzwert)	Variante 2 a. F. derzeitig (Grundbesitzwert)		Variante 1 n. F. zukünftig (Gemeiner Wert)	Variante 2 n. F. zukünftig (Gemeiner Wert)
1.	**Bewertung der Immobilie**						
	gewerbliche/selbständige Nutzung		275.000	0	+ 60 %	440.000	0
	Vermietung		0	0	+ 0 %	0	0
	Eigennutzung		180.000	0	+ 50 %	270.000	0
			455.000	0		710.000	0
2.	**Zuordnung der Immobilie**		(Prüfung der 50 %-Grenze)			(Prüfung: Betriebsvermögen)	
	Betriebsgrundstück		455.000			440.000	0
	Grundvermögen			0		270.000	0
3.	**Ermittlung des steuerpflichtigen Erwerbs**						
	- sonstiger Wert der Wirtschaftsgüter	150%	500.000	0		1.250.000	0
	- Betriebsgrundstück		455.000			440.000	0
A.	Unternehmensvermögen		955.000	0		1.690.000	0
	Unternehmerfreibetrag		-225.000	0			
	Bewertungsabschlag	35%	-255.500	0			
	Verschonungsabschlag	85%				-1.436.500	0
	Abzugsbetrag					-98.250	0
	steuerpflichtiges U-Vermögen		***474.500***	***0***		***155.250***	***0***
B.	Grundvermögen		0	0		270.000	0
	Besteuerungsabschlag (Vermietung)	10%				0	0
	steuerpflichtiges Grundvermögen					***270.000***	***0***
C.	***weiteres Privatvermögen***		***0***	***0***		***0***	***0***
D.	***Bereicherung (brutto)***		***474.500***	***0***		***425.250***	***0***
E.	Gemischte Schenkung		0	0		0	0
F.	Nachlassverbindlichkeiten		0	0		0	0
	Pauschbetrag		-10.300	0		-10.300	0
	Bereicherung (netto)		464.200	0		414.950	0
G.	persönlicher Freibetrag		-307.000	0		-414.950	0
H.	Versorgungsfreibetrag		-157.200	0		0	0
	steuerpflichtiger Erwerb		0	0		0	0
I.	Steuerklasse		I	I		I	I
J.	Steuersatz		7%	7%		7%	7%
	Erbschaftsteuer		0	0		0	0
	Minder- bzw. Mehrsteuer					**0**	**0**

Mandant: ?? Mandanten-Nr.: ?? Datum: 02.01.2009

Nr.: 3.1

ARBEITSPAPIER

Inhalt: Ermittlung des Risikos in Form einer Schattensteuer (n. F.)

Beschreibung: Ermittlung der Schattensteuer

Zeile:

Risikoermittlung: Schattensteuer zu Variante 1

		bisher		zukünftig		Behaltensfrist		B-Klausel	
	Ereigniseintritt						Ja		7/10
			Euro		Euro		Euro		Euro
	Gewerbebetrieb		955.000		1.690.000		1.690.000		1.690.000
./.	Unternehmerfreibetrag		-225.000		-entfällt-		-entfällt-		-entfällt-
			730.000		1.690.000		1.690.000		1.690.000
	Bewertungsabschlag	35%	-255.500	85%	-1.436.500	85%	-1.436.500	85%	-1.436.500
./.	Verschonungsabschlag	100%	-255.500	100%	-1.436.500	0%	0	30%	-430.950
			474.500		253.500		1.690.000		1.259.050
./.	Abzugsbetrag		-entfällt-	150.000	-98.250	0	0	150.000	0
			474.500		**155.250**		**1.690.000**		**1.259.050**
	Privatvermögen		0		270.000		270.000		270.000
	Gesamtvermögen		474.500		425.250		1.960.000		1.529.050
	Steuerklasse	I	-307.000	I	-425.250	I	-500.000	I	-500.000
			167.500		0		1.460.000		1.029.050
	Steuer	11%	18.425	7%	0	19%	277.400	19%	195.520
	Behaltensfrist		5 Jahre		15 Jahre		schädliche Verwendung		Entlassungen / Einsparungen
	sofort zu zahlende Steuer		18.425		0		277.400		195.520
	Steuerdifferenz		18.425						
	Schattensteuer (1 / 2)						277.400		195.520

Mandanten-Nr.: ??

Mandant: ??

Datum: 02.01.2009

Nr.: 3.2

ARBEITSPAPIER

Inhalt: Ermittlung des Risikos in Form einer Schattensteuer (n. F.)

Beschreibung: Ermittlung der Schattensteuer

Zeile:

Risikoermittlung: Schattensteuer zu Variante 2

		bisher		zukünftig		Behaltensfrist		B-Klausel	
	Ereigniseintritt						Ja		7/10
			Euro		Euro		Euro		Euro
	Gewerbebetrieb		**0**		**0**		**0**		**0**
./.	Unternehmerfreibetrag		0		-entfällt-		-entfällt-		-entfällt-
			0		0		0		0
	Bewertungsabschlag	35%	0	85%	0	85%	0	85%	0
./.	Verschonungsabschlag	100%	0	100%	0	0%	0	30%	0
			0		0		0		0
./.	Abzugsbetrag		-entfällt-	150.000	0	0	0	150.000	0
			0		**0**		**0**		**0**
	Privatvermögen		**0**		**0**		**0**		**0**
	Gesamtvermögen		0		0		0		0
	Steuerklasse	I	0	I	0	I	0	I	0
			0		0		0		0
	Steuer	7%	0	7%	0	7%	0	7%	0
	Behaltensfrist		5 Jahre		15 Jahre		schädliche Verwendung		Entlassungen / Einsparungen
	sofort zu zahlende Steuer		0		0		0		0
	Steuerdifferenz								
	Schattensteuer (1 / 2)						**0**		**0**

Mandanten-Nr.: ??

Mandant: ??

Datum: 02.01.2009

Nr.: 4

ARBEITSPAPIER

Inhalt: Erfassung von im Gesetz definierten Freibeträgen, Steuerklassen und Abschlagssätzen

Beschreibung: Gesetzesdatenerfassung.

Zeile:

Freibeträge / Steuerklassen / Abschlagssätze

Steuersätze (§ 19 Abs. 1 ErbStG-E; = neue Fassung)

Steuerklasse	I	II	III
Wert des stpfl. Erwerbs bis einschl. ... Euro			
75.000	7,00 %	30,00 %	30,00 %
300.000	11,00 %	30,00 %	30,00 %
600.000	15,00 %	30,00 %	30,00 %
6.000.000	19,00 %	30,00 %	30,00 %
13.000.000	23,00 %	50,00 %	50,00 %
26.000.000	27,00 %	50,00 %	50,00 %
mehr als 26.000.000	30,00 %	50,00 %	50,00 %

Abschlagssätze

Betriebsvermögen

- alte Fassung	35,00 %
- neue Fassung	85,00 %

Grundvermögen

- Besteuerungsabschlag (n. F.)	10,00 %

Steuersätze (§ 19 Abs. 1 ErbStG; = alte Fassung)

Steuerklasse	I	II	III
Wert des stpfl. Erwerbs bis einschl. ... Euro			
52.000	7,00 %	12,00 %	17,00 %
256.000	11,00 %	17,00 %	23,00 %
512.000	15,00 %	22,00 %	29,00 %
5.113.000	19,00 %	27,00 %	35,00 %
12.783.000	23,00 %	32,00 %	41,00 %
25.565.000	27,00 %	37,00 %	47,00 %
mehr als 25.565.000	30,00 %	40,00 %	50,00 %

sonstige Freibeträge

Abzugsbetrag (n. F.)

Höchstvolumen	150.000

Unternehmerfreibetrag (a. F.)

Höchstvolumen	225.000

Pauschbetrag für Nachlassverbindl.

- alte Fassung	10.300
- neue Fassung	10.300

Persönliche Freibeträge (§ 16 ErbStG)

Steuerkl.	Personengruppe	Freibetrag a. F.	Freibetrag n. F.
I 1.	Ehegatte	307.000	500.000
I 2.	Kinder und Stiefkinder	205.000	400.000
I 3.	Abkömmlinge der Kinder und Stiefkinder	205.000	200.000
I 4.	Eltern und Voreltern (Erwerb von Todes wegen)	51.200	100.000
II 1.	Eltern und Voreltern (Schenkung)	10.300	20.000
II 2.	Geschwister	10.300	20.000
II 3.	Abkömmlinge ersten Grades von Geschwistern	10.300	20.000
II 4.	Stiefeltern	10.300	20.000
II 5.	Schwiegerkinder	10.300	20.000
II 6.	Schwiegereltern	10.300	20.000
II 7.	geschiedene Ehegatten	10.300	20.000
III 1.	alle übrigen Erwerber	5.200	20.000
	Eingetragene Lebenspartner	5.200	500.000
	Übrige Vermögensübertragungen (außer Erbe oder Schenkung)	1.100	2.000

Versorgungsfreibeträge (§ 17 ErbStG)

Personengruppe	Freibetrag a. F.	Freibetrag n. F.
nicht begünstigt	0	0
Ehegatte	256.000	256.000
Kinder bis 5 Jahre	52.000	52.000
Kinder von 6 bis 10 Jahren	41.000	41.000
Kinder von 11 bis 15 Jahren	30.700	30.700
Kinder von 16 bis 20 Jahren	20.500	20.500
Kinder von 21 bis 27 Jahren	10.300	10.300
Eingetragene Lebenspartner	0	256.000

Mandant: ?? Mandanten-Nr.: ?? Datum: 02.01.2009

B. Bewertung von Unternehmen (= vereinfachtes Ertragswertverfahren)

I. Betriebsvermögen – vereinfachtes Ertragswertverfahren

24 **Beispiel: Ermittlung des vereinfachten kapitalisierten Ertragswerts eines Einzelunternehmers**

Der Steuerpflichtige S betreibt ein Einzelunternehmen (= Metallverarbeitung), das S im Jahr 2009 an seinen Sohn K übertragen möchte. Zur Bewertung des Einzelunternehmens benötigt S den vereinfachten kapitalisierten Ertragswert. In den letzten drei Jahren vor der Übertragung hatte S mit seinem Einzelunternehmen folgende steuerpflichtige Einkünfte erwirtschaftet:

- 2008 300.000 €
- 2007 270.000 €
- 2006 272.000 €

Im Wirtschaftsjahr 2006 wurde eine einmalige Investitionszulage als steuerfreier Ertrag gebucht.	15.000 €
Im Wirtschaftsjahr 2008 wurde eine Sonderabschreibung in Höhe von gewinnmindernd gebucht.	15.000 €
Im Wirtschaftsjahr 2006 wurde ein Zweit-Firmenfahrzeug des Einzelunternehmers S, welches auch zu Privatfahrten (= 60 %) genutzt wird, mit einem Buchwert von im Betriebsvermögen ausgewiesen.	10.000 €
Der gemeine Wert des Zweit-Firmenfahrzeugs beträgt	8.000 €
Die unentgeltliche Wertabgabe für die private Mitbenutzung wurde nach der 1 %-Methode mit jährlich brutto gewinnerhöhend berücksichtigt (Buchung gegen Privatentnahme)	2.500 €
Die Betriebskosten für das gemischt genutzte Fahrzeug betrugen jährlich[9]	5.000 €

Der jeweilige Unternehmerlohn entnommen aus der aktuellen BBE-Gehaltsstudie für Geschäftsführer beträgt:

- 2006 85.000 €
- 2007 80.000 €
- 2008 75.000 €

Die Umlaufrendite für festverzinsliche öffentliche Anleihen beträgt im Bewertungszeitpunkt durchschnittlich 3,61 %. Ein Risikozuschlag von 4,5 % erscheint angemessen.

25 **Lösungshinweis:**

Die Ermittlung des gemeinen Wertes unter Anwendung des vereinfachten Ertragswertverfahrens erfordert drei Berechnungsschritte:

- 1. Schritt:

9 Vereinfacht inklusive AfA.

Als erstes muss die Grundlage des Ertragswertes ermittelt werden.

Dafür müssen die Aufwendungen und Erträge aus den maßgeblichen Betriebsergebnissen eliminiert werden, welche entfallen auf:

- neutrales Vermögen
- Unterbeteiligungen
- junges Verwaltungsvermögen

Grundlage des Ertragswertes
(§ 200 BewG)

1. Schritt		Betriebsvermögen
2. Schritt	./.	Neutrales Vermögen (= Wirtschaftsgüter und Schulden; § 200 Abs. 2 BewG)
3. Schritt	./.	(„Unter-„) Beteiligungen (§ 200 Abs. 3 BewG)
4. Schritt	./.	Wirtschaftsgüter und Schulden (= junges Verwaltungsvermögen; § 200 Abs. 4 BewG)
5. Schritt	=	bereinigtes (Produktiv/Elementar-) Betriebsvermögen
6. Schritt	→	Ableitung der Betriebsergebnisse (letzten drei Wirtschaftsjahre)
		Jahresertrag x Kapitalisierungsfaktor

- 2. Schritt:

  Für die Ermittlung des vereinfachten Ertragswertes müssen die drei letzten Ergebnisse der abgelaufenen Wirtschaftsjahre durch Hinzurechnungen und Kürzungen bereinigt werden.

  Folgende sechs Schritte müssen bearbeitet werden.

Ermittlung des Betriebsergebnisses (= Kurzdarstellung)
(§ 202 BewG)

1. Schritt		Ausgangswert: Gewinn (i. S. d. § 4 Abs. 1 Satz 1 EStG; § 202 Abs. 1 Satz 2 1 HS BewG)
		außer Ansatz: Ergebnisse aus Ergänzungs- und Sonderbilanzen (§ 202 Abs. 1 Satz 2 2 HS BewG)
2. Schritt	+	Hinzurechnungen (§ 202 Abs. 1 Satz 2 Nr. 1 Buchst. a bis f BewG)
3. Schritt	./.	Kürzungen (§ 202 Abs. 1 Satz 2 Nr. 2 Buchst. a bis f BewG)
4. Schritt	+ ./.	steuerrechtlich nicht anzuerkennende Erträge/ Aufwendungen (§ 202 Abs. 1 Satz 2 Nr. 3 BewG)
5. Schritt	./.	Ertragsteueraufwand i. H. v. 30 % (§ 202 Abs. 3 BewG)
6. Schritt	=	„bereinigtes" Betriebsergebnis

Das nachstehende Schaubild fasst diese einzelnen Arbeitsschritte zusammen:

Ermittlung des Betriebsergebnisses
(§ 202 BewG)

1. Schritt: Ausgangswert: Gewinn (i. S. d. § 4 Abs. 1 Satz 1 EStG; § 202 Abs. 1 Satz 2 1 HS BewG)
   - außer Ansatz: Ergebnisse aus Ergänzungs- und Sonderbilanzen (§ 202 Abs. 1 Satz 2 2 HS BewG)
2. Schritt: + Hinzurechnungen (§ 202 Abs. 1 Satz 2 Nr. 1 Buchst. a bis f BewG)
   - IAB, Sonder-AfA, erhöhte AfA, Zuführungen stfr. Rücklagen sowie Teilwert-AfA
   - AfA Geschäfts- oder Firmenwert, firmenwertähnliche Wirtschaftsgüter
   - einmalige Veräußerungsverluste, außerordentliche Aufwendungen
   - im Gewinn nicht enthaltene Investitionszulagen
   - Ertragsteueraufwand (= Körperschaftsteuer, Zuschlagsteuern und Gewerbesteuer)
   - Aufwendungen im wirtschaftlichen Zusammenhang mit neutralem Vermögen und junges Verwaltungsvermögen (§ 200 Abs. 2 und Abs. 4 BewG)
   - Verluste im wirtschaftlichen Zusammenhang mit neutralem Vermögen, (Unter-)Beteiligungen und jungem Verwaltungsvermögen (§ 200 Abs. 2 bis Abs. 4 BewG)
3. Schritt: ./. Kürzungen (§ 202 Abs. 1 Satz 2 Nr. 2 Buchst. a bis f BewG)
   - gewinnerhöhende Auflösungsbeträge steuerfreier Rücklagen
   - einmalige Veräußerungsgewinne, außerordentliche Erträge
   - im Gewinn enthaltene Investitionszulagen
   - angemessener Unternehmerlohn (= auch bisher unentgeltlich tätige Familienangehörige)
   - Erträge aus der Erstattung von Ertragsteuern (= KöSt , Zuschlagsteuern und GewSt)
   - Erträge im wirtschaftlichen Zusammenhang mit neutralem Vermögen, (Unter-)Beteiligungen und "jungem Verwaltungsvermögen"
4. Schritt: +./. steuerrechtlich nicht anzuerkennende Erträge/ Aufwendungen (§ 202 Abs. 1 Satz 2 Nr. 3 BewG)
5. Schritt: ./. Ertragsteueraufwand i. H. v. 30 % (§ 202 Abs. 3 BewG)

---

6. Schritt: = „bereinigtes" Betriebsergebnis

- 3. Schritt:

  Einzeln und selbstständig zu bewerten sind (dann noch):

  - Wirtschaftsgüter und Schulden des neutralen Vermögens
  - Unterbeteiligungen
  - Wirtschaftsgüter und Schulden des jungen Verwaltungsvermögens
- 4. Schritt:

  Die Addition aller ermittelten gemeiner Werte ist der Ertragswert des Unternehmens.

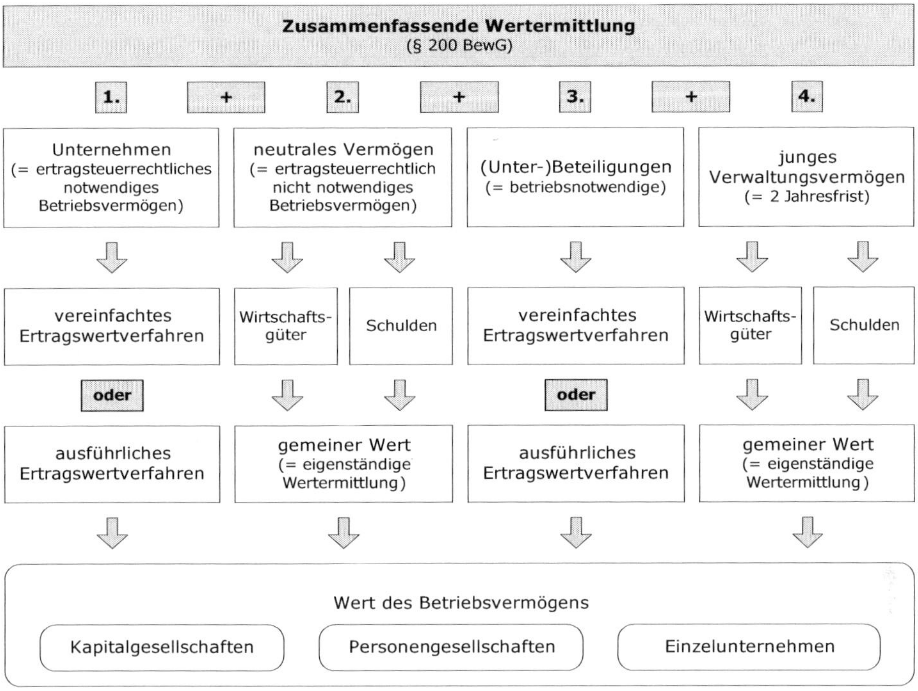

Lösung: 26

1. Die Sonderabschreibung ist wieder hinzuzurechnen
2. Die Investitionszulage ist zu kürzen, da sie einmalig ist und in Zukunft aufgrund des Investitionsplans _nicht_ mit weiteren Zulagezahlungen gerechnet werden kann.
3. Der („kalkulatorische") Unternehmerlohn mindert den Jahresertrag im Durchschnitt.
4. Der gemischt genutzt Pkw ist als neutrales Vermögen mit seinem gemeinen Wert isoliert vom vereinfachten Ertragswertverfahren anzusetzen.

   Die laufenden Betriebskosten des Pkws (= neutrales Vermögen) sind zu neutralisieren.

   Die unentgeltliche Wertabgabe ist als Entnahme wieder hinzuzurechnen und der Ertrag aufgrund der Eigenschaft als _nicht_ betriebsnotwendiges Vermögen zu kürzen.
5. Die auf die Hinzurechnungen und Kürzungen entfallenden ertragsteuerrechtlichen Veränderungen führen zu einer Minderung des durchschnittlichen Betriebsergebnisses in Höhe von 30 %.

Der Basiszins ist um den Risikozuschlag zu erhöhen. Der Ertragswert als Produkt aus durchschnittlichem Betriebsergebnis und Kapitalisierungsfaktor beträgt 1.783.175 €.

Hinweis:

Unterjährige Veränderungen (= Gewinn, Entnahmen und Einlagen) zwischen Bilanzstichtag und Bewertungsstichtag bleiben aus Vereinfachungsgründen außer Betracht.

Nr.:

ARBEITSPAPIER

Inhalt: Vereinfachtes Ertragswertverfahren

Beschreibung: Ermittlung des kapitalisierten Ertragswerts eines Unternehmens oder eines Anteils an einer Kapitalgesellschaft anhand des vereinfachten Ertragswertverfahrens (§§ 199 ff. BewG).

Zeile:

Ertragswertermittlung

Bewertungsjahr: 2009

Wirtschaftsjahre	2006	2007	2008	Anpassungen Durchschnitt	Ersatzwerte	Ø
Unterschiedsbetrag (BV akt. WJ ./. BV Vor-WJ)	272.000	270.000	300.000			Anzahl Jahre:
./. Einlagen (negativ eingeben!)						3
+ Entnahmen	2.500	2.500	2.500			
Gewinn (§ 4 Abs. 1 Satz 1 EStG) (Es ist nicht notwendig alle Felder auszufüllen!)	274.500	272.500	302.500	0		283.167
Hinzurechnungen						
1. erhöhte Absetzungen						0
Sonderabschreibungen			15.000			5.000
zusätzlicher optionaler (gedeckelter) Betriebsausgabenabzug						0
AfaA						0
Teilwertabschreibungen						0
2. Zuführungen zu steuerfreien Rücklagen						0
3. Absetzungen auf den Geschäfts- oder Firmenwert						0
4. firmenwertähnliche Wirtschaftsgüter						0
5. Einmalige Veräußerungsverluste						0
6. außerordentliche Aufwendungen						0
7. Investitionszulagen (nur wenn mit weiteren InvZul. in gleicher Höhe gerechnet werden kann)						0
8. Aufwendungen aus nicht betriebsnotwendigem Vermögen	5.000	5.000	5.000			5.000
9. Aufwendungen die steuerrechtlich nicht anerkannt sind						0
10. Ertragssteueraufwendungen (KSt, SolZ, KSt)						0
Summe der Einkünfte und der Hinzurechnungen	279.500	277.500	322.500	0		293.167
Kürzungen (negativ eingeben)						
1. Teilwertzuschreibungen						0
2. Einmalige Veräußerungsgewinne / außerordentliche Erträge						0
3. Investitionszulagen (wenn zukünftig nicht mehr mit InvZul. in gleichem Umfang gerechnet werden kann)	-15.000					-5.000
4. Auflösung steuerfreier Rücklagen						0
5. Erträge die steuerrechtlich nicht anerkannt sind						0
6. Erträge (Überschüsse) aus nicht betriebsnotwendigem Vermögen	-2.500	-2.500	-2.500			-2.500
7. angemessener Unternehmerlohn	-85.000	-80.000	-75.000			-80.000
8. Erträge aus der Beteiligung an anderen Unternehmen						0
9. Erträge aus Erstattungen von Ertragsteuern					Änderungen:	0
vorläufiges bereinigtes Betriebsergebnis	177.000	195.000	245.000	0	0	205.667
10. Ertragsteuerbelastung	-53.100	-58.500	-73.500	0	0	-61.700
KSt/ESt-Satz (vereinfachend; typisierend)	30,00 %	30,00 %	30,00 %	30,00 %	30,00 %	
bereinigtes Betriebsergebnis (= Jahresertrag)	123.900	136.500	171.500	0		**143.967**

Kapitalisierungszinsfuß

Umlaufrendite für festverzinsliche öffentliche Anleihen, die hinsichtlich der Laufzeit mit dem zu bewertenden Unternehmen äquivalent sind (jährlich zum ersten Werktag von der Deutschen Bundesbank bekanntgegeben, veröffentlicht im BStBl.)	3,6100 %
+ Risikozuschlag (allgemeines Unternehmerrisiko, Immobilität, Kapitalstrukturrisiko)	4,5000 %
Σ Kapitalisierungszinsfuß	8,1100 %

Kapitalisierungsfaktor

$$\frac{100}{\text{Kapitalisierungszinsfuß}} = \frac{100}{8{,}1100} = 12{,}3305$$

Ertragswert

1.	durchschnittliches Betriebsergebnis x Kapitalisierungsfaktor = 143.967 x 12,3305 =	1.775.175
	weitere Hinzurechnungen	
2.	Gemeiner Wert des neutralen Vermögens (= Wirtschaftsgüter und Schulden)	8.000
3.	Gemeiner Wert von (Unter-) Beteiligungen	0
4.	Gemeiner Wert von schädlich eingelegtem Vermögen (2 Jahresfrist; Wirtschaftsgüter und Schulden)	0
	Σ Wert des Betriebsvermögens (Kapitalgesellschaften, Gesamthandsvermögen [PersGes] und Einzelunternehmen)	1.783.175
5.	(Anteiliger) Ertragswert 100,00%	1.783.175
6.	Sonderbetriebsvermögen des Mitunternehmers (= nur Substanzwert; Wirtschaftsgüter und Schulden)	0
Σ	**Wert des Betriebsvermögens / Mitunternehmer(teil)anteil**	**1.783.175**

Mandant: XXX Datum: 19.01.2009

II. Ermittlung des vereinfachten kapitalisierten Ertragswerts eines Einzelunternehmers mit einer *Immobilie* im gewillkürten Betriebsvermögen

Beispiel: Ermittlung des vereinfachten kapitalisierten Ertragswerts eines Einzelunternehmers mit einer Immobilie im gewillkürten Betriebsvermögen 27

Der Steuerpflichtige S betreibt ein Einzelunternehmen (= Metallverarbeitung), das S im Jahr 2009 an seinen Sohn K übertragen möchte. Zur Bewertung des Einzelunternehmens benötigt S den vereinfachten kapitalisierten Ertragswert. In den letzten drei Jahren vor der Übertragung hatte S mit seinem Einzelunternehmen folgende steuerpflichtige Einkünfte erwirtschaftet:

- 2006 353.500 €
- 2007 343.000 €
- 2008 393.000 €

Im Wirtschaftsjahr 2006 wurde eine einmalige Investitionszulage als steuerfreier Ertrag gebucht.	15.000 €
Die im Wirtschaftsjahr 2008 gebuchte Sonderabschreibung betrug	15.000 €.
Zum Betriebsvermögen gehört seit zehn Jahren eine Ferienwohnanlage mit 8 Wohnungen.	
Der Buchwert des Grundstücks beträgt 2009	1.250.000 €

Die Ferienwohnungen erzielten in den Wirtschaftsjahren folgende als Erträge (erfolgswirksam gebucht):

- 2006 95.000 €
- 2007 86.000 €
- 2008 108.000 €

Das Grundstück verursachte laufende und einmalige Aufwendungen in Höhe von:

- 2006 13.500 €
- 2007 13.000 €
- 2008 15.000 €

Der Ertragswert (= gemeiner Wert) der Ferienwohnungsanlage beträgt zum Bewertungs- und Besteuerungszeitpunkt	1.000.000 €
Die mit der Anlage in wirtschaftlichem Zusammenhang stehenden Verbindlichkeiten valutieren am Stichtag in Höhe von	850.000 €

Der jeweilige Unternehmerlohn entnommen aus der aktuellen BBE-Gehaltsstudie für Geschäftsführer beträgt:

- 2006 85.000 €
- 2007 80.000 €
- 2008 75.000 €

Die Umlaufrendite für festverzinsliche öffentliche Anleihen beträgt im Bewertungszeitpunkt durchschnittlich 3,61 %. Ein Risikozuschlag von 4,5 % erscheint angemessen.

28 **Lösung:**

1. Die Sonderabschreibung ist wieder hinzuzurechnen.
2. Die Investitionszulage ist zu kürzen, da sie einmalig ist und in Zukunft aufgrund des Investitionsplans *nicht* mit weiteren Zulagezahlungen gerechnet werden kann.
3. Der („kalkulatorische") Unternehmerlohn mindert den Jahresertrag im Durchschnitt.
4. Die auf die Hinzurechnungen und Kürzungen entfallenden ertragsteuerrechtlichen Veränderungen führen zu einer Minderung des durchschnittlichen Betriebsergebnisses.
5. Da das Herauslösen der Ferienwohnanlage aus dem Gewerbebetrieb die Unternehmenstätigkeit *nicht* beeinträchtigt, handelt es sich um neutrales Vermögen (= nicht betriebsnotwendiges Vermögen). Daher sind die Erträge aus der Ferienwohnanlage zu kürzen und die Aufwendungen hinzuzurechnen. Die im Zusammenhang stehenden Schulden sind bei der Ertragswertermittlung unerheblich, da die Zinsaufwendungen neutralisiert werden. Anzusetzen ist der gemeine Wert der Ferienwohnanlage als selbstständig zu bewertendes Vermögen.
6. Es erfolgt die Addition des kapitalisierten Jahresertrags mit dem gemeinen Wert der Ferienwohnanlage zum gemeinen Wert des Einzelunternehmens.
7. Der Basiszins ist um den Risikozuschlag zu erhöhen.

Der Ertragswert als Produkt aus durchschnittlichem Betriebsergebnis und Kapitalisierungsfaktor beträgt 2.732.018 €.

Nr.:

ARBEITSPAPIER

Inhalt: Vereinfachtes Ertragswertverfahren

Beschreibung: Ermittlung des kapitalisierten Ertragswerts eines Unternehmens oder eines Anteils an einer Kapitalgesellschaft anhand des vereinfachten Ertragswertverfahrens (§§ 199 ff. BewG).

Zeile:

Ertragswertermittlung

Bewertungsjahr: 2009

Wirtschaftsjahre	2006	2007	2008	Anpassungen Durchschnitt	Ersatzwerte	Ø
Unterschiedsbetrag (BV akt. WJ ./. BV Vor-WJ)	353.500	343.000	393.000			Anzahl Jahre:
./. Einlagen (negativ eingeben!)						3
+ Entnahmen						
Gewinn (§ 4 Abs. 1 Satz 1 EStG)	353.500	343.000	393.000	0		363.167
(Es ist nicht notwendig alle Felder auszufüllen!)						
Hinzurechnungen						
1. erhöhte Absetzungen						0
Sonderabschreibungen			15.000			5.000
zusätzlicher optionaler (gedeckelter) Betriebsausgabenabzug						0
AfaA						0
Teilwertabschreibungen						0
2. Zuführungen zu steuerfreien Rücklagen						0
3. Absetzungen auf den Geschäfts- oder Firmenwert						0
4. firmenwertähnliche Wirtschaftsgüter						0
5. Einmalige Veräußerungsverluste						0
6. außerordentliche Aufwendungen						0
7. Investitionszulagen (nur wenn mit weiteren InvZul. in gleicher Höhe gerechnet werden kann)						0
8. Aufwendungen aus nicht betriebsnotwendigem Vermögen	13.500	13.000	15.000			13.833
9. Aufwendungen die steuerrechtlich nicht anerkannt sind						0
10. Ertragssteueraufwendungen (KSt, SolZ, KSt)						0
Summe der Einkünfte und der Hinzurechnungen	367.000	356.000	423.000	0		382.000
Kürzungen (negativ eingeben)						
1. Teilwertzuschreibungen						0
2. Einmalige Veräußerungsgewinne / außerordentliche Erträge						0
3. Investitionszulagen (wenn zukünftig nicht mehr mit InvZul. in gleichem Umfang gerechnet werden kann)	-15.000					-5.000
4. Auflösung steuerfreier Rücklagen						0
5. Erträge die steuerrechtlich nicht anerkannt sind						0
6. Erträge (Überschüsse) aus nicht betriebsnotwendigem Vermögen	-95.000	-86.000	-108.000			-96.333
7. angemessener Unternehmerlohn	-85.000	-80.000	-75.000			-80.000
8. Erträge aus der Beteiligung an anderen Unternehmen						0
9. Erträge aus Erstattungen von Ertragsteuern						0
					Änderungen:	
vorläufiges bereinigtes Betriebsergebnis	172.000	190.000	240.000	0	0	200.667
10. Ertragsteuerbelastung	-51.600	-57.000	-72.000	0	0	-60.200
KSt/ESt-Satz (vereinfachend; typisierend)	30,00 %	30,00 %	30,00 %	30,00 %	30,00 %	
bereinigtes Betriebsergebnis (= Jahresertrag)	120.400	133.000	168.000	0		**140.467**

Kapitalisierungszinsfuß

Umlaufrendite für festverzinsliche öffentliche Anleihen, die hinsichtlich der Laufzeit mit dem zu bewertenden Unternehmen äquivalent sind (jährlich zum ersten Werktag von der Deutschen Bundesbank bekanntgegeben, veröffentlicht im BStBl.)	3,6100 %
+ Risikozuschlag (allgemeines Unternehmerrisiko, Immobilität, Kapitalstrukturrisiko)	4,5000 %
Σ Kapitalisierungszinsfuß	8,1100 %

Kapitalisierungsfaktor

$$\frac{100}{\text{Kapitalisierungszinsfuß}} = \frac{100}{8{,}1100} = 12{,}3305$$

Ertragswert

1.	durchschnittliches Betriebsergebnis x Kapitalisierungsfaktor = 140.467 x 12,3305 =	1.732.018
	weitere Hinzurechnungen	
2.	Gemeiner Wert des neutralen Vermögens (= Wirtschaftsgüter und Schulden)	1.000.000
3.	Gemeiner Wert von (Unter-) Beteiligungen	0
4.	Gemeiner Wert von schädlich eingelegtem Vermögen (2 Jahresfrist; Wirtschaftsgüter und Schulden)	0
	Σ Wert des Betriebsvermögens (Kapitalgesellschaften, Gesamthandsvermögen [PersGes] und Einzelunternehmen)	**2.732.018**
5.	(Anteiliger) Ertragswert 100,00%	2.732.018
6.	Sonderbetriebsvermögen des Mitunternehmers (= nur Substanzwert; Wirtschaftsgüter und Schulden)	0
Σ	**Wert des Betriebsvermögens / Mitunternehmer(teil)anteil**	**2.732.018**

Mandant: XXX

Datum: 18.01.2009

III. Ermittlung des vereinfachten kapitalisierten Ertragswerts eines Einzelunternehmers mit einer *Unterbeteiligung* im Betriebsvermögen

29 **Beispiel: Ermittlung des vereinfachten kapitalisierten Ertragswerts eines Einzelunternehmers mit einer Unterbeteiligung im Betriebsvermögen**

Der Steuerpflichtige S betreibt ein Einzelunternehmen (= Metallverarbeitung), das S im Jahr 2009 an seinen Sohn K übertragen möchte. Zur Bewertung des Einzelunternehmens benötigt S den vereinfachten kapitalisierten Ertragswert.

In den letzten drei Jahren vor der Übertragung betrugen die Unterschiedsbeträge der Betriebsvermögen jeweils:

- 2006 272.000 €
- 2007 270.000 €
- 2008 300.000 €

Im Wirtschaftsjahr 2006 wurde eine einmalige Investitionszulage als steuerfreier Ertrag gebucht.	15.000 €
Die im Wirtschaftsjahr 2008 gebuchte Sonderabschreibung betrug	15.000 €.
Seit über 10 Jahren hält S die Beteiligung an der G-GmbH im Betriebsvermögen.	
Die Beteiligung hat seit Jahren unverändert einen Buchwert von	120.000 €

Die Beteiligung an der GmbH erzielte in den vergangenen Jahren folgende Brutto-Erträge also Gewinnausschüttungen (erfolgswirksam gebucht):

- 2006 32.000 €
- 2007 45.000 €
- 2008 25.000 €

Der gemeine Wert dieser Beteiligung beträgt in 2009 275.000 €

Der jeweilige Unternehmerlohn entnommen aus der aktuellen BBE-Gehaltsstudie für Geschäftsführer beträgt:

- 2006 85.000 €
- 2007 80.000 €
- 2008 75.000 €

Die Umlaufrendite für festverzinsliche öffentliche Anleihen beträgt im Bewertungszeitpunkt durchschnittlich 3,61 %.

Ein Risikozuschlag von 4,5 % erscheint angemessen.

30 **Lösung:**

1. Die Sonderabschreibung ist wieder hinzuzurechnen.
2. Die Investitionszulage ist zu kürzen, da sie einmalig ist und in Zukunft aufgrund des Investitionsplans *nicht* mit weiteren Zulagezahlungen gerechnet werden kann.
3. Der („kalkulatorische") Unternehmerlohn mindert den Jahresertrag im Durchschnitt.
4. Für die Unterbeteiligung an der G-GmbH ist der gemeine Wert gesondert zu ermitteln und anzusetzen. Die Erträge sind zu neutralisieren.
5. Die auf die Hinzurechnungen und Kürzungen entfallenden ertragsteuerrechtlichen Veränderungen führen zu einer Minderung des durchschnittlichen Betriebsergebnisses.

6. Der Basiszins ist um den Risikozuschlag zu erhöhen.
7. Dem kapitalisierten Jahresertrag wird der gemeine Wert der Unterbeteiligung hinzugerechnet.

Der Ertragswert als Produkt aus durchschnittlichem Betriebsergebnis und Kapitalisierungsfaktor beträgt 1.713.553 €.

Nr.:

ARBEITSPAPIER

Inhalt:	Vereinfachtes Ertragswertverfahren
Beschreibung:	Ermittlung des kapitalisierten Ertragswerts eines Unternehmens oder eines Anteils an einer Kapitalgesellschaft anhand des vereinfachten Ertragswertverfahrens (§§ 199 ff. BewG).
Zeile:	

Ertragswertermittlung

Bewertungsjahr: 2009

Wirtschaftsjahre	2006	2007	2008	Anpassungen Durchschnitt	Ersatzwerte	Ø
Unterschiedsbetrag (BV akt. WJ ./. BV Vor-WJ)	272.000	270.000	300.000			Anzahl Jahre:
./. Einlagen (negativ eingeben!)						3
+ Entnahmen						
Gewinn (§ 4 Abs. 1 Satz 1 EStG) (Es ist nicht notwendig alle Felder auszufüllen!)	272.000	270.000	300.000	0		280.667
Hinzurechnungen						
1. erhöhte Absetzungen						0
Sonderabschreibungen			15.000			5.000
zusätzlicher optionaler (gedeckelter) Betriebsausgabenabzug						0
AfaA						0
Teilwertabschreibungen						0
2. Zuführungen zu steuerfreien Rücklagen						0
3. Absetzungen auf den Geschäfts- oder Firmenwert						0
4. firmenwertähnliche Wirtschaftsgüter						0
5. Einmalige Veräußerungsverluste						0
6. außerordentliche Aufwendungen						0
7. Investitionszulagen (nur wenn mit weiteren InvZul. in gleicher Höhe gerechnet werden kann)						0
8. Aufwendungen aus nicht betriebsnotwendigem Vermögen						0
9. Aufwendungen die steuerrechtlich nicht anerkannt sind						0
10. Ertragssteueraufwendungen (KSt, SolZ, KSt)						0
Summe der Einkünfte und der Hinzurechnungen	272.000	270.000	315.000	0		285.667
Kürzungen (negativ eingeben)						
1. Teilwertzuschreibungen						0
2. Einmalige Veräußerungsgewinne / außerordentliche Erträge						0
3. Investitionszulagen (wenn zukünftig nicht mehr mit InvZul. in gleichem Umfang gerechnet werden kann)	-15.000					-5.000
4. Auflösung steuerfreier Rücklagen						0
5. Erträge die steuerrechtlich nicht anerkannt sind						0
6. Erträge (Überschüsse) aus nicht betriebsnotwendigem Vermögen						0
7. angemessener Unternehmerlohn	-85.000	-80.000	-75.000			-80.000
8. Erträge aus der Beteiligung an anderen Unternehmen	-32.000	-45.000	-25.000			-34.000
9. Erträge aus Erstattungen von Ertragsteuern						0
					Änderungen:	
vorläufiges bereinigtes Betriebsergebnis	140.000	145.000	215.000	0	0	166.667
10. Ertragsteuerbelastung	-42.000	-43.500	-64.500	0	0	-50.000
KSt/ESt-Satz (vereinfachend; typisierend)	30,00 %	30,00 %	30,00 %	30,00 %	30,00 %	
bereinigtes Betriebsergebnis (= Jahresertrag)	98.000	101.500	150.500	0		**116.667**

Kapitalisierungszinsfuß

Umlaufrendite für festverzinsliche öffentliche Anleihen, die hinsichtlich der Laufzeit mit dem zu bewertenden Unternehmen äquivalent sind (jährlich zum ersten Werktag von der Deutschen Bundesbank bekanntgegeben, veröffentlicht im BStBl.)	3,6100 %
+ Risikozuschlag (allgemeines Unternehmerrisiko, Immobilität, Kapitalstrukturrisiko)	4,5000 %
Σ Kapitalisierungszinsfuß	8,1100 %

Kapitalisierungsfaktor

$$\frac{100}{\text{Kapitalisierungszinsfuß}} = \frac{100}{8{,}1100} = 12{,}3305$$

Ertragswert

1.	durchschnittliches Betriebsergebnis x Kapitalisierungsfaktor = 116.667 x 12,3305 =	1.438.553
	weitere Hinzurechnungen	
2.	Gemeiner Wert des neutralen Vermögens (= Wirtschaftsgüter und Schulden)	0
3.	Gemeiner Wert von (Unter-) Beteiligungen	275.000
4.	Gemeiner Wert von schädlich eingelegtem Vermögen (2 Jahresfrist; Wirtschaftsgüter und Schulden)	0
	Σ Wert des Betriebsvermögens (Kapitalgesellschaften, Gesamthandsvermögen [PersGes] und Einzelunternehmen)	**1.713.553**
5.	(Anteiliger) Ertragswert 100,00%	1.713.553
6.	Sonderbetriebsvermögen des Mitunternehmers (= nur Substanzwert; Wirtschaftsgüter und Schulden)	0
Σ	**Wert des Betriebsvermögens / Mitunternehmer(teil)anteil**	**1.713.553**

Mandant: XXX

Datum: 18.01.2009

IV. Ermittlung des vereinfachten kapitalisierten Ertragswerts einer *Kommanditgesellschaft*

31 **Beispiel: Ermittlung des vereinfachten kapitalisierten Ertragswerts einer KG**

Der Steuerpflichtige A ist Mitunternehmer (Komplementär) der A & B KG (= Metallverarbeitung). A möchte seinen Gesellschaftsanteil im Jahr 2009 an seinen Sohn K übertragen. A hält Gesellschaftsanteile von 50 %. Zur Bewertung der KG benötigt A den vereinfachten kapitalisierten Ertragswert.

In den letzten drei Jahren vor der Übertragung hatte die KG folgende steuerpflichtigen Einkünfte erwirtschaftet:

- 2006 272.000 €
- 2007 270.000 €
- 2008 300.000 €

Im Wirtschaftsjahr 2006 wurde eine einmalige Investitionszulage als steuerfreier Ertrag gebucht.	15.000 €
Die im Wirtschaftsjahr 2008 gebuchte Sonderabschreibung betrug	15.000 €.

Der jeweilige Unternehmerlohn entnommen aus der aktuellen BBE-Gehaltsstudie für Geschäftsführer beträgt:

	A	B
2006	85.000 €	85.000 €
2007	80.000 €	80.000 €
2008	75.000 €	75.000 €

Die Umlaufrendite für festverzinsliche öffentliche Anleihen beträgt im Bewertungszeitpunkt durchschnittlich 3,61 %. Ein Risikozuschlag von 4,5 % erscheint angemessen.

32 **Lösung:**

1. Die Sonderabschreibung ist wieder hinzuzurechnen.
2. Die Investitionszulage ist zu kürzen, da sie einmalig ist und in Zukunft aufgrund des Investitionsplans *nicht* mit weiteren Zulagezahlungen gerechnet werden kann.
3. Die beiden („kalkulatorischen") Unternehmerlöhne mindern den Jahresertrag der KG im Durchschnitt. Eine zwei köpfige Personengesellschaft, bei der beide Gesellschafter geschäftsführend tätig sind, muss einen Abzug von zwei Unternehmerlöhnen vornehmen. Hier könnte sich Unterschiede zu anderen Praxisfällen ergeben, soweit nur Gesellschafter auftreten.
4. Die auf die Hinzurechnungen und Kürzungen entfallenden ertragsteuerrechtlichen Veränderungen führen zu einer Minderung des durchschnittlichen Betriebsergebnisses.
5. Der Basiszins ist um den Risikozuschlag zu erhöhen.

Der Ertragswert als Produkt aus durchschnittlichem Betriebsergebnis und Kapitalisierungsfaktor beträgt für die gesamte KG 1.127.826 €. Da A lediglich 50 % der Anteile an der KG hält sind ihm lediglich 50 % dieses kapitalisierten Ertragswerts, also (1.127.826 € x 50 % =) 563.913 € zuzurechnen.

Nr.:

ARBEITSPAPIER

Inhalt: Vereinfachtes Ertragswertverfahren

Beschreibung: Ermittlung des kapitalisierten Ertragswerts eines Unternehmens oder eines Anteils an einer Kapitalgesellschaft anhand des vereinfachten Ertragswertverfahrens (§§ 199 ff. BewG).

Zeile:

Ertragswertermittlung

Bewertungsjahr: 2009

Wirtschaftsjahre	2006	2007	2008	Anpassungen Durchschnitt	Ersatzwerte	Ø
Unterschiedsbetrag (BV akt. WJ ./. BV Vor-WJ)	272.000	270.000	300.000			Anzahl Jahre:
./. Einlagen (negativ eingeben!)						3
+ Entnahmen						
Gewinn (§ 4 Abs. 1 Satz 1 EStG)	272.000	270.000	300.000	0		280.667
(Es ist nicht notwendig alle Felder auszufüllen!)						
Hinzurechnungen						
1. erhöhte Absetzungen						0
Sonderabschreibungen			15.000			5.000
zusätzlicher optionaler (gedeckelter) Betriebsausgabenabzug						0
AfaA						0
Teilwertabschreibungen						0
2. Zuführungen zu steuerfreien Rücklagen		30.000				10.000
3. Absetzungen auf den Geschäfts- oder Firmenwert						0
4. firmenwertähnliche Wirtschaftsgüter						0
5. Einmalige Veräußerungsverluste						0
6. außerordentliche Aufwendungen						0
7. Investitionszulagen (nur wenn mit weiteren InvZul. in gleicher Höhe gerechnet werden kann)						0
8. Aufwendungen aus nicht betriebsnotwendigem Vermögen						0
9. Aufwendungen die steuerrechtlich nicht anerkannt sind						0
10. Ertragssteueraufwendungen (KSt, SolZ, KSt)						0
Summe der Einkünfte und der Hinzurechnungen	272.000	300.000	315.000	0		295.667
Kürzungen (negativ eingeben)						
1. Teilwertzuschreibungen						0
2. Einmalige Veräußerungsgewinne / außerordentliche Erträge						0
3. Investitionszulagen (wenn zukünftig nicht mehr mit InvZul. in gleichem Umfang gerechnet werden kann)	-15.000					-5.000
4. Auflösung steuerfreier Rücklagen						0
5. Erträge die steuerrechtlich nicht anerkannt sind						0
6. Erträge (Überschüsse) aus nicht betriebsnotwendigem Vermögen						0
7. angemessener Unternehmerlohn	-170.000	-160.000	-150.000			-160.000
8. Erträge aus der Beteiligung an anderen Unternehmen						0
9. Erträge aus Erstattungen von Ertragsteuern					Änderungen:	0
vorläufiges bereinigtes Betriebsergebnis	87.000	140.000	165.000	0	0	130.667
10. Ertragsteuerbelastung	-26.100	-42.000	-49.500	0	0	-39.200
KSt/ESt-Satz (vereinfachend; typisierend)	30,00 %	30,00 %	30,00 %	30,00 %	30,00 %	
bereinigtes Betriebsergebnis (= Jahresertrag)	60.900	98.000	115.500	0		**91.467**

Kapitalisierungszinsfuß

Umlaufrendite für festverzinsliche öffentliche Anleihen, die hinsichtlich der Laufzeit mit dem zu bewertenden Unternehmen äquivalent sind (jährlich zum ersten Werktag von der Deutschen Bundesbank bekanntgegeben, veröffentlicht im BStBl.)	3,6100 %
+ Risikozuschlag (allgemeines Unternehmerrisiko, Immobilität, Kapitalstrukturrisiko)	4,5000 %
Σ Kapitalisierungszinsfuß	8,1100 %

Kapitalisierungsfaktor

$$\frac{100}{\text{Kapitalisierungszinsfuß}} = \frac{100}{8{,}1100} = 12{,}3305$$

Ertragswert

1. durchschnittliches Betriebsergebnis x Kapitalisierungsfaktor = 91.467 x 12,3305 = 1.127.826

weitere Hinzurechnungen

2.	Gemeiner Wert des neutralen Vermögens (= Wirtschaftsgüter und Schulden)	0
3.	Gemeiner Wert von (Unter-) Beteiligungen	0
4.	Gemeiner Wert von schädlich eingelegtem Vermögen (2 Jahresfrist; Wirtschaftsgüter und Schulden)	0
	Σ Wert des Betriebsvermögens (Kapitalgesellschaften, Gesamthandsvermögen [PersGes] und Einzelunternehmen)	**1.127.826**
5.	(Anteiliger) Ertragswert **50,00%**	563.913
6.	Sonderbetriebsvermögen des Mitunternehmers (= nur Substanzwert; Wirtschaftsgüter und Schulden)	0
Σ	**Wert des Betriebsvermögens / Mitunternehmer(teil)anteil**	**563.913**

Mandant: XXX   Datum: 18.01.2009

V. Ermittlung des vereinfachten kapitalisierten Ertragswerts einer *KG mit SBV* eines Gesellschafters

33 **Beispiel: Ermittlung des vereinfachten kapitalisierten Ertragswerts einer KG mit SBV eines Gesellschafters**

Der Steuerpflichtige A ist Mitunternehmer (Komplementär) der A & B KG (= Metallverarbeitung). A möchte seinen Gesellschaftsanteil im Jahr 2009 an seinen Sohn K übertragen. A hält Gesellschaftsanteile von 60 %. Zur Bewertung der Kommanditgesellschaft benötigt A den vereinfachten kapitalisierten Ertragswert.

In den letzten drei Jahren vor der Übertragung hatte die KG folgende steuerpflichtigen Einkünfte erwirtschaftet:

- 2006 272.000 €
- 2007 270.000 €
- 2008 300.000 €

Im Wirtschaftsjahr 2006 wurde eine einmalige Investitionszulage als steuerfreier Ertrag gebucht.	15.000 €
Die im Wirtschaftsjahr 2008 zu einer Sonderabschreibung betrug	15.000 €.
A vermietet die Werkshalle, welche ihm zu 100 % gehört, an die KG für jährlich	60.000 €
Das Grundstück hat einen gemeinen Wert in Höhe von	350.000 €

Der jeweilige Unternehmerlohn entnommen aus der aktuellen BBE-Gehaltsstudie für Geschäftsführer beträgt:

	A	B
2006	85.000 €	75.000 €
2007	80.000 €	70.000 €
2008	75.000 €	65.000 €

Die Umlaufrendite für festverzinsliche öffentliche Anleihen beträgt im Bewertungszeitpunkt durchschnittlich 3,61 %. Ein Risikozuschlag von 4,5 % erscheint angemessen.

34 **Lösung:**

1. Die Sonderabschreibung ist wieder hinzuzurechnen
2. Die Investitionszulage ist zu kürzen, da sie einmalig ist und in Zukunft aufgrund des Investitionsplans *nicht* mit weiteren Zulagezahlungen gerechnet werden kann.
3. Für beide geschäftsführenden Mitunternehmer ist jeweils ein Unternehmerlohn Betriebsergebnis mindernd zu erfassen.
4. Die Aufwendungen für die Werkshalle bleiben unverändert erhalten.
5. Das Ergebnis der Sonderbilanz unberücksichtigt.
6. Das Sonderbetriebsvermögen wird A direkt mit dem gemeinen Wert bei der Ermittlung des Mitunternehmeranteilswerts erfasst. Zur besseren Darstellung des Gesamtwertes haben wir den gemeinen Wert des SBV am Ende des Arbeitspapiers hinzugerechnet. Insoweit haben wir das Bewertungsverfahren (§§ 191 BewG) und die Zuordnung/Verteilung/Ermittlung (§ 97 BewG) zusammengefasst.

7. Die auf die Hinzurechnungen und Kürzungen entfallenden ertragsteuerrechtlichen Veränderungen führen zu einer Minderung des durchschnittlichen Betriebsergebnisses.
8. Der Basiszins ist um den Risikozuschlag zu erhöhen.

Der Ertragswert als Produkt aus durchschnittlichem Betriebsergebnis und Kapitalisierungsfaktor beträgt 1.127.826 €. Da A lediglich 60 % der Anteile an der KG hält, sind ihm lediglich 60 % dieses kapitalisierten Ertragswerts, also (1.127.826 € x 60 % =) 676.695 € zuzurechnen. Außerdem kommt noch der Wert des im SBV gehaltenen Grundstücks von 350.000 € hinzu, sodass ein Betriebsvermögenswert in Höhe von (676.695 € + 350.000 € =) 1.026.695 € zu besteuern ist.

Nr.:

ARBEITSPAPIER

Inhalt: Vereinfachtes Ertragswertverfahren

Beschreibung: Ermittlung des kapitalisierten Ertragswerts eines Unternehmens oder eines Anteils an einer Kapitalgesellschaft anhand des vereinfachten Ertragswertverfahrens (§§ 199 ff. BewG).

Zeile:

Ertragswertermittlung

Bewertungsjahr: 2009

Wirtschaftsjahre	2006	2007	2008	Anpassungen Durchschnitt	Ersatzwerte	Ø
Unterschiedsbetrag (BV akt. WJ ./. BV Vor-WJ)	272.000	270.000	300.000			Anzahl Jahre:
./. Einlagen (negativ eingeben!)						3
+ Entnahmen						
Gewinn (§ 4 Abs. 1 Satz 1 EStG) (Es ist nicht notwendig alle Felder auszufüllen!)	272.000	270.000	300.000	0		280.667
Hinzurechnungen						
1. erhöhte Absetzungen						0
Sonderabschreibungen			15.000			5.000
zusätzlicher optionaler (gedeckelter) Betriebsausgabenabzug						0
AfaA						0
Teilwertabschreibungen						0
2. Zuführungen zu steuerfreien Rücklagen						0
3. Absetzungen auf den Geschäfts- oder Firmenwert						0
4. firmenwertähnliche Wirtschaftsgüter						0
5. Einmalige Veräußerungsverluste						0
6. außerordentliche Aufwendungen						0
7. Investitionszulagen (nur wenn mit weiteren InvZul. in gleicher Höhe gerechnet werden kann)						0
8. Aufwendungen aus nicht betriebsnotwendigem Vermögen						0
9. Aufwendungen die steuerrechtlich nicht anerkannt sind						0
10. Ertragssteueraufwendungen (KSt, SolZ, KSt)						0
Summe der Einkünfte und der Hinzurechnungen	272.000	270.000	315.000	0		285.667
Kürzungen (negativ eingeben)						
1. Teilwertzuschreibungen						0
2. Einmalige Veräußerungsgewinne / außerordentliche Erträge						0
3. Investitionszulagen (wenn zukünftig nicht mehr mit InvZul. in gleichem Umfang gerechnet werden kann)	-15.000					-5.000
4. Auflösung steuerfreier Rücklagen						0
5. Erträge die steuerrechtlich nicht anerkannt sind						0
6. Erträge (Überschüsse) aus nicht betriebsnotwendigem Vermögen						0
7. angemessener Unternehmerlohn	-160.000	-150.000	-140.000			-150.000
8. Erträge aus der Beteiligung an anderen Unternehmen						0
9. Erträge aus Erstattungen von Ertragsteuern						0
					Änderungen:	
vorläufiges bereinigtes Betriebsergebnis	97.000	120.000	175.000	0	0	130.667
10. Ertragsteuerbelastung	-29.100	-36.000	-52.500	0	0	-39.200
KSt/ESt-Satz (vereinfachend; typisierend)	30,00 %	30,00 %	30,00 %	30,00 %	30,00 %	
bereinigtes Betriebsergebnis (= Jahresertrag)	67.900	84.000	122.500	0		**91.467**

Kapitalisierungszinsfuß

Umlaufrendite für festverzinsliche öffentliche Anleihen, die hinsichtlich der Laufzeit mit dem zu bewertenden Unternehmen äquivalent sind (jährlich zum ersten Werktag von der Deutschen Bundesbank bekanntgegeben, veröffentlicht im BStBl.)	3,6100 %
+ Risikozuschlag (allgemeines Unternehmerrisiko, Immobilität, Kapitalstrukturrisiko)	4,5000 %
Σ Kapitalisierungszinsfuß	8,1100 %

Kapitalisierungsfaktor

$$\frac{100}{\text{Kapitalisierungszinsfuß}} = \frac{100}{8{,}1100} = 12{,}3305$$

Ertragswert

1.	durchschnittliches Betriebsergebnis x Kapitalisierungsfaktor = 91.467 x 12,3305 =	1.127.826
	weitere Hinzurechnungen	
2.	Gemeiner Wert des neutralen Vermögens (= Wirtschaftsgüter und Schulden)	0
3.	Gemeiner Wert von (Unter-) Beteiligungen	0
4.	Gemeiner Wert von schädlich eingelegtem Vermögen (2 Jahresfrist; Wirtschaftsgüter und Schulden)	0
	Σ Wert des Betriebsvermögens (Kapitalgesellschaften, Gesamthandsvermögen [PersGes] und Einzelunternehmen)	**1.127.826**
5.	(Anteiliger) Ertragswert 60,00%	676.695
6.	Sonderbetriebsvermögen des Mitunternehmers (= nur Substanzwert; Wirtschaftsgüter und Schulden)	350.000
Σ	**Wert des Betriebsvermögens / Mitunternehmer(teil)anteil**	**1.026.695**

Mandant: XXX

Datum: 18.01.2009

VI. Bewertung einer *Holding-Gesellschaft*

35 **Beispiel: Bewertung einer Holding-Gesellschaft**

Der Steuerpflichtige S ist Einzelunternehmer und hält die Anteile an der Herrenschuh-GmbH und an der Damenschuh-GmbH im Betriebsvermögen. S möchte das gesamte Betriebsvermögen seiner 26-jährigen Tochter T übertragen. Das Einzelunternehmen hat Patente im Anlagevermögen, die gegen eine Lizenzgebühr an die GmbHs zur Verfügung gestellt werden. Das Einzelunternehmen hält jeweils 75 % der Gesellschaftsanteile jeder Tochter-GmbH. Die anderen Anteile halten andere dritte Geschäftspartner. Die Herrenschuh-GmbH hat genauso wie die Damenschuh-GmbH einen Anteil von Verwaltungsvermögen von 10 %. Sowohl von der Herrenschuh- als auch von der Damenschuh-GmbH erhält S ein Geschäftsführergehalt (= feste und variable Gehaltsbestandteile) in Höhe von 50 % des in der BBE-Gehaltsstudie ausgewiesenen Betrags.

	Herrenschuh-GmbH	Damenschuh-GmbH
■ 2006	142.000 €	192.000 €
■ 2007	142.000 €	192.000 €
■ 2008	142.000 €	192.000 €

Die Gehaltszahlungen sind allesamt steuerrechtlich *nicht* zu beanstanden.

Der Unternehmerlohn für das Einzelunternehmen[10] würde lt. BBE-Studie wie folgt betragen:

■ 2006	300.000 €
■ 2007	300.000 €
■ 2008	300.000 €

Zwischen den Schwestergesellschaften bestehen –vereinfacht– *keine* Geschäftsbeziehungen.

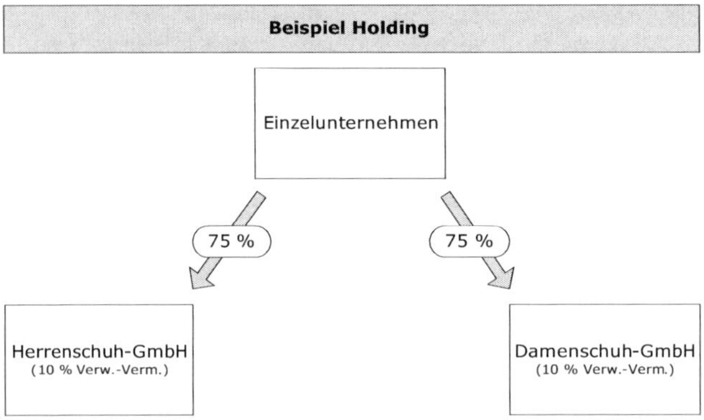

Die Gewinne der einzelnen Unternehmen entwickelten sich wie folgt:

	Herrenschuh-GmbH	Damenschuh-GmbH	Einzelunternehmen
■ 2006	230.000 €	580.000 €	140.000 €
■ 2007	245.000 €	540.000 €	160.000 €
■ 2008	265.000 €	595.000 €	170.000 €

Die Gewinne des Einzelunternehmens wurden/werden *nicht* entnommen. Die Jahresüberschüsse der GmbHs werden fortlaufend thesauriert. In den letzten drei Jahren wurden *keine* offenen Gewinnausschüttungen beschlossen.

10 Zur Ermittlung des Unternehmerlohns wurden sämtliche Unternehmen berücksichtigt.

Lösung: 36

1. Herrenschuh-GmbH

Die Beteiligung von 75 % muss gesondert bewertet werden, auch wenn die Beteiligung im Betriebsvermögen des Einzelunternehmens *nicht* aus dem Gewerbebetrieb herausgelöst werden kann, ohne die Unternehmenstätigkeit des Einzelunternehmens zu beeinträchtigen. Die Unterbeteiligung ist mit dem selbstständig ermittelten gemeinen Wert zu bewerten und anzusetzen. Die Bewertung erfolgt nach dem vereinfachten kapitalisierten Ertragswertverfahren. Der Ertragswert für die 75 %ige Beteiligung beträgt 677.559 €.

Nr.:

ARBEITSPAPIER

Inhalt: Vereinfachtes Ertragswertverfahren

Beschreibung: Ermittlung des kapitalisierten Ertragswerts eines Unternehmens oder eines Anteils an einer Kapitalgesellschaft anhand des vereinfachten Ertragswertverfahrens (§§ 199 ff. BewG).

Zeile:

Ertragswertermittlung

Bewertungsjahr: 2009

Wirtschaftsjahre	2006	2007	2008	Anpassungen Durchschnitt	Ersatzwerte	Ø
Unterschiedsbetrag (BV akt. WJ ./. BV Vor-WJ)	230.000	245.000	265.000			Anzahl Jahre:
./. Einlagen (negativ eingeben!)						3
+ Entnahmen						
Gewinn (§ 4 Abs. 1 Satz 1 EStG) (Es ist nicht notwendig alle Felder auszufüllen!)	230.000	245.000	265.000	0		246.667
Hinzurechnungen						
1. erhöhte Absetzungen						0
Sonderabschreibungen						0
zusätzlicher optionaler (gedeckelter) Betriebsausgabenabzug						0
AfaA						0
Teilwertabschreibungen						0
2. Zuführungen zu steuerfreien Rücklagen						0
3. Absetzungen auf den Geschäfts- oder Firmenwert						0
4. firmenwertähnliche Wirtschaftsgüter						0
5. Einmalige Veräußerungsverluste						0
6. außerordentliche Aufwendungen						0
7. Investitionszulagen (nur wenn mit weiteren InvZul. in gleicher Höhe gerechnet werden kann)						0
8. Aufwendungen aus nicht betriebsnotwendigem Vermögen						0
9. Aufwendungen die steuerrechtlich nicht anerkannt sind						0
10. Ertragssteueraufwendungen (KSt, SolZ, KSt)						0
Summe der Einkünfte und der Hinzurechnungen	230.000	245.000	265.000	0		246.667
Kürzungen (negativ eingeben)						
1. Teilwertzuschreibungen						0
2. Einmalige Veräußerungsgewinne / außerordentliche Erträge						0
3. Investitionszulagen (wenn zukünftig nicht mehr mit InvZul. in gleichem Umfang gerechnet werden kann)						0
4. Auflösung steuerfreier Rücklagen						0
5. Erträge die steuerrechtlich nicht anerkannt sind						0
6. Erträge (Überschüsse) aus nicht betriebsnotwendigem Vermögen						0
7. angemessener Unternehmerlohn	-142.000	-142.000	-142.000			-142.000
8. Erträge aus der Beteiligung an anderen Unternehmen						0
9. Erträge aus Erstattungen von Ertragsteuern						0
					Änderungen:	
vorläufiges bereinigtes Betriebsergebnis	88.000	103.000	123.000	0	0	104.667
10. Ertragsteuerbelastung	-26.400	-30.300	-36.900	0	0	-31.400
KSt/ESt-Satz (vereinfachend; typisierend)	30,00 %	30,00 %	30,00 %	30,00 %	30,00 %	
bereinigtes Betriebsergebnis (= Jahresertrag)	61.600	72.100	86.100	0		**73.267**

Kapitalisierungszinsfuß

Umlaufrendite für festverzinsliche öffentliche Anleihen, die hinsichtlich der Laufzeit mit dem zu bewertenden Unternehmen äquivalent sind (jährlich zum ersten Werktag von der Deutschen Bundesbank bekanntgegeben, veröffentlicht im BStBl.)	3,6100 %
+ Risikozuschlag (allgemeines Unternehmerrisiko, Immobilität, Kapitalstrukturrisiko)	4,5000 %
Σ Kapitalisierungszinsfuß	8,1100 %

Kapitalisierungsfaktor

$$\frac{100}{\text{Kapitalisierungszinsfuß}} = \frac{100}{8{,}1100} = 12{,}3305$$

Ertragswert

1.	durchschnittliches Betriebsergebnis x Kapitalisierungsfaktor = 73.267 x 12,3305 =	903.411
	weitere Hinzurechnungen	
2.	Gemeiner Wert des neutralen Vermögens (= Wirtschaftsgüter und Schulden)	0
3.	Gemeiner Wert von (Unter-) Beteiligungen	0
4.	Gemeiner Wert von schädlich eingelegtem Vermögen (2 Jahresfrist; Wirtschaftsgüter und Schulden)	0
	Σ Wert des Betriebsvermögens (Kapitalgesellschaften, Gesamthandsvermögen [PersGes] und Einzelunternehmen)	**903.411**
5.	(Anteiliger) Ertragswert 75,00%	677.559
6.	Sonderbetriebsvermögen des Mitunternehmers (= nur Substanzwert; Wirtschaftsgüter und Schulden)	0
Σ	**Wert des Betriebsvermögens / Mitunternehmer(teil)anteil**	**677.559**

Mandant: XXX

Datum: 18.01.2009

37 **2. Damenschuh-GmbH**

Die Beteiligung von 75 % muss ebenfalls gesondert bewertet werden, auch wenn die Beteiligung im Betriebsvermögen des Einzelunternehmens *nicht* aus dem Gewerbebetrieb herausgelöst werden kann, ohne die Unternehmenstätigkeit des Einzelunternehmens zu beeinträchtigen. Die Unterbeteiligung ist mit dem selbstständig ermittelten gemeinen Wert zu bewerten und anzusetzen. Die Bewertung erfolgt nach dem vereinfachten kapitalisierten Ertragswertverfahren. Der Ertragswert für die 75 %ige Beteiligung beträgt 2.457.768 €.

Nr.:

ARBEITSPAPIER

Inhalt: Vereinfachtes Ertragswertverfahren

Beschreibung: Ermittlung des kapitalisierten Ertragswerts eines Unternehmens oder eines Anteils an einer Kapitalgesellschaft anhand des vereinfachten Ertragswertverfahrens (§§ 199 ff. BewG).

Zeile:

Ertragswertermittlung

Bewertungsjahr: 2009

Wirtschaftsjahre	2006	2007	2008	Anpassungen Durchschnitt	Ersatzwerte	Ø
Unterschiedsbetrag (BV akt. WJ ./. BV Vor-WJ)	580.000	540.000	595.000			Anzahl Jahre: 3
./. Einlagen (negativ eingeben!)						
+ Entnahmen						
Gewinn (§ 4 Abs. 1 Satz 1 EStG) (Es ist nicht notwendig alle Felder auszufüllen!)	580.000	540.000	595.000	0		571.667
Hinzurechnungen						
1. erhöhte Absetzungen						0
Sonderabschreibungen						0
zusätzlicher optionaler (gedeckelter) Betriebsausgabenabzug						0
AfaA						0
Teilwertabschreibungen						0
2. Zuführungen zu steuerfreien Rücklagen						0
3. Absetzungen auf den Geschäfts- oder Firmenwert						0
4. firmenwertähnliche Wirtschaftsgüter						0
5. Einmalige Veräußerungsverluste						0
6. außerordentliche Aufwendungen						0
7. Investitionszulagen (nur wenn mit weiteren InvZul. in gleicher Höhe gerechnet werden kann)						0
8. Aufwendungen aus nicht betriebsnotwendigem Vermögen						0
9. Aufwendungen die steuerrechtlich nicht anerkannt sind						0
10. Ertragssteueraufwendungen (KSt, SolZ, KSt)						0
Summe der Einkünfte und der Hinzurechnungen	580.000	540.000	595.000	0		571.667
Kürzungen (negativ eingeben)						
1. Teilwertzuschreibungen						0
2. Einmalige Veräußerungsgewinne / außerordentliche Erträge						0
3. Investitionszulagen (wenn zukünftig nicht mehr mit InvZul. in gleichem Umfang gerechnet werden kann)						0
4. Auflösung steuerfreier Rücklagen						0
5. Erträge die steuerrechtlich nicht anerkannt sind						0
6. Erträge (Überschüsse) aus nicht betriebsnotwendigem Vermögen						0
7. angemessener Unternehmerlohn	-192.000	-192.000	-192.000			-192.000
8. Erträge aus der Beteiligung an anderen Unternehmen						0
9. Erträge aus Erstattungen von Ertragsteuern					Änderungen:	0
vorläufiges bereinigtes Betriebsergebnis	388.000	348.000	403.000	0	0	379.667
10. Ertragsteuerbelastung	-116.400	-104.400	-120.900	0	0	-113.900
KSt/ESt-Satz (vereinfachend; typisierend)	30,00 %	30,00 %	30,00 %	30,00 %	30,00 %	
bereinigtes Betriebsergebnis (= Jahresertrag)	271.600	243.600	282.100	0		**265.767**

Kapitalisierungszinsfuß

Umlaufrendite für festverzinsliche öffentliche Anleihen, die hinsichtlich der Laufzeit mit dem zu bewertenden Unternehmen äquivalent sind (jährlich zum ersten Werktag von der Deutschen Bundesbank bekanntgegeben, veröffentlicht im BStBl.)	3,6100 %
+ Risikozuschlag (allgemeines Unternehmerrisiko, Immobilität, Kapitalstrukturrisiko)	4,5000 %
Σ Kapitalisierungszinsfuß	8,1100 %

Kapitalisierungsfaktor

$$\frac{100}{\text{Kapitalisierungszinsfuß}} = \frac{100}{8{,}1100} = 12{,}3305$$

Ertragswert

1.	durchschnittliches Betriebsergebnis x Kapitalisierungsfaktor = 265.767 x 12,3305 =	3.277.024
	weitere Hinzurechnungen	
2.	Gemeiner Wert des neutralen Vermögens (= Wirtschaftsgüter und Schulden)	0
3.	Gemeiner Wert von (Unter-) Beteiligungen	0
4.	Gemeiner Wert von schädlich eingelegtem Vermögen (2 Jahresfrist; Wirtschaftsgüter und Schulden)	0
	Σ Wert des Betriebsvermögens (Kapitalgesellschaften, Gesamthandsvermögen [PersGes] und Einzelunternehmen)	**3.277.024**
5.	(Anteiliger) Ertragswert 75,00%	2.457.768
6.	Sonderbetriebsvermögen des Mitunternehmers (= nur Substanzwert; Wirtschaftsgüter und Schulden)	0
Σ	**Wert des Betriebsvermögens / Mitunternehmer(teil)anteil**	**2.457.768**

Mandant: XXX Datum: 18.01.2009

3. Einzelunternehmen

38

Zuletzt ist der Ertragswert des Einzelunternehmens zu berechnen.

Auch hiefür ist das Ertragswertverfahren anzuwenden.

Ertragswert des Einzelunternehmens		1.058.775 €
+ Ertragswert der Herrenschuh-GmbH	677.559 €	
+ Ertragswert der Damenschuh-GmbH	2.457.768 €	
∑	3.135.327 €	3.135.327 €
∑ Ertragswert		**4.194.102 €**

Nr.:

ARBEITSPAPIER

Inhalt: Vereinfachtes Ertragswertverfahren

Beschreibung: Ermittlung des kapitalisierten Ertragswerts eines Unternehmens oder eines Anteils an einer Kapitalgesellschaft anhand des vereinfachten Ertragswertverfahrens (§§ 199 ff. BewG).

Zeile:

Ertragswertermittlung

Bewertungsjahr: 2009

Wirtschaftsjahre	2006	2007	2008	Anpassungen Durchschnitt	Ersatzwerte	Ø
Unterschiedsbetrag (BV akt. WJ ./. BV Vor-WJ)	140.000	160.000	170.000			Anzahl Jahre: 3
./. Einlagen (negativ eingeben!)						
+ Entnahmen						
Gewinn (§ 4 Abs. 1 Satz 1 EStG) (Es ist nicht notwendig alle Felder auszufüllen!)	140.000	160.000	170.000	0		156.667
Hinzurechnungen						
1. erhöhte Absetzungen						0
Sonderabschreibungen						0
zusätzlicher optionaler (gedeckelter) Betriebsausgabenabzug						0
AfaA						0
Teilwertabschreibungen						0
2. Zuführungen zu steuerfreien Rücklagen						0
3. Absetzungen auf den Geschäfts- oder Firmenwert						0
4. firmenwertähnliche Wirtschaftsgüter						0
5. Einmalige Veräußerungsverluste						0
6. außerordentliche Aufwendungen						0
7. Investitionszulagen (nur wenn mit weiteren InvZul. in gleicher Höhe gerechnet werden kann)						0
8. Aufwendungen aus nicht betriebsnotwendigem Vermögen						0
9. Aufwendungen die steuerrechtlich nicht anerkannt sind						0
10. Ertragssteueraufwendungen (KSt, SolZ, KSt)						0
Summe der Einkünfte und der Hinzurechnungen	140.000	160.000	170.000	0		156.667
Kürzungen (negativ eingeben)						
1. Teilwertzuschreibungen						0
2. Einmalige Veräußerungsgewinne / außerordentliche Erträge						0
3. Investitionszulagen (wenn zukünftig nicht mehr mit InvZul. in gleichem Umfang gerechnet werden kann)						0
4. Auflösung steuerfreier Rücklagen						0
5. Erträge die steuerrechtlich nicht anerkannt sind						0
6. Erträge (Überschüsse) aus nicht betriebsnotwendigem Vermögen						0
7. angemessener Unternehmerlohn	-34.000	-34.000	-34.000			-34.000
8. Erträge aus der Beteiligung an anderen Unternehmen						0
9. Erträge aus Erstattungen von Ertragsteuern						0
					Änderungen:	
vorläufiges bereinigtes Betriebsergebnis	106.000	126.000	136.000	0	0	122.667
10. Ertragsteuerbelastung	-31.800	-37.800	-40.800	0	0	-36.800
KSt/ESt-Satz (vereinfachend; typisierend)	30,00 %	30,00 %	30,00 %	30,00 %	30,00 %	
bereinigtes Betriebsergebnis (= Jahresertrag)	74.200	88.200	95.200	0		**85.867**

Kapitalisierungszinsfuß

Umlaufrendite für festverzinsliche öffentliche Anleihen, die hinsichtlich der Laufzeit mit dem zu bewertenden Unternehmen äquivalent sind (jährlich zum ersten Werktag von der Deutschen Bundesbank bekanntgegeben, veröffentlicht im BStBl.)	3,6100 %
+ Risikozuschlag (allgemeines Unternehmerrisiko, Immobilität, Kapitalstrukturrisiko)	4,5000 %
∑ Kapitalisierungszinsfuß	8,1100 %

Kapitalisierungsfaktor

$$\frac{100}{\text{Kapitalisierungszinsfuß}} = \frac{100}{8{,}1100} = 12{,}3305$$

Ertragswert

1.	durchschnittliches Betriebsergebnis x Kapitalisierungsfaktor = 85.867 x 12.3305 =	1.058.775
	weitere Hinzurechnungen	
2.	Gemeiner Wert des neutralen Vermögens (= Wirtschaftsgüter und Schulden)	0
3.	Gemeiner Wert von (Unter-) Beteiligungen	3.135.327
4.	Gemeiner Wert von schädlich eingelegtem Vermögen (2 Jahresfrist; Wirtschaftsgüter und Schulden)	0
	∑ Wert des Betriebsvermögens (Kapitalgesellschaften, Gesamthandsvermögen [PersGes] und Einzelunternehmen)	**4.194.102**
5.	(Anteiliger) Ertragswert 100,00%	4.194.102
6.	Sonderbetriebsvermögen des Mitunternehmers (= nur Substanzwert; Wirtschaftsgüter und Schulden)	0
∑	**Wert des Betriebsvermögens / Mitunternehmer(teil)anteil**	**4.194.102**

Mandant: XXX Datum: 18.01.2009

VII. Betriebsvermögen – Substanzwert / Mindestwert

39 **Beispiel: Substanzwertermittlung**

Der Steuerpflichtige S betreibt ein Handelsunternehmen in Form eines Einzelunternehmens. S möchte das Familienunternehmen im Wege der vorweggenommenen Erbfolge auf seinen Sohn M übertragen. Die Übertragung soll am 1.1.2009 erfolgen. Die Bilanz des Einzelunternehmens wurde zum 31.12.2008 wie folgt aufgestellt:

Bilanz zum 31.12.2008

Aktiva	Buchwert	gemeiner Wert	Passiva	Buchwert	gemeiner Wert
originärer Firmenwert		125.000	variables Kapital	225.000	473.350
Grund/Boden/Gebäude	200.000	300.000	Jahresüberschuss	69.900	69.900
Maschinen	75.000	93.750	SoPo m. RL-Ant.	25.000	25.000
Betriebs-/Gesch.ausst.	11.500	16.100	Steuerrückstellungen	12.500	12.500
Roh-/Hilfs-/Betr.stoffe	175.000	175.000	Vbl. ggüber Kreditinst.	85.000	85.000
unfertige Erzeugnisse	25.000	25.000	Vbl. a. L. u. L.	175.000	175.000
fertige Erzeugnisse	10.000	10.000			
Forderungen a. L. u. L.	60.000	60.000			
sonstige Verm.ggst.	900	900			
Kasse/Bank	35.000	35.000			
Σ	592.400	840.750	Σ	592.400	840.750

40 **Lösungshinweis:**

Die Ermittlung des Substanz- oder Mindestwerts erfolgt wie nachstehend dargestellt. Im ersten Schritt müssen sämtliche gemeine Werte der bilanzierten und nicht bilanzierten Wirtschaftsgüter und Schulden des Betriebsvermögens ermittelt werden. Dabei ist auf die Besonderheiten „Betriebsgrundstück / Grundvermögen", „Schulden aus Verschonungsvermögen" und „neue Schuldenkappung" zu achten. Der Sonderposten mit Rücklageanteil ist sowohl im „alten" als auch im „neuen" Bewertungsrecht *nicht* anzusetzen.

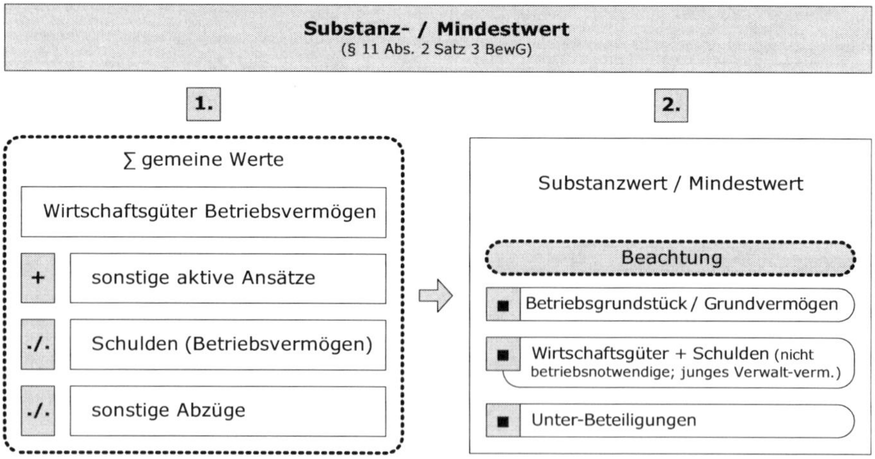

© zeitstaerken.de

Lösung: 41

Nr.: 1

ARBEITSPAPIER

Inhalt: Ermittlung der Mehr- oder Minderbewertung durch das neue Bewertungsrecht

Beschreibung: Ermittlung der Bewertungsveränderung durch das neue Bewertungsrecht.

Zeile:

Determinanten

Erfassung der Bilanzansätze und Ermittlung der gemeinen Werte:

Bilanzposition (§ 266 Abs. 2 und 3 HGB)	Bilanzwert €	gemeiner Wert €	Betragsveränderung relativ z. Bilanzwert	Betragsveränderung absolut (€)	Anmerkung
Aktiva					
A. Anlagevermögen					
I. Immaterielle Vermögensgegenstände					
1. Konzessionen, gewerbliche Schutzrechte und ähnliche Rechte und Werte sowie Lizenzen an solchen Rechten und Werten			+0,00 %	+ 0	
2. Geschäfts- oder Firmenwert (derivativ)			+0,00 %	+ 0	
3. geleistete Anzahlungen			+0,00 %	+ 0	
II. Sachanlagen					
1. Grundstücke, grundstücksgleiche Rechte und Bauten einschließlich der Bauten auf fremden Grundstücken	200.000	300.000	+50,00 %	+ 100.000	
2. technische Anlagen und Maschinen	75.000	93.750	+25,00 %	+ 18.750	
3. andere Anlagen, Betriebs- und Geschäftsausstattung	11.500	16.100	+40,00 %	+ 4.600	
4. geleistete Anzahlungen und Anlagen im Bau			+0,00 %	+ 0	
III. Finanzanlagen					
1. Anteile an verbundenen Unternehmen			+0,00 %	+ 0	
2. Ausleihungen an verbundene Unternehmen			+0,00 %	+ 0	
3. Beteiligungen			+0,00 %	+ 0	
4. Ausleihungen an Unternehmen, mit denen ein Beteiligungsverhältnis besteht			+0,00 %	+ 0	
5. Wertpapiere des Anlagevermögens			+0,00 %	+ 0	
6. sonstige Ausleihungen			+0,00 %	+ 0	
B. Umlaufvermögen					
I. Vorräte					
1. Roh-, Hilfs- und Betriebsstoffe	175.000	175.000	+0,00 %	+ 0	
2. unfertige Erzeugnisse, unfertige Leistungen	25.000	25.000	+0,00 %	+ 0	
3. fertige Erzeugnisse und Waren	10.000	10.000	+0,00 %	+ 0	
4. geleistete Anzahlungen			+0,00 %	+ 0	
II. Forderungen und sonstige Vermögensgegenstände					
1. Forderungen aus Lieferungen und Leistungen	60.000	60.000	+0,00 %	+ 0	
2. Forderungen gegen verbundene Unternehmen			+0,00 %	+ 0	
3. Forderungen gegen Unternehmen, mit denen ein Beteiligungsverhältnis besteht			+0,00 %	+ 0	
4. sonstige Vermögensgegenstände	900	900	+0,00 %	+ 0	
III. Wertpapiere					
1. Anteile an verbundenen Unternehmen			+0,00 %	+ 0	
2. eigene Anteile			+0,00 %	+ 0	
3. sonstige Wertpapiere			+0,00 %	+ 0	
IV. Kassenbestand, Bundesbankguthaben, Guthaben bei Kreditinstituten und Schecks	35.000	35.000	+0,00 %	+ 0	
C. Rechnungsabgrenzungsposten			+0,00 %	+ 0	
Σ	592.400				
Passiva					
A. Eigenkapital					
I. Gezeichnetes Kapital	225.000	473.350	+110,38 %	+ 248.350	
II. Kapitalrücklage			+0,00 %	+ 0	
III. Gewinnrücklagen					
1. gesetzliche Rücklage			+0,00 %	+ 0	
2. Rücklage für eigene Anteile			+0,00 %	+ 0	
3. satzungsmäßige Rücklagen			+0,00 %	+ 0	
4. andere Gewinnrücklagen			+0,00 %	+ 0	
IV. Gewinnvortrag/Verlustvortrag			+0,00 %	+ 0	
V. Jahresüberschuss/Jahresfehlbetrag	69.900	69.900	+0,00 %	+ 0	
B. Rückstellungen					
1. Rückstellungen für Pensionen und ähnliche Verpflichtungen			+0,00 %	+ 0	
2. Steuerrückstellungen	12.500	12.500	+0,00 %	+ 0	
3. sonstige Rückstellungen			+0,00 %	+ 0	
C. Verbindlichkeiten					
1. Anleihen			+0,00 %	+ 0	
2. Verbindlichkeiten gegenüber Kreditinstituten	85.000	85.000	+0,00 %	+ 0	
3. erhaltene Anzahlungen auf Bestellungen			+0,00 %	+ 0	
4. Verbindlichkeiten aus Lieferungen und Leistungen	175.000	175.000	+0,00 %	+ 0	
5. Verbindlichkeiten aus der Annahme gezogener Wechsel und der Ausstellung eigener Wechsel			+0,00 %	+ 0	
6. Verbindlichkeiten gegenüber verbundenen Unternehmen			+0,00 %	+ 0	
7. Verbindlichkeiten gegenüber Unternehmen mit denen ein Beteiligungsverhältnis besteht			+0,00 %	+ 0	
8. sonstige Verbindlichkeiten			+0,00 %	+ 0	
D. Rechnungsabgrenzungsposten			+0,00 %	+ 0	
Σ	567.400				
Werte, die nicht der Handelsbilanzgliederung zu entnehmen sind					
Aktiva					
1. Ausstehende Einlagen auf das gezeichnete Kapital			+0,00 %	+ 0	
2. Aufwendungen für die Ingangsetzung und Erweiterung des Geschäftsbetriebs			+0,00 %	+ 0	
3. Disagio			+0,00 %	+ 0	
4. Abgrenzungsposten für aktive latente Steuern			+0,00 %	+ 0	
5. Nicht durch eigenkapital gedeckter Fehlbetrag			+0,00 %	+ 0	
Σ	0				
Passiva					
1. Sonderposten mit Rücklageanteil	25.000	25.000	+0,00 %	+ 0	
2. Rückstellungen für latente Steuern			+0,00 %	+ 0	
Σ	25.000				

Bilanziell nicht erfassbare Werte	
1. Originärer Firmenwert	125.000
2. Originäre immaterielle Wirtschaftsgüter	0

Mandant: ?? Mandanten-Nr.: ?? Datum: 02.01.2009

Nr.: 2

ARBEITSPAPIER

Inhalt: Ermittlung des (neuen) Substanz- bzw. Mindestwertes

Beschreibung: Ermittlung der Bewertungsänderung durch das neue Bewertungsrecht.

Zeile:

Ermittlung des Substanz- / Mindestwertes

AKTIVA	Buchwert	gemeiner Wert	BILANZ / PASSIVA	Buchwert	gemeiner Wert
A. Anlagevermögen					
Firmenwert (originär)	*-Ansatzverbot-*	125.000	A. Eigenkapital	294.900	568.250
andere immaterielle Wirtschaftsgüter (originär)	*-Ansatzverbot-*	0	Sonderposten mit Rückl.-Ant.	*-Ansatzverbot-*	*-Ansatzverbot-*
I. Immaterielle Vermögensgegenstände (derivativ)	0	0	Eigenkapitalwert	294.900	568.250
II. Sachanlagen	286.500	409.850			
III. Finanzanlagen	0	0			
B. Umlaufvermögen			B. Rückstellungen	12.500	12.500
I. Vorräte	210.000	210.000			
II. Forderungen und sonstige Verm.-Ggst.	60.900	60.900	C. Verbindlichkeiten	260.000	260.000
III. Wertpapiere	0	0			
IV. Kassenbestand, Bundesbankguthaben usw.	35.000	35.000			
C. Rechnungsabgrenzungsposten	0	0	D. Rechnungsabgrenzungsposten	0	0
übrige aktive Ansätze	0	0	übrige passive Ansätze	0	0
ungedeckter Fehlbetrag	0	0			
	592.400	840.750		567.400	840.750

Bewertung nach alter Rechtslage

1. Rohbetriebsvermögen (Besitzposten)

Anlagevermögen	286.500
Umlaufvermögen	305.900
Rechnungsabgrenzungsposten	0
sonstige Bilanzansätze	0
Summe der Besitzposten	592.400

2. Schulden (Schuldposten)

Sopo m. RL (§ 7g EStG)	-Ansatzverbot-
Rückstellungen	12.500
(abgezinste) Verbindlichkeiten	260.000
PRAP + Sonstige	0
Summe der Schuldposten	272.500

3. Wert des Betriebsvermögens

Saldo aus 1 und 2	319.900

Bewertung nach neuer Rechtslage (= Substanz- / Mindestwert)

1. Rohbetriebsvermögen (Besitzposten)

originärer Firmenwert und andere originäre immat. Verm.-Ggst.	125.000
Anlagevermögen	409.850
Umlaufvermögen	305.900
Rechnungsabgrenzungsposten	0
sonstige Bilanzansätze	0
Summe der Besitzposten	840750

2. Schulden (Schuldposten)

Sopo m. RL (§ 7g EStG)	-Ansatzverbot-
Rückstellungen	12.500
(abgezinste) Verbindlichkeiten (Rückzahlung)	260.000
PRAP + Sonstige	0
Summe der Schuldposten	272.500

3. Wert des Betriebsvermögens

Saldo aus 1 und 2 = **Substanz- / Mindestwert**	**568.250**

Bewertungsvergleich der Rechtslage

neue Rechtslage	568.250
./. alte Rechtslage	-319.900
Mehrwert gegenüber alter Rechtslage	248.350

Mandant: ?? Mandanten-Nr.: ?? Datum: 02.01.2009

Hinweis:

__Offene Frage:__ Wie die Berechnung des originären Firmenwertes bei der Ermittlung des Substanzwerts erfolgen soll, ist u. E. noch ungeklärt!

VIII. Erbschaftsteuergesetz

IX. Steuerklassen / Freibeträge / Tarife

Die nachstehenden Tabellen stellen die Basis der nachfolgenden Berechnungen dar. 42

Nr.: 4

ARBEITSPAPIER

Inhalt: Erfassung von im Gesetz definierten Freibeträgen, Steuerklassen und Abschlagssätzen

Beschreibung: Gesetzesdatenerfassung.

Zeile:

Freibeträge / Steuerklassen / Abschlagssätze

Steuersätze (§ 19 Abs. 1 ErbStG; = neue Fassung)

Steuerklasse	I	II	III
Wert des stpfl. Erwerbs bis einschl. ... Euro			
75.000	7,00 %	30,00 %	30,00 %
300.000	11,00 %	30,00 %	30,00 %
600.000	15,00 %	30,00 %	30,00 %
6.000.000	19,00 %	30,00 %	30,00 %
13.000.000	23,00 %	50,00 %	50,00 %
26.000.000	27,00 %	50,00 %	50,00 %
mehr als 26.000.000	30,00 %	50,00 %	50,00 %

Abschlagssätze

Betriebsvermögen

- alte Fassung	35,00 %
- neue Fassung	85,00 %

Grundvermögen

- Besteuerungsabschlag (n. F.)	10,00 %

Steuersätze (§ 19 Abs. 1 ErbStG; = alte Fassung)

Steuerklasse	I	II	III
Wert des stpfl. Erwerbs bis einschl. ... Euro			
52.000	7,00 %	12,00 %	17,00 %
256.000	11,00 %	17,00 %	23,00 %
512.000	15,00 %	22,00 %	29,00 %
5.113.000	19,00 %	27,00 %	35,00 %
12.783.000	23,00 %	32,00 %	41,00 %
25.565.000	27,00 %	37,00 %	47,00 %
mehr als 25.565.000	30,00 %	40,00 %	50,00 %

sonstige Freibeträge

Gleitender Freibetrag (n. F.)

Höchstvolumen	150.000

Unternehmerfreibetrag (a. F.)

Höchstvolumen	225.000

Pauschbetrag für Erbanfallkosten

- alte Fassung	10.300
- neue Fassung	10.300

Persönliche Freibeträge (§ 16 ErbStG)

Steuerkl.	Personengruppe	Freibetrag a. F.	Freibetrag n. F.
I 1.	Ehegatte	307.000	500.000
I 2.	Kinder und Stiefkinder	205.000	400.000
I 3.	Abkömmlinge der Kinder und Stiefkinder	205.000	200.000
I 4.	Eltern und Voreltern (Erwerb von Todes wegen)	51.200	100.000
II 1.	Eltern und Voreltern (Schenkung)	10.300	20.000
II 2.	Geschwister	10.300	20.000
II 3.	Abkömmlinge ersten Grades von Geschwistern	10.300	20.000
II 4.	Stiefeltern	10.300	20.000
II 5.	Schwiegerkinder	10.300	20.000
II 6.	Schwiegereltern	10.300	20.000
II 7.	geschiedene Ehegatten	10.300	20.000
III 1.	alle übrigen Erwerber	5.200	20.000
	Eingetragene Lebenspartner	5.200	500.000
	Übrige Vermögensübertragungen (außer Erbe oder Schenkung)	1.100	2.000

Versorgungsfreibeträge (§ 17 ErbStG)

Personengruppe	Freibetrag a. F.	Freibetrag n. F.
nicht begünstigt	0	0
Ehegatte	256.000	256.000
Kinder bis 5 Jahre	52.000	52.000
Kinder von 6 bis 10 Jahren	41.000	41.000
Kinder von 11 bis 15 Jahren	30.700	30.700
Kinder von 16 bis 20 Jahren	20.500	20.500
Kinder von 21 bis 27 Jahren	10.300	10.300
Eingetragene Lebenspartner	0	256.000

Mandant: ?? Mandanten-Nr.: ?? Datum: 12.06.2008

C. Gleitender Abzugsbetrag

43 **Beispiel:**

Vater V überträgt seinem Sohn S einen begünstigten Gewerbebetrieb.[11] S wählt die Versteuerung nach dem Grundfall (= Regelverschonung). Der ganze Gewerbebetrieb wird mit folgendem Wert bewertet (= gemeiner Wert):[12]

1. 1.000.000 €
2. 1.250.000 €
3. 3.000.000 €

44 **Lösungshinweise:**

Das Vermögen, welches *nicht* dem Verschonungsabschlag in Höhe von 85 % bzw. 100 % unterliegt, soll grundsätzlich besteuert werden (= unverschontes Vermögen). Bei der Versteuerung nach dem Grundfall (= 85 %ige Verschonung) kommt für den unverschonten Vermögensteil der Abzugsbetrag zur Anwendung. Soweit das unverschonte Vermögen (= verbleibender Wert des Betriebsvermögens) einen Wert in Höhe von 150.000 € übersteigt, mindert die Hälfte des übersteigenden Wertes den Abzugsbetrag (= gleitenden Freibetrag).[13] Der verminderte (= verbleibende) Abzugsbetrag mindert sodann das steuerpflichtige Betriebsvermögen.

Die Berechnung des verbleibenden Abzugsbetrages kann wie folgt vorgenommen werden:

1. Schritt:

Im ersten Schritt wird der gleitende Abzugsbetrag in Höhe von 150.000 € gewährt.

2. Schritt:

Als zweites muss der Wert des schädlichen Betriebsvermögens ermittelt werden. Die Ermittlung erfolgt dadurch, dass vom Wert des begünstigten Vermögens sowohl der Verschonungsabschlag als auch der vollständige Abzugsbetrag (150.000 €) abgezogen werden.

3. Schritt:

Soweit ein übersteigender Wert verbleibt, wird davon die Hälfte als sog. „schädliches Betriebsvermögen" vom (gleitenden) Abzugsbetrag (150.000 €) abgezogen. In Höhe der „schädlichen Hälfte" wird somit der Abzugsbetrag nicht gewährt.

Gleitender Abzugsbetrag
(§ 13a Abs. 2 ErbStG)

1.	Schritt	Abzugsbetrag (= gleitender Freibetrag)		150.000 €
2.	Schritt	schädliches Betriebsvermögen		
		Wert des begünstigten Vermögens		
	./.	Verschonungsmodell (85 %)		
	=	verbleibender Wert des Betriebsvermögens		
	./.	Abzugsbetrag		
	=	verbleibender Betrag (= übersteigender Wert)		
	davon	hälftiger verbleibender Betrag ⇨	./.	schädliches BV
3.	Schritt	verbleibender Abzugsbetrag	=	Restbetrag, min 0 €

© zeitstaerken.de

11 § 13b Abs. 1 Nr. 2 ErbStG.
12 § 109 Abs. 1 Satz 1 BewG i. d. F. ErbStG.
13 § 13a Abs. 2 Satz 2 ErbStG.

Ergebnis: 45

- Gewerbebetrieb mit einem gemeiner Wert von 1.000.000 €

Bei der vorweggenommen Erbfolge (= Schenkung) wird der 85 %ige Verschonungsabschlag in Höhe von (1.000.000 € x 85 % =) 850.000 € gewährt.[14] Damit ist ein verbleibender Wert in Höhe von (1.000.000 € ./. 850.000 € =) 150.000 € grundsätzlich voll steuerpflichtig, *soweit* der gleitende Abzugsbetrag *keine* Auswirkung erzeugt (= Verbrauchsfall[15]). Soweit der gleitende Abzugsbetrag noch nicht verbraucht ist, wird der verbleibende Betrag des begünstigten Vermögen (ebenfalls) freigestellt.

1. Schritt:	**Abzugsbetrag (= gleitender Freibetrag)**				**150.000 €**
2. Schritt:	**schädliches Betriebsvermögen (= Minderung des Abzugsbetrages)**				
	Wert des Betriebsvermögens			1.000.000 €	
	./.	Regelverschonung	85%	-850.000 €	
	=	verbleibender Wert des Betriebsvermögens		150.000 €	
	./.	Abzugsbetrag		-150.000 €	
	=	verbleibender Betrag		0 €	
	davon	hälftiger verbleibender Betrag		0 €	0 €
3. Schritt:	**verbleibender Abzugsbetrag**				**150.000 €**
4. Schritt:	**Ermittlung steuerpflichtiges Betriebsvermögen**				
	Wert des Betriebsvermögens				1.000.000 €
	./.	Regelverschonung	85%		-850.000 €
	=	verbleibender Wert des Betriebsvermögens			150.000 €
	./.	verbleibender Abzugsbetrag			-150.000 €
	=	steuerpflichtiges Betriebsvermögen			**0 €**

- Gewerbebetrieb mit einem gemeiner Wert von 1.250.000 €

Bei der vorweggenommen Erbfolge (= Schenkung) wird der 85 %ige Verschonungsabschlag in Höhe von (1.250.000 € x 85 % =) 1.062.500 € gewährt.[16] Damit ist ein verbleibender Wert in Höhe von (1.250.000 € ./. 1.062.500 € =) 187.500 € grundsätzlich voll steuerpflichtig, *soweit* der gleitende Freibetrag *keine* Auswirkung erzeugt (= Verbrauchsfall[17]). Soweit der gleitende Abzugsbetrag noch nicht verbraucht ist, wird der verbleibende Betrag in Höhe von 187.500 € um einen verbleibenden (gleitenden) Abzugsbetrag in Höhe von 131.250 € gemindert. Der Restbetrag in Höhe von 56.250 € (= steuerpflichtiges Betriebsvermögen) ist wiederum voll steuerpflichtig, soweit die Freistellung nicht durch den Verbrauch des persönlichen Freibetrages oder des Versorgungsfreibetrages eintritt.

14 § 13b Abs. 4 ErbStG.
15 § 13a Abs. 2 Satz 3 ErbStG: einmal in zehn Jahren begünstigtes Vermögen von derselben Person.
16 § 13b Abs. 4 ErbStG.
17 § 13a Abs. 2 Satz 3 ErbStG: einmal in zehn Jahren begünstigtes Vermögen von derselben Person.

1. Schritt:	**Abzugsbetrag (= gleitender Freibetrag)**			**150.000 €**
2. Schritt:	**schädliches Betriebsvermögen (= Minderung des Abzugsbetrages)**			
	Wert des Betriebsvermögens		1.250.000 €	
	./. Regelverschonung	85%	-1.062.500 €	
	= verbleibender Wert des Betriebsvermögens		187.500 €	
	./. Abzugsbetrag		-150.000 €	
	= verbleibender Betrag		37.500 €	
	davon hälftiger verbleibender Betrag		18.750 €	-18.750 €
3. Schritt:	**verbleibender Abzugsbetrag**			**131.250 €**
4. Schritt:	**Ermittlung steuerpflichtiges Betriebsvermögen**			
	Wert des Betriebsvermögens			1.250.000 €
	./. Regelverschonung	85%		-1.062.500 €
	= verbleibender Wert des Betriebsvermögens			187.500 €
	./. verbleibender Abzugsbetrag			-131.250 €
	= steuerpflichtiges Betriebsvermögen			**56.250 €**

- Gewerbebetrieb mit einem gemeiner Wert von 3.000.000 €

Bei der vorweggenommen Erbfolge (= Schenkung) wird der 85 %ige Verschonungsabschlag in Höhe von (3.000.000 € x 85 % =) 2.550.000 € gewährt.[18] Damit ist ein verbleibender Wert in Höhe von (3.000.000 € ./. 2.550.000 € =) 450.000 € grundsätzlich voll steuerpflichtig, *soweit* der gleitende Freibetrag *keine* Auswirkung erzeugt (= Verbrauchsfall[19]). Da der hälftige verbleibende Betrag wertmäßig dem Abzugsbetrag entspricht, ist dieser nicht mehr zu gewähren. Eine Verschonung neben der 85 %igen Freistellung erfolgt somit nicht. Die 450.000 € sind voll steuerpflichtiges Betriebsvermögen und können nur durch den Verbrauch des persönlichen Freibetrages oder Versorgungsfreibetrages steuerentlastet werden.

1. Schritt:	**Abzugsbetrag (= gleitender Freibetrag)**			**150.000 €**
2. Schritt:	**schädliches Betriebsvermögen (= Minderung des Abzugsbetrages)**			
	Wert des Betriebsvermögens		3.000.000 €	
	./. Regelverschonung	85%	-2.550.000 €	
	= verbleibender Wert des Betriebsvermögens		450.000 €	
	./. Abzugsbetrag		-150.000 €	
	= verbleibender Betrag		300.000 €	
	davon hälftiger verbleibender Betrag		150.000 €	-150.000 €
3. Schritt:	**verbleibender Abzugsbetrag**			**0 €**
4. Schritt:	**Ermittlung steuerpflichtiges Betriebsvermögen**			
	Wert des Betriebsvermögens			3.000.000 €
	./. Regelverschonung	85%		-2.550.000 €
	= verbleibender Wert des Betriebsvermögens			450.000 €
	./. verbleibender Abzugsbetrag			0 €
	= steuerpflichtiges Betriebsvermögen			**450.000 €**

18 § 13b Abs. 4 ErbStG.
19 § 13a Abs. 2 Satz 3 ErbStG: einmal in zehn Jahren begünstigtes Vermögen von derselben Person.

Hinweis:

Der Abzugsbetrag fällt bei

- *schädlicher Verwendung innerhalb von sieben Jahren nach dem Eigentümerwechsel **vollständig** weg.*

und

- *einer Überentnahme innerhalb von sieben Jahren nach dem Eigentümerwechsel **für den Betrag der Überentnahme** weg.*

*Ein Verstoß gegen die Lohnsummenklausel hat **keine** Auswirkung auf die Gewährung und Höhe des Abzugsbetrages.*

D. Junges Verwaltungsvermögen / Verwaltungsvermögensanteil

5

I. Junges Verwaltungsvermögen

Beispiel: 46

Der Gewerbebetreibende G überträgt auf seinen Sohn sein Einzelunternehmen (Titisee-Neustadt) mit einem gemeinen Wert in Höhe von 2.950.000 €. Der gemeine Wert wurde unter Anwendung des vereinfachten Ertragswertverfahrens ermittelt. Der Substanz- / Mindestwert beträgt 2.000.000 € und ist damit zu vernachlässigen. Aus Finanzierungsgründen hat G vor 7 Monaten ein Mietwohngrundstück als gewillkürtes Betriebsvermögen mit einem Wert in Höhe von 250.000 € eingelegt. Das Mietwohngrundstück weist am Bewertungs- und Besteuerungsstichtag einen gemeinen Wert in Höhe von 285.000 € auf. Das Mietwohngrundstück, belegen in Titisee-Neustadt, wird ausschließlich zu Wohnzwecken vermietet. Weiteres Verwaltungsvermögen weist der Betrieb *nicht* auf.

Lösungshinweis: 47

Bevor die Entscheidung ansteht, welches Verschonungsmodell angewendet werden soll, ist zu überprüfen, ob nicht

- junges Verwaltungsvermögen

und/oder

- schädliches Verwaltungsvermögen von mehr als 50 % bzw. 10 %

vorliegt.

Soweit junges Verwaltungsvermögen gegeben ist, wird dieses immer unverschont besteuert.

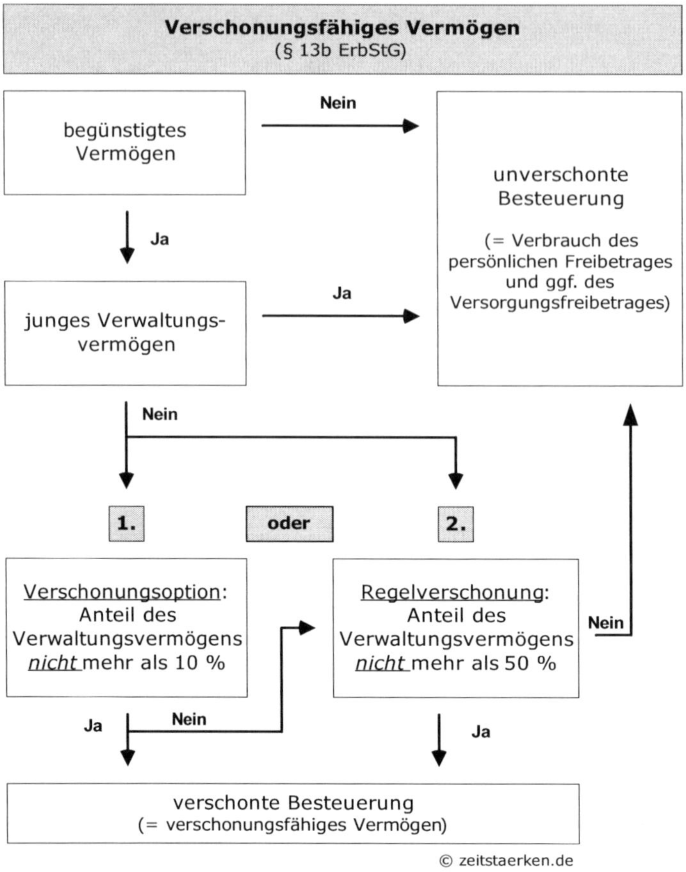

48 **Ergebnis:**

Da das junge Verwaltungsvermögen aus dem begünstigten Vermögen „herausfällt" und ausschließlich Wohnzwecken dient, wird der (neue) Besteuerungsabschlag in Höhe von 10 % gewährt. Entscheidet sich der Schenker G für die Regelverschonung, so wird *nicht nur* das junges Verwaltungsvermögen (285.000 € ./. 28.500 € = 256.500 €) sonder auch der 15 %ige steuerpflichtige Wertanteil (399.750 €) steuerpflichtiges Vermögen. Bei der Entscheidung für die siebenjährige Behaltensfrist und einer Lohnsummenklausel von 650 % muss eine Schenkungsteuer in Höhe von 25.421 € bezahlt werden. Fällt die Entscheidung auf die Verschonungsoption muss eine zehnjährige Behaltensfrist und eine 1000 % Lohnsummenklausel erfüllt werden. Die sofort zu bezahlende Schenkungsteuer beträgt allerdings 0 €.

		junges Verwaltungsvermögen			
		neue Rechtslage			
		85 %iger Verschonungsabschlag		100 %iger Verschonungsabschlag	
Verschonung	gemeiner Wert des begünstigen Vermögens (= vereinfachtes Ertragswertverfahren)		2.950.000		2.950.000
Verschonung	*darin enthalten:*				
Verschonung	junges Verwaltungsvermögen		285.000		285.000
Verschonung	*davon Wohnzweckvermietung*	*100%*			
Verschonung	weiteres Verwaltungsvermögen		0		0
Verschonung	Anteil des Verwaltungsvermögen	10%		10%	
Verschonung	nicht begünstigtes Verwaltungsvermögen		285.000		285.000
Verschonung	verschonungsfähiges Vermögen		2.665.000		2.665.000
Verschonung	Bewertungsabschlag / verschontes Vermögen	85 %	-2.265.250	100 %	-2.665.000
Verschonung	unverschontes Vermögen		399.750		0
	verbleiben (unverschontes Vermögen und Verwaltungsvermögen)		684.750		285.000
Abzugsbetrag	unverschontes Vermögen	399.750		kein Abzugsbetrag	
Abzugsbetrag	Abzugsbetrag (Berücksichtigung Vorverbrauch!)	-150.000			
Abzugsbetrag	verbleibender Betrag	249.750			
Abzugsbetrag	Abzugsbetrag	150.000			
Abzugsbetrag	50 % vom verbliebenen Betrag (max. 150.000)	-124.875			
Abzugsbetrag	verbleibender Abzugsbetrag	25.125	-25.125		
	Besteuerungsabschlag (Wohnzweckvermietung)	Ja · 10%	-28.500		-28.500
	steuerpflichtiges Vermögen		631.125		256.500
	persönlicher Freibetrag	St-Kl. I	-400.000	St-Kl. I	-256.500
	steuerpflichtiger Erwerb		231.125		0
	Abrundung = maßgeblicher stpfl. Erwerb		231.100		0
	Steuersatz / Erbschaft- / Schenkungsteuer	11 %	25.421	11 %	0
	Prüfung des Härteausgleichs		0		0
	festzusetzende Erbschaft- / Schenkungsteuer		**25.421**		**0**

Es sind noch die folgende Punkte zu beachten:

- Bei beiden Verschonungsmodellen wird der persönliche Freibetrag genutzt.
  - Bei der Regelverschonung steht der persönliche Freibetrag für die nächsten zehn Jahre nicht mehr zur Verfügung. Die Übertragung von weiterem Privatvermögen löst sofort Schenkung- oder Erbschaftsteuer aus, soweit nicht gegebenenfalls der Versorgungsfreibetrag Milderung bietet. Bei Verstößen gegen die Erfüllungsauflagen / -fristen steht der persönliche Freibetrag nicht zu Abdeckung zur Verfügung und eine entstehende Nachsteuer ist sicher.
  - Bei der Verschonungsoption wird der persönliche Freibetrag nur anteilig (256.500 €) verbraucht. Der Restbetrag steht sowohl für eine eventuelle Nachsteuer (= Verstoß gegen die Fortführungsklausel, Überentnahmeklausel oder Lohnsummenklausel) als auch für weiters Betriebs- oder Privatvermögen zur Verfügung (400.000 € ./. 256.500 € =) 143.500 €. Gegebenenfalls wird der Versorgungsfreibetrag auch noch gewährt.
- Es empfiehlt sich für die Beratung die Berechnung „Betriebs- und Privatvermögen innerhalb von zehn Jahren“ und „Schattensteuer“ vorzustellen.

II. Verwaltungsvermögen

49 **Beispiel:**

Der Steuerpflichtige S stirbt unerwartet bei einem Autounfall. S hinterlässt seiner Tochter (= Alleinerbin, 32 Lebensjahre) einen 100 %igen Anteil an der Baugesellschaft mbH & Co. KG. Die KG erstellt Immobilien. In den letzten Jahren wurden einige Bauprojekte selbst vermietet. Die KG hat einen gemeinen Wert ermittelt nach dem vereinfachten Ertragswertverfahren in Höhe von 3.150.000 €. Die zwei im Eigentum der KG befindlichen „Bürohäuser", belegen in Freiburg und ausschließlich zu gewerblichen Zwecken vermietet, haben insgesamt einen gemeinen Wert in Höhe von 2.000.000 €.

50 **Lösungshinweis:**

Bevor die Verschonungsmodelle „Regelverschonung" oder „Verschonungsoption" zur Anwendung kommen muss der verhältnismäßige Anteil des Verwaltungsvermögensüberprüft werden.

Berechnungsformel: 50 % bzw. 10 %-Grenze
(§ 13b Abs. 2 Satz 4; Abs. 8 Nr. 3 ErbStG)

Summe der gemeinen Werte der Einzelwirtschaftsgüter des Verwaltungsvermögens (= Einzelbewertung; ohne Abzug von Schulden)	=	%iger Anteil des Verwaltungs-vermögens
gemeiner Wert des Betriebs (= Börsenkurs; Verkaufspreisableitung; vereinfachtes Ertragswertverfahren; andere übliche Bewertungsmethode, Substanzwert [= Mindestwert])		

Wie oben bereits dargestellt (vgl. Schaubild „verschonungsfähiges Vermögen") wird Verwaltungsvermögen nur „unverschont" höchstens mit dem persönlichen Freibetrag oder Versorgungsfreibetrag steuerbefreit. Sobald der Verwaltungsvermögensanteil entweder mehr als 10 % oder mehr als 50 % beträgt, gilt das „Alles-oder-Nichts-Prinzip", d. h. das begünstigte Vermögen ist immer einheitlich ganz verschont (mit Ausnahme des jungen Verwaltungsvermögens) oder ganz unverschont.

51 **Ergebnis:**

Es wird deutlich, sobald der Anteil des Verwaltungsvermögens entweder mehr als 50 % oder mehr als 10 % beträgt, wird *kein* Verschonungsabschlag gewährt. Der persönliche Freibetrag wird verbraucht und steht für spätere innerhalb von zehn Jahren stattfindende Vermögensübertragung auf dieselbe Person *nicht* mehr zur Verfügung. Da *kein* Verschonungsmodell angewendet wird, ist weder die Fortführungs- oder Überentnahme- noch die Lohnsummenklausel zu beachten. Ist durch die Steuerbelastung der Fortbestand der KG gefährdet, kommt eine Steuerstundung (§ 28 Abs. 1 ErbStG) trotzdem in Betracht, da es sich um ertragsteuerrechtliches Betriebsvermögen handelt (= Einzelsachverhaltsentscheidung).

schädliches Verwaltungsvermögen

			neue Rechtslage			
			85 %iger Verschonungsabschlag		100 %iger Verschonungsabschlag	
Verschonung	gemeiner Wert des begünstigten Vermögens (= vereinfachtes Ertragswertverfahren)			3.150.000		3.150.000
	darin enthalten:					
	junges Verwaltungsvermögen			0		0
	davon Wohnzweckvermietung	*100%*				
	weiteres Verwaltungsvermögen			2.000.000		2.000.000
	davon Wohnzweckenvermietung	*0%*				
	Anteil des Verwaltungsvermögen		63%		63%	
	nicht begünstigtes Verwaltungsvermögen			3.150.000		3.150.000
	verschonungsfähiges Vermögen			0		0
	Bewertungsabschlag / verschontes Vermögen		85 %	0	100 %	0
	unverschontes Vermögen					
verbleiben (unverschontes Vermögen und Verwaltungsvermögen)				3.150.000		3.150.000
kein Abzugsbetrag	unverschontes Vermögen		0		kein Abzugsbetrag	
	Abzugsbetrag (Berücksichtigung Vorverbrauch!)		0			
	verbleibender Betrag		0			
	Abzugsbetrag		0			
	50 % vom verbliebenen Betrag (max. 0)		0			
	verbleibender Abzugsbetrag		0	0		
Besteuerungsabschlag (Wohnzweckvermietung)		Nein	10%	0		0
steuerpflichtiges Vermögen				3.150.000		3.150.000
persönlicher Freibetrag			St-Kl. I	-400.000	St-Kl. I	-400.000
steuerpflichtiger Erwerb				2.750.000		2.750.000
Abrundung = maßgeblicher stpfl. Erwerb				2.750.000		2.750.000
Steuersatz / Erbschaft- / Schenkungsteuer			19 %	522.500	19 %	522.500
Prüfung des Härteausgleichs				0		0
festzusetzende Erbschaft- / Schenkungsteuer				**522.500**		**522.500**

E. Neue Schuldenkappung

Beispiel: 52

Vater V verstirbt und Alleinerbin ist seine Tochter T, 32 Jahre alt. T erbt 65 % der Anteile an der X-GmbH. Der gemeiner Wert der X-GmbH, ermittelt nach dem vereinfachten Ertragswertverfahren, beträgt 10.750.000 €, somit entsprechend der Wert des 65 %igen Anteils 6.987.500 €. Der Erbanteil von 65 % enthält einen Anteil am Verwaltungsvermögen der X-GmbH in Höhe von 1.250.000 €, nämlich eine Unterbeteiligung an der Y-GmbH mit einem Beteiligungsverhältnis von 20%. V hatte die Anteile an der X-GmbH, der Kaufpreis betrug 2.500.000 €, fremdfinanziert. Das Anschaffungsdarlehen valutiert am Bewertungs- und Besteuerungsstichtag noch mit 1.350.000 €. Des weiteren erbt T einen privaten Geldbetrag in Höhe von 750.000 € sowie ein Mietwohngrundstück mit einem Grundbesitzwert in Höhe von 520.000 €. Das Anschaffungsdarlehen für das Mietwohngrundstück valutiert am Bewertungs- und Besteuerungsstichtag noch mit 135.000 €.

53 **Lösungshinweise:**

Schulden und Lasten sind nur insoweit anzugsfähig, als sie in wirtschaftlichem Zusammenhang mit steuerpflichtigen Vermögen stehen. Soweit eine Steuerbefreiung greift, muss in Höhe der Steuerverschonung eine Schuldenkappung erfolgen.

Die (neue) Schuldenkappung greift bei:

- (ertrag- und erbschaftsteuerrechtliches) steuerverschontes Betriebsvermögen, freiberufliches Vermögen, Mitunternehmer(teil)anteile und Anteile an Kapitalgesellschaften[20]
- Wohnzweckvermietungsimmobilien[21]

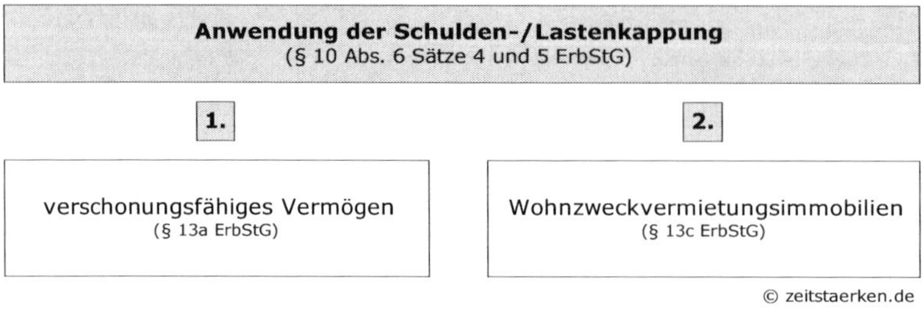

Die Schuldenkappung entspricht dem Verschonungsverhältnis, also dem steuerfreien (steuerverschonten) Anteil am übertragenden Vermögen.

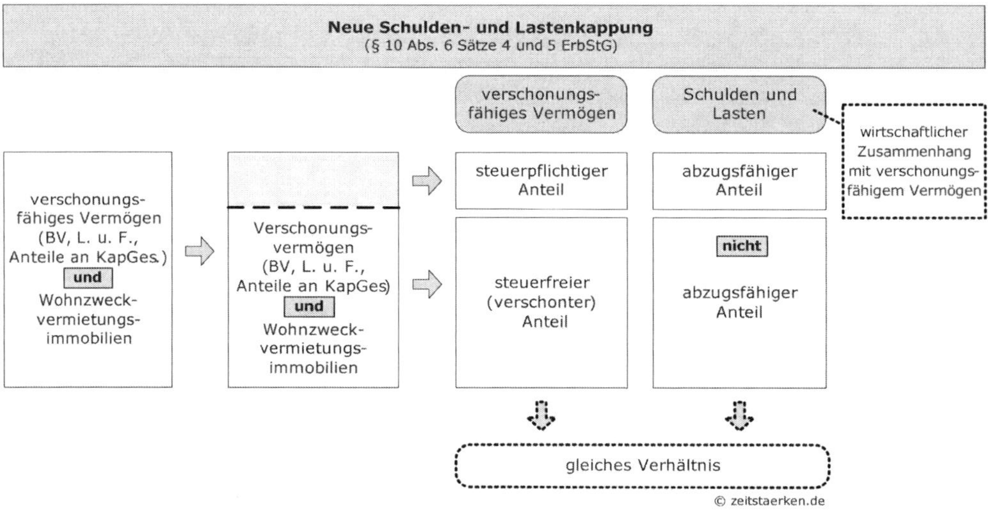

20 § 13a ErbStG
21 § 13c ErbStG; Immobilien, die *nicht* einem Betriebsvermögen zugeordnet werden und Wohnzwecken dienen..

Folgende Formeln können in der täglichen Praxis verwendet werden:

- verschonungsfähiges Vermögen

Schuldenkappung für verschonungsfähiges Vermögen
$$\frac{\text{steuerbares Vermögen ./. (Verschonungsabschlag + gleitender Freibetrag)}}{\text{steuerbares Vermögen}} = \frac{\text{steuerpflichtiges Vermögen}}{\text{steuerbares Vermögen}} = \text{abzugsfähige Schulden und Lasten}$$

- Wohnzweckvermietungsimmobilien

Schuldenkappung für Wohnzweckvermietungsimmobilien
$$\frac{\text{steuerbares Vermögen ./. Besteuerungsabschlag}}{\text{steuerbares Vermögen}} = \frac{\text{steuerpflichtiges Vermögen}}{\text{steuerbares Vermögen}} = \text{abzugsfähige Schulden und Lasten}$$

Ergebnis: 54

Die Berechnung ist dadurch geprägt, dass die (neue) Schuldenkappung hinsichtlich des verschonungsfähigen Vermögens aufgrund der unterschiedlichen Steuerfreistellung der Verschonungsmodelle unterschiedliche Ausprägungen aufweist. Da der gleitende Abzugsbetrag nicht gewährt wird, führt dieser auch *nicht* zu einer (erweiterten) Schuldenkappung. Die (neue) Schuldenkappung für Wohnzweckvermietungsimmobilien ist in beiden Berechnungsmodellen gleich hoch und entspricht jeweils dem 10 %igen Bewertungsabschlag.

neue Schuldenkappung für Anteile an Kapitagesellschaften und Wohnzweckevermietungsgrundstücken

			neue Rechtslage: 85 %iger Verschonungsabschlag		100 %iger Verschonungsabschlag	
	A. Begünstigtes Vermögen					
Verschonung	gemeiner Wert des begünstigten Vermögens (= vereinfachtes Ertragswertverfahren)			6.987.500		6.987.500
Verschonung	*darin enthalten:*					
Verschonung	junges Verwaltungsvermögen			0		0
Verschonung	weiteres Verwaltungsvermögen			1.250.000		1.250.000
Verschonung	Anteil des Verwaltungsvermögen		18%		18%	
Verschonung	nicht begünstites Verwaltungsvermögen			0		0
Verschonung	verschonungsfähiges Vermögen			6.987.500		6.987.500
Verschonung	Bewertungsabschlag / verschontes Vermögen		85 %	-5.939.375	100 %	0
Verschonung	unverschontes Vermögen			1.048.125		6.987.500
	verbleiben (unverschontes Vermögen und Verwaltungsvermögen)			1.048.125		6.987.500
Abzugsbetrag	unverschontes Vermögen		1.048.125		kein Abzugsbetrag	
Abzugsbetrag	Abzugsbetrag (Berücksichtigung Vorverbrauch!)		-150.000			
Abzugsbetrag	verbleibender Betrag		898.125			
Abzugsbetrag	Abzugsbetrag		150.000			
Abzugsbetrag	50 % vom verbliebenen Betrag (max. 150.000)		-150.000			
Abzugsbetrag	verbleibender Abzugsbetrag		0	0		
	B. Privatvermögen					
	Vermietungsimmobilien		520.000			
	Bewertungsabschlag	10%	-52.000	**468.000**		**468.000**
	(Privat-)Geldvermögen		750.000	**750.000**		**750.000**
	C. Nachlassverbindlichkeiten					
	Schulden auf begünstigtes Vermögen	1.350.000				
	außerhalb des gemeinen Wertes	100%			100%	
	davon auf verschontes Vermögen	100%			100%	
	davon steuerverschont	85%			0%	
	abzugsfähige Schulden auf begünstigtes Vermögen		202.500		1.350.000	
	Sonstige Nachlassverbindlichkeiten	135.000				
	davon auf verschontes Vermögen	100%				
	davon steuerverschont	10%				
	abzugsfähige Schulden auf begünstigtes Vermögen		121.500		121.500	
	Pauschbetrag für Erbfallkosten		10.300		10.300	
			334.300	-334.300	1.481.800	-1.481.800
	steuerpflichtiges Vermögen			1.931.825		6.723.700
	persönlicher Freibetrag		St-Kl. I	-400.000	St-Kl. I	-400.000
	steuerpflichtiger Erwerb			1.531.825		6.323.700
	Abrundung = maßgeblicher stpfl. Erwerb			1.531.800		6.323.700
	Steuersatz / Erbschaft- / Schenkungsteuer		19 %	291.042	23 %	1.454.451
	Prüfung des Härteausgleichs			0		0
	festzusetzende Erbschaft- / Schenkungsteuer			**291.042**		**1.454.451**

F. „Schattensteuer“ bei der Behaltensfrist und Lohnsummenklausel

I. Schattensteuer „Behaltensfrist“

Beispiel: 55

Vater V überträgt zu Lebzeiten seinen ganzen Mitunternehmeranteil mit Sonderbetriebsvermögen auf seinen Sohn S, welcher vollständig in die Rechtsposition des Vaters eintritt. Der Mitunternehmeranteil hat einen gemeinen Wert (= Ermittlung nach dem vereinfachten Ertragswertverfahren) in Höhe von 2.750.000 €. In der Beratung wird V nunmehr die unterschiedliche Auswirkung eines Verstoßes gegen die Behaltensfrist veranschaulicht:

- Verkauf im dritten Jahr
- Verkauf im siebten Jahr
- Verkauf im neunten Jahr

Des Weiteren werden noch 200.000 € in bar als „Anschubfinanzierung“ für ein Einfamilienhaus an S geschenkt.

Lösungshinweis: 56

Bei einem Verstoß innerhalb der sieben- oder zehnjährigen Behaltensfrist (= Fortführungsklausel) wird der Verschonungsabschlag anteilig und der gleitende Freibetrag vollständig rückwirkend versagt.

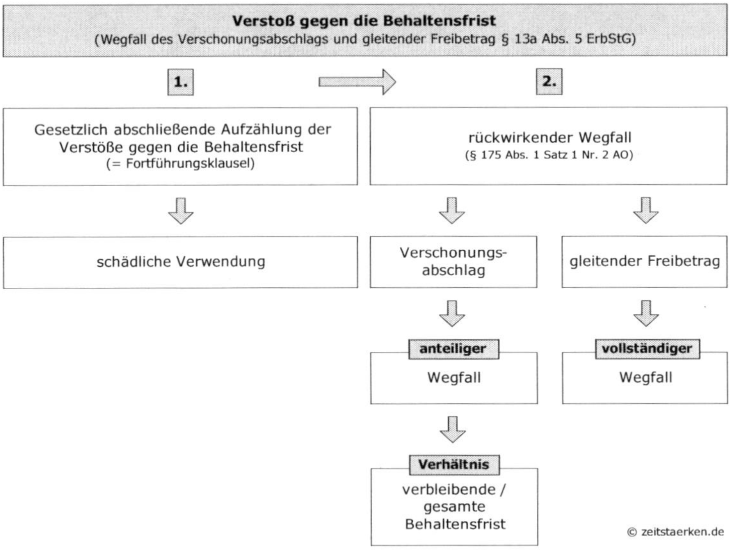

Da u. E. der gleitende Abzugsbetrag nunmehr als gar nicht mehr verwendet gilt, kann die Auffassung obsiegen, dass kein Verbrauch eingetreten ist. Insoweit kann u. E. der gleitende Abzugsbetrag bei einer weiteren Übertragung innerhalb der nächsten zehn Jahren (nochmals) verwendet werden. Für diese Auffassung spricht, dass die einmalige Gewährung innerhalb von zehn Jahren zur Vermeidung von „Aufspaltungen von größeren Zuwendungen[22]“ nicht vorliegt (= Vermeidung von Gestaltungsmissbräuchen).

22 BR-Drucks. vom 4.1.2008, Gesetzentwurf der Bundesgerierung, 4/08, B. Besonderer Teil, zu § 13a, zu Absatz 2, S. 53.

57 Folgende Arbeitsschritte sind erforderlich:

„Schattensteuer" bei einem Verstoß gegen die Behaltensfrist

1. Schritt

Schenkung-/Erbschaftsteuerberechnung mit beiden Verschonungsmodellen

2. Schritt

beispielhafte Festlegung dreier Verstöße

- erster Verstoß innerhalb von sieben und zehn Jahren
- zweiter Verstoß im siebten Jahr
- zweiter Verstoß innerhalb außerhalb sieben aber innerhalb von zehn Jahren

3. Schritt

dreifache Berechnung der Nachsteuer unter Anrechnung bereits gezahlter Steuern

Steuerbelastungsvergleich

Ergebnis: 58

- Steuerberechnung zum Besteuerungszeitpunkt

Schattensteuer "Verstoß gegen die Behaltensfrist"

		neue Rechtslage			
		85 %iger Verschonungsabschlag		100 %iger Verschonungsabschlag	
Verschonung	gemeiner Wert des begünstigten Vermögens (= vereinfachtes Ertragswertverfahren)		2.750.000		2.750.000
	darin enthalten:				
	junges Verwaltungsvermögen		0		0
	davon Wohnzweckvermietung				
	weiteres Verwaltungsvermögen		0		0
	Anteil des Verwaltungsvermögens	0%		0%	
	nicht begünstigtes Verwaltungsvermögen				
	verschonungsfähiges Vermögen		2.750.000		2.750.000
	Bewertungsabschlag / verschontes Vermögen	85 %	-2.337.500	100 %	-2.750.000
	unverschontes Vermögen		412.500		0
	verbleiben		412.500		0
Abzugsbetrag	unveschontes Vermögen	412.500		kein Abzugsbetrag	
	Abzugsbetrag (Berücksichtigung Vorverbrauch!)	-150.000			
	verbleibender Betrag	262.500			
	Abzugsbetrag	150.000			
	50 % vom verbliebenen Betrag (max. 150.000)	-131.250			
	verbleibender Abzugsbetrag	18.750	-18.750		
	(weiteres) Privatvermögen		200.000		200.000
	steuerpflichtiges Vermögen		593.750		200.000
	persönlicher Freibetrag	St-Kl. I	-400.000	St-Kl. I	-200.000
	steuerpflichtiger Erwerb		193.750		0
	Abrundung = maßgeblicher stpfl. Erwerb		193.700		0
	Steuersatz / Erbschaft- / Schenkungsteuer	11 %	21.307	7 %	0
	Prüfung des Härteausgleichs		0		0
	festzusetzende Erbschaft- / Schenkungsteuer		**21.307**		**0**

59 ■ (rückwirkende) Steuerberechnung zum Besteuerungszeitpunkt wegen Verstoß

Durch den Verstoß gegen die Behaltensfrist (= Fortführungsklausel) wird der Verschonungsabschlag zeitanteilig rückwirkend versagt. Das Jahr, in dem der Verstoß statt gefunden hat, wird als erstes vollständig schädliches Jahr qualifiziert. Somit bleiben nur vollständig erfüllte Jahre steuerverschont. Neben dem zeitanteiligen Verschonungsabschlag wird auch der vollständige (gleitende) Abzugsbetrag verwehrt.

Verkauf im 3. Jahr nach der Übertragung

			neue Rechtslage			
			85 %iger Verschonungsabschlag		100 %iger Verschonungsabschlag	
Verschonung	gemeiner Wert des begünstigten Vermögens (= vereinfachtes Ertragswertverfahren)			2.750.000		2.750.000
	darin enthalten:					
	junges Verwaltungsvermögen			0		0
	davon Wohnzweckvermietung					
	weiteres Verwaltungsvermögen			0		0
	Anteil des Verwaltungsvermögen		0%		0%	
	nicht begünstigtes Verwaltungsvermögen					
	verschonungsfähiges Vermögen			2.750.000		2.750.000
	Bewertungsabschlag / verschontes Vermögen		85 %	-2.337.500	100 %	-2.750.000
	Reduzierung Verschonungsabschlag		5/7	1.669.643	8/10	2.200.000
	unverschontes Vermögen			2.082.143		2.200.000
verbleiben				2.082.143		2.200.000
kein Abzugsbetrag	unverschontes Vermögen		2.082.143		kein Abzugsbetrag	
	Abzugsbetrag (**Fallbeileffekt; *kein* Verbrauch**)		0			
	verbleibender Betrag		2.082.143			
	Abzugsbetrag		0			
	50 % vom verbliebenen Betrag (max. 0)		0			
	verbleibender Abzugsbetrag		0	0		
(weiteres) Privatvermögen				200.000		200.000
steuerpflichtiges Vermögen				2.282.143		2.400.000
persönlicher Freibetrag			St-Kl. I	-400.000	St-Kl. I	-400.000
steuerpflichtiger Erwerb				1.882.143		2.000.000
Abrundung				1.882.100		2.000.000
Steuersatz / Erbschaft- / Schenkungsteuer			19 %	357.599	19 %	380.000
Prüfung des Härteausgleichs				0		0
festzusetzende Erbschaft- / Schenkungsteuer				357.599		380.000
bereits bezahlte ErbSt / SchenkSt				-21.307		0
ErbSt- / SchenkSt-Nachzahlung				**336.292**		**380.000**

■ (rückwirkende) Steuerberechnung zum Besteuerungszeitpunkt wegen Verstoß 60

Aufgrund des späteren Verstoßes gegen die Behaltensfrist bleibt ein höherer Anteil an Steuerverschonung bestehen. Die zeitanteilige Kürzung fällt geringer aus. Der (gleitende) Abzugsbetrag fällt trotzdem vollständig weg (= Fallbeil-Effekt).

Verkauf im 7. Jahr nach der Übertragung

		neue Rechtslage			
		85 %iger Verschonungsabschlag		100 %iger Verschonungsabschlag	
Verschonung	gemeiner Wert des begünstigten Vermögens (= vereinfachtes Ertragswertverfahren)		2.750.000		2.750.000
	darin enthalten:				
	junges Verwaltungsvermögen		0		0
	davon Wohnzweckvermietung				
	weiteres Verwaltungsvermögen		0		0
	Anteil des Verwaltungsvermögen	0%		0%	
	nicht begünstigtes Verwaltungsvermögen				
	verschonungsfähiges Vermögen		2.750.000		2.750.000
	Bewertungsabschlag / verschontes Vermögen	85 %	-2.337.500	100 %	-2.750.000
	Reduzierung Verschonungsabschlag	1/7	333.929	4/10	1.100.000
	unverschontes Vermögen		746.429		1.100.000
verbleiben			746.429		1.100.000
Abzugsbetrag	unverschontes Vermögen	746.429		kein Abzugsbetrag	
	Abzugsbetrag (**Fallbeileffekt; *kein* Verbrauch**)	0			
	verbleibender Betrag	746.429			
	Abzugsbetrag	0			
	50 % vom verbliebenen Betrag (max. 0)	0			
	verbleibender Abzugsbetrag	0	0		
(weiteres) Privatvermögen			200.000		200.000
steuerpflichtiges Vermögen			946.429		1.300.000
persönlicher Freibetrag		St-Kl. I	-400.000	St-Kl. I	-400.000
steuerpflichtiger Erwerb			546.429		900.000
Abrundung			546.400		900.000
Steuersatz / Erbschaft- / Schenkungsteuer		15 %	81.960	15 %	135.000
Prüfung des Härteausgleichs			0		0
festzusetzende Erbschaft- / Schenkungsteuer			81.960		135.000
bereits bezahlte ErbSt / SchenkSt			-21.307		0
ErbSt- / SchenkSt-Nachzahlung			**60.653**		**135.000**

61 ■ (rückwirkende) Steuerberechnung zum Besteuerungszeitpunkt wegen Verstoß

Soweit der Verstoß nach Ablauf von sieben Zeitjahren erfolgt, ist die Behaltensfrist für die Regelverschonung bereits erfüllt. Eine Nachsteuer entsteht *nicht* mehr. Da der (gleitende) Abzugsbetrag sich jetzt tatsächlich ausgewirkt hat, gilt dieser auch als verbraucht.

Verkauf im 9. Jahr nach der Übertragung

		neue Rechtslage		
		85 %iger Verschonungsabschlag		100 %iger Verschonungsabschlag
Verschonung				
gemeiner Wert des begünstigten Vermögens (= vereinfachtes Ertragswertverfahren)		2.750.000		2.750.000
darin enthalten:				
junges Verwaltungsvermögen		0		0
davon Wohnzweckvermietung				
weiteres Verwaltungsvermögen		0		0
Anteil des Verwaltungsvermögen	0%		0%	
nicht begünstigtes Verwaltungsvermögen				
verschonungsfähiges Vermögen		2.750.000		2.750.000
Bewertungsabschlag / verschontes Vermögen	85 %	-2.337.500	100 %	-2.750.000
Reduzierung Verschonungsabschlag	0		2/10	550.000
unverschontes Vermögen		412.500		550.000
verbleiben		412.500		550.000
Abzugsbetrag			**kein Abzugsbetrag**	
unverschontes Vermögen	412.500			
Abzugsbetrag (**Fallbeileffekt; *kein* Verbrauch**)	-150.000			
verbleibender Betrag	262.500			
Abzugsbetrag	150.000			
50 % vom verbliebenen Betrag (max. 150.000)	-131.250			
verbleibender Abzugsbetrag	18.750	-18.750		
(weiteres) Privatvermögen		200.000		200.000
steuerpflichtiges Vermögen		593.750		750.000
persönlicher Freibetrag	St-Kl. I	-400.000	St-Kl. I	-400.000
steuerpflichtiger Erwerb		193.750		350.000
Abrundung		193.700		350.000
Steuersatz / Erbschaft- / Schenkungsteuer	11 %	21.307	15 %	52.500
Prüfung des Härteausgleichs		0		0
festzusetzende Erbschaft- / Schenkungsteuer		21.307		52.500
bereits bezahlte ErbSt / SchenkSt		-21.307		0
ErbSt- / SchenkSt-Nachzahlung		0		**52.500**

II. Schattensteuer „Lohnsummenklausel"

62 **Beispiel:**

Vater V vererbt aufgrund eines plötzlichen Todes seinen gesamten Anteil an der X-GmbH in Höhe von 45 % auf seine Alleinerbin Tochter T (32. Lebensjahr).

Die Kapitalgesellschaft hat einen gemeinen Wert (= Ermittlung nach dem vereinfachten Ertragswertverfahren) in Höhe von 2.125.000 €.

Die Erwerbsschulden des Vaters valutieren in Höhe von 475.000 €.

In der Beratung wird V nunmehr die unterschiedliche Auswirkung eines Verstoßes gegen die Lohnsummenklausel simuliert.

T erhält weiterhin 250.000 € in bar.

Folgende Lohnsummen werden beispielsweise ermittelt (= Ausgangslohnsumme) und geschätzt (= Mindestlohnsumme):

Ausgangslohnsumme		
5. Vor-Wirtschaftsjahr	2003	100.000
4. Vor-Wirtschaftsjahr	2004	100.000
3. Vor-Wirtschaftsjahr	2005	100.000
2. Vor-Wirtschaftsjahr	2006	100.000
1. Vor-Wirtschaftsjahr	2007	100.000
Summe		500.000
Durchschnitt		**100.000**

Mindestlohnsummen		
1. Folgejahr (Bewertungsjahr)	2008	100.000
2. Folgejahr	2009	100.000
3. Folgejahr	2010	100.000
4. Folgejahr	2011	75.000
5. Folgejahr	2012	75.000
6. Folgejahr	2013	80.000
7. Folgejahr	2014	55.000
8. Folgejahr	2015	65.000
9. Folgejahr	2016	70.000
10. Folgejahr	2017	80.000

Lösungshinweis: 63

Die folgenden Arbeitsschritte bieten sich für die tägliche Beratungspraxis an:

„Schattensteuer" bei einem Verstoß gegen die Lohnsummenklausel

1. Schritt

Schenkung-/Erbschaftsteuerberechnung mit beiden Verschonungsmodellen

2. Schritt

Berechnung der Ausgangslohnsumme (= Löhne und Gehälter der letzten fünf abgelaufenen Wirtschaftsjahre)

Schätzung fiktiver Mindestlohnsummen der nächsten sieben/ zehn Wirtschaftsjahren

3. Schritt

Ermittlung des Verstoßes gegen die jeweilige Lohnsummenklausel

Berechnung der prozentualen Reduzierung des Verschonungsabschlags

Berechnung der absoluten Reduzierung des Verschonungsabschlags

Neuberechnung der Nachsteuer mit verminderten Verschonungsabschlag

Unveränderbarkeit der Gewährung des gleitenden Abzugsbetrages

Anrechnung der bereits gezahlten Steuer

Steuerbelastungsvergleich

64 **Ergebnis:**

- Steuerberechnung am Bewertungs- und Besteuerungsstichtag

Schattensteuer "Verstoß gegen die Lohnsummenklausel"

		neue Rechtslage			
		85 %iger Verschonungsabschlag		100 %iger Verschonungsabschlag	
Verschonung	gemeiner Wert des begünstigten Vermögens (= vereinfachtes Ertragswertverfahren)		2.125.000		2.125.000
	darin enthalten:				
	junges Verwaltungsvermögen		0		0
	davon Wohnzweckvermietung				
	weiteres Verwaltungsvermögen		0		0
	Anteil des Verwaltungsvermögen	0%		0%	
	nicht begünstigtes Verwaltungsvermögen		0		
	verschonungsfähiges Vermögen		2.125.000		2.125.000
	Bewertungsabschlag / verschontes Vermögen	85 %	-1.806.250	100 %	-2.125.000
	unverschontes Vermögen		318.750		0
verbleiben			318.750		0
Abzugsbetrag	unverschontes Vermögen	318.750		kein Abzugsbetrag	
	Abzugsbetrag (Berücksichtigung Vorverbrauch!)	-150.000			
	verbleibender Betrag	168.750			
	Abzugsbetrag	150.000			
	50 % vom verbliebenen Betrag (max. 150.000)	-84.375			
	verbleibender Abzugsbetrag	65.625	-65.625		
Privatvermögen			250.000		250.000
Nachlassverbindlichkeiten					
1. Schulden auf begünstigtes Vermögen		475.000			
außerhalb des gemeinen Wertes		100%		100%	
davon auf verschontes Vermögen		100%		100%	
davon steuerverschont (verhältnismäßig)		85%		100%	
verbleiben		*71.250*			
davon steuerverschont (betragsm. gleit.		65.625			
abzugsfähige Schulden auf begünstigtes		*5.625*		*0*	
2. Pauschbetrag für Erbfallkosten		10.300		10.300	
		15.925	-15.925	10.300	-10.300
steuerpflichtiges Vermögen			487.200		239.700
persönlicher Freibetrag		St-Kl. I	-400.000	St-Kl. I	-239.700
steuerpflichtiger Erwerb			87.200		0
Abrundung = maßgeblicher stpfl. Erwerb			87.200		0
Steuersatz / Erbschaft- / Schenkungsteuer		11 %	9.592	7 %	0
Prüfung des Härteausgleichs			0		0
festzusetzende Erbschaft- / Schenkungsteuer			**9.592**		**0**

Verstoß gegen die Lohnsummenklausel

65

Verstoß gegen die 650 %ige bzw. 1000 %ige Lohnsummenklausel

2. Schritt: Steuerermittlung

	Jahr	Lohnsumme		Ausgangslohnsummen	
5. Vor-Wirtschaftsjahr	2003	100.000			
4. Vor-Wirtschaftsjahr	2004	100.000			
3. Vor-Wirtschaftsjahr	2005	100.000			
2. Vor-Wirtschaftsjahr	2006	100.000			
1. Vor-Wirtschaftsjahr	2007	100.000			
Summe		500.000			
Durchschnitt		100.000	650 % →	650.000	
			1000 % →		1.000.000
		Lohnsumme			
1. Folgejahr (Bewertungsjahr)	2008	100.000		-100.000	-100.000
2. Folgejahr	2009	100.000		-100.000	-100.000
3. Folgejahr	2010	100.000		-100.000	-100.000
4. Folgejahr	2011	75.000		-75.000	-75.000
5. Folgejahr	2012	75.000		-75.000	-75.000
6. Folgejahr	2013	80.000		-80.000	-80.000
7. Folgejahr	2014	55.000		-55.000	-55.000
8. Folgejahr	2015	65.000			-65.000
9. Folgejahr	2016	70.000			-70.000
10. Folgejahr	2017	80.000			-80.000
verbleibende, nicht erfüllte Ausgangslohnsumme				65.000	200.000
Reduzierung Verschonungsabschlag (in Prozent vom bisherigen Verschonungsabschlag)				**10,0 %**	**20,0 %**
absolute Reduzierung (in Prozent vom gemeinen Wert des Betriebsvermögens)				8,5 %	20,0 %

66 ■ (rückwirkende) Neuberechnung der Steuerbelastung (= Nachsteuerberechnung)

Verstoß gegen die 650 %ige bzw. 1000 %ige Lohnsummenklausel

3. Schritt: Steuerermittlung

				85 %iger Verschonungsabschlag / 650 %ige Lohnsummenklausel			100 %iger Verschonungsabschlag / 1.000 %ige Lohnsummenklausel
Verschonung	gemeiner Wert des begünstigten Vermögens (= vereinfachtes Ertragswertverfahren)			2.125.000			2.125.000
Verschonung	*darin enthalten:*						
Verschonung	junges Verwaltungsvermögen			0			0
Verschonung	*davon Wohnzweckvermietung*						
Verschonung	weiteres Verwaltungsvermögen			0			0
Verschonung	Anteil des Verwaltungsvermögen		0%			0%	
Verschonung	nicht begünstigtes Verwaltungsvermögen			0			0
Verschonung	verschonungsfähiges Vermögen			2.125.000			2.125.000
Verschonung		v. gemeinen Wert	*v. Verschonungsabschlag*		v. gemeinen Wert	*v. Verschonungsabschlag*	
Verschonung	Bewertungsabschlag / verschontes Vermögen	85,0 %	*100,0 %*	-1.806.250	100,0 %	*100,0 %*	-2.125.000
Verschonung	Reduzierung Verschonungsabschlag	-8,5 %	*-10,0 %*	180.625	-20,0 %	*-20,0 %*	425.000
Verschonung		**76,5 %**	*90,0 %*		**80,0 %**	*80,0 %*	
Verschonung	unverschontes Vermögen			499.375			425.000
	verbleiben			499.375			425.000
Abzugsbetrag	unverschontes Vermögen		499.375		kein Abzugsbetrag		
Abzugsbetrag	Abzugsbetrag (*kein* Wegfall)		-150.000				
Abzugsbetrag	verbleibender Betrag		349.375				
Abzugsbetrag	Abzugsbetrag		150.000				
Abzugsbetrag	50 % vom verbliebenen Betrag (max. 150.000)		-150.000				
Abzugsbetrag	verbleibender Abzugsbetrag		0	0			
	Privatvermögen			250.000			250.000
	Nachlassverbindlichkeiten						
	1. Schulden auf begünstigtes Vermögen	475.000					
	außerhalb des gemeinen Wertes	100%			100%		
	davon auf verschontes Vermögen	100%			100%		
	davon steuerverschont (verhältnismäßig)	76,5%			80%		
	verbleiben	*111.625*					
	davon steuerverschont (betragsm. gleit.	0					
	abzugsfähige Schulden auf begünstigtes	*111.625*			*95.000*		
	2. Pauschbetrag für Erbfallkosten	10.300			10.300		
		121.925		-121.925	105.300		-105.300
	steuerpflichtiges Vermögen			627.450			569.700
	persönlicher Freibetrag		St-Kl. I	-400.000		St-Kl. I	-400.000
	steuerpflichtiger Erwerb			227.450			169.700
	Abrundung = maßgeblicher stpfl. Erwerb			227.400			169.700
	Steuersatz / Erbschaft- / Schenkungsteuer		11 %	25.014		11 %	18.667
	Prüfung des Härteausgleichs			0			0
	festzusetzende Erbschaft- / Schenkungsteuer			25.014			18.667
	bereits bezahlte ErbSt / SchenkSt			-9.592			0
	ErbSt- / SchenkSt-Nachzahlung			**15.422**			**18.667**

§ 6 Vermögensübertragungen gegen wiederkehrende Leistungen

A. Neue einkommensteuerrechtliche Grundsätze (JStG 2008)

I. Einleitung

Der Gesetzgeber schränkt die Anwendung der Vermögensübertragungen gegen wiederkehrende Leistungen ein.[1] Die unentgeltliche Übertragung mit Korrespondenzprinzip[2] wird nur noch in folgenden Fällen akzeptiert: 1

- Übertragung eines Betriebs[3], Teilbetriebs[4] oder Mitunternehmer(teil)anteils[5]. Der Betrieb, der Teilbetrieb und auch der Mitunternehmeranteil werden dabei durch ihre funktional wesentlichen und quantitativen Betriebsgrundlagen geprägt. Als Mitunternehmeranteil ist nicht nur ein ganzer sondern auch ein Teil zu verstehen.[6] Der Mitunternehmeranteil umfasst auch das notwendige Sonderbetriebsvermögen.[7]

Hinweis: 2

Die gewerblich geprägte Mitunternehmerschaft[8] ist von der Anwendung ausgeschlossen. Insoweit muss die Mitunternehmerschaft originär tätig sein. Der Tätigkeitsumfang ist unklar![9]

- Übertragung eines mindestens 50 %igen Anteil an einer GmbH[10], *wenn*
  - Tätigkeit des Übergebers als Geschäftsführer

    und
  - Übernahme diese Tätigkeit nach Übertragung durch den Übernehmer

1 Vgl. Seltenreich/Kunze in „Steht die private Vermögensübergabe gegen Versorgungsleistungen vor dem Aus?", ErbStB 2007, 338 ff.
2 Zahlender = Sonderausgabenabzug (§ 10 Abs. 1 Nr. 1a EStG); Geldempfänger = sonstige Einkünfte (§ 22 Nr. 1b EStG).
3 § 10 Abs. 1 Nr. 1a Satz 2 Buchst. b 1. Altern. EStG.
4 § 10 Abs. 1 Nr. 1a Satz 2 Buchst. b 2. Altern. EStG.
5 § 10 Abs. 1 Nr. 1a Satz 2 Buchst. a EStG; land- und forstwirtschaftliche, gewerbliche oder selbständige Tätigkeiten.
6 Wälzholz in „Versorgungsleistungen nach dem Jahressteuergesetz 2008", DStR 2008, 273 ff.
7 Analoge Systematik zu § 6 Abs. 3 EStG; vgl. Wälzholz in „Versorgungsleistungen nach dem Jahressteuergesetz 2008", DStR 2008, 273 ff.
8 § 15 Abs. 3 Nr. 2 EStG.
9 = Mindestens 1 % Umsatzanteil = Wälzholz in „Versorgungsleistungen nach dem Jahressteuergesetz 2008", DStR 2008, 273 ff.; = „sichere Seite" mehr als 10 % Umsatzanteil oder mehr als Gewerbesteuerfreibetrag = Strahl in „Beratungsbrennpunkt Erbschaftsteuerreform (KSp 4), 2008, Tz. E/15d.
10 § 10 Abs. 1 Nr. 1a Satz 2 Buchst. c EStG.

3 **Hinweis:**

*Gesetzlich **nicht** geregelt ist (= ungeklärt):*

- *Ist ein Mindestzeitraum für die Geschäftsführerfunktion des Übergebers zu beachten?*
- *Muss der Vermögensübernehmer einen Mindestzeitraum Geschäftsführer sein?*
- *Reicht es auch aus, wenn der Vermögensübernehmer bereits vor der Übertragung Geschäftsführer war?*

Soweit Anteile an einer GmbH im Betriebsvermögen gehalten werden, entwickeln die Anteile keinen eigenen Prüfungsansatz sondern werden innerhalb der Übertragung eines Betriebs, Teilbetriebs oder Mitunternehmer(teil)anteil einbezogen.

- Übertragung des land- und forstwirtschaftlichen Vermögens nebst Wohnteil[11]

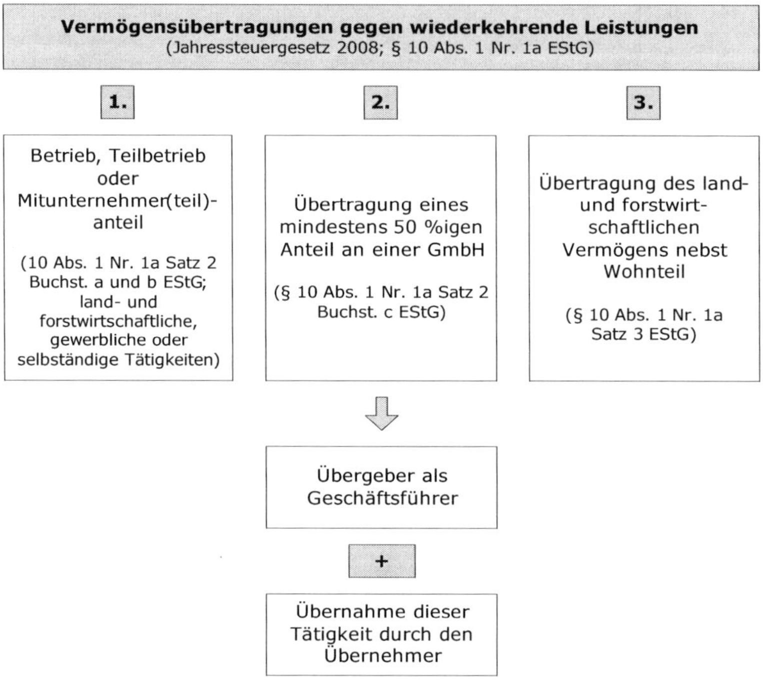

Hinweis:

U. E. werden alle Übertragungen von Anteilen an Aktiengesellschaften damit von den Versorgungsleistungen ausgeschlossen.[12] Inwieweit eine kleine AG, AG, Limited oder SE usw. der GmbH gleichgestellt wird, bleibt im Erlasswege oder Rechtsweg zu klären.

4 Die wiederkehrenden Leistungen dürfen dabei *nicht* mit steuerfreien Einkünften in einem wirtschaftlichen Zusammenhang stehen.[13] Das Korrespondenzprinzip ist (grundsätzlich nur) bei unbeschränkt einkommensteuerpflichtigen Geldempfängern anzuwenden.[14]

11 § 10 Abs. 1 Nr. 1a Satz 3 EStG.
12 Gleichstellend: Wälzholz in "Versorgungsleistungen nach dem Jahressteuergesetz 2008", DStR 2008, 273 ff.
13 § 10 Abs. 1 Nr. 1a Satz 1 EStG.
14 § 10 Abs. 1 Nr. 1a Satz 1 EStG; für Steuerpflichtige, die die erweiterte unbeschränkte Einkommensteuerpflicht beantragen wollen, wird eine Sonderregelung geschaffen (§ 1a Abs. 1 Nr. 1a EStG).

II. Zeitliche Anwendung

Die zeitliche Anwendung wurde nochmals auf den nun folgenden Stand novelliert: 5

- Vertragsabschluss vor dem 1.1.2008:

  Für zivilrechtlich wirksame Versorgungsleistungen ist weiterhin im Korrespondenzprinzip anzuwenden (= Zahlender / Vermögensübernehmer) und steuerpflichtig (= Geldempfänger / Vermögensübertragender), wenn der Vertrag vor dem 1.1.2008 abgeschlossen wurde. Weiterhin ist die Unterscheidung zwischen Rente (= Ertragsanteil) und dauernde Last (= Vollbetrag) gegeben. Bisher begünstigte unentgeltliche Übertragungen gegen wiederkehrende Leistungen bleiben *weiter anwendbar*, *soweit nicht* die **neue Ausnahmeregelung**[15] greift.[16]

  Begünstigte qualifizierte Wirtschaftseinheiten sind/bleiben:

  - Betriebe und Teilbetriebe
  - land- und forstwirtschaftliche Betriebe
  - Mitunternehmeranteile[17]
  - Anteile an Kapitalgesellschaften
  - Wertpapiere und vergleichbare Forderungen[18]
  - typische stille Beteiligungen
  - Geschäfts- oder Mietwohngrundstücke
  - Einfamilienhäuser
  - Eigentumswohnungen

    und
  - verpachtete unbebaute Grundstücke

  Die Finanzverwaltung hat bisher entgegen der Rechtsprechung *nicht* anerkannt

  - ertragsloses Vermögen[19] z. B. Bargeld[20], Hausrat und Kunstgegenstände usw.

    und
  - Vermögen, dessen gesamte Erträge der Übergeber sich mittels eines Nießbrauchs vorbehält[21]

- Vertragsabschluss nach dem 31.12.2007: 6

  Für neue Übergabe- und Versorgungsverträge, d. h. der zivilrechtlich wirksame Vertragsabschluss liegt nach dem 31.12.2007, sind die neuen Regeln anzuwenden: Die Unterscheidung zwischen Renten und dauernden Lasten *fällt weg*. Die Unterscheidung wird also u. E. nur für neue Verträge wegfallen. Abzugsfähig und steuerpflichtig ist dann immer der ganze **Vollbetrag**.

---

15 § 52 Abs. 23e Satz 2 EStG.
16 BMF-Schreiben vom 16.9.2004, IV C 3 – S 2255 – 354/04, BStBl. I 2004, 922, Rz. 10.
17 BMF-Schreiben vom 03.03.2005, IV B 2 S 2241 – 14/05, BStBl. I 2005, 458.
18 Z. B. Festgeld, Bundesschatzbriefe, Sparbuch.
19 BMF-Schreiben vom 16.9.2004, IV C 3 – S 2255 – 354/04, a. a. O., Rz. 12.
20 *Andere Auffassung*: BFH vom 1.3.2005, X R 45/03, BStBl. II 2007,103.
21 BMF-Schreiben vom 16.9.2004, IV C 3 – S 2255 – 354/04, a. a. O., Rz. 12.

Hinweis:

Der vertragliche Verweis auf die Anpassungsnorm (§ 323 ZPO) ist damit entbehrlich! Die Anpassungsnorm entwickelt damit (nur) eine zivilrechtliche Auswirkung, die sich erst bei tatsächlicher Zahlungsänderung im Korrespondenzprinzip auswirkt.

Hinweis:

Gesetzlich ungeregelt ist der Fall, ab welchem Umfang eine Vertragsänderung zu einem Neuvertrag führt. Wichtig vor Änderung eines Altvertrages ist damit, ob die Abzugsfähigkeit fraglich wird und bei Anerkennung der Vollbetrag nicht zu einer Steuer beim Geldempfänger führt.

7 Das **qualifizierte Übertragungsvermögen** wird eingeschränkt.

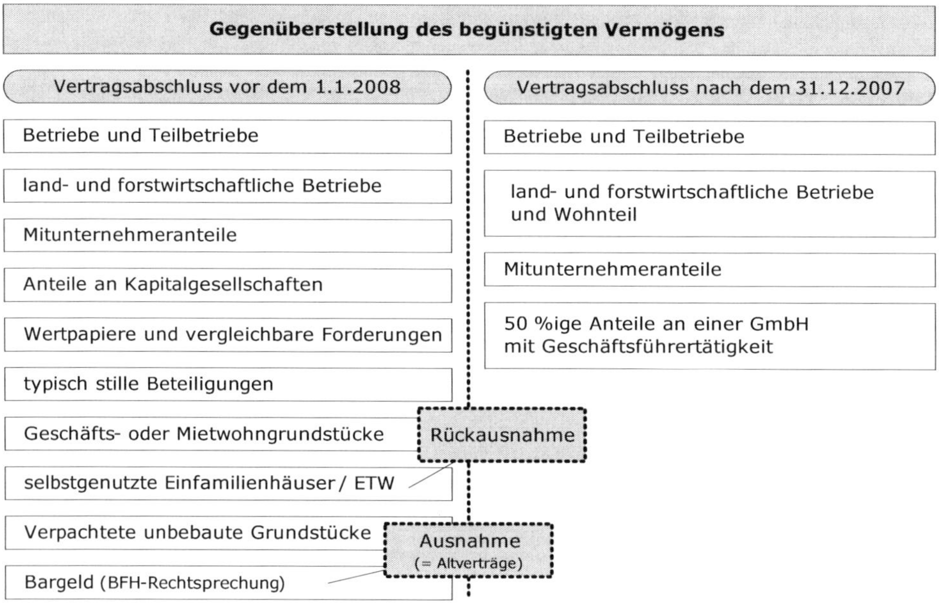

Hinweis:

*U. E. muss nach der derzeitigen engen Auslegung des Gesetzentwurfes die Geschäftsführertätigkeit vom Übertragenden beendet und vom Vermögensempfänger übernommen werden. Soweit ein Restanteil an der GmbH beim Übertragenden verbleibt ist das unschädlich. Seine Geschäftsführertätigkeit kann der Übertragende aber **nicht** weiter ausüben(?).*

III. Neue Ausnahmeregelung

1. Anwendung

8 Die Änderungen der vorweggenommenen Erbfolge bringt eine neue Ausnahmereglung für „**Altverträge**[22]" und eine neue „**Rückausnahme für Altverträge**[23]" mit sich.

22 Vermögensübergabeverträge vor dem 1.1.2008; § 52 Abs. 23e EStG.
23 Vermögensübertragungen vor dem 1.1.2008; § 52 Abs. 23e EStG.

- <u>Ersparte Aufwendungen (Geldübertragungen):</u> 9

  Soweit eine Geldübertragung gegen wiederkehrende Leistungen bisher aufgrund der ersparten Zinsaufwendungen anerkannt wurde, wird dieses für **Alt- als auch Neuverträge** abgeschafft.[24]

- <u>Immobilienübertragung auf die Kinder zur Selbstnutzung:</u> 10

  Soweit Immobilien auf Kinder zur Selbstnutzung übertragen werden, bleibt es bei einer qualifizierten Vermögensübertragung im Korrespondenzprinzip, auch wenn die ersparten (Miet-) Aufwendungen erst die Eigenschaft als existenzsichernde und ertragsbringende Wirtschaftseinheit auslösen (= Rückausnahme der Ausnahme).

  Auch diese Rückausnahme gilt u. E. sowohl für **Alt**- als auch **Neuverträge**.[25]

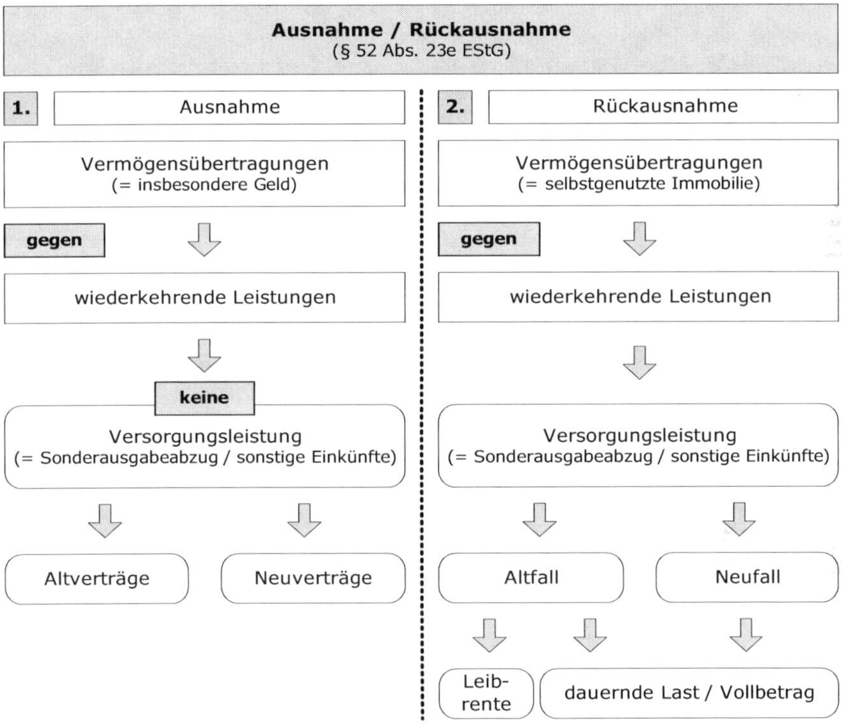

IV. Anwendungsbeispiele

Die folgenden Anwendungsbeispiele zeigen einige Aspekte der Neuregelung auf. 11

Beispiel: Betrieb

Vater V überträgt seinem Sohn S den ganzen Gewerbetrieb. Der Gewerbebetrieb nutzt ein bebautes Grundstück als wesentliche Betriebsgrundlage.

24 § 52 Abs. 23e Satz 2 EStG.
25 § 52 Abs. 23e Satz 2 EStG.

Lösung:

Das bebaute Grundstück muss einkommensteuerrechtlich mit übertragen werden, damit sämtliche wesentliche Betriebsgrundlagen beim Rechtsnachfolger nutzbar sind. Somit werden die einkommen- und schenkungsteuerrechtliche Begünstigung genutzt. Zur Versorgung des Lebens kann S seinem Vater eine vertraglich vereinbarte wiederkehrende Leistung zahlen. Dabei muss sich die Höhe der wiederkehrenden Zahlung an den laufenden Gewinnen des Gewerbetriebs orientieren. Soweit die Zahlungen vom Gewinn des Gewerbebetriebs abgedeckt werden, handelt es sich um eine ausreichend ertragsbringende Wirtschaftseinheit und um Versorgungsleistungen, welche im Korrespondenzprinzip besteuert werden.

12 **Beispiel: Teilbetrieb**

Vater V möchte seiner Tochter einen Teilbetrieb gegen wiederkehrende Leistungen schenken.

Lösung:

Inwieweit ein tatsächlicher Teilbetrieb vorliegt, ist danach zu beurteilen, ob die zu übertragende wirtschaftliche Einheit wirtschaftlich, finanziell und organisatorisch selbständig ist.

Hinweis:

Eine steuerneutrale Einzelwirtschaftsgutübertragung auf eine GmbH & Co. KG wäre möglich!

13 **Beispiel: ganzer Mitunternehmeranteil**

Vater V möchte seinem Sohn S seinen Mitunternehmeranteil an der GmbH & Co. KG übertragen. V überlässt seit Jahren der GmbH & Co. KG ein bebautes Grundstück zur Nutzung (= notwendiges Sonderbetriebsvermögen I).

Lösung:

Da V nach der Mitunternehmeranteilsübertragung *nicht* mehr Mitunternehmer ist, muss das SBV I mit übertragen werden, um eine steuerpflichtige Entnahme des Betriebsgrundstücks zu vermeiden.

Hinweis:

Eine steuerneutrale Einzelwirtschaftsgutübertragung auf eine GmbH & Co. KG wäre möglich!

14 **Beispiel: Anteil an einem Mitunternehmeranteil**

Vater V möchte seinem Sohn S einen Anteil an seinem Mitunternehmeranteil nämlich die Hälfte 50 % an der GmbH & Co. KG übertragen.

V überlässt seit Jahren der GmbH & Co. KG ein bebautes Grundstück zur Nutzung (= notwendiges Sonderbetriebsvermögen I).

Lösung:

Da V nach der Teil-Mitunternehmeranteilsübertragung noch weiterhin Mitunternehmer ist, muss das SBV I *nicht zwingend* mit übertragen werden.

V hat mehrere Entscheidungsvarianten[26]:

- quotenentsprechende Mitübertragung des SBV I (= quotale Übertragung des SBV I)
- volle Mitübertragung des SBV I (= überquotale Übertragung des SBV)
- *keine* Mitübertragung des SBV I (= unterquotale Übertragung)

26 Vgl. BMF-Schreiben vom 3.3.2005, IV B 2 – S 2241 – 14/05, BStBl. I 2005, 458.

Beispiel: Betriebsaufspaltung 15

Vater V überträgt sowohl sein Verpachtungsunternehmen (= Besitzgesellschaft) als auch die 100 %ige Beteiligung an der X-GmbH (= Betriebsgesellschaft) auf seinen Sohn S. V ist Geschäftsführer der X-GmbH. S soll für den Übertragungsakt monatlich 2.000 € an V zahlen.

Lösung:

Im Rahmen der Betriebsaufspaltung übt das Besitzunternehmen eine gewerbliche Tätigkeit aus (= Erfüllung der personellen und sachlichen Verpflichtung). Die Verpachtungsimmobilie und die Anteile an der X-GmbH befinden sich im Betriebsvermögen des Besitzunternehmens. Die Übertragung muss sowohl das Besitz- als auch Betriebsunternehmen umfassen, damit *keine* personelle Entflechtung stattfindet.

U. E. ist es für die Anwendung des Sonderausgabenabzugs ausreichend, wenn

- S mindestens 51 % am Besitz- und Betriebsunternehmen geschenkt bekommt.
- S und V weiterhin als Personengruppe das Besitz- und Betriebsunternehmen beherrschen.
- S die ausgeführte Geschäftsführerstellung von V übernimmt.
- V kann als Angestellter oder Berater weiter für die X-GmbH tätig sein, da *kein* Ausschluss gesetzlich verlangt wird.

Die Zahlungen von S sind sodann als Sonderausgaben[27] abzugsfähig und V hat die Zahlung in voller Höhe als sonstige Einnahmen[28] zu versteuern.

6

Beispiel: Betriebsverpachtung 16

Vater V verpachtet sein Einzelunternehmen (= Gastwirtschaft) an seine Sohn S. V möchte das verpachtete Einzelunternehmen auf seinen Sohn S gegen Zahlung von wiederkehrenden Bezügen (= Versorgungsleistung) übertragen.

Lösung:

Grundsätzlich ist der Verpachtungsbetrieb *nicht* als Gewerbebetrieb anzusehen.[29] Strahl[30] folgend, ist die Betriebsverpachtung im Ganzen dadurch geprägt, dass der Verpächter den Betrieb jederzeit wieder aufnehmen kann. Dieses Wiederaufnehmen gilt damit auch für den Rechtsnachfolger.

Wegen der Zielrichtung der Versorgungsleistung wäre es möglich auch die Betriebsverpachtung im Ganzen zu begünstigen.

Beispiel: Anteile an einer GmbH 17

Vater V ist an verschiedenen Kapitalgesellschaften beteiligt und möchte diese Beteiligungen gegen wiederkehrende Leistungen auf seinen Sohn S übertragen.

Gesellschaft	Beteiligung	Tätigkeit Übertragener	Tätigkeit Übernehmer
■ X-GmbH	50 %	Geschäftsführer	Geschäftsführer
■ Y-GmbH	75 %	Geschäftsführer	*kein* Geschäftsführer
■ Z-GmbH	25 %	*kein* Geschäftsführer	Geschäftsführer

Lösung:

Die einzelnen Übertragungsakte sind *unabhängig* voneinander zu beurteilen:

27 § 10 Abs. 1 Nr. 1a EStG.
28 § 22 Nr. 1 EStG.
29 R 15.7 Abs. 1 Satz 4 EStR.
30 Strahl in „Beratungsbrennpunkt Erbschaftsteuerreform (KSp 4), 2008, Tz. E/15c.

- Die Übertragung der Anteile an der X-GmbH können gegen wiederkehrende Leistungen an S verschenkt werden, da eine mindestens 50 %ige Beteiligung und die Geschäftsführertätigkeit übertragen werden.
- Die Übertragung der Anteile an der Y-GmbH scheiden aus dem Prinzip der Versorgungsleistungen aus, da S nicht als Geschäftsführer tätig wird. U. E. sind die vereinbarten und tatsächlich gezahlten Leistungen als freiwillige Zuwendung *nicht* abzugsfähige Kosten[31] und beim Geldempfänger *nicht* steuerpflichtig.
- Aufgrund der nicht 50 %igen Beteiligung scheidet eine qualifizierte Anteilsübertragung gegen Versorgungsleistungen aus.

18 **Beispiel: teilweise Übertragung von Anteile an einer GmbH**

Vater V ist an der M-GmbH beteiligt und möchte diese Beteiligung gegen wiederkehrende Leistungen auf seinen Sohn S übertragen. Die Beteiligung beträgt 75 %. V möchte 25 % als „Alterseinkünfte" für sich behalten und die Dividendeneinnahmen für das tägliche Leben nutzen. V war als Geschäftsführer der M-GmbH tätig.

Lösung:

U. E. ist eine anteilige Eigentumsübertragung zulässig, soweit der (tatsächlich) zu übertragende Anteil mindestens 50 % beträgt. Weiterhin muss die Geschäftsführertätigkeit von V auf S übergehen. Die weiteren 25 % können unschädlich zurückbehalten werden. Allerdings können diese *nicht* im Rahmen einen begünstigten Übertragung gegen Versorgungsleistungen zukünftig verschenkt werden.

19 **Beispiel: teilweise Übertragung von Anteile an einer GmbH**

Vater V ist an der N-GmbH beteiligt und möchte diese Beteiligungen gegen wiederkehrende Leistungen auf seinen Sohn S übertragen. Die Beteiligung beträgt 80 %. V möchte 20 % weiterhin für sich behalten. V ist als Geschäftsführer der N-GmbH tätig und möchte diese Funktion auch weiterhin ausüben.

Lösung:

U. E. ist eine anteilige Eigentumsübertragung zulässig, soweit der (tatsächlich) übertragene Anteil mindestens 50 % - hier tatsächlich 60 % - beträgt. Weiterhin muss die Geschäftsführertätigkeit von V auf S übergehen. Da V die Geschäftführertätigkeit *nicht* **aufgibt und überträgt**[32], scheidet eine Übertragung gegen Versorgungsleistungen aus.

20 **Beispiel: Wohnteil**

Vater V möchte seinen gesamten land- und forstwirtschaftlichen Betrieb (= Betriebsteil, Betriebswohnungen und Wohnteil) gegen wiederkehrende Leistungen auf seinen Sohn S übertragen.

Lösung:

U. E. kann V den gesamten Betrieb *mit* Wohnteil gegen Versorgungsleistungen übertragen.[33]

V. Gestaltungen

21 Die bereits durchgeführten Geldübertragungen können durch gezielte Maßnahmen „gerettet" werden.

31 § 12 Nr. 2 EStG.

32 „..wenn der Übergeber als Geschäftsführer tätig war und der Übernehmer diese Tätigkeit nach der Übertragung übernimmt."

33 „Satz 2 gilt auch für den Teil der Versorgungsleistungen, der auf den Wohnteil eines Betriebs der Land- und Forstwirtschaft entfällt"; § 10 Abs. 1 Nr. 1a Satz 3 EStG.

Beispiel:

Vater V hat dem Sohn einen Geldbetrag in Höhe von 250.000 € gegen eine dauernde Last in Höhe von (550 € x 12 =) 6.600 € übertragen. S hatte das Geld zur Schuldentilgung (privaten Konsumschulden) mit einem ersparten Zinsaufwand in Höhe von (250.000 € x 3 % =) 7.500 € eingesetzt.

Lösung:

- alte Gesetzeslage -

Der BFH hat die ertragsbringende Wirtschaftseinheit damit begründet, dass die Zinsersparnis höher als die Zahlungsverpflichtung ist. Bisher konnte - mit Widerstand der Finanzverwaltung - die dauernde Last in Höhe von 6.600 € als Sonderausgaben von S abgezogen werden, da eine existenzsichernde und ertragsbringende Wirtschaftseinheit vorlag.[34] V musste die 6.600 € als sonstige Einkünfte versteuern.[35]

- neue Gesetzeslage -

6

Nunmehr scheidet dieser Altvertrag aus der Anwendung des Korrespondenzprinzips aus.[36] Eine Umschichtung des Geldbetrages kann die Abzugsfähigkeit wieder herstellen.

Folgendes gilt dabei zu beachten:

- Soweit die Umschichtung in eine andere wirtschaftliche Einheit noch vor dem 1.1.2008 erfolgt, stehen sämtliche Vermögensarten zur Verfügung. Es liegt eine Umschichtung eines Altvertrages vor.
- Erfolgt die Umschichtung dagegen erst nach dem 31.12.2007, ist ein Abzug der Zahlungen als Sonderausgaben bis zur tatsächlichen erfolgten Umschichtung *nicht* möglich. Weiterhin kann eine Umschichtung nur in Betriebe, Teilbetriebe, Mitunternehmeranteile oder qualifizierte 50 %ige Anteile an Kapitalgesellschaften mit Geschäftsführertätigkeit erfolgen.

Beispiel: Einlage in ein Betriebsvermögen 22

Vater V ist u 30 % an einer X-GmbH beteiligt und weiterhin als Einzelkaufmann tätig. V möchte diese Anteile gegen Zahlung eines wiederkehrenden Bezugs auf seinen Sohn S übertragen.

Lösung:

V legt die Anteile an der X-GmbH als gewillkürtes Betriebsvermögen in das Einzelunternehmen ein. Sodann kann V das Einzelunternehmen gegen wiederkehrende Bezüge begünstigt übertragen. Die Anteile teilen das Schicksal des Betriebs.

Hinweis:

U. E. kann V seinen Sohn auch unentgeltlich in das Einzelunternehmen aufnehmen und somit eine Mitunternehmerschaft begründen (= analoge Systematik zu § 6 Abs. 3 EStG[37]). In diesem Fall wurde dem Sohn ein Mitunternehmerteilanteil übertragen. Auch das Zurückbehalten von Wirtschaftsgütern bei fortdauernder Mitunternehmerstellung von V wäre überlegenswert, da S Gesellschaftsrechte zugesprochen bekommt. Es bleibt abzuwarten, ob die Finanzverwaltung im neuen „Rentenerlass" diese Analogie entwickeln wird.

34 § 10 Abs. 1 Nr. 1a EStG.
35 § 22 Nr. 1a EStG.
36 § 52 Abs. 23e Satz 2EStG.
37 Vgl. Wälzholz in „Versorgungsleistungen nach dem Jahressteuergesetz 2008", DStR 2008, 273 ff.

VI. Unterscheidung: Rente oder dauernde Last

23 Die bisherige Unterscheidung zwischen Leibrente oder dauernde Last entfällt für Neuverträge, die nach dem 31.12.2007 abgeschlossen wurden. Insoweit ist die unterschiedliche Bewertung mit dem Ertragsanteil oder mit dem Vollbetrag ab dem VZ 2008 *nicht* mehr vorzunehmen. Abzugsfähig und steuerpflichtig ist immer der Vollbetrag.

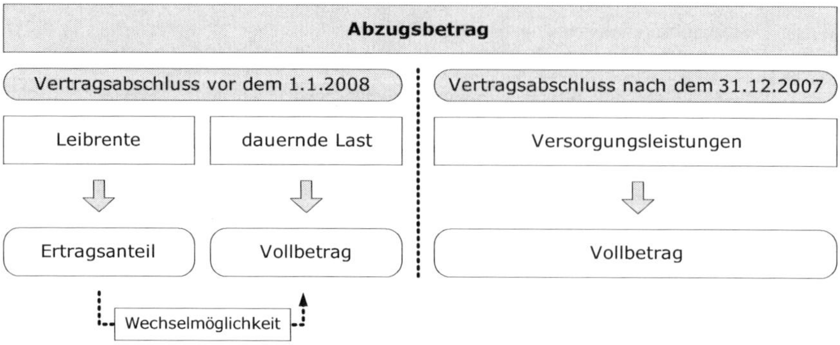

24 **Beispiel: Leibrentenzahlungen**

Vater V erhält von seinem Sohn S für die Vermögensübertragung seines Vermietungsobjektes eine monatliche Leibrente in Höhe von 1.500 €. Nunmehr vollendet V sein 70. Lebensjahr und seine Alterseinkünfte sinken in das steuerfreie Existenzminimum. Der Vermögensübergabevertrag wurde mit Wirkung zum 1.1.2000 abgeschlossen.

Lösung:

Es liegt ein Altvertrag vor. Insoweit bleibt die Unterscheidung zwischen Leibrente und dauernde Last bestehen. Soweit ein höherer Sonderausgabenabzug für den Sohn erreicht werden soll, kann dieses durch eine beiderseitige Vertragsanpassung erfolgen (= Aufhebung des Anwendungsausschlusses § 323 ZPO; Vereinbarung § 323 ZPO). Insoweit kann das steuerfrei gewordene Existenzminimum des Vaters „ausgeschöpft" werden.

VII. Offene Fragen

25 Die Neuregelung birgt einige praktische Probleme mit sich:

- Wie lange muss die Geschäftsführung vom Vermögensübernehmer ausgeführt werden?
- Was geschieht einkommensteuerrechtlich, soweit die Abberufung als Geschäftsführer des Vermögensübernehmers erfolgt?
- Kann der Vermögensübernehmer vor der Vermögensübertragung bereits die Geschäftsführung übernehmen?

Hinweis:

Das „klärende" BMF-Schreiben (= „Rentenerlass") bleibt abzuwarten!

VIII. Neue nicht qualifizierte Vermögensübertragungen

In der Literatur wird kontrovers diskutiert, ob zukünftige Vermögensübertragungen von (nicht mehr) qualifizierten Vermögen dann eine Kaufpreisrate (= Entgeltlichkeit) oder eine Unterhaltsleistung (= Unentgeltlichkeit) auslösen. U. E. handelt es sich für Neufälle bei der Vermögensübertragung von unqualifizierten Vermögen gegen wiederkehrende Leistungen um ein (Teil-)Entgelt. 26

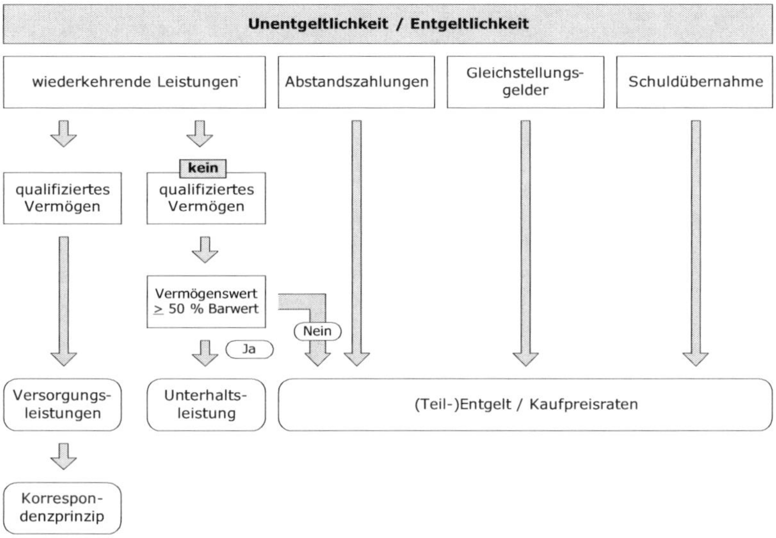

B. Neue erbschaftsteuerrechtliche Grundsätze (ErbStRG 2009)

I. Einleitung

Soweit sich Vermögensübertragung und wiederkehrende Zahlungen gleichwertig gegenüberstehen ist für eine Schenkung *kein* Raum. 27

Hinweis:

Insoweit entspricht die Rechtslage der ertragsteuerrechtlichen Beurteilung.

Ertragsteuerrechtlich ist der subjektive gleichwertige Ansatz der beteiligten Personen ausreichend.[38] Schenkungsteuerrechtlich könnte ein deutliches Missverhältnis – das objektive Verhältnis – zu einer Abweichung führen.[39] Soweit der Wert des übertragenen Vermögens den Kapitalwert der wiederkehrenden Leistungen übersteigt, ist der Übertragungsakt in einen entgeltlichen und unentgeltlichen Teil aufzusplitten.[40] Die Vermögensübertragung ist eine Schenkung, deren

38 BMF-Schreiben vom 16.9.2004, IV C 3 – S 2255 – 354/04, BStBl. I 2004, 922; Rz. 4.
39 H 14 „Missverhältnis von Leistung und Gegenleistung" ErbStH; BFH vom 10.9.1996, II R 81/84, BStBl. II 1987, 80.
40 BFH vom 12.4.1989, II R 37/87, BStBl. II 1989, 524; R 17 Abs. 1 ErbStR.

Umfang bzw. Bemessungsgrundlage jedoch durch den Kapitalwert der wiederkehrenden Leistungen gemindert wird.[41] Die wiederkehrenden Zahlungen sind schenkungsteuerrechtlich – entgegen dem Ertragsteuerrecht – Entgelte, also damit *kein* Bestandteil der Schenkung.

Hinweis:

Die Aufteilung in zwei Teile unterbleibt, wenn ein Betrieb, Teilbetrieb oder Mitunternehmeranteil übertragen wird und die Betriebsschulden (anteilige) übernommen werden.[42] Wenn allerdings ein Betrieb, Teilbetrieb oder Mitunternehmeranteil gegen Versorgungsleistungen übertragen wird, kommt es – entgegen der ertragsteuerrechtlichen Behandlung[43] - zur Aufspaltung.[44]

28 Soweit der Wert des übertragenen Vermögens weniger als die Hälfte des Kapitalwerts der wiederkehrenden Leistungen beträgt, handelt es sich ertragsteuerrechtlich um eine Unterhaltsrente.[45]

Hinweis:

*Nutzungen oder Duldungen sind **keine** Entgelte.[46]*

II. Schenkungen mit wiederkehrenden Leistungen

29 Verpflichtungen zur Zahlung von wiederkehrenden Leistungen im Zuge der vorweggenommenen Erbfolge führen zur (Teil-)Entgeltlichkeit und damit zur anteiligen Bereicherung (= Grundsätze der Schenkung unter Leistungsauflage[47]).

Schenkung unter Leistungsauflage

$$\frac{\text{Steuerwert der Leistung des Schenkers} \times \text{Verkehrswert der Bereicherung des Beschenkten}}{\text{Verkehrswert der Leistung des Schenkers}} = \text{Steuerwert der freigebigen Zuwendung}$$

Hinweis:

*Die einschränkende einkommensteuerrechtliche Anwendung des Rechtsinstituts „Vermögensübergabe gegen Versorgungsleistungen" hat **keine** Auswirkungen auf die Anwendung der Berechnungsformel „Schenkung unter Leistungsauflage"! Die neuen Bewertungsvorschriften führen dazu, dass der Steuerwert der Leistung des Schenkers dem Verkehrswert der Leistung des Schenkers weitestgehend entspricht.*

41 Strahl in „Beratungsbrennpunkt Erbschaftsteuerreform (KSp 4), 2008, Tz. E/22.
42 BFH vom 17.2.1999, II R 67/97, BStBl. II 1999, 476; FinMin-Erlass Niedersachsen vom 24.2.1984, S 3800 – 47 – 34, DB 1984, 588.
43 = zwingender Buchwertansatz, § 6 Abs. 3 Satz 1 EStG.
44 Gebel in Troll/Gebel/Jülicher, Kommentar zum ErbStG, zu § 7 ErbStG, Tz. 220.
45 BMF-Schreiben vom 16.9.2004, IVC 3 – S 2255 – 354/04, BStBl. II 2004, 922, Rz. 1.
46 R 17 Abs. 1 Satz 8 ErbStR.
47 R 17 Abs. 2 ErbStR.

Beispiel: Vorweggenommene Erbfolge mit Rentenzahlung 30

Vater V schenkt seiner Tochter ein Grundstück mit einem Verkehrswert in Höhe von 1.000.000 €. Der neue typisierend ermittelte gemeine Wert beträgt 950.000 €[48]. Die Tochter soll eine Rentenzahlung mit einem Kapitalwert in Höhe von 600.000 € erbringen.

Lösung:

Die Rentenlast führt zu einem entgeltlichen und unentgeltlichen Teil, soweit der Verkehrswert durch den Steuerwert unterschritten wird. Der Verkehrswert der Bereicherung beträgt: (1.000.000 € ./. 600.000 € =) 400.000 €. Der Steuerwert der freigebigen Zuwendung errechnet sich wie folgt:

Schenkung mit Leistungsauflage

$$\frac{950.000 \quad x \quad 400.000}{1.000.000} = 380.000$$

31 Soweit Betriebsvermögen[49] gegen Versorgungsleistungen übertragen wird, kann die Steuerverschonung nur auf den schenkungsteuerrechtlichen unentgeltlichen Teil Auswirkung entfalten.[50] Die Teilentgeltlichkeit war bisher und ist zukünftig *nicht* schädlich für die Verschonung, denn der Vermögensempfänger hat trotzdem den ganzen Betrieb, Teilbetrieb oder Mitunternehmeranteil erworben.[51]

Hinweis:

Das bisherige Abzugsverbot für Versorgungsleistungen betraf Rentenlasten beim Erwerb von Todes wegen.[52]

III. Schenkungen mit Nießbrauchsvorbehalt

32 Vermögensübertragungen (= Schenkungen) mit Nießbrauchsvorbehalt sind anders als die Vermögensübertragungen gegen Versorgungsleistungen zu behandeln. Soweit dem Bedachten die Nutzungen des Schenkungsgegenstandes zeitlich befristet nicht gebühren, weil ein Nutzungsrecht besteht oder im Wege der Schenkung zu bestellen ist, obliegt dem Beschenkten insoweit lediglich eine zeitlich beschränkte Duldungspflicht, die keinen entgeltlichen Vertragsteil begründet (= Nutzungs- oder Duldungsauflage).[53]

Als Bereichung des Bedachten gilt der gesamte Vermögensanfall. Die Belastung durch die Duldungsauflage ist – grundsätzlich – durch Abzug der Last zu berücksichtigen. Die zu vollziehende Auflage (= Last) ist mit dem Kapitalwert zu bewerten.[54] Die Abzugsfähigkeit des Nießbrauchsvorbehalts war bisher eingeschränkt, wenn der Vorteil dem Schenker oder dessen Ehegatten selbst zugute kam.[55] Die auf den Nießbrauchsvorbehalt entfallende Schenkungsteuer wird zinslos ge-

48 Der typisierend ermittelte gemeine Wert liegt innerhalb der Bandbreite von 90 % vom Verkehrswert; vgl. BVerfG vom 7.11.2006, 1 BvL 10/02, BStBl. II 2007, 192.
49 = Betrieb, Teilbetrieb oder Mitunternehmeranteil.
50 Jülicher in Troll/Gebel/Jülicher, Kommentar zum ErbStG, zu § 13a ErbStG, Tz. 15.
51 Strahl in „Beratungsbrennpunkt Erbschaftsteuerreform (KSp 4), 2008, Tz. E/26.
52 § 25 ErbStG; R 17 Abs. 7 Satz 2 ErbStR; R 85 Abs. 1 Satz 1 Nr. 1 ErbStR.
53 R 17 Abs. 1 Satz 8 ErbStR.
54 §§ 13 bis 16 BewG.
55 § 25 Abs. 1 Satz 1 ErbStG.

stundet.[56] Die zinslos gestundete Schenkungsteuer kann mittels Barwert jederzeit bis zum Erlöschen des Nießbrauchsvorbehalts abgelöst werden.[57]

IV. Erwerb von Todes Wegen mit Nießbrauchs- oder Rentenlast

1. Altes Erbschaftsteuergesetz (bis zum 31.12.2008)

33 Wird bei einem Erwerb von Todes wegen eine Nutzungslast[58] zugunsten des Ehegatten des Erblassers vorbehalten, kann diese Nutzungslast bisher *nicht* von der Bemessungsgrundlage der Erbschaft-/ Schenkungsteuer abgezogen werden.[59] Ebenso kann eine Rentenverpflichtung, die zugunsten des Ehegatten des Verstorbenen eingegangen wurde, im Erbfall *nicht* von der Bemessungsgrundlage der Erbschaftsteuer abgezogen werden. Es ist bisher lediglich die Steuer, die auf den Kapitalwert der Belastung entfällt, bis zum Erlöschen der Belastung zinslos zu stunden.[60] Die zinslos gestundete Steuer kann jederzeit auf Antrag mit dem Barwert[61] abgelöst werden.[62]

<table>
<tr><th colspan="4">Abzugsverbot für Nutzungs- und Rentenlasten nach bisherigem Recht
(§ 25 Abs. 1 ErbStG)</th></tr>
<tr><td colspan="2">Nutzungslast</td><td colspan="2">Rentenlast</td></tr>
<tr><td colspan="4">Schenkung</td></tr>
<tr><td colspan="2">zugunsten</td><td colspan="2">zugunsten</td></tr>
<tr><td>Schenker / Ehegatte</td><td>andere Person</td><td>Schenker / Ehegatte</td><td>andere Person</td></tr>
<tr><td>kein
Abzug des Kapitalwerts
+
zinslose Stundung der anteiligen ErbSt</td><td>Steuerwert der Leistung
./.
Kapitalwert der Auflage</td><td colspan="2">Steuerwert der Leistung (in %) =
Verkehrswert der Bereicherung
―――
Verkehrswert der Leistung</td></tr>
<tr><td colspan="4">Erbfall</td></tr>
<tr><td colspan="2">zugunsten</td><td colspan="2">zugunsten</td></tr>
<tr><td>Ehegatte</td><td>andere Person</td><td>Ehegatte</td><td>andere Person</td></tr>
<tr><td>kein
Abzug des Kapitalwerts
+
zinslose Stundung der anteiligen ErbSt</td><td>Steuerwert der Leistung
./.
Kapitalwert der Auflage</td><td>kein
Abzug des Kapitalwerts
+
zinslose Stundung der anteiligen ErbSt</td><td>Steuerwert der Leistung
./.
Kapitalwert der Auflage</td></tr>
</table>

56 § 25 Abs. 1 Satz 2 ErbStG.
57 § 25 Abs. 1 Satz 3 ErbStG.
58 Nießbrauchsvorbehalt.
59 § 25 Abs. 1 Satz 1 ErbStG.
60 § 25 Abs. 1 Satz 2 ErbStG.
61 § 12 Abs. 3 BewG.
62 § 25 Abs. 1 Satz 3 ErbStG.

2. Streichung des Abzugsverbots von Nutzungs- und Rentenlasten

Mit dem Erbschaftsteuerreformgesetz wird das Abzugsverbot für die Nutzungs- und Rentenlasten gestrichen.[63] Somit sind zukünftig Nutzungs- und Rentenlasten, die im Zusammenhang mit Vermögensübertragungen stehen, von der Bemessungsgrundlage abzuziehen. 34

Abzug des Kapitalwerts von Nutzungs- und Rentenlasten nach neuem Recht (Art. 1 Nr. 20 ErbStRG)	
Nutzungslast	Rentenlast
Schenkung	
Steuerwert der Leistung ./. Kapitalwert der Auflage	Steuerwert der Leistung (in %) = Verkehrswert der Bereicherung ――――――――――― Verkehrswert der Leistung
Erbfall	
Steuerwert der Leistung ./. Kapitalwert der Auflage	Steuerwert der Leistung ./. Kapitalwert der Auflage

© zeitstaerken.de

Hinweis:

Der Kapitalwert von lebenslangen Nutzungen wird zukünftig nach aktuellen Sterbetafeln des Statistischen Bundesamtes[64] bestimmt werden.

Haben sich Nutzungsrechte bei der Ermittlung des gemeinen Werts einer wirtschaftlichen Einheit Grundbesitz als Grundstücksbelastung ausgewirkt, dann ist der Abzug dieser Belastung bei der Erbschaftsteuer ausgeschlossen.[65] 35

63 Artikel 1 Nr. 20 ErbStRG.

64 www.destatis.de / Themen / Bevölkerung / Geburten und Sterbetafeln / Tabellen / Aktuelle Sterbetafeln Deutschland; Gleich lautender Ländererlass vom 18.11.2008, Sterbetafel 2005/2007, BStBl. I 2008, 989.

65 § 10 Abs. 6 Satz 6 ErbStG.

<table>
<tr><th colspan="3">Schenkungsteuerrechtliche Behandlung der Schenkung unter Nießbrauchsvorbehalt
(<u>anlehnend:</u> Schäfer/Schlarb „Neues Erbschaftsteuer- und Bewertungsrecht 2009")</th></tr>
<tr><td colspan="2">bisheriges Erbschaftsteuerrecht</td><td>Erbschaftsteuerreform</td></tr>
<tr><td colspan="3">Nießbraucher</td></tr>
<tr><td>Schenker / Ehegatten</td><td>anderer Personen</td><td>aller Personen</td></tr>
<tr><td>1. Bemessungsgrundlage:
Steuerwert der Leistung des Schenkers</td><td colspan="2" rowspan="3">Bemessungsgrundlage:
Steuerwert der Leistung des Schenkers
./.
Kapitalwert des Nießbrauchs
(=Jahreswert der Nutzung [maximal 1/18,6 des Steuerwerts der wirtschaftlichen Einheit] x Vervielfältiger gemäß Lebenserwartung)</td></tr>
<tr><td>2. Zinslose Stundung:
Steuer auf Kapitalwert des Nießbrauchs</td></tr>
<tr><td>3. jederzeitige Ablösung:
Barwert der gestundeten Steuer</td></tr>
</table>

36 **Beispiel: Mietwohngrundstück unter Nießbrauchsvorbehalt**

Vater V schenkt seiner Tochter ein Mietwohngrundstück unter Nießbrauchsvorbehalt. V hat das 65. Lebensjahr vollendet. Nach dem Tod von V soll der Nießbrauch auf seinen Ehefrau F (60 Lj.) bis zu deren Tod fortbestehen.

Für das Mietwohngrundstück ergeben sich folgende Determinanten:

- Grundbesitzwert (= altes Recht; Bedarfswert) 850.000 €
- Gemeiner Wert (= neues Recht; Ertragswertverfahren) 1.450.000 €

Die Jahresnettokaltmiete beträgt im Besteuerungszeitpunkt 70.000 €.

Lösung:

Der Vergleich zwischen dem alten Abzugsverbot und dem neuem Abzugsgebot zeigt, dass die Höherbewertung des Mietwohngrundstücks überkompensiert wird. Der Steuerpflichtige wird damit günstiger besteuert. Da die Ehefrau nur im Fall des Längerlebens den Nießbrauch erhält, ist dieser Nießbrauch aufschiebend bedingt und damit nicht zu berücksichtigen[66].

66 § 4 BewG.

Mietwohngrundstücke unter Nießbrauchsvorbehalt									
altes Recht					neues Recht				
I	**Steuerwert des Grundstücks**			EUR	I	**Steuerwert des Grundstücks**			EUR
	Bedarfswert			850.000		Gemeiner Wert			1.450.000
	Wert der Schenkung			850.000		abzgl. Bewertungsabschlag	10%		-145.000
									1.305.000
II	**Kapitalwert des Nießbrauchs**				II	**Kapitalwert des Nießbrauchs**			
	Jahreswert des Nießbrauchs		70.000			Jahreswert des Nießbrauchs		70.000	
	Höchstbetrag:					*Höchstbetrag:*			
	Steuerwert des Grundstücks	850.000				Steuerwert des Grundstücks	1.450.000		
	davon 1/18.6	45.699	45.699	45.699		davon 1/18.6	77.957	77.957	70.000
	Vervielfältiger (Anlage 9 zu § 14 BewG)		9,019	412.159		Vervielfältiger (Sterbetafel 2006)		11,070	774.900
III	**Schenkungsteuer (ohne Abzug)**								
	Bereicherung			850.000					
	abzgl. persönlicher Freibetrag			-205.000					
	Steuerpflichtiger Erwerb			645.000					
	Schenkungsteuer	I	19%	122.550					
IV	**Schenkungsteuer (mit Abzug)**				III	**Schenkungsteuer (mit Abzug)**			
	Erwerb 2008			850.000		Erwerb 2009			1.305.000
	abzgl. Kapitalwert des Nießbrauchs			-412.159		abzgl. Kapitalwert des Nießbrauchs			-774.900
	Bereicherung 2008			437.841		Bereicherung 2009			530.100
	abzgl. persönlicher Freibetrag			-205.000		abzgl. persönlicher Freibetrag			-400.000
	Steuerpflichtiger Erwerb			232.841		Steuerpflichtiger Erwerb			130.100
	sofort fällige Schenkungsteuer	I	11%	25.613		**sofort fällige Schenkungsteuer**	I	11%	**14.311**
V	**Sofort fällige Schenkungsteuer**			**25.613**					
VI	**Stundungsbetrag**								
	Schenkungsteuer (ohne Nießbrauch)			122.550					
	Schenkungsteuer (mit Nießbrauch)			25.613					
	Stundungsbetrag			96.937					
VII	**Barwertablösung des Stundungsbetrages**								
	Stundungsbetrag			96.937					
	Barwertfaktor		0,473						
	Ablösebetrag			**45.851**					
VIII	**Gesamtsteuer**				VIII	**Gesamtsteuer**			
	Sofort fällige Schenkungsteuer			25.613		Sofort fällige Schenkungsteuer			**14.311**
	Ablösebetrag			45.851					
	Gesamtsteuer			**71.464**					

Der Verzicht auf ein vorbehaltenes Nießbrauchsrecht ist eine (weitere) steuerpflichtige Schenkung.[67] Weiterhin umstritten ist die Höhe der tatsächlich anrechenbaren Steuer bei Vorerwerben mit Abzugsverbot.[68] 37

- Auffassung der Finanzverwaltung:

  Das Anrechnungsvolumen besteht aus der Sofortsteuer und dem Ablösebetrag.[69]

- Auffassung der Rechtsprechung[70]:

  Das Anrechnungsvolumen besteht aus:

  - fiktiver Schenkungsteuer unter Ansatz des Bruttowerts also ohne Abzug der Nutzungs- oder Duldungsauflage[71]

    oder

  - Summe aus Sofortsteuer und Stundungssteuer

67 BFH vom 17.3.2007, II R 3/01, BStBl. II 2004, 429; Koordinierter Ländererlass vom 23.9.2004, 3 – S-3715 / 8, BStBl. I 2004, 939.

68 § 14 Abs. 1 Satz 3 ErbStG i. V. m. § 25 Abs. 1 Satz 3 ErbStG a. F.

69 H 85 Abs. 3 ErbStH.

70 BFH vom 8.3.2006, II R 10/05, BStBl. II 2006, 785..

71 § 14 Abs. 1 Satz 2 ErbStG.

38 **Beispiel: Mietwohngrundstück unter Nießbrauchsvorbehalt**

Vater V hat seiner Tochter T das Mietwohngrundstück unter Nießbrauchsvorbehalt geschenkt.

Fall a) Die Schenkung unterlag dem alten Recht.

Fall b) Die Schenkung unterlag dem neuen Recht.

V verzichtet im Jahr 2010 auf den Nießbrauchsvorbehalt.

Lösung:

Fall a) [Vorschenkung im alten Recht]

Der Kapitalwert des Nießbrauchsrechts ist bisher nicht bei der Ermittlung der Schenkungsteuer abgezogen worden.[72] Um eine Doppelerfassung zu vermeiden, ist bei der Besteuerung des späteren Nießbrauchsverzichts der Kapitalwert des Nießbrauchs zum Zeitpunkt der Grundstücksschenkung vom Kapitalwert des Nießbrauchs zum Zeitpunkt des Verzichts abzuziehen.

Fall b) [Vorschenkung im neuen Recht]

Da der Kapitalwert des Nießbrauchs bei der Vorschenkung mindert angesetzt wurde, wird der Verzicht auf den Nießbrauch *nicht* gemindert.

Nießbrauchsverzicht beim Mietwohngrundstück									
	Fall a) [Vorschenkung im alten Recht]					**Fall b) [Vorschenkung im neuen Recht]**			
I	**Kapitalwert des Nießbrauchs**				**I**	**Kapitalwert des Nießbrauchs**			
	Jahreswert des Nießbrauchs		70.000			Jahreswert des Nießbrauchs		70.000	
	Höchstbetrag:					*Höchstbetrag:*			
	Steuerwert des Grundstücks	1.450.000				Steuerwert des Grundstücks	1.450.000		
	davon 1/18.6	77.957	77.957	70.000		davon 1/18.6	77.957	77.957	70.000
	Vervielfältiger (Sterbetafel 2006))		10,454	731.780		Vervielfältiger (Sterbetafel 2006))		10,454	731.780
II	**Schenkungsteuer (Erbwerb 2010)**				**II**	**Schenkungsteuer (Erbwerb 2010)**			
	Kapital Nießbrauch 2010			731.780		Bereicherung			731.780
	abzgl. Kapitalwert Nießbrauch (altes Recht 2008)			-412.159		abzgl. persönlicher Freibetrag			-400.000
	Bereicherung			319.621		Steuerpflichtiger Erwerb			331.780
	abzgl. persönlicher Freibetrag			-400.000		Schenkungsteuer	I	15%	49.767
	Steuerpflichtiger Erwerb			0					
	Schenkungsteuer	I	19%	0					
III	**Schenkungsteuer (Gesamterwerb)**				**III**	**Schenkungsteuer (Gesamterwerb)**			
	Bereicherung 2008			850.000		Bereicherung 2008			530.100
	Bereicherung 2010			319.621		Bereicherung 2010			731.780
	Gesamtbereicherung (10-Jahres-Zeitraum)			1.169.621		Gesamtbereicherung (10-Jahres-Zeitraum)			1.261.880
	abzgl. persönlicher Freibetrag			-400.000		abzgl. persönlicher Freibetrag			-400.000
	Steuerpflichtiger Erwerb			769.621		Steuerpflichtiger Erwerb			861.880
	sofort fällige Schenkungsteuer	I	19%	146.228		sofort fällige Schenkungsteuer	I	19%	163.757
IV	**Schenkungsteuer auf Vorschenkungen**				**IV**	**Schenkungsteuer auf Vorschenkungen**			
	Bereicherung 2008			850.000		Bereicherung 2008			530.100
	abzgl. verbrauchter pers. Freibetrag			-205.000		abzgl. verbrauchter pers. Freibetrag			-400.000
	steuerpflichtiger Erwerb			645.000		steuerpflichtiger Erwerb			130.100
	fiktive Schenkungsteuer	I	19%	122.550		fiktive Schenkungsteuer	I	11%	14.311
	tatsächlich gezahlte Schenkungsteuer			71.464		tatsächlich gezahlte Schenkungsteuer			14.311
V	**Noch zu zahlende Schenkungsteuer**				**V**	**Noch zu zahlende Schenkungsteuer**			
	Schenkungsteuer auf den Gesamterwerb			146.228		Schenkungsteuer auf den Gesamterwerb			163.757
	abzgl. bereits gezahlte Schenkungsteuer			-122.550		abzgl. bereits gezahlte Schenkungsteuer			-14.311
	noch zu zahlende Schenkungsteuer			23.678		noch zu zahlende Schenkungsteuer			149.446
VI	**Gesamtsteuerbelastung**				**VI**	**Gesamtsteuerbelastung**			
	endgültige Schenkungsteuer 2010			23.678		endgültige Schenkungsteuer 2010			149.446
	Schenkungsteuer 2008 (mit Barablösung)			71.464		Schenkungsteuer 2008 (mit Barablösung)			14.311
	Gesamtsteuer			**95.142**		Gesamtsteuer			**163.757**

72 § 25 Abs. 1 Satz 1 ErbStG a. F.

§ 7 Hilfen für die Praxis

A. Checklisten

Die nachstehenden Checklisten sollen die Arbeit in der täglichen Praxis erleichtern und einen schnellst mögliche Einstieg in die Bearbeitung gewährleisten.[1] 1

Nr.	Betriebsvermögen	erledigt
A.	Ist verschonungsfähiges Betriebsvermögen gegeben?	2
1.	Übertragung von Gewerbebetrieb?	
	Liegt ertragsteuerrechtlich inländisches oder europäisches[2] Betriebsvermögen vor? ■ Einzelunternehmen (§ 15 Abs. 1 Nr. 1 EStG) ■ Mitunternehmerschaft (§ 15 Abs. 1 Nr. 2, Abs. 3 EStG)	 □ □
	Wenn nein, ist zu prüfen, inwieweit für die Zukunft – Ablauf der Zwei-Jahres-Frist für junges Verwaltungsvermögen - ertragsteuerrechtliches Betriebsvermögen erzeugt werden kann.	
	Wenn ja, sind die folgenden Schritte zu beachten:	
	Wird bei der Übertragung des Mitunternehmeranteils der Ganze oder ein Teil der Gesellschafterstellung übertragen?	
	Werden sämtliche funktionalen und quantitativen Betriebsgrundlagen übertragen?	
	Ist freiberufliches Vermögen (§ 18 EStG) in Form einer Praxis oder Praxisgemeinschaft gegeben?	
	Wenn nein ist zu prüfen, ob deshalb kein freiberufliches Vermögen vorliegt, weil der Vermögensübernehmer die notwendige berufliche Qualifikation anstrebt aber noch nicht erfüllt?	
	Wenn ja ist zu prüfen, ob die vorliegende Betriebsverpachtung für längstens 10 Jahre (= ab Vollendung des 18. Lebensjahres des Vermögensempfängers) vereinbart wurde (vgl. Öffnungsklauseln)?	
2.	Übertragung von land- und forstwirtschaftlichem Vermögen?	
	Ist ein inländischer oder europäischer[3] land- und forstwirtschaftlicher Betrieb gegeben?	
	Wenn nein, erfolgt <u>*keine*</u> Verschonung für land- und forstwirtschaftliches Vermögen.	
	Wenn ja, sind die folgenden Schritte zu beachten:	
	Werden Grundstücke zu land- und forstwirtschaftlichen Zwecke selbst bewirtschaftet?	
	Wenn ja, wird die Verschonung gewährt.	
	Wenn nein, ist die Verschonung nicht gegeben.	
3.	Übertragung von Anteilen an Kapitalgesellschaften?	

1 Aufgrund der Aktualität erheben die Checklisten keinen Anspruch auf Vollständigkeit.
2 Mitgliedsstaat der Europäischen Union oder EWR-Staat.
3 Mitgliedsstaat der Europäischen Union oder EWR-Staat.

Nr.	Betriebsvermögen	erledigt
	Beträgt die Beteiligung des Schenkers/Erblassers an der Kapitalgesellschaft im Besteuerungszeitpunkt mehr als 25 %?	
	Wenn ja, ist eine Verschonung möglich, wenn das Verwaltungsvermögen 50 % bzw. 10 % *nicht* übersteigt.	
	Wenn nein, ist zu prüfen, ob ein Stimmrechtsbündel / -pool vorliegt? Durch die Addition der gebündelten Anteile kann insoweit die Mindestbeteiligung von mehr als 25 % erreicht werden.	
	Liegt durch ein Stimmrechtsbündel ein Anteil von > 25 % vor?	
	Wenn ja (= Beteiligung durch Stimmrechtsbündel > 25 %), ist eine Verschonung möglich, wenn das Verwaltungsvermögen 50 % bzw. 10 % *nicht* übersteigt.	
	Wenn nein (= kein Stimmrechtsbündel oder ≤ 25 %), erfolgt *keine* Verschonung für Übertragung von Anteilen an Kapitalvermögen.	
4.	Zusammenfassung: ■ Betriebsvermögen ___________ € ■ Mitunternehmer(teil)anteile ___________ € ■ Freiberufliches Vermögen ___________ € ■ Land- und forstwirtschaftliches Vermögen ___________ € ■ Anteile an Kapitalgesellschaften ___________ € ■ Summe ___________ €	
3 B.	**Wird einer der beiden Verschonungsabschläge (85 % oder 100 %) für Betriebsvermögen gewährt?**	
	Liegt verschonungsfähiges Vermögen vor, ist zu prüfen, inwieweit ■ schädliches junges Verwaltungsvermögen vorliegt? *und/oder* ■ schädliches Verwaltungsvermögen (mehr als 50 % bzw. 10 %) vorliegt? ■ Die 50 %-Grenze ist bei der Regelverschonung (85 %) anzuwenden. ■ Die 10 %-Grenze ist bei der Verschonungsoption (100 %) anzuwenden.	
	Wann liegt schädliches Verwaltungsvermögen vor?	
1.	Wurde Verwaltungsvermögen innerhalb der letzten zwei Jahre vor dem Besteuerungszeitpunkt in das Betriebsvermögen eingelegt?	
	Wenn ja, liegt schädliches „junges“ Verwaltungsvermögen vor, für das die Verschonung ausgeschlossen ist. Das junge Verwaltungsvermögen wird selbständig bewertet und versteuert. Es kann höchstens durch den Verbrauch des persönlichen Freibetrages oder Versorgungsfreibetrag eine Steuerbelastung vermieden werden. Ob eine Steuerstundung möglich ist, soweit die entstehende Steuer die Existenz des Betriebs bedroht, ist Einzelsachverhaltentscheidung.	

Nr.	Betriebsvermögen	erledigt
	Wenn nein, liegt <u>*kein*</u> schädliches Verwaltungsvermögen vor, wenn die Grenze von 50 % bzw. 10% <u>*nicht*</u> überschritten wird.	
2.	Liegt Verwaltungsvermögen vor?	
	▪ Dritten zur Nutzung überlassene Grundstücke usw.?	☐
	▪ Anteile an Kapitalgesellschaften im Betriebsvermögen mit einer Beteiligung von 25 % oder weniger?	☐
	▪ Anteile an Gesellschaften im Betriebsvermögen mit einer Beteiligungsquote von mehr als 25 %, wenn diese Gesellschaft schädliches Verwaltungsvermögen von mehr als 50 % hat?	☐
	▪ Wertpapiere und vergleichbare Forderungen	☐
	<u>*und/oder*</u>	
	▪ Kunstgegenstände und Sammlungen, die nicht dem Hauptzweck des Unternehmens dienen	☐
	Wenn nein, ist die Verschonung möglich.	
	Wenn ja, sind die Öffnungsklauseln zu prüfen.	
3.	Liegt eine Rückausnahme bei Dritten zur Nutzung überlassenen Grundstücken vor (= sog. Öffnungsklausel)?	
	▪ Grundstücke, die im Rahmen einer Betriebsaufspaltung vom Besitz- an das Betriebsunternehmen überlassen werden und der Vermögensempfänger in diese Rechtsposition eintritt. Dabei werden die Personen, die sowohl am Besitz- als auch am Betriebsunternehmen beteiligt sind, zusammen addiert (= Anwendung der Personengruppentheorie).	☐
	▪ Grundstücksüberlassungen aus dem Sonderbetriebsvermögen an die Mitunternehmerschaft, wenn der Vermögensempfänger in diese Rechtsposition eintritt.	☐
	▪ Gewerbliche oder freiberufliche unbefristete Betriebsverpachtung im Ganzen, soweit noch <u>*keine*</u> Aufgabeerklärung vom Schenker/Erblasser ausgesprochen wurde Dabei muss der Verpächter den Pächter als Erben eingesetzt haben. Die Verpachtung an Dritte erfolgt längstens für 10 Jahre und nur, weil der Vermögensempfänger noch nicht die notwendige berufliche Qualifikation besitzt.	☐
	▪ Grundstücksüberlassungen innerhalb eines Konzerns. Dabei müssen Überlassungs- und Nutzungsgesellschaft zu demselben Konzern (§ 4h EStG) gehören.	☐
	▪ Die überlassenen Grundstücke usw. gehören zum (gesamthänderisch gebundenen) Betriebsvermögen eines Einzelunternehmens oder einer Personengesellschaft / Kapitalgesellschaft, deren wirtschaftlicher Geschäftsbetrieb mit Hauptzweck „Vermietungen von Wohnungen (§ 181 Abs. 9 BewG)“ besteht.	☐
	<u>*und/oder*</u>	
	▪ Land- und forstwirtschaftliche Nutzung des (weiteren) Dritten.	☐

Nr.	Betriebsvermögen	erledigt
	Wenn ja, ist das überlassene Grundstück zum Elementar-Betriebsvermögen zuzuordnen.	
	Wenn nein, ist das zur Nutzung überlassene Grundstück Verwaltungsvermögen. Die Einhaltungsprüfung der 50 %- bzw. 10 %igen Schädlichkeitsgrenze ist notwendig.	
4.	Erfolgt *eine* Weiterüberlassung des Grundstücks im Rahmen der Rückausnahmen (= sog. Öffnungsklauseln) an einen fremden Dritten?	
	Wenn ja, ist das Grundstück trotzdem (wieder) Verwaltungsvermögen. Die Einhaltungsprüfung der 50 %- bzw. 10 %igen Schädlichkeitsgrenze ist notwendig.	
	Wenn nein, greift die Öffnungsklausel und das Grundstück gehört zum Elementar-Betriebsvermögen.	
5.	Wird der Grenzwert von 50 % bzw. 10 % überschritten? (= Verhältnis: gemeiner Wert des Verwaltungsvermögens zum gemeinen Wert des begünstigten Vermögen)	
	Wenn ja, ist *keine* Verschonung des übertragenen Betriebsvermögens möglich. Das übertragende Betriebsvermögen kann (dann nur noch) durch den Verbrauch des persönlichen Freibetrages oder dem Versorgungsfreibetrag steuerfrei gestellt werden.	
	Wenn nein, ist die Verschonung des übertragenen Betriebsvermögens möglich.	
4 **C.**	**Welche Verschonungsoption soll gewählt werden?**	
1.	Welche Verschonung wird ausgewählt?	
	■ Regelverschonung (= 1. Option; „7/15"-Option)	☐
	■ Verschonungsoption (= 2. Option; „10/0"-Option)	☐
2.	Folgende Schritte sind bei der Beratung dringend zu beachten:	
	■ Berechnung einer sog. „Schattensteuer" für den Fall des Verstoßes gegen die Lohnsummenklausel oder Behaltensfrist.	
	■ Besprechung der sieben- oder zehnjährigen Behaltensfrist mit dem Mandanten.	
	■ Besprechung der 650 %igen bzw. 1000 %igen Lohnsummenklausel mit dem Mandanten.	
	■ Erörterung der bestehenden Möglichkeit die Prüfung der Lohnsummenklausel in das Jahresabschlussgespräch mit aufzunehmen (= jährliche Abweichungskontrolle).	
	■ Zur Überprüfung der Pflichten (= Lohnsummenklausel und Behaltensfrist): ■ Bestimmung des Besteuerungsstichtages ■ Berechnung des Fristlaufs *und* ■ Eintrag ins Fristenkontrollbuch.	
5 **D.**	**Abzugsbetrag (= gleitender Freibetrag)**	
1.	Ist der Abzugsbetrag von derselben Person innerhalb der letzten zehn Jahre für Erwerbe bereits verbraucht worden?	
	Wenn ja, ist eine weitere Inanspruchnahme des Abzugsbetrages nicht mehr möglich.	
	Wenn nein, ist eine Inanspruchnahme des Abzugsbetrages möglich.	

Nr.	Betriebsvermögen	erledigt
2.	Folgendes ist bei der Ermittlung des Abzugsbetrages zu beachten:	
	■ Betriebsvermögen / Mitunternehmer(teil)anteile / > 25 % Anteile an einer Kapitalgesellschaft bleiben somit bis zu einem gemeinen Wert in Höhe von 1.000.000 € gänzlich steuerfrei (= 85 % Regelverschonung + 150.000 € Abzugsbetrag; 100 % Verschonungsoption)	
	■ Der Abzugsbetrag in Höhe von 150.000 € kommt nur bei der Regelverschonung von 85 % zum Ansatz!	
	■ Soweit der Wert des Betriebsvermögen den Wert von ■ 1.000.000 € übersteigt, mindert sich der Abzugsbetrag. ■ 1.000.000 € überschreitet aber nicht mehr 3.000.000 € beträgt, wird der Abzugsbetrag anteilig gewährt. ■ 3.000.000 € übersteigt, wird der Abzugsbetrag *nicht* gewährt.	

7

Nr.	Welche Unterlagen benötigen Sie für die Lohnsummenklausel, Behaltensfrist und zur Ermittlung einer sog. „Schattensteuer"?	erledigt
A.	Ist die Lohnsummenklausel anzuwenden und wenn ja, welche Unterlagen und Berechnungen werden benötigt?	
1.	Hat der Betrieb (= Einzelunternehmen, Mitunternehmerschaft oder Kapitalgesellschaft) mehr als 10 Beschäftigte?	
	Wenn nein, ist die Lohnsummenklausel *nicht* anzuwenden!	
	Wenn ja, ist die Lohnsummenklausel entweder sieben- oder zehnjährig in Höhe von 650 % bzw. 1000 % zu erfüllen.	
2.	Wie hoch sind die Löhne und Gehälter der letzten fünf abgelaufenen Wirtschaftsjahre (= Ausgangslohnsumme)?	
	Beträgt die Ausgangslohnsumme 0 €, ist die Lohnsummenklausel *nicht* anzuwenden!	
3.	Als Löhne und Gehälter sind zu erfassen: ■ Löhne + Gehälter + andere Bezüge + Vorteile ■ alle Geld- und Sachleistungen ■ Arbeitnehmer-Sozialbeträge ■ Einbehaltene und abgeführte Lohn- und Zuschlagssteuer ■ Sondervergütungen, Prämien, Gratifikationen, Abfindungen, Zuschüsse zu Lebenshaltungskosten, Familienzulagen, Provisionen, Teilnehmergebühren und vergleichbare Vergütungen ■ außer Ansatz: Leiharbeiter + Arbeitnehmer, die nicht ausschließlich oder überwiegend in dem Betrieb tätig sind	 ☐ ☐ ☐ ☐ ☐
4.	Weist das Unternehmen eine unmittelbare oder mittelbare Unterbeteiligung an einer Personen- oder Kapitalgesellschaft[4] von mehr als 25 % aus?	

6

4 Mit Sitz im Inland, Mitgliedsstaat der Europäischen Union oder EWR-Staat.

Nr.	Welche Unterlagen benötigen Sie für die Lohnsummenklausel, Behaltensfrist und zur Ermittlung einer sog. „Schattensteuer"?	erledigt
	Wenn nein, sind die Löhne und Gehälter der Untergesellschaft *nicht* in die Lohnsummenklausel einzubeziehen.	
	Wenn ja, erhöhen die Löhne und Gehälter der Untergesellschaften die Ausgangslohnsumme zu dem Anteil, zu dem die Beteiligung besteht.	
7 B.	**Wie ist die Behaltensfrist zu kontrollieren?**	
	Haben Sie Ihren Mandanten schriftlich mitgeteilt, dass die folgenden Geschäftsvorfälle steuerschädlich (= Nachversteuerung) sind?	
	■ Verkauf oder Beendigung der betrieblichen oder land- und forstwirtschaftlichen Betätigung / Beteiligung an eine Personen- oder Kapitalgesellschaft	☐
	■ Verkauf von wesentlichen Betriebsgrundlagen und betriebsfremde Verwendung des Erlöses	☐
	■ Liquidation der Kapitalgesellschaft	☐
	■ Nennkapitalherabsetzung bei der Kapitalgesellschaft	☐
	■ Verkauf der betrieblichen Betätigung nach einer vorherigen Umwandlung gleichgültig aus welcher Rechtsform heraus	☐
	■ Aufhebung des Stimmrechtsbündels /-pools	☐
	■ Überentnahme / Übergewinnausschüttung	☐
8 C.	**Wurde Ihr Mandant über die Überentnahmeregelung / Überausschüttung informiert?**	
	Wenn nein, ist dem Mandanten mitzuteilen, dass die Summe seiner Entnahmen, bezogen auf einen sieben bzw. zehnjährigen Zeitraum, den Unschädlichkeitsbetrag nicht übersteigen darf. Dasselbe Prinzip gilt bei der Übertragung von Anteilen an einer Kapitalgesellschaft.	
	Der Unschädlichkeitsbetrag setzt sich zusammen aus: ■ Gewinn im Überprüfungszeitraum ■ Einlagen im Überprüfungszeitraum ■ 150.000 € Unschädlichkeitsbetrag	
	Wenn ja, wurde der Überprüfungstermin mit dem Mandanten abgestimmt.	
	Wenn ja, wurde der Überprüfungstermin in das Fristenkontrollbuch /-programm eingetragen.	
D.	**Wie ist die sog. „Schattensteuer" als Beratungsaspekt zu berechnen?**	
1.	Nachsteuer wegen Verstoß gegen die Lohnsummenklausel	
a)	Ermittlung der Ausgangslohnsumme.	
b)	Schätzung des Verlaufs der Mindestlohnsumme.	

Nr.	Welche Unterlagen benötigen Sie für die Lohnsummenklausel, Behaltensfrist und zur Ermittlung einer sog. „Schattensteuer"?	erledigt
c)	Berechnung der prozentualen Abweichung zur ■ 650 %igen Lohnsummenklausel (Lohnsummenfrist sieben Jahre) oder ■ 1000 %igen Lohnsummenklausel (Lohnsummenfrist zehn Jahre)	
d)	In Höhe der prozentualen Abweichung wird der 85 %ige bzw. 100 %ige Verschonungsabschlag gekürzt.	
2.	Nachsteuer wegen Verstoß gegen die Behaltensfrist	
a)	Ermittlung des Besteuerungszeitpunkts.	
b)	Festlegung des Endes der sieben bzw. zehnjährigen Behaltensfrist.	
c)	Das Jahr der schädlichen Handlung (z. B. Verkauf oder Aufgabe) ist ein nicht mehr begünstigtes Jahr.	
d)	Wegfall des Verschonungsabschlags im Verhältnis der verbleibenden Behaltensfrist (einschließlich Jahr der schädlichen Verfügung) zur gesamten Behaltensfrist.	
e)	Liegt eine zeitnahe (innerhalb von sechs Monaten) getätigte Reinvestition vor (= Rücknahme einer schädlichen Verwendung)? ■ Erwerb derselben Vermögensart oder wesentlichen Betriebsgrundlage oder ■ Tilgung von Schulden ■ betriebliche Geldanlage	 ☐ ☐ ☐
	Wenn ja, ist von der Nachversteuerung abzusehen.	
	Wenn nein, ist die Nachversteuerung vorzunehmen.	
3.	Nachsteuer wegen Verstoß gegen Überentnahmeregelung	
a)	Ermittelung der Summe aus Gewinnen und Einlagen zuzüglich 150.000 € gesetzlicher Aufschlag.	
b)	Ermittlung der getätigten Entnahmen bis zum Ende des sieben- bzw. zehnjährigen Verschonungszeitraums.	
c)	Die Überentnahme ist als unbegünstigtes Vermögen (nach) zu versteuern.	

	Nr.	Grundvermögen	erledigt
9	**A.**	**Welche Art des Grundvermögens liegt vor?**	
		Zu unterscheiden sind die unterschiedlichen Grundstücksarten:	
		▪ unbebaute Grundstücke	☐
		▪ Ein- oder Zweifamilienhäuser	☐
		▪ Wohnung- und Teileigentum	☐
		▪ Mietwohngrundstücke	☐
		▪ Geschäftsgrundstücke	☐
		▪ gemischt genutzte Grundstücke	☐
		▪ Grundstücke ohne Vergleichsmiete	☐
		▪ Sonstige bebaute Grundstücke	☐
10	**B.**	**Welches Bewertungsverfahren ist anzuwenden?**	
	1.	Das **Bodenrichtwertverfahren** ist anzuwenden für:	
		▪ unbebaute Grundstücke	
	2.	Das **Vergleichswertverfahren** ist anzuwenden für:	
		▪ Wohnungseigentum	☐
		▪ Ein- oder Zweifamilienhäuser	☐
		und	
		▪ Teileigentum	☐
	3.	Das **Ertragswertverfahren** ist, soweit eine verkehrsübliche Miete ermittelbar ist, anzuwenden für:	
		▪ Mietwohngrundstücke	☐
		▪ Geschäftsgrundstücke	☐
		und	
		▪ gemischt genutzte Grundstücke	☐
	4.	Das **Sachwertverfahren** ist anzuwenden, wenn / für:	
		▪ keine Anwendung des Vergleichswertverfahrens	☐
		▪ keine Vergleichsmiete	☐
		und	
		▪ sonstige bebaute Grundstücke	☐
11	**C.**	**Welche Unterlagen werden für das Vergleichswertverfahren benötigt?**	
	1.	Liegen Vergleichspreise vom Gutachterausschuss vor?	
		Wenn ja, sind diese für die Wertermittlung heranzuziehen.	
		Wenn nein, können auch Vergleichsfaktoren (= Flächenmaß und der Umfang der baulichen Nutzung) für die Bestimmung des gemeinen Wertes herangezogen werden.	
		Wenn nein, sind die vorliegenden Werte der Finanzverwaltung anzuwenden.	

Nr.	Grundvermögen	erledigt
2.	Liegt ein niedriger gemeiner Wert auf Grund eines Sachverständigengutachtens vor?	
	Wenn ja, ist dieser Wert maßgebend.	
	Wenn nein, ist der Vergleichswert anzusetzen.	
D.	**Welche Unterlagen werden für das Ertragswertverfahren benötigt?**	
1.	Liegt die Jahresnettokaltmiete aus dem zivilrechtlich wirksamen und steuerrechtlich anzuerkennenden Mietverhältnis vor?	
	Wenn ja, ist diese Jahresnettokaltmiete als Rohertrag heranzuziehen.	
	Wenn nein, ist die ortsübliche Miete als Rohertrag anzusetzen, welche vom Gutachterausschuss festgelegt wird.	
2.	Hat der Gutachterausschuss die Bewirtschaftungskosten für das oder vergleichbare Grundstücke festgelegt?	
	Wenn ja, sind diese als Bewirtschaftungskosten anzusetzen.	
	Wenn nein, sind die Bewirtschaftungskosten pauschal in Abhängigkeit zur Restnutzungsdauer zu ermitteln (= Anlage Nr. 23 zum BewG).	
3.	Hat der Gutachterausschuss Liegenschaftszinssätze für die Bodenwertverzinsung veröffentlicht?	
	Wenn ja, sind diese Liegenschaftszinssätze anzusetzen.	
	Wenn nein, sind die typisierenden Liegenschaftszinssätze anzusetzen: ■ 5 % Mietwohngrundstück ■ 5,5 % gemischt genutzt Grundstücke (gewerblicher Anteil ≤ 50 %) ■ 6 % gemischt genutzt Grundstücke (gewerblicher Anteil > 50 %) ■ 6,5 % Geschäftsgrundstücke	
4.	Für die Ermittlung der Restnutzungsdauer ist das Jahr der Bezugsfertigkeit zu ermitteln.	
	Die Gesamtnutzungsdauer ergibt sich typisiert aus der Anlage Nr. 22 zum BewG.	
5.	Der Mindestwert (= Wert des unbebauten Grundstücks) ist anzusetzen, wenn der rechnerische Gebäudereinertrag durch die Bodenwertverzinsung „verbraucht" wird.	
6.	Liegt ein niedriger gemeiner Wert auf Grund eines Sachverständigengutachtens vor?	
	Wenn ja, ist dieser Wert maßgebend.	
	Wenn nein, ist der Ertragswert des Grundstücks anzusetzen.	

12

7

Nr.	Grundvermögen	erledigt
13 E.	**Welche Unterlagen werden für das Sachwertverfahren benötigt?**	
1.	Für die Ermittlung der Restnutzungsdauer ist das Jahr der Bezugsfertigkeit zu ermitteln (= Alterswertminderung).	
	Die Gesamtnutzungsdauer ergibt sich typisiert aus der Anlage Nr. 22 zum BewG.	
2.	Wie viel beträgt die Brutto-Grundfläche?	
3.	Folgende Informationen werden zur Bestimmung der Regelherstellungskosten benötigt (= Anlage Nr. 24 zum BewG):	
	■ Grundstücksart	☐
	■ Baujahr	☐
	■ Ausstattungsstandard	
	■ einfach	☐
	■ mittel	☐
	■ gehoben	☐
	■ Dach	
	■ ausgebaut	☐
	■ nicht ausgebaut	☐
	■ Flachdach	☐
	■ Keller	
	■ vorhanden	☐
	■ nicht vorhanden	☐
	= Bodenrichtwert je Brutto-Quadratmeter	
4.	Liegt ein niedriger gemeiner Wert auf Grund eines Sachverständigengutachtens vor?	
	Wenn ja, ist dieser Wert maßgebend.	
	Wenn nein, ist der Sachwert des Grundstücks anzusetzen.	
14 F.	**Welche Unterlagen werden für das Erbbaurecht und das erbbaurechtsbelastete Grundstück benötigt?**	
1.	Haben Sie die beiden wirtschaftlichen Einheiten unterschiedlichen Personen zugeordnet?	
	■ Erbbaurecht	☐
	■ belastete Grundstück	☐
	Die wirtschaftlichen Einheiten sind jeweils gesondert zu bewerten.	
2.	Hat der Gutachterausschuss Vergleichspreise festgelegt?	

Nr.	Grundvermögen	erledigt
	Wenn ja, sind diese Vergleichspreise für die Bewertung des Erbbaurechts und des belasteten Grundstücks heranzuziehen.	
	Wenn nein, sind getrennt zu ermitteln: ▪ Bodenwertanteil *und* ▪ Gebäudewertanteil ▪ Gebäudeertragswert *oder* ▪ Gebäudesachwert Die anzuwenden Berechnungsschritte entsprechen grundsätzlich den oben aufgeführten Verfahren.	
3.	Liegt ein niedriger gemeiner Wert auf Grund eines Sachverständigengutachtens vor?	
	Wenn ja, ist dieser Wert maßgebend.	
	Wenn nein, ist der Vergleichswert des Grundstücks anzusetzen.	
G.	**Welche Verschonungsregel für Immobilien kann genutzt werden?**	
1.	Erfolgt die Übertragung der Immobilie zwischen Ehegatten?	
	Wenn ja, ist zu prüfen, ob ein selbstgenutzten Familienheim oder ein vermietetes Objekt Gegenstand der Übertragung ist?	
	Wenn nein, ist zu prüfen, ob es sich um eine Übertragung an ein Kind oder eine sonstige Person handelt.	
2.	Wird ein Familienheim übertragen?	
	Wenn ja, ist zu unterscheiden ob eine Schenkung oder ein Erwerb von Todes wegen vorliegt.	
	Wenn nein, ist zu prüfen ob eine zu Wohnzwecken vermietete Immobilie übertragen wird.	
3.	Soweit ein Familienheim an den anderen Ehegatten übertragen wird: a) liegt eine Schenkung vor? *oder* b) liegt ein Erwerb von Todes wegen vor?	 ☐ ☐
a)	Schenkung	
	Hatten beide Ehegatten ihren Lebensmittelpunkt bereits in der übertragenden Immobilie?	
	Wenn ja, ist die lebzeitige Verschonung anwendbar.	

15

Nr.	Grundvermögen	erledigt
16	*Wenn nein*, muss für eine steuerfreie Übertragung an den anderen Ehegatten eine Beratung hinsichtlich der Veränderung des Lebensmittelpunktes erfolgen *oder* die lebzeitige Verschonung greift *nicht*.	
b)	Erwerb von Todes wegen	
	Es ist (nur noch) die „neue" Verschonungsregel anzuwenden.	
	Dabei sind die folgenden Punkte in der Beratungspraxis zu beachten:	
aa)	Wurde ein „qualifiziertes" Familienheim von einem auf den anderen Ehegatten übertragen mit den Voraussetzungen, dass:	
	■ der Erblasser das Familienheim zu eigenen Wohnzwecken selbst genutzt hat	☐
	<u>*und*</u>	
	■ hat der Erwerberehegatte das Familienheim unverzüglich zu eigenen Wohnzwecken selbst genutzt?	☐
bb)	Liegt ein Familienheim vor, welches zu eigenen Wohnzwecken selbst genutzt wird?	
	■ Erblasser / Erwerber wohnen selbst in der Immobilie	☐
	<u>*und*</u>	
	■ Erblasser / Erwerber sind Berufspendler und haben mehrere Wohnsitze, das Familienheim bildet aber den Lebensmittelpunkt	☐
cc)	Liegen zwingende Gründe vor, welche beim Erblasser die Selbstnutzung verhindern?	
	■ Todesfall	☐
	■ Pflegebedürftigkeit	☐
dd)	Liegen zwingende Gründe vor, welche beim erwerbenden Ehegatten die Selbstnutzung verhindern?	
	■ Todesfall	☐
	■ Pflegebedürftigkeit	☐
	■ Ausschluss der selbständigen Haushaltsführung	
	■ Krankheit	☐
	■ finanzieller Belastung	☐
	■ ggf. anderweitigem Arbeitsplatz (soweit die geerbte Immobilie den Lebensmittelpunkt und <u>*keine*</u> Zweitwohnung darstellt)	☐
ee)	Unverzüglich bedeutet, dass die Selbstnutzung ohne schuldhaftes Zögern von Seiten des Erwerberehegatten begonnen wurde (z. B. Umzug, Kündigung von bestehen Mietverhältnissen).	
ff)	Die Selbstnutzung muss insgesamt zehn Jahre ab dem Erwerbszeitpunkt betragen (= Informationspflicht gegenüber dem Mandanten).	

Nr.	Grundvermögen	erledigt
gg)	Wurde der Erwerberehegatte über eine mögliche schädliche Verwendung (= Versagung der Verschonung) unterrichtet?	
	■ Verkauf der gesamten Immobilie oder Teile davon	☐
	■ Vermietung der gesamten Immobilie oder Teile davon	☐
	oder	
	■ längerer Leerstand	☐
hh)	Liegt eine schädliche Weitergabeverpflichtung auf Grund eines Vermächtnisses oder Auseinandersetzung vor, so ist die Verschonung *nicht* zu gewähren?	
4.	Erfolgt die Übertragung eines Familienheims zwischen einem Elternteil und einem erbberechtigtem Kind?	
	Erwerber kann das Kind oder das Kind bereits vorverstorbener Kinder sein.	
	Wenn ja, ist zu prüfen, ob es sich um eine Schenkung oder um einen Erwerb von Todes wegen handelt.	
	Wenn nein, ist zu prüfen, ob es sich um eine Übertragung an den anderen Ehegatten oder eine sonstige Person handelt.	
5.	Ist eine lebzeitige Zuwendung eines Familienheims an das Kind gegeben?	
	Wenn ja, ist eine Verschonung gesetzlich *nicht* vorgesehen.	
	Eine Reduzierung des steuerpflichtigen Erwerbs kommt nur noch bei einer Vermietungsimmobilie durch den 10 %igen Bewertungsabschlag zum Tragen.	
	Wenn nein (= Erwerb von Todes wegen), ist (nur noch) die „neue“ Verschonungsregel anzuwenden.	
	Dabei sind die folgenden Punkte in der Beratungspraxis zu beachten:	
aa)	Wurde ein „qualifiziertes“ Familienheim von einem Elternteil an das Kind vererbt mit den Voraussetzungen, dass:	
	■ der Erblasser das Familienheim zu eigenen Wohnzwecken selbst genutzt hat	☐
	und	
	■ das Kind das Familienheim unverzüglich zu eigenen Wohnzwecken selbst nutzt	☐
bb)	Liegt ein Familienheim vor, welches zu eigenen Wohnzwecken selbst genutzt wird/wurde?	
	■ Erblasser / Kind wohnen selbst in der Immobilie	☐
	und	
	■ Erblasser / Kind sind Berufspendler und haben mehrere Wohnsitze, das Familienheim bildet aber den Lebensmittelpunkt	☐
cc)	Liegen zwingende Gründe vor, welche beim Erblasser die Selbstnutzung verhindert haben?	
	■ Todesfall	☐
	■ Pflegebedürftigkeit	☐

17

7

Nr.	Grundvermögen	erledigt
18 dd)	Liegt eine nur vorübergehende Verhinderung der Selbstnutzung des Erblassers vor, so kann eine vorübergehende Vermietung unschädlich sein.	
ee)	Liegen zwingende Gründe vor, welche beim Kind die Selbstnutzung verhindern?	
	■ Todesfall	☐
	■ Pflegebedürftigkeit	☐
	■ Ausschluss der selbständigen Haushaltsführung	
	■ Krankheit	☐
	■ finanzieller Belastung	☐
	■ ggf. anderweitigem Arbeitsplatz (soweit die geerbte Immobilie den Lebensmittelpunkt und ***keine*** Zweitwohnung darstellt)	☐
ff)	Unverzüglich bedeutet, dass die Selbstnutzung ohne schuldhaftes Zögern von Seiten des Kindes begonnen wurde (z. B. Umzug, Kündigung von bestehen Mietverhältnissen).	
gg)	Die Steuerverschonung ist auf eine Wohnfläche von 200 qm beschränkt (= II. Berechnungsverordnung der seit 1.1.2004 gültigen WoFIV).	
hh)	Wurde das Kind darüber unterrichtet, dass die mehr übertragende Fläche den persönlichen Freibetrag verbraucht und eventuell zu einer Steuerbelastung führt?	
ii)	Kommt es zu einer Steuerbelastung auf Grund der Mehrfläche trotz des Verbrauches des persönlichen Freibetrages, so kann die (neue) Steuerstundung in Anspruch genommen werden.	
jj)	Die Selbstnutzung muss insgesamt zehn Jahre ab dem Erwerbszeitpunkt betragen (= Informationspflicht).	
kk)	Wurde das Kind über eine mögliche schädliche Verwendung (= Versagung der Verschonung) unterrichtet (= Informationspflicht)?	
	■ Verkauf der gesamten Immobilie oder Teil davon	☐
	■ Vermietung der gesamten Immobilie oder Teil davon	☐
	oder	
	■ längerer Leerstand	☐
ll)	Liegt eine schädliche Weitergabeverpflichtung des Kindes auf Grund eines Vermächtnisses oder Auseinandersetzung vor, so ist die Verschonung ***nicht*** zu gewähren?	
mm)	Liegen mehrere Erben vor, so kann nur der Erbe steuerverschont werden, welcher das Familienheim zu eigenen Wohnzwecken selbst nutzt (= Freistellung in Höhe der Erbquote).	
3.	Erfolgt die Übertragung in das Eigentum	
	■ des Ehegatten ohne Selbstnutzung eines Familienheims zur Vermietung	☐
	■ eines oder mehrerer Kinder ohne Selbstnutzung eines Familienheims	☐
	oder	
	■ eines (weiteren) Dritten?	☐

7

Nr.	Grundvermögen	erledigt
	Wenn ja, kann der Bewertungsabschlag in Höhe von 10 % anzuwenden sein, wenn es sich um ein zu wohnzwecken vermietete Immobilie handelt.	
	Wenn nein, ist keine Verschonung vorgesehen.	
4.	Der Bewertungsabschlag in Höhe von 10 % ist nur für bebaute Grundstücke oder bebaute Grundstücksteile anzuwenden!	
5.	Handelt es sich um eine Immobilie, die nicht (ausreichend) Wohnzwecken dient, kann eine Steuerstundung zinslos gewährt werden.	
H.	**Wann greift die Steuerverschonung des betrieblichen Wohnungsunternehmens ein?**	19
	Unter den folgenden Voraussetzungen wird aus Wohnungsunternehmen produktives Verschonungsvermögen:	
	■ Die Immobilien sind Betriebsvermögen eines Einzelunternehmens, einer Gesamthandspersonen- oder einer Kapitalgesellschaft.	☐
	■ Die Wohnungsvermietung ist der gewerbliche Hauptzweck.	☐
	■ Dieser Hauptzweck erfordert einen wirtschaftlichen Geschäftsbetrieb (§ 14 AO).	☐
	Liegen betriebliche Immobilien vor?	
	■ Bei einem Einzelunternehmen muss es sich entweder um notwendige (selbstgenutzte) Gebäudeteile oder gewillkürte (willkürfähige zu fremd betrieblichen oder fremden Wohnzwecken) vermietete Gebäudeteile handeln.	☐
	■ Immobilien im Gesamthandseigentum von Personengesellschaften sind immer betriebliche Immobilien, da keine private Sphäre vorliegen kann.	☐
	■ Soweit das Eigentum an einer Immobilie einer Kapitalgesellschaft zu steht, liegt immer eine betriebliche Immobilie vor, da die Kapitalgesellschaft keine private Sphäre kennt.	☐
	Ist der Hauptzweck des Unternehmens die Wohnungsvermietung? Berechnungsformel nach der Gesetzesbegründung: Beträgt die Summe der Grundbesitzwerte der zu Wohnzwecken vermieteten Grundstück mehr als (>) 50 % der Summe der Grundbesitzwerte aller vermieteten Grundstücke, so ist der Hauptzweck des Unternehmens die Wohnungsvermietung.	☐

Nr.	Grundvermögen	erledigt
	Ist das Erfordernis des wirtschaftlichen Geschäftsbetriebs erfüllt?	
	Ein Wohnungsunternehmen mit wirtschaftlichen Geschäftsbetrieb liegt vor, wenn es die nachstehenden Voraussetzungen kumulativ erfüllt:	
	■ selbständige Tätigkeit	☐
	■ nachhaltige Tätigkeit	☐
	und	
	■ Einnahmeerzielung bzw. wirtschaftliche Vorteile, die über die Vermögensverwaltung hinausgehen	☐
	Nicht erforderlich sind:	
	■ Kaufmannseigenschaft	
	■ Gewinnerzielungsabsicht	
	und	
	■ Marktbeteiligung	

B. Beratervertrag

20 Der nachstehende Beratervertrag kann sowohl von Rechtsanwälten als auch Steuerberater sowie für Gemeinschaften und Partnerschaftsgesellschaften als Grundlage einer vertraglichen Vereinbarung mit dem Mandanten dienen.

Hinweis

§ 3 des Beratervertrages stellt ein Beispiel der Freizeichnungen / Haftungsbegrenzungen in der täglichen Praxis dar. Andere (ggf. aktuellere) Formulierungen aus Formularhandbüchern oder aus Vorlagen der Berufskammern sind ebenfalls zu empfehlen.

BERATUNGSVERTRAG

zwischen

[Titel]

[Vorname / Name]

Straße Hausnummer

PLZ Ort

-nachstehend "Mandant" genannt-

und

der

zeitstaerken.de

Dipl. Bw. (FH) Jürgen Hegemann

Steuerberater / Dozent / Autor

Jägerstr. 15

79822 Titisee-Neustadt

-nachstehend "Berater" genannt-

§ 1

Vertragsgegenstand, Laufzeit

(1) Der Mandant beauftragt den Berater mit der Durchführung folgender Tätigkeiten:

a) Bewertung des Grundvermögens und/oder Betriebsvermögen,

b) Ermittlung der Schenkung- / Erbschaftsteuerbelastung,

c) Ausarbeitungen von Gestaltungen zur Minderung der Steuerbelastung,

d) Erstellung der Steuer- und Feststellungserklärungen

und/oder

e) sonstige Beratung in schenkung- und/oder erbschaftsteuerrechtlichen Angelegenheiten.

(2) Der Beratungsvertrag gilt ab dem [XX.XX.XXXX]. Er ist beschränkt auf die Dauer der in Absatz 1 aufgeführten Tätigkeiten, für die ab Unterzeichung dieses Vertrages ein Zeitrahmen von [XXX Std.] vorgesehen ist. Der Berater kann den Vertrag unter Einhaltung einer Frist von einem Monat zum Ende eines jeden Monats kündigen.

(3) Bei einer Vertragskündigung durch den Mandanten, die ***jederzeit und ohne Einhaltung von Fristen möglich ist***, verpflichtet sich der Berater, die bis zu diesem Zeitpunkt gefertigten Arbeiten herauszugeben und gem. § 2 des Vertrages entsprechend dem Fertigungsgrad abzurechnen.

(4) Dem Berater ist es gestattet, zur Durchführung der Beratung – nach Rücksprache mit dem Mandanten – ausländische Wirtschaftsprüfer, Steuerberater, Rechtsanwälte oder Sachverständige zu beauftragen.

§ 2

Honorar, Kostenersatz

(1) Die oben genannten Tätigkeiten werden nach Zeitaufwand / Stunden abgerechnet.

Die Stundensätze werden wie folgt unterschieden:

Mitarbeiter	**Berater**	**Gestaltungsberatung**
0,00 €	0,00 €	0,00 €

[(1) Die oben genannten Tätigkeiten werden wie folgt abgerechnet:

- ❐ Bewertung des Grundvermögens
- ❐ Bewertung des Betriebsvermögens
- ❐ Ermittlung der Schenkung- / Erbschaftsteuerbelastung
- ❐ Ausarbeitungen von Gestaltungen
- ❐ Erstellung der Steuer- und Feststellungserklärungen
- ❐ sonstige Beratungen
- ❐ weitere Beratungsleistungen nach Zeitaufwand und Stundensatz]

Die weiteren Beratungsleistungen werden nur nach vorheriger Absprache mit dem Mandanten durchgeführt.

(2) Für Leistungen, die wir auf den Wunsch des Mandanten an Sonn- und Feiertagen oder zu Nachtzeiten (19.00 Uhr bis 8.00 Uhr) erbringen, gelten um [X] % erhöhte Stundensätze.

(3) Die Untergrenze des Honorars bildet jedoch in jedem Fall die gesetzlich vorgeschriebene Mindestgebühr gemäß Steuerberatergebührenverordnung (StBGebV) bzw. Bundesgebührenordnung für Rechtsanwälte (BRAGO).

(4) Pauschaler Auslagenersatz wird in Höhe von [X],00 € abgerechnet (mit der Auslagenpauschale sind Portokosten, Kopierkosten und Büromaterial abgegolten).

(5) Reisekosten werden bei Fahrten mit dem PKW mit [50] Cent pro Kilometer und im Übrigen nach dem tatsächlichen Aufwand erstattet. Im Auftrag des Mandanten getätigte Aufwendungen werden mit dem tatsächlichen Aufwand weiterberechnet.

(6) Die in den vorstehenden Absätzen genannten Beträge verstehen sich jeweils zuzüglich der gesetzlichen Umsatzsteuer.

(1) Die Tätigkeiten werden grundsätzlich nach Erledigung des Auftrags abgerechnet. Abschlagsrechnungen können in jeweils angemessener Höhe entsprechend der bereits erbrachten Teilleistungen gestellt werden.

(2) Rechnungsbeträge sind nach Erhalt der Rechnung ohne Abzüge fällig und innerhalb einer Woche auszugleichen.

(3) Weiterhin gelten die allgemeinen Auftragsbedingungen für Rechtsanwälte und Rechtsanwaltsgesellschaften, Steuerberater und Steuerberatungsgesellschaften sowie Partnerschaftsgesellschaften. Diese sind als Anlage beigefügt.

(4) Der Berater führt ein fortlaufendes Arbeitsblatt, in das seine Tätigkeiten eingetragen werden. Der Auftraggeber ist berechtigt, jederzeit dieses Arbeitsblatt einzusehen. Für die Festsetzung des Zeitaufwandes ist das Arbeitsblatt des Beraters maßgebend.

(5) Auf die zu erwartende Vergütung und die Auslagen ist auf entsprechende Vorschussrechnung des Beraters ein angemessener Vorschuss zu leisten.

§ 3

Haftung für Berufsversehen

(1) Die Haftung des Beraters für Berufsversehen wird auf den entstanden Schaden beschränkt. Wünscht der Mandant im Einzelfall eine Erhöhung der Versicherungshaftsumme des Beraters, so fallen ihm die Kosten einer entsprechenden Zusatzversicherung zur Last.

(2) Alle Ansprüche gegen den Berater aufgrund dieses Beratungsvertrages verjähren zwei Jahre nach Beendigung des Beratungsvertrages, falls nicht aufgrund gesetzlicher Vorschriften in Einzelfällen eine andere Verjährungsfrist zwingend vorgesehen ist.

(3) Der Auftragnehmer haftet für eigenen Vorsatz und grobe Fahrlässigkeit sowie vorsätzliches oder grob fahrlässiges Handeln der Mitarbeiter und Hilfskräfte.

(4) Der Auftragnehmer hat eine Berufshaftpflichtversicherung mit einer Deckungssumme von 1 Mio Euro pro Einzelfall abgeschlossen. Er verpflichtet sich, die Versicherung in dieser Höhe so lange aufrecht zu erhalten, wie das Vertragsverhältnis mit dem Auftraggeber besteht. Gleiches gilt für Fälle gem. Abs. 1 Satz 2.

(5) In einem Haftpflichtfall kann der Auftragnehmer vom Berater nur bis in Höhe der Deckungssumme von 1 Mio Euro in Anspruch genommen werden. Wegen eines weiter gehenden Schadens wird eine Haftung des Auftragnehmers hiermit ausdrücklich ausgeschlossen, es sei denn es liegt ein Fall des Abs. 1 Satz 2 vor.

§ 4

Weitere Beauftragte

(1) Werden auf Wunsch des Mandanten, nach dem pflichtgemäßen Ermessen des Beraters oder nach gesetzlichen Vorschriften im Rahmen der Tätigkeit für den Mandanten in- oder ausländische Rechtsanwälte, Steuerberater, Wirtschaftsprüfer oder Sachverständige eingeschaltet, so erfolgt deren Beauftragung im Namen und im Auftrag des Mandanten.

(2) Für ein Auswahlversehen sowie Berufsversehen solcher Beauftragter haftet der Berater nicht.

§ 5

Schlussbestimmungen

(1) Änderungen oder Ergänzungen dieses Vertrages bedürfen der Schriftform. Dies gilt auch für den Verzicht auf das Schriftformerfordernis.

(2) Sollten Paragraphen fehlerhaft oder lückenhaft sein, so bleibt die Wirksamkeit des übrigen Vertrages hiervon unberührt.

(3) Die Vertragsparteien werden die unwirksame oder nichtige Bestimmung durch eine solche Regelung ersetzen bzw. die Vertragslücke durch eine solche Regelung ausfüllen, mit der der von ihnen verfolgte wirtschaftliche Zweck am ehesten erreicht werden kann.

(4) Gerichtsstand ist [XXX].

Titisee-Neustadt, 3. April 2008

Firma	zeitstaerken.de
Geschäftsführer	Dipl. Bw. (FH)
Name	Jürgen Hegemann
Straße	Steuerberater / Dozent / Autor
PLZ Ort	

7

C. Glossar

21

Begriff	Inhalt
Betrieb	Ein Betrieb besteht aus wesentlichen Betriebsgrundlagen. Dabei können diese wesentlichen Betriebsgrundlagen funktional oder quantitativ sein.
Teilbetrieb	Ein Teilbetrieb ist ein mit gewisser Selbständigkeit ausgestatteter, organisch geschlossener Teil des Gesamtbetriebs, der für sich betrachtet aller Merkmale eines Betriebs aufweist und für sich lebensfähig ist. Eine völlig selbständige Organisation mit eigener Buchführung ist *nicht* erforderlich.
Mitunternehmer(teil)anteil	Der Mitunternehmeranteil spiegelt den prozentualen Vermögensanteil am gesamthänderisch gebundenen Vermögen wieder. Dazu wird das Sonderbetriebsvermögen (I und II) des einzelnen Gesellschafters gezählt. Soweit Ergänzungsbilanzen aufzustellen sind, ergänzen diese das Gesellschafterkapitalkonto der Gesamthandsbilanz.
Kapitalgesellschaftsanteil	Der Anteil stellt das Beteiligungsverhältnis am Vermögen der Kapitalgesellschaft dar.
gemeiner Wert	Der gemeine Wert ist der Verkehrswert der am Markt für das vermögen erzielbar ist. Um die Steuerberechnung zu vereinheitlichen, hat der Steuergesetzgeber typisierte Bewertungsverfahren in das Bewertungsgesetz verankert.
Produktiv- / Elementar-Betriebsvermögen	Nur für das Produktivvermögen, auch in der Literatur als Elementarvermögen benannt, kann das vereinfachte Ertragswertverfahren (§§ 199 ff. BewG) angewendet. Es beinhaltet betriebsnotwendige Wirtschaftgüter, welche für den Betriebszweck unerlässlich sind, und die damit wirtschaftliche zusammenhängenden Schulden.
Neutrales Vermögen / nicht betriebnotwendiges Wirtschaftsgüter und Schulden	Wirtschaftsgüter, welche bei der Erfüllung des Hauptzwecks des Betriebs entbehrlich sind, müssen selbstständig bewertet werden. Die Unternehmenstätigkeit darf bei einer Herauslösung nicht beeinträchtigt sein. Die wirtschaftlich damit zusammenhängenden Schulden teilen das selbstständige Bewertungsschicksal. Beispielsweise ertragsteuerrechtlich gewillkürtes Betriebsvermögen kann *nicht betriebsnotwendiges Vermögen* sein. Erträge und Aufwendungen, resultierend aus dem neutralen Vermögen, fließen *nicht* in das vereinfachte Ertragswertverfahren ein.
Unterbeteiligungen	Kapitalgesellschafts- oder Personengesellschaftsbeteiligungen, welche einem Betriebsvermögen zu geordnet wurden, sind (immer) verselbstständigt zu bewerten. Für diese Unterbeteiligung stehen auch sämtliche Bewertungsverfahren zur Verfügung. Erträge – hier insbesondere Gewinnausschüttungen oder –anteile - und Aufwendungen, resultierend aus Unterbeteiligungen, fließen *nicht* in das vereinfachte Ertragswertverfahren ein.
junge eingelegte Wirtschaftsgüter und Schulden	Um das Auffüllen der Verschonungsmodelle fiskalisch anzugreifen, sind eingelegte Wirtschaftsgüter und die damit zusammenhängenden Schulden selbstständig zu bewerten. Erträge und Aufwendungen, welche in Zusammenhang mit den eingelegten Wirtschaftsgütern und Schulden betrieblich erfasst wurden, fließen *nicht* in das vereinfachte Ertragswertverfahren ein.

Begriff	Inhalt
Ausgangswert	Der einkommensteuerrechtliche Gewinn, ermittelt aus dem Unterschied-schiedsbetrag des Betriebsvermögens (§ 4 Abs. 1 Satz 1 EStG), gegebenenfalls bei Personenunternehmen korrigiert um Einlagen und Entnahmen *oder* der Überschuss der Betriebseinnahmen über die Betriebsausgaben (§ 4 Abs. 3 EStG), ist die Grundlage zur Ermittlung des Betriebsergebnisses. 22
Jahresertrag	Als Jahresertrag, welcher im weiteren des vereinfachten Ertragswertverfahren kapitalisiert wird, ist der nachhaltig erzielbare Unternehmensertrag zu verstehen. Dieser leitet sich in der Regel aus den Betriebsergebnissen der letzten drei abgelaufenen Wirtschaftsjahre ab. Die Vergangenheit bietet damit die Beurteilungsgrundlage.
Variabler Basiszinssatz	Der variable Basiszinssatz ist der erste Teil des Kapitalisierungszinssatzes. Der variable Basiszinssatz wird jedes Jahr mittels Veröffentlich um Bundessteuerblatt bekannt gegeben und ist aus der langfristig erzielbaren Rendite öffentlicher Anleihen abzuleiten.
Pauschaler Zuschlag	Der pauschale Zuschlag stellt den zweiten Teil des Kapitalisierungszinssatzes dar und ist statisch mit 4,5 % anzusetzen.
Kapitalisierungszinssatz	Der Kapitalisierungszinssatz ist das additive Ergebnis aus dem variablen Basiszinssatz und dem pauschalen Zuschlag.
Kapitalisierungsfaktor	Der maßgebliche Kapitalisierungsfaktor ist der Kehrwert des Kapitalisierungszinssatzes.
klassisches Ertragswertverfahren	Das sog. klassische oder auch in der Literatur als „normales" Ertragswertverfahren bezeichnet, ist die Möglichkeit den nachhaltig erzielbaren Jahresertrag eines Betriebs, einer Personen- oder Kapitalgesellschaft zu ermitteln. Es richtet sich nach dem DCF-Verfahren der Wirtschaftsprüfer und muss durch ein ordnungsgemäßes Gutachten vorgelegt werden. In diesem Fall ist ein individueller Kapitalisierungszinssatz zu ermitteln.
vereinfachtes Ertragswertverfahren	Das vereinfachte Ertragswertverfahren ist das gesetzlich vereinfacht umgesetzte DCF-Verfahren, welches von jedem Berater/Steuerpflichtigen zur Bewertung eines Betriebs, einer Personen- oder Kapitalgesellschaft herangezogen werden kann. Nur dieses vereinfachte Ertragswertverfahren hat die Vorgabe des Kapitalisierungszinssatzes. Die Anwendung ist ein Wahlrecht.
offensichtlich unzutreffendes Ergebnis	Soweit das vereinfachte Ertragswertverfahren zu einem offensichtlich unzutreffenden Ergebnis führt, muss ein anderes Bewertungsverfahren insbesondere das Substanzwertverfahren verwendet werden. Was genau ein offensichtlich unzutreffendes Ergebnis ist, lässt der Steuergesetzgeber leider undefiniert.
Substanz- / Mindestwert	Die Summe der gemeinen Werte aller Wirtschaftsgüter, sonstiges aktiven Ansätze sowie Schulden und passiven Ansätze bildet den Substanzwert eines Betriebs, einer Personen- oder Kapitalgesellschaft. Dieser Substanzwert ist gleichzeitig ein Mindestwert, welcher nicht unterschritten werden darf. Soweit das Bewertungsrecht typisierte Bewertungsverfahren (z. B. Grundbesitzwerte) zur Ermittlung vorgibt, sind diese beim Substanzwert analog heranzuziehen.

Begriff	Inhalt
23 Begünstigtes Vermögen	Als begünstigtes Vermögen kommt grundsätzlich das Betriebsvermögen eines Betriebs, einer Personengesellschaft oder Kapitalgesellschaft in Betracht. Dabei fordert der Steuergesetzgeber einen ertragsteuerrechtlichen Prüfungsansatz. Insoweit sind grundsätzlich begünstigt: notwendige und gewillkürte Wirtschaftsgüter und die damit wirtschaftlich zusammenhängenden Schulden. Das begünstigte Vermögen ist die Vorstufe des verschonungsfähigen Vermögen. Dazwischen steht der Prüfungsansatz, welche Wirtschaftsgüter Verwaltungsvermögen oder junges Verwaltungsvermögen darstellen.
Verschonungsfähiges Vermögen	Das Verschonungsfähige Vermögen ist das bereinigte begünstigte Vermögen, welches um Verwaltungsvermögen und junges Verwaltungsvermögen reduziert ist. Dieses verschonungsfähige Vermögen wird entweder durch die Regelverschonung oder durch die Verschonungsoption steuerverschont.
Junges Verwaltungsvermögen	Dieses sind Wirtschaftsgüter des Verwaltungsvermögen, welche weniger als zwei Jahre dem Betrieb eines Einzelunternehmens, einer Personen- oder Kapitalgesellschaft zuzurechnen sind. Dieses junge Verwaltungsvermögen bliebt immer betrieblich unverschont. Das junge Verwaltungsvermögen wird durch den Verbrauch des persönlichen Freibetrags oder des Versorgungsfreibetrags, soweit diese nicht bereits durch weitere Übertragungsakte vollständig verbraucht sind, steuerfrei gestellt.
Verwaltungsvermögen	Das Verwaltungsvermögen ist eine abschließende Aufzählung von Wirtschaftsgüter (= Dritten zur Nutzung überlassene Grundstücke; Kapitalgesellschaftsanteile mit 25 % und weniger; Kapitalgesellschafts- (= mehr als 25 %) oder Personengesellschaftsbeteiligungen, bei denen die Gesellschaft selbst wiederum mehr als 25 % Verwaltungsvermögen aufweist, Wertpapiere und vergleichbare Forderungen sowie spezielle Kunstgegenstände), welche zur Prüfung des Verwaltungsvermögensanteils im Unternehmen zuerst selbstständig bewertet werden müssen und sodann die Grenzwertüber- oder -unterschreitung bestimmen. Beim Verwaltungsvermögen wurden sowohl Ausnahmen als auch Rückausnahmen gesetzlich installiert. Eine individuelle Einzelsachverhaltsprüfung ist für den Berater immer Erforderlich.
Verwaltungsvermögens-wertanteil	Anhand des Verwaltungsvermögenswertanteil ist zu überprüfen, ob das Verwaltungsvermögen mehr als 50 % (= Regelverschonung) oder mehr als 10 % (= Verschonungsoption) des Betriebs beträgt. Hier bei ist bei Grenzüberschreitung das „Alles-oder-Nichts-Prinzip" anzuwenden. Ein Betrieb, eine Personen- oder eine Kapitalgesellschaft erfüllt diese Über- oder Unterschreitung immer mit dem ganzen Betrieb.
Grenzwertunterschreitung $\leq$ 10 %	Bei einem Verwaltungsvermögenswertanteil von 10 % oder weniger, kann der Erwerber des Vermögens zwischen der Regelverschonung und der Verschonungsoption frei auswählen.
Grenzwertunterschreitung $\leq$ 50 % und Grenzwertüberschreitung > 10 %	Dem Vermögensempfänger steht nur die Regelverschonung zur Minderung der Schenkung- oder Erbschaftsteuerbelastung zur Anwendung.

Begriff	Inhalt
Grenzwertüberschreitung > 50 %	Es ist keines der beiden Verschonungsmodelle anzuwenden.
Verschonungsabschlag	Als Verschonungsabschlag wird entweder der 85 %ige oder der 100 %ige steuerverschonte Anteil am Wert des Betriebsvermögens bezeichnet.
Regelverschonung	Bei der sog. Regelverschonung werden 85 % des verschonungsfähigen betrieblichen Vermögens steuerfrei gestellt. Die verbleibenden 15 % des Betriebsvermögenswertes sind grundsätzlich steuerpflichtig. Dieser Wertanteil wird bei einem Wert des Betriebsvermögen insgesamt von weniger als 3 Mill. € durch einen gleitenden Abzugsbetrag gegebenenfalls zusätzlich verschont.
Gleitender Abzugsbetrag	Der gleitende Abzugsbetrag beträgt 150.000 €. Bei Anwendung der Regelverschonung kommt dieser zusätzliche Betrag, der bei Gewährung wie ein Freibetrag wirkt, zur Anwendung. Bei einem Wert des Betriebs bis einschließlich 1 Mill. € kommt der gleitende Abzugsbetrag voll zur Entfaltung und mindernd das steuerpflichtige Betriebsvermögen in voller Höhe. Bis zu einem Wert des Betriebsvermögen von 3 Mill. € wirkt der Abzugsbetrag anteilig und bei einem Wert des Betriebsvermögen von 3 Mill. € und mehr, wird dieser nicht gewährt. Der Abzugsbetrag ist dann vollständig abgeschmolzen. Die Behaltensfristen betragen allesamt sieben Jahre, die Lohnsummenklausel beträgt 650 % und der zulässige Anteil am Verwaltungsvermögen beträgt bis zu einschließlich 50 %.
Verschonungsoption	Bei unwiderruflicher Wahl zur Anwendung der Verschonungsoption wird der Betrieb, der übertragende Anteil an der Personengesellschaft oder die übertragenden qualifizierten Kapitalgesellschaftsanteile zu 100 % steuerverschont. Die Behaltensfristen betragen allesamt zehn Jahre, die Lohnsummenklausel beträgt 1000 % und der zulässige Anteil am Verwaltungsvermögen beträgt bis zu einschließlich 10 %.
Lohnsumme	Die Lohnsumme muss innerhalb der sieben- oder zehnjährigen Frist entweder 650 % (= Regelverschonung) oder 1000 % (= Verschonungsoption) betragen. Ob diese (Lohn)Summe vom fortgeführten Betrieb (= Einzelunternehmen, Personengesellschaft oder Kapitalgesellschaft) erreicht wurde, wird einmalig am Ende überprüft. Das Überschreiten während der Lohnsummenfrist beendet den Lohnsummenklausel, d. h. dass das einmalige Erreichen oder Überschreiten zur endgültigen Gewährung der angewendeten Steuerverschonung führt. Die Lohnsumme besteht dabei grundsätzlich aus der Summe aller Vorteile der beschäftigten Arbeitnehmer.
Mindestlohnsumme	Die ermittelte 650 %ige bzw. 1000 %ige Lohnsumme als Betrag ausgedrückt, wird als Mindestlohnsumme bezeichnet.

24

7

25

Begriff	Inhalt
Ausgangslohnsumme	Die Ausgangslohnsumme ist die durchschnittliche Lohnsumme des Unternehmens der letzten fünf vor dem Zeitpunkt der Entstehung der Steuer endenden Wirtschaftsjahre.
Behaltensfrist	Das übertragende Vermögen soll beim Vermögensempfänger sieben oder zehn Jahre fortgeführt werden. Soweit das Vermögen an einen weiteren Dritten außerhalb der Schenkung oder Erbschaft weiter übertragen wird, ist die gewählte Steuerverschonung anteilig rückwirkend zu versagen. Dabei werden sowohl der Verschonungsabschlag anteilig als auch der gleitenden Abzugsbetrag vollständig „gekappt".
Reinvestitionsklausel	Soweit begünstigtes Vermögen veräußert wird, ist dieses unschädlich, wenn der Veräußerungserlös innerhalb von sechs Monaten innerhalb des begünstigten Vermögens (§ 13b Abs. 1 ErbStG) verbleibt. Verbleiben bedeutet dabei, dass eine Reinvestition, ein Schuldenabbau und das betriebliche (Geld-)Anlegen zur Sicherung oder Stabilisierung des Unternehmens erfolgt.
Schuldenkappung	Soweit steuerverschontes Betriebs- oder Grundvermögen übertragen wird, sind mit diesem Vermögen in wirtschaftlichen Zusammenhang stehende mit übertragende Schulden, nicht vollständig als Nachlassverbindlichkeit abzugsfähig. In Höhe des steuerverschonten Anteils
Persönlicher Freibetrag	Der persönliche Freibetrag wird in Abhängigkeit zur Stellung des Vermögensempfängers zum Vermögensübertragenden ermittelt. Die „Blutsverwandtschaft" prägt dabei die Höhe des persönlichen Freibetrages.
Sachliche Freibeträge	Sachliche Freibeträge (§ 13 ErbStG) werden für spezielle Vermögensübertragungen gewährt. Neu hinzugekommen ist die Steuerverschonung von selbstgenutzten Wohnzweckimmobilien (= Familienheim), welche auf den Ehegatten oder auf die Kinder (= bis einschließlich 200 qm) übertragen wird.
Versorgungsfreibetrag	Der Versorgungsfreibetrag wird an den überlebenden Ehepartner oder eingetragenen Lebenspartner sowie an Kinder bis zum 25. Lebensjahr gewährt.
Familienheim	Das Familienheim wird steuerverschont übertragen, wenn der Vermögensempfänger dieses selbst zu eigenen Wohnzwecken nutzt.
Besteuerungsabschlag	Als Besteuerungsabschlag wird der 10 %ige Abzug vom Grundbesitzwert bezeichnet, welcher bei inländischen oder europäischen Wohnzweckvermietungsimmobilien gewährt wird.
Entlastungsbetrag	Soweit ein Steuerpflichtiger der Steuerklassen II oder III Betriebsvermögen (= Einzelunternehmen, Personengesellschafts- oder Kapitalgesellschaftsanteil) übertragen bekommt, wird die Schenkung- oder Erbschaftsteuer für dieses begünstigte, verschonungsfähige aber unverschont gebliebene Betriebsvermögen (in der Regel bei der Regelverschonung, wenn nach Abzug des gleitenden Abzugsbetrag noch steuerpflichtiges Vermögen verbleibt).
Härteausgleich	Soweit eine Progressionsstufe geringfügig überschritten wurde, wird die tatsächliche Schenkung- oder Erbschaftsteuer abgemildert.

Begriff	Inhalt
Rückanwendungsoption	Unter dem Begriff „Rückanwendungsoption" ist ein Wahlrecht bei Erwerben von Todes wegen zu verstehen. Erfolgt der Erbfall nach dem 31.12.2006 und vor dem 1.1.2009 so kann der Vermögensempfänger wählen, ob der Erbanfall nach dem alten Bewertungs- und Erbschaftsteuerrecht oder nach dem neuen Bewertungs- und Erbschaftsteuerrecht wählten. Entscheidet der Vermögensempfänger sich für das neue Recht, so muss deutlich hervorgehoben werden, dass trotzdem nur die alten persönlichen Freibeträge gewährt werden.
Rückfallklauseln	Rückfallklauseln sind in Schenkungsverträgen vereinbarte Klauseln, wann der ursprüngliche Vermögensempfänger das Vermögen wieder zurück übertragen muss.
Grundbesitzwert	Der Grundbesitzwert ist der gemeine Wert eines unbebauten oder bebauten Grundstücks. Diese werden unter Berücksichtigung der tatsächlichen Verhältnisse und der Wertverhältnisse zum Bewertungsstichtag festgestellt.
Grundvermögen	Das Grundvermögen umfasst den Grund- und Boden, das Gebäude, die sonstigen Bestandteile und das Zubehör. Als Grundvermögen gilt auch das Erbbaurecht, das Wohnungseigentum, Teileigentum, Wohnungserbbaurecht und das Teilerbbaurecht.
Unbebaute Grundstück	Unbebaute Grundstücke sind Grundstücke, auf denen sich keine benutzbaren Gebäude befinden.
Bebaute Grundstück	Bebaute Grundstücke sind Grundstücke, auf denen sich benutzbare Gebäude befinden.
Ein- und Zweifamilienhäuser	Ein- und Zweifamilienhäuser sind Wohngrundstücke, die bis zu zwei Wohnungen enthalten und kein Wohnungseigentum sind. Ein Grundstück gilt auch dann als Ein- oder Zweifamilienhaus, wenn es zu weniger als 50 Prozent, berechnet nach der Wohn- oder Nutzfläche, zu anderen als Wohnzwecken mitbenutzt und dadurch die Eigenart als Ein- oder Zweifamilienhaus nicht wesentlich beeinträchtigt wird.
Mietwohngrundstücke	Mietwohngrundstücke sind Grundstücke, die zu mehr als 80 Prozent, berechnet nach der Wohn- oder Nutzfläche, Wohnzwecken dienen, und nicht Ein- und Zweifamilienhäuser oder Wohnungseigentum sind.
Wohnungseigentum	Wohnungseigentum ist das Sondereigentum an einer Wohnung in Verbindung mit dem Miteigentumsanteil an dem gemeinschaftlichen Eigentum, zu dem es gehört.
Teileigentum	Teileigentum ist das Sondereigentum an nicht zu Wohnzwecken dienenden Räumen eines Gebäudes in Verbindung mit dem Miteigentum an dem gemeinschaftlichen Eigentum, zu dem es gehört.
Geschäftsgrundstücke	Geschäftsgrundstücke sind Grundstücke, die zu mehr als 80 Prozent, berechnet nach der Wohn- und Nutzfläche, eigenen oder fremden betrieblichen oder öffentlichen Zwecken dienen und nicht Teileigentum sind.
Gemischt genutzte Grundstücke	Gemischt genutzte Grundstücke sind Grundstücke, die teils Wohnzwecken, teils eigenen oder fremden betrieblichen oder öffentlichen Zwecken dienen und nicht Ein- und Zweifamilienhäuser, Mietwohngrundstücke, Wohnungseigentum, Teileigentum oder Geschäftsgrundstücke sind.

26

Begriff	Inhalt
27 Sonstige bebaute Grundstücke	Sonstige bebaute Grundstücke sind solche Grundstücke, die nicht unter die Absätze 2 bis 7 fallen.
Wohnung	Eine Wohnung ist die Zusammenfassung einer Mehrheit von Räumen, die in ihrer Gesamtheit so beschaffen sein müssen, dass die Führung eines selbständigen Haushalts möglich ist. Die Zusammenfassung einer Mehrheit von Räumen muss eine von anderen Wohnungen oder Räumen, insbesondere Wohnräumen, baulich getrennte, in sich abgeschlossene Wohneinheit bilden und einen selbständigen Zugang haben. Außerdem ist erforderlich, dass die für die Führung eines selbständigen Haushalts notwendigen Nebenräume (Küche, Bad oder Dusche, Toilette) vorhanden sind. Die Wohnfläche muss mindestens 23 Quadratmeter (m^2) betragen.
Betriebsgrundstück	Als Betriebsgrundstück wird der Teil eines bebauten Grundstücks bezeichnet, welcher aufgrund der eigen betrieblichen Nutzung oder Gewillkürung (fremd betriebliche Nutzung / Nutzung zu fremden Wohnzwecken) in einem Betriebsvermögen ausgewiesen wird.
Bewertungs- / Besteuerungsstichtag	Der Bewertungs- und Besteuerungsstichtag ist der Tag an dem die Schenkung zivilrechtlich wirksam vollständig vollzogen ist oder der Erbanfall durch Tod ausgelöst wurde.

(Footnotes)
1 Mitgliedsstaat der Europäischen Union oder EWR-Staat.
2 Mitgliedsstaat der Europäischen Union oder EWR-Staat.
3 Mit Sitz im Inland, Mitgliedsstaat der Europäischen Union oder EWR-Staat.

Stichwortverzeichnis

fette Zahlen = Paragraph
andere Zahlen = Randnummer

9783834908360.